KB145267

비주얼 스튜디오 2022, 비주얼 스튜디오 코드로 만드는

크로스 플랫폼 개발을 위한 C# 10과 .NET 6 6/e

김현욱 옮김   마크 프라이스 지음

에이콘

 에이콘출판의 기틀을 마련하신 故 정완재 선생님 (1935-2004)

| 옮긴이 소개 |

김현욱(nnhope@hotmail.com)

몇몇 게임 회사를 거치며 게임 플랫폼을 개발 중이다. 새로운 것을 익히고 자신의 것으로 만들어 가는 과정을 좋아한다. 『모던 C++로 배우는 함수형 프로그래밍』(에이콘, 2018), 『실전 스케일링 파이썬 프로그래밍』(인사이트, 2018) 등을 번역했다.

이 책의 원서는 『C# 10 and .NET 6 – Modern Cross-Platform Development – Sixth Edition』입니다. 2016년에 처음 출간된 『C# 6 and .NET Core 1.0』의 여섯 번째 개정 판입니다. 7판이 최근에 출간되기도 했지만, 이 번역서는 6판을 기준으로 합니다. 독자 여러분이 혼란스럽지 않도록, 버전업이 되면서 달라진 용어나 계획에서 확정으로 확인 된 사실들은 간략하게나마 역자 주석으로 추가했습니다.

.NET 5에서 시작된 .NET 코어, .NET 프레임워크, 자마린 통합 계획은 .NET 6가 출 시되고 2022년 5월 업데이트로 .NET MAUI가 포함되면서 그 목표에 도달했습니다. 또한 향상된 성능 제공과 C# 10에 추가된 새로운 언어 기능을 사용할 수 있으며 3년간 지원을 받을 수 있는 LTS 버전이기도 합니다. 이 책이 C# 10, .NET 6와 함께하는 여러 분의 .NET 프로그래밍 여정에 작은 도움이 되기를 바랍니다.

| 지은이 소개 |

마크 프라이스 Mark J. Price

C# 프로그래밍과 마이크로소프트 애저Azure 솔루션 분야의 전문가다. 20년 이상의 프로그래밍 경력이 있다.

1993년부터 80개 이상의 마이크로소프트 프로그래밍 자격 시험을 통과했으며, 시험을 준비하는 다른 사람들도 전문적으로 가르치고 있다. 2001년부터 2003년까지 미국 레드몬드Redmond의 마이크로소프트에서 공식 코스웨어courseware 개발을 담당했다. 그의 팀은 초기 알파 버전이었던 C#의 첫 번째 교육 코스를 만들었고, C# 및 .NET 분야의 다른 공인 강사들을 훈련시키면서 그들의 수준을 빠른 속도로 끌어올렸다. 현재는 옵티마이즐리Optimizely의 디지털 경험 플랫폼DXP에 대한 교육 과정을 만들어 제공하고 있다. 컴퓨터 과학 학위가 있다.

| 감수자 소개 |

다미르 아르Damir Arh

복잡한 기업용 소프트웨어부터 최신 모바일 애플리케이션에 이르기까지 다양한 소프트웨어 개발과 유지 보수에 오랜 경험이 있다. 다양한 언어로 작업하지만 가장 즐겨 사용하는 언어는 C#이다. 테스트 기반 개발, 지속적인 통합, 지속적인 배포 등 더 나은 개발 프로세스를 추구하며 지역 사용자 그룹 및 컨퍼런스에서 연설하고 블로그를 작성하며 지식을 공유한다. 마이크로소프트 MVP를 10회 연속 수상했으며, 여가 시간에는 하이킹, 지오캐싱geocaching, 달리기, 암벽 등반을 한다.

지오바니 알자테 산도발Geovanny Alzate Sandoval

콜롬비아 제2의 도시 메데인Medellín에서 시스템 엔지니어로 새로운 기술, 디자인 패턴, 아키텍처 등 소프트웨어 개발에 관련된 모든 것을 좋아한다. 개발자, 기술 리더, 주로 마이크로소프트 기술과 관련된 아키텍트로 14년 이상의 경험이 있다. 오픈소스에 기여하는 것을 좋아하며 Asp.Net Core SignalR, Polly, Apollo Server등에 기여했다. Polly 기반의 .NET 카오스chaos 엔지니어링용 OSS 라이브러리인 Simmy의 공동 저자다. DDD와 클라우드에 열정을 갖고 있으며 .NET 재단 회원이고 콜롬비아 메데인의 .NET 개발자 커뮤니티를 주최하기도 한다. 최근 몇 년간은 분산 아키텍처와 클라우드 기술을 사용해 신뢰할 수 있는 분산 시스템을 만드는 데 주력하고 있다. "함께 일한 여러 재능 있는 사람에게서 많은 것을 배웠기 때문에 이 자리에 있을 수 있었다"라고 말하며 팀워크를 중요시한다. 현재 미국 캘리포니아 기반의 스타트업 커빗Curbit에서 엔지니어링 디렉터로 일하고 있다.

| 차례 |

4장 함수 작성, 디버깅, 테스트 217

5장   OOP로 사용자 정의 형식 만들기   275

6장   인터페이스 구현 및 클래스 상속하기   329

7장 .NET 형식을 패키징하고 배포하기   397

8장　공용 .NET 형식 다루기　　　　　　　　　　　　　　455

9장 파일, 스트림, 직렬화 사용하기   519

10장   엔티티 프레임워크 코어로 데이터 다루기   565

11장   LINQ를 사용해 데이터 쿼리하고 조작하기   639

12장 멀티태스킹으로 성능과 확장성 향상하기 685

14장 ASP.NET Core Razor 페이지를 사용해 웹사이트 만들기   767

17장   블레이저로 사용자 인터페이스 만들기

│ 들어가며 │

시중에는 C# 언어, .NET 라이브러리, 웹사이트, 서비스, 데스크톱, 모바일 앱^{app,} application 같은 앱 모델에 대해 광범위한 설명을 담은 수천 페이지의 책들이 있다.

이 책은 다르다. 간결하고 실용적인 실습을 따라 하면서 빠르게 읽어 볼 수 있도록 구성했다. 많은 주제를 다루기 때문에 깊이 있는 설명을 배제하는 경우도 있지만 필요한 경우 더 상세한 내용을 찾아볼 수 있도록 했다.

크로스 플랫폼 .NET을 사용해 모던 C#을 학습하기 위한 단계별 안내서로, 개발 가능한 실용적인 예제를 제공한다. C# 및 .NET 초보자나 C#으로 작업을 해왔지만 최근 몇 년간의 변화에 익숙하지 않은 프로그래머에게 적합하다.

이미 C# 경험이 있다면 '2장, C# 문법과 키워드'의 첫 번째 절^{section}에서 언어의 새로운 기능을 요약한 표를 살펴보고 필요한 페이지로 바로 이동해도 좋다.

이전 버전의 .NET 라이브러리에 경험이 있다면 '7장, .NET 형식을 패키징하고 배포하기'의 첫 번째 절에서 라이브러리의 새 기능을 요약한 표를 확인하고 필요한 페이지로 이동하면 된다.

이 책은 C#의 멋진 기능과 특징들을 소개하고 있다. 책을 다 읽고 나면 생산성을 높이고, 동료나 상급자에게 깊은 인상을 심어 줄 수 있는 지식을 얻게 될 것이다. 일부 낯선 용어는 웹 검색을 활용해 찾아볼 수 있을 것으로 가정하고, 사소한 부분까지 설명하는 바람에 읽는 속도를 늦추고 지루해지지 않도록 했다.

⠿ 예제 솔루션 다운로드

다음 깃허브 저장소에서 이 책에 사용된 예제 솔루션을 다운로드할 수 있다.

https://github.com/markjprice/cs10dotnet6

방법을 잘 모르겠다면 '1장, C# 그리고 .NET 만나기'의 마지막 부분을 참고하자.

⠿ 추가 온라인 리소스

원문으로 추가 제공되는 리소스는 다음 두 곳에서 볼 수 있다.[1]

https://static.packt-cdn.com/downloads/9781801077361_Bonus_Content.pdf

https://github.com/markjprice/cs10dotnet6/blob/main/9781801077361_Bonus_Content.pdf

이 책의 구성

1장, C#, 그리고 .NET 만나기 C# 개발 환경을 설정하고 비주얼 스튜디오 2022나 비주얼 스튜디오 코드를 사용해 C# 및 .NET으로 간단한 콘솔 애플리케이션을 만든다. 콘솔 애플리케이션을 만들면서 C# 10에 도입된 기능을 사용한다. 언어 구성 및 라이브러리 기능 작성 방법을 배우고자 .NET 인터랙티브를 사용하며 도움말을 찾는 방법, 저자에게 연락하는 방법, 깃허브 저장소를 통해 이 책과 다음 버전을 개선하기 위한 피드백 제공 방법도 살펴본다.

2장, C# 문법과 키워드 C# 버전을 소개하고 각 버전별로 어떤 기능이 제공되는지 설명한다. 앞으로 C# 언어를 다루면서 항상 마주하게 될 문법과 키워드를 알아본다. 특히 다양한 형식의 변수를 선언하고 다루는 방법을 배운다.

---

1   부피의 부담 때문이었는지 실제 원서는 '18장, 에필로그'로 종료하지만, 온라인에 추가 리소스를 18장에서 20장까지 영어로 제공하고 있다. 이 부분은 시간과 공간의 한계로 번역서에도 포함되지 않는다. – 옮긴이

3장, 흐름 제어 및 형식 변환 연산자를 사용해 코드 분기, 비교, C# 7에서 C# 10으로의 패턴 일치, 반복, 형식 간의 변환, 예외 처리를 위한 방어 코드 작성법을 배운다.

4장, 함수 작성, 디버깅, 테스트 명령형과 함수형 구현 스타일을 모두 사용해 재사용 가능한 함수를 작성해서 DRY^{Don't Repeat Yourself} 원칙을 따르는 방법을 설명한다. 디버깅 도구를 사용해 버그를 찾아 제거하고, 런타임 시 코드를 모니터링해 문제를 진단하고, 엄격한 테스트를 통해 버그를 제거해, 배포하기 전에 안정성과 신뢰성을 보장하는 방법을 배운다.

5장, OOP로 사용자 정의 형식 만들기 데이터를 저장하는 필드^{field}와 행동을 수행하는 메서드^{method}를 포함해 형식이 가질 수 있는 멤버의 모든 종류에 대해서 알아본다. 집합 aggregation이나 캡슐화^{encapsulation} 같은 OOP^{Object-Oriented Programming} 개념을 사용해 보고 튜플^{tuple} 구문이나 단순화된 out 변수, 기본 리터럴, 유추된 튜플 이름 등의 언어 기능을 배운다. record 키워드, init 전용 속성, C# 9에 도입된 with 표현식을 사용해 불변 형식을 정의하고 사용하는 방법을 배운다.

6장, 인터페이스 구현 및 클래스 상속하기 OOP를 사용해 이미 존재하는 형식으로부터 새로운 형식을 파생시키는 법을 알아본다. 연산자를 정의하는 방법과 지역 함수^{local function}, 델리게이트^{delegate}, 이벤트에 대해 배우며 기본 및 파생 클래스에 대한 인터페이스 구현 방법, 형식 멤버 재정의, 다형성^{polymorphism}, 확장 메서드^{extension method}와 상속 관계^{inheritance hierarchy} 클래스들 사이의 캐스팅, nullable 참조 타입 도입으로 인한 C# 8의 큰 변화를 살펴본다.

7장, .NET 형식을 패키징하고 배포하기 .NET 버전을 소개하고 새로운 라이브러리 기능을 도입한 버전을 설명하며 .NET 표준^{.NET Standard}을 준수하는 형식과 C#의 관계를 알아본다. 윈도우, 맥OS^{macOS}, 리눅스에서 코드를 작성하고 컴파일하는 방법을 배운다. 앱과 라이브러리를 패키징하고 배포하는 방법도 알아본다.

8장, 공용 .NET 형식 다루기 숫자 및 텍스트, 날짜 및 시간 조작, 컬렉션에 항목 저장, 네트워크 작업 및 이미지 조작, 국제화^{internationalization} 처리 같은 작업을 처리할 수 있는 형식을 설명한다.

9장, 파일, 스트림, 직렬화 사용하기 파일 시스템 다루기, 파일과 스트림을 읽고 쓰기, 텍스트 인코딩, JSON이나 XML 같은 직렬화 타입, System.Text.Json의 향상된 기능에 관해 배운다.

10장, 엔티티 프레임워크 코어로 데이터 다루기 엔티티 프레임워크 코어^{EF Core, Entity}

엔티티 프레임워크 코어^{EF Core, Entity Framework Core}라고 부르는 **객체 관계 매핑 기술**^{ORM, Object-Relational Mapping}을 사용해 마이크로소프트 SQL 서버, SQLite 같은 데이터베이스를 읽고 쓰는 방법을 다룬다. 테이블에 매핑되는 엔티티 모델을 정의하는 방법, 런타임에 테이블 및 데이터베이스를 생성할 수 있는 코드 주도^{Code First} 모델을 정의하는 방법을 알아본다.

11장, LINQ를 사용해 데이터 쿼리하고 조작하기 컬렉션의 아이템을 대상으로 필터링, 정렬 등의 작업을 처리하고 다른 출력으로 투영^{project}할 수 있게 하는 언어 확장인 **LINQ**^{Language Integrated Queries}를 다룬다. **병렬 LINQ**^{PLINQ, Parallel LINQ}와 LINQ to XML 같은 특수 기능을 배운다.

12장, 멀티태스킹으로 성능과 확장성 향상하기 성능, 확장성, 사용자 생산성을 높이고자 동시에 여러 작업을 처리하는 방법을 알아본다. async Main과 System.Diagnostics를 사용해 코드를 모니터링하고 성능과 효율성을 측정하는 방법을 배운다.

13장, C#과 .NET으로 만드는 실용적인 애플리케이션 C# 및 .NET으로 개발하는 크로스 플랫폼 애플리케이션 타입을 알아본다. 나머지 장에서 사용하는 Northwind 데이터베이스를 표현하는 EF 코어 모델도 빌드한다.

14장, ASP.NET Core Razor 페이지를 사용해 웹사이트 만들기 ASP.NET Core를 사용해 최신 HTTP 아키텍처로 서버에서 웹사이트를 개발할 때 필요한 내용을 다룬다. 작은 웹사이트 개발을 위해 동적 웹 페이지 생성을 간소화하는 Razor Pages라는 ASP.NET Core 기능과 HTTP 요청 및 응답 파이프라인 구축 방법을 배운다.

15장, 모델-뷰-컨트롤러 패턴을 이용한 웹사이트 개발 ASP.NET Core MVC를 사용해 규모가 크고 복잡한 웹사이트를 단위 테스트 및 유지 보수가 용이하도록 구축하는 방법을 다룬다. 구성, 인증, 라우트, 모델, 뷰, 컨트롤러에 대해 배운다.

16장, 웹 서비스 개발 및 사용하기 ASP.NET Core 웹 API를 사용해 백엔드 REST 아키텍처 웹 서비스를 만들고 인스턴스화된 HTTP 클라이언트를 사용해 이를 활용하는 방법을 알아본다.

17장, 블레이저로 사용자 인터페이스 만들기 블레이저^{Blazor}를 사용해 서버 또는 클라이언트 웹 브라우저에서 실행할 수 있는 사용자 인터페이스 구성 요소 개발 방법을 다룬다. 블레이저 서버와 블레이저 웹어셈블리^{WebAssembly} 간의 차이점과 두 모델 간 전환이 용이한 구성 요소 개발 방법을 알아본다.

번역서에 포함되지 않은 나머지 3개 추가 리소스와 연습문제 해답은 다음 링크에서 볼 수 있다.

https://static.packt-cdn.com/downloads/9781801077361_Bonus_Content.pdf

18장, 특수 서비스 개발 및 사용 gRPC를 사용해 서비스 구축, SignalR을 사용해 서버와 클라이언트 간의 실시간 통신 구현, OData를 사용해 EF 코어 모델 노출, 애저 함수^{Azure Function}를 사용해 트리거에 응답하는 클라우드 호스팅 기능을 소개한다.

19장, .NET MAUI를 사용해 모바일 및 데스크톱 앱 빌드 안드로이드^{Android}, iOS, 맥OS, 윈도우용 크로스 플랫폼 모바일 및 데스크톱 앱을 빌드하는 방법을 다룬다. 앱의 사용자 인터페이스를 정의하기 위한 XAML의 기본 사항을 배운다.

20장, 데이터 및 애플리케이션 보호 악의적인 사용자가 데이터를 보지 못하도록 암호화를 사용하는 방법, 해싱^{hashing} 및 서명을 사용해 조작 또는 손상되지 않도록 데이터를 보호하는 방법을 설명한다. 승인되지 않은 사용자로부터 애플리케이션을 보호하기 위한 인증 및 권한 부여에 대해 알아본다.

부록, 연습문제 해답 각 장 마지막의 문제에 대한 해답을 제공한다.

이 책을 최대한 활용하려면

이 책에서는 윈도우, 맥OS, 다양한 리눅스 배포판 등의 OS에서 비주얼 스튜디오 코드를 사용해 C#과 .NET 앱을 만들고 배포한다.

추가 온라인 리소스인 19장을 제외하면 비주얼 스튜디오 코드와 인터넷 연결이 된 OS

만으로 학습할 수 있다. 만약 윈도우나 맥OS의 비주얼 스튜디오, 또는 젯브레인스의 Rider 같은 도구를 선호한다면 사용해도 좋다.

iOS 앱을 컴파일하려면 맥OS 및 Xcode가 필요하다. 추가 온라인 리소스인 19장을 공부하려면 맥OS가 필요하다.

컬러 이미지 다운로드

이 책에서 사용된 스크린샷과 다이어그램의 컬러 이미지가 들어 있는 PDF 파일을 제공하고 있다. 컬러 이미지는 출력에서 달라진 점을 쉽게 이해하는 데 도움을 줄 것이다.

https://static.packt-cdn.com/downloads/9781801077361_ColorImages.pdf

사용된 규칙

독자의 이해를 돕고자 다루는 정보에 따라 글꼴 스타일을 다르게 적용했다. 이러한 스타일의 예제와 의미는 다음과 같다.

텍스트에서 코드 단어와 데이터베이스 테이블 이름, 폴더 이름, 파일 이름, 파일 확장자, 사용자 입력, 트위터 핸들은 다음과 같이 표시한다.

"Controllers, Models, Views 폴더는 ASP.NET Core 클래스들과 서버 실행을 위한 .cshtml 파일을 포함하고 있다."

코드 블록은 다음과 같이 표시한다.

```
// 인덱스 위치에 아이템을 저장한다.
names[0] = "Kate";
names[1] = "Jack";
names[2] = "Rebecca";
names[3] = "Tom";
```

코드 블록에서 좀 더 유심히 봐야 하는 줄이나 항목에는 볼드체를 사용한다.

```
// 인덱스 위치에 아이템을 저장한다.
  names[0] = "Kate";
  names[1] = "Jack";
  names[2] = "Rebecca";
    names[3] = "Tom";
```

명령행 입력이나 출력은 다음과 같이 표시한다.

```
dotnet new console
```

새로운 용어나 중요한 키워드는 **고딕체**로 표시한다. 예를 들면 애플리케이션의 메뉴나
대화 상자에 나오는 텍스트는 다음과 같이 표시한다.

"**다음** 버튼을 눌러서 다음 화면으로 넘어간다."

 경고나 중요한 내용은 이 박스로 표시한다.

 팁이나 요령은 이 박스로 표시한다.

문의

독자 의견은 언제나 환영이다.

일반적인 의견: 이 책의 제목을 메일 제목에 넣어 feedback@packtpub.com으로 이메
일을 보내면 된다. 이 책의 내용에 대한 질문이 있다면 questions@packtpub.com으로
이메일을 보내면 된다.

한국어판에 관한 질문은 이 책의 옮긴이나 에이콘출판사 편집 팀(editor@acornpub.co.kr)
으로 문의해 주길 바란다.

오탈자: 정확한 내용을 전달하기 위해 모든 노력을 기울였지만 실수가 있을 수 있다. 책에서 발견한 오류를 알려 준다면 감사하겠다. www.packtpub.com/submit-errata에 방문해서 이 책을 선택한 후 Errata Submission Form 링크를 클릭하고 자세한 내용을 넣어 주길 바란다.

한국어판은 에이콘출판사의 도서정보 페이지(http://www.acornpub.co.kr/book/csharp10-dotnet6)에서 찾아볼 수 있다.

저작권 침해: 인터넷에서 어떤 형태로든 팩트 책의 불법 복제본을 발견한다면 주소나 웹사이트 이름을 알려 주면 감사하겠다. 불법 복제본의 링크를 copyright@packtpub.com으로 보내 주길 바란다.

저자 신청: 독자가 전문 지식을 가진 분야의 책을 쓰거나 기여하는 데 관심이 있다면 authors.packtpub.com을 방문하길 바란다.

01

C# 그리고 .NET 만나기

1장은 C# 개발 환경 준비에 관한 내용이다. 그리고 모던 .NET^{Modern .NET}, .NET 코어^{.NET Core}, .NET 프레임워크^{.NET Framework}, 모노^{Mono}, 자마린^{Xamarin}, .NET 표준^{.NET Standard} 간의 유사점과 차이점을 짚어 보며, 마이크로소프트 비주얼 스튜디오 코드를 사용해 간단한 C# 10 및 .NET 6 프로그램도 만들어 본다. 또한 문제를 만났을 때 도움말을 찾는 방법도 살펴본다.

이 책의 깃허브 저장소에는 전체 애플리케이션에 대한 솔루션과 폴리글랏^{Polyglot} 노트북용 dib 파일, 데이터베이스 스크립트 등이 들어 있다.

https://github.com/markjprice/cs10dotnet6

해당 링크로 이동한 뒤에 키보드의 점(.)을 누르거나 링크의 .com을 .dev로 바꾸고 이동하면 그림 1.1과 같이 웹용 비주얼 스튜디오 코드를 사용한 라이브 에디터가 실행된다.

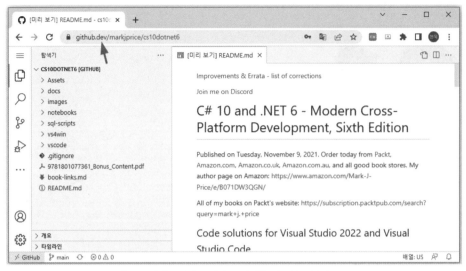

그림 1.1 깃허브 저장소 라이브 편집용 비주얼 스튜디오 코드

이 책을 공부할 때는 선택한 코드 편집기를 실행해 두면 편하다. 코드를 솔루션 코드와 비교하고 필요한 경우 쉽게 복사해 붙여 넣을 수 있다.

이 책에서 **모던 .NET**이라는 용어는 .NET 6 및 .NET 코어에서 제공하는 .NET 5와 같은 이전 버전을 가리키며 **레거시 .NET**legacy .NET은 .NET 프레임워크, 모노, 자마린, .NET 표준을 가리킨다. 모던 .NET은 이러한 레거시 플랫폼과 표준을 통합한 것이다.

첫 번째 장을 제외하면 이 책은 크게 세 부분으로 나눌 수 있다. 첫째, C# 언어의 문법과 어휘, 둘째, 앱을 만들기 위해 .NET에서 사용 가능한 타입, 셋째, C# 및 .NET을 사용해 만들 수 있는 일반적인 크로스 플랫폼 앱의 사례다.

대부분 복잡한 내용을 공부할 때 가만히 앉아서 지루한 이론 설명만 읽기보다는 직접 따라하고 반복하면서 배우는 것을 좋아한다. 이 책에서도 모든 키워드keyword와 각각의 단계를 장황하게 설명하는 것이 아니라 직접 코드를 작성하고 컴파일하면서 프로그램을 실행해 볼 수 있도록 도울 것이다.

아직은 이 모든 것이 어떻게 동작하는지 상세히 알 필요는 없다. 앱을 만들어 보고 시간이 지나면서 책에서 다루는 내용보다 더 많은 것을 자연스레 알게 될 것이다.

1755년 영어 사전^{English Dictionary}의 저자인 사무엘 존슨^{Samuel Johnson}은 서문에 "매끄럽지 못하고, 부끄러운 실수들로부터 자유로울 수 없었다"라고 말했다. 이 책 역시 마찬가지 일 수 있다. 여기에 큰 책임을 느끼면서 C#, .NET과 같이 빠르게 발전하는 기술과 이 기술을 활용해 만들 수 있는 앱에 대한 책을 펴내는 것이 새로운 바람을 일으키는 계기가 되기 바란다.

1장에서 다루는 항목은 다음과 같다.

- 개발 환경 구성

- .NET 이해하기

- 비주얼 스튜디오 2022로 콘솔 앱 만들기

- 비주얼 스튜디오 코드로 콘솔 앱 만들기

- 폴리글랏 노트북 살펴보기

- 프로젝트 폴더 및 파일 구성

- 이 책의 깃허브 저장소 활용 방법

- 도움말 찾기

개발 환경 구성

본격적으로 프로그래밍을 시작하기 전에 C# 코드를 작성하고 편집할 수 있는 에디터가 필요하다. 마이크로소프트는 다음과 같은 **통합 개발 환경**^{IDE, Integrated Development Environment}을 지원한다.

- 윈도우^{Windows}용 비주얼 스튜디오 2022

- 맥^{Mac}용 비주얼 스튜디오 2022

- 윈도우, 맥, 리눅스^{Linux}용 비주얼 스튜디오 코드

- 깃허브 Codespaces

이 외에도 젯브레인스 라이더^{JetBrains Rider}같이 C# 코드를 작성할 수 있는 서드파티 제품도 있다.

적합한 도구 및 애플리케이션 선택

C# 및 .NET 학습에 가장 적합한 도구 및 애플리케이션은 무엇일까?

학습할 때 가장 좋은 도구는 코드와 구성을 만드는 데 도움을 주면서 그 뒤에서 일어나는 일을 숨기지 않는 도구다. IDE는 사용하기 쉬운 그래픽 사용자 인터페이스를 제공하지만 내부에서 일어나는 일을 알기 어렵다. 배우는 동안은 코드 작성에 도움을 주지만 너무 많은 자동화를 제공하지 않는 코드 편집기가 더 나은 선택이다.

하지만 최고의 도구는 이미 친숙하거나 여러분이 일상에서 사용 중인 도구라는 것도 사실이다. 따라서 비주얼 스튜디오 코드, 윈도우용 비주얼 스튜디오, 맥용 비주얼 스튜디오 또는 젯브레인스 라이더를 포함한 C# 코드 편집기 또는 IDE를 자유롭게 선택해도 좋다.

이 책의 원서 3판에서는 모든 코드 작업에 대해 윈도우용 비주얼 스튜디오와 비주얼 스튜디오 코드별로 자세한 설명을 제공했기 때문에 복잡하고 혼란스러웠다. 이번 6판에서는 윈도우용 비주얼 스튜디오 2022와 비주얼 스튜디오 코드의 프로젝트 생성 방법을 1장에서만 자세히 설명하고 나머지 장에서는 각 도구별로 다른 점에 대해서만 간단히 설명한다.

C# 언어 및 많은 .NET 라이브러리를 학습하기 위한 적합한 애플리케이션은 불필요한 코드로 주의를 분산시키지 않아야 한다. 예를 들어, switch 문을 배우고자 윈도우 데스크톱 애플리케이션 전부나 웹사이트를 만들 필요는 없다.

따라서 1장부터 12장까지는 콘솔 애플리케이션을 만들어 본다. 13장에서 19장까지는 웹사이트, 서비스, 그래픽 데스크톱, 모바일 앱을 만든다. 추가 온라인 리소스로 제공되는 18장, 19장은 번역서에 제공되지 않는다.

폴리글랏 노트북 확장의 장점과 단점

비주얼 스튜디오 코드의 또 다른 장점은 폴리글랏 노트북 확장이다.[1] 이 확장으로 간단하고 쉽게 코드 조각을 작성할 수 있다. 이를 통해 마크다운^{Markdown}의 셀^{cell}과 C# 및 파워셸^{PowerShell}, F# 및 SQL(데이터베이스용)과 같은 다른 언어를 사용하는 코드를 혼합해 단일 노트북 파일을 만들 수 있다.

폴리글랏 노트북에는 몇 가지 제약이 있다.

- ReadLine과 ReadKey 등을 사용해 입력 값을 읽을 수 없다.

- 매개 변수를 전달할 수 없다.

- 고유한 네임스페이스를 정의할 수 없다.

- 현재는 디버깅 도구를 제공하지 않는다.

크로스 플랫폼 개발에 비주얼 스튜디오 코드 사용하기

가장 현대적이고 가벼우면서 마이크로소프트 IDE 중 유일하게 크로스 플랫폼^{cross-platform}을 지원하는 건 비주얼 스튜디오 코드다. 비주얼 스튜디오 코드는 윈도우, 맥OS^{MacOS}뿐만 아니라 레드햇 엔터프라이즈 리눅스^{Red Hat Enterprise Linux}, 우분투^{Ubuntu} 같은 다양한 리눅스 배포판에서도 잘 동작한다.

비주얼 스튜디오 코드는 C# 외에도 많은 언어를 지원하는 확장 세트가 풍부하고 계속 증가하고 있기 때문에 최신 크로스 플랫폼 개발에 적합하다.

크로스 플랫폼을 지원하고 가볍기 때문에 버그 수정을 신속하게 하기 위해 모든 배포 대상 플랫폼에 설치할 수 있다. 비주얼 스튜디오 코드를 선택하면 개발자가 크로스 플랫폼 코드 편집기를 사용해 크로스 플랫폼 앱을 개발할 수 있다.

---

1   .NET 인터랙티브 노트북 확장의 이름은 2022년 11월에 폴리글랏 노트북이라는 이름으로 변경되었다. 확장 이름만 변경됐을 뿐 .NET 인터랙티브라는 엔진 이름은 동일하다. 다음 링크를 참고하자. — 옮긴이
    https://devblogs.microsoft.com/dotnet/dotnet-interactive-notebooks-is-now-polyglot-notebooks/

아직까지는 모바일 및 데스크톱 개발에 대한 지원이 약하지만 웹 개발에 대한 강력한 지원을 제공한다. 비주얼 스튜디오 코드는 ARM 프로세서에서 지원되므로 애플 실리콘^{Silicon} 및 라즈베리 파이에서 개발할 수 있다.

비주얼 스튜디오 코드는 스택 오버플로^{Stack Overflow} 2021 설문 조사에서 개발자의 70% 이상 지지를 받은 가장 인기 있는 통합 개발 환경이다.

클라우드 개발을 위한 깃허브 Codespaces

깃허브 Codespaces는 클라우드에서 호스팅되고 모든 웹 브라우저를 통해 접근할 수 있는 비주얼 스튜디오 코드를 기반으로 하는 개발 환경이다. 깃 저장소, 확장 및 내장된 명령줄 인터페이스를 지원하므로 모든 장치에서 편집, 실행, 테스트를 수행할 수 있다.

맥용 비주얼 스튜디오 2022

맥용 비주얼 스튜디오 2022는 콘솔 앱, 웹사이트, 웹 서비스, 데스크톱, 모바일 앱을 비롯한 대부분의 애플리케이션을 만들 수 있다.

아이폰, 아이패드와 같은 장치에서 실행되도록 iOS용 앱을 컴파일하려면 맥OS에서만 실행되는 Xcode가 있어야 한다.

윈도우용 비주얼 스튜디오

윈도우용 비주얼 스튜디오 2022는 콘솔 앱, 웹사이트, 웹 서비스, 데스크톱, 모바일 앱을 비롯한 대부분의 애플리케이션을 만들 수 있다. 자마린 확장과 함께 윈도우용 비주얼 스튜디오 2022를 사용해 크로스 플랫폼 모바일 앱을 작성할 수 있지만 컴파일하려면 여전히 맥OS 및 Xcode가 필요하다.

비주얼 스튜디오 2022는 윈도우 7 SP1 이상에서만 실행된다. 마이크로소프트 스토어에서 설치되고 컴퓨터 보호를 위해 샌드박스 환경에서 실행되는 **UWP**^{Universal Windows Platform} 앱을 만들려면 윈도우 10 또는 윈도우 11이 필요하다.

이 책에서 사용한 개발 환경

책의 코드를 쓰고 테스트한 환경은 다음과 같다.

- HP Specter 노트북

- 애플 실리콘 맥 미니(M1) 데스크톱

- 라즈베리 파이 400(ARM v8) 데스크톱

사용한 소프트웨어는 다음과 같다.

- 비주얼 스튜디오 코드

    - 맥OS

    - 윈도우 10

    - 우분투 64

- 비주얼 스튜디오 2022

    - 윈도우 10

- 맥용 비주얼 스튜디오 2022

    - 맥OS

위 사양 중 어느 하나만 사용하더라도 C#과 .NET의 기본을 익히고 실용적인 앱과 웹사이트를 만들 수 있지만, 플랫폼의 차이를 알면 개발 과제에 대한 이해도를 높일 수 있기 때문에 가능하면 다양한 하드웨어와 소프트웨어를 사용해 보는 것이 좋다.

 추가 정보: 다음 링크에서 우분투 데스크톱 64와 라즈베리 파이 400을 사용해 C# 및 .NET 코드 작성 방법을 배울 수 있다.

https://github.com/markjprice/cs9dotnet5-extras/blob/main/raspberry-pi-ubuntu64/README.md

크로스 플랫폼 배포

선택한 IDE와 OS가 배포 대상까지 제한하는 것은 아니다. .NET 6는 현재, 아래의 플랫폼들에 대한 배포를 지원하고 있다.

- 윈도우: 윈도우 7 SP 1 이상, 윈도우 11을 포함한 윈도우 10 버전 1607 이상, 윈도우 서버 2012 R2 SP1 이상, 나노 서버 버전 1809 이상

- 맥: 맥OS 모하비Mojave(버전 10.14) 이상

- 리눅스: Alpine 리눅스 3.13 이상, CentOS7 이상, Debian 10 이상, Fedora 32 이상, openSUSE 15 이상, 레드햇 엔터프라이즈 리눅스RHEL 7 이상, SUSE 엔터프라이즈 리눅스 12 SP2 이상, 우분투 16.04, 18.04, 20.04 이상

- 안드로이드: API 21 이상

- iOS: 10 이상

.NET 5 이상에서 윈도우 ARM64를 지원한다는 것은 마이크로소프트 서피스 프로 X와 같은 윈도우 ARM 장치에서 개발과 배포가 가능하다는 것을 의미한다. 하지만 패러렐즈Parallels 및 윈도우 10 ARM 가상 머신을 사용해 애플 M1 맥에서 개발하는 속도가 두 배 빠르다.

윈도우용 비주얼 스튜디오 2022 설치하기

수많은 전문 개발자가 일상적인 개발 업무에서 윈도우용 비주얼 스튜디오 2022를 사용하고 있다. 이 책의 예제들을 따라하는 데 비주얼 스튜디오 코드를 선택했더라도 윈도우용 비주얼 스튜디오 2022에도 익숙해지는 것이 좋다.

윈도우 컴퓨터가 없는 경우 맥OS, 리눅스에 비주얼 스튜디오 코드 설치 방법을 배우는 다음 절로 건너뛰어도 좋다.

마이크로소프트는 2014년 10월부터 학생, 오픈소스 기여자, 개인이 무료로 사용할 수

있는 전문가 수준의 윈도우용 비주얼 스튜디오를 커뮤니티 에디션이라는 이름으로 제공하고 있다. 이 책의 예제들은 커뮤니티 에디션을 비롯한 그 외의 에디션에서도 사용할 수 있다. 이제 비주얼 스튜디오 2022를 설치해 보자.

1. 다음 링크에서 비주얼 스튜디오 2022 커뮤니티를 다운로드한다.

   https://visualstudio.microsoft.com/ko/downloads/

2. 설치 프로그램을 시작한다.

3. **워크로드** 탭에서 다음 항목을 선택한다.

   ○ ASP.NET 및 웹 개발

   ○ 애저Azure 개발

   ○ .NET 데스크톱 개발

   ○ C++를 사용한 데스크톱 개발

   ○ 유니버설 윈도우 플랫폼 개발

   ○ .NET을 사용한 모바일 개발

4. **개별 구성 요소** 탭의 **코드 도구** 탭에서 다음 항목을 선택한다.

   ○ 클래스 디자이너

   ○ Git for Windows

   ○ PreEmptive Protection - Dotfuscator

5. **설치**를 누르고 완료될 때까지 기다린다.

6. 설치가 완료되면 **시작**을 누른다.

7. 비주얼 스튜디오를 처음 시작하면 로그인 창이 뜬다. 마이크로소프트 계정이 있다면 해당 계정을 사용하고 그렇지 않다면 다음 링크에서 새로 등록한다.

   https://signup.live.com

8. 비주얼 스튜디오를 처음 시작하면 '친숙한 환경에서 시작' 창이 나타난다. **개발 설정** 은 Visual C#을 선택하고 색 테마 선택에서는 선호하는 색상을 선택한다.

9. 바로 가기 키를 사용자 지정하고 싶다면 **도구 > 옵션…**으로 이동한 다음, 환경에서 **키보드**를 선택한다.

윈도우용 비주얼 스튜디오 키보드 바로 가기 키

바로 가기 키는 종종 사용자가 변경해서 사용하는 경우가 있기 때문에 이 책에서는 가능하면 일관되고 공통적인 경우일 때만 표시하고 있다. 바로 가기 키를 확인하고 사용자 지정하고 싶다면 다음 링크를 참고하자.

https://docs.microsoft.com/ko-kr/visualstudio/ide/identifying-and-customizing-keyboard-shortcuts-in-visual-studio?view=vs-2022

비주얼 스튜디오 코드 설치하기

비주얼 스튜디오 코드는 지난 몇 년간 빠르게 개선되고 있으며 마이크로소프트도 그 인기에 놀라고 있다. 다음 버전의 최신 기능을 빨리 보고 싶다면 일일 빌드 버전인 인사이더Insiders 에디션을 사용할 수 있다. 주 개발 도구로 비주얼 스튜디오 2022를 사용하더라도 비주얼 스튜디오 코드와 .NET 코어 명령행 도구 사용법도 같이 배워 두는 것이 좋다.

개발에 비주얼 스튜디오 2022를 사용할 계획이더라도 비주얼 스튜디오 코드를 설치해서 1장의 코딩 연습을 해본 뒤에 책의 나머지 부분에서 비주얼 스튜디오 2022를 계속 사용할지 여부를 결정하는 것이 좋다.

이제 비주얼 스튜디오 코드, .NET SDK, C#, 폴리글랏 노트북 확장을 다운로드하고 설치해 보자.

1. 다음 링크에서 비주얼 스튜디오 코드의 안정stable 버전 또는 인사이더 버전을 다운 로드하고 설치한다.

   https://code.visualstudio.com/

    추가 정보: 비주얼 스튜디오 코드 설치에 대한 추가 도움이 필요하면 다음 링크에서 공식 설치 가이드를 볼 수 있다.

   https://code.visualstudio.com/docs/setup/setup-overview

2. 다음 링크에서 버전 3.1, 5.0, 6.0에 대한 .NET SDK를 다운로드하고 설치한다.[2]

   https://dotnet.microsoft.com/ko-kr/download

    .NET SDK 제어 방법을 완전히 배우려면 여러 버전이 필요하다. .NET 코어 3.1, .NET 5.0, .NET 6.0은 현재 지원되는 세 가지 버전이며, 여러 버전을 안전하게 설치할 수 있고 필요한 버전을 사용하는 방법을 배우게 된다.

3. C# 확장을 설치하려면 먼저 비주얼 스튜디오 코드를 실행한다.

4. 비주얼 스튜디오 코드에서 **Extensions** 아이콘을 클릭하거나 메뉴에서 **View >** **Extensions**로 이동한다.

5. C#는 가장 인기 있는 확장 중 하나이므로 목록 상단에서 볼 수 있다. 또는 검색 상자에 C#을 입력한다.

6. **Install**을 클릭하고 패키지가 설치될 때까지 기다린다.

7. **폴리글랏 노트북** 확장을 설치하기 위해 검색 상자에 Polyglot Interactive를 입력한다.

8. **Install**을 클릭하고 설치될 때까지 기다린다.

---

2   이 책의 원서는 .NET 6 기준이므로 .NET 6(장기 지원)를 다운로드한다. – 옮긴이

다른 확장 설치

이 책에서는 더 많은 확장 기능을 사용한다. 지금 설치하려면 다음 표를 참고한다.

확장 이름 및 식별자	설명
C# for Visual Studio Code(powered by OmniSharp) `ms-dotnettools.csharp`	구문 강조 표시, 인텔리센스(IntelliSense), 정의로 이동, 모든 참조 찾기, .NET 디버깅 지원, 윈도우, 맥OS 및 리눅스의 csproj 프로젝트 지원을 포함한 C# 편집 지원.
.NET Interactive Notebooks `ms-dotnettools.dotnet-interactive-vscode`	이 확장은 비주얼 스튜디오 코드 노트북에서 .NET 인터랙티브를 사용하기 위한 지원을 추가한다. 주피터(Jupyter) 확장(ms-toolsai.jupyter)에 대한 종속성이 있다.
MSBuild project tools `tinytoy.msbuild-project-tools`	〈PackageReference〉 요소에 대한 자동 완성을 포함해 MSBuild 프로젝트 파일용 IntelliSense를 제공한다.
REST Client `humao.rest-client`	비주얼 스튜디오 코드에서 HTTP 요청을 보내고 응답을 볼 수 있다.
ILSpy .NET Decompiler `icsharpcode.ilspy-vscode`	MSIL 어셈블리 디컴파일 - 모던 .NET, .NET 프레임워크, .NET 코어 및 .NET 표준을 지원한다.
Azure Functions for Visual Studio Code `ms-azuretools.vscode-azurefunctions`	VS 코드에서 직접 서버리스 앱을 생성, 디버그, 관리, 배포한다. 애저 계정(ms-vscode.azure-account) 및 애저 리소스(ms-azuretools.vscode-azureresourcegroups) 확장에 대한 종속성이 있다.
GitHub Repositories `github.remotehub`	비주얼 스튜디오 코드에서 원격 깃허브 저장소를 연결해 검색, 편집, 커밋한다.
SQL Server (mssql) for Visual Studio Code `ms-mssql.mssql`	마이크로소프트 SQL 서버, 애저 SQL 데이터베이스, SQL 데이터 웨어하우스를 어디서나 개발할 수 있도록 다양한 기능을 제공한다.
Protobuf 3 support for Visual Studio Code `zxh404.vscode-proto3`	구문 강조, 유효성 검사, 코드 조각, 코드 완성, 코드 서식 지정, 중괄호 일치, 줄 및 블록 주석 달기 등을 지원한다.

비주얼 스튜디오 코드 버전 이해하기

마이크로소프트는 거의 매달 비주얼 스튜디오 코드의 새 기능 버전을 배포하고 있으며 버그 수정은 더 자주 배포한다.

- 버전 1.59, 2021년 8월 기능 배포

- 버전 1.59.1, 2021년 버그 수정 배포

이 책은 1.59 버전을 사용하지만, 비주얼 스튜디오 코드 버전은 조금 뒤에 설치할 비주얼 스튜디오 코드 C# 확장 버전보다 덜 중요하다.

C# 확장이 필수는 아니지만 코드 입력 시 인텔리센스 지원, 코드 탐색, 디버깅 기능을 제공하므로 최신 C# 기능을 손쉽게 사용할 수 있도록 설치 및 업데이트를 유지하는 것이 좋다.

비주얼 스튜디오 코드 키보드 단축키

운영체제마다 다른 키보드 단축키는 이 책에 가급적 표시하지 않았다. 키보드 단축키를 표시하는 경우는, 예를 들어 디버깅하는 동안 반복적으로 키를 눌러야 하는 경우, OS와 무관하게 동일한 키를 사용하는 경우다.

비주얼 스튜디오 코드에 대한 단축키를 사용자 지정하려면 다음 링크를 참고한다.

https://code.visualstudio.com/docs/getstarted/keybindings

다음 링크에서 여러분이 사용하는 OS의 키보드 단축키 PDF를 다운로드하는 것이 좋다.

- 윈도우: https://code.visualstudio.com/shortcuts/keyboard-shortcuts-windows.pdf

- 맥OS: https://code.visualstudio.com/shortcuts/keyboard-shortcuts-macos.pdf

- 리눅스: https://code.visualstudio.com/shortcuts/keyboard-shortcuts-linux.pdf

⠏ .NET 이해하기

.NET 6, .NET 프레임워크, .NET 코어, 자마린은 개발자가 애플리케이션 및 서비스를 만들 수 있게 하는 서로 연관되며 중첩된 플랫폼들이다. 이번에는 이들 각각의 .NET 개념을 소개한다.

.NET 프레임워크 이해하기

.NET 프레임워크는 개발 플랫폼으로, 코드 실행을 관리하는 **공용 언어 런타임**CLR, Common Language Runtime과 프로그램을 빌드하기 위한 풍부한 **기반 클래스 라이브러리**BCL, Base Class Library를 포함한다. 마이크로소프트는 크로스 플랫폼을 지원하도록 .NET 프레임워크를 설계했지만, 실제 구현은 윈도우에서 잘 동작하도록 하는 데 집중했다.

.NET 프레임워크는 4.5.2부터 윈도우 OS의 공식 구성 요소였다. 구성 요소는 상위 제품과 동일한 지원을 제공하므로 4.5.2 이상은 설치된 윈도우 OS의 수명 주기 정책을 따른다. .NET 프레임워크는 10억 대가 넘는 컴퓨터에 설치돼 있으므로 가능한 한 적게 변경되며, 버그 수정 역시 문제를 일으킬 수 있으므로 자주 업데이트되지 않는다.

.NET 프레임워크 4.0 이상에서 .NET 프레임워크로 개발된 모든 앱은 **전역 어셈블리 캐시**GAC, Global Assembly Cache에 저장된 동일한 버전의 **CLR** 및 라이브러리를 공유하므로 만약 일부 앱이 특정 버전의 호환성을 요구하는 경우 문제가 발생할 수 있다.

> 💡 **좋은 습관:** .NET 프레임워크는 윈도우 전용이며 레거시 플랫폼이다. .NET 프레임워크로 새로운 애플리케이션을 만들지 않는 것이 좋다.

모노, 자마린, 유니티 프로젝트 이해하기

모노Mono 프로젝트는 마이크로소프트가 아닌 서드 파티에서 .NET을 구현한 결과물이다. 모노는 크로스 플랫폼이지만 .NET 프레임워크의 사양을 정확히 구현하지는 못했다.

모노는 **자마린** 모바일 플랫폼뿐만 아니라 크로스 플랫폼 개발 플랫폼인 **유니티**^{Unity}의 기반이 됐다.

마이크로소프트는 2016년에 자마린을 사들였고, 높은 가격에 판매됐던 자마린 확장 기능을 비주얼 스튜디오에서 무료로 제공하고 있다. 마이크로소프트는 모바일 앱만 만들 수 있었던 자마린 스튜디오의 이름을 맥용 비주얼 스튜디오로 바꾸고, 콘솔 앱과 웹 서비스 같은 다른 유형의 프로젝트도 개발할 수 있도록 기능을 추가했다. 맥용 비주얼 스튜디오 2022에서는, 자마린 스튜디오 편집기의 일부를 윈도우용 비주얼 스튜디오에서 사용되던 것으로 교체하면서 사용자 경험과 성능을 개선했다. 맥용 비주얼 스튜디오 2022는 진정한 네이티브 맥OS UI 앱으로 재작성돼 안정성을 개선하고 맥OS에서 기본으로 제공하는 보조 기술과 함께 작동한다.

.NET 코어 이해하기

지금은 크로스 플랫폼^{cross-platform}의 시대다. 모바일과 클라우드 개발에 관심이 집중되면서 윈도우는 예전에 비해 그 중요성이 줄어들고 있다. 그래서 마이크로소프트는 .NET과 윈도우의 밀접한 관계를 떼어놓고 싶었다. 마이크로소프트는 크로스 플랫폼을 지원하도록 .NET 프레임워크를 다시 개발하면서 더 이상 핵심으로 여겨지지 않는 주요 부분들을 제거하고 리팩토링했다.

새로운 결과물은 .NET 코어라는 이름을 갖게 됐으며, 여기에는 CLR의 크로스 플랫폼 구현인 CoreCLR과 간소화된 클래스 라이브러리인 CoreFX가 포함돼 있다.

마이크로소프트의 파트너 디렉터 프로그램 매니저인 스캇 헌터^{Scott Hunter}는 ".NET 코어 사용자의 40%는 플랫폼을 처음 접하는 개발자들이며, 이것이 우리가 .NET 코어를 만든 이유다. 우리는 새로운 사람들을 끌어들이고 싶다"라고 말했다.

.NET 코어는 사이드 바이 사이드^{side by side} 방식으로 앱과 배포되므로 자주 변경될 수 있다. 이러한 변경이 동일한 컴퓨터에 설치된 다른 .NET 코어 앱에는 영향을 미치지 않기 때문이다. 마이크로소프트가 .NET 코어 및 모던 .NET에 적용하는 대부분의 개선 사항은 쉽게 추가될 수 없다.

.NET 로드맵

2020년 5월 마이크로소프트 빌드 개발자 콘퍼런스에서 .NET 팀은 .NET 통합 계획이 연기된다고 발표했다. 그들은 .NET 5가 2020년 11월 10일에 출시될 것이며 모바일을 제외한 모든 다양한 .NET 플랫폼을 통합할 것이라고 했다. 모바일이 통합 .NET 플랫폼에서 지원되는 것은 2021년 11월 .NET 6부터 가능할 것이다.

.NET 코어는 .NET으로 이름이 바뀌었고 .NET 프레임워크 4.x와의 혼동을 피하기 위해 주 버전 번호는 숫자 4를 건너뛰었다. 애플이 매년 9월에 iOS의 주요 버전 번호를 출시하는 것과 달리 마이크로소프트는 매년 11월에 주요 버전을 출시할 계획이다.

다음 표는 모던 .NET의 주요 버전이 배포된 시기 및 향후 배포 일정을 보여 준다.

버전	배포 시기 및 향후 일정
.NET Core RC1	2015년 11월
.NET Core 1.0	2016년 6월
.NET Core 1.1	2016년 11월
.NET Core 1.0.4 및 .NET Core 1.1.1	2017년 3월
.NET Core 2.0	2017년 8월
UWP용 .NET Core(Windows 10 Fall Creators Update)	2017년 10월
.NET Core 2.1(LTS)	2018년 3월
.NET Core 2.2(Current)	2018년 12월
.NET Core 3.0(Current)	2019년 9월
.NET Core 3.1(LTS)	2019년 12월
Blazor WebAssembly 3.2(Current)	2020년 5월
.NET 5.0(Current)	2020년 11월
.NET 6.0(LTS)	2021년 11월
.NET 7.0(Current)	2022년 11월
.NET 8.0(LTS)	2023년 11월

.NET 코어 3.1에는 웹 구성 요소 빌드를 위해 블레이저 서버가 포함된다. 블레이저 웹 어셈블리도 해당 버전에 배포될 예정이었지만 지연됐고 나중에 .NET 코어 3.1의 선택적 추가 기능으로 배포됐다. .NET 코어 3.1 LTS에서 제외되면서 3.2로 버전이 지정됐기 때문에 위 표에 포함시켰다.

.NET 지원

.NET 버전은 다음 설명처럼 **장기 지원**^{LTS, Long-Term Support} 또는 **현재**^{current} 버전 배포로 구분된다.[3]

- **LTS** 배포는 안정적이며 지원 기간 동안 업데이트를 해야 할 필요가 적다. 따라서 업데이트를 최소화하려는 애플리케이션에 좋은 선택이다. LTS 배포는 정식 출시 후 3년 또는 다음 LTS 배포 후 1년 중 더 긴 기간 동안 지원된다.

- **현재 버전** 배포는 피드백에 따라 변경될 수 있는 기능이 포함된다. 최신 개선 사항을 사용할 수 있으므로 현재 개발 중인 애플리케이션에 적합하다. 6개월의 유지 관리 기간 후 또는 정식 출시 후 18개월이 지나면 이전 마이너 버전은 더 이상 지원하지 않는다.

둘 다 보안 및 안정성을 위해 생명 주기 동안 주요 수정 사항에 대한 지원을 받을 수 있다. 지원을 받으려면 최신 패치를 설치해야 한다. 예를 들어 시스템이 1.0을 실행 중이고 1.0.1이 배포된 경우 지원을 받으려면 1.0.1을 설치해야 한다.

현재 버전과 LTS 중 어느 것을 선택해야 하는지 이해하려면 그림 1.2를 통해 시각적으로 확인하는 것이 좋다. 3년 길이의 검은색 막대는 LTS 배포를 나타낸다. 현재 버전 배포는 새 메이저, 또는 마이너 배포 후 지원 가능한 6개월을 크로스 무늬로 표시한 가변 길이 회색 막대다.

---

[3] current 버전은 표준 기간 지원(STS, Standard Term Support)이라는 용어로 대체됐다(https://dotnet.microsoft.com/ko-kr/download/dotnet). - 옮긴이

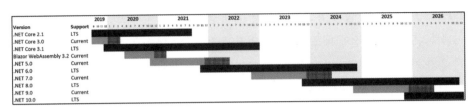

그림 1.2 다양한 버전 지원

예를 들어, .NET 코어 3.0 버전을 사용해서 프로젝트를 만들었고 마이크로소프트가 2019년 12월에 .NET 코어 3.1을 배포하는 경우 2020년 3월까지 프로젝트를 .NET 코어 3.1로 업그레이드해야 한다. .NET 5.0 이전에는 현재 버전의 유지 관리 기간이 3개월에 불과했다.

마이크로소프트의 장기 지원을 받고 싶다면 .NET 6.0을 선택하고 이를 .NET 8.0이 출시될 때까지 유지한다. .NET 7.0이 현재 버전이므로 .NET 6.0보다 먼저 지원이 중단되기 때문이다. LTS 버전을 사용하더라도 6.0.1과 같은 버그 수정 버전으로 업그레이드는 필요하다.

모든 .NET 코어와 모던 .NET 버전은 다음 일부를 제외하고 지원 종료에 도달했다.

- .NET 5.0은 2022년 3월에 지원 종료됐다.

- .NET 코어 3.1은 2022년 12월 3일에 지원 종료됐다.

- .NET 6.0은 2024년 11월에 지원 종료된다.

.NET 런타임과 .NET SDK 버전

.NET 런타임 버전 관리는 유의적 버전^semantic version^ 체계를 따른다. 즉 주^major^ 번호의 증가는 주요 변경 사항을 나타내고, 부^minor^ 번호의 증가는 새 기능을 나타내고, 패치 번호의 증가는 버그 수정을 나타낸다.

.NET SDK 버전 관리는 유의적 버전 체계를 따르지 않는다. 주 번호 및 부 번호는 일치하는 런타임 버전에 연결된다. 패치 번호는 SDK의 주 버전과 부 버전을 나타내는 규칙

을 따른다. 다음 표에 예시가 있다.

변경 사항	런타임 버전	SDK 버전
최초 배포	6.0.0	6.0.100
SDK 버그 수정	6.0.0	6.0.101
런타임 및 SDK 버그 수정	6.0.1	6.0.102
SDK 기능 변경	6.0.1	6.0.200

이전 버전 제거하기

.NET 런타임 업데이트는 6.x와 같은 주요 버전과 호환되며, .NET SDK 업데이트 릴리스는 이전 버전의 런타임을 대상으로 애플리케이션을 개발할 수 있도록 기능을 유지하므로 이전 버전의 안전한 제거를 가능하게 한다.

다음 명령으로 어떤 SDK와 런타임이 설치돼 있는지 확인할 수 있다.

- `dotnet --list-sdks`

- `dotnet --list-runtimes`

윈도우에서 .NET SDK를 제거하려면 **앱 및 기능**을 선택한다. 맥OS 또는 윈도우에서 dotnet-core-uninstall 도구를 사용할 수도 있다. 이 도구는 기본으로 설치되지 않는다.

예를 들어, 가장 최근 버전을 제외하고 모든 미리보기 버전을 제거하는 다음 명령을 나는 책을 쓰는 동안 매달 실행했다.

```
dotnet-core-uninstall remove --all-previews-but-latest --sdk
```

모던 .NET의 차이점

모던 .NET은 모든 것을 합쳐 놓은 모놀리식^{monolithic} 레거시 .NET 프레임워크에 비해 모듈로 구성돼 있다. 오픈소스이며 마이크로소프트는 공개 상태에서 개선 및 변경 사항을 결정한다. 마이크로소프트는 모던 .NET의 성능 개선을 위해 특별한 노력을 기울였다.

모던 .NET은 레거시 및 비^{non}크로스 플랫폼 기술이 제거됐으므로 .NET 프레임워크의 마지막 버전보다 작다. 예를 들어, 윈도우 폼 및 **WPF**^{Windows Presentation Foundation}는 **GUI**^{graphical user interface} 애플리케이션을 빌드하는 데 사용할 수 있지만 윈도우 환경과 밀접하게 연결돼 있으므로 맥OS 및 리눅스의 .NET에서 제거됐다.

윈도우 개발

모던 .NET의 기능 중 하나는 .NET 코어 3.1 이상의 윈도우 버전에 포함된 윈도우 데스크톱 팩을 사용해 윈도우 폼 및 WPF 애플리케이션을 실행할 수 있다는 것이다. 따라서 맥OS나 리눅스의 SDK보다 크기가 크다. 필요하다면 레거시 윈도우 앱을 약간 변경하고 .NET 6로 다시 빌드해 새로운 기능과 성능 개선 사항을 활용할 수 있다.

웹 개발

ASP.NET Web Forms와 WCF^{Windows Communication Foundation}는 오래된 웹 기술이며, 지금은 많이 사용되지 않기 때문에 모던 .NET에 포함되지 않았다. 최근에는 ASP.NET MVC와 ASP.NET Web API, SignalR, gRPC 기술을 선호한다. 이러한 기술은 ASP.NET Core라는 이름으로 모던 .NET에서 실행되는 플랫폼으로 리팩토링되고 결합됐다. 14장, 15장, 16장에서 이 기술들을 배운다.

일부 .NET 프레임워크 개발자는 ASP.NET Web Forms, WCF, 윈도우 워크플로(WF, WorkFlow)가 모던 .NET에서 제공되지 않는 것에 실망하기도 한다. 하지만 WCF 및 WF 를 모던 .NET으로 마이그레이션할 수 있는 오픈소스 프로젝트가 있다. 다음 링크에서 자세한 내용을 읽어 볼 수 있다.

https://devblogs.microsoft.com/dotnet/supporting-the-community-with-wf-and-wcf-oss-projects/

블레이저 웹 폼(Web Forms) 컴포넌트에 대한 오픈소스 프로젝트는 다음 링크에서 볼 수 있다.

https://github.com/FritzAndFriends/BlazorWebFormsComponents

데이터베이스 개발

엔티티 프레임워크EF, Entity Framework 6는 객체 관계를 매핑하는 기술로서 오라클이나 마이크로소프트 SQL 서버 같은 관계형 데이터 베이스에 데이터를 저장할 때 사용한다. 크로스 플랫폼 API는 더 간결하며 마이크로소프트 Azure Cosmos DB와 같은 비관계형 데이터베이스에 대한 지원을 추가하고 엔티티 프레임워크 코어Entity Framework Core라는 이름을 갖게 됐다. 여기에 관해서는 10장에서 살펴본다.

만약 이전 EF를 사용 중인 앱이 있다면 버전 6.3은 .NET 코어 3.0 이후 버전에서 지원된다.

모던 .NET 테마

마이크로소프트는 블레이저를 사용해 모던 .NET의 주요 테마를 보여 주는 웹사이트를 만들었다.

https://themesof.net/

.NET 표준 이해하기

2019년 현재 .NET에는 마이크로소프트가 관리하는 다음 3개의 분기된 플랫폼이 존재한다.

- **.NET 코어**: 크로스 플랫폼 및 새로운 앱에서 사용

- **.NET 프레임워크**: 레거시 앱에서 사용

- **자마린**: 모바일 앱에서 사용

각각의 플랫폼은 서로 다른 목적을 갖고 만들어졌기 때문에 각각 장단점을 갖고 있으며 개발자들도 개발 목적에 따라 이 플랫폼들을 모두 배워야만 했다. 그래서 마이크로소프트는 모든 .NET 플랫폼이 어느 정도의 호환성을 갖는지 표시하기 위해 구현할 수 있는 API 집합의 규격인 .NET 표준을 정의했다. 예를 들어 기본 지원은 .NET 표준 1.4를 준수한다.

마이크로소프트는 .NET 표준 2.0 이상에서 세 가지 플랫폼을 모두 최신 최소 표준으로 통합해 개발자가 .NET의 모든 버전 간에 코드를 훨씬 쉽게 공유할 수 있게 했다.

.NET 코어 2.0 이상에서는 개발자가 .NET 프레임워크로 작성된 이전 코드를 크로스 플랫폼을 지원하는 .NET 코어로 포팅^{porting}하는 데 필요한 많은 API가 추가됐다. 하지만 일부 API를 사용하려고 하면 예외^{exception}가 발생하기 때문에 실제로 사용할 수 없다. 이는 일반적으로 .NET을 실행하는 운영체제의 차이 때문이다. 이러한 예외를 처리하는 방법은 2장에서 배운다.

.NET 표준은 단지 표준일 뿐이다. 예를 들어, 여러분이 HTML5를 사용하려면 HTML5를 설치하는 것이 아니라 HTML5 표준을 구현한 웹 브라우저를 설치한다.

마찬가지로 .NET 표준을 사용하려면 .NET 표준을 구현한 .NET 플랫폼을 설치한다. 최신 .NET 표준인 버전 2.1은 .NET 코어 3.0, 모노, 자마린에서 구현된다. C# 8.0의 일부 기능은 .NET 표준 2.1을 필요로 한다. .NET 표준 2.1은 .NET 프레임워크 4.8에서 구현되지 않았으므로 .NET 프레임워크를 레거시로 다뤄야 한다.

2021년 11월 .NET 6가 출시되면서 모바일을 포함한 모든 플랫폼을 지원하는 단일 .NET이 있기 때문에 .NET 표준의 필요성이 크게 줄어들었다. .NET 6에는 단일 BCL과 2개의 CLR이 있다. CoreCLR은 웹사이트 및 윈도우 데스크톱 앱과 같은 서버 또는 데스크톱에 최적화돼 있고 모노 런타임은 리소스가 제한된 모바일 및 웹 브라우저 앱에 최적화돼 있다.

그럼에도 이미 .NET 프레임워크로 만든 앱과 웹사이트는 여전히 지원돼야 하므로 레거시 .NET 플랫폼과 하위 호환되는 .NET 표준 2.0 클래스 라이브러리를 만들 수 있다는 것을 기억해 두자.

이 책에 사용된 .NET 플랫폼과 도구들

2016년 3월에 출간된 이 책의 초판에서는 .NET 코어 기능에 중점을 뒀지만 중요하고 유용한 기능이 아직 구현되지 않은 경우 .NET 프레임워크를 사용했다. 책이 출간될 때는 .NET 코어 1.0의 최종 버전이 배포되기 전이었다. 대부분의 예제에 비주얼 스튜디오 2015를 사용했으며 비주얼 스튜디오 코드는 많이 사용되지 않았다.

두 번째 에디션은 거의 모든 .NET 프레임워크 코드 예제를 완전히 제거해 여러분이 실제로 크로스 플랫폼으로 동작하는 .NET 코어 예제에 집중할 수 있게 했다.

세 번째 판에서는 완전히 전환을 완료했다. 모든 예제 코드가 순수한 .NET 코어가 되도록 다시 작성됐다. 그러나 모든 작업에 대해 비주얼 스튜디오 코드 및 비주얼 스튜디오 2017에 대한 단계별 지침을 제공하면서 불필요한 복잡성이 추가됐다.

네 번째 판은 마지막 두 장을 제외한 모든 곳에서 비주얼 스튜디오 코드만 사용했다. '20장, 윈도우 데스크톱 앱 만들기'에서는 윈도우 10에서 실행되는 비주얼 스튜디오를 사용했고, '21장, 크로스 플랫폼 모바일 앱 만들기'에서는 맥용 비주얼 스튜디오를 사용했다.

다섯 번째 판은 '20장, 윈도우 데스크톱 앱 만들기'가 부록으로 옮겨진 대신 '블레이저를 사용해 웹 사용자 인터페이스 만들기'가 추가됐다. 블레이저 프로젝트는 비주얼 스튜디오 코드를 사용해 만들 수 있다.

여섯 번째 판에서는 아래 부록의 '.NET MAUI를 사용해 모바일 및 데스크톱 앱 만들기'를 업데이트해 비주얼 스튜디오 2022 및 **.NET MAUI**^{Multi-platform App UI}를 사용해 모바일 및 데스크톱 크로스 플랫폼 앱을 만드는 방법을 보여 준다.

https://github.com/markjprice/cs10dotnet6/blob/main/9781801077361_Bonus_Content.pdf

일곱 번째 판 및 .NET 7 릴리스 시점에 비주얼 스튜디오 코드는 .NET MAUI를 지원하는 확장을 포함할 것으로 보인다. 이렇게 되면 책의 모든 예제에 비주얼 스튜디오 코드를 사용할 수 있다.

IL 이해하기

dotnet CLI 도구에서 사용하는 C# 컴파일러(로슬린^{Roslyn}이라고도 부름)는 C# 소스 코드를 **중간 언어**^{IL, Intermediate Language} 코드로 변환하고 DLL이나 EXE 파일에 저장한다. IL 코드 구문은 CoreCLR로 알려진 .NET의 가상 머신에서 실행되는 어셈블리 언어 명령문과 같다.

런타임에 CoreCLR은 어셈블리에서 IL 코드를 로드하고 **JIT**^{Just-In-Time} 컴파일러는 이를 기본 CPU 명령어로 컴파일한 다음 컴퓨터의 CPU에서 실행한다. 이러한 2단계 컴파일의 장점은 마이크로소프트가 윈도우는 물론 리눅스 및 맥OS용 CLR을 만들 수 있다는 것이다. 기본 운영체제 및 CPU 명령 집합에 대한 코드를 생성하는 두 번째 컴파일 단계로 인해 동일한 IL 코드가 모든 곳에서 실행된다.

C#, 비주얼 베이직^{Visual Basic}, F# 등 어떤 언어로 코드를 작성했는지 무관하게 모든 .NET 애플리케이션은 어셈블리 안에 명령어를 저장하기 위해 IL 코드를 사용한다. 마이크로소프트나 서드 파티는 어셈블리를 열어 IL 코드를 볼 수 있게 하는 ILSpy .NET 디컴파일러 확장 같은 디스어셈블러^{disassembler} 도구를 제공한다.

.NET 기술 비교

기술	설명	호스트 OS
모던 .NET	최신 기능 세트로 C# 9을 완벽히 지원한다. 기존 프로젝트를 포팅하고 새로운 윈도우 및 웹 앱과 서비스를 만들 수 있다.	윈도우, 맥OS, 리눅스, 안드로이드, iOS
.NET 프레임워크	레거시 기능 세트로 C# 8을 제한적으로 지원하며 C# 9, C# 10은 지원하지 않는다. 현재 서비스 중인 애플리케이션 유지 보수 목적으로만 사용한다.	윈도우 전용
자마린	모바일과 데스크톱 앱에서만 사용	안드로이드, iOS, 맥OS

⋙ 비주얼 스튜디오 2022로 콘솔 앱 만들기

윈도우용 비주얼 스튜디오 2022를 사용해 콘솔 앱을 만들어 본다. 윈도우 컴퓨터가 없거나 비주얼 스튜디오 코드를 사용하는 경우 환경만 다르고 코드는 동일하므로 건너뛰어도 좋다.

비주얼 스튜디오 2022에서 여러 프로젝트 관리하기

비주얼 스튜디오 2022는 여러 프로젝트를 동시에 열고 관리할 수 있는 솔루션이라는 개념이 있다. 이번에 만드는 2개 프로젝트를 솔루션으로 관리한다.

비주얼 스튜디오 2022에서 코드 작성

이제 코드를 작성해 보자.[4]

---

4 개인 사용자용 무료 버전인 커뮤니티 버전은 https://visualstudio.microsoft.com/ko/vs/whatsnew/에서 다운로드할 수 있다. 번역서에 사용한 버전은 비주얼 스튜디오 커뮤니티 2022 버전 17.4.4다. – 옮긴이

1. 비주얼 스튜디오 2022를 실행한다.

2. 시작 창에서 **새 프로젝트 만들기**를 선택한다.

3. **새 프로젝트 만들기** 대화상자의 **템플릿 검색** 상자에 '콘솔'을 입력한 다음 **콘솔 앱**을 선택한다. 그림 1.3처럼 F#, 비주얼 베이직 같은 다른 언어가 아니라 C# 프로젝트 템플릿을 선택해야 한다.

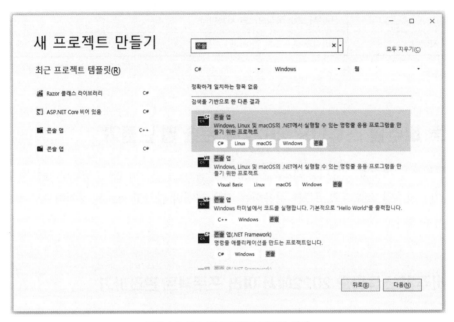

그림 1.3 콘솔 앱 프로젝트 템플릿 선택

4. **다음**을 선택한다.

5. **새 프로젝트 구성** 대화상자에서 그림 1.4와 같이 프로젝트 이름은 'HelloCS', 위치는 'C:\Code', 솔루션 이름은 'Chapter01'을 입력한다.

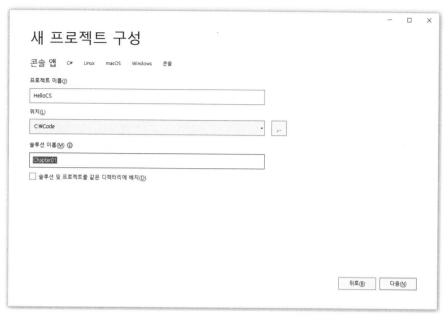

그림 1.4 새 프로젝트 이름 및 위치 구성

6. **다음**을 클릭한다.

 이번에는 콘솔 애플리케이션의 전체 모습을 이해하기 위해 일부러 .NET 5.0 프로젝트 템플릿을 사용한다. 다음 절에서는 .NET 6.0으로 콘솔 애플리케이션을 만들고 무엇이 달라졌는지 살펴본다.

7. **추가 정보** 대화상자의 **프레임워크** 선택 목록에서 **.NET 5.0(지원되지 않음)**을 선택한 다음 **만들기**를 클릭한다.

8. **솔루션 탐색기**에서 'Program.cs' 파일을 더블 클릭한다. 그림 1.5를 참고한다.

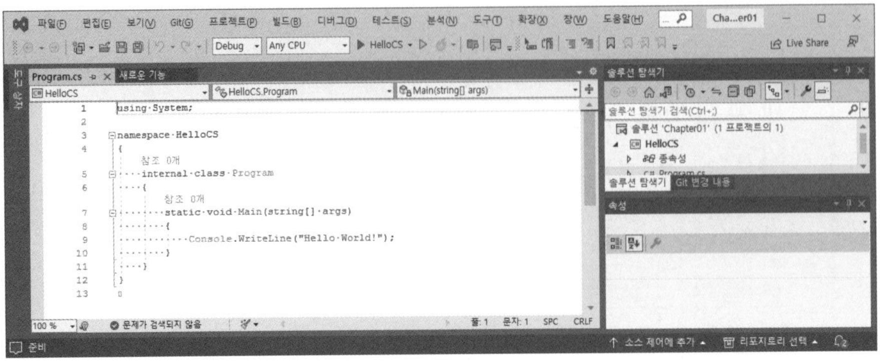

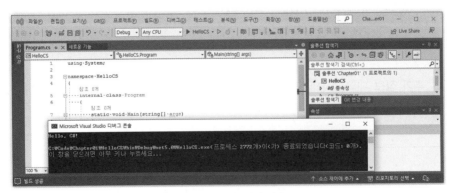

그림 1.5 비주얼 스튜디오 2022에서 Program.cs 편집

9. 'Program.cs'의 9번 줄을 'Hello, C#!'으로 수정한다.

비주얼 스튜디오에서 컴파일하고 실행하기

코드를 컴파일하고 실행해 보자.

1. 메뉴에서 **디버그 > 디버그하지 않고 시작**을 선택한다.

2. 그림 1.6과 같이 콘솔 출력 창에서 애플리케이션 실행 결과를 볼 수 있다.

그림 1.6 콘솔 앱 실행 결과

3. 콘솔 창에서 아무 키나 눌러 비주얼 스튜디오로 돌아온다.

4. **솔루션 탐색기**의 툴바toolbar에서 **모든 파일 표시**를 누르면 그림 1.7과 같이 컴파일러가 생성한 bin, obj 폴더가 보인다.

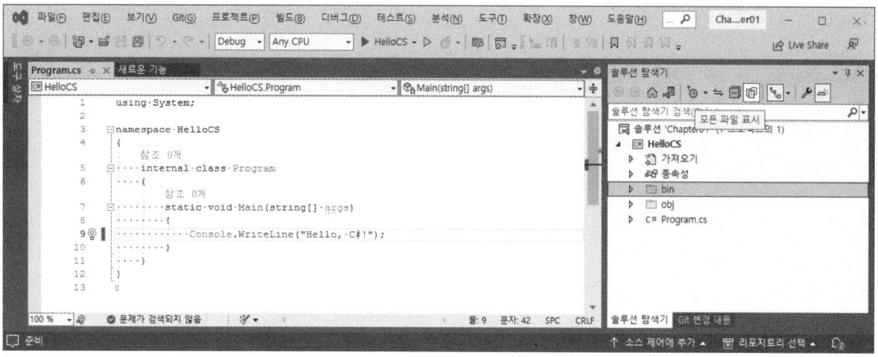

그림 1.7 컴파일러가 생성한 폴더와 파일

컴파일러가 생성한 폴더와 파일

컴파일을 하면 obj, bin이라는 2개의 폴더가 생성된다. 지금은 이 폴더의 내부나 파일에 대해 자세히 이해할 필요가 없다. 컴파일러는 작업 수행을 위해 임시로 폴더나 파일을 생성한다. 생성된 폴더와 파일은 삭제 가능하며 컴파일하면 다시 생성된다. 프로젝트를 정리하기 위해 이러한 작업을 종종 수행한다. 비주얼 스튜디오 **빌드** 메뉴의 **솔루션 정리**는 이러한 임시 파일을 제거한다. 비주얼 스튜디오 코드에서 동일한 작업을 하는 메뉴는 'dotnet clean'이다.

- obj 폴더에는 소스 파일을 컴파일해 생성된 객체 파일이 있다. 이 객체 파일은 아직 최종 실행 파일에 연결link되지 않았다.

- bin 폴더는 애플리케이션이나 클래스 라이브러리에 대한 바이너리 실행 파일이 있다. 7장에서 자세히 알아본다.

최상위 문 작성

Hello, C#!을 출력하는 단순한 일에 비해 코드가 너무 많다고 생각할 수 있다. 비록 프로젝트 템플릿이 자동으로 코드를 생성해 주지만 C# 9 이상에서는 **최상위**top-level 문을 사용할 수 있다.

다음은 프로젝트 템플릿이 자동으로 생성한 코드다.

```
using System;
namespace HelloCS
{
  class Program
  {
    static void Main(string[] args)
    {
      Console.WriteLine("Hello World!");
    }
  }
}
```

이번에는 최상위 문을 사용했다.

```
using System;
Console.WriteLine("Hello World!");
```

코드가 훨씬 단순하다. 만약 비주얼 스튜디오의 도움 없이 모든 코드를 직접 작성해야 한다면 이 방법이 더 좋다. 컴파일 과정에서 네임스페이스, Program 클래스, Main 메서드를 정의하는 코드가 생성돼 직접 작성한 코드 주위를 감싼다.

최상위 문에서 기억할 내용은 다음과 같다.

- using 문은 여전히 파일 맨 위에 있어야 한다.

- 이와 같은 파일은 프로젝트에서 하나만 있어야 한다.

파일 맨 위의 using System은 System 네임스페이스를 가져와서 Console.WriteLine이 동

작할 수 있게 한다. 네임스페이스에 대해서는 2장에서 알아본다.

비주얼 스튜디오 2022 솔루션에 두 번째 프로젝트 추가하기

솔루션에 최상위 문을 살펴보기 위한 두 번째 프로젝트를 추가한다.

1. 비주얼 스튜디오 메뉴의 **파일 > 추가 > 새 프로젝트**로 이동한다.

2. **새 프로젝트 추가** 대화상자의 **최근 프로젝트 템플릿**에서 **콘솔 앱 [C#]**을 선택하고 **다음**을 클릭한다.

3. **새 프로젝트 구성** 대화상자에서 **프로젝트 이름**은 TopLevelProgram, 위치는 C:\Code\Chapter01을 그대로 두고 **다음**을 클릭한다.

4. **추가 정보** 대화상자에서 **.NET 6(장기 지원)**를 선택하고 **만들기**를 클릭한다.

5. **솔루션 탐색기**의 TopLevelProgram에서 Program.cs를 더블 클릭한다.

6. 이번에는 다음과 같이 C# 9에 도입된 최상위 문을 사용하기 때문에 Program.cs에 주석과 한 줄의 코드만 들어 있다.

```
// See https://aka.ms/new-console-template for more information
Console.WriteLine("Hello, World!");
```

위에서 최상위 문을 처음 설명할 때는 using System;을 사용했지만 방금 생성한 프로젝트에서는 보이지 않는다. 왜 이번에는 필요하지 않을까?

암시적으로 가져온 네임스페이스

여전히 System 네임스페이스는 필요하다. 다만 지금은 C# 10에 도입된 기능을 사용한다는 점이 다르다.

1. **솔루션 탐색기**에서 TopLevelProgram 프로젝트를 선택하고 **모든 파일 표시** 버튼을 누르면 컴파일러가 생성한 bin, obj 폴더가 표시된다.

2. obj, Debug, net6.0 폴더를 차례로 확장해서 TopLevelProgram.GlobalUsings.g.cs 파일을 연다.

3. 이 파일은 .NET 6를 대상으로 하는 프로젝트에서 컴파일러가 자동으로 생성하며 C# 10에 추가된 **전역 가져오기**global imports라는 기능을 사용해 System처럼 일반적으로 사용되는 네임스페이스를 가져온다.

```
// <auto-generated/>
global using global::System;
global using global::System.Collections.Generic;
global using global::System.IO;
global using global::System.Linq;
global using global::System.Net.Http;
global using global::System.Threading;
global using global::System.Threading.Tasks;
```

 이 기능은 2장에서 자세히 알아본다. 여기서는 .NET 5와 .NET 6 간의 중요한 변경 사항으로, 콘솔 앱 템플릿처럼 많은 프로젝트 템플릿이 새로운 언어 기능을 사용해 실제로 일어나는 일을 뒤로 숨긴다는 것을 알아두자.

4. TopLevelProgram의 Program.cs에서 다음과 같이 메시지와 OS 버전을 출력하도록 코드를 수정한다.

```
Console.WriteLine("Hello from a Top Level Program!");
Console.WriteLine(Environment.OSVersion.VersionString);
```

5. **솔루션 탐색기**에서 Chapter01 솔루션을 오른쪽 클릭하고 **시작 프로젝트 설정**을 **현재 선택** 영역으로 설정한 다음 **확인**을 누른다.

6. **솔루션 탐색기**에서 **TopLevelProgram** 프로젝트를 클릭하거나 프로젝트의 아무 파일이나 폴더를 선택하면 비주얼 스튜디오는 프로젝트 이름을 굵게 표시해 시작 프로젝트로 설정됐음을 알린다.

7. 그림 1.8과 같이 **디버그 > 디버그하지 않고 시작**을 눌러 **TopLevelProgram** 프로젝트를 실행한다.

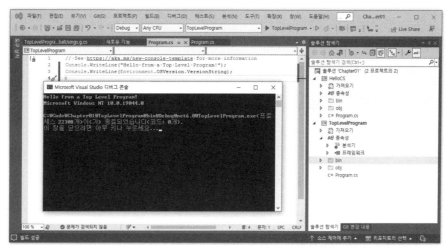

그림 1.8 2개의 프로젝트가 있는 비주얼 스튜디오 솔루션에서 프로젝트 실행

⠿ 비주얼 스튜디오 코드로 콘솔 앱 만들기

이번에는 비주얼 스튜디오 코드를 사용해서 콘솔 앱을 빌드하는 방법을 설명한다.

비주얼 스튜디오 코드 또는 폴리글랏 노트북을 사용하지 않으려면 '프로젝트 폴더 및 파일 구성' 절로 넘어가도 좋다.

이 절의 안내와 스크린샷은 윈도우를 기준으로 했지만, 맥OS나 리눅스에서도 똑같이 동작한다.

가장 큰 차이는, 예를 들면 파일을 지우는 명령이나 파일 위치가 OS에 따라 다르다는 것이다. 단, dotnet CLI는 모든 플랫폼에서 똑같은 명령어로 동작한다.

비주얼 스튜디오 코드로 여러 개의 프로젝트 관리하기

비주얼 스튜디오 코드에는 여러 프로젝트를 동시에 열고 관리할 수 있는 **작업 영역** workspace이라는 개념이 있다. 작업 영역을 사용해 이번 절에서 사용하는 2개의 프로젝트를 관리한다.

비주얼 스튜디오 코드로 코드 작성하기

1. 비주얼 스튜디오 코드를 시작한다.

2. 열려 있는 파일, 폴더, 작업 영역이 없는지 확인한다.

3. 메뉴에서 **파일 > 작업 영역을 다른 이름으로 저장**으로 이동한다.

4. **작업 영역 저장** 대화상자에서 프로젝트를 저장할 위치로 이동한다.

5. Code 폴더를 생성한다. 앞에서 비주얼 스튜디오 2022 섹션을 마쳤다면 이미 Code 폴더가 있을 것이다.

6. Code 폴더에서 Chapter01-vscode 폴더를 만든다.

7. Chapter01-vscode 폴더에서 Chapter01.code-workspace라는 이름으로 작업 공간을 저장한다.

8. 메뉴에서 **파일 > 작업 영역에 폴더 추가…**로 이동하거나 **폴더 추가** 버튼을 누른다.

9. Chapter01-vscode 폴더에서 HelloCS라는 이름의 새 폴더를 생성한다.

10. HelloCS 폴더를 선택하고 **추가** 버튼을 누른다.

11. 메뉴에서 **보기 > 터미널**로 이동한다.

 전체 콘솔 애플리케이션의 모습을 확인하기 위해 일부러 .NET 5.0 프로젝트 템플릿을 사용한다. 다음 절에서는 .NET 6.0으로 콘솔 애플리케이션을 만들고 어떤 차이가 있는지 알아본다.

12. **터미널**에서 현재 위치가 HelloCS 폴더인지 확인한 다음, .NET 5.0을 대상으로 하는 새 콘솔 앱을 dotnet 명령행 도구를 사용해 만든다.

```
dotnet new console -f net5.0
```

13. dotnet 명령행 도구는 현재 폴더 위치에 새 **콘솔 애플리케이션** 프로젝트를 생성한다. **탐색기** 창에서 생성된 HelloCS.csproj와 Program.cs 파일, obj 폴더를 볼 수 있다.

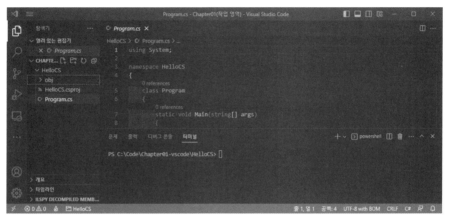

그림 1.9 탐색기 창에 표시된 2개 파일 및 폴더

14. **탐색기**에서 Program.cs 파일을 클릭해 편집기 창에서 연다. 탐색기에서 C# 파일을 처음 열었고, C# 확장을 설치할 때 작업을 수행하지 않은 경우, 비주얼 스튜디오 코드가 OmniSharp, Razor 언어 서버, .NET 코어 디버거 같은 C# 의존성을 다운로드하고 설치할 수도 있다. 다음과 같이 **출력** 창에 진행률을 보여 주고 Finished 메시지를 표시한다.

```
Installing C# dependencies...
Platform: win32, x86_64
Downloading package 'OmniSharp for Windows (.NET 4.6 / x64)' (36150
KB).................. Done!
Validating download...
Integrity Check succeeded.
```

```
Installing package 'OmniSharp for Windows (.NET 4.6 / x64)'
Downloading package '.NET Core Debugger (Windows / x64)' (45048
KB)................. Done!
Validating download...
Integrity Check succeeded.
Installing package '.NET Core Debugger (Windows / x64)'
Downloading package 'Razor Language Server (Windows / x64)' (52344
KB)................. Done!
Installing package 'Razor Language Server (Windows / x64)'
Finished
```

 위 출력은 윈도우의 비주얼 스튜디오 코드에서 가져왔다. 맥OS, 리눅스에서는 출력이 약간 다르며 각 운영체제에 해당하는 구성 요소를 다운로드하고 설치한다.

15. 그림 1.10처럼 필수 애셋^{asset}이 누락됐고 추가하겠냐는 경고 메시지가 뜨면 **Yes**를 클릭한다.

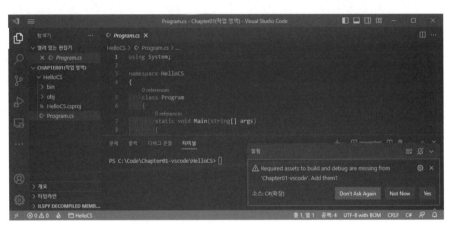

그림 1.10 빌드와 디버그에 필요한 자산을 추가하라는 알림 메시지

16. **Yes**를 클릭하기 전에 알림이 사라지면 상태 표시줄의 맨 오른쪽 아래에 있는 종 모양의 아이콘을 클릭해 다시 표시할 수 있다.

17. 잠시 기다리면 디버깅 시에 필요한 몇 개의 파일이 추가된 .vscode 폴더가 생성된 것을 탐색기 창에서 볼 수 있다.

18. `Program.cs` 파일의 9번째 줄을 수정해서 콘솔에 `Hello, C#` 메시지를 출력해 보자.

 좋은 습관: 메뉴의 **파일 > 자동 저장**을 선택한다. 이렇게 하면 매번 애플리케이션을 다시 빌드하기 전에 저장해야 하는 번거로움을 덜어 준다.

dotnet CLI를 사용해 코드 컴파일하고 실행하기

이번에는 코드를 컴파일하고 실행해 보자.

1. **보기 > 터미널**로 이동해서 다음 명령을 입력한다.

```
dotnet run
```

2. 그림 1.11과 같이 **터미널** 창에서 애플리케이션 실행 결과를 볼 수 있다.

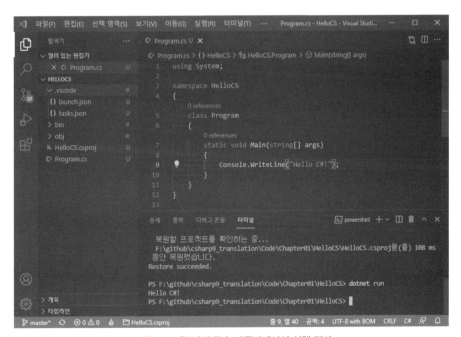

그림 1.11 첫 번째 콘솔 애플리케이션 실행 결과

비주얼 스튜디오 코드에 두 번째 프로젝트 추가하기

최상위 문에 대해 살펴보기 위해 작업 영역에 두 번째 프로젝트를 추가해 보자.

1. 메뉴의 **파일 > 작업 영역에 폴더 추가…**로 이동한다.

2. Chapter01-vscode 폴더에서 TopLevelProgram이라는 **새 폴더**를 생성하고 선택한 다음, **추가**를 클릭한다.

3. 메뉴의 **터미널 > 새 터미널**을 누르고 목록에서 **TopLevelProgram**을 선택한다. 이 방법 외에 **탐색기** 창에서 TopLevelProgram을 오른쪽 클릭한 다음 **통합 터미널에서 열기**를 누르는 방법도 있다.

4. **터미널**에서 현재 위치가 TopLevelProgram이 맞는지 확인한 다음 새 콘솔 애플리케이션을 생성하기 위해 다음 명령을 입력한다.

```
dotnet new console
```

 좋은 습관: 작업 영역을 사용하면서 터미널에 명령을 입력할 때는 올바른 위치에 있는지 주의가 필요하다. 조금 전 3번 작업처럼 정확히 의도한 곳에서 새 터미널을 열 수 있는 방법이 있다.

5. 메뉴의 **보기 > 명령 팔레트**로 이동한다.

6. omni를 입력하고 목록 상자에서 **OmniSharp: Select Project**를 선택한다.

7. 두 프로젝트의 목록 상자에서 **TopLevelProgram** 프로젝트를 선택하고 오른쪽 아래의 알림 창에서 **Yes**를 선택해 디버그에 필요한 애셋을 설치한다.

 좋은 습관: 코드 서식 지정이나 정의로 이동(Go to Definition) 같은 유용한 기능을 사용하려면 비주얼 스튜디오 코드에서 현재 작업 중인 프로젝트를 OmniSharp에 알려야 한다. 상태 표시줄 왼쪽에 있는 불꽃 모양 아이콘 오른쪽의 프로젝트/폴더를 클릭해 활성 프로젝트를 쉽게 전환할 수 있다.

8. **탐색기**의 TopLevelProgram 폴더에서 Program.cs를 선택한 후 다음과 같이 다른 메시지와 운영체제 버전을 출력하도록 수정한다.

```
Console.WriteLine("Hello from a Top Level Program!");
Console.WriteLine(Environment.OSVersion.VersionString);
```

9. **터미널**에 다음 명령을 입력해 프로그램을 실행한다.

```
dotnet run
```

10. **터미널**에서 그림 1.12와 같은 출력을 확인한다.

그림 1.12 비주얼 스튜디오 코드 작업 영역에서 최상위 프로그램 실행

위 출력은 윈도우에서 실행했을 때의 결과다. 운영체제에 따라 출력 결과는 다를 수 있다. 만약 맥OS에서 코드를 실행하면 다음과 같이 운영체제가 다르게 표시된다.

```
Hello from a Top Level Program!
Unix 11.2.3
```

비주얼 스튜디오 코드에서 여러 개의 파일 다루기

동시에 작업하는 파일이 여러 개라면 나란히 배치할 수 있다.

1. **탐색기**에서 2개의 프로젝트를 확장한다.

2. 2개 프로젝트에서 Program.cs 파일을 연다.

3. 열린 2개의 파일 탭 중 하나를 드래그해 두 파일을 동시에 볼 수 있도록 정렬한다.

⁝⁝⁞ 폴리글랏 노트북을 사용해 코드 탐색하기

폴리글랏 노트북을 사용하면 최상위 문보다 쉽게 코드를 작성할 수 있다. 비주얼 스튜디오 코드가 필요하므로 아직 설치하지 않았다면 지금 설치하자.

노트북 생성

먼저 노트북을 생성한다.[5]

1. 비주얼 스튜디오 코드에서 **파일 > 작업 영역 닫기**를 선택한다.

2. **보기 > 명령 팔레트**로 이동한다.

---

5 비주얼 스튜디오 코드 확장 프로그램인 Polyglot Notebooks를 먼저 설치해야 한다. - 옮긴이

3. polyg를 입력한 다음, **Polyglot Notebook: Create new blank notebook**을 선택한다.

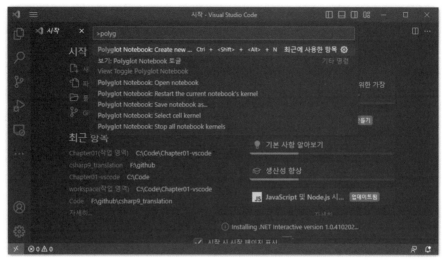

그림 1.13 비어 있는 .NET 노트북 생성

4. 파일 확장자는 **.dib**를 선택한다.

 .dib는 파이썬 대화형 노트북에서 사용하는 ipynb 형식과의 혼란이나 호환성 문제를 피하기 위해 마이크로소프트에서 정의한 실험적 파일 형식이다. ipynb 파일 확장자의 i는 데이터의 대화형(interactive) 혼합, py는 파이썬 코드, nb는 노트북 파일의 출력을 의미해 역사적으로 주피터 노트북에서 사용됐다. .NET 대화형 노트북에서는 C#, F#, SQL, HTML, 자바스크립트, 마크다운, 기타 언어 혼합이 가능하도록 확장됐다. .dib는 여러 언어를 지원한다는 폴리글랏을 의미하며 .dib 및 ipynb 형식 간의 변환이 가능하다.

5. 노트북의 코드 셀^{cell}의 기본 언어로 **C#**을 선택한다.

6. 최신 버전을 사용할 수 있는 경우 이전 버전을 제거하고 최신 버전을 설치할 때까지 기다려야 할 수 있다. 메뉴에서 **보기 > 출력**으로 이동한 다음, 목록에서 **Polyglot Notebook: diagnostics**를 선택한다. .NET 호스팅 환경을 시작해야 하므로 노트북이 표시되는 데 몇 분 정도 걸릴 수 있다. 그래도 변화가 없다면 비주얼 스튜디오

코드를 다시 시작한다.

7. 폴리글랏 노트북 확장이 설치되면 다음과 같이 **출력** 창에서 커널 프로세스가 시작됐음을 볼 수 있다.

```
Extension started for VS Code Stable.
Started process 16088: dotnet tool run dotnet-interactive -- notebook-
parser
Starting kernel for 'untitled:Untitled-1.dib?dotnet-interactive' using:
dotnet tool run dotnet-interactive -- [vscode] stdio --working-dir C:\
Users\markj\Downloads
Kernel for 'untitled:Untitled-1.dib?dotnet-interactive' started (16392).
```

노트북에서 코드 작성 및 실행하기

이제 노트북 셀^{cell}에서 코드를 작성할 수 있다.

1. 첫 번째 셀은 이미 **C#(Polyglot Notebook)**으로 설정돼 있을 것이다. 만약 다르다면 코드 셀 오른쪽 하단의 셀 언어 모드 선택을 클릭해 바꿀 수 있다. 그림 1.14를 참고하자.

그림 1.14 폴리글랏 노트북에서 코드 셀 언어 변경

2. **C#(Polyglot Notebook)** 코드 셀 내부에 메시지를 출력하는 코드를 작성한다. 보통과 다르게 한 줄의 마지막을 세미콜론으로 끝내지 않아도 된다.

```
Console.WriteLine("Hello, .NET Interactive!")
```

3. 그림 1.15와 같이 셀 왼쪽의 **셀 실행**을 누르고 메시지 출력을 확인한다.

그림 1.15 폴리글랏 노트북에서 셀 실행 및 출력

노트북 저장하기

더 진행하기 전에 노트북을 저장하자.

1. 메뉴에서 **파일 > 다른 이름으로 저장**을 선택한다.

2. 폴더를 Chapter01-vscode로 변경하고 노트북을 Chapter01.dib로 저장한다.

3. Chapter01.dib 에디터 탭을 닫는다.

노트북에 마크다운 및 특수 명령 추가

특수 명령을 사용하면 마크다운과 코드가 포함된 셀을 같이 사용할 수 있다.

1. 메뉴에서 **파일 > 파일 열기**를 누르고 Chapter01.dib를 선택한다.

2. 코드 블록에 마우스를 올리면 표시되는 **+ Markdown** 버튼을 클릭해 마크다운 셀
   을 추가한다.

3. 다음 마크다운을 추가한다.

```
# Chapter 1 - Hello, C#! Welcome, .NET!
Mixing *rich* **text** and code is cool!
```

4. 셀 편집을 중지하고 처리된 마크다운을 보려면 셀 오른쪽 상단의 **셀 편집 중지**를 클릭한다.

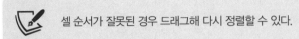 셀 순서가 잘못된 경우 드래그해 다시 정렬할 수 있다.

5. 마크다운 셀과 코드 셀 사이에 마우스를 올리고 **+ Code** 버튼을 클릭한다.

6. 특수 명령을 입력해 .NET Interactive 버전 정보를 출력한다.

```
#!about
```

7. 셀 실행을 누르고 그림 1.16과 같은 출력을 확인한다.

그림 1.16 폴리글랏 노트북에서 마크다운, 코드, 특수 명령 사용

여러 개의 셀에서 코드 실행

노트북에 여러 코드 셀이 있고 동일한 콘텍스트를 사용하려면 이전 코드 셀을 실행해야
한다.

1. 노트북 하단에 새 코드 셀을 추가하고 다음과 같이 변수를 선언하고 정수 값을 할당
   한다.

```
int number = 8;
```

2. 다시 새 코드 셀을 추가하고 number 변수 값을 출력한다.

```
Console.WriteLine(number);
```

3. number 변수는 첫 번째 코드 셀에서 정의 및 할당됐기 때문에 두 번째 코드 셀에서는
   number 변수를 알지 못한다. 그림 1.17을 참고하자.

그림 1.17 number 변수가 현재 콘텍스트에 존재하지 않는다.

4. 첫 번째 셀에서 **셀 실행**을 클릭해 변수를 선언하고 값을 할당한다.

5. 두 번째 셀에서 **셀 실행**을 클릭해 number 변수를 출력한다. 또는 첫 번째 셀의 오른
   쪽 상단에 있는 도구 모음에서 **셀 실행 및 아래** 버튼을 클릭해도 된다.

좋은 습관: 2개 이상의 셀 사이에 코드가 분할되는 경우 다음 셀을 실행하기 전에 앞의 셀을 실행해야 한다. 노트북 상단의 출력 모두 지우기와 모두 실행 버튼을 활용하면 셀이 제대로 실행되는지 쉽게 확인할 수 있다.

폴리글랏 노트북에서 이 책의 예제 코드 사용하기

나머지 장에서는 노트북 사용에 대해 설명하지 않지만, 가능한 경우 깃허브 저장소를 통해 노트북 파일을 제공한다. 2장부터 12장까지 다루는 내용은 코드를 입력하지 않더라도 노트북을 실행해서 동작을 직접 확인하면서 공부할 수 있다.

https://github.com/markjprice/cs10dotnet6/tree/main/notebooks

프로젝트 폴더 및 파일 구성

앞에서 HelloCS와 TopLevelProgram이라는 2개의 프로젝트를 만들었다. 비주얼 스튜디오 코드에서 작업 영역을 사용해 여러 프로젝트를 관리했고 비주얼 스튜디오 2022에서는 솔루션 파일을 사용해 여러 프로젝트를 관리했다. 폴리글랏 노트북 파일도 만들었다.

그 결과로 그림 1.18과 같이 2개 이상의 프로젝트가 있는 폴더 구조와 파일이 생성된다.

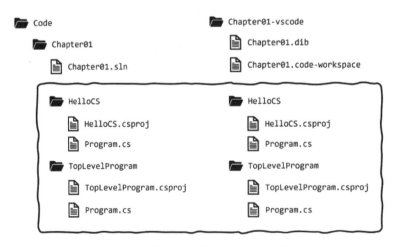

그림 1.18 두 프로젝트의 폴더 구조, 파일

공통 폴더와 파일

.code-workspace와 .sln 파일은 서로 다르지만, HelloCS나 TopLevelProgram과 같은 프로젝트 폴더 및 파일은 비주얼 스튜디오 2022나 비주얼 스튜디오 코드에서 동일하다. 따라서 두 코드 편집기를 혼합하고 일치시킬 수도 있다.

- 비주얼 스튜디오 2022에서 솔루션을 연 상태로 **파일 > 추가 > 기존 프로젝트**를 선택하고 다른 도구로 만든 프로젝트 파일을 추가한다.

- 비주얼 스튜디오 코드에서 작업 영역을 연 상태로 **파일 > 작업 영역에 폴더 추가**를 선택하고 다른 도구로 만든 프로젝트 파일을 추가한다.

 좋은 습관: .csproj나 .cs 파일 같은 소스 코드는 동일하지만, 컴파일러에서 자동으로 생성하는 bin이나 obj 폴더의 파일은 버전이 일치하지 않아 오류가 발생할 수 있다. 비주얼 스튜디오 2022와 비주얼 스튜디오 코드에서 같은 프로젝트를 열려면 프로젝트를 열기 전에 bin과 obj 폴더를 삭제한다. 이를 설명하기 위해 앞의 실습을 추가했다.

깃허브 솔루션 코드

이 책의 깃허브 저장소에는 비주얼 스튜디오 2022, 비주얼 스튜디오 코드, .NET 폴리글랏 노트북 파일이 포함돼 있다.

- 비주얼 스튜디오 2022 솔루션: https://github.com/markjprice/cs10dotnet6/tree/main/vs4win

- 비주얼 스튜디오 코드 솔루션: https://github.com/markjprice/cs10dotnet6/tree/main/vscode

- .NET 폴리글랏 노트북 파일: https://github.com/markjprice/cs10dotnet6/tree/main/notebooks

좋은 습관: 1장에서 배운 여러 프로젝트 관리 방법을 기억해 두자. 깃허브 저장소에는 추가 스크린샷과 4개의 코드 편집기(비주얼 스튜디오 2022, 비주얼 스튜디오 코드, 맥용 비주얼 스튜디오 2022, 젯브레인스 라이더)에 대한 설명이 추가돼 있다.

https://github.com/markjprice/cs10dotnet6/blob/main/docs/code-editors/

이 책의 깃허브 저장소 활용 방법

깃^{Git}은 일반적으로 사용되는 소스 코드 관리 시스템이다. 깃허브^{GitHub}는 깃을 보다 쉽게 관리할 수 있게 해주는 회사이자 웹사이트며 데스크톱 애플리케이션이기도 하다. 2018년에 마이크로소프트가 깃허브를 인수했기 때문에 계속해서 마이크로소프트 도구와 긴밀하게 통합될 것이다.

이 책에 대한 깃허브 저장소는 다음 목적으로 활용한다.

- 출판 이후에도 계속 유지되는 솔루션 코드를 제공한다.

- 정오표, 개선 사항, 링크, 책에 제한된 지면에는 담기 어려운 긴 내용 등 추가 자료를 제공한다.

- 책에 문제가 있을 때 저자에게 연락할 수 있는 수단을 제공한다.

책에 대한 문제 제기

책을 공부하다 막히거나 솔루션의 텍스트, 코드에 잘못된 점을 발견한 경우 깃허브 저장소를 통해 문제를 제기할 수 있다.

1. 다음 링크로 이동한다.

   https://github.com/markjprice/cs10dotnet6/issues

2. **New issue**를 클릭한다.

3. 문제되는 내용을 자세히 기록한다. 예를 들면,

   A. 운영체제(윈도우 11 64비트, 맥OS Big Sur 버전 11.2.3)

   B. 하드웨어(인텔, 애플 실리콘, ARM CPU)

   C. 코드 편집기(비주얼 스튜디오 2022, 비주얼 스튜디오 코드 및 버전 정보)

   D. 문제와 관련 있다고 생각되는 코드 또는 구성 부분

   E. 기대하는 동작과 실제로 어떻게 동작했는지에 대한 설명

   F. 가능한 경우 스크린샷 포함

평일은 직장을 다니고 책 작업은 주로 주말에 하기 때문에 문의에 즉시 응답할 수 없지만, 이 책이 독자 여러분께 도움이 되길 바라는 마음으로 최선을 다하겠다.

책에 대한 피드백

책에 대한 피드백을 제공하려면 깃허브 저장소 README.md 페이지의 링크를 참고하라. 익명으로 피드백을 제공하거나 답변을 원한다면 이메일 주소를 알려 주기 바란다. 이메일 주소는 피드백 답변 용도로만 사용된다.

독자 여러분이 책에서 좋아하는 점, 개선 제안, C# 및 .NET 사용 방법에 대해 듣고 싶으니, 부끄러워 말고 연락 주기 바란다. 여러분의 피드백에 미리 감사드린다.

깃허브 저장소에서 솔루션 코드 다운로드

깃허브 저장소에는 각 장 끝의 연습과 실습 단계별 코딩 예제에 대한 솔루션이 있다. 다음은 저장소 링크다.

https://github.com/markjprice/cs10dotnet6

깃을 사용하지 않고 솔루션 파일을 모두 다운로드하려면 그림 1.19와 같이 녹색 코드 Code 버튼을 클릭한 다음, **다운로드 ZIP**Download ZIP를 선택한다.

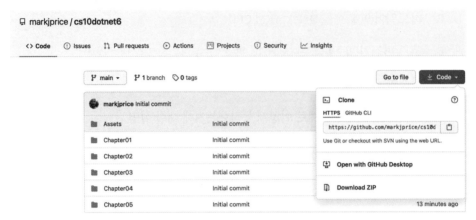

그림 1.19 zip 파일로 저장소 다운로드

저장소를 통해 책의 정오표나 유용한 링크를 제공하기 때문에 책갈피에 저장소 링크를 추가해 두기 바란다.

비주얼 스튜디오 코드 및 명령줄에서 깃 사용

비주얼 스튜디오 코드는 깃을 지원하지만 운영체제의 깃을 사용하므로 먼저 깃 2.0 이상을 설치해야 한다.

다음 링크에서 깃을 설치할 수 있다.

https://git-scm.com/download

GUI를 사용하려면 다음 링크에서 GitHub Desktop을 다운로드할 수 있다.

https://desktop.github.com

솔루션 코드 저장소 복제

이제 코드 저장소를 복제해 보자. 여기서는 비주얼 스튜디오 코드의 터미널을 사용하지만 명령 프롬프트 또는 터미널 창에 명령을 입력해도 된다.

1. 저장소를 다운로드하고 싶은 위치에 Repos-vscode라는 폴더를 만든다.

2. 비주얼 스튜디오 코드에서 Repos-vscode 폴더를 연다.

3. **보기 > 터미널**로 이동하고 다음 명령을 입력한다.

```
git clone https://github.com/markjprice/cs10dotnet6.git
```

4. 그림 1.20과 같이 저장소를 다운로드하는 데 약간의 시간이 걸린다.

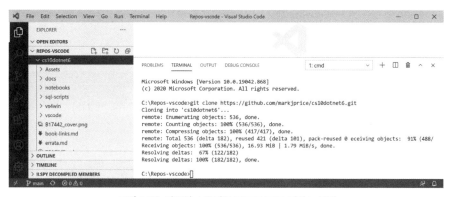

그림 1.20 비주얼 스튜디오 코드로 코드 저장소 복제

⁝⁝ 도움말 찾기

이번에는 프로그래밍과 관련된 양질의 정보를 어떻게 웹에서 얻을 수 있는지 설명한다.

마이크로소프트 문서 읽기

마이크로소프트 개발자 도구와 플랫폼에 관해 도움을 얻을 수 있는 가장 좋은 리소스는 마이크로소프트 Docs다(https://docs.microsoft.com/ko-kr/).

dotnet 도구에 대한 도움 얻기

명령줄에서 dotnet 도구의 도움말을 볼 수 있다.

1. dotnet new 명령에 대한 공식 문서를 브라우저 창에서 보려면 명령줄 또는 비주얼 스튜디오 코드에서 다음과 같이 입력한다.

```
dotnet help new
```

2. 명령줄에서 보고 싶다면 -h나 -help 옵션을 입력한다.

```
dotnet new console -h
```

3. 다음은 출력 결과 중 일부다.

```
콘솔 애플리케이션 (C#)
작성자 :Microsoft
설명: Windows, Linux 및 macOS의 .NET에서 실행할 수 있는 명령줄 애플리케이션을 만들기 위
한 프로젝트

Usage:
  dotnet new console [options] [템플릿 옵션]

Options:
  -n, --name <name>         생성 중인 출력의 이름입니다. 이름을 지정하지 않으면 출력 디렉
터리의 이름이 사용됩니다.
  -o, --output <output>     생성된 출력을 배치할 위치입니다.
  --dry-run                 템플릿이 생성될 경우 주어진 명령 줄이 실행되면 어떤 일이
발생하는지에 대한 요약을 표시합니다.
  --force                   기존 파일을 변경하더라도 콘텐츠를 강제로 생성합니다.
```

```
   --no-update-check          템플릿을 인스턴스화할 때 템플릿 패키지 업데이트 확인을
사용하지 않도록 설정합니다.
   --project <project>        콘텍스트 평가에 사용해야 하는 프로젝트입니다.
   -lang, --language <C#>     인스턴스화할 템플릿 언어를 지정합니다.
   --type <project>           인스턴스화할 템플릿 형식을 지정합니다.
```

형식 정의와 멤버 정보 얻기

코드 편집기의 가장 유용한 기능은 **정의로 이동**^{Go To Definition}이다. 비주얼 스튜디오 코드 및 비주얼 스튜디오 2022에서 사용할 수 있다. 이 기능은 컴파일된 어셈블리에서 메타데이터를 읽어 형식 또는 멤버의 정의가 어떤 모습인지 보여 준다.

ILSpy .NET 디컴파일러와 같은 일부 도구는 리버스 엔지니어링으로 메타데이터 및 IL 코드에서 C# 코드를 다시 생성한다.

정의로 이동 기능을 직접 사용해 보자.

1. 비주얼 스튜디오 2022나 비주얼 스튜디오 코드에서 Chapter01 솔루션/작업 영역을 연다.

2. HelloCS 프로젝트의 Program.cs 파일 Main에 정수형 변수 z를 선언한다.

   ```
   int z;
   ```

3. int를 오른쪽 클릭하고 메뉴에서 **정의로 이동**을 선택한다.

4. 그림 1.21과 같이 int 데이터 형식이 어떻게 정의돼 있는지 볼 수 있다.

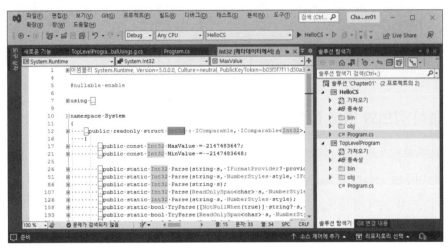

그림 1.21 int 데이터 형식 메타데이터

int에 대해 다음을 알 수 있다.

- struct 키워드로 정의된다.

- System.Runtime 어셈블리에 있다.

- System 네임스페이스에 있다.

- 이름은 Int32다.

- 따라서 System.Int32 형식의 별칭이다.

- IComparable과 같은 인터페이스를 구현한다.

- 최댓값과 최솟값에 대해 상수 값을 가진다.

- Parse와 같은 메서드가 존재한다.

좋은 습관: 비주얼 스튜디오 코드에서 정의로 이동 기능을 사용하면 때로는 정의를 찾을 수 없다는 오류가 발생한다. 그 이유는 C# 확장이 현재 프로젝트를 알지 못하기 때문이다. 문제를 해결하려면 보기 > 명령 팔레트에서 omni를 입력하고 OmniSharp: 프로젝트 선택에서 대상 프로젝트를 선택해 주면 된다.

아직은 이런 정보가 무엇을 의미하는지 모르기 때문에 그다지 유용하게 느껴지지 않을 것이다. 하지만 2장부터 6장에 걸쳐 C#을 공부하고 나면 이 기능이 매우 유용하다는 걸 알게 될 것이다.

5. 코드 편집기를 아래로 스크롤해 그림 1.22와 같이 106행의 단일 문자열 매개 변수가 있는 Parse 메서드와 86~105행에서 이에 대한 주석을 찾아보자.

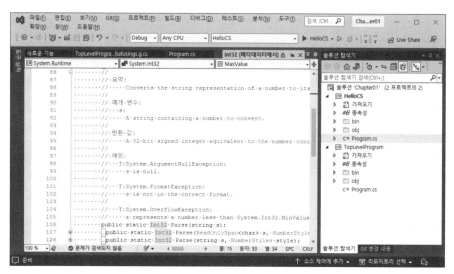

그림 1.22 문자열 매개 변수가 있는 Parse 메서드와 주석

주석을 통해 다음을 알 수 있다.

1. 메서드가 하는 일의 요약 설명

2. string처럼 메서드에 전달할 수 있는 매개 변수

3. 데이터 형식을 포함한 메서드의 반환 값

4. `ArgumentNullException`, `FormatException`, `OverflowException`처럼 이 메서드를 호출했을 때 발생할 수 있는 예외. try문에서 어떤 예외를 잡아야 하는지 알 수 있다.

지금은 이해가 되지 않더라도 괜찮다. 2장에서 C# 언어에 대해 자세히 알아볼 것이다. 그전에 도움을 구할 수 있는 다른 곳도 마저 알아보자.

스택 오버플로 사용하기

스택 오버플로^{StackOverflow}는 어려운 프로그래밍 문제에 대한 답변을 얻을 수 있는 가장 인기 있는 웹사이트다. DuckDuckGo와 같은 검색 엔진은 스택 오버플로를 검색하기 위한 특별한 쿼리를 작성할 수 있기 때문에 매우 인기가 높다

1. 웹 브라우저를 시작한다.

2. https://duckduckgo.com/으로 이동해서 다음 쿼리를 입력하고 그림 1.23과 같은 검색 결과를 확인한다.

```
!so securestring
```

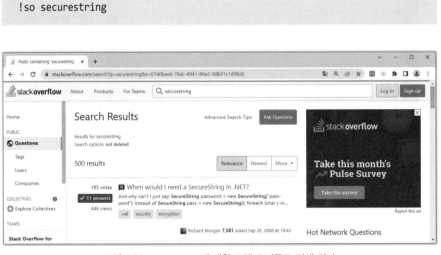

그림 1.23 securestring에 대한 스택 오버플로 검색 결과

구글 사용하기

구글에서 고급 검색 옵션을 사용하면 필요한 내용을 찾을 가능성이 높아진다.

1. 구글로 이동한다.

2. garbage collection을 입력하면 컴퓨터 과학에서 의미하는 가비지 수집에 대한 위키 피디아 정의를 보기 전에 해당 지역의 쓰레기 수거 서비스에 대한 많은 광고를 보게 된다.

3. 다음처럼 스택 오버플로와 같은 사이트로 제한하고 C++, Rust, Python처럼 원하지 않는 언어를 제거하거나 C#, .NET을 명시적으로 추가해 검색 결과를 개선할 수 있다.

```
garbage collection site:stackoverflow.com +C# -Java
```

공식 .NET 블로그 구독하기

.NET을 다루는 훌륭한 블로그는 .NET 엔지니어링 팀이 작성하는 공식 .NET 블로 그다.

https://devblogs.microsoft.com/dotnet/

스콧 한셀만 유투브 채널

마이크로소프트의 스콧 한셀만^{Scott Hanselman}은 훌륭한 유투브 채널을 운영한다.

http://computerstufftheydidntteachyou.com

컴퓨터를 사용하는 모든 사람에게 권장한다.

⠿ 연습 및 탐구

몇 개의 질문에 답해 보면서 1장에서 배운 내용을 얼마나 이해하고 있는지 확인하고 좀 더 공부할 내용도 살펴보자.

연습 1.1 - 복습

대부분의 답은 1장에서 찾을 수 있지만 때에 따라서는 검색을 하거나 코드를 작성해야 할 수도 있다.

1. 비주얼 스튜디오 2022가 비주얼 스튜디오 코드보다 나은 도구라고 볼 수 있는가?

2. .NET 6가 .NET 프레임워크보다 더 뛰어나다고 볼 수 있는가?

3. .NET 표준은 무엇이고 왜 여전히 중요한가?

4. C#이나 F#처럼 다른 언어를 사용해서 .NET 코어 프로그램 개발이 가능한 이유는 무엇인가?

5. .NET 콘솔 프로그램의 진입점entry-point이 되는 메서드 이름은 무엇이며 어떻게 선언해야 하는가?

6. 최상위 문이란 무엇이며 어떻게 명령줄 인수에 접근하는가?

7. C# 소스 코드를 빌드하고 실행하기 위한 .NET 코어 명령어는 무엇인가?

8. 폴리글랏 노트북을 사용해 C# 코드를 작성했을 때의 장점은 무엇인가?

9. C# 키워드에 대한 도움말은 어디서 볼 수 있는가?

10. 일반적인 프로그래밍 문제에 대한 해결책을 어디에서 찾을 수 있는가?

 연습 문제에 대한 답은 깃허브 저장소의 README.md 문서에서 다운로드할 수 있다.
https://github.com/markjprice/cs10dotnet6

연습 1.2 - 웹에서 코딩하기

C# 코딩을 위해 꼭 비주얼 스튜디오 2022나 비주얼 스튜디오 코드를 사용할 필요는 없다. 다음 사이트에서 온라인으로 코딩을 시작할 수 있다.

https://dotnetfiddle.net/

연습 1.3 - 탐구

책은 경험을 선별해 모아 둔 곳이며 책에 포함할 주제의 균형을 찾으려고 노력했다. 책에 포함시키지 못한 내용은 깃허브 저장소에서 찾을 수 있다.

이 책은 C# 및 .NET 개발자가 알아야 할 기본 지식과 기술을 다룬다. 일부 긴 예제는 마이크로소프트 문서나 서드 파티 문서 작성자에 대한 링크를 제공한다.

1장의 주제에 대한 더 자세한 내용을 보고 싶다면 다음 페이지의 링크를 확인하라.

https://github.com/markjprice/cs10dotnet6/blob/main/book-links.md#chapter-1---hello-c-welcome-net

⁝⁞ 마무리

1장에서는 다음 내용을 공부했다.

- 개발 환경 구성

- 모던 .NET, .NET 코어, .NET 프레임워크, 자마린, .NET 표준 간의 유사점과 차이점

- .NET SDK 및 비주얼 스튜디오 2022, 비주얼 스튜디오 코드를 사용해 콘솔 애플리케이션 만들기

- 폴리글랏 노트북을 사용해 코드 셀 실행

- 깃허브 저장소에서 이 책의 솔루션 코드 다운로드

- 도움말 찾기

2장에서는 C# 문법에 대해 알아본다.

코드 저장소

다음 깃허브 저장소에서 단계별 안내 및 연습에 대한 솔루션을 다운로드할 수 있다.

https://github.com/markjprice/cs10dotnet6

Discord 채널 참여

이 책의 Discord 채널에서 저자가 함께하는 Ask me Anything 세션에 참여할 수 있다.

https://packt.link/SAcsharp10dotnet6

02

C# 문법과 키워드

2장에서는 C# 프로그래밍 언어의 기본을 다룬다. C# 문법을 사용해 어떻게 구문 statement을 작성하는지 배우며, 매일 사용하게 될 공통 어휘도 소개한다. 이 외에도 2장의 마지막 부분에서는 컴퓨터 메모리에서 정보를 다루고 임시적으로 저장하는 방법도 알아본다.

2장에서는 다음 내용을 살펴본다.

- C# 소개

- C# 기본 이해하기

- 변수 다루기

- 콘솔 애플리케이션 알아보기

⁑ C# 소개

프로그래밍 언어는 지금 소개하려는 미국의 유명한 동화작가 Dr. 세우스^{Seuss}처럼 자신만의 단어^{word}를 만들 수 있다는 것을 제외하면, 사람의 언어와 유사하다. Dr. 세우스는 1950년에 『If I Ran the Zoo』(HarperCollins Publishers, 2011)라는 동화책에서 재미있는 표현을 사용했다.

"동물원을 꾸리려면 더 많은 동물이 필요해. 카투르^{ka-Troo} 섬에 가서 잇쿠치^{It-Kutch}, 프립^{Preep} 그리고 시서커^{Seersucker}도 데려올 거야."

언어 버전과 기능 이해하기

2장은 입문자를 대상으로 하기 때문에 변수 선언부터 데이터 저장, 사용자 지정 데이터 타입 정의에 이르기까지 반드시 알아야 할 기본 주제를 살펴본다.

이 책은 C# 버전 1.0부터 버전 10.0까지의 기능을 다룬다. 이미 C#에 익숙하고 새 버전의 기능에 대해 빠르게 알고 싶다면 다음에서 각 버전별 주요 기능을 읽어 볼 수 있다. 또한 연결되는 장 번호와 제목을 같이 표시했다.

C# 1.0

C# 1.0은 2002년에 출시됐으며 현대적인 정적 형식의 객체지향 언어로서 모든 중요한 기능을 포함한다. 2장부터 6장에서 살펴볼 수 있다.

C# 2.0

C# 2.0은 2005년에 배포됐다. 다음 표의 내용 이외에도 코드 성능을 개선하고 형식 오류를 줄이고자 제네릭^{generic}을 사용한 강력한 데이터 형식을 만드는 데 초점을 뒀다.

기능	장 번호	주제
nullable 값 형식	6	nullable 값 형식 만들기
generic	6	제네릭으로 재사용 가능한 형식 만들기

C# 3.0

C# 3.0은 2007년에 배포됐다. **언어 통합 쿼리**^{LINQ, Language Integrated Queries}, 익명 형식, 람다 표현식 같은 기능을 사용해 선언적 코딩을 가능하게 하는 데 중점을 뒀다.

기능	장 번호	주제
암시적 타입의 지역 변수	2	지역 변수의 타입 추론
LINQ	11	11장의 모든 주제

C# 4.0

F#, 파이썬 같은 동적 언어와의 상호 운용성 개선을 목표로 2010년에 출시됐다.

기능	장 번호	주제
동적 형식	2	동적 형식 저장
선택적 매개 변수, 이름 있는 인자	5	선택적 매개 변수와 이름있는 인자

C# 5.0

마치 동기 코드로 보이지만 복잡한 상태 머신을 자동으로 구현해 비동기 작업을 단순화하는 데 중점을 뒀다. 2012년에 배포됐다.

기능	장 번호	주제
단순화된 비동기 태스크	12	async와 await 이해하기

C# 6.0

2015년에 출시됐으며 여러 마이너 개선이 포함됐다.

기능	장 번호	주제
static 가져오기	2	console 사용 단순화하기
문자열 보간	2	사용자 정보 출력
식 본문 함수(expression bodied member)	5	읽기 전용 프로퍼티 정의

C# 7.0

튜플, 패턴 매칭 같은 함수형 언어 기능 추가를 목표로 했고 여러 마이너 개선이 포함됐다. 2017년 3월에 배포됐다.

기능	장 번호	주제
이진 리터럴 및 숫자 구분 기호	2	숫자 저장
패턴 매칭	3	if를 사용한 패턴 매칭
out 변수	5	매개 변수 전달 제어
튜플	5	튜플로 여러 개의 값 조합하기
지역 함수	6	지역 함수 정의하기

C# 7.1

C# 7.1은 다음 항목을 비롯한 여러 마이너 개선을 포함하며 2017년 8월에 배포됐다.

기능	장 번호	주제
기본 리터럴 표현식	5	기본 리터럴로 필드 설정
튜플 이름 추론(Inferred tuple element name)	5	튜플 이름 추론
async 메인	12	콘솔 앱 응답성 개선

C# 7.2

다음 항목을 비롯한 마이너 개선이 포함됐으며 2017년 11월에 배포됐다.

기능	장 번호	주제
자리 구분 기호로 언더스코어(_) 사용	2	향상된 숫자 지원
이름 지정 매개 변수	5	선택적 매개 변수와 이름 지정 매개 변수 전달하기
private protected 접근 한정자	5	접근 한정자 이해하기
튜플 타입으로 ==, != 사용	5	튜플 비교하기

C# 7.3

C# 7.3은 2018년 5월에 배포됐으며 ref 변수, 포인터, stackalloc을 개선하는 성능 지향 안전 코드에 중점을 뒀다. 대부분의 개발자에게 필요하지 않는 어려운 주제이므로 이 책에서 다루지 않는다.

C# 8

2019년 9월에 배포됐으며 다음 표를 비롯한 null 다루기에 대한 주요 변경이 있었다.

기능	장 번호	주제
nullable 참조 타입	6	nullable 참조 형식 만들기
switch 표현식	3	switch로 표현식 단순화하기
기본 인터페이스 메서드	6	기본 인터페이스 메서드 이해하기

C# 9

2020년 11월에 배포됐으며 레코드 형식, 패턴 매칭 개선, 콘솔 앱 코드 간소화 등이 포함됐다.

기능	장 번호	주제
콘솔 앱 최소 코드	1	최상위 문
형식화된 new	2	대상으로 형식화된 new
패턴 매칭 강화	5	객체 패턴 매칭
record	5	레코드 다루기

C# 10

2021년 11월에 배포됐으며 일반적인 작업을 처리하는 데 필요한 코드 양을 감소시키는 데 목표를 뒀다.

기능	장 번호	주제
글로벌 네임스페이스 가져오기	2	네임스페이스 가져오기
불변 스트링 리터럴	2	보간 문자열을 사용한 포매팅
파일 범위 네임스페이스	5	네임스페이스 선언 단순화하기
필수 프로퍼티	5	초기화 중 필수 프로퍼티 설정
레코드 구조체	6	레코드 구조체 형식 다루기
null 매개 변수 체크	6	메서드 매개 변수에서 null 체크

C# 표준 이해하기

마이크로소프트는 다음과 같이 몇 개의 C# 버전을 표준 기관에 등록했다.

C# 버전	ECMA 표준	ISO/IEC 표준
1.0	ECMA-334:2003	ISO/IEC 23270:2003
2.0	ECMA-334:2006	ISO/IEC 23270:2006
5.0	ECMA-334:2017	ISO/IEC 23270:2018

C# 6에 대한 표준은 아직 초안이며 C# 7 기능 추가를 진행 중이다. 2014년 C#은 오픈 소스로 변경됐다.

C#과 관련 기술에 대한 작업을 가능한 한 공개하기 위한 목적으로 다음과 같은 3개의 공개 깃허브 저장소를 사용한다.

설명	링크
C# 언어 설계	https://github.com/dotnet/csharplang
컴파일러 구현	https://github.com/dotnet/roslyn
언어 표준	https://github.com/dotnet/csharpstandard

C# 컴파일러 버전 확인하기

.NET SDK에는 F#용 컴파일러와 로슬린Roslyn이 포함돼 있다. 로슬린은 C# 및 비주얼 베이직용 컴파일러다.

특정 버전의 C#을 사용하려면 다음 표와 같이 해당 버전의 .NET SDK가 설치돼 있어 야 한다.

.NET SDK	로슬린 컴파일러	기본 C# 언어
1.0.4	2.0 - 2.2	7.0
1.1.4	2.3 - 2.4	7.1
2.1.2	2.6 - 2.7	7.2
2.1.200	2.8 - 2.10	7.3
3.0	3.0 - 3.4	8.0
5.0	3.8	9.0
6.0	4.0	10.0

클래스 라이브러리를 만들 때 .NET 표준 및 .NET 버전을 선택할 수 있다. .NET 표준은 다음과 같이 기본 C# 버전을 포함한다.

.NET 표준	C#
2.0	7.3
2.1	8.0

SDK 버전 출력하기

사용 가능한 .NET SDK와 C# 언어 컴파일러 버전을 살펴보자.

1. 맥OS에서는 **터미널**을, 윈도우에서는 **명령 프롬프트**를 시작한다.

2. 사용 가능한 .NET SDK 버전을 확인하려면 다음 명령을 입력한다.

```
dotnet --version
```

3. 책을 쓰는 시점의 최신 버전은 6.0.201이며 보안 문제를 해결한 패치가 포함돼 있다.

```
6.0.201
```

특정 언어 버전 컴파일러 활성화하기

비주얼 스튜디오나 dotnet 명령줄 인터페이스 같은 개발자 도구는 개발자가 기본으로 최신 메이저 버전을 사용한다고 가정한다. C# 8.0이 출시되기 전에는 7.0이 최신 버전이었고 기본 버전으로 사용됐다. 7.1, 7.2, 7.3 같은 특정 개선 버전을 사용하려면 다음과 같이 프로젝트 파일에 <LangVersion> 구성 요소를 추가해야 한다.

```
<LangVersion>7.3</LangVersion>
```

C# 10.0과 .NET 6.0이 출시된 후에 마이크로소프트는 C# 10.1 컴파일러를 배포했다. 새 언어 기능을 사용하려면 프로젝트 파일에 다음 구성 요소를 추가해야 한다.

```
<LangVersion>10.1</LangVersion>
```

<LangVersion>에 사용되는 값을 다음 표에 정리했다.

언어 버전	설명
7, 7.1, 7.2, 7.3, 8, 9, 10	해당 버전의 컴파일러가 설치된 상태에서 버전 번호를 입력하면 해당 컴파일러를 사용한다.
latestmajor	가장 최근의 메이저 버전 번호를 사용한다. 예를 들어, 7.0(2019년 8월), 8.0(2019년 10월), 9.0(2020년 11월), 10.0(2021년 11월)
latest	가장 최근 메이저 번호와 마이너 버전 사용. 예를 들어, 2017년 7.2, 2018년 7.3, 2019년 8, 2022년 10.1
preview	사용 가능한 가장 최근의 미리 보기 버전. 예를 들어, .NET 6.0 미리보기 6이 설치된 2021년 7월의 10.0

새 프로젝트를 생성한 후에 .csproj 파일에 <LangVersion> 요소를 추가할 수 있다.

```
<Project Sdk="Microsoft.NET.Sdk">
  <PropertyGroup>
    <OutputType>Exe</OutputType>
    <TargetFramework>net6.0</TargetFramework>
    <LangVersion>preview</LangVersion>
  </PropertyGroup>
</Project>
```

프로젝트에서 C# 10의 모든 기능을 사용하려면 반드시 net6.0을 대상으로 해야 한다.

 좋은 습관: 비주얼 스튜디오 코드를 사용 중이라면 MSBuild 프로젝트 도구라는 비주얼 스튜디오 코드 확장을 설치한다. 이렇게 하면 적절한 값으로 〈LangVersion〉 요소를 쉽게 추가할 수 있고 .csproj 파일을 편집할 때 인텔리센스 기능을 사용할 수 있다.

⁝⁝⁝ C# 문법과 어휘 이해하기

C# 언어 기능 중 간단한 것만 배우려고 한다면 애플리케이션을 만들 필요없이 폴리글랏 노트북을 사용해도 된다.

하지만 C# 언어를 제대로 배우려면 애플리케이션을 만들어야 한다. 애플리케이션 종류 중 가장 단순한 것은 콘솔 애플리케이션이다.

여기서는 C# 언어의 기능을 보여 주는 여러 개의 콘솔 애플리케이션을 만들면서 C# 문법과 어휘의 기초를 살펴본다.

컴파일러 버전 표시하기

먼저 컴파일러 버전을 표시하는 코드를 작성해 보자.

1. 1장을 마쳤다면 이미 Code 폴더를 생성했을 것이다. 만약 없다면 지금 만들자.

2. 선호하는 코드 에디터를 사용해 새 콘솔 애플리케이션을 다음과 같이 생성한다.

   A. 프로젝트 템플릿: **콘솔 앱[C#]**/console

   B. 작업 영역/솔루션 파일과 폴더: Chapter02

   C. 프로젝트 파일과 폴더: Vocabulary

   > **좋은 습관:** 여러 프로젝트가 포함된 작업 영역, 솔루션을 만드는 방법은 1장을 참고하자.

3. Program.cs 파일을 열고 파일 상단의 주석 아래에 C# 버전을 에러로 표시하는 코드를 추가한다.

   ```
   #error version
   ```

4. 콘솔 애플리케이션을 실행한다.

   A. 비주얼 스튜디오 코드에서는 터미널에서 dotnet run 명령을 실행한다.

   B. 비주얼 스튜디오 2022에서는 **디버그 > 디버그하지 않고 시작**으로 이동한다. '빌드 오류가 발생했습니다. 계속하고 마지막으로 성공한 빌드를 실행하시겠습니까?'라는 메시지가 표시되면 **아니요**를 클릭한다.

5. 그림 2.1과 같이 컴파일러 버전과 언어 버전이 CS8304 에러 메시지로 표시된다.

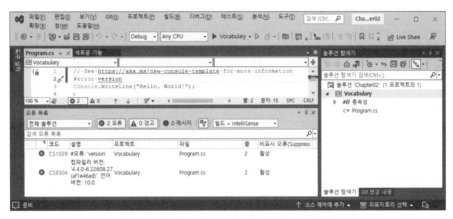

그림 2.1 C# 언어 버전을 표시하는 컴파일러 에러

6. 비주얼 스튜디오 코드의 **문제** 창 또는 비주얼 스튜디오의 **오류 목록** 창에 컴파일러 버전 4.1.0…, 언어 버전 10.0이 표시된다.

7. 에러를 발생시킨 코드를 다음과 같이 주석 처리하고 다시 실행한다.

   ```
   // #error version
   ```

8. 컴파일러 에러 메시지가 사라진 것을 확인한다.

C# 문법 이해하기

C# 문법은 구문^{statement}과 블록^{block}을 포함한다. 작성한 코드를 문서화하려면 주석^{comment}을 사용한다.

 좋은 습관: 주석은 코드 문서화의 유일한 수단이 아니다. 변수와 함수 이름을 이해하기 쉽게 짓고, 단위 테스트를 작성하고 실제 문서를 작성하는 것은 코드 문서화의 또 다른 방법들이다.

구문

영어는 문장^{sentence}의 끝을 마침표$^{\text{full stop}}$로 나타낸다. 하나의 문장은 여러 개의 단어^{word}와 절^{phrase}로 구성된다. 어순$^{\text{word order}}$ 역시 문법의 한 요소다. 예를 들어, 검은 고양이는 영어로 'the black cat'이라 쓴다.

형용사 black이 명사 cat 앞에 온다. 프랑스어는 어순이 다르다. 'le chat noir'처럼 형용사가 명사 다음에 온다. 어순은 중요한 문법 요소다.

C#은 **구문**의 끝을 세미콜론으로 표시한다. 하나의 구문은 여러 개의 **변수**^{variable}와 **표현식**^{expression}으로 구성된다.

다음 구문에서 totalPrice는 변수이며 subtotal + salesTax는 표현식이다.

```
var totalPrice = subtotal + salesTax;
```

표현식은 피연산자 subtotal과 연산자 + 그리고 또 다른 피연산자 salesTax로 구성된다. 피연산자와 연산자의 순서도 역시 중요하다.

주석

더블 슬래시(//)를 사용해 코드를 설명하는 주석^{comment}을 달 수 있다. 컴파일러는 //의 시작부터 해당 줄의 끝까지 모든 것을 무시한다. 다음 예를 보자.

```
// salesTax(판매세)는 반드시 subtotal에 더해야 한다.
var totalPrice = subtotal + salesTax;
```

여러 줄을 주석 처리할 때는 주석 시작 부분에 /*, 주석 끝 부분에 */를 입력한다.

```
/*
여러 개의 줄을 주석 처리하려면
이렇게 한다.
*/
```

 좋은 습관: 잘 명명된 매개 변수, 클래스 캡슐화, 함수 이름처럼 적절하게 설계된 코드는 그 자체로 문서화 역할을 한다. 코드에 너무 많은 주석과 설명을 넣고 있다면 잠깐 멈추고 '장황한 주석 없이 코드를 더 이해하기 쉽게 작성할 수는 없을까?'라고 생각해 보자.

코드 에디터는 주석 추가/삭제를 쉽게 할 수 있도록 다음과 같이 지원한다.

- 비주얼 스튜디오 2022: 메뉴의 **편집 – 고급 – 선택 영역을 주석으로 처리** 또는 **선택 영역의 주석 처리 제거**

- 비주얼 스튜디오 코드: **편집 > 줄 주석 설정/해제** 또는 **블록 주석 설정/해제**

 좋은 습관: 코드 위나 아래에 설명을 추가해 주석을 달 수 있다. 코드 앞이나 주위에 주석 문자를 추가해 코드를 비활성화할 수 있다. 주석 해제는 주석 문자를 제거하는 것을 뜻한다.

블록

영어에서 절^{paragraph}은 새 줄에서 시작한다. C#은 중괄호 { }로 코드 **블록**^{block}을 나타낸다.

블록은 블록 안에서 정의하는 게 무엇인지 가리키는 선언으로 시작한다. 예를 들어, 네임스페이스^{namespace}, 클래스^{class}, 메서드^{method} 또는 foreach 같은 구문을 정의할 때 블록을 사용한다.

이들에 대해서는 2장의 후반부와 3장에서 배우지만 개념을 요약하면 다음과 같다.

- **네임스페이스**는 함께 그룹화하려는 클래스 같은 타입을 포함한다.

- **클래스**는 메서드를 포함한 객체의 멤버를 포함한다.

- **메서드**는 객체가 수행할 수 있는 작업을 구현하는 코드가 포함된다.

구문과 블록의 예

다음은 .NET 5.0에서 콘솔 앱을 만들 때 생성되는 프로젝트 템플릿 코드다. 여기서 구문과 블록의 예를 살펴보자. 프로젝트 템플릿 코드에 주석을 추가했다.

```
using System; // 세미콜론은 구문의 끝을 가리킨다.

namespace Basics
{ // 블록의 시작을 나타낸다.
    class Program
    {
        static void Main(string[] args)
        {
            Console.WriteLine("Hello World!"); // 하나의 구문
        }
    }
} // 블록의 끝을 나타낸다.
```

C# 어휘 이해하기

C# 어휘는 키워드, 기호 문자, 타입으로 이뤄져 있다.

이 책에서 보게 될 미리 정의된 예약 키워드에는 using, namespace, class, static, int, string, double, bool, if, switch, break, while, do, for, foreach, and, or, not, record, init 등이 있다.

기호 문자로는 ", ', +, -, *, /, %, @, $가 있다.

그리고 이외에 특정 문맥context에서만 의미를 갖는 키워드도 있다. 하지만 이를 포함해도 C#의 키워드는 약 100개에 지나지 않는다.

프로그래밍 언어와 인간의 언어 비교

영어가 25만 개 이상의 단어를 가지고 있는 것과 비교하면 C#은 어떻게 100여 개의 키워드로 모든 걸 처리할까? 게다가 C# 키워드 수가 영어 단어의 0.0416%임에도 배우기 어려운 이유는 무엇일까?

사람의 언어와 프로그래밍 언어의 중요한 차이점 중 하나는 개발자가 새로운 뜻을 갖는 새로운 '단어'를 정의할 수 있다는 것이다. 이 책에서 C#의 100여 개 키워드 외에 다른 개발자들이 정의한 수십만 개의 키워드 중 일부를 배우지만, 자신만의 키워드를 정의하는 법 또한 배울 수 있다.

대부분의 프로그래밍 언어는 namespace, class처럼 영어를 사용하기 때문에 모든 개발자는 영어를 배우는 것이 좋다. 프로그래밍 언어 중에는 영어 외에 다른 언어를 사용하는 경우도 드물게 볼 수 있는데, 다음 유투브 비디오에서 아랍어로 된 프로그래밍 언어 데모demo를 볼 수 있다.

https://www.youtube.com/watch?v=dkO8cdwf6v8

C# 구문에 대한 색 구성표 변경

기본으로 비주얼 스튜디오 코드와 비주얼 스튜디오는 다른 코드와 구분하기 쉽도록 C# 키워드를 파란색으로 표시한다. 양쪽 도구 모두 색 구성표^{color scheme} 변경을 지원한다.

1. 비주얼 스튜디오 코드에서는 **파일 > 기본 설정 > 테마 > 색 테마**로 이동한다.

2. 선호하는 테마를 선택한다. 이 책에서는 인쇄된 책에서 그림이 잘 보이도록 **밝게 +(기본 밝게) 테마**를 사용했다.

3. 비주얼 스튜디오에서는 **도구 > 옵션**으로 이동한다.

4. **옵션** 대화상자에서 **환경 > 글꼴 및 색**을 선택한 다음, 변경하고 싶은 항목을 선택한다.

정확한 코드 작성을 위한 도구

메모장 같은 단순한 텍스트 편집기는 올바른 영어 문장을 쓰는 데 도움을 주지 못한다. 마찬가지로 C# 코드를 정확히 작성하는 데도 도움이 되지 않는다.

반면에 마이크로소프트 워드로 'icecream'을 입력했다면 빨간색 물결 표시로 맞춤법 오류가 있음을 표시하며 'ice-cream' 또는 'ice cream'이 맞다고 알려 준다. 또 문장의 첫 글자를 대문자로 쓰지 않으면 파란색 물결 표시로 문법 오류라고 알려 준다.

마찬가지로, 비주얼 스튜디오 코드의 C# 확장과 비주얼 스튜디오는 맞춤법 실수와 문법적인 오류를 강조 표시해서 정확하게 코드를 작성하도록 돕는다. 예를 들어, WriteLine 함수에서 대문자 L 대신 소문자 l을 쓰는 경우 또는 코드의 마지막을 세미콜론으로 끝내지 않은 경우 등이다.

C# 확장은 입력되는 코드를 계속 지켜보다가 잘못된 입력이 발견되면 코드 밑에 물결 표시로 해당 부분을 강조해 알려 준다. 실제로 확인해 보자.

1. Program.cs에서 WriteLine 메서드의 L을 소문자 l로 변경한다.

2. 코드 끝의 세미콜론을 제거한다.

3. 비주얼 스튜디오 코드에서는 **보기 › 문제**로 이동하고 비주얼 스튜디오에서는 **보기 › 오류 목록**으로 이동한다. 그러면 그림 2.2에서와 같이 잘못된 코드 아래에 빨간 물결을 표시하고 세부 사항을 보여 준다.

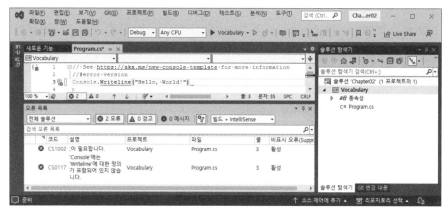

그림 2.2 2개의 컴파일 오류를 보여 주는 에러 목록 창

4. 2개의 코딩 에러를 수정한다.

네임스페이스 가져오기

System은 네임스페이스의 하나다. 네임스페이스는 형식의 위치를 나타내는 주소와 같다. 마치 영국 'Oxford' 시의 'High Street' 거리에 사는 'Bob Smith'란 사람을 가리키려고 할 때 Oxford.HighStreet.BobSmith라고 쓰는 것과 마찬가지다.

System.Console.WriteLine은 System이라는 네임스페이스 안에서 Console이란 이름을 갖는 형식을 찾고 다시 그 안에서 WriteLine 메서드를 찾으라고 컴파일러에게 지시한다.

그러므로 소스 코드 맨 위에 아래처럼 System 네임스페이스를 using 키워드와 함께 선언해 두면 이후부터 형식 이름 앞에 네임스페이스가 없을 때 컴파일러가 자동으로 System

네임스페이스 안에서 해당 형식을 찾기 때문에 결과적으로 소스를 간결하게 유지할 수 있다.

```
using System; // System 네임스페이스 가져오기
```

이렇게 하는 걸 '네임스페이스를 가져온다'라고 표현한다. 네임스페이스 가져오기의 효과는 네임스페이스 접두사를 매번 입력하지 않더라도 해당 네임스페이스에서 사용 가능한 모든 형식을 프로그램에서 사용할 수 있으며, 코드를 작성하는 동안 인텔리센스의 도움을 받을 수 있다는 점이다.

 폴리글랏 노트북은 대부분의 네임스페이스를 자동으로 가져온다.

암시적 및 전역적으로 네임스페이스 가져오기

네임스페이스를 가져와야 하는 모든 .cs 파일은 네임스페이스를 가져오기 위해 using 문으로 시작한다. System과 System.Linq 같은 네임스페이스는 거의 모든 .cs 파일에서 필요하기 때문에 다음과 같이 최소한 몇 줄의 using 문을 사용해야 한다.

```
using System;
using System.Linq;
using System.Collections.Generic;
```

또한 ASP.NET Core를 사용해 웹사이트나 서비스를 만들 때는 각 파일마다 수십 개의 네임스페이스를 가져와야 하는 경우가 많다.

C# 10에는 이러한 반복적인 네임스페이스 가져오기를 단순화해 주는 몇 개의 새로운 기능이 추가됐다.

먼저 global using 문은 하나의 .cs 파일에서 네임스페이스를 가져오면 다른 모든 .cs 파일에서 해당 네임스페이스를 사용할 수 있다. Program.cs 파일에 global using 문을 넣

을 수도 있지만 GlobalUsing.cs나 GlobalNamespaces.cs와 같이 별도의 파일로 만드는 것이 좋다.

```
global using System;
global using System.Linq;
global using System.Collections.Generic;
```

 좋은 습관: 대부분의 개발자들이 이 새로운 C# 기능에 익숙해질 때면 이 파일에 대한 하나의 명명 규칙이 표준으로 정해질 것이다.

다음으로, .NET 6를 대상으로 하는 프로젝트는 C# 10 컴파일러를 사용해 obj 폴더에 cs 파일을 생성해 System과 같은 공통 네임스페이스 일부를 암시적 및 전역적으로 가져온다. 암시적으로 가져오는 네임스페이스의 목록은 다음 표와 같이 사용하는 SDK에 따라 다르다.

SDK	암시적으로 가져오는 네임스페이스
Microsoft.NET.Sdk	System System.Collections.Generic System.IO System.Linq System.Net.Http System.Threading System.Threading.Tasks
Microsoft.NET.Sdk.Web	Microsoft.NET.Sdk에서 가져오는 네임스페이스 외에 System.Net.Http.Json Microsoft.AspNetCore.Builder Microsoft.AspNetCore.Hosting Microsoft.AspNetCore.Http Microsoft.AspNetCore.Routing Microsoft.Extensions.Configuration Microsoft.Extensions.DependencyInjection Microsoft.Extensions.Hosting Microsoft.Extensions.Logging

Microsoft.NET.Sdk.Worker	Microsoft.NET.Sdk에서 가져오는 네임스페이스 외에 Microsoft.Extensions.Configuration Microsoft.Extensions.DependencyInjection Microsoft.Extensions.Hosting Microsoft.Extensions.Logging

자동으로 생성되는 암시적 가져오기 파일을 직접 살펴보자.

1. **솔루션 탐색기**에서 Vocabulary 프로젝트를 선택하고 **모든 파일 표시** 버튼을 누르면 컴파일러가 생성한 bin과 obj 폴더가 표시된다.

2. obj, Debug, net6.0 폴더를 차례로 확장한 다음, Vocabulary.GlobalUsings.g.cs 파일을 연다.

3. 이 파일은 .NET 6.0 대상 프로젝트일 때 컴파일러가 자동 생성하며 다음 코드와 같이 System.Threading을 포함한 자주 사용되는 네임스페이스를 가져온다.

```
// <auto-generated/>
global using global::System;
global using global::System.Collections.Generic;
global using global::System.IO;
global using global::System.Linq;
global using global::System.Net.Http;
global using global::System.Threading;
global using global::System.Threading.Tasks;
```

4. Vocabulary.GlobalUsings.g.cs 파일을 닫는다.

5. **솔루션 탐색기**에서 프로젝트를 오른쪽 클릭한 다음, 프로젝트 파일 편집을 누른다. 다음과 같이 ItemGroup을 추가해 암시적으로 가져올 네임스페이스를 설정한다.

```
<Project Sdk="Microsoft.NET.Sdk">

  <PropertyGroup>
    <OutputType>Exe</OutputType>
    <TargetFramework>net6.0</TargetFramework>
    <ImplicitUsings>enable</ImplicitUsings>
```

```
      <Nullable>enable</Nullable>
    </PropertyGroup>
    <ItemGroup>
      <Using Remove="System.Threading" />
      <Using Include="System.Numerics" />
    </ItemGroup>
</Project>
```

6. 변경 사항을 저장한다.

7. obj, Debug, net6.0 폴더를 차례로 확장한 다음, Vocabulary.GlobalUsings.g.cs 파일
   을 연다.

8. 이번에는 System.Threading 대신 System.Numerics를 가져온 것을 확인한다.

```
// <auto-generated/>
global using global::System;
global using global::System.Collections.Generic;
global using global::System.IO;
global using global::System.Linq;
global using global::System.Net.Http;
global using global::System.Numerics;
global using global::System.Threading.Tasks;
```

9. Vocabulary.GlobalUsings.g.cs 파일을 닫는다.

다음과 같이 네임스페이스를 암시적으로 가져오는 기능을 비활성화할 수도 있다.

```
<ImplicitUsings>enable</ImplicitUsings>
```


동사는 메서드

영어에서 동사는 행동action을 나타낸다. C#에서 동사 역할은 **메서드**method가 담당하며
수십 만개의 사용 가능한 메서드가 있다. 영어에서 동사는 행동이 일어난 시간에 따라
그 형태가 바뀐다. 예를 들어, 과거라면 'Amir was jumping.'이라고 쓰고, 현재라면

'Beth jumps.'라고 쓴다. 미래는 'Charlie will jump'다.

C#에서 WriteLine과 같은 메서드는 세부 내용에 따라 호출 형태와 동작 방식이 달라진다. 이것을 오버로딩^{overloading}이라고 하는데 세부 내용은 5장에서 다룬다. 다음의 예를 보면 WriteLine 메서드는 인수에 따라 호출 형태와 동작이 조금씩 다르다.

```
// 현재 줄을 종료하는 빈 문자열을 출력한다.
// 맨 앞으로 이동(carriage-return) 및 줄바꿈(line feed) 역할을 한다.
Console.WriteLine();

// Hello Ahmed를 출력하고 현재 줄을 종료한다.
Console.WriteLine("Hello Ahmed");

// 형식화된 숫자와 날짜를 출력하고 현재 줄을 종료한다.
Console.WriteLine("Temperature on {0:D} is {1}°C.",
  DateTime.Today, 23.4);
```

이러한 특징은 일부 영어 단어가 철자는 동일해도 사용되는 문맥에 따라 다른 의미를 갖는 것과 유사하게 생각할 수 있다.

명사는 형식, 필드, 변수, 속성

영어에서 명사는 어떤 사물을 가리킨다. 예를 들어, 'Fido'는 개의 이름이고, '개'는 Fido가 어떤 종류인지를 알려 준다. Fido에게 공을 가져오도록 명령하려면 이름을 부른다.

C#에서 명사와 동등한 역할을 하는 것이 **형식**^{type}, **필드**^{field}, **변수**^{variable}, **속성**^{property}이다.

- Animal^{동물}과 Car^{자동차}는 형식이며 사물을 분류하기 위한 명사다.

- Head^{머리}, Engine^{엔진}은 필드이거나 속성일 수 있다. Animal과 Car에 속하는 명사다.

- Fido와 Bob은 변수이며 특정 대상을 가리키는 명사다.

C#에서는 수만 개의 형식을 사용할 수 있다. 'C#이 수만 개의 형식을 가지고 있다'라고 하지 않았다는 걸 주의하자. 별것 아닌 것 같지만 이 차이는 중요하다. C#은 string과

int 같은 몇 가지 형식에 관한 키워드만 있다. 정확히 말하면 C#은 어떤 형식도 정의하지 않는다. string 같은 키워드는 사실 **별칭**aliases이다. 이러한 별칭은 내부적으로 C#이 실행되는 플랫폼에서 제공하는 형식을 가리킨다.

C#은 단독으로 존재할 수 없으며 다양한 .NET 플랫폼에서 동작한다. 이론상 다른 플랫폼에서 다른 기본 형식을 사용하는 C# 컴파일러를 만들 수도 있다. 실제로 C# 플랫폼은 여러 개의 .NET 플랫폼 중 하나다. .NET은 수만 개의 형식을 C#에 제공한다. 예를 들어, C# 키워드 중에는 int가 가리키는 System.Int32가 있고, 더 복잡한 타입인 System.Xml.Linq.XDocument가 있다.

형식이란 용어는 자주 **클래스**class와 혼동된다. 어릴 때 자주 하던 스무 고개 게임을 기억하는가? 이 게임에서 모든 것은 동물, 채소, 광물로 분류된다. C#에서 모든 형식은 클래스, 구조체struct, 열거형enum, 인터페이스interface, 델리게이트delegate로 분류할 수 있다. 6장에서 관련 내용을 다룬다. C# 키워드 중 string은 클래스이고 int는 구조체다. 따라서 두 가지를 모두 언급하고 싶다면 형식이란 용어를 사용하는 것이 가장 좋다.

형식과 메서드 개수 구하기

C#에는 100개 이상의 키워드가 있다. 형식의 수는 몇 개나 될까? 콘솔 애플리케이션으로 C#에서 사용 가능한 형식과 메서드 수를 알아보는 코드를 작성해 보자.

리플렉션reflection이라는 기술을 사용한다는 것 외에 이 코드가 정확히 어떻게 작동하는지 지금은 이해하지 못해도 좋다.

1. Program.cs 파일 맨 위에 System.Reflection 네임스페이스를 가져온다.

    ```
    using System.Reflection;
    ```

2. Hello, World!가 있는 줄을 다음 코드로 바꾼다.

```
Assembly? assembly = Assembly.GetEntryAssembly();
if (assembly == null) return;
// 이 프로그램이 참조하는 어셈블리를 순회한다.
foreach (AssemblyName name in assembly.GetReferencedAssemblies())
{
    // 세부 정보를 읽기 위해 어셈블리를 로드한다.
    Assembly a = Assembly.Load(name);
    // 전체 메서드 count를 저장할 변수를 선언한다.
    int methodCount = 0;
    // 어셈블리의 모든 형식을 순회한다.
    foreach (TypeInfo t in a.DefinedTypes)
    {
        // 메서드의 개수를 더해서 누적한다.
        methodCount += t.GetMethods().Count();
    }
    // 형식과 메서드의 개수를 출력한다.
    Console.WriteLine(
      "{0:N0} types with {1:N0} methods in {2} assembly.",
      arg0: a.DefinedTypes.Count(),
      arg1: methodCount, arg2: name.Name);
}
```

3. 코드를 실행하면 가장 단순한 애플리케이션에서 사용할 수 있는 형식 및 메서드의 실제 개수를 알 수 있다. 형식 및 메서드 수는 운영체제에 따라 다르다.

```
// 윈도우에서 실행 결과
0 types with 0 methods in System.Runtime assembly.
106 types with 1,126 methods in System.Linq assembly.
44 types with 645 methods in System.Console assembly.
// 맥OS에서 실행 결과
0 types with 0 methods in System.Runtime assembly.
103 types with 1,094 methods in System.Linq assembly.
57 types with 701 methods in System.Console assembly.
```

 System.Runtime 어셈블리에는 왜 형식이 없을까? 이 특별한 어셈블리는 실제 형식이 아닌 형식 전달자(type-forwarder)만 포함한다. 형식 전달자는 .NET 외부 또는 다른 필요에 의해 구현된 형식을 나타낸다.

4. 다음과 같이 사용하지 않는 변수를 파일 맨 위에 추가한다.

```
using System.Reflection;

// 추가된 어셈블리의 형식을 사용해
// 사용하지 않는 변수를 몇 개 선언한다.
System.Data.DataSet ds;
HttpClient client;
```

다른 어셈블리의 형식을 사용하는 변수를 선언하면 해당 어셈블리가 로드돼 코드에서 어셈블리의 모든 형식과 메서드를 볼 수 있다. 사용하지 않는 변수가 있다고 컴파일러가 경고하지만 코드 실행이 중지되지는 않는다.

5. 콘솔 애플리케이션을 실행하고 출력 결과를 확인한다.

```
// 윈도우에서 실행 결과
0 types with 0 methods in System.Runtime assembly.
383 types with 6,854 methods in System.Data.Common assembly.
458 types with 4,692 methods in System.Net.Http assembly.
106 types with 1,126 methods in System.Linq assembly.
44 types with 645 methods in System.Console assembly.

// 맥OS에서 실행 결과
0 types with 0 methods in System.Runtime assembly.
376 types with 6,763 methods in System.Data.Common assembly.
522 types with 5,141 methods in System.Net.Http assembly.
103 types with 1,094 methods in System.Linq assembly.
57 types with 701 methods in System.Console assembly.
```

이제 C#을 배우는 것이 어려운 이유를 이해할 수 있을 것이다. 배워야 할 형식과 메서드가 굉장히 많다. 메서드는 형식이 가질 수 있는 멤버 중 하나일 뿐이며 많은 개발자가 계속해서 새로운 형식과 멤버를 정의하고 있다.

⠿ 변수 다루기

모든 프로그램은 데이터를 필수로 다룬다. 데이터를 입력받고 처리하고 출력한다. 데이터는 보통 파일이나 데이터 베이스 또는 사용자 입력을 통해 가져오며, 프로그램이 실행되는 동안 메모리에 유지되는 변수에 임시로 저장할 수 있다. 프로그램이 종료되면 메모리의 데이터는 사라진다. 데이터는 주로 파일, 데이터 베이스, 모니터, 프린터 등에 출력된다. 변수를 사용할 때는 먼저 얼마나 많은 메모리 공간을 차지하는지 따져 봐야 하고, 그다음 얼마나 빨리 처리해야 하는지 판단해야 한다.

따라서 이러한 기준에 맞는 타입을 선택하는 것이 중요하다. int와 double처럼 다른 크기의 저장 공간을 사용하는 타입을 생각해 보자. 작은 저장 공간은 메모리를 덜 사용하지만 처리 속도는 그만큼 빠르지 않을 수 있다. 예를 들어, 64비트 운영체제에 16비트 숫자를 추가하는 것은 64비트 숫자를 추가하는 것만큼 빠르지 않을 수 있다. 이러한 저장 공간은 스택에 인접해 쌓이거나 힙heep에 들어갈 수 있다.

변수 이름 규칙

변수 이름을 지을 때는 이름 규칙naming convention을 따르면 좋다. 다음 표를 보자.

이름 규칙	예시	사용되는 곳
카멜 케이스(Camel case)	cost, orderDetail, dateOfBirth	지역 변수, private 멤버
파스칼/타이틀 케이스(Pascal/title case)	String, Int32, Cost, DateOfBirth, Run	타입 이름, non-private 멤버

 좋은 습관: 일관성 있는 이름 규칙은 동료들이 여러분의 코드를 빠르고 쉽게 이해하는 데 도움을 준다(그리고 시간이 지난 후 자신이 작성한 코드를 보게 될 때도).

다음 코드는 지역 변수를 선언하고 값을 할당해 초기화한다. C# 6에서 소개된 nameof 키워드를 사용하면 변수 이름을 출력할 수 있다.

```
//heightInMetres 변수를 선언하고 1.88로 초기화한다.
double heightInMetres = 1.88;
Console.WriteLine($"The variable {nameof(heightInMetres)} has the
value {heightInMetres}.");
```

앞의 코드에서 따옴표 안의 문자열 "The variable ... "은 두 줄에 걸쳐 표시됐지만, 이는 책에서 한 줄에 출력할 수 있는 문자수가 제한적이기 때문이다. 해당 코드를 편집기에 실제로 입력할 때는 한 줄에 모든 문자열을 입력해야 한다.

리터럴 값

변수에 값을 할당할 때 **리터럴**^{literal} 값을 자주 사용한다. 리터럴은 고정 값을 나타내는 표기법이며 데이터 타입별로 다른 표기법을 가진다. 이어지는 몇몇 절에서 리터럴 표기법으로 변수에 값을 할당하는 예를 볼 수 있다.

텍스트 저장

A처럼 문자 1개는 char 타입에 저장된다.

 좋은 습관: 실제로는 이보다 복잡할 수 있다. 이집트 상형 문자 A002(U+13001)를 나타내려면 서로게이트 쌍(surrogate pair)이라고도 하는 ₩uD80C, ₩uDC01 2개의 System.Char 값이 필요하다. 따라서 하나의 char가 항상 하나의 문자와 같다고 가정하면 안 된다. 그러면 코드에 이상한 버그가 생길 수 있다.

char은 리터럴 값을 작은따옴표로 감싸서 할당하거나 함수 호출의 반환 값으로 할당한다.

```
char letter = 'A'; // 리터럴 문자 할당
char digit = '1';
char symbol = '$';
char userChoice = GetSomeKeystroke(); // 함수 호출에서 할당
```

Bob처럼 여러 개의 문자는 string 타입으로 저장되며 리터럴 값을 큰따옴표로 감싸서 할당하거나 함수 호출의 반환 값으로 할당한다.

```
string name = "Bob";

string firstName = "Bob"; // 리터럴 문자열 할당
string lastName = "Smith";
string phoneNumber = "(215) 555-4256";
// 함수 호출에서 반환된 문자열 할당
string address = GetAddressFromDatabase(id: 563);
```

축약 문자열 이해하기

string 변수에 텍스트를 저장할 때 백슬래시를 사용해 탭 및 새 줄과 같은 특수 문자를 나타낼 수 있다.

```
string fullNameWithTabSeparator = "Bob\tSmith";
```

만약 윈도우에서 파일 경로를 저장할 때 폴더 이름 중 하나가 T로 시작한다면 어떻게 될까?

```
string filePath = "C:\televisions\sony\bravia.txt";
```

컴파일러는 \t를 탭 문자로 변환하기 때문에 오류가 발생한다.

이때는 @ 접두사로 축약 문자열을 사용한다.

```
string filePath = @"C:\televisions\sony\bravia.txt";
```

위 내용을 요약해 보자.

- **리터럴 문자열**: 큰따옴표로 묶인 여러 개의 문자. 탭은 \t, 백슬래시는 \\과 같은 이스케이프 문자를 사용할 수 있다.

- **축약 문자열**: 이스케이프 문자를 비활성화하기 위한 목적으로 접두사 @가 붙는 리터럴 문자열. 공백 문자가 그대로 처리되기 때문에 string 값이 여러 줄에 걸쳐 있을 수 있다.

- **보간 문자열**: 형식화된formatted 변수를 활성화하기 위해 $ 접두사가 붙은 리터럴 문자열. 2장의 뒷부분에서 알아본다.

숫자 저장

숫자는 곱셈 같은 산술 연산이 필요할 때 사용하는 데이터다. 전화번호는 데이터 형식으로만 보자면 숫자가 아니다. 변수의 타입을 숫자로 해야 할지 아닌지를 판단하려면 괄호(())나 하이픈(-)처럼 특수문자가 포함되는지, 같은 타입의 두 변수를 서로 곱할 필요가 없는지 생각해 보자. 예를 들면, (414) 555-1234 같은 형태다. 만약 그렇다면 그 숫자는 사실 연속된 문자이므로 string으로 저장해야 한다.

숫자는 42처럼 수를 세는 데 사용하는 자연수가 될 수도 있고, -42처럼 음수를 포함하는 정수가 될 수도 있으며, 3.9처럼 소수부fractional를 갖는 실수real number가 될 수도 있다. 실수는 컴퓨터 프로그래밍에서는 단정밀도single 또는 배정밀도 부동 소수점double precision floating point이라고 부른다.

숫자에 대해 살펴보자.

1. 선호하는 코드 편집기를 사용해 Chapter02 작업 영역/솔루션에 Numbers라는 새 **콘솔 애플리케이션**을 만든다.

   A. 비주얼 스튜디오 코드에서는 Numbers를 선택하고 활성 OmniSharp 프로젝트로 선택한다. 필수 애셋이 누락됐다는 메시지가 뜨면 **Yes**를 눌러 설치한다.

   B. 비주얼 스튜디오 2022에서는 현재 프로젝트를 시작 프로젝트로 설정한다.

2. Program.cs에서 기존 코드를 삭제하고 다음과 같이 다양한 데이터 형식을 사용해 숫자 변수를 선언한다.

```
// 부호 없는 정수(unsigned integer)는 양의 정수 또는 0을 의미한다.
uint naturalNumber = 23;
// 정수(integer)는 음수, 양의 정수 또는 0을 의미한다.
int integerNumber = -23;
// float은 단정밀도 부동 소수점을 의미한다.
// F 접미사를 사용하면 flot 리터럴이 된다.
float realNumber = 2.3F;
// double은 배정밀도(double-precision) 부동 소수점을 의미한다.
double anotherRealNumber = 2.3; // double 리터럴
```

양의 정수 저장

컴퓨터는 모든 것을 비트^{bit}로 저장한다. 하나의 비트는 0 또는 1을 표현할 수 있으며 이 것을 **2진수**^{binary} **시스템**이라고 한다. 일상생활에서는 **10진수**^{decimal} **시스템**이 사용된다.

10진수 시스템은 10을 **기수**^{base}로 한다. 일상에서 가장 보편적으로 사용되지만, 과학, 공학, 컴퓨터 분야에서는 다른 진수 시스템이 더 많이 사용된다.

다음 표는 컴퓨터가 어떻게 양의 정수 10을 저장하는지 보여 준다.

10진수	128	64	32	16	8	4	2	1
2진수	0	0	0	0	1	0	1	0

첫 번째 줄은 10진수이고 두 번째 줄은 2진수다. 같은 열의 10진수를 표시하고 싶을 때 1을 설정한다. 따라서 10진수 10은 8 + 2로 표현할 수 있기 때문에 8과 2의 열을 각각 1 로 설정하면 10진수 10에 대한 2진수 값 00001010을 얻을 수 있다.

향상된 숫자 지원

C# 7.0 이상에서 향상된 숫자 지원 기능 두 가지는 자리를 구분하는 기호로서 _ underscore character가 추가된 것과 2진수 리터럴 지원이다.

가독성 향상을 위해 10진수, 2진수, 16진수를 보다 쉽게 읽을 수 있도록 숫자 리터럴 어 느 곳에서도 _ 를 사용할 수 있다. 예를 들어, 10진수로 100만을 나타낼 때 1_000_000으 로 표현할 수 있다.

1과 0만 사용하는 2진수를 나타날 때는 0b로 숫자 리터럴을 시작한다. 0에서 9, 그리고 A에서 F를 사용하는 16진수는 0x로 숫자 리터럴을 시작한다.

양의 정수 살펴보기

코드를 작성하면서 실제 사례를 보자.

1. Program.cs에 _ 기호를 사용해 숫자 변수를 선언한다.

```
// 숫자 200만을 저장하는 3개의 변수
int decimalNotation = 2_000_000;
int binaryNotation = 0b_0001_1110_1000_0100_1000_0000;
int hexadecimalNotation = 0x_001E_8480;
// 3개 변수가 모두 같은 값을 갖고 있다면 true 출력
Console.WriteLine($"{decimalNotation == binaryNotation}");
Console.WriteLine(
  $"{decimalNotation == hexadecimalNotation}");
```

2. 코드를 실행하고 결과를 확인한다.

```
True
True
```

컴퓨터는 int 형식이나 long, short과 같은 형제 형식 중 하나를 사용해 정수를 정확하게 나타낼 수 있다.

실수 저장

실수는 컴퓨터가 정확하게 표현할 수 없다. float과 double 타입은 단정밀도 및 배정밀도 부동 소수점을 사용해서 실수를 저장한다.

대부분의 프로그래밍 언어는 부동 소수점 산술에 대한 IEEE 표준을 구현한다. IEEE 754는 **IEEE**Institute of Electrical and Electronics Engineers에서 1985년에 제정한 부동 소수점 산술에 대한 기술 표준이다.

다음 표는 컴퓨터가 어떻게 숫자 12.75를 저장하는지 보여 준다. 8, 4, $^1/_2$, $^1/_4$ 열의 값이 1로 설정됐으므로 8 + 4 + $^1/_2$ + $^1/_4$ = 12$^3/_4$ = 12.75다.

10진수	128	64	32	16	8	4	2		1	.	$^1/_2$	$^1/_4$	$^1/_8$	$^1/_{16}$
2진수	0	0	0	0	1	1	0		0	.	1	1	0	0

따라서 10진수 12.75를 2진수로 표현하면 `00001100.1100`이다. 여기서 12.75는 비트를 사용해서 정확하게 표현할 수 있었지만, 모든 수를 정확하게 표현할 수 있는 건 아니다. 잠시 후에 그런 예도 볼 수 있다.

숫자 형식 범위 살펴보기

C#에는 어떤 형식이 메모리에서 얼마만큼의 바이트를 사용하는지 반환하는 `sizeof()` 연산자가 있다. 또 해당 형식의 변수에 저장할 수 있는 최솟값과 최댓값을 반환하는 `MinValue`, `MaxValue` 멤버가 있다. 이들을 이용해 숫자 형식의 범위를 알아보자.

1. `Program.cs`에 다음과 같이 3개의 숫자 데이터 형식의 크기를 표시하는 코드를 작성한다.

```
Console.WriteLine($"int uses {sizeof(int)} bytes and can store
  numbers in the range {int.MinValue:N0} to {int.MaxValue:N0}.");
Console.WriteLine($"double uses {sizeof(double)} bytes and can
  store numbers in the range {double.MinValue:N0} to
{double.MaxValue:N0}.");
Console.WriteLine($"decimal uses {sizeof(decimal)} bytes and can
  store numbers in the range {decimal.MinValue:N0} to
{decimal.MaxValue:N0}.");
```

큰따옴표 안의 코드는 한 줄에 들어가야 한다. 그렇지 않으면 컴파일 오류가 발생한다.

2. 코드를 실행하고 그림 2.3의 결과를 확인한다.

그림 2.3 숫자 데이터 형식에 대한 크기 및 범위

int 변수는 4바이트 크기의 메모리를 사용하고 약 20억까지의 양수와 음수를 저장할 수 있다. double 변수는 8바이트 크기의 메모리를 사용하며 훨씬 더 큰 범위의 수를 저장 한다. decimal 변수는 16바이트 크기의 메모리를 사용하고 역시 큰 수를 저장하지만, double보다 작은 수를 저장한다.

double은 decimal보다 반이나 적은 메모리를 사용한다. 그런데 어떻게 더 큰 수를 저장 할 수 있을까? 그 이유를 알아보자.

double과 decimal 비교

앞의 코드에 이어서 다음 코드를 입력하자. 그리 어려운 코드는 아니지만 지금 이해하 지 못하더라도 괜찮다.

1. 2개의 double 변수를 선언하고 더한 다음 예상 결과와 비교한다.

```
double a = 0.1;
double b = 0.2;
if (a + b == 0.3)
{
  Console.WriteLine($"{a} + {b} equals 0.3");
}
else
```

```
{
  Console.WriteLine($"{a} + {b} does NOT equal 0.3");
}
```

2. 코드를 실행하고 결과를 확인한다.

```
Using doubles:
0.1 + 0.2 does NOT equal 0.3
```

double 형식은 0.1과 같은 일부 숫자는 문자 그대로의 부동 소수점 값으로 표현할 수 없기 때문에 정확성을 보장하지 않는다.

따라서 두 숫자의 동등성을 비교할 때 정확도가 중요하지 않은 경우에만 double을 사용해야 한다. 사람의 키를 얘기할 때 '누구보다 크다, 작다'로만 표현하고 '누구와 정확하게 똑같다'라고 하지 않는 경우를 예로 들 수 있다.

아마 대부분 앞의 코드의 출력 결과로 0.1 + 0.2 equals 0.3을 예상했을 것이다. 이 코드의 문제는 컴퓨터가 어떻게 0.1이나 0.1의 배수를 저장하느냐에 있다. 다음 표처럼 컴퓨터는 2진수에서 0.1을 표현하기 위해 $1/16$, $1/128$, $1/1024$ 열을 1로 설정하면서 이를 계속 반복한다. 결국 0.1은 2진수 0.0001001001001과 같은 형태로 영원히 반복된다.

4	2	1	.	$1/2$	$1/4$	$1/8$	$1/16$	$1/32$	$1/64$	$1/128$	$1/256$	$1/512$	$1/1024$	$1/2048$
0	0	0	.	0	0	0	1	0	0	1	0	0	1	0

 좋은 습관: double 타입의 값을 동등연산자 == 를 사용해 비교하면 안 된다. 1차 걸프전 때 미국의 패트리어트 미사일은 연산 과정에 double 타입의 값을 사용했다. double의 부정확성 때문에 이라크 스커드 미사일을 추적해서 격추하는 데 실패했고 병사 28명의 목숨을 앗아갔다. 다음에서 관련 글을 읽을 수 있다.

https://www.ima.umn.edu/~arnold/disasters/patriot.html

1. 앞에서 작성한 코드를 붙여 넣는다.

2. 이번에는 decimal을 사용하고 변수 이름도 c, d로 변경한다.

```
Console.WriteLine("Using decimals:");
decimal c = 0.1M; // M은 decimal 타입의 리터럴 값을 나타낸다.
decimal d = 0.2M;
if (c + d == 0.3M)
{
  Console.WriteLine($"{c} + {d} equals 0.3");
}
else
{
  Console.WriteLine($"{c} + {d} does NOT equal 0.3");
}
```

3. 코드를 실행하고 결과를 확인한다.

```
Using decimals:
0.1 + 0.2 equals 0.3
```

이번에는 예상한 결과가 출력됐다. decimal 타입은 실수의 소수점을 이동시켜 양의 정수로 바꾼 뒤 저장하기 때문에 정확성이 보장된다. 즉 0.1은 소수점을 하나 이동시켜 1로 저장하고, 12.75는 소수점을 두 자리 이동시켜 1275로 저장한다.

 좋은 습관: 0과 자연수는 int 형식을 사용하고, 실수는 double 형식을 사용한다. double 형식은 다른 값과 동일한지 비교하면 안 되고 크거나 작은지만 비교해야 한다. decimal은 금융, CAD, 공학 분야 등 실수의 정확성을 필수로 하는 곳에 사용하자.

double 형식은 유용한 특수 값을 몇 개 갖고 있다. double.NaN은 숫자가 아님을 뜻하며 double.Epsilon은 double 타입에 저장 가능한 가장 작은 양수positive number를 뜻한다. double.PositiveInfinity와 double.NegativeInfinity는 무한히 큰 양수 및 음수 값을 나타낸다.

불린 형식

불린boolean 형식은 다음 코드처럼 true나 false 둘 중 하나의 값만 가진다.

```
bool happy = true;
bool sad = false;
```

코드 분기branch나 루프loop에서 흔히 사용되는데 3장에서 자세히 살펴본다.

object 형식

object는 어떤 형식의 데이터도 저장할 수 있는 특별한 형식이다. 하지만 이런 유연함은 코드를 지저분하게 하고, 박싱boxing, 언박싱unboxing 과정을 거치므로 성능 저하도 가져온다. 따라서 가능하다면 object 형식 사용을 피해야 한다. 실제 사용 예를 보자.

1. 선호하는 코드 편집기를 사용해 Chapter02 작업 영역/솔루션에 Variables라는 이름의 **콘솔 애플리케이션**을 생성한다.

2. 비주얼 스튜디오 코드에서는 Numbers를 선택하고 활성 OmniSharp 프로젝트로 선택한다. 필수 애셋이 누락됐다는 메시지가 뜨면 **Yes**를 눌러 설치한다.

3. Program.cs에 object를 사용하는 코드를 입력한다.

```
object height = 1.88; // object에 double 형식의 값을 저장한다.
object name = "Amir"; // object에 string 형식의 값을 저장한다.
Console.WriteLine($"{name} is {height} metres tall.");
int length1 = name.Length; // 컴파일 에러 발생!
int length2 = ((string)name).Length; // string 멤버 사용을 위해 명시적으로
형식을 변환한다.
Console.WriteLine($"{name} has {length2} characters.");
```

4. 코드를 실행하면 네 번째 줄에서 컴파일 오류가 발생한다. name 변수의 데이터 형식을 알 수 없기 때문이다.

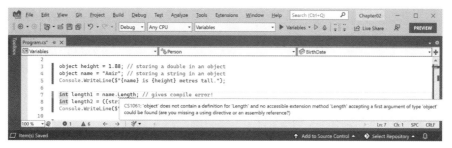

그림 2.4 object 형식에는 length 속성이 없다.

5. 컴파일 오류가 발생한 코드를 주석 처리한다.

6. 코드를 다시 실행한다. (string)과 같은 캐스트 식으로 object 변수가 string임을 명시적으로 알리면 컴파일러가 string의 length 속성에 접근할 수 있다.

```
Amir is 1.88 metres tall.
Amir has 4 characters.
```

object 형식은 C#의 첫 번째 버전부터 사용할 수 있었지만 C# 2부터는 **제너릭**generic이라 부르는 더 좋은 대안을 갖게 된다. 성능 저하 없이 유연성을 제공하는 방법은 6장에서 알아본다.

dynamic 형식

dynamic 형식 역시 object 형식처럼 어떤 형식의 데이터도 저장할 수 있지만 object에 비해 성능 저하가 더 크다. dynamic 형식은 C# 4에서 소개됐다. object 형식과 다른 점은 명시적 변환 없이 멤버 호출이 가능하다는 것이다.

1. dynamic 변수를 선언하는 코드를 추가하고 string 리터럴, 정수, 정수의 배열을 할당한다.

```
//dynamic 변수에 string 값을 저장한다.
//string은 Length 속성을 가진다.
```

```
dynamic anotherName = "Ahmed";
//int는 Length 속성이 없다.
//something = 12;
//array 형식은 Length 속성을 가진다.
//something = new[] {3, 5, 7};
```

2. dynamic 변수의 길이를 출력한다.

```
// 컴파일은 되지만 Length 속성이 없는 데이터 형식을 저장하면
// 런타임 예외가 발생한다.
Console.WriteLine($"Length is {something.Length}");
```

3. 코드를 실행한다. string 형식은 Length 속성을 가진다.

```
Length is 5
```

4. int 값을 할당하는 코드의 주석 처리를 해제한다.

5. 코드를 실행하면 int는 Length 속성이 없기 때문에 예외가 발생한다.

```
Unhandled exception. Microsoft.CSharp.RuntimeBinder.
RuntimeBinderException: 'int' does not contain a definition for 'Length'
```

6. 배열을 할당한 코드의 주석 처리를 해제한다.

7. 코드를 실행한다. 배열은 Length 속성을 가진다.

```
Length is 3
```

dynamic 형식에 대해서는 비주얼 스튜디오가 인텔리센스 기능을 제공하지 못한다. 왜냐하면 컴파일러가 형식을 확인하지 않기 때문이다. 대신 **CLR**이 런타임에 멤버를 확인한다.

예외는 런타임에 무언가 잘못된 것을 알리는 방식이다. 3장에서 여기에 대해 알아본다.

지역 변수

지역 변수는 메서드 안에서 선언되며 그 메서드가 호출되는 동안에만 존재한다. 메서드가 반환되면 지역 변수에 할당된 메모리도 해제된다.

엄밀히 말하면 지역 변수라 하더라도 값^{value} 타입은 바로 해제되지만, 참조^{reference} 타입은 가비지 컬렉션^{garbage collection}에서 해제되기를 기다린다. 값 타입과 참조 타입의 차이점은 6장에서 알아본다.

지역 변수의 형식 지정

지역 변수를 특정 형식으로 선언해 보자.

1. 다음과 같이 특정 형식을 사용해 지역 변수에 값을 선언하고 할당한다.

```
int population = 66_000_000; // 영국 인구는 6,600만이다.
double weight = 1.88; // 킬로그램
decimal price = 5.0M; // 원
string fruit = "Apples"; // string은 큰따옴표를 사용
char letter = 'Z'; // char는 작은따옴표를 사용
bool happy = true; // bool은 true나 false 값을 가짐.
```

비주얼 스튜디오 2022와 비주얼 스튜디오 코드는 선언된 변수가 실제로 사용되지 않은 경우, 변수 이름 아래에 녹색 물결 표시를 해서 알려 준다.

지역 변수의 형식 추론

지역 변수를 선언할 때 var 키워드를 쓸 수 있다. 컴파일러는 할당 연산자 = 다음에 쓰인 값에서 실제 타입을 추론한다.

소수점이 없는 리터럴 숫자는 다음의 접미사가 없다면 int로 추론한다. 즉 다음과 같은 접미사가 있다면

- 접미사 L은 long으로 추론한다.

- 접미사 UL은 ulong으로 추론한다.

- 접미사 M은 decimal로 추론한다.

- 접미사 D는 double로 추론한다.

- 접미사 F는 float으로 추론한다.

소수점이 있는 리터럴 숫자는 double 타입으로 추론하며, 접미사 M을 붙이면 decimal로, F를 붙이면 float 타입으로 추론한다. 큰따옴표는 string으로, 작은따옴표는 char로, true나 false는 bool 타입으로 추론한다.

1. 앞에서 작성한 코드를 var를 사용해서 수정한다.

```
var population = 66_000_000; // 영국 인구는 6,600만이다.
var weight = 1.88; // 킬로그램
var price = 5.0M; // 원
var fruit = "Apples"; // string은 큰따옴표를 사용
var letter = 'Z'; // char는 작은따옴표를 사용
var happy = true; // bool은 true나 false 값을 가짐.
```

2. var 키워드 위에 마우스를 올리면 추론된 형식 정보를 툴팁^{tooltip}으로 보여 준다.

3. 클래스 파일 맨 위에 XML 작업에 필요한 네임스페이스를 가져온다.

```
using System.Xml;
```

 좋은 습관: 폴리글랏 노트북을 사용하는 경우 기본 코드 셀 위의 별도 코드 셀에 using 문을 추가한다. 그런 다음 셀 실행을 클릭해 네임스페이스를 가져왔는지 확인하고 후속 코드 셀에서 사용할 수 있다.

4. 이전 코드 아래에 새 코드를 추가해 몇 개의 객체를 생성한다.

```
//var 사용의 좋은 예
var xml1 = new XmlDocument(); //line 2
//XmlDocument를 불필요하게 반복함.
XmlDocument xml2 = new XmlDocument(); //line 4

//var 사용의 나쁜 예. file1은 어떤 타입인가?
var file1 = File.CreateText(@"C:\something.txt"); //line 7
//var 사용의 좋은 예
StreamWriter file2 = File.CreateText(@"C:\something.txt"); //line 9
```

 좋은 습관: 비록 var 사용이 편리하기는 하지만, 코드를 읽을 때 실제 형식을 더 쉽게 파악할 수 있도록 var 사용을 자제하는 것이 좋다. 형식을 확실하게 알 수 있을 때만 var를 사용하자. 예를 들어, 위 코드의 line 2, 4에서 xml 변수의 형식은 동일하지만 line 2의 코드 길이가 더 짧다. 하지만 line 7의 코드는 형식이 명확하지 않으므로 line 9의 코드가 더 좋다. 형식이 명확하지 않다면 var 사용을 피하자.

대상으로 형식화된 new

C# 9에서는 객체를 인스턴스화할 때 **대상으로 형식화된**target-typed new라는 새로운 구문이 도입됐다. 형식을 지정한 다음 지정한 형식을 반복하지 않고 new를 사용할 수 있다.

```
XmlDocument xml3 = new(); // 대상으로 형식화된 new(C# 9 이상)
```

설정해야 하는 필드나 속성이 있는 형식은 다음처럼 형식을 유추할 수 있다.

```
class Person
{
  public DateTime BirthDate;
}
Person kim = new();
kim.BirthDate = new(1967, 12, 26); // new DateTime(1967, 12, 26) 대신 사용
```

좋은 습관: 이전 버전의 C# 컴파일러를 사용하는 경우가 아니면 대상으로 형식화된 new 를 사용해 객체의 인스턴스를 만든다. 이 책의 나머지 부분에서는 대상으로 형식화된 new를 사용한다.

형식 기본값 가져오기 및 설정

string 형식을 제외한 대부분의 원시 형식^{primitive type}은 **값 형식**^{value type}이다. 즉 반드시 값을 가져야 한다. default() 연산자를 쓰면 형식의 기본값을 결정할 수 있다. int의 기본 값은 0이다.

string은 **참조 형식**^{reference type}이다. 즉 변수 자체의 값이 아니라 변수의 메모리 주소를 갖고 있다. 참조 형식 변수는 null 값을 가질 수 있다. null은 특수한 리터럴 값인데 아직 이 변수가 어떠한 것도 참조하지 않는다는 것을 나타낸다.

값 형식과 참조 형식에 대해서는 6장에서 좀 더 배운다.

기본값에 대해 알아보자.

1. int, bool, DateTime, string의 기본값을 출력하는 코드를 작성한다.

```
Console.WriteLine($"default(int) = {default(int)}");
Console.WriteLine($"default(bool) = {default(bool)}");
Console.WriteLine($"default(DateTime) = {default(DateTime)}");
Console.WriteLine($"default(string) = {default(string)}");
```

2. 코드를 실행하고 결과를 확인한다. 영국에서 실행하지 않는 경우 날짜 및 시간에 대한 출력 형식이 다를 수 있으며 null 값은 빈 string으로 출력된다.

```
default(int) = 0
default(bool) = False
default(DateTime) = 01/01/0001 00:00:00
default(string) =
```

148

3. 숫자 변수를 선언하고 값을 할당한 다음 기본값으로 리셋한다.

```
int number = 13;
Console.WriteLine($"number has been set to: {number}");
number = default;
Console.WriteLine($"number has been reset to its default: {number}");
```

4. 코드를 실행하고 결과를 확인한다.

```
number has been set to: 13
number has been reset to its default: 0
```

배열에 여러 값 저장하기

동일한 타입의 값을 여러 개 저장할 필요가 있다면 **배열**array을 사용한다. 예를 들어, 4명의 사람 이름을 저장한다면 string 배열을 사용한다.

다음 코드는 첫 번째 줄에서 4개의 string 값을 저장하는 배열 변수를 선언한다. 그다음, 인덱스 0부터 3까지 string 값을 저장한다(배열의 인덱스는 0부터 시작한다. 그래서 마지막 아이템의 인덱스는 배열의 전체 길이보다 하나가 작다). 마지막으로 for 루프를 사용해 배열의 각 항목을 순회하면서 값을 출력한다. for 루프는 3장에서 자세히 배운다.

배열을 사용해 보자.

1. string 값의 배열을 선언하고 사용하는 코드를 작성한다.

```
// 배열의 크기를 선언한다.
string[] names = new string[4];
// 각 인덱스 위치에 사람 이름을 저장한다.
names[0] = "Kate";
names[1] = "Jack";
names[2] = "Rebecca";
names[3] = "Tom";
for (int i = 0; i < names.Length; i++)
{
```

```
    Console.WriteLine(names[i]); // 각 인덱스 위치에서 사람 이름을 읽고 출력한다.
  }
```

2. 코드를 실행하고 결과를 출력한다.

```
Kate
Jack
Rebecca
Tom
```

배열의 크기는 고정돼 있다. 따라서 배열 객체를 생성하기 전에 얼마나 많은 아이템을 저장할 것인지 미리 결정해야 한다.

배열 초기화는 위 코드에서 사용한 방법 외에도 배열 초기화array initializer 구문을 사용해 다음처럼 할 수도 있다.

```
string[] names2 = new[] { "Kate", "Jack", "Rebecca", "Tom" };
```

배열에 대한 메모리를 할당할 때 컴파일러가 데이터 형식을 추론할 수 있도록 중괄호 안에 원소가 하나 이상 있어야 한다.

배열은 임시로 여러 개의 값을 저장하기에는 좋지만, 동적으로 아이템을 추가하고 삭제하려면 컬렉션collection이 더 편하다. 컬렉션은 8장에서 배운다.

⁝⁝▸ 콘솔 애플리케이션 알아보기

이미 콘솔 애플리케이션을 만들고 사용했지만 좀 더 살펴볼 단계에 이르렀다.

콘솔 프로그램은 텍스트 기반의 명령 프롬프트에서 동작한다. 보통, 파일을 컴파일하거나 설정 파일을 암호화하는 등 비교적 단순한 기능을 처리한다. 실행 매개 변수를 받아서 매개 변수 값에 따라 동작을 다르게 처리할 수도 있다.

예를 들어, 현재 폴더의 이름을 사용하는 대신 지정된 이름으로 F# 언어를 사용해 새 콘솔 앱을 만드는 명령은 다음과 같다.

```
dotnet new console -lang "F#" --name "ExploringConsole"
```

콘솔 출력

콘솔 프로그램의 가장 흔한 작업 유형 두 가지는 데이터를 읽고 쓰는 것이다. 앞에서 이미 WriteLine 메서드를 사용해 콘솔에 출력하는 코드를 작성했다. 만약 출력할 때 새로운 줄에 출력하지 않고 현재 위치에 이어서 출력하고 싶다면 Write 메서드를 사용한다.

번호가 지정된 위치 인수로 형식화하기

형식화된 문자열을 생성하는 한 가지 방법은 번호가 지정된 위치 인수를 사용하는 것이다.

이 기능은 Write, WriteLine과 같은 메서드에서 지원되며, 기능을 지원하지 않는 메서드의 경우 string의 Format 메서드로 string 매개 변수의 서식을 지정할 수 있다.

 이 절의 처음 몇 개 코드는 콘솔로 출력하므로 폴리글랏 노트북에서 동작한다. 이 절의 뒷부분에서는 콘솔 입력 방법을 배우는데 폴리글랏 노트북에서는 지원하지 않는다.

형식화된 출력 코드를 작성해 보자.

1. 선호하는 코드 편집기를 사용해 Chapter02 작업 영역/솔루션에 Formatting이라는 이름의 **콘솔 애플리케이션**을 생성한다.

2. 비주얼 스튜디오 코드에서는 Formatting을 활성 OmniSharp 프로젝트로 선택한다.

3. Program.cs에 숫자 변수를 선언하고 콘솔에 출력하는 코드를 작성한다.

```
int numberOfApples = 12;
decimal pricePerApple = 0.35M;
```

```
Console.WriteLine(
  format: "{0} apples costs {1:C}",
  arg0: numberOfApples,
  arg1: pricePerApple * numberOfApples);
string formatted = string.Format(
  format: "{0} apples costs {1:C}",
  arg0: numberOfApples,
  arg1: pricePerApple * numberOfApples);
//WriteToFile(formatted); // 문자열을 파일에 쓴다.
```

WriteToFile 메서드는 아이디어를 설명하기 위한 목적이며 실제로 존재하지 않는다.

 좋은 습관: 문자열 형식 지정에 익숙해지면 format:, arg0:, arg1: 같은 매개 변수 이름 지정은 사용하지 않는다. 앞의 코드는 이해가 쉽도록 0과 1의 출처를 표시하기 위해 비표준 스타일을 사용했다.

문자열 보간

C# 6 이후에는 **문자열 보간**^{string interpolation}이라는 간편한 기능이 들어 있는데, 이 기능은 형식화된 방식으로 하나 이상의 변수를 쉽게 출력할 수 있게 해준다. 접두사 $로 시작하는 문자열 안에 string 변수를 중괄호로 감싸서 입력하면 string 변수의 현재 값이 입력 위치에 출력된다.

1. Program.cs 아래에 다음 코드를 입력한다.

```
Console.WriteLine($"{numberOfApples} apples costs {pricePerApple *
numberOfApples:C}");
```

2. 코드를 실행하고 결과를 확인한다.

```
12 apples costs £4.20
```

짧고 형식이 지정된 문자열 값은 보간된 문자열이 더 읽기 쉽다. 하지만 여러 줄을 감싸야 하는 책의 예제 코드라면 읽기가 더 까다로울 수 있다. 이 책의 대부분의 예제 코드에서는 번호가 매겨진 위치 인수를 사용한다.

보간된 문자열을 피하는 또 다른 이유는 지역화 된 리소스 파일에서 읽을 수 없기 때문이다.

C# 10 이전에는 다음과 같이 연결을 사용해서 문자열 상수를 결합할 수 있었다.

```
private const string firstname = "Omar";
private const string lastname = "Rudberg";
private const string fullname = firstname + " " + lastname;
```

C# 10에서는 보간된 문자열을 사용할 수 있다.

```
private const string fullname = $"{firstname} {lastname}";
```

문자열 상수 값을 결합하는 경우에만 작동한다. 런타임에 데이터 형식 변환이 필요한 숫자와 같은 다른 형식에서는 동작하지 않는다.

문자열 형식화

쉼표나 콜론 다음에 형식 문자열을 사용해 변수나 표현식의 형식을 지정할 수 있다.

N0을 사용하면 소수점 없이 천의 자리마다 콤마(,)를 출력한다. C는 통화 형식으로 출력한다. 통화 형식은 지역에 의해 결정된다. 이 코드를 영국에서 실행하면 파운드 형식이 표시되고 한국에서 실행하면 원(₩) 형식이 표시될 것이다.

전체 구문은 다음과 같다.

```
{ index [, alignment ] [ : formatString ] }
```

각 형식 항목에는 정렬이 있을 수 있으며 값 테이블을 출력할 때 유용하다. 그중 일부는 문자 너비 내에서 왼쪽 또는 오른쪽 정렬이 필요할 수 있다. 정렬 값은 정수이며 양의 정수는 오른쪽 정렬, 음의 정수는 왼쪽 정렬을 의미한다.

예를 들어, 과일이 각각 몇 개가 있는지 테이블에 출력할 때 너비가 10자인 열 내에서 이름은 왼쪽 정렬하고 6자 열 내에서 소수점 자릿수가 0인 숫자 형식으로 개수는 오른 쪽에 정렬할 수 있다.

1. Program.cs에 다음 코드를 이어서 작성한다.

```
string applesText = "Apples";
int applesCount = 1234;
string bananasText = "Bananas";
int bananasCount = 56789;
Console.WriteLine(
  format: "{0,-10} {1,6}",
  arg0: "Name",
  arg1: "Count");
Console.WriteLine(
  format: "{0,-10} {1,6:N0}",
  arg0: applesText,
  arg1: applesCount);
Console.WriteLine(
  format: "{0,-10} {1,6:N0}",
  arg0: bananasText,
  arg1: bananasCount);
```

2. 코드를 실행하고 정렬 및 숫자 형식의 효과를 확인한다.

```
Name        Count
Apples      1,234
Bananas     56,789
```

콘솔 입력

ReadLine 메서드를 사용해서 사용자로부터 입력을 받을 수 있다. 이 메서드는 사용자가 무언가를 입력하는 동안 대기하다가 **Enter** 키를 누르면 입력된 내용을 string 값으로 반환한다.

154

사용자 입력을 받아 보자.

1. 사용자의 이름과 나이를 묻고 입력한 내용을 출력하는 코드를 작성한다.

```
Console.Write("Type your first name and press ENTER: ");
string? firstName = Console.ReadLine();
Console.Write("Type your age and press ENTER: ");
string? age = Console.ReadLine();
Console.WriteLine(
  $"Hello {firstName}, you look good for {age}.");
```

2. 코드를 실행하고 이름과 나이를 입력한다.

```
Type your name and press ENTER: Gary
Type your age and press ENTER: 34
Hello Gary, you look good for 34.
```

 문자열 끝에 있는 물음표? 데이터 형식 선언은 ReadLine에 대한 호출에서 null(빈) 값이 반환될 수 있다는 것을 나타낸다. 6장에서 자세히 알아본다.

콘솔 사용 단순화

C# 6.0 이상에서는 using 문을 사용해 네임스페이스를 가져올 뿐만 아니라 정적 클래스를 가져와서 코드를 단순화할 수도 있다. 이러면 코드 전체에 Console 형식 이름을 쓸 필요가 없다. 코드 편집기의 찾기 및 바꾸기 기능을 사용해 이전에 작성했던 Console을 제

거할 수 있다.

1. Program.cs 맨 위에 System.Console 클래스를 정적으로 가져온다.

```
using static System.Console;
```

2. Console.을 선택한다. 점(.)까지 선택한다.

3. 비주얼 스튜디오 2022는 메뉴에서 **편집 > 찾기 및 바꾸기 > 빠른 바꾸기**로 이동하고 비주얼 스튜디오 코드에서는 **편집 > 바꾸기**로 이동하면 다음 그림처럼 **Console.**을 무엇으로 교체할지 입력할 수 있는 팝업 창이 나타난다.

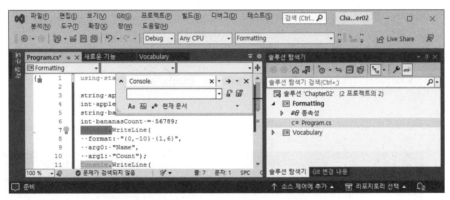

그림 2.5 비주얼 스튜디오의 바꾸기 기능을 사용해 코드 단순화

4. 교체할 내용을 비워 두고 **모두 바꾸기** 버튼을 클릭한 다음 팝업 창을 닫는다.

사용자에게 키 입력받기

ReadKey 메서드로 사용자로부터 키 입력을 받을 수 있다. 이 메서드는 사용자가 Console KeyInfo 값으로 반환되는 키 또는 키 조합을 누를 때까지 대기한다.

콘솔 애플리케이션에서 키 입력을 받아보자.

1. 사용자에게 키 조합을 누르도록 하고 정보를 출력한다.

```
Write("Press any key combination: ");
ConsoleKeyInfo key = ReadKey();
WriteLine();
WriteLine("Key: {0}, Char: {1}, Modifiers: {2}",
  arg0: key.Key,
  arg1: key.KeyChar,
  arg2: key.Modifiers);
```

2. 코드를 실행하고 **K** 키를 입력한다.

```
Press any key combination: k
Key: K, Char: k, Modifiers: 0
```

3. 코드를 실행하고 **Shift**를 누른 상태로 **K** 키를 입력한다.

```
Press any key combination: K
Key: K, Char: K, Modifiers: Shift
```

4. 다시 실행하고 **F12**를 누른다.

```
Press any key combination:
Key: F12, Char: , Modifiers: 0
```

 비주얼 스튜디오 코드의 터미널에서 콘솔 애플리케이션을 실행할 때 일부 키보드 조합은 앱에서 처리되기 전에 코드 편집기나 운영체제에서 먼저 캡처한다.

콘솔 앱에 인수 전달

콘솔 앱에 인수를 전달하는 방법을 알아보자.

버전 6.0 이전의 모든 .NET 버전에서 콘솔 애플리케이션 프로젝트 템플릿은 이를 명확히 했다.

```
using System;
namespace Arguments
{
  class Program
  {
    static void Main(string[] args)
    {
      Console.WriteLine("Hello World!");
    }
  }
}
```

Main 메서드는 string[] args를 매개 변수로 가진다. string[] args는 콘솔 프로그램에 명령행 인수를 전달하기 위해 사용되는 string 타입의 배열이다. 최상위 문에서는 Program 클래스와 Main 메서드가 args 문자열 배열 선언과 함께 숨겨진다. 하지만 보이지 않을 뿐 여전히 존재한다.

명령줄 인수는 공백으로 구분된다. 하이픈, 콜론 같은 다른 문자는 인수 값의 일부로 처리된다. 인수 값에 공백을 포함하려면 인수 값을 작은따옴표 또는 큰따옴표로 묶는다.

명령줄에서 전경foreground 색상, 배경 색상 이름과 터미널 창의 크기를 입력해야 한다고 하자. 색상과 숫자는 콘솔 애플리케이션의 진입점인 Main 메서드로 전달되는 args 배열에서 읽을 수 있다.

1. Chapter02 작업 영역/솔루션에 Arguments라는 **콘솔 애플리케이션**을 생성한다. 폴리글랏 노트북에서는 인자를 전달할 수 없다.

2. 비주얼 스튜디오 코드에서는 Arguments를 OmniSharpt 프로젝트로 선택한다.

3. System.Console을 정적으로 가져오고 인자로 전달된 숫자를 출력하는 코드를 작성한다.

```
using static System.Console;
WriteLine($"There are {args.Length} arguments.");
```

4. 코드를 실행하고 결과를 확인한다.

```
There are 0 arguments.
```

5. 비주얼 스튜디오 2022에서는 **프로젝트 > Arguments 속성**에서 **디버그** 탭을 누르고 디버그 시작 프로필 UI 열기를 클릭한다. 명령줄 인수 입력 상자에 내용을 입력한 다음 변경 사항을 저장하고 콘솔 애플리케이션을 실행한다.

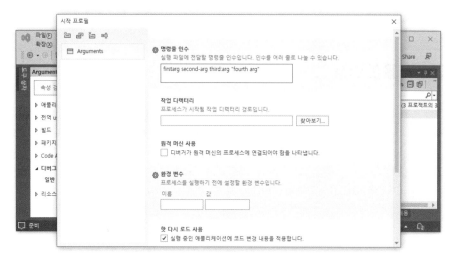

그림 2.6 비주얼 스튜디오 프로젝트 속성에 애플리케이션 인수 입력

6. 비주얼 스튜디오 코드에서는 **dotnet** 명령에 몇 개의 인수를 추가한다.

```
dotnet run firstarg second-arg third:arg "fourth arg"
```

7. 콘솔 애플리케이션을 실행하고 결과를 확인한다.

```
There are 4 arguments.
```

8. 이러한 네 가지 인수의 값을 열거하거나 반복하려면 다음 코드를 입력한다.

```
foreach (string arg in args)
{
  WriteLine(arg);
}
```

9. 코드를 실행하고 결과를 확인한다.

```
There are 4 arguments.
firstarg
second-arg
third:arg
fourth arg
```

인수로 옵션 설정

이제 인수를 사용해 출력 창의 전경, 배경 및 커서 크기에 대한 색상을 설정할 수 있다. 커서 크기는 커서 셀 아래쪽 선을 의미하는 1부터 커서 셀 높이의 백분율을 의미하는 100까지의 정수 값이다.

컴파일러가 ConsoleColor와 Enum 형식을 알 수 있도록 이미 System 네임스페이스를 가져왔다.

1. 인수를 입력하지 않은 경우 경고 메시지를 출력하도록 한 다음, 입력받은 인수를 사용해 콘솔 창의 색상과 크기를 설정한다.

```
if (args.Length < 3)
{
  WriteLine("You must specify two colors and cursor size, e.g.");
  WriteLine("dotnet run red yellow 50");
  return; // 실행 중단
}
ForegroundColor = (ConsoleColor)Enum.Parse(
  enumType: typeof(ConsoleColor),
```

160

```
    value: args[0],
    ignoreCase: true);
BackgroundColor = (ConsoleColor)Enum.Parse(
    enumType: typeof(ConsoleColor),
    value: args[1],
    ignoreCase: true);
CursorSize = int.Parse(args[2]);
```

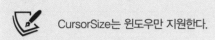 CursorSize는 윈도우만 지원한다.

2. 비주얼 스튜디오 2022에서는 **프로젝트 > Arguments 속성**에서 명령줄 인수를 red
   yellow 50으로 변경하고 애플리케이션을 실행한다. 커서 크기와 콘솔 창 색상이 변
   경된 것을 확인한다.

그림 2.7 윈도우에서 색상 및 커서 크기 설정

3. 비주얼 스튜디오 코드에서는 다음과 같이 실행한다.

```
dotnet run red yellow 50
```

맥OS에서는 다음과 같은 예외가 발생한다.

그림 2.8 맥OS에서 예외 발생

컴파일러가 오류나 경고를 표시하지 않더라도 런타임에 메서드 호출이 실패할 수 있다. 맥OS에서는 커서 크기를 변경할 수 없다.

플랫폼에서 지원하지 않는 API 처리

예외 처리를 사용해 이 문제를 해결할 수 있다. 3장에서 관련 내용을 배운다. 지금은 코드만 입력해 보자.

1. 커서 크기를 변경하는 코드를 try 문으로 감싼다.

```
try
{
  CursorSize = int.Parse(args[2]);
}
catch (PlatformNotSupportedException)
{
  WriteLine("The current platform does not support changing the size of
the cursor.");
}
```

2. 맥OS에서 코드를 실행하면 예외가 잡혀서 입력한 메시지가 표시된다.

운영체제의 차이점을 처리하는 또 다른 방법은 System 네임스페이스의 OperatingSystem 클래스를 사용하는 것이다.

```
if (OperatingSystem.IsWindows())
{
// 윈도우에서만 작동하는 코드 실행
}
else if (OperatingSystem.IsWindowsVersionAtLeast(major: 10))
{
// 윈도우 10 이상에서 작동하는 코드 실행
}
else if (OperatingSystem.IsIOSVersionAtLeast(major: 14, minor: 5))
{
    // iOS 14.5 이상에서 작동하는 코드 실행
}
else if (OperatingSystem.IsBrowser())
{
    // 블레이저를 사용하는 브라우저에서만 코드 실행
}
```

OperatingSystem 클래스에는 Android, iOS, Linux, 맥OS 및 블레이저 웹 컴포넌트 같은 다른 운영체제에서 동일하게 사용할 수 있는 메서드가 있다.

세 번째 방법은 조건부 컴파일을 제어하는 네 가지 전처리기 지시문인 #if, #elif, #else, #endif를 사용하는 것이다.

다음과 같이 #define을 사용해 기호를 정의한다.

```
#define MYSYMBOL
```

다음 표와 같이 자동으로 정의된 많은 기호가 있다.

대상 프레임워크	기호
.NET 표준	NETSTANDARD2_0, NETSTANDARD2_1 등
모던 .NET	NET6_0, NET6_0_ANDROID, NET6_0_IOS, NET6_0_WINDOWS 등

이 기호를 써서 지정된 플랫폼에서만 컴파일되는 코드를 작성할 수 있다.

```
#if NET6_0_ANDROID
// Android에서만 컴파일하는 코드
#elif NET6_0_IOS
// iOS에서만 컴파일하는 코드
#else
// 플랫폼 상관없이 컴파일하는 코드
#endif
```

⁞⁞ 연습 및 탐구

몇 개의 질문에 답해 보면서 2장에서 배운 내용을 얼마나 이해하고 있는지 확인하고 좀 더 공부할 내용도 살펴보자.

연습 2.1 - 복습

1. 컴파일러 및 언어 버전을 표시하려면 어떤 코드를 입력해야 하는가?

2. C# 주석의 두 가지 유형은 무엇인가?

3. 축약 문자열과 보간 문자열의 차이점은 무엇인가?

4. float, double을 사용할 때 주의할 점은 무엇인가?

5. double과 같은 형식이 메모리에서 사용하는 바이트 수는 어떻게 확인할 수 있는가?

6. var 키워드는 언제 사용해야 하는가?

7. XmlDocument와 같은 클래스 인스턴스를 만드는 새로운 방법은 무엇인가?

8. dynamic 형식을 사용할 때 주의점은 무엇인가?

9. 형식화된 문자열에서 오른쪽 정렬 방법은 무엇인가?

10. 콘솔 애플리케이션에서 인수를 구분하는 문자는 무엇인가?

연습 문제에 대한 답은 깃허브 저장소의 README.md 문서에서 다운로드할 수 있다.
https://github.com/markjprice/cs10dotnet6

연습 2.2

다음 각각의 경우에 어떤 형식의 수를 사용하는 것이 좋은지 답해 보자.

1. 전화번호

2. 키

3. 나이

4. 급여

5. 도서 ISBN

6. 도서 가격

7. 쇼핑 카트의 무게

8. 인구

9. 우주에 있는 별의 개수

10. 영국의 각 중소 기업 당 직원 수(최대 직원 수는 5만 명)

연습 2.3 - 숫자 크기와 범위

Chapter02 작업 영역/솔루션에 Exercise03이라는 콘솔 프로그램을 생성하고 다음 열거한 숫자 타입이 각각 사용하는 메모리 바이트 수, 최솟값, 최댓값을 출력하는 코드를 작성해 보자.

```
sbyte, byte, short, ushort, int, uint, long, ulong, float, double, decimal.
```

이 프로그램의 출력은 다음과 같아야 한다.

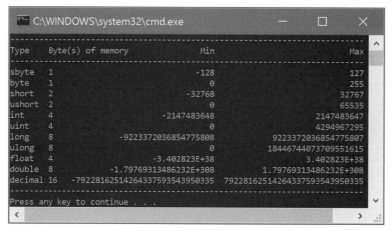

그림 2.9 숫자 형식 범위 출력 결과

연습 2.4 - 탐구

2장에서 다룬 주제에 관한 글을 다음 링크에서 좀 더 읽어 보자.

https://github.com/markjprice/cs10dotnet6/blob/main/book-links.md#chapter-2-
--speaking-c

⠿ 마무리

2장에서는 다음 내용을 공부했다.

- 지정된 형식, 추론된 형식으로 변수 선언

- 숫자, 텍스트, 불린 같은 기본 제공 형식 사용

- 적합한 숫자 형식 선택

- 콘솔 앱에서 출력 형식 제어

3장에서는 연산자, 분기, 루프, 형식 간 변환 및 예외 처리에 관해 배운다.

03

흐름 제어 및 형식 변환

3장에서는 변수에 대해 간단한 작업을 수행하고, 결정을 내리고, 패턴 매칭을 수행하고, 명령문 블록을 반복하고, 변수 또는 표현식 값을 한 형식에서 다른 형식으로 변환하고, 예외를 다루고, 숫자형 변수의 오버플로 여부를 검사하는 코드 작성법을 알아본다.

3장에서 다루는 항목은 다음과 같다.

- 변수에 대한 작업

- 선택 명령문 이해

- 반복 명령문 이해

- 형식 변환

- 예외 다루기

- 오버플로 검사

⁘ 변수에 대한 작업

연산자operator를 사용하면 변수나 리터럴 값과 같은 **피연산자**operand에 더하기나 곱하기 같은 간단한 연산을 수행할 수 있다. 다른 변수에 대입할 수 있도록 연산의 결괏값을 반환한다.

대부분의 연산자는 다음 의사 코드처럼 2개의 피연산자를 받는다.

```
var resultOfOperation = 피연산자1 operator 피연산자2;
```

이항binary 연산자의 예는 더하기 및 곱하기 등이 있다.

```
int x = 5;
int y = 3;
int resultOfAdding = x + y;
int resultOfMultiplying = x * y;
```

연산자 중 일부는, 1개의 피연산자를 받는 단항unary 연산자이며, 다음 의사 코드처럼 피연산자 전후에 적용할 수 있다.

```
var resultOfOperation = 피연산자1 operator;
var resultOfOperation2 = operator 피연산자1;
```

증감 연산자, 형식 및 크기 반환 등이 단항 연산자의 예다.

```
int x = 5;
int incrementedByOne = x++;
int incrementedByOneAgain = ++x;
Type theTypeOfAnInteger = typeof(int);
int howManyBytesInAnInteger = sizeof(int);
```

삼항ternary 연산자는 3개의 피연산자를 사용한다.

```
var resultOfOperation = 피연산자1 연산자1 피연산자2 연산자2 피연산자3 연산자3
```

단항 연산자

단항 연산자는 숫자를 증가시키고(++) 감소시키는(--) 데 주로 사용된다. 이들이 어떻게 동작하는지 코드를 작성해 살펴보자.

1. 이전의 장을 공부했다면 이미 Code라는 폴더를 만들었을 것이다. 없다면 새로 만들자.

2. 선호하는 코드 편집기로 다음 항목을 참고해 새 콘솔 앱을 만든다.

    A. 프로젝트 템플릿: **콘솔 애플리케이션**/console

    B. 작업 영역/솔루션 파일 및 폴더: Chapter03

    C. 프로젝트 파일 및 폴더: Operators

3. Program.cs 파일 상단에서 System.Console을 정적으로 가져온다.

4. Main 메서드에 2개의 정수형 변수 a, b를 선언하고 a에 3을 대입한다. a를 증가시키고 그 결과를 b에 대입한 다음 값을 출력한다.

```
int a = 3;
int b = a++;
WriteLine($"a is {a}, b is {b}");
```

5. 콘솔 애플리케이션을 실행하기 전에 자신에게 질문을 던져 보자. b의 값은 무엇일까? 이제 애플리케이션을 실행해서 예상한 값과 비교해 보자. 출력은 다음과 같다.

```
a is 4, b is 3
```

b의 값은 3이다. 이유는 ++ 연산자가 대입 이후에 실행되기 때문이다. 이렇게 증가 연산자가 변수 뒤에 붙어 있는 경우를 **후위**postfix **증가 연산자**라고 한다. 대입하기 전에 값을 증가해야 한다면 **전위**prefix **증가 연산자**를 사용해야 한다.

6. 이번에는 전위 증가 연산자를 사용해 보자. 코드는 다음과 같다.

```
int c = 3;
int d = ++c; // d에 대입하기 전에 c를 증가시킨다.
WriteLine($"c is {c}, d is {d}");
```

7. 애플리케이션을 다시 실행해서 출력 결과를 확인하자.

```
a is 4, b is 3
c is 4, d is 4
```

 좋은 습관: 증가 및 감소 연산자가 대입 연산자와 같이 사용되면 전위인지 후위인지에 따라 동작 방식이 다르기 때문에 오류를 유발할 소지가 매우 높다. 그래서 swift 언어는 버전 3부터 이 연산자를 더 이상 지원하지 않는다. C# 코드를 작성할 때는 절대로 대입 연산자와 증가 및 감소 연산자를 같이 사용하지 말자. 코드를 분리하면 원하는 연산도 충분히 표현할 수 있고 더 안전한 코드를 작성할 수 있다.

이항 산술 연산자

증가 및 감소는 단항 산술arithmetic 연산자다. 다른 산술 연산자는 보통 이항binary이며 다음과 같이 두 숫자에 대해 산술 연산을 수행할 수 있다.

1. 다음과 같이 Main 메서드의 맨 아래에, e와 f라는 2개의 정수형 변수를 선언하고 값을 대입한 다음, 5개의 공통 이항 산술 연산자를 사용하는 코드를 작성하자.

```
int e = 11;
int f = 3;
WriteLine($"e is {e}, f is {f}");
WriteLine($"e + f = {e + f}");
WriteLine($"e - f = {e - f}");
WriteLine($"e * f = {e * f}");
WriteLine($"e / f = {e / f}");
WriteLine($"e % f = {e % f}");
```

2. 콘솔 애플리케이션을 실행하고 다음과 같은 출력을 확인하자.

```
e is 11, f is 3
e + f = 14
e - f = 8
e * f = 33
e / f = 3
e % f = 2
```

양의 정수에 나누기($/$)와 나머지(%) 연산자를 적용하는 걸 이해하기 위해 잠깐 초등학교 시절로 돌아가 보자. 11개의 과자를 3명의 친구에게 나눠줘야 한다면 몇 개씩을 줘야 할까? 1명당 3개씩 과자를 줄 수 있고 나머지는 2개다. 남은 2개의 과자를 **모듈러스**modulus 또는 **나머지**remainder라고 한다. 만약 과자가 12개였다면 친구 1명당 4개씩의 과자를 줄 수 있고 나머지는 0이 된다.

3. 정수와 실수 나눗셈의 차이를 이해하기 위해 g라는 이름의 double 형식 변수를 선언하고 값을 대입한다.

```
double g = 11.0;
WriteLine($"g is {g:N1}, f is {f}");
WriteLine($"g / f = {g / f}");
```

4. 애플리케이션을 실행하고 결과를 확인하자.

```
g is 11.0, f is 3
g / f = 3.6666666666666665
```

첫 번째 피연산자가 g의 값인 **11.0**과 같이 부동 소수점이라면 나누기 연산자는 이제 양의 정수가 아니라 **3.6666666666665**와 같은 부동 소수점 값을 반환한다.

대입 연산자

지금까지 대부분의 코드에서 대입assignment 연산자, =를 사용했다.

코드를 더 간결하게 만들려면 대입 연산자를 다음 코드처럼 산술 연산자와 같은 다른 연산자와 결합할 수 있다.

```
int p = 6;
p += 3; // p = p + 3과 동일;
p -= 3; // p = p - 3과 동일;
p *= 3; // p = p * 3과 동일;
p /= 3; // p = p / 3과 동일;
```

논리 연산자

논리 연산자logical operator는 부울Boolean 값에 대해 동작하므로 true 또는 false를 반환한다. 2개의 부울 값에 대해 동작하는 이항 논리 연산자를 살펴보자.

1. BooleanOperators라는 이름의 새 폴더와 콘솔 애플리케이션을 만들고 Chapter03 작업 영역에 추가한다.

   A. 비주얼 스튜디오 코드에서는 BooleanOperators를 선택하고 활성 OmniSharp 프로젝트로 선택한다. 필수 애셋이 누락됐다는 메시지가 뜨면 **Yes**를 눌러 설치한다.

   B. 비주얼 스튜디오 2022에서는 현재 프로젝트를 시작 프로젝트로 설정한다.

    좋은 습관: 콘솔 애플리케이션에서 코드를 단순화하려면 System.Console을 정적으로 임포트해야 한다.

2. Program.cs의 Main 메서드에 값이 true 및 false인 2개의 부울 변수를 선언한 다음, 다음과 같이 AND, OR, XOR(배타적 OR) 논리 연산자를 적용한 결과를 출력하는 코드를 작성하자.

```
bool a = true;
bool b = false;
WriteLine($"AND | a     | b ");
WriteLine($"a   | {a & a,-5} | {a & b,-5} ");
WriteLine($"b   | {b & a,-5} | {b & b,-5} ");
WriteLine();
WriteLine($"OR  | a     | b ");
WriteLine($"a   | {a | a,-5} | {a | b,-5} ");
WriteLine($"b   | {b | a,-5} | {b | b,-5} ");
WriteLine();
WriteLine($"XOR | a     | b ");
WriteLine($"a   | {a ^ a,-5} | {a ^ b,-5} ");
WriteLine($"b   | {b ^ a,-5} | {b ^ b,-5} ");
```

3. 콘솔 애플리케이션을 실행하고 출력을 살펴보자.

```
AND | a     | b
a   | True  | False
b   | False | False
OR  | a     | b
a   | True  | True
b   | True  | False
XOR | a     | b
a   | False | True
b   | True  | False
```

AND & 논리 연산자의 경우 결과가 참이 되려면 2개의 피연산자가 모두 참이어야
한다. OR | 논리 연산자는 둘 중 하나의 피연산자가 참이면 결과도 참이다. XOR ^ 논
리 연산자는 반드시 둘 중 하나의 피연산자만 참일 때 결과도 참이 된다.

조건부 논리 연산자

조건부 논리 연산자는 논리 연산자와 비슷하지만 하나의 기호가 아니라 2개의 기호를
사용한다. 예를 들어, & 대신 &&, | 대신 ||를 사용한다.

4장에서 함수에 대해 자세히 배우겠지만 단락 부울 연산자라고도 하는 조건부 논리 연
산자를 설명하기 위해 함수에 대해 약간 설명한다.

함수는 명령문을 실행하고 값을 반환한다. 반환하는 값은 부울 연산에 사용하는 true처럼 부울 값일 수 있다. 이제 조건부 논리 연산자를 사용해 보자.

1. 다음과 같이 Main 메서드 바깥에, 콘솔에 메시지를 출력하고 true를 반환하는 함수를 작성한다.

```
class Program
{
  static void Main(string[] args)
  {
    ...
  }
  private static bool DoStuff()
  {
    WriteLine("I am doing some stuff.");
    return true;
  }
}
```

 좋은 습관: 폴리글랏 노트북을 사용한다면 분리된 코드 셀에 DoStuff 함수를 작성하고 실행해 다른 코드 셀에서 해당 콘텍스트를 사용할 수 있게 한다.

2. Main 메서드 맨 아래에, a, b 변수와 함수 호출 결과에 AND & 연산을 수행하는 코드를 작성한다.

```
WriteLine($"a & DoStuff() = {a & DoStuff()}");
WriteLine($"b & DoStuff() = {b & DoStuff()}");
```

3. 콘솔 애플리케이션을 실행하고 결과를 확인한다. 함수는 두 번 출력됐다. 첫 번째는 a, 두번째는 b에 대해서 출력됐다.

```
I am doing some stuff.
a & DoStuff() = True
I am doing some stuff.
```

```
b & DoStuff() = False
```

4. & 연산자를 && 연산자로 교체한다.

```
WriteLine($"a && DoStuff() = {a && DoStuff()}");
WriteLine($"b && DoStuff() = {b && DoStuff()}");
```

5. 콘솔 애플리케이션을 실행하고 결과를 확인하자. 함수는 변수 a와 결합될 때 실행
   된다. 변수 b와 결합될 때는 함수가 실행되지 않는데, 변수 b가 이미 false이므로 반
   환 값 역시 false가 될 것이므로 함수를 실행할 필요가 없기 때문이다. 다음은 출력
   결과다.

```
I am doing some stuff.
a && DoStuff() = True
b && DoStuff() = False // DoStuff 함수는 실행되지 않는다!
```

 좋은 습관: 이제 조건부 논리 연산자가 왜 단락으로 설명되는지 그 이유를 알 수 있
다. 이들은 애플리케이션을 더 효율적으로 만들 수 있지만, 함수가 항상 호출된 것이
라고 잘못 가정하는 경우 찾기 힘든 버그를 유발할 수 있다. 부작용(side effect)을 유
발할 수 있는 함수와 결합해 사용할 때는 이를 피하는 것이 안전하다.

비트 및 이항 시프트 연산자

비트 연산자는 숫자의 비트에 영향을 준다. 이항 시프트 연산자는 기존 연산자보다 훨
씬 빠르게 일반적인 산술 계산을 수행할 수 있다.

비트 연산자와 이항 시프트 연산자에 대해 알아보자.

1. BitwiseAndShiftOperators라는 이름으로 새로운 폴더와 **콘솔 애플리케이션**을 만들
   고 작업 영역에 추가한다.

2. 비주얼 스튜디오 코드에서는 `BitwiseAndShiftOperators`를 활성 OmniSharp 프로젝트로 설정한다. 필수 애셋이 누락됐다는 팝업 메시지가 뜨면 **Yes**를 눌러 애셋을 추가한다.

3. `Main` 메서드에 2개의 정수형 변수를 선언하고 10과 6을 값으로 대입한다. 다음으로 AND, OR, XOR 비트 연산자를 적용하고 결과를 출력하도록 코드를 작성한다.

```
int a = 10; // 0000 1010
int b = 6;  // 0000 0110
WriteLine($"a = {a}");
WriteLine($"b = {b}");
WriteLine($"a & b = {a & b}"); // 2비트 열
WriteLine($"a | b = {a | b}"); // 8, 4, 2비트 열
WriteLine($"a ^ b = {a ^ b}"); // 8, 4비트 열
```

4. 콘솔 애플리케이션을 실행하고 출력 결과를 확인한다.

```
a = 10
b = 6
a & b = 2
a | b = 14
a ^ b = 12
```

5. 왼쪽 시프트 연산자를 적용해서 변수 a의 비트를 3만큼 이동하고, 8을 곱하고, 변수 b의 비트를 오른쪽으로 1만큼 이동한다.

```
// 왼쪽으로 3만큼 이동 0101 0000
WriteLine($"a << 3 = {a << 3}");
// 8을 곱함
WriteLine($"a * 8 = {a * 8}");
// 오른쪽으로 1비트 이동 0000 0011
WriteLine($"b >> 1 = {b >> 1}");
```

6. 콘솔 애플리케이션을 실행하고 출력 결과를 확인한다.

```
a << 3 = 80
a * 8 = 80
b >> 1 = 3
```

결괏값 80은 비트가 왼쪽으로 3만큼 이동했기 때문이다. 따라서 64비트와 16비트가 1로 설정되므로 64 + 16 = 80이다. 이 값은 8을 곱한 것과 동일하지만 CPU는 비트 시프트를 더 빠르게 처리할 수 있다. 결괏값 3은 시프트 연산의 결과로 b의 비트가 1만큼 오른쪽으로 이동했기 때문이다.

 좋은 습관: 정수 값을 다룰 때 &, | 는 비트 연산자이며 true나 false 같은 부울 값을 다룰 때 &, | 는 논리 연산자다.

정수 값을 0과 1의 이진 문자열로 변환해 작업을 설명할 수 있다.

1. Program.cs의 아래에 정수 값을 최대 8개의 0과 1로 구성된 이진^{Base2} 문자열로 변환하는 함수를 추가한다.

```csharp
static string ToBinaryString(int value)
{
  return Convert.ToString(value, toBase: 2).PadLeft(8, '0');
}
```

2. 함수 위에 명령문을 추가해 a, b 및 다양한 비트 연산자의 결과를 출력한다.

```csharp
WriteLine();
WriteLine("Outputting integers as binary:");
WriteLine($"a =     {ToBinaryString(a)}");
WriteLine($"b =     {ToBinaryString(b)}");
WriteLine($"a & b = {ToBinaryString(a & b)}");
WriteLine($"a | b = {ToBinaryString(a | b)}");
WriteLine($"a ^ b = {ToBinaryString(a ^ b)}");
```

3. 코드를 실행하고 결과를 확인한다.

```
Outputting integers as binary:
a =       00001010
b =       00000110
a & b = 00000010
a | b = 00001110
a ^ b = 00001100
```

그 외 연산자

nameof와 sizeof는 형식에 적용할 수 있는 편리한 연산자다.

- nameof는 변수, 형식, 멤버의 (네임스페이스가 없는) 짧은 문자열 이름을 반환하므로 예외 메시지를 출력할 때 유용하다.

- sizeof는 단순 형식의 크기를 바이트 단위로 반환하므로 데이터 저장소의 크기를 결정하는 데 유용하다.

이 외에도 많은 연산자가 있다. 예를 들어, 다음 코드와 같이 변수와 해당 멤버 사이의 점을 **멤버 액세스 연산자**member access operator라고 하고, 함수 또는 메서드 이름 끝에 있는 둥근 괄호를 **호출 연산자**invocation operator라고 한다.

```
int age = 47;
// 아래 코드에는 몇 개의 연산자들이 있을까?
char firstDigit = age.ToString()[0];
// 아래 4개의 연산자가 있다.
// = 는 대입 연산자다.
// . 멤버 액세스 연산자다.
// () 는 호출 연산자다.
// [] 인덱서 액세스 연산자다.
```

⫸ 선택문 이해하기

모든 프로그램은 특정 선택에 따라 코드의 흐름이 달라지는 분기가 필요하다. C#에는 2개의 선택문selection statement이 있는데 바로 if와 switch다. if는 대부분의 경우에 사용 가능하며 switch는 어떤 변수가 여러 값을 가질 수 있는 상황에서 코드를 단순화한다.

if 문으로 분기

If 문은 불린 표현식을 평가해 프로그램의 흐름을 결정한다. 표현식이 true면 블록이 실행된다. else 블록은 필수가 아니며 표현식이 false일 때 실행된다. If 문은 중첩될 수 있다.

If 문은 다음 코드와 같이 else if 분기와 같은 다른 if 문과 결합할 수 있다.

```
if (expression1)
{
  // 표현식이 true면 실행된다.
}
else if (expression2)
{
  // expression1이 false고 expression2가 true면 실행된다.
}
else if (expression3)
{
  // expression1과 expression2가 false고
  // expression3이 true면 실행된다.
}
else
{
  // 모든 표현식이 false면 실행된다.
}
```

각 if 문의 부울 표현식은 다른 if 문에 독립적이며, switch 문과 다르게 단일 값을 참조할 필요가 없다.

콘솔 애플리케이션을 만들어 if 문을 살펴보자.

1. SelectionStatements라는 이름의 폴더와 **콘솔 애플리케이션**을 만들어 작업 영역에 추가한다.

2. 비주얼 스튜디오 코드에서는 SelectionStatements를 활성 OmniSharp 프로젝트로 설정한다.

3. Main 메서드에 비밀번호가 최소 8자인지 확인하는 코드를 추가한다.

```
string password = "ninja";
if (password.Length < 8)
{
  WriteLine("Your password is too short. Use at least 8 characters.");
}
else
{
  WriteLine("Your password is strong.");
}
```

4. 코드를 실행하고 결과를 확인한다.

```
Your password is too short. Use at least 8 characters.
```

if 문에 항상 중괄호를 사용해야 하는 이유

앞의 코드를 다시 보면 각 블록 내에 한 줄의 코드만 있으므로 다음처럼 중괄호 없이 쓸 수도 있다.

```
if (args.Length == 0)
  WriteLine("There are no arguments.");
else
  WriteLine("There is at least one argument.");
```

하지만 이런 코드 스타일은 좋지 못하다. 왜냐하면 애플 iOS의 악명 높은 #gotofail 버그처럼 심각한 문제를 유발할 가능성이 크기 때문이다.

2012년 9월 애플의 iOS 6이 출시되고 18개월 동안 **SSL**^{Secure Sockets Layer} 암호화 코드는 심각한 버그를 갖고 있었는데, 사파리 브라우저를 통해 은행과 같은 보안 사이트에 접속하면 중요한 암호화 검증 과정을 그냥 건너뛰었다.

다시 말하지만, 중괄호 없이 쓸 수 있다는 것이 꼭 그렇게 하라는 뜻은 아니다. 중괄호를 생략하면 효율적인 코드가 아니라 유지 보수가 어렵고 잠재적으로 위험한 코드가 된다.

if 문과 패턴 매칭

C# 7.0 이상부터는 패턴 매칭이 지원된다. If 문에서 is 키워드와 지역 변수 선언을 조합해 보다 안전한 코드를 만들 수 있다.

1. Program.cs 아래에 코드를 입력하자. 변수 o에 저장된 값이 int 형식이라면 이 값은 변수 i에 할당된다. i는 if 문 내에서만 사용할 수 있는 지역 변수다. 이렇게 하면 변수 o를 if에서 바로 사용하는 것보다 더 안전한 코드를 만들 수 있는데, i가 다른 어떤 형식도 아닌 int 형식이라는 걸 확실히 알 수 있기 때문이다.

```
// ""를 제거하거나 추가해서 코드의 흐름을 변경해 보자.
object o = "3";
int j = 4;
if (o is int i)
{
  WriteLine($"{i} x {j} = {i * j}");
}
else
{
  WriteLine("o is not an int so it cannot multiply!");
}
```

2. 콘솔 애플리케이션을 실행하고 결과를 확인하자.

```
o is not an int so it cannot multiply!
```

3. "3"을 감싸고 있는 큰따옴표를 제거해서 변수 o에 저장되는 형식이 string이 아니라 int 형식이 되도록 변경한다.

4. 콘솔 애플리케이션을 실행하고 결과를 확인하자.

```
3 x 4 = 12
```

switch 문으로 분기하기

switch는 여러 개의 가능한 case 목록과 단일 표현식을 비교한다는 점에서 if와 다르다. 모든 case는 단일 표현식이며 다음 중 하나로 끝나야 한다.

- break 키워드(아래 코드의 case 1)

- goto case 키워드(아래 코드의 case 2)

- 아무 코드도 없음(아래 코드의 case 3)

- 명명된named 레이블을 참조하는 goto 키워드(아래 코드의 case 5)

- 현재 함수에서 반환되는 return 키워드(아래 코드에는 없음)

Switch 문을 사용하는 코드를 작성해 보자.

1. 첫 번째 줄은 1부터 6 사이의 랜덤random 값을 생성한다. 코드의 숫자 7은 배타적 상한값이다. 생성된 랜덤 값에 따라 switch 문이 분기한다.

```
int number = (new Random()).Next(1, 7);
WriteLine($"My random number is {number}");
switch (number)
{
  case 1:
    WriteLine("One");
    break; // switch문의 끝으로 점프한다.
  case 2:
```

```
      WriteLine("Two");
      goto case 1;
    case 3: // 다중 케이스
    case 4:
      WriteLine("Three or four");
      goto case 1;
  case 5:
    goto A_label;
    default:
      WriteLine("Default");
      break;
} // switch문의 끝
WriteLine("After end of switch");
A_label:
WriteLine("After A_label");
```

 좋은 습관: 다른 case 문이나 레이블로 점프할 때 goto 키워드를 사용할 수 있다. 대부분의 개발자들이 goto 사용을 꺼리지만 일부 상황에서는 좋은 해결책이 될 수 있다. 필요한 경우에만 사용하도록 하자.

2. 코드를 여러 번 실행해서 랜덤 숫자에 따라 swith 문이 어떻게 분기하는지 살펴보자.

```
// 첫 번째 실행
My random number is 4
Three or four
One
After end of switch
After A_label

// 두 번째 실행
My random number is 2
Two
One
After end of switch
After A_label

// 세 번째 실행
My random number is 6
Default
After end of switch
```

```
After A_label
// 네 번째 실행
My random number is 1
One
After end of switch
After A_label

// 다섯 번째 실행
My random number is 5
After A_label
```

switch 문과 패턴 매칭

C#7.0 이후부터 if 문과 마찬가지로 switch 문도 패턴 매칭을 지원한다. 이제 더 이상
case 값이 리터럴 값이어야 할 필요가 없다. 패턴이면 된다.

switch문과 패턴 매칭의 예를 폴더 경로를 통해 살펴보자. 맥OS 사용자는 경로 변수를
설정하는 주석문을 교체하고 사용자 이름을 사용자 폴더 이름으로 바꾼다.

1. Program.cs에 코드를 추가해 파일에 대한 문자열 경로를 선언하고, 파일을 읽기 전
   용 또는 쓰기 가능한 스트림으로 연 다음, 스트림의 형식 및 기능에 따라 메시지를
   표시한다. 맥OS 사용자라면 다음 코드에서 첫 번째 줄의 주석을 제거해서 자신의
   폴더 위치에 맞게 바꾸고 두 번째 줄은 주석 처리한다.

```
// string path = "/Users/markjprice/Code/Chapter03";
string path = @"C:\Code\Chapter03";
Write("Press R for readonly or W for write: ");
ConsoleKeyInfo key = ReadKey();
WriteLine();
Stream s = null;
if (key.Key == ConsoleKey.R)
{
  s = File.Open(
    Path.Combine(path, "file.txt"),
    FileMode.OpenOrCreate,
    FileAccess.Read);
}
```

```
    else
    {
      s = File.Open(
        Path.Combine(path, "file.txt"),
        FileMode.OpenOrCreate,
        FileAccess.Write);
    }
    string message = string.Empty;
    switch (s)
    {
      case FileStream writeableFile when s.CanWrite:
        message = "The stream is a file that I can write to.";
        break;
      case FileStream readOnlyFile:
        message = "The stream is a read-only file.";
        break;
      case MemoryStream ms:
        message = "The stream is a memory address.";
        break;
      default: // always evaluated last despite its current position
        message = "The stream is some other type.";
        break;
      case null:
        message = "The stream is null.";
        break;
    }
    WriteLine(message);
```

2. s 변수는 Stream 형식으로 선언됐기 때문에 메모리 스트림이나 파일 스트림처럼 스트림의 어떤 하위 형식도 될 수 있다. 이 코드에서 스트림은 파일 스트림을 반환하는 File.Open 메서드를 통해 생성되며, 어떤 키를 눌렀는지에 따라 쓰기 가능 또는 읽기 전용이 된다. 출력 결과를 확인하자.

```
The stream is a file that I can write to.
```

.NET에서 Stream 클래스는 FileStream과 MemoryStream 같은 여러 하위 클래스를 갖고 있다. 위 코드처럼 C# 7.0 이후부터는 Stream의 하위 형식에 기반한 코드 분기와 안전한 지역 변수 선언이 가능하므로 코드를 더욱 간결하게 작성할 수 있다. System.IO 네임스

페이스와 Stream 형식에 대해서는 9장에서 배운다

case 문에 when 키워드가 사용됐다는 것도 눈여겨보자. when 키워드는 보다 상세한 패턴 매칭을 수행할 수 있게 한다. 앞의 코드에서 첫 번째 case 문은 변수 s가 FileStream 형식 이면서 CanWrite 속성이 true일 때만 매칭된다.

swith 표현식으로 switch 문 단순화하기

C# 8.0 이후부터는 **switch 표현식**expression을 써서 switch 문을 단순화할 수 있다.

대부분의 switch 문은 단순하지만 많은 입력이 필요하다. switch 문은 단일 변수의 값을 설정하기 위해 값을 반환하는 경우 동일한 의도를 표현하면서 코드 입력은 줄이도록 설계됐다. swich 표현식은 람다(=>)를 사용해 반환 값을 나타낸다.

앞의 코드를 이번에는 switch 표현식을 써서 다시 작성한 다음, 코드를 비교해 보자.

1. switch 표현식을 사용해 스트림의 형식과 기능에 따라 출력 메시지를 설정하는 코드 를 작성한다.

```
message = s switch
{
  FileStream writeableFile when s.CanWrite
    => "The stream is a file that I can write to.",
  FileStream readOnlyFile
    => "The stream is a read-only file.",
  MemoryStream ms
    => "The stream is a memory address.",
  null
    => "The stream is null.",
  _
    => "The stream is some other type."
};
WriteLine(message);
```

주요 차이점은 case와 default 키워드가 제거됐다는 점이다. 언더스코어(_) 문자는 기본 반환 값을 나타낸다.

188

2. 콘솔 애플리케이션을 실행해서 출력 결과가 동일한지 확인한다.

⁞⁝ 반복문 이해하기

반복 구문은 조건식이 true인 동안 또는 그룹 내의 각 항목에 대해 코드 블록을 반복한다. 어떤 방식을 선택하는지는, 문제를 더 쉽게 해결할 수 있는 것이 무엇인지 그리고 개발자가 선호하는 방식에 따라 다르다.

while 문 루프

while 문은 불린 표현식을 평가해서 그 결과가 true인 동안 루프를 반복한다. 반복 구문을 살펴보자.

1. IterationStatements라는 이름의 새 폴더와 **콘솔 애플리케이션**을 만들고 작업 영역에 추가한다.

2. 비주얼 스튜디오 코드에서는 IterationStatements를 활성 OmniSharp 프로젝트로 설정한다.

3. Program.cs에 정수 값이 10보다 작은 동안 루프를 반복하는 코드를 작성한다.

```
int x = 0;
while (x < 10)
{
  WriteLine(x);
  x++;
}
```

4. 콘솔 애플리케이션을 실행해서 0부터 9 사이의 숫자가 출력되는지 확인하자.

```
0
1
```

```
2
3
4
5
6
7
8
9
```

do 문 루프

한 가지 차이점만 제외하면 do 문은 while과 동일하게 동작한다. 이 차이점은 while은 조건식이 코드 블록의 처음에 있지만, do는 코드 블록 맨 아래에 있다는 것인데, 따라서 코드가 최소 1회 실행된다는 것이 보장된다.

1. Main 메서드 끝에 다음 코드를 입력하자.

```
string? password;
do
{
  Write("Enter your password: ");
  password = ReadLine();
}
while (password != "Pa$$w0rd");
WriteLine("Correct!");
```

2. 콘솔 애플리케이션을 실행하면 올바른 비밀번호를 입력할 때까지 'Enter your password:'가 계속 출력된다.

```
Enter your password: password
Enter your password: 12345678
Enter your password: ninja
Enter your password: correct horse battery staple
Enter your password: Pa$$w0rd
Correct!
```

190

3. 추가 연습으로 사용자가 패스워드 입력을 10회 실패하면 에러 메시지를 띄우도록 코드를 수정해 보자.

for 문 루프

for 문은 while과 동일하게 동작하지만 좀 더 간결하다.

- **초기화 표현식**: 루프 시작 시에 한 번만 실행된다.
- **조건부 표현식**: 모든 반복에서 실행되며 반복을 계속 진행할지 판단한다.
- **반복자 표현식**: 반복이 한 번 완료될 때마다 실행된다.

반복문은 보통 정수 카운터와 사용된다. 코드를 작성해 보자.

1. 1부터 10까지의 숫자를 출력하도록 다음과 같은 for 문을 작성한다.

```
for (int y = 1; y <= 10; y++)
{
  WriteLine(y);
}
```

2. 콘솔 애플리케이션을 실행해서 1부터 10까지의 숫자가 출력되는지 확인한다.

foreach 문 루프

foreach는 지금까지 살펴봤던 3개의 반복문과 약간 다르다.

foreach는 배열이나 컬렉션 내의 각 아이템에 대해 코드 블록을 실행한다. 각 아이템은 읽기 전용이기 때문에 만약 반복문 내에서 아이템을 추가하거나 삭제하려고 하면 예외가 발생한다.

예제 코드를 살펴보자.

1. string 배열을 생성한 뒤 foreach를 이용해 각 아이템의 길이를 출력해 보자.

```
string[] names = { "Adam", "Barry", "Charlie" };
foreach (string name in names)
{
  WriteLine($"{name} has {name.Length} characters.");
}
```

2. 콘솔 애플리케이션을 실행하고 출력 결과를 확인하자.

```
Adam has 4 characters.
Barry has 5 characters.
Charlie has 7 characters.
```

foreach의 동작 방식 이해하기

배열이나 컬렉션처럼 여러 항목을 갖는 형식을 만드는 경우 foreach로 해당 형식의 항목을 열거할 수 있는지 확인해야 한다.

기술적으로 foreach는 다음의 규칙을 따르는 모든 형식에 대해 동작한다.

1. 객체를 반환하는 GetEnumerator라는 메서드가 있는 형식

2. 반환된 객체는 Current라는 속성과 MoveNext라는 메서드가 있어야 한다.

3. MoveNext 메서드는 반드시 Current 값을 변경해야 하며 열거할 항목이 더 있으면 true를, 없으면 false를 반환해야 한다.

이러한 규칙을 공식적으로 정의하는 IEnumerable과 IEnumerable<T> 인터페이스가 있지만, 컴파일러는 형식이 이러한 인터페이스를 구현하도록 강제하지는 않는다.

컴파일러는 앞의 예제의 foreach 문을 다음 의사 코드와 유사하게 변경한다.

```
IEnumerator e = names.GetEnumerator();
while (e.MoveNext())
{
```

```
    string name = (string)e.Current; // Current 속성은 읽기 전용이다.
    WriteLine($"{name} has {name.Length} characters.");
}
```

반복자를 사용하기 때문에 foreach 문에서 선언된 변수는 현재 항목의 값을 수정하는 데 사용할 수 없다.

⁞⁞⁞ 형식 변환

다른 형식 간에 변수 값을 변환^{converting}해야 하는 경우는 흔히 발생한다. 예를 들어, 데이터 입력은 보통 콘솔에서 텍스트 형태로 입력되므로 string 형식의 변수에 저장되지만 저장 및 처리 방법에 따라 날짜/시간, 숫자 또는 다른 데이터 형식으로 변환해야 한다.

때로는 계산을 처리하기 전에 정수와 부동 소수점 같은 숫자 형식 간에 변환을 해야 하는 경우도 있다.

변환은 **캐스팅**^{casting}이라고도 하며 **암시적**^{implicit} 및 **명시적**^{explicit}, 두 가지 종류가 있다. 암시적 변환은 자동으로 발생하며 안전하므로 정보를 잃지 않는다.

명시적 변환은 숫자의 정밀도와 같은 정보를 잃을 수 있으므로 수동으로 수행해야 한다. 즉 명시적으로 변환할 때의 위험을 이해하고 수용한다는 것을 C# 컴파일러에 알려야 한다.

숫자의 암시적, 명시적 변환

int 형식의 변수를 암시적으로 double 형식으로 변환하는 것은 안전하다. 다음 예시를 보자.

1. CastingConverting이라는 이름으로 새 **콘솔 애플리케이션** 프로젝트를 만들어 Chapter03 작업 영역/솔루션에 추가한다.

2. 비주얼 스튜디오 코드에서는 CastingConverting을 활성 OmniSharp 프로젝트로 설정한다.

3. Program.cs에 int와 double 변수를 선언하고 값을 대입한 다음, 정수 값을 암시적으로 변환해 double 변수에 대입한다.

```
int a = 10;
double b = a; // int는 안전하게 double 형식으로 변환할 수 있다.
WriteLine(b);
```

4. double 변수를 선언하고 int 변수에 대입한다. 이때 암시적 변환이 발생한다.

```
double c = 9.8;
int d = c; // 여기서 컴파일러 에러가 발생한다.
WriteLine(d);
```

5. 코드를 실행하고 오류 메시지를 확인한다.

```
Error: (6,9): error CS0266: Cannot implicitly convert type 'double' to
'int'. An explicit conversion exists (are you missing a cast?)
```

에러 메시지는 비주얼 스튜디오 오류 목록이나 비주얼 스튜디오 코드의 문제 창에도 표시된다.

double 형식을 int 형식으로 암시적 변환하는 것은 잠재적으로 위험하고 소수점 뒤의 데이터를 잃을 수 있으므로 오류가 발생한다. double 형식을 int 형식으로 변환하려면 반드시 명시적 변환을 사용해야 한다. 명시적 변환은 double 형식 앞에 둥근 괄호를 써서 표시하는데, 이때 사용되는 둥근 괄호를 **캐스트 연산자**cast operator라고 한다. 명시적 변환을 사용할 때 double 형식의 값 중, 소수점 뒷부분은 경고 없이 제거된다는 것을 꼭 기억하자.

6. 변수 d에 대한 대입 문을 수정한다.

```
int d = (int)c;
WriteLine(d); //.8이 제거 되면서 d값은 9가 된다.
```

7. 콘솔 애플리케이션을 실행하고 결과를 확인하자.

```
10
9
```

큰 범위의 정수 형식을 작은 범위의 정수 형식으로 이동할 때도 반드시 명시적 변환을 사용해야 한다. 다시 말하지만, 너무 큰 값은 비트가 복사된 다음 예상하지 못한 방법으로 해석되기 때문에 정보를 잃을 수 있다는 점을 주의하자.

8. 실제로 확인하기 위해 64비트 long 변수와 32비트 int 변수를 사용해서 한 번은 변환 가능한 값을, 다른 한 번은 불가능한 값을 입력한다.

```
long e = 10;
int f = (int)e;
WriteLine($"e is {e:N0} and f is {f:N0}");
e = long.MaxValue;
f = (int)e;
WriteLine($"e is {e:N0} and f is {f:N0}");
```

9. 콘솔 애플리케이션을 실행하고 결과를 확인하자.

```
e is 10 and f is 10
e is 9,223,372,036,854,775,807 and f is -1
```

10. 이번에는 e의 값을 50억으로 수정한다.

```
e = 5_000_000_000;
```

11. 콘솔 애플리케이션을 실행하고 결과를 확인하자.

```
e is 5,000,000,000 and f is 705,032,704
```

System.Convert로 형식 변환

형식 변환의 방법으로 캐스트 연산자 이외에 System.Convert를 사용할 수 있다. System.Convert는 모든 C# 숫자 형식과 불린, 문자열, 날짜, 시간 값 간의 변환이 가능하다.

1. Program.cs 파일 상단에 System.Convert 클래스를 정적으로 가져온다.

```
using static System.Convert;
```

2. Program.cs 아래에 double 변수를 선언하고 값을 대입한 다음 int 형식으로 변환하고 두 값을 콘솔에 출력한다.

```
double g = 9.8;
int h = ToInt32(g); // System.Convert의 메서드
WriteLine($"g is {g} and h is {h}");
```

3. 콘솔 애플리케이션을 실행하고 출력 결과를 확인하자.

```
g is 9.8 and h is 10
```

캐스트 연산자를 사용하는 것과 Convert를 사용하는 것의 차이점 중 하나는, Convert는 소수점 이하 부분을 버리지 않고 반올림한다는 것이다.

숫자 반올림

앞서 본 것처럼 캐스트 연산자는 실수의 소수점 이하 부분을 버리고 System.Convert는 반올림한다. 그렇다면 반올림의 기준은 무엇일까?

기본 반올림 규칙 이해하기

어렸을 때 산수 시간의 기억을 떠올리면 소수점 이하가 .5와 같거나 크면 반올림하고 작으면 버린다고 배웠다.

C#도 동일한 원리를 사용하는지 확인해 보자.

1. double 배열을 선언하고 값을 대입한 다음, 각 원소를 정수로 변환해서 콘솔에 결과를 출력한다.

```
double[] doubles = new[]
  { 9.49, 9.5, 9.51, 10.49, 10.5, 10.51 };
foreach (double n in doubles)
{
  WriteLine($"ToInt({n}) is {ToInt32(n)}");
}
```

2. 콘솔 애플리케이션을 실행하고 결과를 확인한다.

```
ToInt(9.49) is 9
ToInt(9.5) is 10
ToInt(9.51) is 10
ToInt(10.49) is 10
ToInt(10.5) is 10
ToInt(10.51) is 11
```

결과를 보면 C#의 반올림 기준은 어릴 때 배웠던 것과 약간 다르다.

- 소수점 이하가 0.5보다 작으면 항상 버린다.

- 소수점 이하가 0.5보다 크면 항상 반올림한다.

- 소수점 이하가 0.5고 정수 부분이 홀수이면 반올림되지만, 정수 부분이 짝수이면 버린다.

이 반올림 기준은 **은행원의 반올림**Banker's Rounding이라고 부르는데, 반올림하거나 버릴 때 번갈아가면서 치우침을 줄여 주므로 선호되는 방법이다. 자바스크립트 같은 다른 언어는 이 기준을 따르지 않는다.

반올림 규칙 제어

Math 클래스의 Round 메서드를 사용해 반올림 규칙을 제어할 수 있다.

1. Main 메서드의 맨 아래에 '올림'이라고도 부르는 '0에서 멀어짐away from zero' 반올림 규칙을 사용해서 각 double 값을 반올림하는 코드를 작성하고 결과를 콘솔에 출력한다.

```
foreach (double n in doubles)
{
  WriteLine(format:
    "Math.Round({0}, 0, MidpointRounding.AwayFromZero) is {1}",
    arg0: n,
    arg1: Math.Round(value: n, digits: 0,
          mode: MidpointRounding.AwayFromZero));
}
```

2. 콘솔 애플리케이션을 실행하고 결과를 확인하자.

```
Math.Round(9.49, 0, MidpointRounding.AwayFromZero) is 9
Math.Round(9.5, 0, MidpointRounding.AwayFromZero) is 10
Math.Round(9.51, 0, MidpointRounding.AwayFromZero) is 10
Math.Round(10.49, 0, MidpointRounding.AwayFromZero) is 10
Math.Round(10.5, 0, MidpointRounding.AwayFromZero) is 11
Math.Round(10.51, 0, MidpointRounding.AwayFromZero) is 11
```

좋은 습관: 사용하는 프로그래밍 언어가 어떤 반올림 기준을 따르는지 확인해 보자. 예상과 다르게 동작할지도 모른다!

모든 형식을 string으로 변환

형식 변환의 가장 흔한 경우는 사람이 읽을 수 있는 텍스트로 출력하기 위해 string 형식으로 변환하는 것이다. 그래서 모든 형식은 System.Object로부터 파생된 ToString이라는 메서드를 가진다.

ToString 메서드는 변수의 현재 값을 텍스트로 변환한다. 텍스트로 표현할 수 없는 일부 형식은 네임스페이스와 형식 이름을 반환한다.

몇 개의 형식을 string으로 변환해 보자.

1. 몇 개의 변수를 선언하고 값을 대입한 다음, string 형식으로 변환해서 출력하는 코드를 작성해 보자.

```
int number = 12;
WriteLine(number.ToString());
bool boolean = true;
WriteLine(boolean.ToString());
DateTime now = DateTime.Now;
WriteLine(now.ToString());
object me = new object();
WriteLine(me.ToString());
```

2. 콘솔 애플리케이션을 실행하고 결과를 확인하자.

```
12
True
27/01/2019 13:48:54
System.Object
```

바이너리 객체를 string으로 변환

이미지나 동영상 바이너리 객체를 저장하거나 전송할 때는 다른 운영체제에서 해당 파일을 읽거나 네트워크 전송 시에 원시 비트가 잘못 해석될 여지가 있다.

이 경우는 바이너리 객체를 안전한 string으로 변환하는 것이 좋다. 이를 **Base64** 인코딩이라고 부른다.

Convert 형식에는 이러한 변환을 처리하는 ToBase64String 및 FromBase64String이 있다. 어떻게 동작하는지 살펴보자.

1. 무작위 바이트 값으로 채워진 바이트 배열을 만들고 각 바이트를 서식화해 콘솔에 쓴 다음 Base64로 변환된 동일한 바이트를 출력하는 코드를 작성한다.

```
// 128 바이트 배열을 할당한다.
byte[] binaryObject = new byte[128];
// 무작위 바이트로 배열을 채운다.
(new Random()).NextBytes(binaryObject);
WriteLine("Binary Object as bytes:");
for(int index = 0; index < binaryObject.Length; index++)
{
  Write($"{binaryObject[index]:X} ");
}
WriteLine();
// base64 문자열로 변환한 다음 텍스트로 출력한다.
string encoded = Convert.ToBase64String(binaryObject);
WriteLine($"Binary Object as Base64: {encoded}");
```

기본으로 int 값은 10진수 표기법, 즉 base10을 가정해 출력된다. :X와 같은 서식 문자열format code을 쓰면 16진수 표기법을 사용하도록 값의 형식을 지정할 수 있다.

2. 콘솔 애플리케이션을 실행하고 결과를 확인하자.

```
Binary Object as bytes:
B3 4D 55 DE 2D E BB CF BE 4D E6 53 C3 C2 9B 67 3 45 F9 E5 20 61 7E 4F
7A 81 EC 49 F0 49 1D 8E D4 F7 DB 54 AF A0 81 5 B8 BE CE F8 36 90 7A D4
36 42 4 75 81 1B AB 51 CE 5 63 AC 22 72 DE 74 2F 57 7F CB E7 47 B7 62
```

```
C3 F4 2D 61 93 85 18 EA 6 17 12 AE 44 A8 D B8 4C 89 85 A9 3C D5 E2 46
E0 59 C9 DF 10 AF ED EF 8AA1 B1 8D EE 4A BE 48 EC 79 A5 A 5F 2F 30 87
4A C7 7F 5D C1 D 26 EE
Binary Object as Base64: s01V3i0Ou8++TeZTw8KbZwNF +eUgYX5PeoHsSfBJHY7U9
9tUr6CBBbi+zvg2kHrUNkIEdYEbq1HOBWOsInLedC9Xf8vnR7diw/QtYZOFGOoGFxKuRKgN
uEyJhak81eJG4FnJ3xCv7e+KobGN7kq+SO x5pQpfLzCHSsd/XcENJu4=
```

string을 숫자, 날짜, 시간으로 파싱하기

형식 변환이 흔하게 발생하는 두 번째 경우는 string 형식을 숫자나 날짜 및 시간 형식으로 바꾸는 것이다.

이때 사용하는 함수가 Parse인데 ToString과는 반대로 동작한다. 숫자 형식과 DateTime을 포함한 일부 형식만이 Parse 메서드를 갖고 있다.

Parse의 동작 방식을 살펴보자.

1. string을 정수, 날짜, 시간으로 파싱하는 코드를 작성하고 결과를 출력한다.

```
int age = int.Parse("27");
DateTime birthday = DateTime.Parse("4 July 1980");
WriteLine($"I was born {age} years ago.");
WriteLine($"My birthday is {birthday}.");
WriteLine($"My birthday is {birthday:D}.");
```

2. 콘솔 애플리케이션을 실행하고 결과를 확인한다.

```
I was born 27 years ago.
My birthday is 1980-07-04 오전 12:00:00.
My birthday is 1980년 7월 4일 금요일.
```

날짜와 시간은, 기본으로 간단한 날짜와 시간 서식으로 출력된다. D와 같은 서식 문자열을 사용하면 시간 표시 부분을 없애고 날짜 부분만 자세한 형식으로 출력할 수도 있다.

추가 정보: 다양한 상황에서 사용할 수 있는 서식 문자열이 여러 개 준비돼 있다. 다음 링크에서 서식 문자열에 관해 더 알아보자.

https://docs.microsoft.com/ko-kr/dotnet/standard/base-types/standard-date-and-time-format-strings

Parse 사용 시 주의할 점

Parse 메서드의 한 가지 문제는 string으로 변환될 수 없을 때 예외를 던진다는 것이다.

1. 문자열을 정수로 변환하는 코드를 다음과 같이 작성한다.

```
int count = int.Parse("abc");
```

2. 콘솔 애플리케이션을 실행하고 출력 결과를 확인한다.

```
처리되지 않은 예외: System.FormatException: 입력 문자열의 형식이 잘못됐습니다.
```

위와 같은 예외 메시지와 함께 스택 추적이 표시된다. 스택 추적은 많은 공간을 차지하므로 여기에 포함하지 않았다.

TryParse 메서드로 예외 피하기

이러한 예외를 피하려면 TryParse 메서드를 사용해야 한다. TryParse는 입력 문자열에 대해 변환이 가능한지 먼저 확인하고, 변환이 가능하면 true를 반환하고, 불가능하면 false를 반환한다.

형식 변환이 일어날 때 TryParse 메서드가 결괏값을 설정해야 하므로 out 키워드를 사용한다.

TryParse가 어떻게 동작하는지 살펴보자.

1. 다음 코드와 같이 int count 선언을 TryParse 메서드를 사용하도록 변경하고 사용자
   가 달걀 개수를 입력하도록 한다.

```
Write("How many eggs are there? ");
int count;
string input = ReadLine();
if (int.TryParse(input, out count))
{
  WriteLine($"There are {count} eggs.");
}
else
{
  WriteLine("I could not parse the input.");
}
```

2. 콘솔 애플리케이션을 실행해서 12를 입력하고 출력 결과를 확인한다.

```
How many eggs are there? 12
There are 12 eggs.
```

3. 콘솔 애플리케이션을 다시 실행해서 이번에는 twelve를 입력하고 결과를 확인한다.

```
How many eggs are there? twelve
I could not parse the input.
```

System.Convert 형식의 메서드도 string을 다른 형식으로 변환할 수 있지만, 변환할 수
없는 경우에는 Parse 메서드처럼 예외가 발생한다.

예외 다루기

지금까지 형식 변환시에 오류가 발생하는 다양한 경우를 살펴봤다. 어떤 언어는 문제가
발생했을 때 오류 코드를 반환한다. .NET은 여러 목적으로 사용되는 반환 값보다는 오
류 보고용으로만 설계된 더 풍부하고 다양한 예외를 사용한다. 이러한 오류가 발생했을

때 '런타임 예외가 발생했다'고 말한다.

예외가 발생하면 스레드가 일시 중단되고 try-catch 문을 정의한 경우 예외를 처리할 수 있다. 만약 현재 메서드가 예외를 처리하지 않으면 호출 메서드에 예외를 처리할 기회가 주어지고 호출 스택을 따라 위로 이동한다.

 앞에서 본 것처럼 콘솔 애플리케이션이나 폴리글랏 노트북의 기본 동작은 예외 메시지와 스택 추적 정보를 출력하고 코드 실행을 중지해 프로그램이 종료된다. 이는 잠재적으로 손상된 상태로 코드가 계속 실행되는 것보다 나은 동작이다. 코드는 적절하게 수정할 수 있는 예외만 잡아 처리해야 한다.

 좋은 습관: If 문 등을 사용해서 가능한 예외를 던지지 않는 코드를 작성하는 것이 좋지만, 항상 가능한 것은 아니다. 이럴 때는 코드를 호출하는 곳에서 예외를 처리하도록 하는 것이 좋다. 4장에서 알아본다.

try 블록으로 예외가 발생할 수 있는 코드 감싸기

어떤 코드가 예외를 발생시킬 수 있다면 해당 코드를 try 블록으로 감싸야 한다. 예를 들어, 문자열을 숫자로 변환할 때 예외가 발생할 수 있다. catch 블록 안에서는 아무것도 할 필요가 없다.

catch 블록의 모든 코드는 try 블록에서 예외가 발생한 경우에만 실행된다. catch 블록에서는 아무것도 할 필요가 없다. 동작 방식을 살펴보자.

1. Chapter03 작업 영역/솔루션에 HandlingException이라는 새 **콘솔 애플리케이션**을 만들어 추가한다.

2. 비주얼 스튜디오 코드에서는 HandlingException을 활성 OmniSharp 프로젝트로 설정한다.

3. 사용자의 나이를 입력받고 출력하는 코드를 작성한다.

```
WriteLine("Before parsing");
Write("What is your age? ");
string input = ReadLine();
try
{
  int age = int.Parse(input);
  WriteLine($"You are {age} years old.");
}
catch
{
}
WriteLine("After parsing");
```

 코드를 실행하면 Warning CS8604 Possible null reference argument for parameter 's' in 'int int.Parse(string s)'라는 오류 메시지가 나타난다. .NET 6 프로젝트에서는 기본적으로 null 허용 참조 형식이 활성화되므로 이와 같은 컴파일러 경고가 더 많이 표시된다. 실제 서비스 코드에서는 null 여부를 확인해서 적절하게 처리해 줘야 한다. 책의 예제는 null 검사를 하지 않는데 이유는 예제 코드가 복잡해지고 책의 페이지도 늘어나기 때문이다.

이번 예제는 사용자가 엔터키를 눌러야 ReadLine이 반환되고 이때 비어 있는 문자열(empty string)이 반환되므로 입력이 null이 될 수 없다. 이 책의 예제 코드에서 잠재적으로 null이 될 수 있는 수백 가지 이상의 예시를 볼 수 있다. null 처리에 대한 자세한 내용은 6장에서 볼 수 있다.

이 코드는 흐름을 좀 더 명확하게 보여 주고자 파싱 전과 후를 나타내는 2개의 메시지가 포함돼 있다. 이렇게 하면 코드가 점점 복잡해질 때 도움이 된다.

4. 콘솔 애플리케이션을 실행하고 47을 입력한다.

```
Before parsing
What is your age? 47
You are 47 years old.
After parsing
```

5. 콘솔 애플리케이션을 다시 실행해서 고의로 잘못된 값, 예를 들어 kermit을 입력하고 결과를 확인한다.

```
Before parsing
What is your age? Kermit
After parsing
```

코드를 실행하면 예외가 처리돼 콘솔 애플리케이션이 중단되지 않고 계속 실행된다. 비록 예외를 처리하기는 했지만, 어떤 예외가 발생했는지 보여 준다면 더 유용할 것 같다. 계속해서 그 방법을 알아보자.

 좋은 습관: 실제 서비스 코드에서는 이와 같이 비어 있는 catch 문을 사용하면 안 된다. 예외를 무시해서 발생 가능한 문제를 숨겨 버리기 때문이다. 제대로 처리할 수 없거나 처리하고 싶지 않은 경우라도 어떤 예외인지 로그를 남기거나 호출하는 곳에서 처리할 수 있도록 다시 throw해야 한다. 4장에서 로깅(logging)에 대해 알아본다.

모든 예외 잡기

발생 가능한 모든 예외 형식에 관한 정보를 얻으려면 System.Exception 형식의 변수를 catch 블록에 선언한다.

1. catch 블록에 예외 변수를 선언하고 다음과 같이 예외에 대한 정보를 콘솔에 쓰는 데 사용한다.

```
catch(Exception ex)
{
  WriteLine($"{ex.GetType()} says {ex.Message}");
}
```

2. 콘솔 애플리케이션을 실행하고, kermit처럼 고의로 잘못된 값을 입력해서 출력 결과를 확인한다.

```
Before parsing
What is your age? Kermit
System.FormatException says 입력 문자열의 형식이 잘못됐습니다.

After parsing
```

특정 예외 잡기

이제 어떤 형식의 예외가 발생했는지 알았으므로 해당 예외를 별도로 처리하고 사용자에게 표시할 메시지를 보완해 코드를 개선할 수 있다.

1. 기존 catch 블록은 그대로 두고 그 위에 FormatException에 대한 새 catch 블록을 추가한다.

```csharp
catch (FormatException)
{
  WriteLine("The age you entered is not a valid number format.");
}
catch (Exception ex)
{
  WriteLine($"{ex.GetType()} says {ex.Message}");
}
```

2. 콘솔 애플리케이션을 실행하고 kermit처럼 잘못된 값을 입력한 다음, 출력 결과를 확인한다.

```
Before parsing
What is your age? kermit
The age you entered is not a valid number format.
After parsing
```

모든 예외를 처리하는 catch 문을 남겨 둔 이유는 다른 유형의 예외가 발생할 수도 있기 때문이다.

3. 콘솔 애플리케이션을 다시 실행해서 아주 큰 정수 값, 예를 들어 9876543210을 입력하고 출력 결과를 확인한다.

```
Before parsing
What is your age? 9876543210
System.OverflowException says 값이 너무 크거나 작아 Int32 형식에 맞지 않습니다.
After parsing
```

이제 OverflowException에 대한 catch 블록도 추가해 보자.

4. 기존 catch 문은 그대로 두고 OverflowException을 처리할 catch 블록을 새로 추가한다.

```
catch (OverflowException)
{
  WriteLine("Your age is a valid number format but it is either too big
or small.");
}
catch (FormatException)
{
  WriteLine("The age you entered is not a valid number format.");
}
```

5. 콘솔 애플리케이션을 실행하고 아주 큰 정수를 다시 입력해서 결과를 확인한다.

```
Before parsing
What is your age? 9876543210
Your age is a valid number format but it is either too big or small.
After parsing
```

예외를 어떤 순서로 처리하는지도 중요한데, 정확한 순서는 예외 형식의 상속 계층을 통해서 알 수 있다. 상속에 대해서는 5장에서 배운다. 예외 처리 순서가 잘못되더라도 컴파일러가 빌드 에러를 통해 알려 주므로 크게 걱정할 필요는 없다.

 좋은 습관: 예외를 과하게 처리하지 않는 것이 좋다. 때로는 호출 스택을 따라 상위 수준에서 처리할 수 있게 해야 한다. 그러면 더 많은 정보를 가진 수준에서 적절하게 예외 처리를 할 수 있다. 4장에서 좀 더 알아본다.

필터 사용

when을 사용해 catch 문에 필터를 추가할 수 있다.

208

```
Write("Enter an amount: ");
string? amount = ReadLine();
try
{
  decimal amountValue = decimal.Parse(amount);
}
catch (FormatException) when (amount.Contains("$"))
{
  WriteLine("Amounts cannot use the dollar sign!");
}
catch (FormatException)
{
  WriteLine("Amounts must only contain digits!");
}
```

⁂ 오버플로 검사

앞에서 long 형식을 int 형식으로 변환했을 때처럼 숫자 형식 사이의 변환은 정보를 잃을 가능성이 있는 것을 봤다. 만약 형식에 저장되는 값이 너무 크면 오버플로overflow가 발생한다.

checked 문을 사용해서 오버플로 예외 던지기

성능상의 이유로 오버플로가 발생하면 기본으로 자동 처리된다. checked는 오버플로가 발생했을 때 자동으로 처리하는 대신, 확실하게 예외를 던지도록 .NET에 지시한다.

int 변수를 최댓값에서 1을 뺀 값으로 초기화한다. 그다음 변수 값을 몇 번 증가시키면서 출력 결과를 보자. 최댓값을 초과해 증가시키면 오버플로가 발생하면서 변수 값은 int의 최솟값이 된다. 그리고 이 값에서 다시 증가한다.

1. Chapter03 작업 영역/솔루션에 CheckingForOverflow라는 이름의 **콘솔 애플리케이션**을 생성해 추가한다.

2. 비주얼 스튜디오 코드에서는 CheckingForOverflow를 활성 OmniSharp 프로젝트로 설정한다.

3. Program.cs에 정수 형식의 변수를 선언하고 최댓값보다 1만큼 작은 값을 대입한 뒤 다시 1만큼 세 번 증가시키고 출력하는 코드를 작성한다.

```
int x = int.MaxValue - 1;
WriteLine($"Initial value: {x}");
x++;
WriteLine($"After incrementing: {x}");
x++;
WriteLine($"After incrementing: {x}");
x++;
WriteLine($"After incrementing: {x}");
```

4. 콘솔 애플리케이션을 실행하고 출력 결과를 확인한다.

```
Initial value: 2147483646
After incrementing: 2147483647
After incrementing: -2147483648
After incrementing: -2147483647
```

5. 이제 checked 블록으로 해당 코드를 감싸서 컴파일러가 오버플로에 대해 경고하도록 한다.

```
checked
{
  int x = int.MaxValue - 1;
  WriteLine($"Initial value: {x}");
  x++;
  WriteLine($"After incrementing: {x}");
  x++;
  WriteLine($"After incrementing: {x}");
  x++;
  WriteLine($"After incrementing: {x}");
}
```

6. 콘솔 애플리케이션을 실행하고 출력 결과를 확인한다.

```
2147483646
2147483647
처리되지 않은 예외: System.OverflowException: 산술 연산으로 인해 오버플로가 발생했습니다.
```

7. 다른 예외들처럼 위와 같은 코드는 try 블록으로 코드를 감싸서 더 확실한 메시지를 사용자에게 알려 줘야 한다.

```
try
{
    // 앞의 코드를 여기에 입력한다.
}
catch(OverflowException)
{
    WriteLine("오버플로 예외가 발생했지만 여기서 처리했음.");
}
```

8. 콘솔 애플리케이션을 실행하고 결과를 확인한다.

```
2147483646
2147483647
오버플로 예외가 발생했지만 여기서 처리했음.
```

unchecked 문으로 컴파일러의 오버플로 검사 비활성하기

unchecked는 코드 블록 내에서 컴파일러가 수행하는 오버플로 검사를 끈다. 어떻게 동작하는지 살펴보자.

1. 앞의 예제 코드 맨 아래에 다음 코드를 입력한다. 컴파일러는 이 코드가 오버플로를 발생시킨다는 걸 알기 때문에 컴파일하지 않는다.

```
int y = int.MaxValue + 1;
```

2. 오류 위에 마우스를 올리면 그림 3.1과 같은 컴파일 타임 오류 메시지를 볼 수 있다.

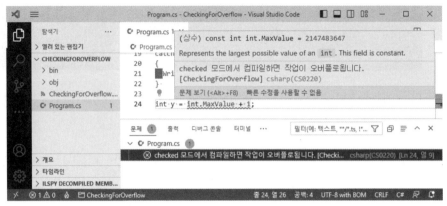

그림 3.1 문제 창에서 컴파일 타임 오류 메시지

3. 컴파일 타임 검사를 비활성하기 위해 unchecked 문으로 코드를 감싼다. y의 값을 콘솔에 출력한 다음, 값을 1만큼 두 번 감소시킨다.

```
unchecked
{
  int y = int.MaxValue + 1;
  WriteLine($"Initial value: {y}");
  y--;
  WriteLine($"After decrementing: {y}");
  y--;
  WriteLine($"After decrementing: {y}");
}
```

4. 콘솔 – 애플리케이션을 실행하고 결과를 확인한다.

```
Initial value: -2147483648
After decrementing: 2147483647
After decrementing: 2147483646
```

물론 이렇게 하면 오버플로 발생을 허용하는 것이기 때문에 컴파일 타임 체크를 명시적으로 끄는 경우는 흔치 않을 것이다. 하지만 이 동작이 필요한 상황을 만날 수도 있으니 알아 두자.

⁝⁝⁝ 연습 및 탐구

몇 개의 질문에 답해 보면서 3장에서 배운 내용을 얼마나 이해하고 있는지 확인하고 더 공부할 내용도 살펴보자.

연습 3.1 - 복습

다음 질문에 답해 보자.

1. int 변수를 0으로 나누면 어떤 현상이 발생하는가?

2. double 변수를 0으로 나누면 어떤 현상이 발생하는가?

3. int 변수에 범위를 초과하는 값이 들어가 오버플로가 일어나면 어떤 현상이 발생하는가?

4. x = y++; 과 x = ++y;은 어떻게 다른가?

5. 루프 안에서 break, continue와 return을 사용할 때 어떤 차이점이 있는가?

6. for문을 구성하는 세 가지 요소는 무엇이고 그중에 필수 구성 요소는 무엇인가?

7. =과 == 연산자의 차이점은 무엇인가?

8. 다음 코드는 정상적으로 컴파일되는가?

```
for ( ; true; ) ;
```

9. switch 표현식에서 언더스코어(_)가 의미하는 것은 무엇인가?

10. foreach 문으로 열거하기 위해 객체가 구현해야 하는 인터페이스는 무엇인가?

연습 3.2 - 루프와 오버플로 탐구

다음 코드를 실행했을 때의 결과는 무엇인가?

```
int max = 500;
for (byte i = 0; i < max; i++)
{
  WriteLine(i);
}
```

Chapter03에 Exercise02라는 이름으로 새 콘솔 애플리케이션을 만들고 위의 코드를 입력해서 실행 결과를 확인하자.

위의 코드를 수정하지 않은 상태로 두고 문제에 대해 경고하려면 어떤 코드를 추가해야 하는가?

연습 3.3 - 루프와 연산자 연습

FizzBuzz는 아이들에게 나눗셈을 가르치기 위한 단어 게임이다. 숫자를 증가시키면서 3으로 나눌 수 있으면 fizz로, 5로 나눌 수 있으면 buzz로, 3과 5 모두로 나눌 수 있으면 fizzbuzz로 바꾼다.

Chapter03에 Exercise03 콘솔 애플리케이션을 만들고 FizzBuzz 게임을 코드로 작성해 보자. 숫자는 100까지 증가하며 출력 결과는 그림 3.2와 같아야 한다.

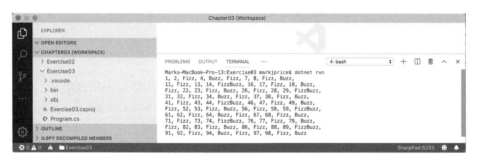

그림 3.2 FizzBuzz 게임 출력 결과

연습 3.4 - 예외 처리 연습

Chapter03에 Exercise04 콘솔 애플리케이션을 만들고 사용자로부터 0에서 255까지의
숫자 2개를 입력받은 다음, 첫 번째 입력 수를 두 번째 입력 받은 수로 나누어 그 결과를
출력하도록 코드를 작성하자.

```
Enter a number between 0 and 255: 100
Enter another number between 0 and 255: 8
100 divided by 8 is 12
```

다음처럼 유효한 숫자를 입력하지 않았을 때 발생하는 예외도 처리하도록 코드를 작성
하자.

```
Enter a number between 0 and 255: apples
Enter another number between 0 and 255: bananas
FormatException: Input string was not in a correct format.
```

연습 3.5 - 연산자 복습

다음 코드가 실행된 후 x와 y의 값은 무엇인가?

1. 증가 연산자

```
x = 3;
y = 2 + ++x;
```

2. 이항 시프트 연산자

```
x = 3 << 2;
y = 10 >> 1;
```

3. 비트 연산자

```
x = 10 & 8;
y = 10 | 7;
```

연습 3.6 - 탐구

3장에서 다룬 주제에 관한 글을 다음 링크에서 좀 더 읽어 보자.

https://github.com/markjprice/cs10dotnet6/blob/main/book-links.md#chapter-3-
--controlling-flow-and-converting-types

⠿ 마무리

3장에서는 몇 개의 연산자를 배우고 분기, 루프, 형식 간 변환, 예외를 어떻게 다루는지
알아봤다.

이제 함수를 정의해서 코드 블록을 재사용하는 방법, 값을 전달하고 다시 가져오는 방
법, 버그를 추적하고 수정하는 방법을 배울 준비를 마쳤다.

04

함수 작성, 디버깅, 테스트

4장에서는 코드 재사용을 위한 함수 작성법, 개발 도중 논리적 에러를 찾아내는 디버깅, 런타임에서 예외 로깅 방법, 코드의 버그를 제거해서 안정성과 신뢰성을 보장하기 위한 단위 테스트에 대해 알아본다.

4장에서 다루는 항목은 다음과 같다.

- 함수 만들기
- 디버깅
- 로깅
- 단위 테스트
- 함수에서 예외 처리

⫶⫶ 함수 만들기

프로그래밍의 기본 원칙은 '**반복하지 말자**^{DRY, Don't Repeat Yourself}'다.

프로그래밍하는 동안 동일한 코드를 반복해서 작성하고 있다면 이를 함수^{function}로 변환해야 한다. 함수는 하나의 작은 작업^{task}을 처리하는 작은 프로그램과 같다. 예를 들어, 판매세를 계산하는 함수를 한번 만들어 두면 재무 관련 애플리케이션의 여러 곳에서 이 함수를 재사용할 수 있을 것이다.

프로그램과 마찬가지로 함수도 입력과 출력을 갖고 있다. 한쪽 끝에서 원료^{feed}를 공급하면 다른 쪽 끝에서는 완성품이 나오는 블랙박스로 설명되기도 한다. 함수가 한번 만들어지면 사용하는 쪽에서는 함수가 어떻게 동작하는지 생각할 필요가 없다.

구구단을 배우는 데 도움을 주고자 다음과 같은 표를 만들려고 한다. 어떤 숫자를 입력하면 1부터 12의 각 숫자를 입력한 숫자와 곱한다.

```
1 x 12 = 12
2 x 12 = 24
...
12 x 12 = 144
```

앞에서 for 문을 배웠기 때문에 규칙적인 패턴이 있을 때는 for를 사용해 다음 코드와 같이 반복되는 출력을 만들어 낼 수 있다.

```
for (int row = 1; row <= 12; row++)
{
  Console.WriteLine($"{row} x 12 = {row * 12}");
}
```

이 코드를 좀 더 유연하게 만들어서 모든 숫자에 대한 곱셈 결과를 출력하려면 어떻게 해야 할 까? 함수를 사용하면 이렇게 할 수 있다.

구구단 함수 만들기

구구단[1]을 출력하는 함수를 만들어 보면서 함수에 대해 배워 보자.

1. 선호하는 편집기로 다음 항목을 참고해 새 콘솔 앱을 생성한다.

   A. 프로젝트 템플릿: **콘솔 애플리케이션**/console

   B. 작업 영역/솔루션 파일 및 폴더: Chapter04

   C. 프로젝트 파일 및 폴더: WritingFunctions

2. System.Console을 정적으로 가져온다.

3. Program.cs 파일에 TimesTable 함수를 정의한다.

```
static void TimesTable(byte number)
{
  WriteLine($"This is the {number} times table:");
  for (int row = 1; row <= 12; row++)
  {
    WriteLine($"{row} x {number} = {row * number}");
  }
  WriteLine();
}
```

위 코드에서는 다음 내용을 참고한다.

- number라는 이름의 byte 값이 전달돼야 하는 TimesTable이라는 함수를 작성했다.

- TimesTable은 정적 메서드인 Main에서 호출되는 정적 메서드다.

- TimesTable 함수는 호출자[caller]에 값을 반환하지 않기 때문에 함수 이름 앞에 void 키워드를 사용했다.

- TimesTable 함수는 전달된 숫자에 대한 구구단을 출력하기 위해 for 문을 사용

---

1 구구단과 비슷한 영어 표현은 'times table'이며 '곱셈표' 정도로 해석할 수 있다. times table은 우리의 구구단과 다르게 1에서 12까지의 곱셈 결과를 나타낸다. – 옮긴이

한다.

4. Console 클래스를 정적으로 가져온 다음, number에 6을 전달해 함수를 호출한다.

```
using static System.Console;
TimesTable(6);
```

 좋은 습관: 함수에 하나 이상의 매개 변수가 있는 경우는 매개 변수의 이름과 값을 다음과 같이 지정할 수 있다.

TimesTable(number: 6);

5. 코드를 실행하고 결과를 확인한다.

```
This is the 6 times table:
1 x 6 = 6
2 x 6 = 12
3 x 6 = 18
4 x 6 = 24
5 x 6 = 30
6 x 6 = 36
7 x 6 = 42
8 x 6 = 48
9 x 6 = 54
10 x 6 = 60
11 x 6 = 66
12 x 6 = 72
```

6. byte 값을 0에서 255의 다른 값으로 변경해서 결과가 제대로 출력되는지 확인한다.

7. byte가 아닌 int나 double 또는 string을 전달하면 다음과 같은 오류가 발생한다.

```
Error: (1,12): error CS1503: Argument 1: cannot convert from 'int' to
'byte'
```

값을 반환하는 함수 만들기

앞에서 본 함수는 루프를 돌면서 콘솔에 값을 출력하지만 값을 반환하지는 않는다. 판매세 또는부가가치세^{VAT}를 계산해야 한다고 가정하자. 유럽에서 VAT 세율은 스위스 8%, 헝가리 27%와 같이 다양하다. 미국의 판매세 역시 오리건 주 0%에서 캘리포니아 주 8.25%에 이르기까지 서로 다르다.

 세율은 계속 변경되며 여러 요인에 따라 달라진다. 고맙지만 버지니아 주의 세율이 6%라고 알리기 위해 나에게 연락할 필요는 없다.

세계 여러 지역의 세금을 계산하는 함수를 구현해 보자.

1. Program 클래스에 CalculateTax라는 이름의 함수를 만들고 다음 코드를 추가한다. 코드를 실행하기 전에 다음을 참고하자.

```
static decimal CalculateTax(
  decimal amount, string twoLetterRegionCode)
{
  decimal rate = 0.0M;
  switch (twoLetterRegionCode)
  {
    case "CH": // Switzerland
      rate = 0.08M;
      break;
    case "DK": // Denmark
    case "NO": // Norway
      rate = 0.25M;
      break;
    case "GB": // United Kingdom
    case "FR": // France
      rate = 0.2M;
      break;
    case "HU": // Hungary
      rate = 0.27M;
      break;
    case "OR": // Oregon
    case "AK": // Alaska
```

```
        case "MT": // Montana
          rate = 0.0M;
          break;
        case "ND": // North Dakota
        case "WI": // Wisconsin
        case "ME": // Maryland
        case "VA": // Virginia
          rate = 0.05M;
          break;
        case "CA": // California
          rate = 0.0825M;
          break;
        default: // most US states
          rate = 0.06M;
          break;
      }
    return amount * rate;
  }
```

코드에 대해 다음 내용을 참고한다.

- CalculateTax 함수는 2개의 입력을 갖고 있다. amount는 지불한 금액을 나타내며 twoLetterRegionCode는 금액을 지불한 지역을 나타낸다.

- CalculateTax 함수는 switch 문을 사용해 계산을 하고 해당 금액에 대해 지불해야 하는 판매세 또는 VAT를 decimal 값으로 반환한다. 따라서 함수 이름 앞에 반환 값의 데이터 형식을 선언했다.

2. 다음과 같이 TimesTable 메서드 호출은 주석 처리하고 CalculateTax 메서드를 호출 하도록 수정한다.

```
// TimesTable(6);
decimal taxToPay = CalculateTax(amount: 149, twoLetterRegionCode: "FR");
WriteLine($"You must pay {taxToPay} in tax.");
```

3. 콘솔 애플리케이션을 실행하고 출력 결과를 확인한다.

```
You must pay 29.8 in sales tax.
```

 {taxToPay:C}를 사용하면 taxToPay 출력을 형식화할 수 있는데, 현재 통화 (Currency)를 사용해 통화 기호 및 소수점 형식이 결정된다. 예를 들어, 영국에서는 £29.80가 표시된다.

CalculateTax 함수에 문제점은 없을까? 만약 사용자가 fr이나 UK 같은 코드를 입력하면 어떻게 될까? 기능을 개선하려면 어떻게 해야 할까? switch 문 대신 switch 표현식을 사용하는 것이 더 명확할까?

기수에서 서수로 숫자 변환하기

1, 2, 3처럼 개수를 세는 수를 **기수**^{cardinal number}라 하고, 1st, 2nd, 3rd처럼 순서를 나타내는 수를 **서수**^{ordinal number}라고 한다. 기수를 서수로 바꾸는 함수를 만들어 보자.

1. 기수를 나타내는 int 값을 입력하면 서수를 나타내는 string 값으로 변환하는 CardinalToOrdinal 함수를 작성해 보자. 예를 들어, 1을 입력하면 1st로, 2를 입력하면 2nd로 변환한다.

```
static string CardinalToOrdinal(int number)
{
  switch (number)
  {
    case 11: // 11th에서 13th에 대한 특수한 경우
    case 12:
    case 13:
      return $"{number}th";
    default:
      int lastDigit = number % 10;
      string suffix = lastDigit switch
      {
```

```
        1 => "st",
        2 => "nd",
        3 => "rd",
        _ => "th"
    };
    return $"{number}{suffix}";
  }
}
```

위의 코드에서 다음 사항을 참고하자.

- CardinalToOrdinal 함수는 하나의 입력을 갖는다. 즉 int 형식의 number라는 이름이다. 출력으로 string 형식의 반환 값을 갖는다.

- switch 문은 11, 12, 13과 같은 특별한 경우를 다루고자 사용된다.

- switch 표현식은 다른 모든 경우를 처리한다. 마지막 숫자가 1이면 st를 접미사로 사용하고, 마지막 숫자가 2이면 nd를, 3이면 rd를 접미사로 사용한다. 마지막 숫자가 이외의 다른 숫자라면 th를 접미사로 사용한다.

2. for 문을 사용해 1부터 40까지 반복하는 RunCardinalToOrdinal이라는 함수를 작성한다. 각 숫자에 대해 CardinalToOrdinal 함수를 호출하고 반환된 문자열을 공백 문자로 구분해 콘솔에 출력한다.

```
static void RunCardinalToOrdinal()
{
  for (int number = 1; number <= 40; number++)
  {
    Write($"{CardinalToOrdinal(number)} ");
  }
  WriteLine();
}
```

3. CalculateTax 메서드 호출을 주석 처리하고 RunCardinalToOrdinal 메서드를 호출한다.

```
// TimesTable(6);
// decimal taxToPay = CalculateTax(amount: 149, twoLetterRegionCode:
"FR");
// WriteLine($"You must pay {taxToPay} in tax.");
RunCardinalToOrdinal();
```

4. 콘솔 애플리케이션을 실행하고 출력 결과를 확인하자.

```
1st 2nd 3rd 4th 5th 6th 7th 8th 9th 10th 11th 12th 13th 14th 15th 16th
17th 18th 19th 20th 21st 22nd 23rd 24th 25th 26th 27th 28th 29th 30th
31st 32nd 33rd 34th 35th 36th 37th 38th 39th 40th
```

재귀로 팩토리얼 계산하기

5의 팩토리얼factorial은 120이다. 팩토리얼은 마지막 숫자보다 1만큼 작은 숫자를 곱하고 다시 여기서 1보다 작은 숫자를 곱하는 식으로 진행하면서 다음 숫자가 1로 줄어들 때까지 계산하기 때문이다. 5의 경우 5 x 4 x 3 x 2 x 1 = 120이다.

팩토리얼은 5!와 같이 표기한다. 느낌표는 bang뱅[2]으로 읽는데 팩토리얼 결괏값은 마치 폭발bang하는 것처럼 매우 빠르게 증가하므로 어울리는 이름이기도 하다.

이제 Factorial 함수를 작성한다. 이 함수는 함수의 매개 변수로 전달된 int 값의 팩토리얼을 계산한다. 이번에는 **재귀**recursion라는 기술을 사용한다. 재귀는 직접 또는 간접적으로 함수 내에서 자기 자신을 호출하는 것을 말한다.

1. 다음과 같이 Factorial이라는 함수와 이를 호출할 함수를 추가한다.

```
static int Factorial(int number)
{
  if (number < 1)
  {
    return 0;
```

---

2 느낌표의 영어 표현은 'exclamation mark'이지만, 프로그래밍 분야에서는 'bang'으로 사용되기도 한다. – 옮긴이

```
    }
    else if (number == 1)
    {
      return 1;
    }
    else
    {
      return number * Factorial(number - 1);
    }
}
```

위의 코드에서는 다음 사항을 주목하자.

- 만약 입력 매개 변수 number가 0 또는 음수라면 Factorial 함수는 0을 반환한다.

- 만약 입력 매개 변수 number가 1이면 Factorial 함수는 1을 반환하므로 자기 자신에 대한 호출을 멈춘다.

- 만약 입력 매개 변수 number가 1보다 크면 숫자보다 1만큼 작은 숫자로 자기 자신을 호출한 다음, 그 결괏값에 입력 숫자를 곱한다. 이는 함수를 재귀적으로 만든다.

 추가 정보: 재귀는 좋은 방법이지만 빈번한 함수 호출로 인해 데이터 저장을 위한 메모리 역시 많이 사용되므로 스택 오버플로와 같은 문제를 일으킬 수 있다. C#과 같은 언어에서 반복은 재귀보다 덜 간결하지만 더 실용적인 방법이다. 다음 링크에서 여기에 대해 더 읽어 볼 수 있다.

https://en.wikipedia.org/wiki/Recursion_(computer_science)#Recursion_versus_iteration

2. for 문을 사용해 1에서 14까지의 팩토리얼을 출력하는 RunFactorial 함수를 작성한다. 각 루프 내에서 Factorial 함수를 호출해 결과를 출력한다. 출력 결과는 N0 형식 지정자를 사용해 소수점 이하 자릿수가 0인 천 단위로 구분한다.

```
static void RunFactorial()
{
  for (int i = 1; i < 15; i++)
```

```
  {
    WriteLine($"{i}! = {Factorial(i):N0}");
  }
}
```

3. `RunCardinalToOrdinal` 메서드 호출을 주석 처리하고 `RunFactorial` 메서드를 호출한다.

4. 콘솔 애플리케이션을 실행하고 다음과 같은 출력 결과를 확인한다.

```
1! = 1
2! = 2
3! = 6
4! = 24
5! = 120
6! = 720
7! = 5,040
8! = 40,320
9! = 362,880
10! = 3,628,800
11! = 39,916,800
12! = 479,001,600
13! = 1,932,053,504
14! = 1,278,945,280
```

출력 결과에 명확하게 드러나지 않지만, 13 이상의 팩토리얼은 int 형식에 담기에는 너무 크기 때문에 오버플로가 발생한다. 12!는 479,001,600으로 약 5억이다. int 형식에 저장할 수 있는 최대 양의 정수 값은 약 20억이다. 13!은 6,227,020,800으로 약 60억이며 32비트 정수에 저장하면 오버플로가 발생한다.

숫자 오버플로에 대한 알림을 어떻게 받을 수 있는지 기억하는가?

오버플로가 발생했을 때 알림을 받으려면 어떻게 해야 할까? 물론 13!과 14!에 대해 long과 같은 64비트 정수를 사용해서 이 문제를 해결할 수 있다. 하지만 얼마 못 가서 다시 오버플로 제한에 걸린다.

여기서 중요한 점은 팩토리얼 계산 방법이 아니라 숫자는 오버플로될 수 있다는 것과 이를 어떻게 처리할 수 있느냐 하는 것이다.

1. 오버플로를 검사하기 위해 다음과 같이 Factorial 함수를 수정한다.

```
checked // 오버플로를 검사한다.
{
  return number * Factorial(number - 1);
}
```

2. Factorial 함수를 호출할 때 오버플로 예외를 다루고자 RunFactorial 함수를 다음과 같이 수정한다.

```
try
{
  WriteLine($"{i}! = {Factorial(i):N0}");
}
catch (System.OverflowException)
{
  WriteLine($"{i}! is too big for a 32-bit integer.");
}
```

3. 콘솔 -애플리케이션을 실행하고 다음과 같은 결과를 확인한다.

```
1! = 1
2! = 2
3! = 6
4! = 24
5! = 120
6! = 720
7! = 5,040
8! = 40,320
9! = 362,880
10! = 3,628,800
11! = 39,916,800
12! = 479,001,600
13! is too big for a 32-bit integer.
14! is too big for a 32-bit integer.
```

XML 주석으로 함수 문서화하기

`CardinalToOrdinal` 같은 함수를 호출할 때 비주얼 스튜디오 코드는 툴팁^{tooltip}을 통해 다음과 같이 기본 정보를 보여 준다.

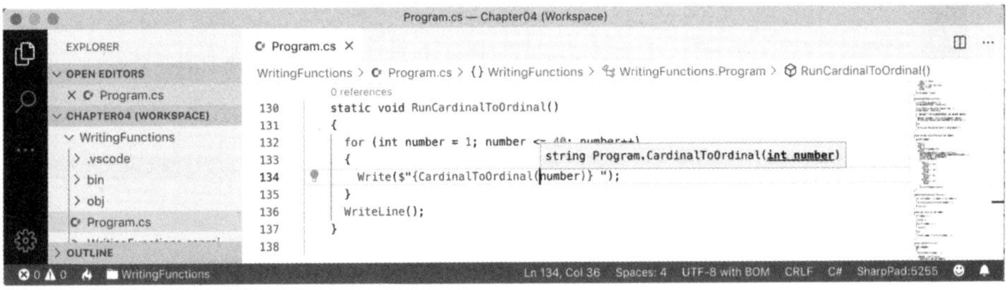

그림 4.1 툴팁으로 메서드 서명을 간단하게 보여 준다.

추가 정보를 제공해서 툴팁을 개선해 보자.

1. 만약 비주얼 스튜디오 코드와 C# 확장을 사용한다면 **보기 > 명령 팔레트 > 기본 설정: 설정 열기(UI)**로 이동해서 formatOnType을 검색해 활성화시킨다. 비주얼 스튜디오 2022에서는 C# XML 문서화 주석$^{Documentation\ Comments}$ 기능이 포함돼 있다.

2. `CardinalToOrdinal` 함수 위에 3개의 슬래시(///)를 입력하면 확장이 XML 주석으로 확장하고 함수에 number라는 단일 매개 변수가 있음을 인식한다.[3]

3. 다음 코드처럼 XML 문서화 주석에 적절한 정보를 입력한다.

```
/// <summary>
/// 32비트 정수를 서수로 변환한다.
/// </summary>
/// <param name="number">1, 2, 3과 같은 기수</param>
/// <returns>1st, 2nd, 3rd 같은 서수</returns>
```

---

3 XML 문서화 주석이 동작하려면 CardinalToOrdinal 함수는 Program 클래스 안에 정의돼야 한다. – 옮긴이

4. 이제 함수를 호출할 때 그림 4.2처럼 좀 더 자세한 정보를 볼 수 있다.

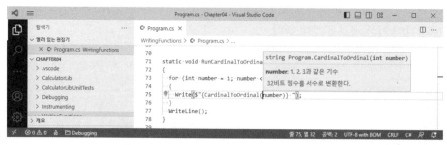

그림 4.2 툴팁에서 더 자세한 메서드 서명을 보여 준다.

이 책을 쓰는 현재 플리글랏 노트북에서는 C# XML 문서화 주석이 동작하지 않는다.

 좋은 습관: 모든 함수에 XML 문서화 주석을 추가하자.

함수 구현에 람다 사용하기

F#은 마이크로소프트의 강타입 함수형 우선strongly typed functional-first 프로그래밍 언어로, C#과 마찬가지로 .NET에서 실행할 수 있도록 IL로 컴파일된다. 함수형 언어는 함수만을 기반으로 하는 계산 시스템인 람다 미적분학lambda calculus에서 발전했다. 코드는 레시피recipe 단계보다는 마치 수학적인 함수처럼 보인다.

함수형 언어의 중요 속성 중 일부를 다음과 같이 정리했다.

- **모듈화**modularity – C#에서 함수를 사용하는 것과 동일한 이점이 함수형 언어에도 적용된다. 크고 복잡한 코드를 더 작은 조각으로 나눈다.

- **불변성**immutability – C#과 같은 변수의 의미는 존재하지 않는다. 즉 함수 내의 데이터 값을 변경할 수 없다. 대신 기존 데이터 값에서 새로운 데이터 값을 생성할 수 있다. 이렇게 하면 버그가 줄어든다.

- **유지보수성**maintainability – 수학적 배경이 있는 개발자의 경우 코드가 더 깨끗하고 명

확하다고 볼 수 있다.

C# 6부터 함수형 접근법을 지원하기 위한 기능을 언어에 추가하고 있다. 예를 들어, C# 7에서 **튜플**tuple과 **패턴 매칭**pattern matching을 추가했고, C# 8에서는 **null이 아닌 참조 형식**을 추가하고, C# 9에서는 패턴 매칭을 개선하고 **불변 객체**인 레코드를 추가했다.

C# 6에서는 **식 본문 함수 멤버**expression-bodied function member에 대한 지원을 추가했다. 여기에 대한 예제를 살펴보자.

피보나치 수열 Fibonacci sequence은 항상 0과 1로 시작한다. 다음으로 두 숫자를 더하는 규칙을 사용해 나머지 수열을 완성해 간다. 다음 예시를 참고하자.

```
0 1 1 2 3 5 8 13 21 34 55 ...
```

위 예시에서 다음 항은 34 + 55의 결괏값인 89가 된다.

피보나치 수열을 사용해 명령형 함수 구현과 선언적 함수 구현의 차이를 알아보자.

1. 다음과 같이 FibImperative라는 명령형 함수와 1에서 30까지의 루프 문에서 이 함수를 호출하는 코드를 추가한다.

```
static int FibImperative(int term)
{
  if (term == 1)
  {
    return 0;
  }
  else if (term == 2)
  {
    return 1;
  }
  else
  {
    return FibImperative(term - 1) + FibImperative(term - 2);
  }
}
```

2. 1부터 30까지 루프를 돌면서 `FibImperative`를 호출하는 `RunFibImperative`라는 이름의 함수를 추가한다.

```
static void RunFibImperative()
{
  for (int i = 1; i <= 30; i++)
  {
    WriteLine("The {0} term of the Fibonacci sequence is {1:N0}.",
      arg0: CardinalToOrdinal(i),
      arg1: FibImperative(term: i));
  }
}
```

3. 다른 함수 호출을 주석 처리하고 `RunFibImperative`를 호출한다.

4. 코드를 실행하고 다음과 같은 출력 결과를 확인한다.

```
The 1st term of the Fibonacci sequence is 0.
The 2nd term of the Fibonacci sequence is 1.
The 3rd term of the Fibonacci sequence is 1.
The 4th term of the Fibonacci sequence is 2.
The 5th term of the Fibonacci sequence is 3.
The 6th term of the Fibonacci sequence is 5.
The 7th term of the Fibonacci sequence is 8.
The 8th term of the Fibonacci sequence is 13.
The 9th term of the Fibonacci sequence is 21.
The 10th term of the Fibonacci sequence is 34.
The 11th term of the Fibonacci sequence is 55.
The 12th term of the Fibonacci sequence is 89.
The 13th term of the Fibonacci sequence is 144.
The 14th term of the Fibonacci sequence is 233.
The 15th term of the Fibonacci sequence is 377.
The 16th term of the Fibonacci sequence is 610.
The 17th term of the Fibonacci sequence is 987.
The 18th term of the Fibonacci sequence is 1,597.
The 19th term of the Fibonacci sequence is 2,584.
The 20th term of the Fibonacci sequence is 4,181.
The 21st term of the Fibonacci sequence is 6,765.
The 22nd term of the Fibonacci sequence is 10,946.
The 23rd term of the Fibonacci sequence is 17,711.
The 24th term of the Fibonacci sequence is 28,657.
```

```
The 25th term of the Fibonacci sequence is 46,368.
The 26th term of the Fibonacci sequence is 75,025.
The 27th term of the Fibonacci sequence is 121,393.
The 28th term of the Fibonacci sequence is 196,418.
The 29th term of the Fibonacci sequence is 317,811.
The 30th term of the Fibonacci sequence is 514,229.
```

5. FibFunctional이라는 이름의 선언적 함수를 추가하고 1에서 30까지 루프를 도는 for 문 내에서 이 함수를 호출한다.

```
static int FibFunctional(int term) =>
  term switch
  {
    1 => 0,
    2 => 1,
    _ => FibFunctional(term - 1) + FibFunctional(term - 2)
  };
```

6. 1에서 30까지 루프를 도는 for 문 내에서 FibFunctional를 호출하는 RunFibFunctional 함수를 추가한다.

```
static void RunFibFunctional()
{
  for (int i = 1; i <= 30; i++)
  {
    WriteLine("The {0} term of the Fibonacci sequence is {1:N0}.",
      arg0: CardinalToOrdinal(i),
      arg1: FibFunctional(term: i));
  }
}
```

7. RunFibImperative 메서드 호출을 주석 처리하고 RunFibFunctional 메서드를 호출한다.

8. 콘솔 애플리케이션을 실행하고 이전과 동일한 출력 결과를 확인한다.

⠿ 디버깅

이번에는 개발 도중에 발생한 문제를 디버깅하는 방법에 대해 배운다. 비주얼 스튜디오 2022 또는 비주얼 스튜디오 코드 같은 디버깅 도구가 있는 코드 편집기를 사용해야 한다. 현재는 폴리글랏 노트북에서 디버그할 수 없지만 향후 추가될 예정이다.

 추가 정보: 비주얼 스튜디오 코드용 OmniSharp 디버거를 설정하는 방법은 까다로울 수 있다. 문제가 있는 경우 다음 정보를 참고하자.

https://github.com/OmniSharp/omnisharp-vscode/blob/master/debugger.md

고의적인 버그 만들기

고의적인 버그가 있는 콘솔 앱을 만들고 OmniSharp 디버거 도구를 사용해 버그를 추적하고 수정하면서 디버깅에 대해 알아보자.

1. 선호하는 코드 편집기를 사용해 Chapter04 작업 영역/솔루션에 Debugging이라는 새 **콘솔 애플리케이션**을 만들어 추가한다.

2. 비주얼 스튜디오 코드에서는 Debugging을 활성 OmniSharp 프로젝트로 설정한다. 필수 애셋이 누락됐다는 팝업 메시지가 뜨면 **Yes**를 눌러 애셋을 추가한다.

3. 비주얼 스튜디오 2022는 현재 선택 영역을 시작 프로젝트로 설정한다.

4. Progrma.cs에 의도적인 버그를 넣은 함수를 정의한다.

```
static double Add(double a, double b)
{
  return a * b; // 고의적인 버그!
}
```

5. Add 함수 아래에 몇 개의 변수를 선언하고 초기화한 다음, 버그가 있는 함수를 사용해 더한다.

```
double a = 4.5; // var를 사용해도 좋다.
double b = 2.5;
double answer = Add(a, b);
WriteLine($"{a} + {b} = {answer}");
ReadLine(); // 사용자가 ENTER를 누를 때까지 대기한다.
```

6. 콘솔 애플리케이션을 실행하고 출력 결과를 확인한다.

```
4.5 + 2.5 = 11.25
```

이 프로그램은 버그가 있다. 4.5와 2.5을 더한 결괏값은 11.25가 아니라 7이다. 이제 디버깅 도구를 사용해 버그를 찾고 제거해 보자.

중단점 설정 및 디버깅 시작

중단점breakpoint은 코드의 특정 줄에서 프로그램 실행을 일시 중단해 상태를 검사하고 버그를 찾을 수 있게 한다.

비주얼 스튜디오 2022 사용하기

비주얼 스튜디오 2022를 사용해 중단점을 설정하고 디버깅을 시작하자.

1. 변수 a를 선언한 코드를 클릭한다.

2. 메뉴에서 **디버그 > 중단점 설정/해제** 선택 또는 F9를 누른다. 이제 그림 4.3과 같이 왼쪽 여백에 빨간색 원이 표시되고 코드가 빨간색으로 강조 표시돼 중단점이 설정 됐음을 나타낸다.

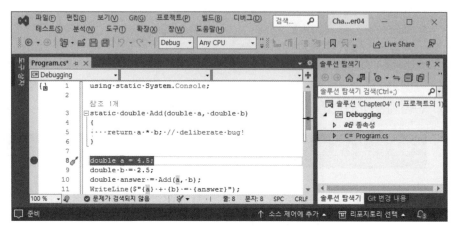

그림 4.3 비주얼 스튜디오 2022에서 중단점 설정

중단점은 동일한 동작으로 해제할 수도 있다. 이처럼 중단점은 F9 키나 메뉴를 통해 또는 에디터 창에서 해당 라인의 왼쪽 테두리를 클릭해서 설정하거나 해제할 수 있다. 중단점을 오른쪽 클릭하면 '중단점 삭제, 중단점 해제, 조건, 작업' 같은 추가 옵션을 볼 수 있다.

3. 메뉴의 **디버그 > 디버깅 시작** 또는 F5를 누른다. 비주얼 스튜디오는 콘솔 애플리케 이션을 시작한 다음 중단점이 설정된 곳에서 멈춘다. 이를 중단 모드^{break mode}라고 한다. **로컬**(지역 변수의 현재 값 출력), **조사식 1**(정의한 조사 표현식 출력), **호출 스택, 직접 실행 창, 디버깅** 도구 모음 등이 나타난다. 다음 실행될 코드는 노란색으로 표시되고 노란색 화살표가 그림 4.4와 같이 해당 줄의 코드를 가리킨다.

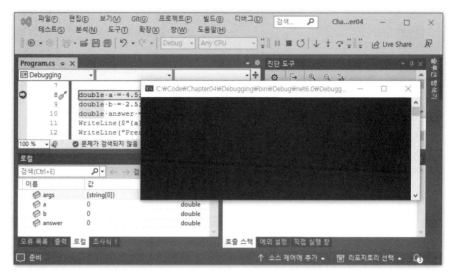

그림 4.4 비주얼 스튜디오 2022에서 중단 모드

비주얼 스튜디오 코드로 디버깅하는 방법을 보고 싶지 않으면 다음 절은 건너뛰고 '디버
깅 도구 모음' 절로 넘어가도 좋다.

비주얼 스튜디오 코드 사용하기

비주얼 스튜디오 코드를 사용해 중단점을 설정하고 디버깅을 시작하자.

1. 변수 a를 선언한 코드를 클릭한다.

2. 메뉴에서 **실행 > 중단점 설정/해제**를 선택하거나 F9를 누른다. 그러면 그림 4.5와
    같이 중단점이 설정됐다는 걸 알려 주는 빨간색 원이 에디터 창 왼쪽 테두리에 나타
    난다.

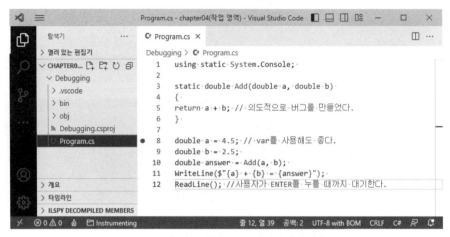

그림 4.5 비주얼 스튜디오 코드에서 중단점 설정

중단점은 동일한 동작으로 해제할 수도 있다. 이처럼 중단점은 F9 키나 메뉴를 통해 또는 에디터 창에서 해당 라인의 왼쪽 테두리를 클릭해서 설정하거나 해제할 수 있다. 중단점을 오른쪽 클릭하면 '중단점 제거, 중단점 편집, 중단점 사용 안 함' 같은 추가 옵션을 볼 수 있다.

 추적점(tracepoint)이라고도 하는 로그점(logpoint)은 코드 실행을 중지하지 않고 일부 정보를 기록한다.

3. 메뉴에서 **실행 > 디버깅 시작**, 또는 왼쪽 탐색 바에서 **실행 및 디버그** 아이콘을 클릭한다.

4. **디버그** 윈도우 상단의 **디버깅 시작** 버튼(녹색의 플레이 버튼)의 오른쪽 드롭다운 아이콘을 클릭해서 **.NET Core Launch (console) (Debugging)**을 클릭한다. 그림 4.6을 참고하자.

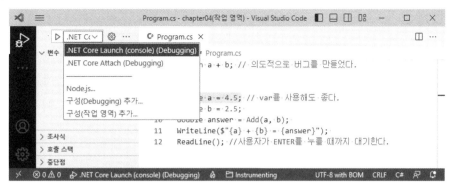

그림 4.6 비주얼 스튜디오 코드에서 디버깅

 좋은 습관: 선택 상자 목록에 항목이 표시되지 않으면 디버깅에 필요한 애셋을 설치하지 않은 경우다. 애셋은 .vscode 폴더에 저장된다. .vscode 폴더를 만들려면 보기 ❯ 명령 팔레트의 OmniSharp: Select Project에서 디버깅 프로젝트를 선택한다. 잠시 후 누락된 애셋을 추가하겠냐는 메시지가 뜨면 Yes를 눌러 추가한다.

5. **디버깅 시작** 버튼(녹색의 플레이 버튼)을 클릭하거나 F5를 누른다. 비주얼 스튜디오 코드는 콘솔 프로그램을 실행한 뒤, 중단점 위치에 프로그램이 도달하면 실행을 멈춘다. 이를 중단 모드break mode라고 한다. 이때 그림 4.7처럼 다음 실행될 코드는 노란색 배경으로 강조 표시되며, 노란색 화살표가 코드 에디터 왼쪽 테두리에서 해당코드 줄을 가리킨다.

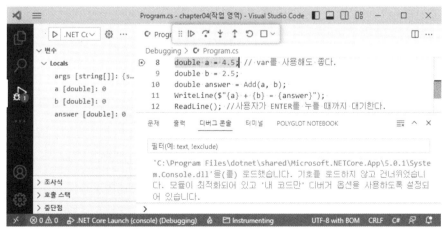

그림 4.7 비주얼 스튜디오 코드 중단 모드

디버깅 도구 모음

비주얼 스튜디오 코드는 6개 버튼으로 이루어진 플로팅 툴바floating toolbar를 통해 디버깅 기능을 쉽게 사용할 수 있게 한다. 비주얼 스튜디오 2022는 **표준** 도구 모음에 디버깅 시작 및 계속을 위한 버튼 1개와 나머지 도구를 위한 별도의 **디버깅** 도구 모음이 있다.

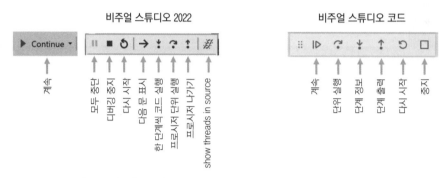

그림 4.8 비주얼 스튜디오 2022 및 비주얼 스튜디오 코드의 디버깅 도구 모음

- **계속/F5**(파란색 삼각형): 현재 위치에서 코드를 다음 중단점 또는 끝까지 계속해서 실행한다.

- **단위 실행/F10, 단계 정보/F11, 단계 출력/Shift + F11**(파란색 화살표와 파란색 점): 프로그램이 코드를 통과하는 방법을 다양하게 조정한다. 조금 뒤에 살펴본다.

- **다시 시작/Ctrl 또는 Cmd + Shift + F5**(녹색원모양 화살표): 프로그램을 중단하고 다시 실행한다.

- **중지/Shift + F5**(빨간 사각형): 프로그램을 중단한다.

디버깅 윈도우

비주얼 스튜디오 2022와 비주얼 스튜디오 코드는 코드를 단계별로 실행하는 동안 변수와 같은 유용한 정보를 모니터링할 수 있는 추가 창을 보여 준다.

가장 유용한 창은 다음과 같다.

- **변수**: 모든 지역 변수의 이름, 값, 그리고 형식을 자동으로 표시하는 **Locals**를 포함한다. 코드를 단계별로 실행하는 동안 이 창을 주시하자.

- **조사식**: 수동으로 입력한 변수 및 표현식의 값을 보여 준다.

- **호출 스택**: 함수 호출 스택을 보여 준다.

- **중단점**: 모든 중단점을 표시하며 더 세밀하게 제어할 수 있다.

중단 모드에서는 편집 영역 하단에도 유용한 창이 표시된다.

- **디버깅 콘솔** 또는 **직접 실행 창**: 디버깅 콘솔은 코드와 실시간 상호 작용을 가능하게 한다. 예를 들어, 변수 이름을 입력해서 프로그램 상태를 조사할 수 있다. 그림 4.9와 같이 1 + 2를 입력해서 결괏값을 조회할 수도 있다.

그림 4.9 프로그램 상태 조사

단계별 코드 실행

비주얼 스튜디오 2022와 비주얼 스튜디오 코드에서 단계별로 코드를 실행하는 방법을 살펴보자.

1. 메뉴에서 **실행 > 한 단계씩 코드 실행**을 누르거나 도구 모음에서 **단계 정보**를 누르거나 또는 F11을 누른다. 노란색 강조 표시가 한 줄 앞으로 이동한다.

2. 메뉴에서 **실행 > 프로시저 단위 실행**을 누르거나 툴바에서 **단위 실행**을 누르거나 또는 F10을 누른다. 노란색 강조 표시가 다시 다음 줄로 이동한다. 지금까지는 **한 단계씩 코드 실행**이나 **프로시저 단위 실행** 사이의 동작 차이가 없다.

3. F10을 한 번 더 누르면 노란색 강조 표시는 이제 Add 메서드를 가리킨다.

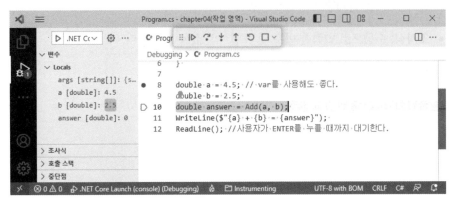

그림 4.10 단계별 코드 실행

한 단계씩 코드 실행(F11)과 **프로시저 단위 실행**(F10)의 기능 차이는 메서드를 호출할 때 확인할 수 있다.

- 만약 **한 단계씩 코드 실행**을 클릭하면 디버거가 메서드 안으로 들어가서 메서드 안의 모든 코드를 한 줄씩 단계별로 실행할 수 있다.

- **프로시저 단위 실행**을 클릭하면 메서드 전체가 한 번에 실행된다. 메서드를 실행하지 않은 채 건너뛰는 것은 아니다.

4. 메서드 내에서 **한 단계씩 코드 실행**을 클릭한다.

5. a, b 변수 위로 마우스를 가져가면 현재 값을 보여 준다.

6. a * b 표현식을 선택한 상태로 마우스 오른쪽 버튼을 클릭한 다음, 메뉴에서 **조사식에 추가**를 누른다. 표현식이 **조사식** 창에 추가되고 a와 b를 곱한 연산의 결과가 11.25라는 것을 보여 준다.

7. **조사식** 창에서 표현식을 오른쪽 클릭하고 **식 제거**나 **조사식 제거**를 누른다.

8. *를 +로 고쳐서 Add 함수 버그를 수정한다.

9. 녹색 화살표 원 모양의 **다시 시작** 버튼을 클릭하거나 Ctrl(또는 Cmd) + Shift + F5를

눌러서 애플리케이션을 종료, 재컴파일, 다시 시작한다.

10. 함수 안으로 들어가서 **계속** 버튼 또는 **F5**를 누른다. 정상적으로 수정됐는지 출력 결과를 확인한다.

11. 비주얼 스튜디오 코드에서 디버깅 중에 콘솔에 쓰는 출력은 그림 4.11과 같이 **터미널** 창 대신 **디버그 콘솔** 창에 나타난다는 것을 참고하자.

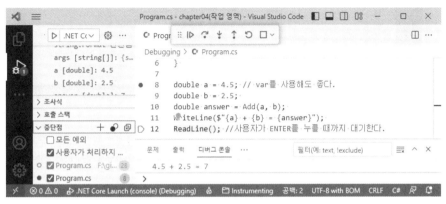

그림 4.11 디버깅 중에 디버그 콘솔 창 출력

중단점 커스터마이징

좀 더 복잡한 중단점도 쉽게 설정할 수 있다.

1. 아직 디버깅 중이라면 플로팅 툴바에서 **중지** 버튼을 클릭하거나 메뉴에서 **실행 > 디버깅 중지**를 누르거나 또는 Shift + F5를 누른다.

2. 중단점 창의 도구 모음에서 맨 오른쪽에 있는 **모든 중단점 제거** 버튼을 클릭하거나 메뉴에서 **실행 > 모든 중단점 제거**를 누른다.

3. `WriteLine` 코드를 클릭한다.

4. F9 또는 메뉴에서 **실행 > 중단점 설정/해제**를 눌러 중단점을 설정한다.

5. 중단점을 마우스 오른쪽 클릭하고 **중단점 편집…**을 선택한다. answer 변수가 9보다 커야 한다는 표현식을 입력한다. 그림 4.12와 같이 중단점이 활성화되려면 입력한 표현식이 true로 평가돼야 한다.

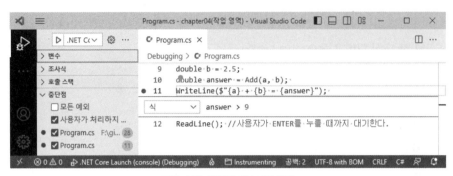

그림 4.12 중단점 커스터마이징

6. 비주얼 스튜디오 2022에서는 중단점을 오른쪽 클릭하고 **조건…**을 선택한 다음 answer 변수가 9보다 커야 한다는 표현식을 입력한다.

7. 디버깅을 시작해서 중단점이 활성화되지 않는 것을 확인한다.

8. 디버깅을 중지한다.

9. 중단점을 편집해서 이번에는 answer가 9보다 작은 경우로 표현식을 수정한다.

10. 디버깅을 시작하고 중단점이 활성화되는 것을 확인한다.

11. 디버깅을 중지한다.

12. 중단점 편집을 누르고 이번에는 **적중 횟수**를 선택한 다음 3을 입력한다. 즉 중단점이 활성화되려면 여기에 세 번 도달해야 한다.

13. 그림 4.14와 같이 중단점의 빨간색 원 위로 마우스를 올리면 요약 정보가 표시된다.

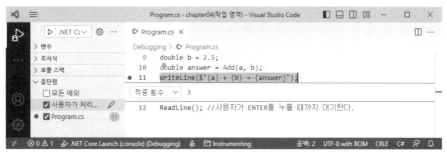

그림 4.13 비주얼 스튜디오 코드에서 중단점에 적중 횟수 설정

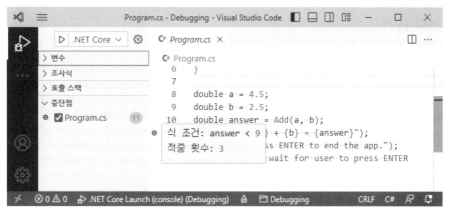

그림 4.14 비주얼 스튜디오 코드의 사용자 지정 중단점 요약

지금까지 디버깅 도구 일부를 활용해서 버그를 수정하고 중단점 설정에 대한 몇 가지 방법을 살펴봤다.

개발 및 런타임 로깅

코드에서 모든 버그를 제거했다고 판단되면 릴리스 버전을 컴파일하고 애플리케이션을 배포해 사용자들이 사용할 수 있게 한다. 하지만 버그에서 자유로운 코드는 없기 때문에 런타임 시에 예상하지 못한 에러가 발생할 수 있다.

최종 사용자는 애플리케이션에 오류가 발생했을 때 무엇을 하고 있었는지 기억하고 정확하게 설명하는 데 서툴기 때문에 최종 사용자로부터 유용한 정보를 얻는 데 너무 의존해서는 안 된다. 대신 관심 있는 이벤트를 로깅해 코드를 **계측**^{instrument}할 수 있다.

 좋은 습관: 애플리케이션 전체에 로그를 추가해서 무슨 일이 발생했는지, 특히 예외가 발생한 경우를 기록한다. 그러면 로그를 활용해 문제를 추적하고 해결할 수 있다. 10장, 15장에서 다시 로깅을 다루지만 매우 큰 주제이므로 이 책에서는 기본 내용만 다룬다.

로깅 옵션

.NET은 로깅으로 코드를 계측하는 몇 가지 기본 방법을 제공한다. 이 책에서 기본 사항을 다루지만 로깅은 보통 서드 파티에서 기본 로깅을 확장해 제공한다. 어떤 로깅 프레임워크가 더 좋은지는 사용하는 목적에 따라 달라진다. 다음은 일반적인 로깅 프레임워크들이다.

- Apache log4net

- NLog

- Serilog

디버그와 추적을 통한 계측

간단한 로깅 처리를 코드에 추가하려면 Debug와 Trace 두 가지 형식을 사용한다.

- Debug 클래스는 개발 중에 기록되는 로깅을 추가하는 데 사용한다.

- Trace는 클래스는 개발 및 런타임 중에 작성되는 로깅을 추가하는 데 사용한다.

비주얼 스튜디오 코드에서 터미널, 디버그 콘솔 등에 출력하기 위해 Console 형식과

WriteLine 메서드를 사용했다. Debug 및 Trace 형식은 출력에 있어 더 유연성을 갖고 있다.

Debug와 Trace 클래스는 모든 추적 수신기^trace listener에 쓸 수 있다. 추적 수신기는 Trace. WriteLine 메서드가 호출될 때 원하는 위치에 출력을 쓰도록 구성할 수 있는 형식이다. .NET은 여러 개의 추적 수신기를 제공하며 TraceListener 형식을 상속해서 직접 구현할 수도 있다.

기본 추적 수신기 사용하기

추적 수신기 중 하나인 DefaultTraceListener 클래스는 자동으로 구성되며 비주얼 스튜디오 코드의 **디버그 콘솔** 창에 쓸 수 있다. 코드를 사용해 다른 항목을 수동으로 구성할 수도 있다.

1. Chapter04 작업 영역/솔루션에 Instrumenting이라는 새 **콘솔 애플리케이션** 프로젝트를 만들어 추가한다.

2. 비주얼 스튜디오 코드에서는 Instrumenting을 활성 OmniSharp 프로젝트로 설정한다. 필수 애셋이 누락됐다는 팝업 메시지가 뜨면 **Yes**를 눌러 애셋을 추가한다.

3. Program.cs에 System.Diagnostics 네임스페이스를 가져온다.

4. Debug 및 Trace 클래스에 메시지를 작성한다.

   ```
   Debug.WriteLine("Debug says, I am watching!");
   Trace.WriteLine("Trace says, I am watching!");
   ```

5. 비주얼 스튜디오 2022의 메뉴에서 **보기 > 출력**으로 이동해 **출력 보기 선택**이 **디버그**로 돼 있는지 확인한다.

6. Instrumenting 콘솔 애플리케이션 디버깅을 시작하면 비주얼 스튜디오 2022는 **출력** 창, 비주얼 스튜디오 코드는 **디버그 콘솔**에 로드된 어셈블리 DLL과 같은 다른 디버깅 정보와 함께 2개의 메시지가 출력된다. 그림 4.15, 그림 4.16을 참고한다.

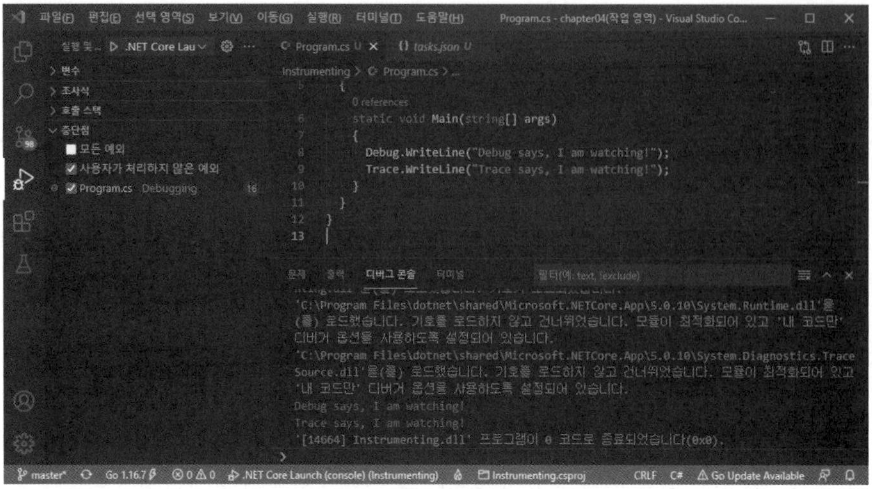

그림 4.15 비주얼 스튜디오 코드 디버그 콘솔

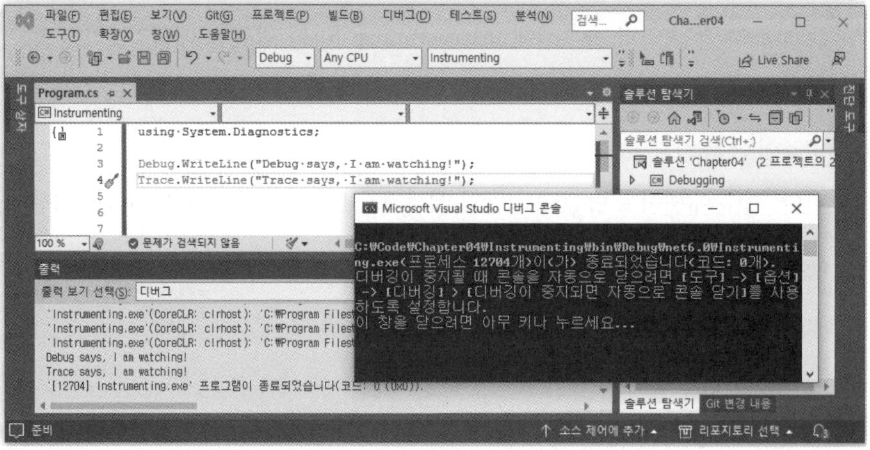

그림 4.16 비주얼 스튜디오 2022 출력 창

추적 수신기 구성하기

이제 텍스트 파일에 쓰는 다른 추적 수신기를 구성해 보자.

1. WriteLine에서 Debug와 Trace를 호출하기 전에 로깅을 위한 새 텍스트 파일을 만들어 추적 수신기에 전달하고 버퍼의 자동 플러시를 활성화하는 코드를 추가한다.

```
// 프로젝트 폴더에 텍스트 파일을 생성한다.
Trace.Listeners.Add(new TextWriterTraceListener(
  File.CreateText(Path.Combine(Environment.GetFolderPath(
    Environment.SpecialFolder.DesktopDirectory), "log.txt")))));
// 텍스트 작성기는 버퍼링되므로 이 옵션을 설정해서
// 쓰기 작업 후 모든 수신기가 Flush()를 호출하게 한다.
Trace.AutoFlush = true;
Debug.WriteLine("Debug says, I am watching!");
Trace.WriteLine("Trace says, I am watching!");
```

 파일을 나타내는 모든 형식은 일반적으로 성능을 향상시키고자 버퍼를 구현한다. 즉 데이터를 파일에 직접 쓰는 대신, 메모리 내 버퍼에 기록하고 버퍼가 가득 차면 하나의 청크(chunk)로 파일에 기록된다. 이러한 동작은 결과를 즉시 볼 수 없기 때문에 디버깅 중에 혼란스러울 수 있다. AutoFlush를 활성화하면 모든 쓰기 작업 후에 Flush 메서드가 자동으로 호출된다.

2. 비주얼 스튜디오 코드에서는 Instrumenting 프로젝트의 **터미널** 창에 다음 명령을 입력해서 콘솔 애플리케이션을 릴리스 구성으로 실행한 다음, 어떤 메시지도 출력되지 않음을 확인한다.

```
dotnet run --configuration Release
```

3. 비주얼 스튜디오 2022에서는 도구 모음에서 **Release** 구성을 선택한다.

그림 4.17 비주얼 스튜디오 2022에서 릴리스 구성 선택

4. 비주얼 스튜디오 2022에서 **디버그 > 디버그하지 않고 시작**을 선택해 릴리스 구성으로 실행한다.

5. 탐색기에서 log.txt 파일을 열어 Trace says, I am watching! 메시지가 써진 것을 확인한다.

6. 비주얼 스튜디오 코드의 Instrumenting 프로젝트의 **터미널** 창에 다음 명령을 입력해서 콘솔 애플리케이션을 실행한다.

```
dotnet run --configuration Debug
```

7. 비주얼 스튜디오 2022의 도구 모음에서 **Debug** 구성을 선택하고 **디버그 > 디버깅 시작**을 눌러 콘솔 앱을 실행한다.

8. 탐색기에서 log.txt 파일을 열어 Debug says, I am watching! 메시지와 Trace says, I am watching! 메시지가 써진 것을 확인한다.

 좋은 습관: Debug 구성으로 실행하면 Debug와 Trace가 모두 활성화돼 디버그 콘솔에 출력된다. Release 구성으로 실행하면 Trace만 출력된다. 즉 Debug. WriteLine으로 로그 출력 코드를 작성하면 애플리케이션의 릴리스 버전을 빌드할 때 자동으로 제거된다.

추적 레벨 스위치

Trace.WriteLine 호출은 릴리스 후에도 코드에 남아 있으므로 출력 시점을 미세하게 제어하는 것이 좋다. **추적 스위치**trace switch를 쓰면 이렇게 할 수 있다.

추적 스위치의 값은 숫자 또는 단어를 사용해 설정한다. 예를 들어, 숫자 3 대신 Info로 쓸 수 있다.

숫자	단어	설명
0	Off	아무것도 출력하지 않는다.
1	Error	에러만 출력한다.
2	Warning	에러와 경고만 출력한다.
3	Info	에러, 경고, 정보를 출력한다.
4	Verbose	모든 레벨을 출력한다.

추적 스위치에 대해 더 알아보자. JSON appsettings 파일에서 구성 설정을 로드할 수 있도록 NuGet 패키지를 몇 개 추가해야 한다.

비주얼 스튜디오 코드 프로젝트에 패키지 추가

비주얼 스튜디오 코드에서는 프로젝트에 NuGet 패키지를 추가할 수 있는 장치가 없어 명령행 도구를 사용해야 한다.

1. Instrumenting 프로젝트의 **터미널** 창으로 이동한다.

2. 다음 명령을 입력한다.

```
dotnet add package Microsoft.Extensions.Configuration
```

3. 다음 명령을 입력한다.

```
dotnet add package Microsoft.Extensions.Configuration.Binder
```

4. 다음 명령을 입력한다.

```
dotnet add package Microsoft.Extensions.Configuration.Json
```

5. 다음 명령을 입력한다.

```
dotnet add package Microsoft.Extensions.Configuration.FileExtensions
```

dotnet add package는 NuGet 패키지 참조를 프로젝트에 추가한다. 패키지는 빌드 과정에서 다운로드된다. dotnet add reference는 프로젝트 파일에 프로젝트 간 참조를 추가한다. 참조된 프로젝트는 필요한 경우 빌드 과정 중에 컴파일된다.

비주얼 스튜디오 2022 프로젝트에 패키지 추가

비주얼 스튜디오 2022는 패키지 추가를 위한 GUI를 제공한다.

1. **솔루션 탐색기**에서 Instrumenting 프로젝트를 오른쪽 클릭하고 **NuGet 패키지 관리**를 선택한다.

2. **찾아보기** 탭을 선택한다.

3. 검색 상자에 Microsoft.Extensions.Configuration을 입력한다.

4. 다음 패키지들을 선택하고 **설치**한다.

   A. Microsoft.Extensions.Configuration

   B. Microsoft.Extensions.Configuration.Binder

   C. Microsoft.Extensions.Configuration.Json

   D. Microsoft.Extensions.Configuration.FileExtensions

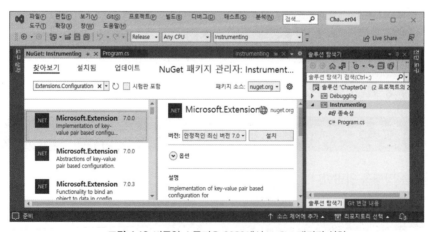

그림 4.18 비주얼 스튜디오 2022에서 NuGet 패키지 설치

좋은 습관: XML, INI 파일, 환경 변수, 명령줄에서 구성을 로드하기 위한 패키지도 있다. 프로젝트 구성을 설정하는 데 가장 적합한 방법을 사용하자.

프로젝트 패키지 살펴보기

NuGet 패키지를 설치하면 프로젝트 파일에서 종속성을 확인할 수 있다.

1. Instrumenting.csproj 파일을 열고 다음과 같이 몇 개의 패키지와 함께 <ItemGroup> 섹션이 추가된 것을 확인한다.

```xml
<Project Sdk="Microsoft.NET.Sdk">

  <PropertyGroup>
    <OutputType>Exe</OutputType>
    <TargetFramework>net5.0</TargetFramework>
  </PropertyGroup>

  <ItemGroup>
    <PackageReference Include="Microsoft.Extensions.Configuration"
Version="5.0.0" />
    <PackageReference Include="Microsoft.Extensions.Configuration.
Binder" Version="5.0.0" />
    <PackageReference Include="Microsoft.Extensions.Configuration.
FileExtensions" Version="5.0.0" />
    <PackageReference Include="Microsoft.Extensions.Configuration.Json"
Version="5.0.0" />
  </ItemGroup>

</Project>
```

2. Instrumenting 폴더에 appsettings.json이라는 파일을 추가한다.

3. 다음과 같이 appsettings.json 파일을 수정한다.

```json
{
  "PacktSwitch": {
    "Level": "Info"
```

```
    }
  }
```

4. 비주얼 스튜디오 2022 **솔루션 탐색기**에서 **appsettings.json**을 오른쪽 클릭해 **속성**을 선택하고 속성 창의 **출력 디렉터리로 복사** 값을 **새 버전이면 복사**로 설정한다. 프로젝트 폴더에서 콘솔 앱을 실행하는 비주얼 스튜디오 코드와 다르게 비주얼 스튜디오 2022는 Instrumenting\bin\Debug\net6.0 또는 Instrumenting\bin\Release\net6.0에서 콘솔 앱을 실행하기 때문에 필요하다.

5. Program.cs 파일에 Microsoft.Extensions.Configuration 네임스페이스를 가져온다.

6. Program.cs 끝에 코드를 추가해 현재 폴더에서 appsettings.json이라는 파일을 찾는 구성 빌더를 만들고, 구성을 빌드하고, 추적 스위치를 만들고, 구성에 추적 레벨을 설정한 다음, 설정한 레벨을 출력하도록 한다. 다음 코드를 참고하자.

```
ConfigurationBuilder builder = new();
builder.SetBasePath(Directory.GetCurrentDirectory())
  .AddJsonFile("appsettings.json",
    optional: true, reloadOnChange: true);
IConfigurationRoot configuration = builder.Build();
TraceSwitch ts = new(
  displayName: "PacktSwitch",
  description: "This switch is set via a JSON config.");
configuration.GetSection("PacktSwitch").Bind(ts);
Trace.WriteLineIf(ts.TraceError, "Trace error");
Trace.WriteLineIf(ts.TraceWarning, "Trace warning");
Trace.WriteLineIf(ts.TraceInfo, "Trace information");
Trace.WriteLineIf(ts.TraceVerbose, "Trace verbose");
```

7. Bind 문에 중단점을 설정한다.

8. Instrumenting 콘솔 애플리케이션 디버깅을 시작한다. **변수**나 **로컬** 창에서 ts를 확장해서 Level 값은 Off고 TraceError, TraceWarning 등의 값이 모두 false인 것을 확인한다.

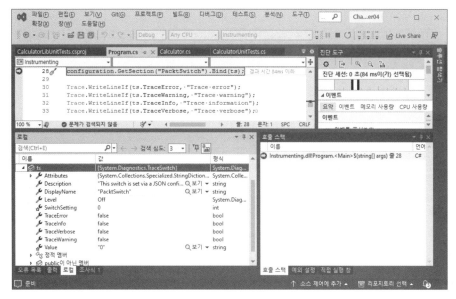

그림 4.19 비주얼 스튜디오 2022에서 ts 변수 속성

9. **한 단계씩 코드 실행**이나 **프로시저 단위 실행** 또는 F11이나 F10을 눌러 Bind 메서드 호출을 실행해서 ts 변수 값이 Info 레벨로 업데이트되는 것을 확인한다.

10. 그림 4.20과 같이 Trace.WriteLineIf에 대한 네 번의 호출이 Info 레벨까지는 **디버그 콘솔**에 출력되지만, Verbose는 출력되지 않았음을 확인한다.

그림 4.20 비주얼 스튜디오 코드의 디버그 콘솔에서 각각 다른 추적 레벨 표시

11. 디버깅을 중지한다.

12. appsettings.json의 레벨을 2, 즉 경고로 설정한다.

```
{
    "PacktSwitch": {
      "Level": "2"
    }
}
```

13. 변경 사항을 저장한다.

14. 비주얼 스튜디오 코드에서 Instrumenting 프로젝트의 **터미널** 창에 다음 명령을 입력해서 콘솔 애플리케이션을 실행한다.

```
dotnet run --configuration Release
```

15. 비주얼 스튜디오 2022 도구 모음에서 **Release**를 선택한 다음 **디버그 > 디버그하지 않고 시작**으로 콘솔 앱을 실행한다.

16. log.txt 파일을 열어서 이번에는 Trace, Warning 레벨의 로그만 파일에 써진 것을 확인한다.

```
Trace says, I am watching!
Trace error
Trace warning
```

인수가 전달되지 않으면 기본 추적 스위치 레벨은 Off(0)이므로 어떤 스위치 레벨도 출력되지 않는다.

⠿ 단위 테스트

버그 수정은 비용이 많이 드는 작업이다. 버그를 조기에 발견할수록 비용도 줄어든다.

단위 테스트는 개발 초기에 버그를 발견하는 좋은 방법이다. 그래서 코드를 작성하기 전에 단위 테스트를 먼저 만들어야 한다는 원칙을 따르기도 하는데 이를 **테스트 주도 개발**[TDD, Test-Driven Development]이라고 한다.

마이크로소프트는 **MS Test**로 알려진 독점 단위 테스트 프레임워크를 갖고 있다. 또한 **NUnit**이라는 프레임워크도 있다. 여기서는 무료 오픈소스 서드 파티 프레임워크인 **xUnit.net**을 사용한다. xUnit은 NUnit을 만든 곳에서 개발했지만 더 확장 가능하고 더 나은 커뮤니티 지원을 제공한다.

테스트 형식

단위 테스트는 많은 테스트 형식 중 하나다. 다음 표를 참고하자.

테스트 형식	설명
단위(unit)	가장 작은 코드 단위. 보통 메서드나 함수를 테스트한다. 단위 테스트는 필요한 경우 모킹(mocking)해 종속성과 격리된 채 실행된다. 각 단위에는 여러 테스트가 있어야 하는데 일반적인 입력에 대한 예상 출력과 경계를 테스트하기 위한 입력 값, 그리고 예외 처리를 테스트하기 위해 의도적으로 잘못된 입력이 있다.
통합(integration)	작은 단위와 큰 구성 요소가 하나의 소프트웨어로 함께 작동하는지 테스트한다. 소스 코드 없이 외부 구성 요소와의 통합도 포함된다.
시스템(system)	전체 시스템 환경을 테스트한다.
성능(performance)	성능을 테스트한다. 예를 들어, 웹 페이지를 20밀리초 이내에 반환하는지 확인한다.
부하(load)	동시 방문자 1만 명처럼 필요한 성능을 유지하면서 동시에 처리 가능한 요청 수를 테스트한다.
인수(user acceptance)	사용자 요구 사항대로 작업을 완료할 수 있는지 테스트한다.

테스트에 필요한 클래스 라이브러리 만들기

먼저 테스트가 필요한 함수를 만든다. 여기서는 클래스 라이브러리 프로젝트를 사용한다. 클래스 라이브러리는 다른 .NET 애플리케이션에 배포하거나 참조할 수 있는 코드 패키지다.

1. Chapter04 폴더에 CalculatorLib라는 이름의 **클래스 라이브러리**를 추가한다. dotnet new 템플릿 이름은 classlib다.

2. Class1.cs 파일의 이름을 Calculator.cs로 수정한다.

3. 다음과 같이 Calculator 클래스를 정의한다(여기에는 고의적인 버그가 들어 있다).

```
namespace Packt
{
  public class Calculator
  {
    public double Add(double a, double b)
    {
      return a * b;
    }
  }
}
```

4. 클래스 라이브러리 프로젝트를 빌드한다.

   A. 비주얼 스튜디오 2022에서는 **빌드 > 빌드 CalculatorLib**을 선택한다.

   B. 비주얼 스튜디오 코드에서는 **터미널**에서 dotnet build를 실행한다.

5. 선호하는 코드 편집기로 Chapter04 작업 영역/솔루션에 CalculatorLibUnitTests라는 이름으로 **xUnit 테스트 프로젝트[C#]**를 추가한다. dotnet new 템플릿 이름은 xunit 이다.

6. 비주얼 스튜디오 2022를 사용한다면 **솔루션 탐색기**에서 CalculatorLibUnitTests를 선택하고 **프로젝트 > 프로젝트 참조 추가**에서 CalculatorLib을 선택한다.

7. 비주얼 스튜디오 코드를 사용한다면 dotnet add reference 명령을 사용하거나 CalculatorLibUnitTests.csproj 파일을 수정해서 다음과 같이 CalculatorLib에 대한 프로젝트 참조를 추가한다.

```
<Project Sdk="Microsoft.NET.Sdk">

  <PropertyGroup>
```

```
      <TargetFramework>net5.0</TargetFramework>

      <IsPackable>false</IsPackable>
    </PropertyGroup>

  <ItemGroup>
    <PackageReference Include="Microsoft.NET.Test.Sdk" Version="16.7.1"
/>
    <PackageReference Include="xunit" Version="2.4.1" />
    <PackageReference Include="xunit.runner.visualstudio"
Version="2.4.3">
      <IncludeAssets>runtime; build; native; contentfiles; analyzers;
buildtransitive</IncludeAssets>
      <PrivateAssets>all</PrivateAssets>
    </PackageReference>
    <PackageReference Include="coverlet.collector" Version="1.3.0">
      <IncludeAssets>runtime; build; native; contentfiles; analyzers;
buildtransitive</IncludeAssets>
      <PrivateAssets>all</PrivateAssets>
    </PackageReference>
  </ItemGroup>
  <ItemGroup>
    <ProjectReference
      Include="..\CalculatorLib\CalculatorLib.csproj" />
  </ItemGroup>

</Project>
```

8. CalculatorLibUnitTests 프로젝트를 빌드한다.

단위 테스트 만들기

잘 작성된 단위 테스트는 세 부분으로 구성된다.

- **준비**[arrange]: 입력 및 출력 변수를 선언하고 인스턴스화한다.

- **실행**[act]: 테스트 대상 단위[unit]를 실행한다. 여기서는 테스트하려는 메서드를 호출하
  는 것을 의미한다.

- **단언^{assert}:** 출력 결과에 대한 하나 이상의 단언문^{assert}을 만든다. 단언문이 true가 아닌 경우 테스트가 실패했다는 것을 뜻한다. 예를 들어, 2와 2를 더하면 결괏값으로 4를 기대한다.

이제 Calculator 클래스에 대한 단위 테스트를 작성한다.

1. UnitTest1.cs를 CalculatorUnitTests.cs로 변경한다.

2. 비주얼 스튜디오 코드에서 CalculatorUnitTests로 클래스 이름을 변경한다. 비주얼 스튜디오 2022에서는 파일 이름을 변경하면 클래스 이름도 변경할지 물어본다.

3. Packt 네임스페이스를 가져온다.

4. CalculatorUnitTests 클래스를 수정해 2와 2를 더하고, 2와 3을 더하는 2개의 테스트 메서드를 추가한다. 다음 코드를 참고하자.

```csharp
using Packt;
using Xunit;
namespace CalculatorLibUnitTests
{
  public class CalculatorUnitTests
  {
    [Fact]
    public void TestAdding2And2()
    {
      // arrange
      double a = 2;
      double b = 2;
      double expected = 4;
      var calc = new Calculator();
      // act
      double actual = calc.Add(a, b);
      // assert
      Assert.Equal(expected, actual);
    }
    [Fact]
    public void TestAdding2And3()
    {
      // arrange
```

```
        double a = 2;
        double b = 3;
        double expected = 5;
        var calc = new Calculator();
        // act
        double actual = calc.Add(a, b);
        // assert
        Assert.Equal(expected, actual);
    }
  }
}
```

비주얼 스튜디오 코드에서 단위 테스트 실행

이제 단위 테스트를 실행하고 결과를 확인할 준비를 마쳤다.

1. **터미널**의 CalculatorLibUnitTest에서 다음 명령을 입력한다.

```
dotnet test
```

2. 다음 이미지처럼 2개의 테스트가 실행됐는데 하나는 성공, 하나는 실패했다.

그림 4.21 단위 테스트 결과

비주얼 스튜디오 2022에서 단위 테스트 실행

1. 메뉴에서 **테스트 > 모든 테스트 실행**을 누른다.

2. **테스트 탐색기**에서 2개 테스트가 실행돼 1개는 성공, 1개는 실패했음을 확인한다.

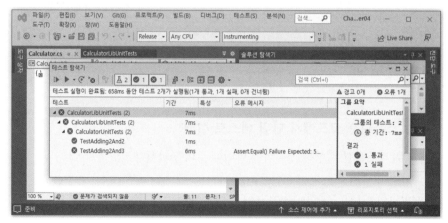

그림 4.22 비주얼 스튜디오 2022 테스트 탐색기의 테스트 결과

버그 수정

이제 버그를 수정하자.

1. Add 메서드의 버그를 수정하자.

2. 단위 테스트를 다시 실행해서 버그가 수정되고 테스트가 모두 통과하는지 확인한다.

:::: 함수에서 예외 처리

3장에서 예외와 try-catch 문으로 예외를 처리하는 방법을 배웠다. 문제를 해결하기 위한 정보가 충분한 경우만 예외를 포착하고 처리해야 하며, 그렇지 않으면 예외가 호출 스택을 따라 더 높은 수준으로 전달되도록 한다.

사용 오류 및 실행 오류

사용 오류usage error는 잘못된 값이 매개 변수로 전달돼 함수 사용에 오류가 발생하는 경우다. 유효한 값을 전달하도록 코드를 변경해 이를 보완할 수 있다. C# 및 .NET을 처음 배울 때는 모든 오류가 사용 오류로 보일 수 있기 때문에 예외를 항상 피할 수 있다고 생각하는 경우도 있다. 사용 오류는 실제 서비스에 배포되기 전에 모두 수정돼야 한다.

실행 오류execution error는 런타임에 발생하는 오류로 '더 나은better' 코드로 수정할 수 없는 것들이다. **프로그램 오류**와 **시스템 오류**로 나눌 수 있으며 만약 네트워크 리소스에 접근했지만 네트워크가 다운된 경우는 예외를 기록하고 다시 시도해 시스템 오류를 처리할 수 있어야 한다. 하지만 메모리 부족 같은 시스템 오류는 처리할 수 없다. 존재하지 않는 파일을 열려고 시도하는 경우는 새 파일을 생성해 처리할 수 있다. 프로그램 오류는 스마트 코드를 작성해 프로그래밍 방식으로 수정할 수 있다. 시스템 오류는 프로그래밍 방식으로 수정할 수 없는 경우가 많다.

함수에서 일반적으로 발생하는 예외

필요에 따라 새로운 유형의 예외를 정의해야 할 수 있다. .NET은 이미 많은 예외를 정의했다.

함수를 만들었을 때 매개 변수 값을 확인해 잘못된 값이 있는 경우 예외를 발생시켜야 한다.

예를 들어, 매개 변수가 null이 아니어야 한다면 ArgumentNullException 예외를 던진다. 이 외에 상황에 따라 ArgumentException, NotSupportedException, InvalidOperation Exception 예외를 발생시킨다. 모든 예외는 라이브러리 사용자, 함수 사용자, GUI 앱 사용자를 위해 문제를 설명하는 메시지를 포함한다.

```
static void Withdraw(string accountName, decimal amount)
{
  if (accountName is null)
  {
```

```
    throw new ArgumentNullException(paramName: nameof(accountName));
  }
  if (amount < 0)
  {
    throw new ArgumentException(
      message: $"{nameof(amount)} cannot be less than zero.");
  }
  // 매개 변수 처리
}
```

 좋은 습관: 함수가 정상적으로 작업을 처리할 수 없다면 실패로 간주하고 예외를 발생시켜야 한다.

이러한 사용 오류는 함수를 호출하는 곳에서 코드를 수정해 문제를 방지해야 한다. 하지만 이는 코드가 사용 오류 유형의 예외를 발생시키지 않아야 한다는 것을 의미하는 것은 아니다. 오히려 다른 개발자가 함수를 올바르게 호출하도록 강제하기 위해 사용 오류 유형의 예외를 발생시켜야 한다.

호출 스택

.NET 콘솔 애플리케이션의 진입점은 Program 클래스의 Main 메서드다. 이것은 클래스와 메서드를 명시적으로 정의했는지 또는 최상위 문에 의해 자동으로 생성했는지 관계 없이 동일하다.

Main 메서드는 다른 메서드를 호출하고 그 메서드들은 다시 또 다른 메서드를 호출한다. 호출하는 메서드는 그림 4.23과 같이 현재 프로젝트나 참조된 프로젝트 및 NuGet 패키지에 있을 수 있다.

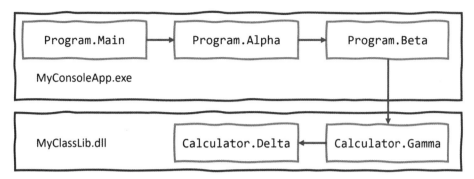

그림 4.23 호출 스택을 생성하는 메서드 호출 체인

예외를 잡아서 처리하는 메서드 체인을 만들어 보자.

1. 선호하는 코드 편집기를 사용해 CallStackExceptionHandlingLib이라는 이름의 새 **클래스 라이브러리**를 만들어 Chapter04 작업 영역/솔루션에 추가한다.

2. Class1.cs를 Calculator.cs 이름으로 변경한다.

3. Calculator.cs를 다음과 같이 수정한다.

```
using static System.Console;
namespace Packt;
public class Calculator
{
  public static void Gamma() // public이므로 외부에서 호출할 수 있다.
  {
    WriteLine("In Gamma");
    Delta();
  }
  private static void Delta() // private이므로 내부에서만 호출할 수 있다.
internally
  {
    WriteLine("In Delta");
    File.OpenText("bad file path");
  }
}
```

4. 선호하는 코드 편집기를 사용해 CallStackExceptionHandling이라는 이름의 새 **콘솔 애플리케이션**을 만들어 Chapter04 작업 영역/솔루션에 추가한다.

5. 비주얼 스튜디오 코드에서는 CallStackExceptionHandling을 활성 OmniSharp 프로젝트로 설정한다. 필수 애셋이 누락됐다는 팝업 메시지가 뜨면 **Yes**를 눌러 애셋을 추가한다.

6. CallStackExceptionHandling 프로젝트에 CallStackExceptionHandlingLib을 참조 프로젝트로 추가한다.

7. Program.cs에 두 메서드를 정의하고 해당 메서드에 대한 호출과 클래스 라이브러리의 메서드를 연결한다.

```
using Packt;
using static System.Console;
WriteLine("In Main");
Alpha();
static void Alpha()
{
  WriteLine("In Alpha");
  Beta();
}
static void Beta()
{
  WriteLine("In Beta");
  Calculator.Gamma();
}
```

8. 코드를 실행하고 결과를 확인한다.

```
In Main
In Alpha
In Beta
In Gamma
In Delta
Unhandled exception. System.IO.FileNotFoundException: Could not find
file 'C:\Code\Chapter04\CallStackExceptionHandling\bin\Debug\net6.0\bad
file path'.
```

```
    at Microsoft.Win32.SafeHandles.SafeFileHandle.CreateFile(...
    at Microsoft.Win32.SafeHandles.SafeFileHandle.Open(...
    at System.IO.Strategies.OSFileStreamStrategy..ctor(...
    at System.IO.Strategies.FileStreamHelpers.ChooseStrategyCore(...
    at System.IO.Strategies.FileStreamHelpers.ChooseStrategy(...
    at System.IO.StreamReader.ValidateArgsAndOpenPath(...
    at System.IO.File.OpenText(String path) in ...
    at Packt.Calculator.Delta() in C:\Code\Chapter04\
CallStackExceptionHandlingLib\Calculator.cs:line 16
    at Packt.Calculator.Gamma() in C:\Code\Chapter04\
CallStackExceptionHandlingLib\Calculator.cs:line 10
    at <Program>$.<<Main>$>g__Beta|0_1() in C:\Code\Chapter04\
CallStackExceptionHandling\Program.cs:line 16
    at <Program>$.<<Main>$>g__Alpha|0_0() in C:\Code\Chapter04\
CallStackExceptionHandling\Program.cs:line 10
    at <Program>$.<Main>$(String[] args) in C:\Code\Chapter04\
CallStackExceptionHandling\Program.cs:line 5
```

다음을 참고하자.

- 호출 스택의 순서는 맨 아래부터 시작한다.

  ○ 첫 번째 호출은 Program 클래스의 Main 진입점 함수에 대한 호출이다. 이때 문자
    열 배열이 매개 변수로 전달된다.

  ○ 두 번째는 Alpha 함수 호출이다.

  ○ 세 번째는 Beta 함수 호출이다.

  ○ 네 번째는 Gamma 함수 호출이다.

  ○ 다섯 번째는 Delta 함수 호출이다. 이 함수는 잘못된 파일 경로로 파일을 열려고
    시도하므로 예외가 발생한다. try-catch 문이 있는 모든 함수는 이 예외를 처리할
    수 있다. 그렇지 않으면 .NET이 예외 및 호출 스택의 세부 정보를 출력하는 최상
    위에 도달할 때까지 자동으로 호출 스택 위로 전달한다.

예외를 처리하는 위치

오류 지점에서 예외를 처리할지 호출 스택의 상위에서 모든 예외를 처리할지 결정할 수 있다. 이를 통해 코드를 단순화하고 표준화할 수 있다. 예외를 호출하면 하나 이상의 예외 유형이 발생할 수 있지만 호출 스택의 현재 지점에서 처리할 필요는 없다.

예외 다시 던지기

때로는 예외를 잡아서 기록하고 다시 던져야 하는 경우가 있다. catch 블록 내에서 예외를 다시 던지는 세 가지 방법이 있다.

1. 원래 호출 스택으로 예외를 던지려면 throw를 호출한다.

2. 호출 스택의 현재 수준에서 발생한 것처럼 예외를 던지려면 throw ex와 같이 포착된 예외와 함께 throw를 호출한다. 하지만 디버깅에 유용할 수 있는 일부 정보가 유실되므로 일반적으로 좋지 않은 방법이다.

3. 문제 이해에 도움이 되는 메시지를 추가해 새 예외를 던지려면 잡은 예외를 innerException 매개 변수에 전달해 새로운 예외를 만들어 던진다.

Gamma 함수를 호출할 때 오류가 발생하면 예외를 잡은 후에 다시 예외를 발생시키는 세 가지 방법 중 하나를 사용할 수 있다.

```
try
{
  Gamma();
}
catch (IOException ex)
{
  LogException(ex);
  // 여기서 발생한 것처럼 예외를 던진다.
  // 이렇게 하면 원래 호출 스택을 잃게 된다.
  throw ex;
  // 잡은 예외를 다시 던지고 호출 스택을 유지한다.
  throw;
```

```
  // 포착된 예외로 새 예외를 발생시킨다.
  throw new InvalidOperationException(
    message: "Calculation had invalid values. See inner exception for
why.",
    innerException: ex);
}
```

호출 스택 예제로 실제 동작 사례를 보자.

1. CallStackExceptionHandling 프로젝트의 Beta 함수에서 Gamma 함수 호출 부분을 try-catch 문으로 감싼다.

```
static void Beta()
{
  WriteLine("In Beta");
  try
  {
    Calculator.Gamma();
  }
  catch (Exception ex)
  {
    WriteLine($"Caught this: {ex.Message}");
    throw ex;
  }
}
```

2. 호출 스택 정보가 손실된다고 경고하는 ex 아래의 녹색 물결선을 확인한다.

3. 콘솔 앱을 실행하면 다음과 같이 호출 스택의 일부 정보가 제외된다.

```
Caught this: Could not find file 'C:\Code\Chapter04\
CallStackExceptionHandling\bin\Debug\net6.0\bad file path'.
Unhandled exception. System.IO.FileNotFoundException: Could not find
file 'C:\Code\Chapter04\CallStackExceptionHandling\bin\Debug\net6.0\bad
file path'.
File name: 'C:\Code\Chapter04\CallStackExceptionHandling\bin\Debug\
net6.0\bad file path'
   at <Program>$.<<Main>$>g__Beta|0_1() in C:\Code\Chapter04\
CallStackExceptionHandling\Program.cs:line 25
```

```
    at <Program>$.<<Main>$>g__Alpha|0_0() in C:\Code\Chapter04\
CallStackExceptionHandling\Program.cs:line 11
    at <Program>$.<Main>$(String[] args) in C:\Code\Chapter04\
CallStackExceptionHandling\Program.cs:line 6
```

4. 예외를 다시 던지는 ex를 제거한다.

5. 다시 콘솔 앱을 실행해 모든 호출 스택 정보가 출력되는지 확인한다.

테스터-도어 패턴

테스트-도어 패턴tester-doer pattern으로 던져진 일부 예외를 피할 수 있다. 완전히 제거하지는 못한다. 이 패턴은 함수 쌍function pair을 사용한다. 하나는 테스트를 하고 다른 하나는 테스트에 통과하지 못했을 때 실패하는 작업을 처리한다.

.NET은 이 패턴을 자체적으로 구현한다. 예를 들어, Add 메서드를 호출해 컬렉션에 새 항목을 추가하기 전에 그 항목이 읽기 전용인지 테스트해 Add가 실패하고 예외가 발생하는지 확인할 수 있다.

예를 하나 더 들면, 은행 계좌에서 인출하기 전에 계좌에 금액이 충분한지 테스트할 수 있다.

```
if (!bankAccount.IsOverdrawn())
{
  bankAccount.Withdraw(amount);
}
```

테스터-도어 패턴의 문제

테스터-도어 패턴은 성능을 저하시킬 수 있으므로 TryParse에서 본 것처럼 테스트와 처리 부분을 하나의 함수로 결합하는 **try 패턴**을 사용할 수 있다.

또 다른 문제는 여러 스레드를 사용하는 경우다. 예를 들어, 하나의 스레드가 테스트 함수를 호출해서 true 값을 얻었다. 이때 상태를 변경하는 다른 스레드가 실행돼 테스트는 이제 false를 반환하는 상태로 변했다. 하지만 true 값을 얻은 원래 스레드는 실행을 계속하게 된다. 이를 경쟁 조건[race condition]이라고 하는데 12장에서 어떻게 해결하는지 살펴본다.

고유한 try 패턴 함수 구현에서 실패 처리를 할 때는 out 매개 변수에 해당 형식의 기본 값을 설정한 다음 false를 반환한다.

```
static bool TryParse(string? input, out Person value)
{
  if (someFailure)
  {
    value = default(Person);
    return false;
  }
  // string을 Person으로 파싱하는 데 성공
  value = new Person() { ... };
  return true;
}
```

⁝⁝⁙ 연습 및 탐구

몇 개의 질문에 답해 보면서 4장에서 배운 내용을 얼마나 이해하고 있는지 확인하고 더 공부할 내용도 살펴보자.

연습 4.1 - 복습

다음 질문에 답해 보자. 필요하다면 구글 검색으로 답을 찾아보자. 어렵다면 다음 링크에서 연습문제 해답을 볼 수 있다(https://github.com/markjprice/cs10dotnet6/blob/main/9781801077361_Bonus_Content.pdf).

1. C# 키워드 중 void가 뜻하는 것은 무엇인가?

2. 명령형 프로그래밍 스타일과 함수형 프로그래밍 스타일의 차이는 무엇인가?

3. 비주얼 스튜디오 코드에서 F5, Ctrl(Cmd) + F5, Shift + F5, Ctrl(Cmd) + Shift + F5
    를 누르는 것의 차이점은 무엇인가?

4. Trace.WriteLine 메서드의 출력은 어디에 나타나는가?

5. 추적 레벨 5개는 무엇인가?

6. Debug와 Trace 간의 차이점은 무엇인가?

7. 잘 작성된 단위 테스트의 세 가지 구성 요소는 무엇인가?

8. xUnit을 사용해 단위 테스트를 작성할 때 테스트 메서드가 반드시 갖춰야 하는 특
    성은 무엇인가?

9. xUnit 테스트를 실행하는 dotnet 명령어는 무엇인가?

10. 호출 스택을 잃지 않은 상태로 ex라는 예외를 다시 발생시키려면 어떻게 해야 하는가?

연습 4.2 - 디버깅 및 단위 테스트로 함수 작성 연습하기

소인수분해는 1보다 큰 자연수를 소인수^{prime factor}만의 곱으로 나타내는 것을 말한다.
다음 각 숫자의 소인수분해를 살펴보자.

- 4: 2 x 2

- 7: 7

- 30: 5 x 3 x 2

- 40: 5 x 2 x 2 x 2

- 50: 5 x 5 x2

3개의 프로젝트를 포함하는 PrimeFactors 작업 영역/솔루션을 만든다. 각각의 프로젝트는 매개 변수로 int를 전달할 때 소인수를 나타내는 문자열을 반환하는 PrimeFactors 메서드가 있는 클래스 라이브러리, 단위테스트 프로젝트, 이를 사용하는 콘솔 애플리케이션이다.

단순히 하기 위해 입력 가능한 최대 숫자는 1,000으로 제한한다. 디버깅 도구를 사용해 단위 테스트를 작성해서 다양한 입력에 대해 함수가 정확히 동작하고 올바른 출력을 반환하는지 확인하자.

연습 4.3 - 탐구

4장에서 다룬 주제에 관한 글을 다음 링크에서 좀 더 읽어 보자.

https://github.com/markjprice/cs10dotnet6/blob/main/book-links.md#chapter-4---writing-debugging-and-testing-functions

⁂ 마무리

4장에서는 명령형 및 함수형 스타일 모두에서 재사용 가능한 함수 작성법과 비주얼 스튜디오 2022와 비주얼 스튜디오 코드에서 디버깅 및 진단 기능을 사용해서 버그를 수정하는 방법, 단위 테스트 작성법을 살펴봤다. 또한 예외를 던지고 잡는 방법, 호출 스택을 공부했다.

5장에서는 객체지향object-oriented 프로그래밍 기술을 사용해 나만의 형식을 만드는 방법에 관해 알아본다.

코드 저장소

다음 깃허브 저장소에서 단계별 안내 및 연습에 대한 솔루션을 다운로드할 수 있다.

https://github.com/markjprice/cs10dotnet6

Discord 채널 참여

이 책의 Discord 채널에서 저자가 함께하는 Ask me Anything 세션에 참여할 수 있다.

https://packt.link/SAcsharp10dotnet6

05

OOP로 사용자 정의 형식 만들기

5장에서는 **객체지향 프로그래밍**^{OOP, Object-Oriented Programming}을 사용해 사용자 정의 형식을 만들어 본다. 데이터를 저장하는 필드^{field}, 행동을 처리하는 메서드^{method}를 포함해 하나의 형식^{type}이 가질 수 있는 멤버에는 어떤 것들이 있는지 배운다. 그리고 집합 ^{aggregation}이나 캡슐화^{encapsulation} 같은 OOP 개념을 사용해 보고 튜플^{tuple} 구문 지원, out 변수, 튜플 이름 추론^{inferred tuple name}, 기본 리터럴과 같은 언어 기능에 대해 배운다.

5장은 다음 내용을 다룬다.

- OOP에 관해서

- 클래스 라이브러리 만들기

- 필드에 데이터 저장하기

- 메서드 작성 및 사용하기

- 속성과 인덱서로 접근 제어하기

- 객체 패턴 매칭

- 레코드 사용하기

⁜ OOP에 관해서

실생활에서 객체object는 자동차나 사람 같은 사물을 표현한다. 프로그래밍에서 객체는 생산품product이나 은행계좌처럼 실생활의 어떤 것을 지칭하기도 하지만, 좀 더 추상적인 것을 가리킬 수도 있다.

C#에서 오브젝트의 형식을 정의하려면 class와 struct를 사용한다. class가 struct에 비해 더 자주 사용된다. 6장에서 class와 struct의 차이점을 배운다. 여기서 형식은 객체의 청사진blueprint이나 템플릿template이라고 생각할 수 있다.

OOP의 개념은 다음과 같이 간략히 정리할 수 있다.

- **캡슐화**encapsulation는 객체와 관련된 데이터와 행동의 조합이다. 예를 들어, BankAccount라는 은행 계좌 형식이 있다고 하면 잔액(balance)과 계좌 이름 (AccountName)은 데이터가 될 것이고, 예금(deposit)과 출금(withdraw)은 행동으로 볼 수 있다. 외부에서 객체의 내부 상태에 접근하거나 수정할 수 있는 방법을 제한하는 것처럼 캡슐화를 할 때는 데이터와 행동에 접근할 수 있는 항목을 제어하는 경우가 자주 발생한다.

- **구성**composition은 객체가 무엇으로 구성됐는가를 의미한다. 예를 들어, 자동차는 바퀴, 좌석, 엔진 등 여러 개의 다른 부품들로 구성돼 있다.

- **집합**aggregation은 객체와 결합할 수 있는 것을 의미한다. 예를 들어, 사람은 자동차 객체의 일부가 아니지만, 운전석에 앉으면 자동차의 운전자가 될 수 있다. 2개의 개별 객체가 합쳐져 새로운 객체를 형성한다.

- **상속**inheritance은 **베이스** 또는 **슈퍼 클래스**에서 파생된 **하위 클래스**에서 베이스 클래스 코드를 재사용하는 것을 말한다. 베이스 클래스의 모든 기능은 하위 클래스에서 사용 가능하다. 예를 들어, Exception 클래스는 모든 예외에 대해 동일한 구현을 갖는 멤버

를 갖고 있는데, Exception 클래스의 하위 클래스인 SqlException 클래스는 해당 멤버를 상속하면서 SQL 데이터베이스 예외처럼 특정 동작과 관련된 추가 멤버도 갖고 있다.

- **추상화**abstraction는 객체의 핵심 부분만 뽑아내고 세부적인 내용은 무시하는 것이다. C#에는 이 개념을 지원하는 **abstract** 키워드가 있다. 만약 클래스가 **abstract** 키워드로 명시적으로 선언되지 않았다면 **구체적**concrete이라고 말할 수 있다. 베이스 또는 슈퍼 클래스는 보통 추상적이다. 예를 들어, Stream 클래스는 abstract 키워드로 선언된 추상 클래스이고 이를 상속한 FileStream, MemoryStream 클래스는 구체 클래스다. 객체를 생성할 때는 오직 구체 클래스만 사용할 수 있다. 추상 클래스는 구현 일부가 빠져 있기 때문에 다른 클래스의 베이스 클래스로만 사용할 수 있다. 추상화는 어디를 핵심으로 뽑아낼지, 어느 부분을 무시할지 결정하기가 까다롭다. 만약 클래스를 너무 추상적으로 만든다면 다른 많은 클래스가 해당 클래스를 상속할 수 있겠지만 공유할 기능은 그만큼 줄어든다.
- **다형성**polymorphism은 파생 클래스가 상속된 행동을 재정의override해 사용자 정의 동작을 제공하는 것을 말한다.

클래스 라이브러리 만들기

클래스 라이브러리는 형식을 함께 묶어서 쉽게 배포할 수 있도록 dll 파일로 만들어 준다. 4장에서 단위 테스트에 대해 공부할 때를 제외하면 지금까지는 하나의 콘솔 애플리케이션이나 폴리글랏 노트북에 모든 코드를 작성했다. 여러 개의 프로젝트에서 재사용 가능한 코드를 만들려면 클래스 라이브러리에 코드를 포함시켜야 한다.

클래스 라이브러리 생성

첫 번째 작업으로 재사용 가능한 .NET 클래스 라이브러리를 만들어 보자.

1. 선호하는 코드 편집기를 사용해 다음 항목으로 새 클래스 라이브러리를 만든다.

   A. 프로젝트 템플릿: **클래스 라이브러리**/classlib

   B. 작업 영역/솔루션 파일 및 폴더: Chapter05

   C. 프로젝트 파일 및 폴더: PacktLibrary

2. PacktLibrary.csproj를 열어서 기본으로 대상 프레임워크가 .NET 6로 설정된 것을 확인한다. 따라서 .NET 6와 호환성 있는 어셈블리에서만 동작한다.

```
<Project Sdk="Microsoft.NET.Sdk">

  <PropertyGroup>
    <TargetFramework>net6.0</TargetFramework>
    <ImplicitUsings>enable</ImplicitUsings>
    <Nullable>enable</Nullable>
  </PropertyGroup>

</Project>
```

3. 대상 프레임워크를 .NET 표준 2.0으로 수정하고 Nullable, ImplicitUsings 항목은 제거한다.

```
<Project Sdk="Microsoft.NET.Sdk">
  <PropertyGroup>
    <TargetFramework>netstandard2.0</TargetFramework>
  </PropertyGroup>
</Project>
```

4. 파일을 저장하고 닫는다.

5. Class1.cs 파일을 삭제한다.

6. 프로젝트를 컴파일한다.

   A. 비주얼 스튜디오 코드에서는 터미널에서 dotnet build 명령을 입력한다.

   B. 비주얼 스튜디오 2022에서는 **빌드 > PacktLibrary 빌드**를 누른다.

좋은 습관: 최신 C#과 .NET 플랫폼 기능을 사용하려면 .NET 6.0 클래스 라이브러리를 만들고, .NET 코어, .NET 프레임워크, 자마린과 같은 레거시 .NET 플랫폼을 지원하려면 .NET 표준 2.0 클래스 라이브러리를 만든다.

네임스페이스에 클래스 정의하기

두 번째 작업으로 사람을 표현하는 클래스를 정의한다.

1. Person.cs라는 이름으로 새 클래스 파일을 추가한다.

2. System.Console을 정적으로 가져온다.

3. 네임스페이스 이름을 Packt.Shared로 변경한다.

 좋은 습관: 논리적으로 이름이 지정된 네임스페이스에 클래스를 배치하는 것이 중요하다. 좋은 네임스페이스 이름은 도메인별 이름이다. 고급 숫자 형식과 관련된 System.Numerics를 예로 들 수 있다. 하지만 지금 생성할 형식은 Person, BankAccount, WondersOfTheWorld며 도메인이라 부를 만한 것이 없으므로 더 일반적인 Packt.Shared를 사용한다.

이제 클래스 파일은 다음과 같다.

```
using System;
using static System.Console;
namespace Packt.Shared
{
  public class Person
  {
  }
}
```

class 앞에 사용된 C# 키워드 public을 주목하자. 이 키워드는 **접근 지시자**access modifier 라고 부르며 모든 코드가 이 클래스에 접근 가능하도록 허락한다.

public을 명시적으로 사용하지 않았다면 클래스가 정의된 어셈블리 안에서만 접근할 수 있다. 왜냐하면 클래스의 암시적 접근 지정자는 internal이기 때문이다. 지금은 어셈블리 밖에서도 접근할 수 있도록 하기 위해 public을 지정했다.

네임스페이스 선언 간소화

.NET 6를 대상으로 하면서 C# 10 이상을 사용하는 경우 세미콜론으로 네임스페이스 선언을 끝내고 중괄호를 제거해 코드를 간소화할 수 있다.

```
using System;
namespace Packt.Shared; // 이 파일의 클래스는 Packt.Shared 네임스페이스에 있음.
public class Person
{
}
```

이를 파일 범위 네임스페이스 선언이라고 한다. 파일당 1개의 파일 범위 네임스페이스만 가질 수 있다. 5장의 뒷부분에서 .NET 6 대상의 클래스 라이브러리를 만들 때 이를 사용한다.

 좋은 습관: 생성하는 형식마다 고유한 파일을 만들어서 파일 범위 네임스페이스 선언을 사용할 수 있도록 하자.

멤버 이해하기

Person 클래스는 아직 캡슐화된 어떤 멤버도 갖고 있지 않다. 이제 몇 개를 만들어 보자. 멤버는 필드^{field}나 메서드 또는 양쪽의 특수화 버전이 될 수도 있다. 다음 내용을 참고하자.

- **필드**는 데이터를 저장하는 데 사용한다. 다음과 같이 3개의 특별한 필드가 있다.

  ○ **상수**^{constant}: 이 필드의 데이터는 절대 변경되지 않는다. 컴파일러는 데이터를 읽

는 모든 코드에 데이터를 그대로 복사한다.

- **읽기 전용 필드**^{read-only field}: 이 필드의 데이터는 클래스의 인스턴스가 만들어진 후에는 변경할 수 없다. 하지만 인스턴스화 시에 외부 소스에서 계산되거나 로드될 수 있다.

- **이벤트**^{event}: 데이터는 버튼 클릭이나 요청에 대한 응답처럼, 어떤 일이 발생할 때 실행되는 하나 이상의 메서드를 참조한다. 이벤트는 6장에서 다룬다.

- **메서드**는 코드를 실행하는 데 사용한다. 4장에서 몇 가지 예제를 다뤘다. 다음과 같이 4개의 특별한 메서드가 있다.

  - **생성자**^{constructor}: new를 사용해 메모리를 할당하고 클래스의 인스턴스를 만들 때 실행된다.

  - **속성**^{property}: 데이터에 접근할 때 실행된다. 데이터는 일반적으로 필드에 저장되지만, 외부에 저장되거나 런타임에 계산될 수 있다. 필드의 메모리 주소를 노출해야 하는 경우가 아니라면 속성은 필드를 캡슐화하는 데 선호하는 방법이다.

  - **인덱서**^{indexer}: 배열 표기법 []을 사용해 컬렉션 내의 아이템에 접근할 때 실행된다.

  - **연산자**^{operator}: +나 / 같은 연산자를 형식의 피연산자에 적용할 때 실행된다.

클래스 인스턴스화

이제 Person 클래스의 인스턴스를 만들어 보자.

어셈블리 참조

클래스를 인스턴스화하기 전에 먼저 필요한 클래스를 갖고 있는 어셈블리를 참조해야 한다.

1. Chapter05 작업 영역/솔루션에 PeopleApp이라는 이름을 새 콘솔 애플리케이션을 만들어 추가한다.

2. 비주얼 스튜디오 코드를 사용한다면

   A. PeopleApp을 활성 OmniSharp 프로젝트로 설정한다. 필수 애셋이 누락됐다는 팝업 메시지가 뜨면 **Yes**를 눌러 애셋을 추가한다.

   B. PeopleApp.csproj에 PacktLibrary 프로젝트 참조를 추가한다.

```xml
<Project Sdk="Microsoft.NET.Sdk">

  <PropertyGroup>
    <OutputType>Exe</OutputType>
    <TargetFramework>net7.0</TargetFramework>
    <ImplicitUsings>enable</ImplicitUsings>
    <Nullable>enable</Nullable>
  </PropertyGroup>
  <ItemGroup>
    <ProjectReference Include="../PacktLibrary/PacktLibrary.csproj" />
  </ItemGroup>
</Project>
```

   C. 터미널에서 dotnet build 명령을 입력해 PeopleApp 프로젝트와 참조 프로젝트인 PacktLibrary를 컴파일한다.

3. 비주얼 스튜디오 2022를 사용한다면

   A. 현재 선택 영역을 솔루션의 시작 프로젝트로 설정한다.

   B. **솔루션 탐색기**에서 PeopleApp 프로젝트를 선택한 다음, **프로젝트 > 프로젝트 참조 추가**에서 **PacktLibrary**를 선택하고 **확인**을 누른다.

   C. **빌드 > PeopleApp 빌드**를 선택한다.

형식 사용을 위해 네임스페이스 가져오기

이제 Person 클래스를 사용하는 코드를 작성해 보자.

1. PersonApp 프로젝트/폴더에서 Program.cs 파일을 연다.

2. 파일 맨 위의 주석을 삭제하고 People 클래스의 네임스페이스를 가져오고 Console 클래스를 정적으로 가져온다.

```
using Packt.Shared;
using static System.Console;
```

3. Program.cs에 다음 코드를 입력한다.

   - Person 형식의 인스턴스를 생성한다.

   - 인스턴스를 텍스트 형태로 출력한다.

   new 키워드는 객체를 위한 메모리를 할당하고 내부 데이터를 초기화한다. 다음 코드에서 Person 클래스 이름 대신 var를 사용할 수도 있다. 하지만 이 경우 new 키워드 뒤에 Person을 지정해야 한다.

```
// var bob = new Person(); // C# 1.0 이상
Person bob = new(); // C# 9.0 이상
WriteLine(bob.ToString());
```

   Person 클래스의 구현이 비어 있는데 어떻게 bob 변수가 ToString 메서드를 갖고 있는지 궁금할 것이다. 조금 뒤에 여기에 대해서 알아본다.

4. 코드를 실행하고 출력 결과를 확인한다.

```
Packt.Shared.Person
```

객체 이해하기

Person 클래스가 어떤 형식을 상속받는지 명시하지 않았지만, 모든 형식은 간접적으로 System.Object라는 특별한 형식을 상속받는다.

앞의 출력 결과에서 본 것처럼 System.Object의 ToString 메서드 구현은 전체 네임스페

이스 이름과 형식 이름을 출력하도록 돼 있다.

다음 코드처럼 Person 클래스가 System.Object 형식을 상속받는다는 걸 컴파일러에게 명시적으로 알릴 수도 있다.

```
public class Person : System.Object
```

클래스 B가 클래스 A를 상속한다고 했을 때 A를 베이스base 또는 슈퍼super 클래스라고 한다. B는 파생derived 또는 서브sub 클래스라고 한다. 지금은 System.Object가 베이스 또는 슈퍼 클래스가 되고 Pserson은 파생 또는 서브 클래스다.

또한 C# 별칭alias 키워드인 object를 사용할 수도 있다.

```
public class Person : object
```

System.Object 상속하기

클래스가 명시적으로 object를 상속하도록 한 다음, 객체가 어떤 멤버들을 갖고 있는지 살펴보자.

1. Person 클래스가 명시적으로 object를 상속받도록 수정한다.

2. object 키워드를 선택하고 F12를 누르거나 object 키워드를 오른쪽 클릭하고 **정의로 이동**을 선택한다.

그러면 다음과 같이 멤버 메서드를 포함한 System.Object 형식의 선언부를 볼 수 있다. 아직 이 코드를 세부적으로 이해할 필요는 없지만, 위에서 사용했던 ToString 메서드를 멤버 메서드로 갖고 있다는 것을 주의해서 보자.

그림 5.1 System.Object 클래스 정의

 좋은 습관: 만약 상속받는 부모 클래스를 명시적으로 지정하지 않았다면 그 클래스는 System.Object를 상속받는 것임을 기억하자.

필드에 데이터 저장하기

이제 몇 가지 정보를 저장하기 위해 클래스에 필드를 선언해 보자.

필드 선언

Person 클래스 안에 아래 코드를 작성하자. 먼저, Person 클래스는 이름, 생년월일만 가진다. 이 2개의 필드는 클래스 안에 캡슐화되며, 공용public으로 만들었기 때문에 클래스 밖에서도 접근할 수 있다.

Person 클래스에 사람의 이름과 생년월일을 저장할 2개의 공용 필드를 다음과 같이 선언한다.

```
public class Person : object
{
    // 필드
    public string Name;
    public DateTime DateOfBirth;
}
```

리스트와 딕셔너리 같은, 배열과 컬렉션을 포함해 어떤 형식도 필드로 사용할 수 있다. 만약 하나의 이름으로 된 필드에 여러 개의 값을 저장해야 한다면 이런 형식을 사용할 수 있다. 지금 예제에서 Person은 하나의 이름과 생년월일만 가진다.

접근 지시자 이해하기

필드나 메서드의 접근 범위를 제어하는 것은 캡슐화의 한 부분이다.

Person 클래스의 2개 필드, Name과 DateOfBirth는 public이다. 만약 명시적으로 public 키워드를 사용하지 않으면 기본으로 private이 지정된다. private 필드는 오직 클래스 안에서만 접근할 수 있다.

클래스의 필드나 메서드에 사용할 수 있는 접근 지시자access modifier에는 네 가지 유형이 있으며 이들을 조합한 두 가지 유형도 존재한다.

접근 지시자	설명
private	이 멤버는 해당 클래스 내부에서만 접근할 수 있다. 접근 지시자를 명시적으로 지정하지 않으면 기본으로 private이 지정된다.
internal	이 멤버는 해당 클래스 내부 또는 동일한 어셈블리 내부의 다른 형식에서 접근할 수 있다.
protected	이 멤버는 해당 클래스와 이 클래스를 상속받는 클래스에서 접근할 수 있다.
public	이 멤버는 어디서든 접근할 수 있다.
internal protected	이 멤버는 해당 클래스와 동일한 어셈블리 내부 또는 이 클래스를 상속받는 클래스에서 접근할 수 있다. 즉 internal이거나 protected와 같은 의미다.

private protected	이 멤버는 해당 클래스 내부나 해당 클래스를 상속받는 클래스 그리고 같은 어셈블리 내에서만 접근할 수 있다. internal이면서 protected와 같은 의미다. 이 조합은 C# 7.2 이상에서만 사용할 수 있다.

 좋은 습관: 클래스의 모든 멤버는 명시적으로 접근 지시자를 지정하는 것이 좋다. 아무것도 지정하지 않으면 private이 기본 지정되지만 이 경우에도 확실하게 private을 적어 주는 것이 좋다. 또한 필드는 private이나 protected로 만든 다음에 필드 값을 설정하거나 조회하는 public 속성을 만들어야 한다. 접근을 통제해야 하기 때문이다. 5장의 후반부에서 이렇게 해본다.

필드 값 설정하고 출력하기

이제 필드를 사용해 보자.

1. DateTime 형식을 사용하기 위해 Program.cs 파일 상단에서 System 네임스페이스를 가져온다.

2. Person 클래스의 인스턴스를 만든 뒤 이름과 생년월일을 설정하고 읽기 쉬운 형태로 출력한다.

```
bob.Name = "Bob Smith";
bob.DateOfBirth = new DateTime(1965, 12, 22);
WriteLine(
  format: "{0} was born on {1:dddd, d MMMM yyyy}",
  arg0: bob.Name,
  arg1: bob.DateOfBirth);
```

문자열 보간법interpolation을 사용할 수도 있지만 문자열이 길어지면 책으로 읽기가 어렵다. 이 책의 예제 코드에서 {0}은 arg0 등의 자리 표시자place holder임을 참고하자.

3. 애플리케이션을 실행하고 출력 결과를 확인한다.

```
Bob Smith was born on 수요일, 22 12월 1965
```

arg1의 형식 코드는 여러 부분으로 구성된다. dddd는 요일, d는 날짜, MMMM은 월을 뜻한다. 소문자 m은 분^{minute}을 나타낸다. yyyy는 연도를 네 자리로 나타내고 yy는 두 자리로 나타낸다.

중괄호를 사용해 **객체 초기화**를 단순화할 수도 있다. 어떻게 하는지 알아보자.

4. 새로운 Person 객체를 생성하기 위해 다음 코드를 추가한다. 이번에는 앞의 코드와 다른 방식으로 생년월일을 출력하고 있다.

```
var alice = new Person
{
    Name = "Alice Jones",
    DateOfBirth = new(1998, 3, 7)
};
WriteLine(
  format: "{0} was born on {1:dd MMM yy}",
  arg0: alice.Name,
  arg1: alice.DateOfBirth);
```

5. 애플리케이션을 실행하고 출력 결과를 확인한다.

```
Bob Smith was born on 수요일, 22 12월 1965
Alice Jones was born on 07 3월 98
```

enum 형식으로 값 저장하기

'세계 7대 불가사의 중 한 가지를 선택'하는 경우처럼 미리 정해진 목록 내에서만 값을 선택해 사용할 필요가 있다. 또한, 가보고 싶은 고대 불가사의 장소처럼 정해진 목록의 조합이 필요할 때도 있다. 이런 데이터들은 enum 형식을 사용해서 저장할 수 있다.

enum은 내부적으로 문자열 조회 테이블lookup table과 정수 값의 조합을 사용하기 때문에 하나 이상의 선택 목록을 저장할 때 매우 효과적이다.

1. PacktLibrary 프로젝트에 WondersOfTheAncientWorld.cs라는 새 파일을 추가한다.

2. WondersOfTheAncientWorld.cs 파일에 다음 코드를 입력한다.

```
namespace Packt.Shared
{
  public enum WondersOfTheAncientWorld
  {
    GreatPyramidOfGiza,
    HangingGardensOfBabylon,
    StatueOfZeusAtOlympia,
    TempleOfArtemisAtEphesus,
    MausoleumAtHalicarnassus,
    ColossusOfRhodes,
    LighthouseOfAlexandria
  }
}
```

 좋은 습관: 폴리글랏 노트북에서 코드를 작성하는 경우 enum 형식을 포함하는 코드 셀이 Person 클래스를 정의하는 코드 셀 위에 있어야 한다.

3. Person 클래스에 다음 필드를 추가한다.

```
public WondersOfTheAncientWorld FavoriteAncientWonder;
```

4. Program.cs의 Main 메서드에 다음 코드를 추가한다.

```
bob.FavoriteAncientWonder =
  WondersOfTheAncientWorld.StatueOfZeusAtOlympia;
WriteLine(format:
  "{0}'s favorite wonder is {1}. Its integer is {2}.",
  arg0: bob.Name,
  arg1: bob.FavoriteAncientWonder,
```

```
arg2: (int)bob.FavoriteAncientWonder);
```

5. 코드를 실행하고 출력 결과를 확인한다.

```
Bob Smith's favorite wonder is StatueOfZeusAtOlympia. Its integer is 2.
```

enum 값은 효율성을 위해 내부적으로 int로 저장된다. 값은 자동으로 0부터 시작하므로
enum의 세 번째 항목인 StatueOfZeusAtOlympia의 인덱스는 2다. enum에 나열되지 않은
int 값을 사용할 수도 있지만 이때는 일치하는 항목을 찾을 수 없으므로 이름 대신 int
값이 출력된다.

enum 형식으로 여러 값 저장하기

버킷 리스트는 여러 곳을 선택할 수 있으므로 enum 인스턴스의 컬렉션을 만들어야 한다.
컬렉션은 5장의 후반부에 설명한다. 하지만 더 좋은 방법이 있다. **플래그**flag를 사용하면
여러 개의 선택을 하나의 값으로 조합할 수 있다.

1. enum을 수정해서 [System.Flags] 특성을 추가한다. 다음과 같이 각 항목에 대해 byte
   값을 명시적으로 설정한다.

```
namespace Packt.Shared
{
  [System.Flags]
  public enum WondersOfTheAncientWorld : byte
  {
    None                       = 0b_0000_0000, // 0
    GreatPyramidOfGiza         = 0b_0000_0001, // 1
    HangingGardensOfBabylon    = 0b_0000_0010, // 2
    StatueOfZeusAtOlympia      = 0b_0000_0100, // 4
    TempleOfArtemisAtEphesus   = 0b_0000_1000, // 8
    MausoleumAtHalicarnassus   = 0b_0001_0000, // 16
    ColossusOfRhodes           = 0b_0010_0000, // 32
    LighthouseOfAlexandria     = 0b_0100_0000  // 64
  }
}
```

메모리의 각 비트 값이 겹치지 않도록 각 선택 항목에 대해 명시적인 값을 지정했다. 또한, 값을 반환할 때 int 값이 아니라 매칭되는 여러 값을 쉼표로 구분된 문자열로 만들어 반환하도록 System.Flags 속성을 추가했다. enum은 내부적으로 int를 사용하지만 지금은 그렇게 큰 형식이 필요 없다. byte를 사용하도록 지정하면 int(4byte)를 사용했을 때 보다 메모리 사용을 75% 줄일 수 있다.

만약 버킷 리스트에 바빌론의 공중 정원^{Hanging Gardens}과 마우솔로스의 영묘 Mausoleum at Halicarnassus를 저장한다면 16과 2비트의 값을 1로 설정하면 된다. 다시 말해 18을 저장한다.

64	32	16	8	4	2	1
0	0	1	0	0	1	0

2. 이제 Person 클래스에 BucketList 필드를 추가한다.

```
public WondersOfTheAncientWorld BucketList;
```

3. Program.cs에 다음 코드를 추가한다. 버킷 리스트를 저장하기 위해 OR 논리 연산자 (|)를 사용해 enum 값을 조합한다. 주석으로 돼 있는 코드처럼 숫자 18을 enum 형식으로 변환해 사용할 수도 있지만, 코드를 이해하기 어려워지므로 이렇게 하지 않는 것이 좋다.

```
bob.BucketList =
  WondersOfTheAncientWorld.HangingGardensOfBabylon
  | WondersOfTheAncientWorld.MausoleumAtHalicarnassus;
// bob.BucketList = (WondersOfTheAncientWorld)18;
WriteLine($"{bob.Name}'s bucket list is {bob.BucketList}");
```

4. 코드를 실행하고 출력 결과를 확인하자.

```
Bob Smith's bucket list is HangingGardensOfBabylon,
MausoleumAtHalicarnassus
```

좋은 습관: 위와 같이 enum을 사용해 별개의 옵션 조합을 저장할 수 있다. 저장할 옵션 개수가 8개라면 enum을 byte에서 상속받고, 16개라면 ushort에서 상속받는다. 32개라면 uint에서 상속받고, 64개라면 ulong에서 상속받는다.

컬렉션을 사용해 여러 개의 값 저장하기

자녀 정보를 저장할 수 있도록 필드를 추가해 보자. 자녀 정보는 person과 관련된 클래스 인스턴스지만 그 자체는 person의 일부로 볼 수 없으므로 집합의 예다. List<T> 컬렉션을 사용한다. 컬렉션에 대해서는 8장에서 다룬다.

1. Person.cs 파일 상단에 System.Collections.Generic 네임스페이스를 가져온다.

```
using System.Collections.Generic; // List<T>
```

2. Person 클래스에 다음과 같이 새로운 필드를 선언한다.

```
public List<Person> Children = new List<Person>();
```

List<Person>은 'Person의 리스트'라고 읽는다. 즉 위 코드에서 Children이라는 속성 형식은 Person 인스턴스의 리스트다. 클래스 라이브러리의 대상을 C# 7 컴파일러를 사용하는 .NET 표준 2.0으로 변경했기 때문에 대상 형식 새로 만들기[target-typed new]로 Children 필드를 초기화할 수 없다. 만약 .NET 6를 대상으로 했다면 대상 형식 새로 만들기를 사용할 수 있다.

```
public List<Person> Children = new();
```

컬렉션에 아이템을 추가하기 전에 컬렉션의 인스턴스를 만들고 초기화해야 한다. 그렇지 않으면 필드는 null이 되고 런타임 예외가 발생한다.

제네릭 컬렉션

List<T> 형식의 꺾쇠괄호는 2005년에 C# 2.0에 도입된 **제네릭**generic이라고 부르는 C# 기능이다. 이는 **엄격한**strongly **컬렉션 형식**을 만들기 위한 하나의 용어로, 컴파일러는 어떤 객체 형식을 컬렉션에 저장할 수 있는지 구체적으로 알게 된다. 제네릭은 코드의 성능과 정확성을 향상시킨다.

엄격한 형식과 정적statically **형식**은 다르다. 이전의 System.Collection 형식은 약한 형식의 System.Object를 포함하도록 정적으로 지정됐지만, 새로운 System.Collection. Generic 형식은 강력한 형식의 <T> 인스턴스를 포함하도록 정적으로 지정된다. 아이러니하게도 여기서 제네릭이라는 용어는 보다 구체적인 정적 형식을 사용할 수 있다는 걸 의미한다.

1. Program.cs에 2개의 Children 인스턴스를 생성한 다음, Children 인스턴스 수와 이름을 출력하는 코드를 작성한다.

```
bob.Children.Add(new Person { Name = "Alfred" }); // C# 3.0 이후
bob.Children.Add(new() { Name = "Zoe" }); // C# 9 이후
WriteLine(
  $"{bob.Name} has {bob.Children.Count} children:");
for (int child = 0; child < bob.Children.Count; child++)
{
  WriteLine($"  {bob.Children[child].Name}");
}
```

for 문 대신 foreach를 사용할 수도 있다. 추가 연습으로 for 문을 foreach를 사용하도록 바꿔 보자.

2. 코드를 실행하고 출력 결과를 확인한다.

```
Bob Smith has 2 children:
  Alfred
  Zoe
```

정적 필드 만들기

지금까지 작성한 필드는 모두 인스턴스 멤버였다. 다시 말하면, 클래스의 인스턴스를 생성할 때마다 각 필드 값도 다르다는 뜻이다. bob의 Name 값은 alice의 Name 값과 다르다.

때로는 모든 인스턴스가 하나의 값을 공유하도록 필드를 정의해야 할 때가 있다. 이를 **정적**static 멤버라고 부른다.

정적 필드로 무엇을 할 수 있는지 알아보자.

1. PacktLibrary 프로젝트에 BankAccount.cs라는 새로운 클래스 파일을 추가한다.

2. 3개의 필드를 추가한다. 이 중 2개는 인스턴스 필드이고 1개는 정적 필드다.

```
namespace Packt.Shared
{
  public class BankAccount
  {
    public string AccountName; // 인스턴스 멤버
    public decimal Balance; // 인스턴스 멤버
    public static decimal InterestRate; // 정적 멤버
  }
}
```

BankAccount의 인스턴스를 생성하면 각 인스턴스마다 자신만의 AccountName, Balance 필드를 갖지만, static으로 선언한 InterestRate는 단 하나의 값만 존재하며 모든 BankAccount 인스턴스들은 이 값을 공유한다.

3. Program.cs에 다음 코드를 입력한다. 이 코드는 이자율interest rate을 설정해서 공유하고 2개의 BankAccount 클래스 인스턴스를 생성한다.

```
BankAccount.InterestRate = 0.012M; // 공유 값을 저장한다.
var jonesAccount = new(); // C# 9.0 이상
jonesAccount.AccountName = "Mrs. Jones";
jonesAccount.Balance = 2400;
WriteLine(format: "{0} earned {1:C} interest.",
```

```
      arg0: jonesAccount.AccountName,
      arg1: jonesAccount.Balance * BankAccount.InterestRate);
  var gerrierAccount = new();
  gerrierAccount.AccountName = "Ms. Gerrier";
  gerrierAccount.Balance = 98;
  WriteLine(format: "{0} earned {1:C} interest.",
      arg0: gerrierAccount.AccountName,
      arg1: gerrierAccount.Balance * BankAccount.InterestRate);
```

:C는 숫자를 통화 포맷으로 출력하게 한다. 8장에서 어떻게 컬처culture를 제어해서 통화 심벌을 결정하는지 배운다. 출력 결과는 설치된 OS 기본값에 따라 다르다.

4. 코드를 실행하고 출력 결과를 확인한다.

```
Mrs. Jones earned \29 interest.
Ms. Gerrier earned \1 interest.
```

 필드만 정적 멤버가 될 수 있는 것은 아니다. 생성자, 메서드, 속성 및 다른 멤버도 정적일 수 있다.

상수 필드

만약 필드 값이 절대로 변하지 않는다고 하면, const 키워드를 사용해서 컴파일 타임에 값을 할당할 수 있다.

1. Person 클래스 안에 다음 코드를 추가한다.

```
// 상수
public const string Species = "Homo Sapien";
```

2. 상수 필드를 읽을 때는 클래스 인스턴스 이름이 아니라 클래스 이름을 사용한다. Program.cs에 Bob의 이름과 종species을 출력하는 코드를 작성한다.

```
WriteLine($"{bob.Name} is a {Person.Species}");
```

3. 코드를 실행하고 출력 결과를 확인하자.

```
Bob Smith is a Homo Sapien
```

const 필드에는 System.Int32.MaxValue, System.Math.PI 등이 있다. 이 값들은 변경되지 않는다. 다음을 참고하자.

```
 ◇ [metadata] Math.cs ×
    1    #region 어셈블리 System.Runtime, Version=7.0.0.0, Culture=neutral, PublicKeyToken=b03f5f7f11d50a3a
    2    // System.Runtime.dll
    3    #endregion
    4
    5    using System.Runtime.CompilerServices;
    6
    7    namespace System
    8    {
    9        //
   10        // 요약:
   11        //     Provides constants and static methods for trigonometric, logarithmic, and other
   12        //     common mathematical functions.
   13        public static class Math
   14        {
   15            //
   16            // 요약:
   17            //     Represents the natural logarithmic base, specified by the constant, e.
   18            public const double E = 2.718281828459045;
   19            //
   20            // 요약:
   21            //     Represents the ratio of the circumference of a circle to its diameter, specified
   22            //     by the constant, π.
   23            public const double PI = 3.141592653589793;
   24            //
   25            // 요약:
   26            //     Represents the number of radians in one turn, specified by the constant, τ.
   27            public const double Tau = 6.283185307179586;
   28
```

그림 5.2 상수 예시

> 💡 **좋은 습관:** 다음 두 가지 이유로 상수 사용을 피해야 할 때도 있다.
>
> 상수 값은 반드시 컴파일 타임에 값을 알고 있어야 하며 string, Boolean, 숫자 값으로 표현 가능해야 한다. const 필드에 대한 모든 참조는 컴파일 타임에 리터럴 값으로 대체되므로 만약 다음 버전에서 값이 변경되더라도 참조 어셈블리를 다시 컴파일하지 않으면 반영되지 않는다.

읽기 전용 필드 만들기

변경하면 안 되는 필드를 지정할 때 더 좋은 방법은 그 필드를 읽기 전용^{read-only}으로 표시하는 것이다.

1. Person 클래스 안에 읽기 전용 필드를 선언하는 코드를 추가하자.

```
// 읽기 전용 필드
public readonly string HomePlanet = "Earth";
```

2. Program.cs에 Bob의 정보를 출력하는 코드를 작성한다.

```
WriteLine($"{bob.Name} was born on {bob.HomePlanet}");
```

3. 코드를 실행하고 출력 결과를 확인하자.

```
Bob Smith was born on Earth
```

 좋은 습관: 다음 두 가지 이유로 const 필드보다 읽기 전용 필드를 사용하는 것이 좋다.

이 값은 런타임에 계산하거나 읽을 수 있으며 모든 실행 가능한 코드를 사용해 표현할 수 있다. 따라서 생성자를 사용해 읽기 전용 필드를 설정할 수도 있다. 필드에 대한 모든 참조는 라이브(live) 참조이므로 이후의 모든 변경 사항은 호출 코드에 정확히 반영된다.

모든 인스턴스에서 값이 공유되도록 하려면 static readonly 필드를 선언할 수 있다.

생성자로 필드 초기화하기

필드는 보통 런타임에 초기화된다. 생성자에 초기화 코드를 작성하면 new를 사용해서 클래스 인스턴스를 생성할 때 초기화 코드가 호출된다. 생성자는 해당 형식을 사용하는 코드가 필드를 설정하기 전에 실행된다.

1. Person 클래스에 두 번째 읽기 전용 필드를 추가하고 생성자에서 Name과 Instantiated 필드에 값을 설정한다.

```
// 읽기 전용 필드
public readonly string HomePlanet = "Earth";
public readonly DateTime Instantiated;
// 생성자
public Person()
{
  // 읽기 전용 필드를 포함한 필드 기본값 설정
  Name = "Unknown";
  Instantiated = DateTime.Now;
}
```

2. Program.cs에 다음과 같이 새 Person 인스턴스를 만들고 필드의 초깃값을 출력한다.

```
Person blankPerson = new();
WriteLine(format:
  "{0} of {1} was created at {2:hh:mm:ss} on a {2:dddd}.",
  arg0: blankPerson.Name,
  arg1: blankPerson.HomePlanet,
  arg2: blankPerson.Instantiated);
```

3. 코드를 실행하고 출력 결과를 확인한다.

```
Unknown of Earth was created at 03:18:22 on a 일요일.
```

298

여러 개의 생성자 정의

하나의 형식은 여러 개의 생성자를 가질 수 있다. 이는 클래스를 사용하는 개발자가 필드의 초깃값을 설정하도록 권장하는 데 특히 유용하다.

1. Person.cs에 Name과 HomePlanet의 초깃값을 설정하는 두 번째 생성자를 추가하자.

```
public Person(string initialName, string homePlanet)
{
  Name = initialName;
  HomePlanet = homePlanet;
  Instantiated = DateTime.Now;
}
```

2. Program.cs에 2개의 매개 변수가 있는 생성자를 사용해 새 Person 객체를 생성한다.

```
Person gunny = new(initialName: "Gunny", homePlanet: "Mars");
WriteLine(format:
  "{0} of {1} was created at {2:hh:mm:ss} on a {2:dddd}.",
  arg0: gunny.Name,
  arg1: gunny.HomePlanet,
  arg2: gunny.Instantiated);
```

3. 코드를 실행하고 출력 결과를 확인한다.

```
Gunny of Mars was created at 03:26:26 on a 일요일.
```

생성자는 메서드의 특별한 형태다. 메서드에 대해 더 살펴보자.

⫶⫶ 메서드 작성 및 호출하기

메서드는 형식의 멤버로서 코드 블록을 실행하는 역할을 담당한다.

메서드에서 값 반환하기

메서드는 단일 값을 반환하거나 아무 값도 반환하지 않는다.

- 값을 반환하지 않는 메서드는 이름 앞에 void를 붙인다.
- 값을 반환하는 메서드는 이름 앞에 반환 값의 형식을 붙인다.

좀 더 알아보고자 다음과 같은 2개의 메서드를 만들어 보자.

- void WriteToConsole(): 이 메서드는 콘솔에 한 줄을 출력하지만 메서드가 반환하는 값은 없다. void 키워드를 사용했기 때문에 이를 알 수 있다.
- string GetOrigin(): 메서드 이름 앞에 string 키워드를 사용했기 때문에 이 메서드는 string 값을 반환한다.

코드를 작성해 보자.

1. Person 클래스에 2개의 메서드를 정의한다.

```
// 메서드
public void WriteToConsole()
{
  WriteLine($"{Name} was born on a {DateOfBirth:dddd}.");
}
public string GetOrigin()
{
  return $"{Name} was born on {HomePlanet}.";
}
```

2. Program.cs에 2개의 메서드를 호출하는 코드를 추가한다.

```
bob.WriteToConsole();
WriteLine(bob.GetOrigin());
```

3. 코드를 실행하고 출력 결과를 확인한다.

```
Bob Smith was born on a 수요일.
Bob Smith was born on Earth.
```

튜플로 여러 개의 반환 값 조합하기

메서드는 오직 하나의 형식 값만 반환할 수 있다. 이 형식은 앞의 코드에서 봤던 string 같은 단순 형식이나 Person 클래스 같은 복합 형식 또는 List<Person> 같은 컬렉션 형식이 될 수 있다.

GetTheData라는 이름의 메서드에서 string 값과 int 값을 반환하고 싶다고 해보자. 그러면 string과 int 필드를 갖는 TextAndNumber라는 이름의 새 클래스를 정의하고, 다음 코드와 같이 이 클래스의 인스턴스를 반환할 수 있다.

```
public class TextAndNumber
{
  public string Text;
  public int Number;
}
public class LifeTheUniverseAndEverything
{
  public TextAndNumber GetTheData()
  {
    return new TextAndNumber
    {
      Text = "What's the meaning of life?",
      Number = 42
    };
  }
}
```

하지만 이렇게 2개의 필드를 조합한 클래스를 정의하는 건 불필요하다. 모던 C#에서는 **튜플**tuple을 사용할 수 있다. 튜플은 2개 이상의 값을 하나의 단일한 값으로 결합하는 효율적인 방법이다.

튜플은 일부 언어에서는 이전부터 지원되는 기능이었다. 예를 들어, F# 같은 언어에서는 첫 번째 버전부터 튜플을 사용할 수 있었다. 하지만 .NET은 버전 4.0부터 System. Tuple 형식을 지원한다.

튜플 구문 지원

C# 7.0에서는 괄호 표기를 사용해 튜플에 대한 구문 지원을 추가했으며 대부분의 경우에 .NET 4.0의 System.Tuple 형식보다 더 효과적인 새로운 System.ValueTuple 형식을 추가했다.

튜플에 대해 알아보자.

1. Person 클래스에 string과 int 튜플을 반환하는 메서드를 정의한다.

```
public (string, int) GetFruit()
{
  return ("Apples", 5);
}
```

2. Program.cs에 GetFruit 메서드 호출을 추가한 뒤, 다음과 같이 Item1, Item2로 튜플 필드를 출력한다.

```
(string, int) fruit = bob.GetFruit();
WriteLine($"{fruit.Item1}, {fruit.Item2} there are.");
```

3. 코드를 실행하고 출력 결과를 확인한다.

```
Apples, 5 there are.
```

튜플 필드에 고유 이름 지정하기

튜플 필드에 접근하려면 기본으로 Item1, Item2 등의 이름을 사용하지만, 명시적으로 필드 이름을 지정할 수도 있다.

1. Person 클래스 안에 이름이 지정된 튜플을 반환하는 메서드를 정의한다.

```
public (string Name, int Number) GetNamedFruit()
{
    return (Name: "Apples", Number: 5);
}
```

2. Program.cs에 메서드를 호출하고 튜플의 이름 필드를 출력하는 코드를 작성한다.

```
var fruitNamed = bob.GetNamedFruit();
WriteLine($"There are {fruitNamed.Number} {fruitNamed.Name}.");
```

3. 코드를 실행하고 출력 결과를 확인한다.

```
There are 5 Apples.
```

튜플 이름 추론

다른 객체에서 튜플을 구성한다면 C# 7.1에 추가된 **튜플 이름 추론**이라는 기능을 사용할 수 있다.

Program.cs에 string과 int로 구성된 2개의 튜플을 만든다.

```
var thing1 = ("Neville", 4);
WriteLine($"{thing1.Item1} has {thing1.Item2} children.");
var thing2 = (bob.Name, bob.Children.Count);
WriteLine($"{thing2.Name} has {thing2.Count} children.");
```

C# 7.0에서는 Item1과 Item2 같은 이름을 사용했지만, C# 7.1 이후부터는 두 번째 경우

처럼 Name과 Count라는 이름을 추론할 수 있다.

튜플 분해하기

튜플을 별도의 변수들로 분해할 수 있다. 분해할 때는 앞에서 본 튜플 필드에 고유한 이름을 사용할 때와 동일한 구문을 갖지만, 전체 튜플에 대한 변수 이름은 필요 없다.

```
// 2개의 필드로 구성된 튜플 변수에 반환 값을 저장한다.
(string TheName, int TheNumber) tupleWithNamedFields = bob.GetNamedFruit();
// tupleWithNamedFields.TheName
// tupleWithNamedFields.TheNumber
// 2개의 분리된 변수로 반환 값을 분해한다.
(string name, int number) = GetNamedFruit();
// name
// number
```

이렇게 하면 튜플을 분할해서 새 변수에 할당하는 효과가 있다.

1. Program.cs에 GetFruit 메서드에서 반환된 튜플을 분해하는 코드를 추가한다.

```
(string fruitName, int fruitNumber) = bob.GetFruit();
WriteLine($"Deconstructed: {fruitName}, {fruitNumber}");
```

2. 코드를 실행하고 출력 결과를 확인한다.

```
Deconstructed: Apples, 5
```

형식 분해하기

튜플만 분해할 수 있는 건 아니다. Deconstruct 메서드를 갖는 모든 형식은 객체를 부분으로 분해할 수 있다. Person 클래스를 사용해 알아보자.

1. Person.cs에 분해하려는 부분을 out 매개 변수로 정의한 2개의 Deconstruct 메서드를 추가한다.

```
// 분해
public void Deconstruct(out string name, out DateTime dob)
{
  name = Name;
  dob = DateOfBirth;
}
public void Deconstruct(out string name,
  out DateTime dob, out WondersOfTheAncientWorld fav)
{
  name = Name;
  dob = DateOfBirth;
  fav = FavoriteAncientWonder;
}
```

2. Program.cs에 bob을 분해하는 코드를 추가한다.

```
// Person 분해
var (name1, dob1) = bob;
WriteLine($"Deconstructed: {name1}, {dob1}");
var (name2, dob2, fav2) = bob;
WriteLine($"Deconstructed: {name2}, {dob2}, {fav2}");
```

3. 코드를 실행하고 결과를 확인한다.

```
Deconstructed: Bob Smith, 22/12/1965 00:00:00
Deconstructed: Bob Smith, 22/12/1965 00:00:00, StatueOfZeusAtOlympia
B
```

메서드에 매개 변수 정의하고 전달하기

메서드는 매개 변수를 전달해서 동작을 변경할 수 있다. 매개 변수는 변수 선언과 비슷하지만 메서드의 괄호 안에서 정의된다는 차이가 있다.

1. Person 클래스 안에 2개의 메서드를 정의하는 다음 코드를 추가하자. 첫 번째 메서드는 매개 변수가 없고, 두 번째 메서드는 하나의 매개 변수를 받는다.

```
public string SayHello()
{
  return $"{Name} says 'Hello!'";
}
public string SayHelloTo(string name)
{
  return $"{Name} says 'Hello {name}!'";
}
```

2. Program.cs에 2개의 메서드를 호출하고 반환 값을 콘솔에 출력하는 코드를 작성한다.

```
WriteLine(bob.SayHello());
WriteLine(bob.SayHelloTo("Emily"));
```

3. 코드를 실행하고 출력 결과를 확인한다.

```
Bob Smith says 'Hello!'
Bob Smith says 'Hello Emily!'
```

메서드를 호출하는 코드를 작성할 때 인텔리센스^{IntelliSense}는 매개 변수의 이름과 형식 그리고 메서드의 반환 값 형식을 툴팁으로 표시해 준다.

그림 5.3 오버로드가 없는 메서드에 대한 인텔리센스 툴팁

메서드 오버로딩

2개의 다른 이름을 갖는 메서드 대신에 각 메서드가 동일한 이름을 갖게 할 수도 있다. 이는 각 메서드가 별도의 서명^{signature}을 가지면 가능하다.

메서드 서명^{method signature}이란 메서드를 호출할 때 전달하는 매개 변수 형식의 목록과 반환 값 형식을 뜻한다.

1. Person 클래스에서 SayHelloTo 메서드의 이름을 SayHello로 바꾼다.

2. Program.cs에서 SayHello 메서드를 호출하도록 수정한다. 메서드에 대한 툴팁 정보가 이제 2/2로 표시되면서 오버로드가 추가됐음을 알려 준다.

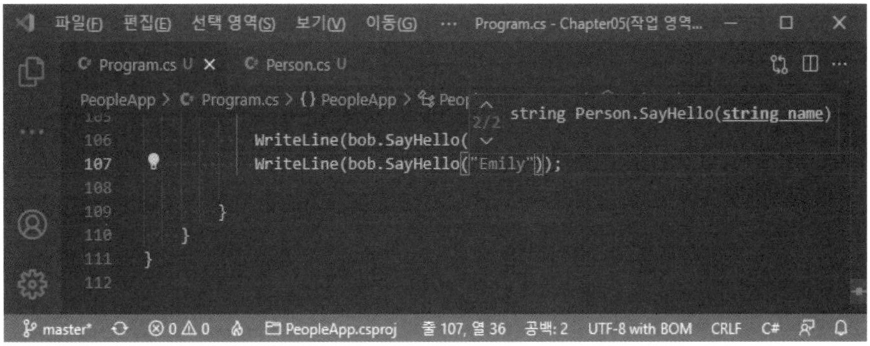

그림 5.4 오버로드 메서드에 대한 인텔리센스 툴팁

> **좋은 습관:** 메서드 오버로드를 사용하면 클래스가 더 적은 수의 메서드를 갖게 되므로 클래스를 단순화할 수 있다.

선택적 매개 변수와 이름 지정 매개 변수 전달하기

메서드를 단순하게 만드는 또 한 가지 방법은 매개 변수를 선택적으로 만드는 것이다. 메서드 매개 변수 목록에 기본 값을 할당하면 매개 변수를 선택적으로 만들 수 있다. 선택적 매개 변수는 반드시 매개 변수 목록에서 맨 마지막에 와야 한다.

3개의 선택적 매개 변수를 갖는 메서드를 만들어 보자.

1. Person 클래스에 2개의 메서드 정의를 추가한다.

```
public string OptionalParameters(
  string command = "Run!",
  double number = 0.0,
  bool active = true)
{
  return string.Format(
    format: "command is {0}, number is {1}, active is {2}",
    arg0: command,
arg1: number,
arg2: active);
}
```

2. Program.cs에 메서드를 호출하고 반환 값을 출력하는 코드를 추가한다.

```
WriteLine(bob.OptionalParameters());
```

3. 코드를 입력하는 동안 인텔리센스의 요약 정보를 통해서 기본 값을 갖는 3개의 선택적 매개 변수를 툴 팁으로 볼 수 있을 것이다. 그림 5.5를 참고하자.

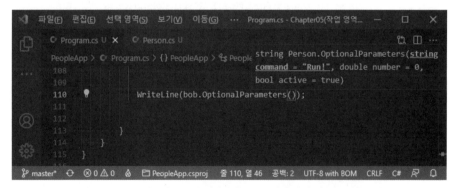

그림 5.5 코드를 입력하는 동안 인텔리센스가 선택적 매개 변수를 보여 준다.

4. 코드를 실행하고 결과를 확인한다.

```
command is Run!, number is 0, active is True
```

5. Program.cs에 command 매개 변수와 number 매개 변수에 string 값과 double 값을 각각 전달하는 다음 코드를 추가한다.

```
WriteLine(bob.OptionalParameters("Jump!", 98.5));
```

6. 코드를 실행하고 출력 결과를 확인한다.

```
command is Jump!, number is 98.5, active is True
```

command와 number의 기본값은 이제 전달된 매개 변수로 대체됐고, active는 여전히 기본값 true를 사용한다.

이름 지정 매개 변수

선택적 매개 변수는 이름 지정 매개 변수와 자주 사용된다. 이름 지정 매개 변수는, 메서드 선언과 다른 순서로 매개 변수를 전달하는 것이 가능하다.

1. Program.cs에서 command 매개 변수와 number 매개 변수에 string 값과 double 값을 각각 전달하는 아래 코드를 추가한다. 이번에는 이름 지정 매개 변수를 사용해서 매개 변수 전달 순서를 다음과 같이 변경한다.

```
WriteLine(bob.OptionalParameters(
    number: 52.7, command: "Hide!"));
```

2. 코드를 실행하고 출력 결과를 확인한다.

```
command is Hide!, number is 52.7, active is True
```

이름 지정 매개 변수는 선택적 매개 변수를 건너뛰기 위해서 사용할 수도 있다.

3. Program.cs에 다음과 같은 코드를 추가한다. command 변수에는 string 값이 전달되고, number 변수는 건너뛰었으며, active 매개 변수에 이름 지정 매개 변수를 사용했다.

```
WriteLine(bob.OptionalParameters("Poke!", active: false));
```

4. 코드를 실행하고 출력 결과를 확인한다.

```
command is Poke!, number is 0, active is False
```

매개 변수 전달 제어하기

매개 변수가 메서드에 전달될 때는 다음 세 가지 중 하나의 방법으로 전달된다.

- **값**: 기본 전달 방식. 입력 전용

- ref 매개 변수를 사용한 **참조**: 입출력용

- out **매개 변수**: 출력 전용

매개 변수를 입출력용으로 전달하는 몇 가지 예를 살펴보자.

1. Person 클래스에 in, ref, out 3개의 매개 변수를 갖는 메서드를 정의한다.

```
public void PassingParameters(int x, ref int y, out int z)
{
  // out 매개 변수는 기본 값을 가질 수 없으며
  // 반드시 메서드 안에서 초기화 돼야 한다.
  z = 99;
  // 각 매개 변수 값을 증가시킨다.
  x++;
  y++;
  z++;
}
```

310

2. Program.cs에 다음과 같이 int 변수 몇 개를 선언한 다음, 메서드로 전달한다.

```
int a = 10;
int b = 20;
int c = 30;
WriteLine($"Before: a = {a}, b = {b}, c = {c}");
bob.PassingParameters(a, ref b, out c);
WriteLine($"After: a = {a}, b = {b}, c = {c}");
```

3. 코드를 실행하고 출력 결과를 확인한다.

```
Before: a = 10, b = 20, c = 30
After: a = 10, b = 21, c = 100
```

- 변수를 매개 변수로 기본default 전달하면 변수 자체가 아닌 변수의 값이 전달된다. 그러므로 x는 변수 a의 사본을 갖게 되며, a는 원래 값인 10을 유지한다.

- 변수를 ref 매개 변수로 전달하면 변수에 대한 참조가 메서드에 전달된다. 그래서 y는 변수 b를 참조하게 되고, y가 증가하면 변수 b도 증가한다.

- 변수를 out 매개 변수로 전달하면 변수에 대한 참조가 메서드에 전달된다. 그래서 z는 변수 c를 참조하고 있다. 변수 c는 메서드 내에서 실행되는 코드에 의해 대체된다. 사실 변수 c의 값은 항상 대체될 것이므로 c에 값 30을 할당하지 않도록 해서 코드를 단순화할 수 있다.

out 변수 단순화

C# 7 이상에서는 out 변수에 대해 더 단순화된 코드를 사용할 수 있다.

Program.cs에 다음과 같이 인라인으로 선언된 f라는 out 매개 변수를 포함해 더 많은 변수를 선언한다.

```
int d = 10;
int e = 20;
```

```
WriteLine(
  $"Before: d = {d}, e = {e}, f doesn't exist yet!");
// out 매개 변수에 대해  단순화된 C# 7 구문
bob.PassingParameters(d, ref e, out int f);
WriteLine($"After: d = {d}, e = {e}, f = {f}");
```

ref 반환 값 이해하기

C#7 이상에서 ref 키워드는 매개 변수를 메서드에 전달할 때 외에 반환 값에도 적용할
수 있다. 이렇게 하면 외부 변수가 내부 변수를 참조하고 메서드 호출 후에 값을 수정하
는 것도 가능하다. 이는 자리 표시자를 빅 데이터 구조로 전달하는 경우 등에서 유용하
지만 이 책의 범위를 벗어난다.

partial로 클래스 분리하기

여러 팀과 협업하는 큰 규모의 프로젝트는 복잡한 클래스 정의를 여러 파일로 나눠서
개발하는 것이 유용할 수 있다. partial 키워드를 사용하면 이렇게 작업하는 것이 가능
하다.

데이터베이스에서 스키마 정보를 읽는 ORM^Object-Relational Mapper 같은 도구로 자동 생
성되는 코드를 Person 클래스에 추가한다고 가정해 보자. 클래스를 partial로 정의한 경
우 자동 생성되는 코드 파일과 수동으로 작성하는 코드 파일로 분할할 수 있다.

코드를 통해 알아보자.

1. 다음과 같이 Person 클래스에 partial 키워드를 추가하자.

```
namespace Packt.Shared
{
  public partial class Person
  {
```

2. PacktLibrary 프로젝트/폴더에 PersonAutoGen.cs라는 이름의 새 파일을 추가한다.

3. 새 파일에 다음 코드를 추가한다.

```
namespace Packt.Shared
{
  public partial class Person
  {
  }
}
```

5장에서 작성할 나머지 코드는 이제 PersonAutoGen.cs 파일에 작성한다.

속성과 인덱서로 접근 제어하기

앞에서 이름과 생년월일을 반환하는 GetOrigin이라는 메서드를 만들었다. 자바 같은 언어에서는 이러한 유형의 메서드를 많이 사용한다. C#은 속성property이라는 더 나은 방법을 제공한다.

속성은 값을 가져오거나 설정할 때 코드를 단순하게 해주며, 필드처럼 보이고 동작하는 하나의 메서드(또는 메서드의 쌍)다.

읽기 전용 속성 정의하기

readonly 속성은 get 구현만 가진다.

1. Person 클래스의 PersonAutoGen.cs 파일에 3개의 속성을 정의한다.

- 첫 번째 속성은 GetOrigin 메서드와 같은 역할을 하는데, 모든 C# 버전에서 동작하는 속성 구문을 사용한다(return 문에서는 문자열 앞에 $를 붙여서 정의하는 문자열 보간을 사용하고 있는데 이 기능은 C# 6 이후부터 지원한다).

- 두 번째 속성은 C# 버전 6 이후부터 사용 가능한 람다 표현식(=>)을 사용해 환영

메시지를 반환한다.

- 세 번째 속성은 사람의 나이를 계산한다.

코드는 다음과 같다.

```csharp
// C# 1 - 5의 구문을 사용해 속성을 정의한다.
public string Origin
{
  get
  {
    return $"{Name} was born on {HomePlanet}";
  }
}

//C# 6 이상의 람다 표현식을 사용한 두 번째 속성 정의.
public string Greeting => $"{Name} says 'Hello!'";
public int Age => System.DateTime.Today.Year - DateOfBirth.Year;
```

 추가 정보: 위 계산은 나이를 계산하는 가장 좋은 방법은 아니다. 정확하게 해야 한다면 다음 링크를 참고하자.

https://stackoverflow.com/questions/9/how-do-i-calculate-someones-age-based-on-a-datetime-type-birthday

2. `Program.cs`에 속성을 조회하는 코드를 추가한다.

```csharp
var sam = new Person
{
  Name = "Sam",
  DateOfBirth = new DateTime(1972, 1, 27)
};
WriteLine(sam.Origin);
WriteLine(sam.Greeting);
WriteLine(sam.Age);
```

3. 코드를 실행하고 출력 결과를 확인한다.

```
Sam was born on Earth
Sam says 'Hello!'
49
```

49가 출력된 이유는 샘의 나이가 49세인, 2021년 8월 15일에 콘솔 애플리케이션을 실행했기 때문이다.

설정 가능한 속성 정의하기

설정 가능한 속성을 만들려면 이전 구문을 사용해야 하며 get – set 메서드 쌍을 제공해야 한다.

1. PersonAutoGen.cs 파일 안에 get과 set 메서드(getter/setter라고도 부른다)를 갖는 string 속성을 정의한다.

   ```
   public string FavoriteIceCream { get; set; } // auto-syntax
   ```

   가장 좋아하는 아이스크림을 저장할 필드를 만들지 않았지만 컴파일러가 자동으로 생성한다.

   때로는 속성이 설정될 때 일어나는 일을 좀 더 제어할 필요가 있다. 이런 경우에는 반드시 더 자세한 구문을 사용해야 하고 수동으로 private 필드를 생성해서 속성 값을 저장하도록 해야 한다.

2. PersonAutoGen.cs 파일에 string 필드와 get/set을 모두 갖는 string 속성을 정의한다.

   ```
   private string favoritePrimaryColor;
   public string FavoritePrimaryColor
   {
     get
   ```

```
{
  return favoritePrimaryColor;
}
set
{
  switch (value.ToLower())
  {
    case "red":
    case "green":
    case "blue":
      favoritePrimaryColor = value;
      break;
    default:
      throw new System.ArgumentException(
        $"{value} is not a primary color. " +
        "Choose from: red, green, blue.");
  }
}
}
```

 좋은 습관: getter와 setter에 너무 많은 코드를 추가하지 않는 것이 좋다. 이는 설계에 문제가 있다는 신호다. 구현을 단순화하려면 getter와 setter에서 호출하는 private 메서드를 추가하는 것을 고려하자.

3. Program.cs에 샘이 가장 좋아하는 아이스크림과 색상을 설정하고 출력하는 코드를 작성한다.

```
sam.FavoriteIceCream = "Chocolate Fudge";
WriteLine($"Sam's favorite ice-cream flavor is {sam.
FavoriteIceCream}.");
sam.FavoritePrimaryColor = "Red";
WriteLine($"Sam's favorite primary color is {sam.
FavoritePrimaryColor}.");
```

4. 코드를 실행하고 출력 결과를 확인한다.

```
Sam's favorite ice-cream flavor is Chocolate Fudge.
Sam's favorite primary color is Red.
```

만약 red, green, blue 외에 다른 색상을 설정하면 코드에서 예외를 던진다. 호출하는 코드에서는 try 문을 사용해서 에러 메시지를 표시할 수 있다.

 좋은 습관: GetAge, SetAge 같은 메서드를 사용하지 않고 필드에 값을 읽고 쓸 때 또는 XAML에서 데이터를 연결할 때 저장하는 값의 유효성을 검증하려면 필드 대신 속성을 사용한다.

초기화 시에 필수 속성 설정

C# 10은 required 지시자를 도입했다. 만약 속성에 이 지시자를 사용한다면 초기화 시에 속성 값을 설정해야 한다.

```
public class Book
{
  public required string Isbn { get; set; }
  public string Title { get; set; }
}
```

Isbn 속성을 설정하지 않고 Book을 초기화하면 컴파일러 에러가 발생한다.

```
Book novel = new();
```

 required 키워드는 .NET 6의 최종 배포 버전에 포함되지 않을 수 있으므로 이러한 것이 있다는 것만 알아 두자.[1]

---

[1] required 지시자는 실제로 .NET 7/C# 11에 포함된 키워드다. – 옮긴이

인덱서 정의하기

인덱서를 사용하면 배열을 사용할 때처럼 속성에 접근할 수 있다. 예를 들어, **인덱서**를 정의한 string 형식은, 호출하는 코드가 문자열 내의 개별 문자에 접근할 수 있다. Person 클래스의 Children 필드에 접근하는 간단한 인덱서를 만들어 보자.

1. PersonAutoGen.cs 파일에 다음과 같이 인덱서 정의를 추가한다.

```
// 인덱서
public Person this[int index]
{
  get
  {
    return Children[index]; // List<T> 인덱서에 전달
  }
  set
  {
    Children[index] = value;
  }
}
```

인덱서를 오버로드하면 매개 변수에 다른 형식을 사용할 수 있다. 예를 들어, int뿐만 아니라 string 값도 전달할 수 있다.

2. Children 인스턴스를 생성한 뒤에 더 긴 Children 필드와 그보다 짧은 인덱서 구문을 사용해서 첫 번째, 두 번째 인스턴스에 접근한다.

```
sam.Children.Add(new Person { Name = "Charlie" });
sam.Children.Add(new Person { Name = "Ella" });
WriteLine($"Sam's first child is {sam.Children[0].Name}");
WriteLine($"Sam's second child is {sam.Children[1].Name}");
WriteLine($"Sam's first child is {sam[0].Name}");
WriteLine($"Sam's second child is {sam[1].Name}");
```

3. 코드를 실행하고 출력 결과를 확인한다.

```
Sam's first child is Charlie
Sam's second child is Ella
Sam's first child is Charlie
Sam's second child is Ella
```

⠿ 객체 패턴 매칭

3장에서 기본적인 패턴 매칭을 소개했다. 이번 절에서는 패턴 매칭에 대해 더 자세히 알아본다.

.NET 6 클래스 라이브러리 생성하고 참조하기

향상된 패턴 매칭 기능은 C# 9 이상을 지원하는 모던 .NET 클래스 라이브러리에서만 가능하다.

1. Chapter05 작업 영역/솔루션에 PacktLibraryModern이라는 새 클래스 라이브러리를 만들어 추가한다.

2. PeopleApp 프로젝트에 PacktLibraryModern 클래스 라이브러리 참조를 추가한다.

```xml
<Project Sdk="Microsoft.NET.Sdk">
  <PropertyGroup>
    <OutputType>Exe</OutputType>
    <TargetFramework>net6.0</TargetFramework>
    <Nullable>enable</Nullable>
    <ImplicitUsings>enable</ImplicitUsings>
  </PropertyGroup>
  <ItemGroup>
    <ProjectReference Include="../PacktLibrary/PacktLibrary.csproj" />
    <ProjectReference
      Include="../PacktLibraryModern/PacktLibraryModern.csproj" />
```

```
    </ItemGroup>
  </Project>
```

3. PeopleApp 프로젝트를 빌드한다.

패턴 매칭 이해하기

이번 예제에서는 다양한 승객 유형을 정의하는 몇 개의 클래스를 만들고 switch 표현식
과 패턴 매칭을 써서 승객들의 비행 요금을 결정한다.

1. PacktLibraryModern 프로젝트/폴더에서 Class1.cs 파일 이름을 FlightPatterns.cs로
   변경한다.

2. 해당 파일에 서로 다른 속성으로 세 가지 승객 타입을 정의한다.

```
namespace Packt.Shared; // C# 10 파일 범위 네임스페이스
public class BusinessClassPassenger
{
  public override string ToString()
  {
    return $"Business Class";
  }
}
public class FirstClassPassenger
{
  public int AirMiles { get; set; }
  public override string ToString()
  {
    return $"First Class with {AirMiles:N0} air miles";
  }
}
public class CoachClassPassenger
{
  public double CarryOnKG { get; set; }
  public override string ToString()
  {
    return $"Coach Class with {CarryOnKG:N2} KG carry on";
```

```
    }
  }
```

3. Program.cs 파일에 5개의 Passenger 인스턴스를 포함하는 객체 배열을 정의하고 배열을 반복하면서 각 유형에 알맞은 비행 요금을 출력하는 메서드를 추가한다.

```
object[] passengers = {
  new FirstClassPassenger { AirMiles = 1_419 },
  new FirstClassPassenger { AirMiles = 16_562 },
  new BusinessClassPassenger(),
  new CoachClassPassenger { CarryOnKG = 25.7 },
  new CoachClassPassenger { CarryOnKG = 0 },
};
foreach (object passenger in passengers)
{
  decimal flightCost = passenger switch
  {
    FirstClassPassenger p when p.AirMiles > 35000 => 1500M,
    FirstClassPassenger p when p.AirMiles > 15000 => 1750M,
    FirstClassPassenger _                         => 2000M,
    BusinessClassPassenger _                      => 1000M,
    CoachClassPassenger p when p.CarryOnKG < 10.0 => 500M,
    CoachClassPassenger _                         => 650M,
    _                                             => 800M
  };
  WriteLine($"Flight costs {flightCost:C} for {passenger}");
}
```

위 코드에서는 다음 사항을 참고하자.

- 객체 속성을 패턴 매칭하려면 p와 같이 표현식에서 사용할 수 있는 지역 변수 이름을 지정해야 한다.

- 형식만 패턴 매칭하려면 _를 사용해서 지역 변수를 버릴 수 있다.

- switch문은 _를 사용해서 default 분기를 나타낸다.

C# 9 이상에서 향상된 패턴 매칭

이전 예제는 C# 8에서 동작한다. 이제 C# 9에서 향상된 기능을 살펴본다. 첫째, 이제 더 이상 형식을 매칭할 때 _을 사용할 필요가 없다.

1. Program.cs에서 C# 8 구문을 주석 처리하고, 중첩된 switch 표현식과 > 같은 C# 9 에서 사용 가능한 구문을 추가해 FirstClassPassenger의 분기를 수정한다.

```
decimal flightCost = passenger switch
{
  /* C# 8 구문
  FirstClassPassenger p when p.AirMiles > 35000 => 1500M,
  FirstClassPassenger p when p.AirMiles > 15000 => 1750M,
  FirstClassPassenger                           => 2000M, */
  // C# 9 구문
  FirstClassPassenger p => p.AirMiles switch
  {
    > 35000 => 1500M,
    > 15000 => 1750M,
    _       => 2000M
  },
  BusinessClassPassenger                        => 1000M,
  CoachClassPassenger p when p.CarryOnKG < 10.0 => 500M,
  CoachClassPassenger                           => 650M,
  _                                             => 800M
};
```

2. 코드를 실행하고 이전과 동일한 출력 결과를 확인한다.

중첩된 switch 표현식을 피하기 위해 속성 패턴과 함께 관계형 패턴을 사용할 수도 있다.

```
FirstClassPassenger { AirMiles: > 35000 } => 1500,
FirstClassPassenger { AirMiles: > 15000 } => 1750M,
FirstClassPassenger => 2000M,
```

레코드 사용하기

C# 9의 새로운 기능인 레코드[record]를 알아보기 전에 연관된 다른 특징을 먼저 살펴보자.

초깃값 전용 속성

5장 전체에서 객체 초기화 구문을 사용해 객체의 인스턴스를 만들고 초기 속성을 설정했다. 이러한 속성은 인스턴스를 만든 뒤에도 변경할 수 있다.

어떤 경우에는 readonly 필드처럼 인스턴스를 만들 때는 속성을 설정할 수 있지만, 그 이후에는 변경할 수 없도록 하고 싶을 때가 있다. 새로운 init 키워드는 이를 가능하도록 한다. set 키워드 대신 init을 사용할 수 있다.

1. PacktLibraryModern 프로젝트/폴더에 Records.cs라는 새 파일을 생성한다.

2. Records.cs 파일에 불변 person 클래스를 정의한다.

```
namespace Packt.Shared; // C# 10 파일 기반 네임스페이스
public class ImmutablePerson
{
  public string? FirstName { get; init; }
  public string? LastName { get; init; }
}
```

3. Program.cs 파일에 person 불변 클래스의 새 인스턴스를 만들고 속성 중 하나의 값을 변경하는 코드를 추가한다.

```
ImmutablePerson jeff = new()
{
  FirstName = "Jeff",
  LastName = "Winger"
};
jeff.FirstName = "Geoff";
```

4. 코드를 컴파일하고 다음과 같은 에러 메시지를 확인한다.

```
Program.cs(207,1): error CS8852: 초기값 전용 속성 또는 인덱서 'ImmutablePerson.
FirstName'은(는) 개체 이니셜라이저 또는 인스턴스 생성자나 'init' 접근자의 'this' 또는
'base'에만 할당할 수 있습니다. [F:\github\csharp9_translation\Code\Chapter05\
PeopleApp\PeopleApp.csproj]
```

5. 인스턴스를 만든 뒤에 FirstName 속성을 설정하는 코드를 주석 처리한다.

레코드 이해하기

초깃값 전용 속성은 C#에 불변성^{immutability}을 제공한다. **레코드**를 사용하면 이 개념을 더 확장할 수 있다. class 대신에 record 키워드를 사용해서 정의하면 전체 객체가 불변이 되며 값처럼 동작한다. 클래스, 레코드 및 값 형식의 공통점, 차이점은 6장에서 알아본다.

레코드는 인스턴스화 후에 변경되는 어떤 상태(속성과 필드)를 가지면 안 된다. 대신에 상태가 변경된 새로운 레코드를 기존 레코드로부터 만들어야 한다. 이를 비파괴적 변경^{non-destructive mutation}이라고 한다. C# 9에서는 이를 위해 with 키워드를 도입했다.

1. Records.cs 파일을 열고 ImmutableVehicle이라는 이름의 레코드를 추가한다.

```
public record ImmutableVehicle
{
  public int Wheels { get; init; }
  public string Color { get; init; }
  public string Brand { get; init; }
}
```

2. Program.cs 파일에 car 인스턴스를 생성한 다음, 변경된 복사본을 만드는 코드를 추가한다.

```
ImmutableVehicle car = new()
{
  Brand = "Mazda MX-5 RF",
  Color = "Soul Red Crystal Metallic",
  Wheels = 4
};
ImmutableVehicle repaintedCar = car
  with { Color = "Polymetal Grey Metallic" };
WriteLine($"Original car color was {car.Color}.");
WriteLine($"New car color is {repaintedCar.Color}.");
```

3. 코드를 실행하고 변경된 복사본에서 차 색상이 수정된 것을 확인한다.

```
Original color was Soul Red Crystal Metallic.
New color is Polymetal Grey Metallic.
```

레코드의 위치 데이터 멤버

위치 데이터 멤버를 사용해서 레코드 정의 구문을 간소화할 수 있다.

레코드에서 데이터 멤버 단순화

중괄호와 함께 객체 초기화 구문을 사용하는 대신에 5장의 앞에서 본 것처럼 생성자에 위치 매개 변수를 사용할 수도 있다. 다음과 같이 객체를 부분으로 분할하기 위해 분해자와 결합할 수도 있다.

```
public record ImmutableAnimal
{
  public string Name { get; init; }
  public string Species { get; init; }
  public ImmutableAnimal(string name, string species)
  {
    Name = name;
    Species = species;
  }
  public void Deconstruct(out string name, out string species)
```

```
    {
      name = Name;
      species = Species;
    }
  }
```

속성, 생성자, 분해자를 자동 생성할 수도 있다.

1. Records.cs 파일에 위치 레코드라는 단순화된 구문을 사용해 다른 레코드를 정의
   한다.

   ```
   // 레코드를 정의하는 더 단순한 방법
   // 속성, 생성자, 분해자를 자동으로 생성
   public record ImmutableAnimal(string Name, string Species);
   ```

2. Program.cs 파일에 불변 객체를 생성하고 분해하는 코드를 추가한다.

   ```
   ImmutableAnimal oscar = new("Oscar", "Labrador");
   var (who, what) = oscar; // Deconstruct 메서드 호출
   WriteLine($"{who} is a {what}.");
   ```

3. 코드를 실행하고 출력 결과를 확인한다.

   ```
   Oscar is a Labrador.
   ```

 6장의 구조체 레코드 생성에 대한 C# 10 지원 부분에서 레코드를 다시 살펴본다.

⁞⊱ 연습 및 탐구

몇 개의 질문에 답해 보면서 5장에서 배운 내용을 얼마나 이해하고 있는지 확인하고 더 공부할 내용도 살펴보자.

연습 5.1 - 복습

1. 접근 지시자의 6개 유형은 무엇이며 각각 어떤 의미가 있는가?

2. static, const, readonly 키워드의 차이점은 무엇인가?

3. 생성자가 하는 일은 무엇인가?

4. 조합된 값을 저장할 때 왜 enum 키워드에 [Flags] 특성을 추가해야 하는가?

5. partial 키워드는 어떤 경우에 사용하는가?

6. 튜플은 무엇인가?

7. record 키워드의 역할은 무엇인가?

8. 오버로딩은 무엇인가?

9. 플래그와 속성의 차이점은 무엇인가?

10. 선택적 매개 변수는 어떻게 만들 수 있는가?

연습 5.2 - 탐구

5장에서 다룬 주제에 관한 글을 다음 링크에서 좀 더 읽어 보자.

https://github.com/markjprice/cs10dotnet6/blob/main/book-links.md#chapter-5---building-your-own-types-with-object-oriented-programming

⠿ 마무리

5장에서는 OOP를 사용해 자신만의 형식을 만드는 법을 배웠고, 데이터를 저장하는 필드, 행동을 수행하는 메서드를 포함해 형식이 가질 수 있는 멤버들의 종류를 알아봤다. 집합 및 캡슐화 같은 OOP 개념을 사용했으며, 향상된 객체 패턴 매칭, 초깃값 전용 속성, 레코드 같은 모던 C#의 새로운 기능을 배웠다.

6장에서는 델리게이트와 이벤트를 정의하고 인터페이스를 구현하고 기존 클래스를 상속해 보면서 OOP 개념을 좀 더 알아본다.

06

인터페이스 구현 및 클래스 상속하기

6장에서는 **OOP**를 사용해 이미 존재하는 형식으로부터 새로운 형식을 파생시키는 법을 알아본다. 간단한 동작을 수행하기 위한 연산자와 지역 메서드^{local functions}, 형식 간의 메시지 교환을 위한 델리게이트, 이벤트를 정의하는 방법에 대해 배우며 공통 기능에 대한 인터페이스 구현에 대해 알아본다. 제네릭 및 참조와 값 형식 간의 차이에 대해서도 살펴본다. 재사용을 위한 클래스 상속, 멤버 오버라이딩, 다형성을 알아본다. 마지막으로, 확장 메서드를 생성하고 상속 관계^{inheritance hierarchy}의 클래스들 사이의 변환 방법을 배운다.

6장은 다음 내용을 다룬다.

- 클래스 라이브러리와 콘솔 애플리케이션 설정

- 메서드 더 알아보기

- 이벤트 발생 및 제어하기

- 제네릭으로 안전한 형식 사용하기

- 인터페이스 구현하기

- 참조와 값 형식으로 메모리 관리하기

- null 값 사용하기

- 클래스 상속

- 상속 관계 내에서 변환하기

- .NET 형식을 상속하고 확장하기

- 분석기를 사용해 더 나은 코드 만들기

⫸ 클래스 라이브러리와 콘솔 애플리케이션 설정

5장에서 이미 해본 것처럼 작업 영역에 2개의 프로젝트를 생성한다. 이번에는 클래스 라이브러리에서 C# 10 기능을 사용하므로 .NET 표준 2.0이 아닌 .NET 6.0을 대상으로 해야 한다.

1. 선호하는 코드 편집기를 사용해 Chapter06 작업 영역/솔루션을 생성한다.

2. 다음 항목대로 클래스 라이브러리 프로젝트를 추가한다.

   A. 프로젝트 템플릿: **클래스 라이브러리**/classlib

   B. 작업 영역/솔루션 파일 및 폴더: Chapter06

   C. 프로젝트 파일 및 폴더: PacktLibrary

3. 다음 항목대로 콘솔 앱 프로젝트를 만들어 추가한다.

   A. 프로젝트 템플릿: **콘솔 애플리케이션**/console

   B. 작업 영역/솔루션 파일 및 폴더: Chapter06

   C. 프로젝트 파일 및 폴더: PeopleApp

4. PacktLibrary 프로젝트에서 Class1.cs 파일 이름을 Person.cs로 변경한다.

5. Person.cs를 다음과 같이 수정한다.

```csharp
using System;
using System.Collections.Generic;
using static System.Console;
namespace Packt.Shared;
public class Person : object
{
  // fields
  public string? Name;      // ? null 허용
  public DateTime DateOfBirth;
  public List<Person> Children = new(); // C# 9 이상
  // methods
  public void WriteToConsole()
  {
    WriteLine($"{Name} was born on a {DateOfBirth:dddd}.");
  }
}
```

6. PeopleApp 프로젝트에 PacktLibrary에 대한 프로젝트 참조를 추가한다.

```xml
<Project Sdk="Microsoft.NET.Sdk">
  <PropertyGroup>
    <OutputType>Exe</OutputType>
    <TargetFramework>net6.0</TargetFramework>
    <Nullable>enable</Nullable>
    <ImplicitUsings>enable</ImplicitUsings>
  </PropertyGroup>
  <ItemGroup>
    <ProjectReference
      Include="..\PacktLibrary\PacktLibrary.csproj" />
  </ItemGroup>
</Project>
```

7. PeopleApp 프로젝트를 빌드해 2개 프로젝트 모두 빌드가 성공하는지 확인한다.

⠿ 메서드 더 알아보기

Person 클래스의 인스턴스 2개를 결합시켜 자녀를 낳는 메서드를 구현할 수 있다. 인스턴스 메서드는 객체가 수행하는 작업인 반면, 정적 메서드는 형식이 수행하는 작업이다.

둘 중 무엇을 선택할지는 구현할 기능에 가장 적합한 것이 어떤 것인지에 달려 있다.

 좋은 습관: 때로는 비슷한 기능을 처리하는 정적 메서드와 인스턴스 메서드를 모두 제공하기도 한다. 예를 들어, sting은 Compare 정적 메서드와 CompareTo 인스턴스 메서드를 제공한다. 이렇게 하면 여러분이 구현한 클래스를 사용하는 개발자에게 선택권을 주어 유연성을 높일 수 있다.

메서드를 사용해 기능 구현하기

메서드를 사용해 기능 몇 개를 구현해 보자.

1. Person 클래스에 인스턴스 메서드와 정적 메서드를 하나씩 구현하고 2개의 Person 객체가 자녀를 낳는 기능을 하도록 다음 코드를 추가한다.

```
// 정적 메서드
public static Person Procreate(Person p1, Person p2)
{
  Person baby = new()
  {
    Name = $"Baby of {p1.Name} and {p2.Name}"
  };
  p1.Children.Add(baby);
  p2.Children.Add(baby);
  return baby;
}

// 인스턴스 메서드
public Person ProcreateWith(Person partner)
{
```

```
    return Procreate(this, partner);
  }
```

위 코드에서 대해서는 다음을 참고하자.

- Procreate라는 정적 메서드에는 2개의 Person 객체 p1, p2가 매개 변수로 전달된다.

- baby라는 새로운 Person 객체는 두 Person 객체의 이름을 조합한 값을 설정한다. 나중에 Name 속성을 사용해 변경할 수 있다.

- baby 개체는 부모의 Children 컬렉션에 추가된 다음 반환된다. 클래스는 참조 유형이므로 baby의 복제본이 아니라 메모리에 저장된 baby 객체에 대한 참조가 추가된다. 6장의 후반부에 값 형식과 참조 형식의 차이점을 배운다.

- ProcreateWith라는 인스턴스 메서드에는 Person 객체가 partner라는 매개 변수로 전달되고 내부에서 Procreate 정적 메서드에 전달돼 메서드 구현을 재사용한다. this는 클래스의 현재 인스턴스를 참조하는 키워드다.

 좋은 습관: 새 객체를 생성하거나 현재 객체를 수정하는 메서드는 호출하는 쪽에서 결과에 접근할 수 있도록 객체에 대한 참조를 반환해야 한다.

2. PeopleApp 프로젝트의 Program.cs 파일 상단의 주석을 제거하고 필요한 네임스페이스를 가져온다. Console 형식은 정적으로 가져온다.

```
using Packt.Shared;
using static System.Console;
```

3. Program.cs에 3개의 People 인스턴스를 만들고 ProcreateWith와 Procreate 메서드를 호출한다. string에 큰따옴표 문자를 추가하려면 백슬래시(\) 문자를 접두사로 붙여야 한다.

```
Person harry = new() { Name = "Harry" };
Person mary = new() { Name = "Mary" };
Person jill = new() { Name = "Jill" };
// 인스턴스 메서드 호출
Person baby1 = mary.ProcreateWith(harry);
baby1.Name = "Gary";
// 정적 메서드 호출
Person baby2 = Person.Procreate(harry, jill);
WriteLine($"{harry.Name} has {harry.Children.Count} children.");
WriteLine($"{mary.Name} has {mary.Children.Count} children.");
WriteLine($"{jill.Name} has {jill.Children.Count} children.");
WriteLine(
  format: "{0}'s first child is named \"{1}\".",
  arg0: harry.Name,
  arg1: harry.Children[0].Name);
```

4. 코드를 실행하고 출력 결과를 확인한다.

```
Harry has 2 children.
Mary has 1 children.
Jill has 1 children.
Harry's first child is named "Gary".
```

연산자로 기능 구현하기

System.String 클래스는 2개의 string 값을 연결하고 결과를 반환하는 Concat이라는 정적 메서드를 갖고 있다.

```
string s1 = "Hello ";
string s2 = "World!";
string s3 = string.Concat(s1, s2);
WriteLine(s3); // Hello World!
```

Concat 메서드는 아무런 문제없이 잘 동작하지만, 다음 코드처럼 + 연산자를 사용해서 2 개의 string 값을 더하는 것이 더 자연스러울 수 있다.

```
string s3 = s1 + s2;
```

이번에는 * 기호를 2개의 Person 객체에 대해 사용할 수 있도록 구현해 보자.

* 기호에 대한 정적 연산자를 정의해야 한다. 연산자는 사실상 메서드이므로 효과는 동 일하지만, 메서드 이름 대신 기호를 사용하므로 코드는 더 간결하다.

1. Person.cs에 * 기호에 대한 static 연산자를 생성한다.

```
// * 연산자
public static Person operator *(Person p1, Person p2)
{
  return Person.Procreate(p1, p2);
}
```

 좋은 습관: 메서드와 달리 연산자는 형식에 대한 인텔리센스 목록에 표시되지 않는 다. 따라서 연산자의 사용 가능성이 명확하지 않을 수 있으므로 연산자를 구현할 때 메서드도 같이 만드는 것이 좋다. 연산자 내부에서 메서드를 호출하도록 하면 작성 한 코드를 재사용할 수 있다. 메서드를 제공하는 두 번째 이유는 언어 컴파일러에서 연산자를 지원하지 않는 경우도 있기 때문이다. 예를 들어 * 같은 산술 연산자는 비주 얼 베이직과 F#에서 지원하지만 다른 언어들이 C#의 모든 연산자를 지원할 필요는 없다.

2. Program.cs에서 Procreate 정적 메서드를 호출한 후에 * 연산자를 사용해 또 다른 baby 객체를 생성한다.

```
// 정적 메서드 호출
Person baby2 = Person.Procreate(harry, jill);
// 연산자 호출
Person baby3 = harry * mary;
```

3. 코드를 실행하고 결과를 확인한다.

```
Harry has 3 children.
Mary has 2 children.
Jill has 1 children.
Harry's first child is named "Gary".
```

로컬 함수 정의하기

C# 7의 새로운 기능 중 하나는 **로컬**^{local} **함수** 정의다. 로컬 함수는 지역 변수와 비슷한 개념이다. 즉 로컬 함수 정의를 포함하고 있는 메서드 내에서만 호출할 수 있다는 것인데, 다른 프로그래밍 언어에서는 **중첩**^{nested} 또는 **내부**^{inner} **메서드**라고 부르기도 한다.

로컬 함수는 메서드 내부 어느 곳에서나 정의할 수 있다.

팩토리얼 값을 계산하는 로컬 함수를 구현해 보자.

1. Person.cs에 로컬 함수를 사용해 결과를 계산하는 Factorial 함수를 추가한다.

```csharp
// 로컬 함수를 사용하는 메서드
public static int Factorial(int number)
{
  if (number < 0)
  {
    throw new ArgumentException(
      $"{nameof(number)} cannot be less than zero.");
  }
  return localFactorial(number);
  int localFactorial(int localNumber) // 로컬 함수
  {
    if (localNumber < 1) return 1;
    return localNumber * localFactorial(localNumber - 1);
  }
}
```

336

2. Program.cs에 Factorial 함수를 호출하고 결과를 출력하는 코드를 추가한다.

```
WriteLine($"5! is {Person.Factorial(5)}");
```

3. 코드를 실행하고 출력 결과를 확인한다.

```
5! is 120
```

⁞⁝ 이벤트 발생 및 처리하기

메서드는 객체가 자체적으로 또는 연관된 객체에게 할 수 있는 어떤 행동을 말한다. 예를 들어, List 클래스라면 아이템을 더하거나add, List를 비우는clear 메서드가 있을 것이고, File 클래스라면 파일 시스템에 파일을 생성create하거나 삭제delete하는 메서드가 있을 것이다.

이벤트event는 객체에게 일어날 수 있는 어떤 행동을 말한다. 예를 들어, 사용자 인터페이스의 Button은, '버튼에게 일어날 수 있는' Click 이벤트를 가진다. FileSystemWatcher는 파일 시스템의 변경 알림을 수신하고 디렉터리나 파일이 변경될 때 Created나 Deleted 같은 이벤트를 발생시킨다. 이벤트는 또한 두 객체 간의 메시지 교환 수단으로 사용되기도 한다.

이벤트는 **델리게이트**delegate를 기반으로 하므로 델리게이트가 어떻게 동작하는지 먼저 살펴보자.

델리게이트를 사용해서 메서드 호출하기

메서드를 실행하고 호출하는 가장 흔한 방법을 지금까지의 예제에서 많이 봤을 것이다. 바로 .과 메서드 이름을 사용하는 것이다. 예를 들어, Console.WriteLine이라고 쓰면 Console 형식의 WrtieLine 메서드를 호출해 콘솔 창에 메시지를 출력한다.

메서드를 호출하거나 실행하는 또 다른 방법은 델리게이트를 사용하는 것이다. 만약 **함수 포인터**를 지원하는 언어를 사용해 봤다면 델리게이트를 **형식에 안전한 함수 포인터**라고 생각할 수 있다. 바꿔 말하면, 델리게이트는 동일한 서명을 갖는 메서드의 메모리 주소를 포함하므로 정확한 매개 변수 형식으로 안전하게 호출할 수 있다.

예를 들어, Person 클래스의 어떤 메서드가 string 형식의 매개 변수 1개를 전달받고 int 형식을 반환한다고 가정하자.

```
public int MethodIWantToCall(string input)
{
  return input.Length; // 이 메서드의 기능은 중요하지 않다.
}
```

이 메서드는 p1이 Person의 인스턴스라고 할 때 아래처럼 호출할 수 있다.

```
int answer = p1.MethodIWantToCall("Frog");
```

또 다른 방법은 서명이 동일한 델리게이트를 정의해서 메서드를 간접 호출하는 것이다. 델리게이트를 정의할 때 매개 변수 이름까지 맞출 필요는 없으며, 매개 변수 형식과 반환 형식이 동일하면 된다.

```
delegate int DelegateWithMatchingSignature(string s);
```

이제 델리게이트의 인스턴스를 만들어 메서드를 가리키도록 한 다음, 델리게이트를 호출한다. 이렇게 하면 결국 메서드가 호출된다.

```
// 메서드를 가리키는 델리게이트 인스턴스 생성
DelegateWithMatchingSignature d = new(p1.MethodIWantToCall);
// 델리게이트를 호출해서 메서드를 호출
int answer2 = d("Frog");
```

메서드를 왜 직접 호출하지 않고 델리게이트를 사용하는지 이유가 궁금할 것이다. 델리게이트의 유용함은 메서드 호출의 유연성을 제공하는 데 있다.

델리게이트를 사용하면 순서대로 호출돼야 하는 메서드들의 큐queue, 즉 메서드 대기열을 만들 수 있다. 메서드 대기열은 확장성을 향상을 위한 서비스에서 일반적으로 필요로 하는 요소다.

다른 예로 여러 작업을 병렬로 수행할 수 있게 한다. 델리게이트는 응답성 향상을 위해 다른 스레드에서 실행되는 비동기 연산을 기본 지원한다. 12장에서 여기에 대해 알아본다.

가장 중요한 것은 델리게이트를 사용하면 서로에 대해 알 필요가 없는 다른 객체 사이에 메시지를 보내기 위한 이벤트를 만들 수 있다는 것이다.

델리게이트와 이벤트는 C#의 가장 혼란스러운 기능 중 하나이므로 배우는 데 다소 시간이 걸린다. 바로 이해하지 못하더라도 너무 조급해하지 말자.

델리게이트 정의하고 처리하기

이벤트를 사용하기 위한 2개의 델리게이트가 이미 정의돼 있다. 서명은 다음과 같이 단순하지만 유연하다.

```
public delegate void EventHandler(
    object? sender, EventArgs e);
public delegate void EventHandler<TEventArgs>(
    object? sender, TEventArgs e);
```

 좋은 습관: 새로운 이벤트를 정의해야 한다면 위 2개의 델리게이트 중 하나를 사용해야 한다.

델리게이트와 이벤트를 코드를 통해 알아보자.

1. Person 클래스에 다음 코드를 추가하고 다음 사항을 참고한다.

    • 이 코드는 Shout이라는 EventHandler 델리게이트 필드를 정의한다.

- 또, AngerLevel을 저장하기 위해 int 필드를 정의한다.

- Poke라는 메서드를 정의한다.

- Poke 메서드가 호출될 때마다 AngerLevel이 증가하고 이 값이 3이 되면 Shout 이 벤트가 발생한다. 이벤트 발생은 delegate가 코드 어딘가에서 정의한 메서드를 가리킬 때만, 즉 null이 아닐 때만 발생된다.

```
// 이벤트 델리게이트 필드
public EventHandler? Shout;

// 데이터 필드
public int AngerLevel;

// 메서드
public void Poke()
{
  AngerLevel++;
  if (AngerLevel >= 3)
  {
    // Shout 이벤트에 대한 핸들러가 정의돼 있다면...
    if (Shout != null)
    {
      // ...이벤트를 발생시킨다.
      Shout(this, EventArgs.Empty);
    }
  }
}
```

객체의 메서드를 호출하기 전에 null 여부를 확인하는 것은 매우 일반적인 사항이다. C# 6.0 이후에는 다음과 같이 null 검사를 인라인으로 단순화할 수 있다.

```
Shout?.Invoke(this, EventArgs.Empty);
```

2. Program.cs에, sender 매개 변수에서 Person 객체에 대한 참조를 가져와서 정보를 출력하는 일치된 서명을 갖는 메서드를 다음과 같이 추가한다.

```
static void Harry_Shout(object? sender, EventArgs e)
{
  if (sender is null) return;
  Person p = (Person)sender;
  WriteLine($"{p.Name} is this angry: {p.AngerLevel}.");
}
```

이벤트를 처리하는 메서드 이름에 대한 마이크로소프트의 규칙은 ObjectName_
EventName이다.

3. Program.cs에 델리게이트 필드에 메서드를 할당하는 코드를 추가한다.

```
harry.Shout = Harry_Shout;
```

4. Shout 이벤트에 메서드를 할당한 다음 Poke 메서드를 네 번 호출한다.

```
harry.Shout = Harry_Shout;
harry.Poke();
harry.Poke();
harry.Poke();
harry.Poke();
```

5. 코드를 실행하고 출력 결과를 확인한다. 해리^{Harry}가 세 번째부터는 화를 내고 있다.

```
Harry is this angry: 3.
Harry is this angry: 4.
```

이벤트 정의하고 처리하기

델리게이트가 어떻게 이벤트에서 가장 중요한 기능을 구현하는지 알아봤다. 즉 완전히
다른 코드로 구현할 수 있는 메서드에 대한 서명을 정의한 다음, 해당 메서드와 델리게
이트 필드에 연결된 다른 모든 메서드를 호출한다.

정작 이벤트는 예상보다 알아야 할 범위가 크지 않다.

메서드를 델리게이트 필드에 할당할 때는 앞의 예와 같이 단순 할당 연산자를 사용하지 말아야 한다.

델리게이트는 멀티캐스트multicast이므로 하나의 델리게이트 필드에 여러 개의 델리게이트를 할당할 수 있다. = 대신에 += 연산자를 사용해서 동일한 델리게이트 필드에 더 많은 메서드를 추가할 수 있다. 대리자를 호출하면 할당된 모든 메서드가 호출되지만 호출 순서를 제어할 수는 없다.

Shout 델리게이트 필드가 이미 하나 이상의 메서드를 참조하고 있다면 메서드를 할당하면서 기존의 모든 메서드를 대체한다. 따라서 이벤트에 사용되는 델리게이트를 오직 +=, -= 연산자를 사용해서만 메서드를 추가하고 제거하도록 하고 싶을 수 있다.

1. 이를 강제하기 위해 Person.cs에 다음과 같이 event 키워드를 델리게이트 필드 선언에 추가한다.

   ```
   public event EventHandler? Shout;
   ```

2. 터미널에 dotnet build 명령을 입력해서 다음과 같은 컴파일러 에러 메시지를 확인한다.

   ```
   Program.cs(42,7): error CS0079: 'Person.Shout' 이벤트는 += 또는 -=의 왼쪽에만 올 수 있습니다.
   ```

   이것이 event 키워드가 하는 (거의) 모든 역할이다. 델리게이트 필드에 둘 이상의 메서드를 할당하지 않는다면 기술적으로 event가 필요 없다. 하지만 여전히 델리게이트 필드가 이벤트로 사용될 것이라는 의미를 표시하는 것이 좋다.

3. += 연산자를 사용해서 메서드를 할당하도록 수정한다.

   ```
   harry.Shout += Harry_Shout;
   ```

4. 코드를 실행하고 이전과 동일하게 동작하는지 확인한다.

⫶ 제네릭으로 안전한 형식 사용하기

2005년 C# 2.0과 .NET 프레임워크 2.0에서 마이크로소프트는 **제네릭**generic이라는 이름의 기능을 소개했다. 제네릭은 더 안전하고 효과적으로 형식을 재사용할 수 있게 해준다. 이는 객체를 매개 변수로 전달하는 것과 유사하게 형식을 매개 변수로 전달할 수 있게 한다.

제네릭을 사용하지 않은 형식으로 작업하기

먼저, 약한weakly 형식의 매개 변수 및 값, System.Object 사용으로 인한 성능 문제처럼 제네릭을 사용하지 않았을 때의 문제를 살펴본 뒤에 이 문제를 제네릭이 어떻게 해결하는지 알아보자.

System.Collections.Hashtable은 고유한 키가 있는 여러 값을 저장해 빠르게 조회하는데 사용한다. 키와 값은 모두 System.Object로 선언되므로 모든 객체가 될 수 있다. 이것은 정수 형식의 값 등을 저장할 때 유연성을 제공하지만 형식을 검사하지 않으므로 버그가 발생하기 쉽고 느리다.

코드를 작성해 보자.

1. Program.cs에 비제네릭non-generic 컬렉션인 System.Collections.Hashtable의 인스턴스를 만들고 4개의 항목을 추가한다.

```
// 비제네릭 컬렉션
System.Collections.Hashtable lookupObject = new();
lookupObject.Add(key: 1, value: "Alpha");
lookupObject.Add(key: 2, value: "Beta");
lookupObject.Add(key: 3, value: "Gamma");
lookupObject.Add(key: harry, value: "Delta");
```

2. key가 2인 값을 조회한다.

```
int key = 2; // key가 2인 값을 조회한다.
WriteLine(format: "Key {0} has value: {1}",
  arg0: key,
  arg1: lookupObject[key]);
```

3. 이번에는 객체 harry의 값을 조회한다.

```
// harry의 값을 조회한다.
WriteLine(format: "Key {0} has value: {1}",
  arg0: harry,
  arg1: lookupObject[harry]);
```

4. 코드를 실행하고 결과를 확인한다.

```
Key 2 has value: Beta
Key Packt.Shared.Person has value: Delta
```

코드는 정상적으로 동작했지만 모든 형식을 키, 값에 사용할 수 있으므로 실수할 가능성이 매우크다. 코드를 사용하는 다른 개발자가 키에 사용되는 형식이 하나의 특정 형식이라고 예상했는데, 실제로 다른 형식도 사용하고 있다면 캐스팅 예외가 발생할 수 있다. 컬렉션에 조회 항목이 많다면 성능 문제 역시 발생한다.

 좋은 습관: System.Collections 네임스페이스의 형식 사용을 피하자.

제네릭 형식 사용하기

System.Collections.Generic.Dictionary<TKey, TValue>는 고유한 키가 있는 여러 값을 저장해 빠르게 조회하는 데 사용한다. 키와 값은 모든 객체가 될 수 있지만 컬렉션을 처음 인스턴스화할 때 형식이 무엇인지 컴파일러에 미리 알려야 한다. 이렇게 하려면 꺾

쇠괄호 <>안의 TKey 및 TValue에 **제네릭 매개 변수**의 형식을 지정한다.

 좋은 습관: 제네릭 형식에 정의할 형식이 하나라면 List<T>처럼 이름을 T로 지정한다. 여기서 T는 목록에 저장되는 형식이다. 제네릭 형식에 정의 가능한 여러 개의 형식이 있으면 T를 이름 접두사로 사용하며 Dictionary<TKey, TValue>와 같이 의미 있는 이름을 가져야 한다.

이렇게 하면 유연성을 제공하면서 더 빠르고 항목을 추가할 때도 형식 검사가 이뤄지기 때문에 버그를 방지할 수 있다.

앞에서 본 문제를 해결하는 코드를 작성해 보자.

1. Program.cs에 Dictionary<TKey, TValue>의 인스턴스를 생성한 다음 4개 항목을 추가한다.

```
// 제네릭 컬렉션
Dictionary<int, string> lookupIntString = new();
lookupIntString.Add(key: 1, value: "Alpha");
lookupIntString.Add(key: 2, value: "Beta");
lookupIntString.Add(key: 3, value: "Gamma");
lookupIntString.Add(key: harry, value: "Delta");
```

2. 컴파일하면 다음과 같은 오류가 발생한다.

```
Program.cs(68,26): error CS1503: 1 인수: 'Packt.Shared.Person'에서
'int'(으)로 변환할 수 없습니다.
```

3. harry를 4로 바꾼다.

4. key 3의 값을 조회한다.

```
key = 3;
WriteLine(format: "Key {0} has value: {1}",
  arg0: key,
  arg1: lookupIntString[key]);
```

5. 코드를 실행하고 결과를 확인한다.

```
Key 3 has value: Gamma
```

∷ 인터페이스 구현하기

인터페이스는 서로 다른 형식을 연결해 새로운 것을 만드는 방법이다. 예를 들어, 레고
LEGO 블록에는 여러 개의 스터드stud가 있는데, 이것이 인터페이스 역할을 해서 서로 다
른 블록을 결합할 수 있게 한다. 또한, 소켓과 플러그 연결을 위한 표준 방법도 인터페이
스의 한 예시다.

어떤 형식이 인터페이스를 구현한다는 것은 다른 .NET 형식에게 특정 기능을 지원하
겠다고 약속하는 것과 마찬가지다. 이런 이유로 인터페이스를 종종 계약contract이라 부
르기도 한다.

공통 인터페이스

새로운 형식을 만들 때 필요한 공통 인터페이스는 다음과 같다.

인터페이스	메서드	설명
IComparable	CompareTo(other)	형식을 정렬하거나 정렬하는 데 필요한 비교 메서드를 정의한다.
IComparer	Compare(first, second)	first 형식의 인스턴스를 정렬하거나 정렬하기 위해 second 형식이 구현하는 비교 메서드를 정의한다.
IDisposable	Dispose()	관리되지 않는 리소스를 더 효율적으로 해제하는 메서드를 정의한다(자세한 내용은 6장의 '관리되지 않은 리소스 해제하기' 절을 참고).
IFormattable	ToString(format, culture)	객체의 값을 문자열 표현으로 바꾸도록 컬처 인식(culture-aware) 메서드를 정의한다.

IFormatter	Serialize(stream, object), Deserialize(stream)	저장이나 전송을 위해 객체를 바이트 스트림으로, 또는 바이트 스트림에서 객체로 변환하는 메서드를 정의한다.
IFormatProvider	GetFormat(type)	언어 및 지역을 기반으로 입력 형식을 지정하는 방법을 정의한다.

정렬을 위한 객체 비교

IComparable은 공통 인터페이스 중 가장 많이 사용되는 인터페이스다. 이 인터페이스는 CompareTo라는 이름의 메서드를 갖고 있으며 다음 코드와 같이 nullable object 형식을 사용하는 것과 nullable 제네릭 형식 T를 사용하는 두 가지 형태가 있다.

```
namespace System
{
  public interface IComparable
  {
    int CompareTo(object? obj);
  }
  public interface IComparable<in T>
  {
    int CompareTo(T? other);
  }
}
```

예를 들어, string 형식은 비교 대상 string보다 작으면 -1을 반환하고 크면 1을 반환해 IComparable을 구현한다. 마찬가지로, int 형식은 비교 대상 int보다 작으면 -1을 반환하고, 크면 1을 반환해 IComparable을 구현한다.

만약 형식이 IComparable 인터페이스를 구현한다면 해당 형식의 배열이나 컬렉션을 정렬할 수 있다.

IComparable 인터페이스와 Person 클래스에 대한 CompareTo 메서드를 구현하기 전에 Person 인스턴스의 배열을 정렬할 때 발생하는 일을 살펴보자.

1. Program.cs에 Person 인스턴스의 배열을 만들어 출력하고 정렬한다. 그리고 정렬된 배열을 다시 출력한다.

```
Person[] people =
{
  new() { Name = "Simon" },
  new() { Name = "Jenny" },
  new() { Name = "Adam" },
  new() { Name = "Richard" }
};
WriteLine("Initial list of people:");
foreach (Person p in people)
{
  WriteLine($"  {p.Name}");
}
WriteLine("Use Person's IComparable implementation to sort:");
Array.Sort(people);
foreach (Person p in people)
{
  WriteLine($"  {p.Name}");
}
```

2. 코드를 실행해 보면 예외가 발생할 것이다. 문제를 수정하려면 에러 메시지가 설명 하는 것처럼 IComparable을 구현해야 한다.

```
Unhandled exception. System.InvalidOperationException: Failed to compare
two elements in the array.
 ---> System.ArgumentException: At least one object must implement
IComparable.
```

3. Person.cs에 다음 코드를 추가한다.

```
public class Person : object, IComparable<Person>
```

코드 편집기는 새로 입력한 코드 아래에 빨간 물결 표시로, 아직 필요한 메서드를 구현하지 않았음을 알려 준다. 구현에 필요한 기본 코드를 작성해 주기도 하는데 이 렇게 하려면 전구 모양의 아이콘을 클릭하고, **인터페이스 구현**을 선택한다.

4. Person 클래스의 맨 아래로 스크롤해서 자동으로 작성된 CompareTo 메서드에서 NotImplementedException 예외를 발생시키는 코드를 삭제한다.

5. 다음과 같이 string 형식의 CompareTo 구현을 사용해서 Name 필드를 비교하는 코드를 추가한다.

```
public int CompareTo(Person? other)
{
    return Name.CompareTo(other?.Name);
}
```

Name 필드를 비교해 두 Person 인스턴스를 비교하도록 했다. 따라서 Person 인스턴스는 이름에 따라 알파벳 순서로 정렬된다. 단순화하기 위해 예제에서 null 검사를 하지 않았다.

6. 코드를 실행하고 결과를 확인한다.

```
Initial list of people:
  Simon
  Jenny
  Adam
  Richard
Use Person's IComparable implementation to sort:
  Adam
  Jenny
  Richard
  Simon
```

 좋은 습관: 사용자 정의 형식의 컬렉션이나 배열을 정렬하려면 IComparable 인터페이스를 구현한다.

7. 아래로 스크롤해 자동으로 생성된 메서드를 찾고 NotImplementedException 예외를 발생시키는 코드를 삭제한다.

8. 다음과 같이 문자열 형식의 CompareTo 구현을 사용해서 Name 필드를 비교하는 코드
   를 추가한다.

```
public int CompareTo(Person other)
{
  return Name.CompareTo(other.Name);
}
```

Name 필드를 비교해서 두 Person 인스턴스를 비교하도록 했다. 따라서 Person 인스턴
스는 이름에 따라 알파벳 순서로 정렬된다.

단순화하기 위해 예제에서 null 검사를 하지 않았다.

9. 애플리케이션을 실행하고 출력 결과를 확인한다.

```
Initial list of people:
  Simon
  Jenny
  Adam
  Richard
Use Person's IComparable implementation to sort:
  Adam
  Jenny
  Richard
  Simon
```

 좋은 습관: 사용자 정의 형식의 컬렉션이나 배열을 정렬하려면 IComparable 인터
페이스를 구현한다.

분리된 클래스를 사용해서 객체 비교하기

때로는 형식이 정의된 소스 코드에 접근하지 못할 수 있다. 이렇게 되면 IComparable 인
터페이스를 구현할 수 없다. 다행히 형식의 인스턴스를 정렬하는 다른 방법이 있다.

IComparer 인터페이스를 구현하는 보조 형식을 만들면 된다.

1. PacktLibrary 프로젝트에 PersonComparer라는 새로운 클래스를 추가한다. 이 클래스
   는 다음 코드처럼 IComparer 인터페이스를 구현한다. 이번에는 2개의 Person 인스턴
   스에 대해 Name 필드 길이를 비교한다. 만약 Name 필드의 길이가 동일하다면 이름의
   알파벳 순서를 비교한다.

```
namespace Packt.Shared
{
  public class PersonComparer : IComparer<Person>
  {
    public int Compare(Person? x, Person? y)
    {
      // Name의 길이를 비교한다.
      int result = x.Name.Length
        .CompareTo(y.Name.Length);
      // Name의 길이가 동일하다면...
      if (result == 0)
      {
        // ...Name을 비교한다.(알파벳 순서)
        return x.Name.CompareTo(y.Name);
      }
      else
      {
        // ...Name의 길이 비교 결과를 반환한다.
        return result;
      }
    }
  }
}
```

2. Program.cs에 위에서 구현한 코드를 사용해 배열을 정렬하는 코드를 추가한다.

```
WriteLine("Use PersonComparer's IComparer implementation to sort:");
Array.Sort(people, new PersonComparer());
foreach (var p in people)
{
  WriteLine($"  {p.Name}");
}
```

3. 코드를 실행하고 결과를 확인한다.

```
Use PersonComparer's IComparer implementation to sort:
    Adam
    Jenny
    Simon
    Richard
```

이번에 people 배열을 정렬할 때는 PersonComparer 정렬 알고리듬을 사용하도록 명시적으로 지정하고 있다. 따라서 people 배열은 Adam처럼 길이가 가장 짧은 이름이 맨 앞에 오게 되며 Richard처럼 가장 긴 이름이 뒤에 온다. 만약 이름의 길이가 같다면 Jenny와 Simon처럼 알파벳 순서에 따라 정렬된다.

암시적, 명시적 인터페이스 구현

인터페이스는 암시적, 명시적으로 구현할 수 있다. 암시적 구현이 더 단순하며, 명시적 구현은 형식이 동일한 이름과 서명을 가진 여러 개의 메서드를 가져야 할 때만 필요하다. 예를 들어, IGamePlayer와 IKeyHolder라는 2개의 인터페이스가 동일한 매개 변수를 사용하는 Lose라는 메서드를 모두 갖고 있을 수 있다. 어떤 형식이 이 2개의 인터페이스를 모두 구현해야 한다면 Lose의 1개 구현만 암시적 메서드가 될 수 있다. 두 인터페이스가 동일한 구현을 공유한다면 상관없지만, 그렇지 않다면 Lose를 다르게 구현하고 명시적으로 호출해야 한다.

```
public interface IGamePlayer
{
  void Lose();
}
public interface IKeyHolder
{
  void Lose();
}
public class Person : IGamePlayer, IKeyHolder
{
  public void Lose() // 암시적 구현
```

```
    {
        // Lose() 메서드 구현
    }
    void IGamePlayer.Lose() // 명시적 구현
    {
        // IGamePlayer.Lose() 구현
    }
}
// Lose의 암시적, 명시적 호출
Person p = new();
p.Lose(); // 암시적 호출
((IGamePlayer)p).Lose(); // 명시적 호출
IGamePlayer player = p as IGamePlayer;
player.Lose(); // 명시적 호출
```

기본 구현으로 인터페이스 정의하기

C# 8.0에서는 인터페이스에 대한 기본 구현^{default implementation}이 도입됐다. 어떻게 동작하는지 살펴보자.

1. PacktLibrary 프로젝트에 IPlayable.cs라는 새로운 파일을 생성한다.

2. 다음과 같이 Play, Pause, 2개의 메서드로 구성된 공용 IPlayable 인터페이스를 정의한다.

```
namespace Packt.Shared;
public interface IPlayable
{
    void Play();
    void Pause();
}
```

3. PacktLibrary 프로젝트에 DvdPlayer.cs라는 새로운 파일을 생성한다.

4. 다음과 같이 IPlayable 인터페이스를 구현한다.

```
using static System.Console;
namespace Packt.Shared;
public class DvdPlayer : IPlayable
{
  public void Pause()
  {
    WriteLine("DVD player is pausing.");
  }
  public void Play()
  {
    WriteLine("DVD player is playing.");
  }
}
```

이때 만약 세 번째 메서드인 Stop을 추가하고 싶다면 어떻게 해야 할까? C# 8.0 이전에는 최소 1개의 형식이 이미 인터페이스를 구현했다면 이렇게 할 수 없었다. 인터페이스의 주요 개념 중 하나는 약속된 계약이라는 점이다.

C# 8.0에서는 인터페이스에 기본 구현이 있다면 배포 후에도 새 멤버를 추가할 수 있다. 이러한 아이디어를 좋아하지 않는 C# 개발자들도 있지만, 완전히 새로운 인터페이스를 정의하지 않고도 변경을 수용할 수 있다는 실용적인 면에서 쓸모가 있으며, 자바나 스위프트 같은 다른 언어에서도 유사한 기술을 사용할 수 있다.

기본 인터페이스 구현을 지원하려면 플랫폼에 대한 근본적인 변경이 필요하므로 대상 프레임워크가 .NET 5.0 이상, .NET 코어 3.0 이상 또는 .NET 표준 2.1이어야 한다. 따라서 .NET 프레임워크는 지원하지 않는다.

5. IPlayable 인터페이스에 Stop 메서드를 기본 구현으로 추가한다.

```
using static System.Console;
namespace Packt.Shared;

public interface IPlayable
{
  void Play();
```

```
    void Pause();
    void Stop() // 기본 인터페이스 구현
    {
        WriteLine("Default implementation of Stop.");
    }
}
```

6. 터미널에 dotnet build 명령을 입력해서 컴파일한다. DvdPlayer 클래스는 Stop을 구
   현하지 않았지만 컴파일은 성공한다. 필요한 때 DvdPlayer 클래스에서 Stop의 기본
   구현을 재정의할 수 있다.

참조와 값 형식으로 메모리 관리하기

앞에서 참조 형식에 대해 몇 번 언급했는데 더 자세히 알아보자.

메모리는 스택과 힙으로 분류된다. 최신 OS에서 **스택**stack과 **힙**heap은 물리적 또는 가상
메모리 어디든 있을 수 있다.

스택 메모리는 CPU가 직접 관리하며 후입선출last-in, first-out 매커니즘을 사용하기 때문
에 L1, L2 캐시에 데이터가 있을 가능성이 크다. 따라서 속도가 빠르지만 크기가 제한
적이다. 힙은 느리지만 충분한 크기를 갖고 있다.

맥OS 터미널에서 ulimit -a 명령을 실행해 보면 스택 크기는 8,192KB로 제한돼 있고
다른 메모리는 무제한으로 돼 있음을 알 수 있다. 제한된 스택 메모리 크기로 인해 메모
리가 가득 차서 스택 오버플로Stack Overflow가 발생하기 쉽다.

참조 형식과 값 형식

객체를 정의할 때 사용하는 3개의 C# 키워드는 class, record, struct며 모두 필드나 메
서드 같은 동일 멤버를 가질 수 있다. 이들 사이의 차이점 중 하나는 메모리가 할당되는
방식이다.

record나 class로 형식을 정의하는 건 **참조 형식**reference type을 정의하는 것이다. 즉 객체 자체의 메모리는 힙에 할당되고, 객체의 메모리 주소address만 스택에 저장된다.

record struct나 struct로 형식을 정의하는 건 **값 형식**value type을 정의하는 것이다. 즉 객체 자체의 메모리는 스택에 저장된다.

만약 구조체 안의 필드 중 구조체 형식이 아닌 필드가 있다면 해당 필드는 힙에 저장되므로 해당 객체의 데이터는 스택과 힙에 모두 저장된다.

다음은 가장 일반적인 구조체 형식이다.

- **숫자** System 형식: byte, sbyte, short, ushort, int, uint, long, ulong, float, double, decimal

- **기타** System 형식: char, DateTime, bool

- System.Drawing **형식**: Color, Point, Rectangle

이들을 제외한 거의 모든 다른 형식은 string을 포함한 class 형식이다.

메모리에 저장되는 위치가 형식별로 다르다는 점 외에 다른 주요 차이점으로 struct는 상속할 수 없다는 것이 있다.

참조와 값 형식이 메모리에 저장되는 방식

다음 코드는 몇 개의 변수를 선언하는 콘솔 앱이다.

```
int number1 = 49;
long number2 = 12;
System.Drawing.Point location = new(x: 4, y: 5);
Person kevin = new() { Name = "Kevin",
  DateOfBirth = new(year: 1988, month: 9, day: 23) };
Person sally;
```

이 코드가 실행될 때 어떻게 스택과 힙에 메모리가 할당되는지 살펴보자.

- number1 변수는 값 형식의 struct이므로 스택에 할당되며 32비트 정수이므로 4바이트의 메모리를 사용한다. 값 49는 변수에 직접 저장된다.

- number2 변수 역시 값 형식이므로 스택에 할당되고 64비트 정수이므로 8바이트를 사용한다.

- location 변수도 값 형식이므로 스택에 할당되며 32비트 정수 x, y의 2개로 구성돼 있으므로 8바이트를 사용한다.

- kevin 변수는 참조 형식의 class이므로 64비트 운영체제에서 64비트 메모리 주소 중 8바이트가 스택에 할당되고 힙에는 Person 인스턴스를 저장하기에 충분한 바이트가 할당된다.

- sally 변수는 참조 형식이므로 64비트 메모리 주소 중 8바이트가 스택에 할당된다. 현재는 null이므로 아직 힙에는 메모리가 할당되지 않았다.

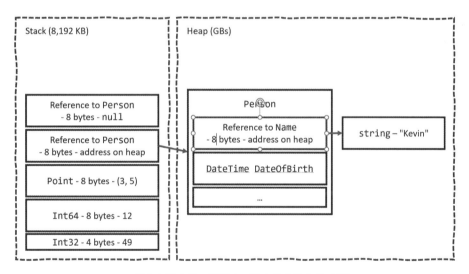

그림 6.1 값과 참조 형식이 스택과 힙에 할당되는 방식

참조 형식에 할당되는 모든 메모리는 힙에 저장된다. 만약 DateTime과 같은 값 형식이 Person과 같은 참조 형식의 필드로 사용되면 DateTime 값은 힙에 저장된다.

값 형식에 참조 형식인 필드가 있으면 해당 부분은 힙에 저장된다. Point는 2개의 필드로 구성된 값 형식이므로 전체 객체를 스택에 할당할 수 있다. Point 값 형식에 문자열과 같은 참조 형식의 필드가 있다면 문자열 바이트는 힙에 저장된다.

형식의 동등성

두 변수를 비교할 때는 보통 == 및 != 연산자를 사용한다. 이때 두 연산자의 동작은 참조 형식 및 값 형식에 따라 다르게 동작한다.

2개의 값 형식 변수의 동등성^equality^을 확인할 때 .NET은 다음 코드처럼 스택에 있는 두 변수의 값을 비교해서 같으면 true를 반환한다.

```
int a = 3;
int b = 3;
WriteLine($"a == b: {(a == b)}"); // true
```

2개의 참조 형식 변수의 동등성을 확인할 때 .NET은 두 변수의 메모리 주소를 비교하고 같으면 true를 반환한다.

```
Person a = new() { Name = "Kevin" };
Person b = new() { Name = "Kevin" };
WriteLine($"a == b: {(a == b)}"); // false
```

그러므로 위에서 a와 b는 같은 객체가 아니다. 두 변수가 힙의 동일한 객체를 가리키면 두 객체는 서로 동등하다.

```
Person a = new() { Name = "Kevin" };
Person b = a;
WriteLine($"a == b: {(a == b)}"); // true
```

하나의 예외는 string 형식이다. string은 참조 형식이지만 다음 코드와 같이 값 형식을 비교할 때처럼 동작하도록 연산자가 재정의됐다.

```
string a = "Kevin";
string b = "Kevin";
WriteLine($"a == b: {(a == b)}"); // true
```

동일한 객체, 즉 힙 메모리 주소의 동일 여부가 아니라 해당 필드 값이 동일한 경우에도 등호 연산자가 true를 반환하도록 할 수 있지만 이는 이 책의 범위를 벗어난다. record class는 이 동작을 구현한다는 장점이 있으므로 이 형식을 사용할 수도 있다.

구조체 정의하기

구조체를 사용해 자신만의 값 형식을 정의하는 방법을 알아보자.

1. PacktLibrary에 DisplacementVector.cs 파일을 추가한다.

2. 다음 항목을 참고해 코드를 수정한다.

    -   이 형식은 class 대신 struct를 사용한다.

    -   2개의 int 형식 변수 X, Y가 있다.

    -   X, Y의 초깃값 설정을 위한 생성자가 있다.

    -   X에 X를 더하고, Y에 Y를 더해서 새 인스턴스를 반환하는 + 연산자가 있다.

```
namespace Packt.Shared;
public struct DisplacementVector
{
  public int X;
  public int Y;
  public DisplacementVector(int initialX, int initialY)
  {
    X = initialX;
    Y = initialY;
  }
  public static DisplacementVector operator +(
    DisplacementVector vector1,
    DisplacementVector vector2)
  {
```

```
    return new(
        vector1.X + vector2.X,
        vector1.Y + vector2.Y);
    }
}
```

3. Program.cs에 2개의 DisplacementVector 객체를 생성하고 더한 다음 그 결과를 출력
   하는 코드를 추가한다.

```
DisplacementVector dv1 = new(3, 5);
DisplacementVector dv2 = new(-2, 7);
DisplacementVector dv3 = dv1 + dv2;
WriteLine($"({dv1.X}, {dv1.Y}) + ({dv2.X}, {dv2.Y}) = ({dv3.X}, {dv3.
Y})");
```

4. 코드를 실행하고 결과를 확인한다.

```
(3, 5) + (-2, 7) = (1, 12)
```

 좋은 습관: 새로 만들려는 형식의 모든 필드가 16바이트 이하의 스택 메모리를 사용
하고, 모든 필드가 구조체 형식이면서 이 형식을 상속하는 것을 원하지 않는다면 마
이크로소프트는 구조체 형식으로 만들 것을 제안한다. 만약 새로 만들려는 형식이
16바이트 이상의 스택 메모리를 사용하고, 클래스 형식을 필드로 갖고 있으면서 이
형식을 상속하는 것을 원한다면 클래스를 사용한다.

record struct 형식 사용하기

C# 10에는 클래스 형식 외에 struct 형식에도 record 키워드를 사용할 수 있다.

다음과 같이 DisplacementVector 형식을 정의할 수 있다.

```
public record struct DisplacementVector(int X, int Y);
```

위 변경 사항으로 인해 마이크로소프트는 record class를 정의할 때는 class 키워드가 선택 사항이더라도 class를 명시적으로 지정할 것을 권장한다.

```
public record class ImmutableAnimal(string Name);
```

관리되지 않은 리소스 해제하기

5장에서 생성자는 필드를 초기화 할 때 사용할 수 있고, 형식은 여러 개의 생성자를 가질 수 있다고 배웠다. 파일이나 뮤텍스^{mutex}처럼 운영체제가 제어하는, 즉 .NET이 제어하지 않는, 관리되지 않는 리소스를 생성자에서 할당한다고 생각해 보자. 관리되지 않는 리소스는 .NET의 자동 가비지 켈렉션$^{garbage collection}$으로 해제할 수 없으므로 반드시 수동으로 해제해야 한다.

가비지 수집은 고급 주제이므로 몇 가지 예제 코드로 설명하며 직접 코드를 작성하지는 않는다.

각각의 형식은 리소스가 해제될 때 .NET 런타임이 호출하는 하나의 **종료자**^{finalizer}를 가진다. 종료자는 생성자처럼 형식과 동일한 이름을 갖지만 이름 앞에 ~ 접두사를 가진다.

종료자(소멸자라고도 함)를 분리자, 즉 Deconstruct 메서드와 혼동하지 말자. 소멸자는 리소스를 해제한다. 다시 말하면 메모리에 있는 객체를 파괴한다. 반면에 튜플로 작업할 때처럼 Deconstruct 메서드는 객체를 분할해 반환한다.

```
public class Animal
{
  public Animal() // 생성자
  {
    // 관리되지 않는 리소스를 할당한다.
  }
  ~Animal() // 종료자(소멸자)
  {
    // 관리되지 않는 리소스를 해제한다.
  }
}
```

위 코드는 관리되지 않는 리소스로 작업할 때 필요한 최소 코드다. 단순히 소멸자만 제공했을 때의 문제점은 .NET 가비지 수집기가 할당된 리소스를 완전히 정리하기 위해서 두 번의 가비지 수집을 필요로 한다는 것이다.

따라서 비록 필수는 아니지만 가비지 수집기가 한 번에 리소스를 해제할 수 있도록 명시적인 메서드를 만들어 제공해서 파일처럼 관리되지 않는 리소스를 즉시 해제하고, 객체의 관리되는 부분을 두 번의 가비지 수집 대신, 한 번의 가비지 수집으로 해제할 수 있게 하는 것이 좋다.

.NET에는 다음 예제와 같이 IDisposable 인터페이스를 구현해 이러한 작업을 수행하도록 하는 표준 패턴이 있다.

```csharp
public class Animal : IDisposable
{
  public Animal()
  {
    // 관리되지 않는 리소스를 할당한다.
  }

  ~Animal() // 소멸자
  {
    Dispose(false);
  }

  bool disposed = false; // 해제된 리소스를 갖고 있는가?
  public void Dispose()
  {
    Dispose(true);
    // 가비지 수집기에 소멸자를 호출할 필요가 없음을 알린다.
    GC.SuppressFinalize(this);
  }

  protected virtual void Dispose(bool disposing)
  {
    if (disposed) return;
    // 관리되지 않는 리소스를 해제한다.
    // ...
    if (disposing)
    {
```

```
        // 다른 관리되는 리소스를 해제한다.
        // ...
      }
      disposed = true;
    }
  }
}
```

이 코드에는 2개의 Dispose 메서드가 있다.

- public 메서드는 Animal 클래스를 사용하는 개발자가 호출한다. public Dispose 메서드가 호출되면 관리되는 리소스와 관리되지 않는 리소스 모두 해제된다.

- bool 매개 변수를 받는 protected 메서드는 리소스 해제를 구현하기 위해 내부적으로 사용된다. 소멸자 스레드가 이미 실행 중이고 ~Animal 메서드를 호출한 경우 관리되지 않는 리소스만 해제하면 되므로 disposing 매개 변수와 disposed 필드를 확인한다.

GC.SuppressFinalize(this)는 더이상 소멸자를 호출할 필요가 없다는 것을 가비지 수집기에게 알려서 불필요한 두 번째 가비지 수집을 방지한다.

확실하게 dispose 호출하기

IDisposable을 구현한 형식을 사용할 때는 다음 코드처럼 using을 사용해 Dispose 메서드가 확실히 호출되도록 할 수 있다.

```
using(Animal a = new())
{
  //Animal 인스턴스를 사용하는 코드
}
```

컴파일러는 이 코드를 다음과 비슷하게 변환한다. 이제 예외가 발생하더라도 Dispose 메서드는 안전하게 호출된다.

```
Animal a = new();
try
```

```
{
  // Animal 인스턴스를 사용하는 코드
}
finally
{
  if (a != null) a.Dispose();
}
```

9장에서 IDisposable, using 문, try...finally 블록을 사용해 관리되지 않는 리소스를 해제하는 실제 코드를 볼 수 있다.

⁝⁝▸ null 값 사용하기

struct 변수에 숫자와 같은 기본 값을 저장하는 방법을 배웠다. 하지만 변수에 아직 값이 없다면 어떻게 될까? 이런 상태를 어떻게 나타낼 수 있을까? C#에서는 변수에 아직 값이 설정되지 않았음을 나타낼 때 null 값을 사용한다.

null 허용 값 형식 만들기

int 및 DateTime 같은 값 형식은 항상 기본 값이 있어야 하므로 이름이 지정된다. 하지만 데이터베이스에 저장된 값을 읽을 때처럼 비어 있거나 누락되거나 null 값을 허용해 값 형식이 null이 될 수 있도록 하는 것이 편리한 경우도 있다. 이를 **null 허용 값 형식**nullable value type이라고 한다.

이렇게 하려면 변수를 선언할 때 형식에 접미사 ?를 추가한다. 코드를 살펴보자.

1. 선호하는 코드 편집기를 사용해 Chapter06 작업 영역/솔루션에 NullHandling이라는 새 **콘솔 애플리케이션**을 만들어 추가한다. 프로젝트 파일이 포함된 전체 애플리케이션이 필요하므로 폴리글랏 노트북을 사용할 수 없다.

2. 비주얼 스튜디오 코드에서는 NullHandling을 활성 OmniSharp 프로젝트로 설정한다. 비주얼 스튜디오 2022는 현재 선택 영역을 시작 프로젝트로 설정한다.

3. Program.cs에 int 변수 몇 개를 선언하고 null을 포함한 값을 할당한다.

```
int thisCannotBeNull  = 4;
thisCannotBeNull = null; // 컴파일 에러
int? thisCouldBeNull = null;
WriteLine(thisCouldBeNull);
WriteLine(thisCouldBeNull.GetValueOrDefault());
thisCouldBeNull = 7;
WriteLine(thisCouldBeNull);
WriteLine(thisCouldBeNull.GetValueOrDefault());
```

4. 컴파일 에러가 발생한 코드를 주석 처리한다.

5. 코드를 실행하고 출력 결과를 확인한다.

```
0
7
7
```

첫 번째 줄의 공백은 줄은 null 값을 출력했기 때문이다.

null이 가능한 참조 형식

null은 대부분의 언어에서도 일반적으로 사용하기 때문에 그 필요성에 대해서는 의문을 제기하지 않는다. 하지만 null 값이 허용되지 않는 변수라면 더 단순하고 나은 코드를 작성할 수 있다.

C# 8의 가장 중요한 변경 사항 중 하나는 null 허용 및 null 허용이 아닌 참조 형식의 도입이다. '참조 형식은 이미 null을 허용한다'라고 생각할 수도 있다.

하지만 C# 8 이상에서는 파일 또는 프로젝트 옵션에서 null 값을 허용하지 않도록 참조 형식을 구성할 수 있다. 이는 C#의 큰 변화이므로 마이크로소프트는 이 기능을 선택 사항으로 만들었다.

수천 개의 기존 라이브러리 패키지와 앱이 이전 동작에 기반하므로 이 새로운 C# 기능이 영향을 미치려면 몇 년이 걸릴 것이다. 마이크로소프트도 .NET 6가 나올 때까지 모든 주요 .NET 패키지에 새 기능을 구현하기에는 시간이 부족했다.

완전히 전환되기 전에는 프로젝트에 여러 접근 방식 중 하나를 선택할 수 있다.

- **기본값**: 변경이 필요 없다. null을 허용하지 않는 참조 형식은 지원하지 않는다.

- **프로젝트는 선택, 파일은 선택 안 함**: 프로젝트 수준에서는 사용하도록 설정하고 이전 동작과 호환성을 유지해야 하는 파일에 대해서만 선택하지 않는다. 이 방식은 새로운 기능을 사용하도록 자체 패키지를 업데이트하는 동안 마이크로소프트가 내부적으로 사용하는 방식이다.

- **파일만 선택**: 개별 파일에서만 이 기능을 활성화한다.

null 허용 및 null 비 허용 참조 형식 활성화

프로젝트 수준에서 기능을 활성화하려면 아래처럼 프로젝트 파일을 변경한다.

```
<PropertyGroup>
  ...
  <Nullable>enable</Nullable>
</PropertyGroup>
```

.NET 6를 대상으로 하는 프로젝트 템플릿에서는 기본으로 설정된다.

파일 수준에서 비활성화하려면 맨 위에 다음을 추가한다.

```
#nullable disable
```

파일 수준에서 활성화하려면 맨 위에 다음을 추가한다.

```
#nullable enable
```

null 비허용 변수 및 매개 변수 선언

null 허용 참조 형식을 설정하고 참조 형식에 null을 할당할 때는 값 형식에 null을 설정할 때와 동일한 구문, 즉 형식 뒤에 ? 기호를 추가한다.

null 허용 참조 형식은 어떻게 동작할까? 다음 코드처럼 주소 정보를 저장할 때 거리, 도시, 지역은 정보를 저장하고 건물 정보는 null로 설정할 수 있다.

1. NullHandling 프로젝트의 Program.cs에 Adress 클래스를 선언한다.

```
class Address
{
  public string? Building;
  public string Street;
  public string City;
  public string Region;
}
```

2. 조금 기다리면 Street 필드처럼 null 비허용non-nullable 필드에 대한 경고가 나타난다.

그림 6.2 null 비허용(non-nullable) 필드에 대한 경고 메시지

3. 비어 있는 string 값을 null 비허용 3개 필드에 할당한다.

```
public string Street = string.Empty;
public string City = string.Empty;
public string Region = string.Empty;
```

4. Program.cs 상단에서 Console을 정적으로 가져온 다음, Address의 인스턴스를 만들어 속성을 설정한다.

```
Address address = new();
address.Building = null;
address.Street = null;
address.City = "London";
address.Region = null;
```

5. 그림 6.3과 같은 경고를 확인한다.

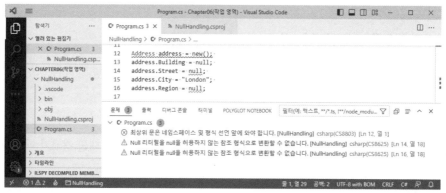

그림 6.3 null 비허용 필드에 null 값을 할 당할 때의 경고 메시지

이 새로운 기능의 이름이 null 허용 참조 형식인 이유가 여기에 있다. C# 8.0부터 참조 형식은 null을 허용하지 않을 수 있으며, 값 형식에 사용되는 것과 동일 구문을 사용해 참조 형식을 null로 설정할 수 있다.

null 확인

null 허용 참조 형식 또는 null 허용 값 형식 변수에 null이 포함돼 있는지 확인하는 것은 중요하다. 그렇지 않으면 NullReferenceException이 발생할 수 있다.

```
// 변수를 사용하기 전에 null이 아닌지 확인한다.
if (thisCouldBeNull != null)
```

```
{
  // thisCouldBeNull의 멤버 사용
  int length = thisCouldBeNull.Length; // 예외가 발생할 수 있다.
  ...
}
```

C# 7에서는 != 대신, is와 ! (not) 연산자를 결합해 사용할 수 있다.

```
if (!(thisCouldBeNull is null))
{
```

C# 9에서는 좀 더 명확한 is not을 쓸 수 있다.

```
if (thisCouldBeNull is not null)
{
```

null일 수 있는 변수의 멤버를 사용할 때는 null 조건부 연산자 ?.을 사용한다.

```
string authorName = null;
// NullReferenceException 예외 발생
int x = authorName.Length;
// 예외 발생 대신에 null이 y에 할당된다.
int? y = authorName?.Length;
```

변수를 할당하거나 변수가 null이라면 특정 값을 할당해야 하는 경우도 있다. 이때는
null 병합 연산자 ??를 사용한다.

```
// authorName?.Length가 null이면 result는 3이다.
int result = authorName?.Length ?? 3;
Console.WriteLine(result);
```

 좋은 습관: null 허용 참조 형식을 활성화하더라도 null 비허용 매개 변수를 확인하고
ArgumentNullException을 발생시켜야 한다.

메서드 매개 변수에서 null 확인

매개 변수를 사용하는 메서드는 null 값을 확인하는 것이 좋다.

이전 버전의 C#에서는 매개 변수가 null인지 확인한 다음, ArgumentNullException 예외를 발생하는 if 문을 작성했다.

```
public void Hire(Person manager, Person employee)
{
  if (manager == null)
  {
    throw new ArgumentNullException(nameof(manager));
  }
  if (employee == null)
  {
    throw new ArgumentNullException(nameof(employee));
  }
  ...
}
```

C# 11은 접미사 !!를 사용해 이 작업을 대신한다.

```
public void Hire(Person manager!!, Person employee!!)
{
  ...
}
```

if 문과 예외 발생은 자동으로 처리된다.

⠿ 클래스 상속

앞에서 만들었던 Person 클래스는 암시적으로 System.Object 형식을 상속한다. 이제 Person 클래스를 상속하는 새로운 클래스를 만들어 보자.

1. PacktLibrary 프로젝트에 Employee.cs라는 이름의 새 클래스 파일을 추가한다.

2. Employee 클래스가 Person을 상속하도록 수정한다.

```
using System;
namespace Packt.Shared;
public class Employee : Person
{
}
```

3. PeopleApp 프로젝트의 Program.cs에서 Employee 클래스의 인스턴스를 생성한다.

```
Employee john = new()
{
  Name = "John Jones",
  DateOfBirth = new(year: 1990, month: 7, day: 28)
};
john.WriteToConsole();
```

4. 코드를 실행하고 출력 결과를 확인한다.

```
John Jones was born on a Saturday.
```

Employee 클래스는 Person의 모든 멤버를 상속한다.

함수를 추가해 클래스 확장

몇 개의 함수를 추가해 Employee 클래스를 확장한다.

1. Employee 클래스에 다음 코드를 추가해서 2개의 속성을 정의한다.

```
public string? EmployeeCode { get; set; }
public DateTime HireDate { get; set; }
```

2. `Program.cs`에 John의 사원 번호와 입사 날짜를 설정한다.

```
john.EmployeeCode = "JJ001";
john.HireDate = new(year: 2014, month: 11, day: 23);
WriteLine($"{john.Name} was hired on {john.HireDate:dd/MM/yy}");
```

3. 코드를 실행하고 출력 결과를 확인한다.

```
John Jones was hired on 23/11/14
```

멤버 숨기기

지금까지는 Person에서 상속한 `WriteToConcole` 메서드를 사용했기 때문에 이름과 생년
월일만 출력할 수 있었다. 이제 이 메서드를 수정해서 Employee 클래스 인스턴스의 정보
도 출력해 보자.

1. `Employee.cs`에서 `WriteToConsole` 메서드를 재정의한다.

```csharp
using static System.Console;
namespace Packt.Shared;
public class Employee : Person
{
  public string? EmployeeCode { get; set; }
  public DateTime HireDate { get; set; }
  public void WriteToConsole()
  {
    WriteLine(format:
      "{0} was born on {1:dd/MM/yy} and hired on {2:dd/MM/yy}",
      arg0: Name,
      arg1: DateOfBirth,
      arg2: HireDate);
  }
}
```

2. 코드를 실행하고 출력 결과를 확인한다.

```
John Jones was born on 28/07/90 and hired on 01/01/01
John Jones was hired on 23/11/14
```

코드 편집기는 이 메서드 이름 아래에 녹색 물결 모양을 표시한다. 이것은 Person 클래스에서 상속한 메서드와 동일한 이름의 메서드를 정의했으므로 이제 Person 클래스의 WriteToConsole 메서드는 숨겨진다는 것을 경고하는 것이다.

그림 6.4 메서드 숨김 경고

메서드에 new 키워드를 추가해서 이 경고를 없앨 수 있다. 이는 의도적으로 상속된 메서드를 대체하겠다는 것을 의미한다.

```
public new void WriteToConsole()
```

멤버 오버라이딩

메서드를 숨기는 것보다 **오버라이딩**^{overriding}하는 것이 더 좋다. 멤버를 오버라이딩하려면 베이스 클래스가 virtual 키워드를 사용해서 해당 멤버의 오버라이딩을 허용해야 한다.

1. Program.cs에 string 표현을 사용해 변수 john의 값을 출력하는 코드를 작성한다.

```
WriteLine(john.ToString());
```

2. ToString 메서드는 System.Object에서 상속됐으므로 네임스페이스와 형식 이름을 반환한다. 코드를 실행해서 출력 결과를 확인하자.

```
Packt.Shared.Employee
```

3. Person.cs에 ToString 메서드를 오버라이딩해 이름과 형식을 출력하도록 수정한다.

```
// 메서드 오버라이드
public override string ToString()
{
  return $"{Name} is a {base.ToString()}";
}
```

base 키워드를 사용하면 하위 클래스가 부모 클래스의 멤버에 접근할 수 있다.

4. 다시 코드를 실행하면 이제 ToString 메서드는 사람 이름과 부모 클래스의 ToString 구현을 반환한다.

```
John Jones is a Packt.Shared.Employee
```

 좋은 습관: 많은 API들, 예를 들어 마이크로소프트의 엔티티 프레임워크(Entity Framework), Castle 동적 프록시(Windsor Proxy), Episerver의 콘텐츠 모델 (Content Model)은 virtual로 클래스 속성을 선언하는 것을 필수로 요구한다. 메서드 와 속성 중 어느 것을 virtual로 선언할지 신중하게 결정해야 한다.

추상 클래스에서 상속

6장의 앞부분에서 기본 수준의 기능을 충족하기 위해 형식이 가져야 하는 멤버 집합을 정의할 수 있는 인터페이스에 대해 배웠다. 인터페이스는 매우 유용하지만 C# 8까지는 자체 구현을 제공할 수 없다는 점이 큰 한계다.

이 한계는 .NET 프레임워크 및 .NET 표준 2.1을 지원하지 않는 플랫폼에서 동작하는 클래스 라이브러리를 만들어야 할 때 특히 문제가 된다.

이전 플랫폼에서는 추상 클래스를 순수 인터페이스와 완전하게 구현된 클래스 사이의 중간점으로 사용할 수 있었다.

abstract 클래스는 클래스가 완전하지 않다는 것을 나타내므로 인스턴스화할 수 없다. 인스턴스화하려면 구현이 필요하다.

예를 들어, System.IO.Stream 클래스는 공통 기능을 완전히 구현하지 않는 추상 클래스이므로 new Stream()으로 인스턴스화할 수 없다.

두 가지 유형의 인터페이스와 두 가지 유형의 클래스를 비교해 보자.

```csharp
public interface INoImplementation // C# 1.0 이상
{
  void Alpha(); // 하위 클래스에서 구현 필요
}
public interface ISomeImplementation // C# 8.0 이상
{
  void Alpha(); // 하위 클래스에서 구현 필요
  void Beta()
  {
    // 기본 구현, 오버라이드 가능
  }
}
public abstract class PartiallyImplemented // C# 1.0 이상
{
  public abstract void Gamma(); // 하위 클래스에서 구현 필요
  public virtual void Delta() // 오버라이드 가능
  {
    // 구현
  }
```

```
  }
public class FullyImplemented : PartiallyImplemented, ISomeImplementation
{
  public void Alpha()
  {
    // 구현
  }
  public override void Gamma()
  {
    // 구현
  }
}
// 완전히 구현된 클래스만 인스턴스화 가능
FullyImplemented a = new();
// 이 외의 모든 형식은 컴파일 에러
PartiallyImplemented b = new(); // 컴파일 에러!
ISomeImplementation c = new(); // 컴파일 에러!
INoImplementation d = new(); // 컴파일 에러!
```

상속과 오버라이딩 막기

만약 어떤 클래스를 상속하는 것을 막고 싶다면 클래스 선언에 sealed 키워드를 사용
한다. 다음과 같이 ScroogeMcDuck 클래스를 선언했다면 아무도 이 클래스를 상속할 수
없다.

```
public sealed class ScroogeMcDuck
{
}
```

string 클래스는 sealed 키워드를 사용해서 상속을 막는다. 마이크로소프트는 string 클
래스 내에 극도의 최적화를 구현했는데, 이 때문에 string 클래스를 상속하면 성능에 부
정적인 영향을 미칠 수 있다. 따라서 sealed로 string 클래스 상속을 방지했다.

메서드에 sealed를 사용하면 아무도 이 메서드를 오버라이딩할 수 없다. 다음 코드는 아
무도 레이디 가가[Lady Gaga]가 노래하는 방법을 바꿀 수 없게 한다.

```
using static System.Console;
namespace Packt.Shared;
public class Singer
{
  // 오버라이드가 가능하도록 virtual로 선언
  public virtual void Sing()
  {
    WriteLine("Singing...");
  }
}
public class LadyGaga : Singer
{
  // sealed로 하위 클래스에서 메서드 오버라이딩을 막는다.
  public sealed override void Sing()
  {
    WriteLine("Singing with style...");
  }
}
```

오버라이딩된 메서드만 seal을 사용할 수 있다.

다형성

상속된 메서드의 행동을 변경하는 두 가지 방법을 배웠다. 하나는 **비다형성 상속관계**non-polymorphic inheritance에서 new를 사용하는 것이었고, 다른 하나는 **다형성 상속 관계**polymorphic inheritance에서 오버라이딩하는 것이었다.

두 방법 모두 베이스 클래스를 호출할 때 base 키워드를 사용한다. 그렇다면 차이점은 무엇일까?

이것은 객체에 대한 참조를 유지하는 변수의 형식에 따라 다르다. 예를 들어, Person 형식의 변수는 Person 클래스나 Person으로부터 파생된 어떤 형식에 대한 참조도 가질 수 있다.

이 점이 코드에 어떤 영향을 미치는지 알아보자.

1. Employee.cs에 이름과 사원 코드를 출력하도록 ToString 메서드를 오버라이딩한다.

```
public override string ToString()
{
  return $"{Name}'s code is {EmployeeCode}";
}
```

2. Program.cs에 Alice라는 새 객체를 만들어 Person 형식의 변수에 저장하고 두 변수
   의 WriteToConsole와 ToString 메서드를 호출한다.

```
Employee aliceInEmployee = new()
  { Name = "Alice", EmployeeCode = "AA123" };
Person aliceInPerson = aliceInEmployee;
aliceInEmployee.WriteToConsole();
aliceInPerson.WriteToConsole();
WriteLine(aliceInEmployee.ToString());
WriteLine(aliceInPerson.ToString());
```

3. 코드를 실행하고 출력 결과를 확인한다.

```
Alice was born on 01/01/01 and hired on 01/01/01
Alice was born on a Monday
Alice's code is AA123
Alice's code is AA123
```

new 키워드를 사용해서 메서드가 숨겨지면 컴파일러는 해당 객체가 employee인지 알 수 없기 때문에 WriteToConsole 메서드를 호출하면 Person의 메서드가 호출된다.

virtual과 override 키워드로 메서드가 오버라이딩되면 컴파일러는 변수가 Person 클래스로 선언됐지만, 실제 객체는 Employee라는 것을 알 수 있다. 따라서 Employee의 ToString 구현이 호출된다.

멤버 지시자^{modifier}와 효과를 다음 표에 요약했다.

변수 형식	접근 지시자	실행되는 메서드	클래스
Person		WriteToConsole	Person
Employee	new	WriteToConsole	Employee
Person	virtual	ToString	Employee
Employee	override	ToString	Employee

다형성은 쉬운 내용이 아니다. 전체적인 개념을 이해했다면 좋고, 설사 그렇지 않더라도 너무 걱정하지 말자. 어떤 이들은 다형성을 이해하는 것이 중요하다고 하지만, 개인적인 의견으로는 그렇지 않다. 경주용 자동차 운전자가 연료 분사 기술을 설명할 필요가 없는 것처럼 다형성을 설명하지 못하더라도 C# 분야에서 성공적인 경력을 쌓을 수 있다.

 좋은 습관: 상속된 메서드의 구현을 변경할 때는 가능한 한 new보다 virtual이나 override를 사용해야 한다.

상속 관계 내에서 변환하기

캐스팅^{casting}은 형식 간의 변환^{converting}과 약간 다르다. 캐스팅은 16비트 정수와 32비트 정수, 또는 부모 클래스와 자식 클래스와 같이 유사한 형식 사이에서 이뤄진다. 변환은 텍스트와 숫자처럼 유사하지 않은 형식 사이에서 이뤄진다.

암시적 캐스팅

이전 예제에서 파생 형식의 인스턴스를 베이스 형식의 변수에 어떻게 저장하는지 봤다. 이것은 **암시적 캐스팅**의 예다.

명시적 캐스팅

또 다른 캐스팅 방법은 **명시적 캐스팅**이며 이때는 괄호를 사용한다.

1. Program.cs에 aliceInPerson 변수를 새 Employee 변수에 할당한다.

```
Employee explicitAlice = aliceInPerson;
```

2. 코드 편집기는 빨간색 물결 표시로 컴파일 에러가 있음을 알린다.

그림 6.5 명시적 캐스팅이 누락됐을 때 컴파일 에러

3. 캐스팅 연산자를 사용해 명시적으로 Employee 형식이 되도록 변경한다.

```
Employee explicitAlice = (Employee)aliceInPerson;
```

캐스팅 예외 다루기

이제 에러는 사라졌다. 하지만 aliceInPerson이 Employee 대신에 Student 같은 다른 클래스에서 파생된 형식일 수 있기 때문에 주의해야 한다. 이런 경우는 InvalidCastException 예외가 발생한다.

try 구문을 써서 이러 예외를 다룰 수 있지만 더 좋은 방법이 있다. 바로 is 키워드를 사용해서 객체의 현재 형식을 확인하는 것이다.

1. 명시적 캐스팅 코드를 if 문으로 감싼다.

```
if (aliceInPerson is Employee)
{
  WriteLine($"{nameof(aliceInPerson)} IS an Employee");
  Employee explicitAlice = (Employee)aliceInPerson;
  // explicitAlice로 필요한 작업을 한다.
}
```

2. 코드를 실행하고 출력 결과를 확인한다.

```
aliceInPerson IS an Employee
```

선언 패턴을 사용해 코드를 더 단순화할 수 있으며 이렇게 하면 명시적 캐스팅이 필요 없다.

```
if (aliceInPerson is Employee explicitAlice)
{
  WriteLine($"{nameof(aliceInPerson)} IS an Employee");
  // explicitAlice로 필요한 작업을 한다.

}
```

다른 방법으로 as 키워드를 사용할 수 있다. as는 형식을 캐스트할 수 없다면 예외를 던지는 대신, null을 반환한다.

3. Program.cs에 as 키워드를 사용해 Alice를 캐스팅한 다음 반환 값이 null이 아닌지 확인한다.

```
Employee? aliceAsEmployee = aliceInPerson as Employee; // null일 수 있다.
if (aliceAsEmployee != null)
{
  WriteLine($"{nameof(aliceInPerson)} AS an Employee");
  // aliceAsEmployee로 필요한 작업을 한다.
}
```

`null` 변수에 접근하면 `NullReferenceException` 예외를 던질 수 있으므로 항상 사용하기 전에 `null` 여부를 확인해야 한다.

4. 코드를 실행하고 결과를 확인한다.

```
aliceInPerson AS an Employee
```

만약, Alice가 Employee 형식이 아닌 경우를 판단하려면 어떻게 해야 할까? 이전에는 ! (not) 연산자를 사용했다.

```
if (!(aliceInPerson is Employee))
```

C# 9 이후에는 not 키워드를 사용할 수 있다.

```
if (aliceInPerson is not Employee)
```

 좋은 습관: 상속된 형식 간의 캐스팅을 처리할 때 예외 발생을 피하려면 is와 as 키워드를 사용한다. 이렇게 하지 않으려면 InvalidCastException에 대한 try-catch 문을 작성해야 한다.

.NET 형식을 상속하고 확장하기

.NET은 수십만 개의 형식이 포함된 미리 빌드된 클래스 라이브러리를 갖고 있다. 완전히 새로운 형식을 만드는 대신, 이러한 클래스 라이브러리 중 하나를 상속받아서 이를 기반으로 필요한 기능을 추가하는 것이 좋다.

예외 상속하기

상속의 예로 새로운 예외 형식을 만들어 보자.

1. PacktLibrary 프로젝트에 PersonException.cs라는 새 클래스 파일을 추가한다.

2. 3개의 생성자와 함께 PersonException 클래스를 정의한다.

```
namespace Packt.Shared;
public class PersonException : Exception
{
  public PersonException() : base() { }
  public PersonException(string message) : base(message) { }
  public PersonException(string message, Exception innerException)
    : base(message, innerException) { }
}
```

일반 메서드와 다르게 생성자는 상속되지 않으므로 기본 생성자 구현을 System. Exception에서 명시적으로 선언하고 호출한다.

3. Person.cs에 날짜/시간 매개 변수가 생년월일보다 이전이라면 예외를 던지는 메서 드를 추가한다.

```
public void TimeTravel(DateTime when)
{
  if (when <= DateOfBirth)
  {
    throw new PersonException("If you travel back in time to a date
earlier than your own birth, then the universe will explode!");
  }
  else
  {
    WriteLine($"Welcome to {when:yyyy}!");
  }
}
```

4. Program.cs에 직원 John Jones가 너무 먼 과거로 시간 여행을 시도할 때 발생하는 상황을 테스트하는 코드를 추가한다.

```
try
{
  john.TimeTravel(when: new(1999, 12, 31));
```

```
    john.TimeTravel(when: new(1950, 12, 25));
  }
catch (PersonException ex)
{
  WriteLine(ex.Message);
}
```

5. 코드를 실행하고 출력 결과를 확인한다.

```
Welcome to 1999!
If you travel back in time to a date earlier than your own birth, then
the universe will explode!
```

 좋은 습관: 새로운 예외를 정의하려면 Exception 클래스의 생성자 3개를 명시적으로 호출하는 3개의 생성자를 제공해야 한다.

상속할 수 없을 때 형식 확장

앞에서 sealed 키워드가 어떻게 상속을 방지하는 데 사용되는지 살펴봤다.

마이크로소프트는 sealed 키워드를 System.String 클래스에 적용했다. 그래서 아무도 상속을 못하도록 해서 잠재적으로 string 클래스의 동작을 깨뜨릴 수 없도록 했다.

그렇다면 새로운 메서드를 string에 추가하는 건 가능할까? C# 3에서 소개된 **확장 메서드**extension method 기능을 사용하면 메서드 추가가 가능하다.

기능 재사용을 위해 static 메서드 사용하기

C#의 첫 번째 버전 이후로 string에 이메일 주소가 포함돼 있는지 검증하는 것과 같은, 기능 재사용을 위해 **정적 메서드**static method를 생성할 수 있다. 여기서는 정규식을 사용하는 데 정규식에 대한 내용은 8장에서 배운다.

코드를 작성해 보자.

1. PacktLibrary 프로젝트에 다음 항목을 참고해 StringExtensions라는 새 클래스를 추가한다.

   - 정규식 사용에 필요한 네임스페이스를 가져온다.

   - IsValidEmail 메서드는 static이며 Regex를 사용해 @ 기호의 앞뒤가 유효한 문자인지 확인해 유효한 이메일 주소인지 검증한다.

```csharp
using System.Text.RegularExpressions;
namespace Packt.Shared;
public class StringExtensions
{
  public static bool IsValidEmail(string input)
  {
    // 입력된 문자열이 유효한 이메일 주소인지
    // 간단한 정규 표현식을 써서 검증한다.
    return Regex.IsMatch(input,
      @"[a-zA-Z0-9\.-_]+@[a-zA-Z0-9\.-_]+");
  }
}
```

2. Program.cs에 2개의 이메일 주소를 검증하는 코드를 추가한다.

```csharp
string email1 = "pamela@test.com";
string email2 = "ian&test.com";
WriteLine("{0} is a valid e-mail address: {1}",
  arg0: email1,
  arg1: StringExtensions.IsValidEmail(email1));
WriteLine("{0} is a valid e-mail address: {1}",
  arg0: email2,
  arg1: StringExtensions.IsValidEmail(email2));
```

3. 코드를 실행하고 출력 결과를 확인한다.

```
pamela@test.com is a valid e-mail address: True
ian&test.com is a valid e-mail address: False
```

정상 동작하며 아무 문제가 없다. 하지만 정적 메서드 대신, 확장 메서드를 사용하면 코드의 양을 줄일 수 있고 메서드 사용법도 단순화할 수 있다.

기능 재사용을 위해 확장 메서드 사용하기

static 메서드를 확장 메서드로 변경하기는 쉽다.

1. StringExtensions.cs에서 클래스 앞에 static을 추가하고 string 형식 앞에 this를 추가한다.

```
public static class StringExtensions
{
  public static bool IsValidEmail(this string input)
  {
```

이 두 가지 변경 사항은 컴파일러에게 이 메서드가 System.String 형식을 확장한 메서드라는 것을 알린다.

2. Program.cs에 string의 확장 메서드를 사용하는 코드를 몇 줄 추가한다.

```
WriteLine("{0} is a valid e-mail address: {1}",
  arg0: email1,
  arg1: email1.IsValidEmail());
WriteLine("{0} is a valid e-mail address: {1}",
  arg0: email2,
  arg1: email2.IsValidEmail());
```

IsValidEmail 메서드 호출이 약간 단순화됐다. 이전의 더 긴 코드도 여전히 동작한다.

3. IsValidEmail 확장 메서드는 이제 IsNormalized나 insert 같은 보통의 string 형식의 멤버로 나타난다.

그림 6.6 다른 인스턴스 메서드와 함께 확장 메서드도 인텔리센스에 나타난다.

4. 코드를 실행하고 결과가 이전과 동일한지 확인한다.

 좋은 습관: 확장 메서드는 기존 메서드를 대체하거나 재정의할 수 없다. 예를 들어, string의 insert 메서드를 재정의할 수 없다. 확장 메서드는 오버로드로 표시되지만, 인스턴스 메서드는 동일 이름과 서명을 가진 확장 메서드보다 우선적으로 호출된다.

이 예제에서는 정적 메서드를 사용하는 것보다 확장 메서드를 사용하는 것이 그리 큰 이득을 주지 않는 것처럼 보이지만, 11장에서 확장 메서드의 강력한 효과를 볼 수 있다.

분석기를 사용해 더 나은 코드 만들기

.NET 분석기는 코드의 잠재적 문제를 찾아 수정을 제안한다. StyleCop은 더 나은 C# 코드를 작성하기 위해 자주 사용되는 분석기다.

.NET 5.0 대상의 프로젝트 템플릿은 Program 클래스에 Main 메서드가 존재한다. 분석기를 사용해 해당 템플릿의 코드를 개선해 보자.

1. 선호하는 코드 편집기에서 다음 항목을 참고해 새 콘솔 앱 프로젝트를 추가한다.

   A. 프로젝트 템플릿: **콘솔 애플리케이션**/console -f net5.0

B. 작업 영역/솔루션 파일 및 폴더: Chapter06

C. 프로젝트 파일 및 폴더: CodeAnalyzing

D. 대상 프레임워크: **.NET 5.0**

2. CodeAnalyzing 프로젝트에 StyleCop.Analyzers 패키지 참조를 추가한다.

3. StyleCop 설정을 제어하기 위해 stylecop.json 파일을 프로젝트에 추가한다.

4. 파일을 다음과 같이 수정한다.

```
{
  "$schema": "https://raw.githubusercontent.com/DotNetAnalyzers/
StyleCopAnalyzers/master/StyleCop.Analyzers/StyleCop.Analyzers/
Settings/stylecop.schema.json",
  "settings": {
  }
}
```

 $schema 항목은 코드 편집기에서 stylecop.json 파일을 편집할 때 인텔리센스를 활성화한다.

5. 프로젝트 파일을 편집해 대상 프레임워크를 net6.0으로 변경하고 stylecop.json 파일이 배포에 포함되지 않도록 하고 개발 중에 사용할 수 있도록 추가 파일로 활성화한다.

```
<Project Sdk="Microsoft.NET.Sdk">
  <PropertyGroup>
    <OutputType>Exe</OutputType>
    <TargetFramework>net6.0</TargetFramework>
  </PropertyGroup>
  <ItemGroup>
    <None Remove="stylecop.json" />
  </ItemGroup>
  <ItemGroup>
    <AdditionalFiles Include="stylecop.json" />
```

```
  </ItemGroup>
  <ItemGroup>
    <PackageReference Include="StyleCop.Analyzers" Version="1.2.0-*">
      <PrivateAssets>all</PrivateAssets>
      <IncludeAssets>runtime; build; native; contentfiles; analyzers</IncludeAssets>
    </PackageReference>
  </ItemGroup>
</Project>
```

6. 프로젝트를 빌드한다.

7. 그림 6.7과 같이 잘못된 곳에 경고가 표시된다.

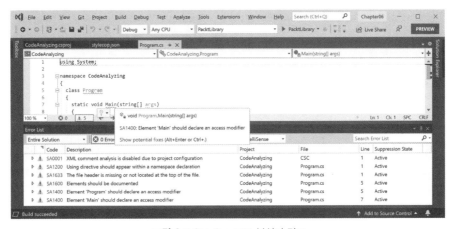

그림 6.7 StyleCop 코드 분석기 경고

8. 예를 들어, 다음과 같이 using 지시문을 네임스페이스 선언 내에 넣기를 제안한다.

```
C:\Code\Chapter06\CodeAnalyzing\Program.cs(1,1): warning SA1200:
Using directive should appear within a namespace declaration [C:\Code\
Chapter06\CodeAnalyzing\CodeAnalyzing.csproj]
```

경고 비활성화

경고를 표시하지 않으려면 코드를 추가하거나 구성 설정을 변경하는 등 몇 가지 옵션을 사용할 수 있다.

다음과 같이 속성을 사용해 경고를 표시하지 않도록 할 수 있다.

```
[assembly:SuppressMessage("StyleCop.CSharp.OrderingRules", "SA1200:UsingDir
ectivesMustBePlacedWithinNamespace", Justification = "Reviewed.")]
```

지시문을 사용해 표시하지 않도록 할 수도 있다.

```
#pragma warning disable SA1200 // UsingDirectivesMustBePlacedWithinNamesp
ace
using System;
#pragma warning restore SA1200 // UsingDirectivesMustBePlacedWithinNamesp
ace
```

이번에는 stylecop.json 파일을 수정해 경고를 비활성화해 보자.

1. stylecop.json에 using 문을 네임스페이스 외부에서 허용하도록 설정하는 옵션을 추가한다.

```
{
  "$schema": "https://raw.githubusercontent.com/DotNetAnalyzers/
StyleCopAnalyzers/master/StyleCop.Analyzers/StyleCop.Analyzers/
Settings/stylecop.schema.json",
  "settings": {
    "orderingRules": {
      "usingDirectivesPlacement": "outsideNamespace"
    }
  }
}
```

2. 프로젝트를 빌드하고 SA1200 경고가 사라진 것을 확인한다.

3. stylecop.json에서 using 지시문 배치를 보존으로 설정하면 네임스페이스 내부와 외부 모두에서 사용할 수 있다.

```json
"orderingRules": {
  "usingDirectivesPlacement": "preserve"
}
```

코드 수정

이제 다른 모든 경고를 수정하자.

1. CodeAnalyzing.csproj에 문서용 XML 파일을 자동으로 생성하도록 설정을 추가한다.

```xml
<Project Sdk="Microsoft.NET.Sdk">
  <PropertyGroup>
    <OutputType>Exe</OutputType>
    <TargetFramework>net6.0</TargetFramework>
    <GenerateDocumentationFile>true</GenerateDocumentationFile>
  </PropertyGroup>
```

2. stylecop.json에 회사 이름 및 저작권 텍스트에 대한 값을 제공하는 옵션을 추가한다.

```json
{
  "$schema": "https://raw.githubusercontent.com/DotNetAnalyzers/
StyleCopAnalyzers/master/StyleCop.Analyzers/StyleCop.Analyzers/
Settings/stylecop.schema.json",
  "settings": {
    "orderingRules": {
      "usingDirectivesPlacement": "preserve"
    },
    "documentationRules": {
      "companyName": "Packt",
      "copyrightText": "Copyright (c) Packt. All rights reserved."
```

```
      }
    }
  }
```

3. Program.cs에 회사 및 저작권 텍스트가 포함된 파일 헤더에 대한 설명을 추가하고 using System 코드를 다음과 같이 네임스페이스 내에서 선언하도록 위치를 이동한다. 그리고 클래스 및 메서드에 대한 명시적 액세스 한정자와 XML 주석을 설정한다.

```
// <copyright file="Program.cs" company="Packt">
// Copyright (c) Packt. All rights reserved.
// </copyright>
namespace CodeAnalyzing
{
  using System;
  /// <summary>
  /// The main class for this console app.
  /// </summary>
  public class Program
  {
    /// <summary>
    /// The main entry point for this console app.
    /// </summary>
    /// <param name="args">A string array of arguments passed to the
console app.</param>
    public static void Main(string[] args)
    {
      Console.WriteLine("Hello World!");
    }
  }
}
```

4. 프로젝트를 빌드한다.

5. bin/Debug/net6.0 폴더로 이동해 다음과 같은 CodeAnalyzing.xml이라는 파일이 자동 생성됐는지 확인한다.

```
<?xml version="1.0"?>
```

```
<doc>
    <assembly>
        <name>CodeAnalyzing</name>
    </assembly>
    <members>
        <member name="T:CodeAnalyzing.Program">
            <summary>
            The main class for this console app.
            </summary>
        </member>
        <member name="M:CodeAnalyzing.Program.Main(System.String[])">
            <summary>
            The main entry point for this console app.
            </summary>
            <param name="args">A string array of arguments passed to the
console app.</param>
        </member>
    </members>
</doc>
```

StyleCop 권장 사항

코드는 다음 순서로 정렬해야 한다.

1. 외부 별칭 지시문

2. Using 지시문

3. 네임스페이스

4. 델리게이트

5. 열거형

6. 인터페이스

7. 구조체

8. 클래스

클래스, 레코드, 구조체, 인터페이스 내에서는 다음 순서로 정렬한다.

1. 필드

2. 생성자

3. 소멸자(종료자)

4. 델리게이트

5. 이벤트

6. 열거형

7. 인터페이스

8. 속성

9. 인덱서

10. 메서드

11. 구조체

12. 중첩된 클래스 및 레코드

 좋은 습관: 다음 링크에서 StyleCop의 모든 규칙에 대해 알아볼 수 있다.

https://github.com/DotNetAnalyzers/StyleCopAnalyzers/blob/master/
DOCUMENTATION.md

⁞⁝ 연습 및 탐구

몇 개의 질문에 답해 보면서 6장에서 배운 내용을 얼마나 이해하고 있는지 확인하고 더
공부할 내용도 살펴보자.

연습 6.1 - 복습

다음의 질문에 답해 보자.

1. 델리게이트란 무엇인가?

2. 이벤트란 무엇인가?

3. 베이스 클래스와 상속된 클래스는 어떤 관련이 있는가? 상속된 클래스에서 어떻게 베이스 클래스에 접근할 수 있는가?

4. is와 as는 어떤 차이가 있는가?

5. 클래스를 상속하거나 메서드를 재정의하는 것을 방지하려고 사용하는 키워드는 무엇인가?

6. new 키워드로 인스턴스를 생성하지 못하도록 하는 키워드는 무엇인가?

7. 멤버를 재정의하도록 허용하는 키워드는 무엇인가?

8. 소멸자와 분리자의 다른 점은 무엇인가?

9. 모든 예외가 가져야 하는 생성자의 서명은 무엇인가?

10. 확장 메서드는 무엇이고 어떻게 선언해야 하는가?

연습 6.2 - 상속 관계 만들기

다음 단계에 따라 상속 계층 구조를 살펴보자.

1. Chapter06 솔루션/작업 영역에 Exercise02라는 이름으로 새 콘솔 프로그램을 추가한다.

2. Height, Width, Area 속성을 갖는 Shape 클래스를 생성한다.

3. Shape 클래스를 상속하는 Rectangle, Square, Circle, 3개의 클래스를 만들고 필요하다고 생각하는 멤버들을 추가한다. Area 속성을 정확하게 재정의하고 구현해 보자.

4. Main에 각 클래스의 인스턴스를 생성하는 코드를 추가한다.

```
Rectangle r = new(height: 3, width: 4.5);
WriteLine($"Rectangle H: {r.Height}, W: {r.Width}, Area: {r.Area}");
Square s = new(5);
WriteLine($"Square H: {s.Height}, W: {s.Width}, Area: {s.Area}");
Circle c = new(radius: 2.5);
WriteLine($"Circle H: {c.Height}, W: {c.Width}, Area: {c.Area}");
```

5. 코드를 실행하고 결과가 다음과 같은지 확인한다.

```
Rectangle H: 3, W: 4.5, Area: 13.5
Square H: 5, W: 5, Area: 25
Circle H: 5, W: 5, Area: 19.6349540849362
```

연습 6.3 - 탐구

6장에서 다룬 주제에 관한 글을 다음 링크에서 좀 더 읽어 보자.

https://github.com/markjprice/cs10dotnet6/blob/main/book-links.md#chapter-6-
--implementing-interfaces-and-inheriting-classes

⁝⁞ 마무리

6장에서는 지역 함수와 연산자, 델리게이트와 이벤트, 인터페이스와 제네릭을 구현하는 법, 상속과 OOP를 사용해 형식을 상속하는 방법에 관해 배웠다. 베이스 클래스와 상속 클래스를 알아봤고, 형식 멤버를 재정의하는 방법과 다형성을 어떻게 사용하는지, 그리고 형식 간의 변환에 대해서도 알아봤다.

7장에서는 .NET을 패키징하고 배포하는 방법을 배운다. 이어서 파일 처리, 데이터베이스 접근, 암호화 및 멀티태스킹과 같은 기능 구현을 위해 .NET이 제공하는 형식에 대해 알아본다.

07

.NET 형식을 패키징하고 배포하기

7장에서는 C# 키워드와 .NET 형식의 연관성, 네임스페이스와 어셈블리 간의 관계를 알아본다. .NET 애플리케이션과 라이브러리를 크로스 플랫폼 환경에 패키징하고 게시하는 방법을 배우며, .NET 라이브러리에서 레거시 .NET 프레임워크 라이브러리를 어떻게 사용할 수 있는지, 그리고 레거시 .NET 프레임워크 기반 코드를 모던 .NET으로 포팅하는 방법도 알아본다.

7장은 다음 내용을 다룬다.

- .NET 6로 가는 길

- .NET 컴포넌트 이해하기

- 배포용 애플리케이션 게시하기

- .NET 어셈블리 디컴파일decompile

- NuGet 배포를 위해 라이브러리 패키징하기

- .NET 프레임워크에서 모던 .NET으로 이식하기

- 미리보기 기능

⁂ .NET 6로 가는 길

여기서는 .NET에서 제공하는 **기본 클래스 라이브러리**BCL, Base Class Library API 기능과 .NET 표준을 활용해 다른 모든 .NET 플랫폼에서 기능을 재활용하는 방법을 설명한다.

먼저 현재까지의 .NET의 여정과 왜 과거를 이해하는 것이 중요한지 그 이유를 살펴본다.

.NET 코어 2.0은 첫 번째 버전에서 누락됐던 많은 API를 제공하면서 .NET 표준 2.0을 최소한으로 지원한다. .NET 프레임워크 개발자들이 15년 동안 사용하던 라이브러리와 애플리케이션은 이제 .NET으로 마이그레이션migration됐으며 윈도우는 물론 맥OS 및 리눅스에서도 실행이 가능하다.

.NET 표준 2.1에는 약 3,000개의 새로운 API가 추가됐다. 이 API들 중 일부는 이번 버전과의 호환성을 끊는 런타임 변경이 필요하므로 .NET 프레임워크 4.8은 .NET 표준 2.0만 구현한다. .NET 코어 3.0, 자마린Xamarin, 모노Mono, 유니티는 .NET 표준 2.1을 구현한다.

모든 프로젝트에서 .NET 6를 사용할 수 있다면 .NET 표준이 필요하지 않다. 레거시 .NET 프레임워크 프로젝트나 레거시 자마린 모바일 앱의 경우 여전히 클래스 라이브러리를 생성해야 할 수 있으므로 .NET 표준 2.0과 2.1 클래스 라이브러리를 생성할 필요가 있다. 실제로 2021년 3월의 설문 조사에서 개발자 절반 정도가 .NET 표준 2.0을 따르는 클래스 라이브러리를 만들어야 한다고 답했다.

지금은 .NET MAUI를 사용해 개발된 모바일 및 데스크톱 앱에 대한 미리보기 지원과 함께 .NET 6가 릴리스됐으므로 .NET 표준의 필요성은 더욱 줄어들었다.

지난 5년 동안 .NET이 이뤄낸 진보를 요약하기 위해 아래에 주요 .NET 코어 및 모던 .NET 버전과 동등한 .NET 프레임워크 버전을 나열했다.

- **.NET 코어 1.x**: 2016년 3월 버전인 .NET 프레임워크 4.6.1에 비해 훨씬 적은 API를 제공한다.

- **.NET 코어 2.x**: 둘 다 .NET 표준 2.0을 구현하므로 .NET 프레임워크 4.7.1과 동등하다.

- **.NET 코어 3.x**: .NET 프레임워크 4.8이 .NET 표준 2.1을 구현하지 않으므로 .NET 프레임워크에 비해 많은 API를 제공한다.

- **.NET 5**: .NET 프레임워크 4.8에 비해 훨씬 더 많은 API를 제공하며 성능도 크게 향상됐다.

- **.NET 6**: .NET MAUI의 모바일 앱 지원을 통해 2022년 5월에 최종 통합됐다.

.NET 코어 1.0

.NET 코어 1.0은 2016년 6월에 출시됐으며 ASP .NET 코어를 사용해 웹, 클라우드 애플리케이션, 그리고 리눅스 서비스를 포함해 최신 크로스 플랫폼 앱을 구축하기 위한 API를 구현하는데 중점을 뒀다.

.NET 코어 1.1

.NET 코어 1.1은 2016년 11월에 출시됐으며 버그 수정, 리눅스 배포판 지원 확대, .NET 표준 1.6 지원, 특히 웹 앱 및 서비스용 ASP .NET 코어의 성능 개선에 중점을 뒀다.

.NET 코어 2.0

.NET 코어 2.0은 2017년 8월에 출시됐으며 .NET 표준 2.0 구현, .NET 프레임워크 라이브러리 참조 기능, 성능 개선에 초점을 맞췄다.

이 책의 세 번째 에디션은 2017년 11월에 출판됐으므로 .NET 코어 2.0과 **유니버설 윈도우 플랫폼**UWP, Universal Windows Platform 앱을 위한 .NET 코어를 다뤘다.

.NET 코어 2.1

.NET 코어 2.1은 2018년 5월에 출시됐으며 확장 가능한 도구 시스템에 초점을 맞췄다. Span<T> 같은 새로운 형식과 암호화 및 압축을 위한 새로운 API, 이전 윈도우 애플리케이션을 포팅porting하는 데 도움을 주는 2만 개의 추가 API, 엔티티 프레임워크 코어 값 변환, LINQ GroupBy 변환, 데이터 시딩seeding, 쿼리 형식이 포함된 윈도우 호환성 팩이 제공되며 다음 표에 나열한 항목의 성능 향상도 있었다.

기능	장	주제
Spans	8장	index, range, span 사용하기
Brotil Compression	9장	Brotil 알고리듬으로 압축하기
암호화	추가 온라인 리소스 20장	암호화의 새 기능
EF 코어 지연 로딩	10장	지연 로딩 활성화
EF 코어 데이터 시딩	10장	데이터 시딩 이해하기

.NET 코어 2.2

.NET 코어 2.2는 2018년 12월에 출시됐으며 런타임 진단 개선, 선택적 계층화된 컴파일, NTS^NetTopologySuite 라이브러리, 쿼리 태그, 소유 엔티티 컬렉션 형식을 사용하는 공간 데이터 지원처럼 ASP .NET 코어, 엔티티 프레임워크 코어와 같은 새로운 기능 추가에 중점을 뒀다.

.NET 코어 3.0

.NET 코어 3.0은 2019년 9월에 출시됐으며 윈도우 폼(2001), WPF^Windows Presentation Foundation(2006), 엔티티 프레임워크 6.3, side-by-side 및 앱 로컬 배포, 빠른 JSON 리더기, IoT^Internet of Things 솔루션에 대한 직렬 포트 접근 및 기타 핀아웃pinout 접근, 그리고 다음 표에 나열한 계층화된 컴파일을 기본으로 해 데스크톱 애플리케이션 빌드 지원을 추가하는 데 초점을 맞췄다.

기능	장	주제
앱에 .NET 포함하기	7장	배포용 코드 게시하기
Index, Range	8장	index, range, span 사용하기
System.Text.Json	9장	고성능 JSON 처리
비동기 스트림	12장	async 스트림 다루기

이 책의 네 번째 에디션은 2019년 10월에 출판됐으므로 .NET 코어 3.0에 추가된 새로운 API 일부를 소개했다.

.NET 코어 3.1

.NET 코어 3.1은 2019년 12월에 출시됐으며 2022년 12월까지 **장기 지원**^{LTS, Long Term Support} 버전이 가능하도록 버그 수정 및 개선에 중점을 뒀다.

.NET 5.0

.NET 5.0은 2020년 11월에 출시됐으며 다음 표에 나열된 항목을 포함해 모바일을 제외한 다양한 .NET 플랫폼을 통합하고 플랫폼과 성능을 개선하는 데 초점을 맞췄다.

기능	장	주제
Half 형식	8장	숫자 다루기
정규 표현식 성능 향상	8장	정규 표현식 성능 향상
System.Text.Json 개선	9장	고성능 JSON 처리
EF 코어에서 생성된 SQL 확인	10장	생성된 SQL 확인하기
EF 코어 필터링 포함	10장	포함되는 엔티티 필터링하기
휴머나이저를 사용한 EF 코어 스캐폴드-DbConext 단일화	10장	기존 데이터베이스를 사용한 스캐폴딩 (scaffolding)

.NET 6.0

.NET 6.0은 2021년 11월에 출시됐으며 다음 표에 나열된 항목을 포함해 모바일 플랫폼과의 통합, 데이터 관리를 위해 EF 코어에 더 많은 기능을 추가했고 성능 개선에 중점을 뒀다.

기능	장	주제
.NET SDK 상태 확인	7장	.NET SDK 업데이트 확인
애플 실리콘 지원	7장	배포할 콘솔 애플리케이션 만들기
기본 링크 다듬기 모드	7장	앱 다듬기를 사용해 크기 줄이기
DateOnly, TimeOnly	8장	날짜 또는 시간 중 하나만 사용하기
List⟨T⟩에서 EnsureCapacity 사용	8장	컬렉션의 용량을 확보해 성능 향상하기
EF 코어 구성 규칙	10장	사전 규칙 모델 구성하기
새 LINQ 메서드	11장	Enumerable 클래스로 LINQ 표현식 만들기

.NET 코어 2.0부터 .NET 5.0까지의 성능 개선

마이크로소프트는 지난 몇 년 동안 성능을 크게 개선했다. 다음 링크에서 자세한 블로그 글을 읽어 볼 수 있다.

https://devblogs.microsoft.com/dotnet/performance-improvements-in-net-5/

.NET SDK 업데이트 확인

.NET 6.0에는 설치된 .NET SDK와 런타임 버전을 확인하고 업데이트가 필요한 경우 알려 주는 명령이 추가됐다. 다음 명령을 입력하자.

```
dotnet sdk check
```

그러면 사용 가능한 업데이트가 있는지 여부를 다음과 같이 알려 준다.

```
.NET SDK:
버전      상태
---------------------
6.0.100      최신 상태입니다.


.NET 런타임:
이름                               버전        상태
--------------------------------------------------
Microsoft.AspNetCore.App          6.0.0      최신 상태입니다.
Microsoft.NETCore.App             6.0.0      최신 상태입니다.
Microsoft.WindowsDesktop.App      6.0.0      최신 상태입니다.
```

⠶ .NET 컴포넌트 이해하기

.NET 코어는 다음처럼 여러 부분으로 구성돼 있다.

- **언어 컴파일러**language compiler: C#, F#, 비주얼 베이직 등으로 작성한 소스 코드를 어셈블리에 저장되는 **중간 언어**IL, Intermediate Language 코드로 변환한다. C# 6부터는 비주얼 베이직에서도 사용되는 로슬린Roslyn이라는 새로 개발된 오픈소스 컴파일러를 사용한다.

- **공용 언어 런타임(CoreCLR)**: 어셈블리를 로드하고 그 안에 저장된 IL 코드를 컴파일해서 CPU에 알맞은 네이티브 코드를 만들어 낸다. 그리고 스레드나 메모리 같은 리소스가 관리되는 환경 안에서 네이티브 코드를 실행한다.

- **베이스 클래스 라이브러리(BCL 또는 CoreFx)**: 프로그램을 개발할 때 공통 작업을 처리할 수 있도록 NuGet을 사용해 패키징 및 배포 형식으로 미리 빌드돼 있는 어셈블리 형식이다. 이를 이용해서 마치 레고 블록을 조립하는 것처럼 빠르게 원하는 프로그램을 개발할 수 있다. .NET 코어 2.0은 .NET 표준의 모든 이전 버전의 상위 집합인 .NET 표준 2.0을 구현하면서 .NET 코어를 .NET 프레임워크 및 자마린과 동등한 수준으로 끌어올렸다. .NET 코어 3.0은 .NET 프레임워크에서 사용 가능한 것 이상의 새로운 기능을 추가하고 성능 개선을 가능케 하는 .NET 표준 2.1을 구현했다. .NET 6.0은 모바일을 포함한 모든 유형의 앱에서 통합된 BCL을 구현한다.

어셈블리, NuGet 패키지, 네임스페이스 이해하기

`System.Data.dll`에는 데이터 관리에 사용되는 형식^{type}들이 들어 있다. 이처럼 형식이 파일 형태로 저장된 곳이 **어셈블리**^{assembly}다. 어셈블리는 참조 단위이면서 배포 단위가 되는데, 어셈블리에 들어 있는 형식을 사용하려면 반드시 그 어셈블리를 참조해야 한다. 어셈블리는 미리 정적으로 생성하거나 런타임에 동적으로 생성할 수 있다. 동적 어셈블리는 고급 기능이며 이 책에서는 다루지 않는다. 어셈블리는 DLL(클래스 라이브러리) 또는 EXE(콘솔 앱) 같은 단일 파일로 컴파일될 수 있다.

어셈블리는 다운로드 가능한 파일인 **NuGet 패키지**로 배포되며 여러 어셈블리 및 다른 리소스를 포함할 수 있다. 또한, NuGet 패키지 몇 개를 묶은 **프로젝트 SDK**, **워크로드**, **플랫폼** 등도 있다.

다음 사이트에서 유용한 NuGet 패키지를 찾을 수 있다.

https://www.nuget.org

네임스페이스란?

네임스페이스는 형식의 위치를 가리키는 주소다. 네임스페이스는 짧은 주소보다 전체 주소를 사용함으로써 형식을 고유하게 식별할 수 있게 한다.

실제 세계에서 미국 샌프란시스코 사이커모어 거리 34번지의 Bob과 노스 캐롤라이나 윌로우 거리 12번지의 Bob은 다른 사람이다.

마찬가지로, .NET 코어에서 `System.Web.Mvc` 네임스페이스의 `IActionFilter` 인터페이스는 `System.Web.Http.Filters` 네임스페이스의 `IActionFilter`와 다르다.

종속 어셈블리 이해하기

만약 어셈블리가 클래스 라이브러리로 컴파일되고 다른 어셈블리에서 사용하기 위한 형식으로 제공된다면 파일 확장자는 **.dll**^{dynamic link library}이며 단독으로 실행될 수 없다.

이와 다르게 어셈블리가 애플리케이션으로 컴파일되면 **.exe**^{executable} 파일 확장자를 가

지며 단독으로 실행할 수 있다. .NET 코어 3.0 이전에는 콘솔 앱이 .dll 파일로 컴파일 됐으며 dotnet run 명령 또는 호스트 실행 파일로 실행해야 했다.

애플리케이션과 클래스 라이브러리를 포함하는 모든 어셈블리는 하나 이상의 다른 클래스 라이브러리를 참조할 수 있다. 하지만 순환 참조는 허용되지 않아서 만약 어셈블리 A가 이미 어셈블리 B를 참조하고 있다면 B는 A를 참조할 수 없다. 순환 참조를 일으키는 어셈블리 참조를 시도할 경우 경고 컴파일러가 경고 메시지로 알려 준다. 순환 참조는 대개 잘못된 코드 설계에 대한 결과다. 순환 참조가 필요하다고 확신하는 경우는 인터페이스를 사용해 해결한다.

마이크로소프트 .NET 프로젝트 SDK 이해하기

콘솔 애플리케이션은 기본으로 마이크로소프트 .NET 프로젝트 SDK에 대한 의존성을 가진다. 이 플랫폼은 System.Int32나 System.String 형식처럼 거의 모든 애플리케이션이 필요로 하는 수천 가지 형식을 NuGet 패키지 안에 포함하고 있다.

.NET을 사용하면 프로젝트 파일에서 애플리케이션에 필요한 의존성 어셈블리, NuGet 패키지, 플랫폼을 참조한다.

어셈블리와 네임스페이스 간의 관계를 살펴보자.

1. 선호하는 코드 에디터를 사용해 Chapter07이라는 이름으로 새 솔루션과 작업 영역을 생성한다.

2. 다음의 설명에 따라 콘솔 앱 프로젝트를 추가한다.

   A. 프로젝트 템플릿: **콘솔 애플리케이션**/console

   B. 작업 영역/솔루션 파일과 폴더: Chapter07

   C. 프로젝트 파일과 폴더: AssembliesAndNamespaces

3. AssembliesAndNamespaces.csproj 파일을 열어 .NET 6 애플리케이션의 기본 프로젝트 파일 내용을 확인하자.

```xml
<Project Sdk="Microsoft.NET.Sdk">

  <PropertyGroup>
    <OutputType>Exe</OutputType>
    <TargetFramework>net6.0</TargetFramework>
    <ImplicitUsings>enable</ImplicitUsings>
    <Nullable>enable</Nullable>
  </PropertyGroup>

</Project>
```

어셈블리의 네임스페이스 및 형식 이해하기

System.Runtime.dll 어셈블리에는 많은 공용 .NET 형식이 들어 있다. 어셈블리와 네임스페이스가 항상 일대일로 매핑mapping되는 것은 아니다. 단일 어셈블리는 많은 네임스페이스를 포함할 수 있으며 네임스페이스는 여러 어셈블리에 정의될 수 있다. 다음 표에서 일부 어셈블리와 해당 어셈블리가 네임스페이스에 제공하는 형식 간의 관계를 확인할 수 있다.

어셈블리	네임스페이스 예시	형식 예시
System.Runtime.dll	System, System.Collections, System.Collections.Generic	Int32, String, IEnumerable\<T\>
System.Console.dll	System	Console
System.Threading.dll	System.Threading	Interlocked, Monitor, Mutex
System.Xml.XDocument.dll	System.Xml.Linq	XDocument, XElement, XNode

NuGet 패키지 이해하기

.NET은 마이크로소프트가 지원하는 패키지 관리 기술인 NuGet을 사용해 배포되는 패키지 집합으로 분할된다. 이러한 각각의 패키지는 같은 이름의 단일 어셈블리를 나타낸다. 예를 들어, System.Collections 패키지는 System.Collections.dll 어셈블리를 포함한다.

패키지의 장점은 다음과 같다.

- 패키지는 공개 피드에 쉽게 배포할 수 있다.

- 패키지는 재사용할 수 있다.

- 패키지는 자체 일정에 맞춰 배포할 수 있다.

- 패키지는 다른 패키지와 독립적으로 테스트할 수 있다.

- 패키지는 서로 다른 OS 및 CPU로 빌드된 동일한 어셈블리의 여러 버전을 포함해 서로 다른 OS 및 CPU를 지원할 수 있다.

- 패키지는 하나의 라이브러리에만 종속될 수 있다.

- 참조되지 않는 패키지는 배포에서 제외되므로 애플리케이션의 크기는 더 작아진다.

  다음 표에 중요한 패키지 및 형식을 나열했다.

패키지	주요 형식
System.Runtime	Object, String, Int32, Array
System.Collections	List<T>, Dictionary<TKey, TValue>
System.Net.Http	HttpClient, HttpResponseMessage
System.IO.FileSystem	File, Directory
System.Reflection	Assembly, TypeInfo, MethodInfo

프레임워크 이해하기

프레임워크와 패키지는 양방향 관계에 있다. 패키지는 API를 정의하고 프레임워크는 패키지를 그룹화한다. 패키지가 없는 프레임워크는 API를 정의하지 않는다.

.NET 패키지는 각각 특정 프레임워크를 지원한다. 예를 들어, `System.IO.FileSystem` 패키지 버전 4.3.0은 다음 프레임워크를 지원한다.

- .NET 표준 버전 1.3 이상

- .NET 프레임워크 버전 4.6 이상

- 모노 6와 자마린 플랫폼(예를 들어, Xamarin.iOS 1.0)

 추가 정보: 다음 링크에서 자세한 내용을 읽어 볼 수 있다.
https://www.nuget.org/packages/System.IO.FileSystem/

형식 사용을 위해 네임 스페이스 가져오기

네임스페이스가 어셈블리 및 형식과 어떻게 관련돼 있는지 살펴보자.

1. `AssembliesAndNamespaces` 프로젝트의 `Program.cs` 파일에 다음 코드를 입력한다.

```
XDocument doc = new();
```

2. 프로그램을 빌드하고 다음과 같은 에러 메시지가 출력되는 것을 확인한다.

'XDocument' 형식 또는 네임스페이스 이름을 찾을 수 없습니다. `using` 지시문 또는 어셈블리 참조가 있는지 확인하세요.

형식의 네임스페이스를 알려 주지 않았기 때문에 컴파일러는 XDocument라는 형식을 인식할 수 없다. 이 프로젝트에는 이미 형식이 포함된 어셈블리에 대한 참조가 있지만, 형식 이름에 해당 네임스페이스를 접두사로 붙이거나 네임스페이스를 가져와야 한다.

3. 코드 편집기에서 XDocument 클래스 이름을 클릭하면 노란색 전구 모양의 아이콘이 표시돼 형식을 인식하고 자동으로 문제를 해결할 수 있음을 알려 준다.

4. 노란색 전구 모양의 아이콘을 클릭한 다음, 메뉴에서 using System.Xml.Linq;를 선택한다.

이렇게 하면 파일의 맨 위에 using 코드를 추가해 네임스페이스를 가져온다. 네임스페이스를 가져온 뒤, 해당 파일에서는 단순히 형식 이름을 입력하는 것으로 네임스페이스 내의 모든 형식을 사용할 수 있다.

다음과 같이 네임스페이스를 가져온 이유를 떠올리기 위해 형식 이름을 주석으로 남겨 두기도 한다.

```
using System.Xml.Linq; // XDocument
```

C# 키워드와 .NET 형식 연관성

C#을 처음 배우는 사람들에게 공통적으로 듣는 질문 중 하나는 소문자로 시작하는 string과 대문자로 시작하는 String이 어떻게 다르냐는 것이다.

짧게 답하면 차이점은 없다. 조금 길게 답하면 string이나 int 같은 모든 C# 형식은 클래스 라이브러리 어셈블리 내의 .NET 형식에 대한 별칭이라는 것이다.

코드에서 string을 사용하면 컴파일러는 이것을 System.String 형식으로 인식한다. int 를 사용하면 System.Int32 형식으로 인식한다. 코드를 통해 살펴보자.

1. Program.cs에 string 값을 갖는 2개의 변수를 선언한다. 하나는 소문자 string을, 다른 하나는 대문자로 시작하는 String을 사용한다.

```
string s1 = "Hello";
String s2 = "World";
Console.WriteLine($"{s1} {s2}");
```

2. 코드를 실행해 보면 둘 다 동일하게 동작하는 것을 알 수 있다.

3. AssembliesAndNamespaces.csproj에 다음과 같이 System 네임스페이스를 전역으로 가져오지 못하도록 항목을 추가한다.

```
<ItemGroup>
  <Using Remove="System" />
</ItemGroup>
```

4. 프로그램을 컴파일하고 에러 메시지를 확인한다.

> 'String' 형식 또는 네임스페이스 이름을 찾을 수 없습니다. using 지시문 또는 어셈블리
> 참조가 있는지 확인하세요.

5. Program.cs 파일의 맨 위에 using을 사용해 System 네임스페이스를 가져와 에러를 수정한다.

```
using System; // String
```

 좋은 습관: System.String, System.Int32 같은 실제 형식 대신에 string, int 같은 C# 키워드를 사용하자. 왜냐하면 C# 키워드는 네임스페이스를 선언할 필요가 없기 때문이다.

C# 키워드와 .NET 형식 연결

다음 표는 18개의 C# 키워드와 실제 .NET 형식을 보여 준다.

키워드	.NET 형식	키워드	.NET 형식
string	System.String	char	System.Char
sbyte	System.SByte	byte	System.Byte
short	System.Int16	ushort	System.UInt16
int	System.Int32	uint	System.UInt32
long	System.Int64	ulong	System.UInt64
nint	System.IntPtr	nuint	System.UIntPtr
float	System.Single	double	System.Double
decimal	System.Decimal	bool	System.Boolean
object	System.Object	dynamic	System.Dynamic.DynamicObject

다른 .NET 프로그래밍 언어 컴파일러도 동일하다. 예를 들어, 비주얼 베이직 .NET은 Integer 키워드를 갖고 있는데 이것은 System.Int32에 대한 별칭이다.

기본 크기 정수

C# 9에서는 **기본**[native] **크기 정수**로 nint 및 nunit 키워드를 소개했는데 정수 값의 저장소 크기가 플랫폼마다 달라진다. 32비트 프로세스에서는 32비트 정수를 저장하고 sizeof()는 4바이트를 반환한다. 64비트 프로세스에서는 64비트 정수를 저장하고 sizeof()는 8바이트를 반환한다. 별칭은 메모리에 있는 정수 값의 포인터를 나타내기 때문에 .NET 형식 이름은 IntPtr, UIntPtr이다. 실제 저장 형식은 프로세스에 따라 System.Int32 또는 System.Int64다.

64비트 프로세스에서 다음 코드를 실행하면

```
Console.WriteLine($"int.MaxValue = {int.MaxValue:N0}");
Console.WriteLine($"nint.MaxValue = {nint.MaxValue:N0}");
```

출력 결과는 다음과 같다.

```
int.MaxValue = 2,147,483,647
nint.MaxValue = 9,223,372,036,854,775,807
```

형식 위치 찾기

코드 편집기는 .NET 형식에 대해 기본으로 내장된[built-in] 문서를 제공한다. 직접 확인해보자.

1. XDocument를 오른쪽 클릭한 다음, 메뉴에서 **정의로 이동**을 선택한다.

2. 이동한 코드 파일의 상단에서 어셈블리 파일 이름이 System.Xml.XDocument.dll인 것을 확인하자. 클래스는 그림 7.1에서 보는 것처럼 System.Xml.Linq 네임스페이스에 있다.

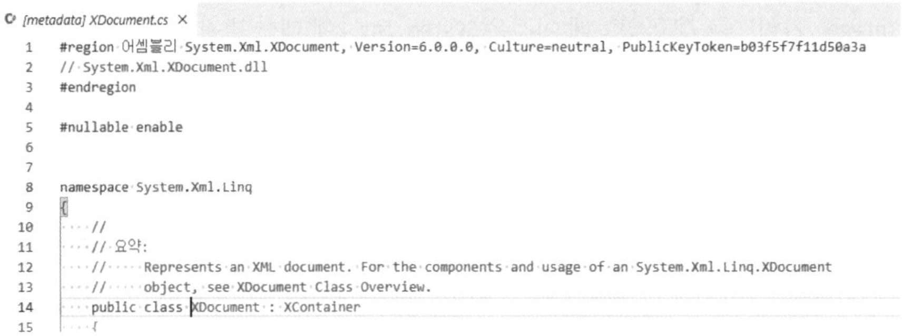

```
C# [metadata] XDocument.cs  ×
1   #region 어셈블리 System.Xml.XDocument, Version=6.0.0.0, Culture=neutral, PublicKeyToken=b03f5f7f11d50a3a
2   // System.Xml.XDocument.dll
3   #endregion
4
5   #nullable enable
6
7
8   namespace System.Xml.Linq
9   {
10      //
11      // 요약:
12      //     Represents an XML document. For the components and usage of an System.Xml.Linq.XDocument
13      //     object, see XDocument Class Overview.
14      public class XDocument : XContainer
15      {
```

그림 7.1 XDocument 형식을 포함하는 어셈블리와 네임스페이스

3. **[metadata] XDocument.cs** 탭을 닫는다.

4. string 또는 String을 오른쪽 클릭한 다음, 메뉴에서 **정의로 이동**을 선택한다.

5. 이동한 코드 파일의 상단에서 어셈블리 파일 이름이 System.Runtime.dll인 것을 확인하자. 클래스는 System 네임스페이스에 있다.

사실 코드 편집기는 기술적으로 거짓말을 하는 셈이다. 2장에서 C# 어휘 범위를 확인했을 때 System.Runtime.dll 어셈블리는 어떤 형식도 포함하고 있지 않다는 것을 확인했다.

이 어셈블리가 포함하는 건 형식 전달자type-forwarder다. 이들은 어셈블리에 있는 것처럼 보이지만 실제로는 다른 곳에서는 구현되는 특수한 형식이다. 이 경우 고도로 최적화된 코드를 사용해 .NET 런타임 내부에서 구현된다.

.NET 표준을 사용해 레거시 플랫폼과 코드 공유하기

.NET 표준 이전에는 PCL^{Portable Class Library}을 사용해 코드 라이브러리를 만들고 자마린, 실버라이트^{Silverlight}, 윈도우 8과 같이 라이브러리에서 지원하는 플랫폼을 명시적으로 지정할 수 있었다. 이렇게 해서 라이브러리는 지정한 플랫폼에서 지원하는 API를 사용할 수 있었다.

마이크로소프트는 이 방식을 지속할 수 없다는 것을 깨닫고 앞으로의 모든 .NET 플랫폼이 지원할 단일 API인 .NET 표준을 만들었다. .NET 표준의 이전 버전이 있기는 했지만, .NET 표준 2.0은 최근의 모든 중요한 .NET 플랫폼을 통합하려는 시도였다. .NET 표준 2.1은 2019년 말에 배포됐지만, .NET 코어 3.0과 해당 연도의 자마린 버전만 새로운 기능을 지원했다. 이 책의 나머지 부분에서 .NET 표준은 .NET 표준 2.0을 의미하는 용어로 사용한다.

.NET 표준은 플랫폼이 지원해야 하는 표준이라는 점에서 HTML 5와 유사하다. 즉 구글 크롬 브라우저와 마이크로소프트의 에지^{Edge} 브라우저가 HTML 5 표준을 구현하는 것처럼 .NET 코어, .NET 프레임워크, 자마린은 모두 .NET 표준을 구현한다. 레거시 .NET 변형에서 동작하는 형식 라이브러리를 만든다면 .NET 표준을 써서 쉽게 작업할 수 있다.

좋은 습관: .NET 표준 2.1에 추가된 많은 API는 런타임 변경을 필요로 했다. 하지만 .NET 프레임워크는 가능한 한 변경되지 않은 상태로 유지돼야 하는 마이크로소프트의 레거시 플랫폼이다. 그래서 .NET 프레임워크 4.8은 .NET 표준 2.1을 구현하는 대신, .NET 표준 2.0을 그대로 유지했다.

만약, .NET 프레임워크를 지원해야 한다면, 비록 .NET 표준의 최신 버전이 아니며 BCL 의 새 기능을 지원하지 않더라도 .NET 표준 2.0에서 클래스 라이브러리를 만들어야 한다.

사용할 .NET 표준 버전이 결정되면 플랫폼 지원 극대화와 사용 가능한 기능 간의 균형 도 결정된다. 예를 들어, 낮은 버전일수록 지원하는 플랫폼은 늘어나지만 지원하는 API 는 줄어든다. 높은 버전은 적은 수의 플랫폼을 지원하지만 더 많은 API를 지원한다. 따 라서 사용하려는 모든 API를 만족하는 가장 낮은 버전을 선택해야 한다.

서로 다른 SDK를 사용하는 클래스 라이브러리의 기본값 이해하기

dotnet SDK 도구를 사용해서 클래스 라이브러리를 만들 때는 다음 표와 같이 어떤 프 레임워크 종류가 기본으로 사용되는지 알아 두는 것이 좋다.

SDK	기본으로 사용되는 프레임워크 종류
.NET 코어 3.1	netstandard2.0
.NET 5	net5.0
.NET 6	net6.0

물론 기본 템플릿으로 클래스 라이브러리를 만든 뒤에 변경하는 것도 가능하다. 다음 표와 같이 대상 프레임워크를 해당 라이브러리를 참조해야 하는 프로젝트를 지원하는 값으로 수동 설정할 수 있다.

클래스 라이브러리 대상 프레임워크	다음을 대상으로 하는 프로젝트에서 사용할 수 있음
netstandard2.0	.NET 프레임워크 4.6.1 이상, .NET 코어 2.0 이상, .NET 5.0 이상, 모노 5.4 이상, Xamarin.Android 8.0 이상, Xamarin.iOS 10.14 이상
netstandard2.1	.NET 코어 3.0 이상, .NET 5.0 이상, 모노 6.4 이상, Xamarin.Android 10.0 이상, Xamarin.iOS 12.16 이상
net5.0	.NET 5.0 이상
net6.0	.NET 6.0 이상

 좋은 습관: 클래스 라이브러리의 대상 프레임워크를 항상 확인하고 필요하다면 더 알맞은 것으로 변경한다. 기본값을 사용했을 때 어떤 일이 일어나는지 알고 있어야 하며 의식적으로 결정해야 한다.

.NET 표준 2.0 클래스 라이브러리 생성하기

이제 클래스 라이브러리를 만들어 보자. .NET 표준 2.0을 사용하므로 모든 주요 .NET 레거시 플랫폼과 윈도우, 맥OS, 리눅스 등의 크로스 플랫폼에서 사용 가능하며, 수많은 .NET API 역시 쓸 수 있다.

1. 선호하는 코드 편집기를 사용해 Chapter07 솔루션/작업 영역에 SharedLibrary라는 이름으로 새 클래스 라이브러리를 추가한다.

2. 비주얼 스튜디오 2022를 사용한다면 **대상 프레임워크**를 묻는 메시지가 표시됐을 때 **.NET 표준 2.0**을 선택한 다음, 솔루션의 시작 프로젝트를 현재 선택 영역으로 설정한다.

3. 비주얼 스튜디오 코드를 사용하는 경우 다음과 같이 .NET 표준 2.0을 사용하도록 명령어를 입력한다.

```
dotnet new classlib -f netstandard2.0
```

4. 비주얼 스튜디오 코드에서는 SharedLibrary를 활성 OmniSharp 프로젝트로 설정한다.

 좋은 습관: 만약, .NET 6.0의 새 기능을 사용하는 형식과 .NET 표준 2.0 기능만 사용하는 형식을 만들어야 한다면, .NET 6.0을 대상으로 하는 클래스 라이브러리와 .NET 표준 2.0을 대상으로 하는 클래스 라이브러리를 각각 별도로 만들 수 있다. 실제로 어떻게 하는지는 10장에서 볼 수 있다.

수동으로 2개의 클래스 라이브러리를 만드는 또 다른 방법은 다중 타기팅targeting을 지원하도록 만드는 것이다. 다중 타기팅에 대한 내용은 다음 링크에서 읽어 볼 수 있다.

https://docs.microsoft.com/ko-kr/dotnet/standard/library-guidance/cross-platform-targeting#multi-targeting

.NET SDK 제어하기

기본적으로 dotnet 명령을 실행하면 가장 최근에 설치된 .NET SDK가 사용된다. 하지만 때에 따라서 특정 버전의 SDK를 사용해야 하는 경우도 있다.

예를 들어, 이 책의 이전 판에서 어떤 독자는 .NET 코어 SDK 3.1을 사용하는 예제와 자신의 로컬 환경이 일치하다고 생각했다. 하지만 그 독자는 .NET SDK 5.0을 설치해 기본 버전으로 사용하고 있었다. 따라서 앞에서 설명한 대로 새 클래스 라이브러리를 만들 때 기본 동작이 .NET 표준 2.0 대신 .NET 5.0으로 변경돼 혼란을 겪었다.

global.json 파일을 사용하면 기본으로 사용되는 .NET SDK를 제어할 수 있다. dotnet 명령은 현재 폴더와 상위 폴더에서 global.json 파일을 검색한다.

1. Chapter07 폴더에 ControlSDK라는 이름의 하위 폴더를 생성한다.

2. 윈도우에서는 명령 프롬프트 또는 윈도우 터미널을 실행하고, 맥OS에서는 터미널을 실행한다. 비주얼 스튜디오 코드를 사용한다면 비주얼 스튜디오 코드의 통합 터미널을 사용해도 된다.

3. 명령 프롬프트나 터미널의 ControlSDK 폴더에서 아래 명령을 실행해서 global.json 파일을 만들고 모던 .NET 코어 3.1 SDK를 사용하도록 지정한다.

```
dotnet new globaljson --sdk-version 3.1.412
```

4. 생성된 global.json 파일을 열고 다음과 같은 내용을 확인하자.

```
{
  "sdk": {
    "version": "3.1.412"
  }
}
```

 다음 링크의 표에서 모던 .NET SDK의 버전 숫자를 확인할 수 있다.
https://dotnet.microsoft.com/download/visual-studio-sdks

5. 명령 프롬프트나 터미널의 ControlSDK 폴더에서 다음 명령을 실행해서 클래스 라이브러리 프로젝트를 생성한다.

```
dotnet new classlib
```

6. 만약 .NET 코어 3.1 SDK가 설치돼 있지 않다면 다음과 같은 에러가 출력된다.

```
Could not execute because the application was not found or a compatible
.NET SDK is not installed.
```

7. 만약 .NET 코어 3.1 SDK가 설치돼 있다면 기본으로 .NET 표준 2.0을 대상으로 하는 클래스 라이브러리 프로젝트가 생성된다.

위 단계를 꼭 따라할 필요는 없지만, 만약 직접 해보고 싶고 .NET 코어 3.1 SDK가 아직 설치돼 있지 않은 경우 다음 링크에서 설치할 수 있다.

https://dotnet.microsoft.com/download/dotnet/3.1

⠿ 배포용 코드 게시하기

여러분이 소설을 써서 다른 사람들이 읽게 하려면 소설을 출판해야 한다.

개발자는 대부분 다른 개발자가 코드를 사용하도록 하거나 사용자가 애플리케이션으로 실행할 수 있도록 코드를 작성한다. 이렇게 하려면 작성한 코드를 패키징된 클래스 라이브러리나 실행 가능한 애플리케이션으로 게시해야 한다.

.NET 애플리케이션을 게시하고 배포하는 방법은 세 가지가 있다.

1. **프레임워크-종속 배포**FDD, Framework-Dependent Deployment

2. **프레임워크-종속 실행 가능 파일**FDEs, Framework-Dependent Executables

3. 자체 포함

만약 애플리케이션과 해당 패키지 종속성은 배포하지만, .NET 자체는 배포하지 않는다면 대상 컴퓨터에 이미 설치된 .NET에 의존하게 된다. .NET 및 다른 많은 웹 애플리케이션은 이미 서버에 설치돼 있는 경우가 많기 때문에 이 시나리오는 서버에 배포되는 웹 애플리케이션에 적합하다.

프레임워크-종속 배포는 dotnet 명령줄 도구로 실행해야 하는 dll을 배포한다는 의미다. **프레임워크-종속 실행 가능 파일**은 명령줄에서 바로 실행할 수 있는 exe를 배포한다. 둘다 배포될 시스템에 .NET이 설치돼 있어야 한다.

때때로 작성한 프로그램을 USB를 통해 전달해야 하는 경우 대상 컴퓨터에서 정상 실행되는지 알고 싶을 때가 있다. 이때는 배포 방법 중 자체 포함을 사용한다. 배포 파일의 크기는 더 커지지만 해당 컴퓨터에 .NET이 설치돼 있지 않아 실행할 수 없는 문제는 발생하지 않는다.

배포할 콘솔 애플리케이션 만들기

콘솔 애플리케이션 배포 방법을 알아보자.

1. 선호하는 편집기를 사용해 Chapter07 솔루션/작업 영역에 DotNetEverywhere라는 이름으로 새로운 콘솔 애플리케이션을 생성한다.

2. 비주얼 스튜디오 코드에서 DotNetEverywhere를 선택하고 OmniSharp 프로젝트를 활성화한다. 필수 애셋이 누락됐다는 경고 팝업이 표시되면 **Yes**를 클릭해서 추가한다.

3. Program.cs 파일에서 주석을 삭제하고 Console 클래스를 정적으로 가져온다.

4. Program.cs에 이 콘솔 애플리케이션이 어디서나 실행된다는 메시지와 OS 정보 일부를 출력하는 코드를 다음과 같이 작성한다.

```
using static System.Console;

WriteLine("I can run everywhere!");
WriteLine($"OS Version is {Environment.OSVersion}.");
if (OperatingSystem.IsMacOS())
{
  WriteLine("I am macOS.");
}
else if (OperatingSystem.IsWindowsVersionAtLeast(major: 10))
{
  WriteLine("I am Windows 10 or 11.");
}
else
{
  WriteLine("I am some other mysterious OS.");
}
WriteLine("Press ENTER to stop me.");
ReadLine();
```

5. DotNetEverywhere.csproj를 열고 다음과 같이 <PropertyGroup>에 3개 OS를 대상으로 하는 런타임 식별자를 추가한다.

```
<Project Sdk="Microsoft.NET.Sdk">
  <PropertyGroup>
    <OutputType>Exe</OutputType>
    <TargetFramework>net6.0</TargetFramework>
    <Nullable>enable</Nullable>
    <ImplicitUsings>enable</ImplicitUsings>
    <RuntimeIdentifiers>
      win10-x64;osx-x64;osx.11.0-arm64;linux-x64;linux-arm64
    </RuntimeIdentifiers>
  </PropertyGroup>
</Project>
```

- win10-x64 식별자는 윈도우 10 또는 윈도우 서버 2016 64비트를 뜻한다. 마이크로소프트 서피스프로 X에 배포하는 경우 win10-arm64 값을 사용한다.

- osx-x64는 맥OS 시에라 10.12 이상을 의미한다. osx.10.15-x64(카탈리나), osx.11.0-x64(인텔 칩의 빅서), osx.11.0-arm64(애플 실리콘의 빅서)처럼 특정 버전을 지정할 수도 있다.

- linux-x64 값은 우분투, CentOS, 데비안, 페도라 같은 대부분의 리눅스 데스크톱 배포판을 의미한다. linux-arm은 라즈비안, 라즈베리 파이 OS 32비트를 의미하고 linux-arm64는 우분투 64비트에서 실행되는 라즈베리 파이를 가리킨다.

.NET 명령 이해하기

.NET SDK를 설치하면 dotnet이라는 이름의 **명령행 인터페이스**^{CLI, Command-Line Interface}가 같이 설치된다.

새 프로젝트 만들기

.NET CLI에는 템플릿을 사용해 현재 폴더에서 새 프로젝트를 생성해 주는 명령이 있다.

1. 윈도우에서는 **명령 프롬프트**나 **윈도우 터미널**을, 맥OS에서는 **터미널**을 시작한다.

비주얼 스튜디오 코드를 사용한다면 통합 터미널을 사용할 수 있다.

2. dotnet new --list 또는 dotnet new -l 명령을 입력해 다음과 같이 현재 설치된 템플 릿을 나열한다.

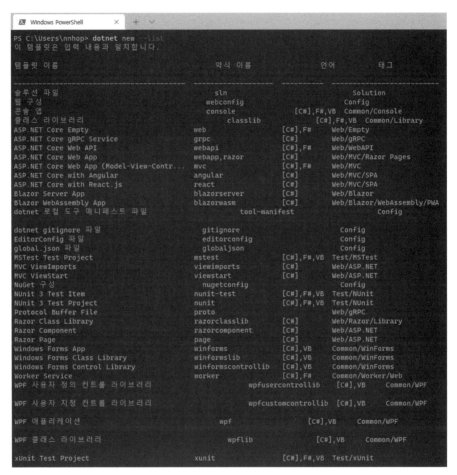

그림 7.2 설치된 dot net new project 템플릿 목록

 대부분의 .NET 명령행 옵션은 --list와 -l처럼 긴 버전과 짧은 버전을 갖고 있다. 입력하기에는 짧은 버전이 더 좋지만 이해하기는 어려울 수 있다. 이 경우는 조금 더 입력하는 것이 명확하다.

.NET 및 환경 정보 얻기

다음 명령으로 운영체제에 대한 정보와 함께 현재 설치된 .NET SDK 및 런타임 정보를 확인할 수 있다.

```
dotnet --info
```

다음과 같은 출력 결과를 볼 수 있다.

```
.NET SDK(global.json 반영):
 Version:   6.0.100
 Commit:    9e8b04bbff

런타임 환경:
 OS Name:     Windows
 OS Version:  10.0.19041
 OS Platform: Windows
 RID:         win10-x86
 Base Path:   C:\Program Files (x86)\dotnet\sdk\6.0.100\

Host (useful for support):
  Version: 6.0.0
  Commit:  4822e3c3aa

.NET SDKs installed:
  6.0.100 [C:\Program Files (x86)\dotnet\sdk]

.NET runtimes installed:
  Microsoft.AspNetCore.App 6.0.0 [C:\Program Files (x86)\dotnet\shared\
Microsoft.AspNetCore.App]
  Microsoft.NETCore.App 6.0.0 [C:\Program Files (x86)\dotnet\shared\
Microsoft.NETCore.App]
  Microsoft.WindowsDesktop.App 6.0.0 [C:\Program Files (x86)\dotnet\shared\
Microsoft.WindowsDesktop.App]

To install additional .NET runtimes or SDKs:
  https://aka.ms/dotnet-download
```

프로젝트 관리

프로젝트를 관리하기 위해 .NET CLI가 제공하는 명령을 다음과 같이 나열했다. 이 명령들은 현재 폴더의 프로젝트를 대상으로 동작한다.

- dotnet restore: 프로젝트에 대한 의존성을 내려받는다.

- dotnet build: 프로젝트를 빌드(컴파일)한다.

- dotnet test: 단위 테스트를 빌드하고 실행한다.

- dotnet run: 프로젝트를 빌드하고 실행한다.

- dotnet pack: 프로젝트를 NuGet 패키지로 만든다.

- dotnet publish: 프로젝트를 종속성과 함께 또는 독립형 애플리케이션으로 빌드하고 게시한다.

- dotnet add: 패키지 또는 클래스 라이브러리에 대한 참조를 프로젝트에 추가한다.

- dotnet remove: 프로젝트에서 패키지 또는 클래스 라이브러리에 대한 참조를 제거한다.

- dotnet list: 프로젝트가 참조하는 패키지 또는 클래스 라이브러리 목록을 나열한다.

독립형 애플리케이션 게시하기

몇 개의 dotnet 도구 명령을 살펴봤으므로 이번에는 크로스 플랫폼 애플리케이션을 게시해 보자.

1. 명령행에서 DotNetEverywhere 폴더로 이동한다.

2. 다음과 같이 윈도우 10용 콘솔 애플리케이션을 빌드하고 게시하는 명령을 입력한다.

```
dotnet publish -c Release -r win10-x64
```

3. 빌드 엔진은 다음과 같이 필요한 패키지를 복원하고 프로젝트 소스 코드를 어셈블리 DLL로 컴파일해 게시 폴더를 만든다.

```
.NET용 Microsoft (R) Build Engine 버전 17.0.0+c9eb9dd64
Copyright (C) Microsoft Corporation. All rights reserved.

  복원할 프로젝트를 확인하는 중...
  F:\github\csharp9_translation\Code\Chapter07\DotNetEverywhere\
DotNetEverywhere.csproj을(를) 17.71 sec 동안 복원했습니다.
C:\Program Files (x86)\dotnet\sdk\6.0.100\Sdks\Microsoft.NET.
Sdk\targets\Microsoft.NET.Sdk.targets(1110,5): warning NETSDK1179:
'--runtime'을 사용하는 경우 '--no-self-contained' 또는 '--no-self-contained'
옵션 중 하나가 필요합니다. [F:\github\csharp9_translation\Code\Chapter07\
DotNetEverywhere\DotNetEverywhere.csproj]
  DotNetEverywhere -> F:\github\csharp9_translation\Code\Chapter07\
DotNetEverywhere\bin\Release\net6.0\win10-x64\DotNetEverywhere.dll
  DotNetEverywhere -> F:\github\csharp9_translation\Code\Chapter07\
DotNetEverywhere\bin\Release\net6.0\win10-x64\publish\
```

4. 맥OS와 리눅스용 콘솔 애플리케이션을 빌드하고 게시하는 명령을 입력한다.

```
dotnet publish -c Release -r osx-x64
dotnet publish -c Release -r osx.11.0-arm64
dotnet publish -c Release -r linux-x64
dotnet publish -c Release -r linux-arm64
```

 좋은 습관: 파워셸(PowerShell)과 같은 스크립팅 언어를 사용하면 이러한 명령을 자동화해서 크로스 플랫폼 파워셸 코어를 사용하는 모든 운영체제에서 실행할 수 있다. 위 5개의 명령을 포함한, 확장자가 .ps1인 파일을 생성하고 실행하면 된다. 다음 링크에서 파워셸에 대해 자세히 알아볼 수 있다.

https://github.com/markjprice/cs10dotnet6/tree/main/docs/powershell

5. 맥OS Finder나 윈도우의 **파일 탐색기**를 열고 DotNetEverywhere\bin\Release\net6.0 폴더로 이동하면 OS별 출력 폴더를 확인할 수 있다.

6. **win10-x64** 폴더의 publish 폴더에서 **Microsoft.CSharp.dll**과 같은 어셈블리가 포함돼 있는 것을 확인한다.

7. 그림 7.3과 같이 **DotNetEverywhere** 실행 파일을 선택하고 파일 크기가 161KB인 것을 확인한다.

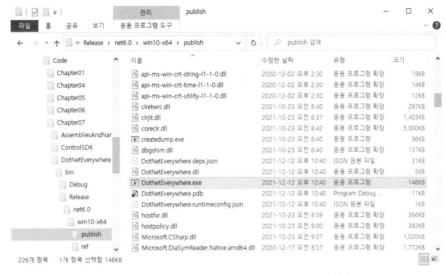

그림 7.3 윈도우 10 64비트용 DotNetEverywhere 실행 파일

8. 윈도우를 사용 중이라면 더블 클릭해서 프로그램을 실행하고 다음과 같은 출력 결과를 확인한다.

```
I can run everywhere!
OS Version is Microsoft Windows NT 10.0.19041.0.
I am Windows 10 or 11.
Press ENTER to stop me.
```

9. **publish** 폴더의 모든 파일의 총 크기는 67.8MB다.

10. **osx.11.0-arm64** 폴더의 publish 폴더에서 어셈블리 파일들을 살펴보고 DotNetEverywhere 실행 파일은 126KB, publish 폴더 크기는 71.8MB인 것을 확인한다.

독립형 애플리케이션으로 게시했기 때문에 OS에 알맞은 publish 폴더를 복사하면 콘솔 애플리케이션을 실행할 수 있다. 인텔 칩이 있는 맥OS에서는 다음과 같은 출력을 볼 수 있다.

```
I can run everywhere!
OS Version is Unix 11.2.3
I am macOS.
Press ENTER to stop me.
```

여기서는 콘솔 애플리케이션을 사용했지만 ASP .NET 코어 웹사이트나 웹 서비스, 윈도우 폼 또는 WPF 애플리케이션도 쉽게 만들 수 있다. 물론 윈도우 데스크톱 애플리케이션은 윈도우에만 배포할 수 있다.

단일 파일 앱 게시하기

단일 파일로 게시하기 위해 플래그를 지정할 수 있다. .NET 5에서는 단일 파일 앱은 주로 리눅스에 중점을 뒀는데 윈도우와 맥OS 모두 제약이 있어 진정한 단일 파일 게시가 기술적으로 불가능했기 때문이다. .NET 6를 사용하면 윈도우에서 올바른 단일 파일 앱을 만들 수 있다.

앱을 실행하는 컴퓨터에 이미 .NET 6가 설치돼 있는 걸 알고 있다면, 다음 명령과 같이 특정 플래그를 지정해 독립형 앱이 아닌 단일 파일로 게시할 수 있다(명령은 두 줄이 아니라 한 줄에 입력한다).

```
dotnet publish -r win10-x64 -c Release --self-contained=false /
p:PublishSingleFile=true
```

이 명령은 DotNetEverywhere.exe와 DotNetEverywhere.pdb의 2개 파일을 생성한다. .exe는 실행 파일이고 .pdb 파일은 디버깅 정보가 저장돼 있는 **프로그램 디버그 데이터베이스** 파일이다.

맥OS로 게시되는 애플리케이션에는 .exe 파일 확장자가 없으므로 위 명령에 osx–x64를 사용하면 생성된 파일은 확장자를 갖지 않는다.

.pdb 파일을 exe 파일에 포함하려면 다음과 같이 .csproj 파일의 <PropertyGroup> 요소에 <DebugType> 요소를 embedded로 설정한다.

```
<Project Sdk="Microsoft.NET.Sdk">
  <PropertyGroup>
    <OutputType>Exe</OutputType>
    <TargetFramework>net6.0</TargetFramework>
    <Nullable>enable</Nullable>
    <ImplicitUsings>enable</ImplicitUsings>
    <RuntimeIdentifiers>
      win10-x64;osx-x64;osx.11.0-arm64;linux-x64;linux-arm64
    </RuntimeIdentifiers>
    <DebugType>embedded</DebugType>
  </PropertyGroup>
</Project>
```

컴퓨터에 .NET 6가 설치돼 있는지 알 수 없는 경우 리눅스는 여전히 2개 파일만 생성하지만, 윈도우는 coreclr.dll, clrjit.dll, clrcompression.dll, mscordaccore.dll 같은 추가 파일을 생성한다.

윈도우 예시를 살펴보자.

1. 명령행에서 윈도우 10용 콘솔 애플리케이션 배포 버전을 빌드하기 위해 다음 명령을 입력한다.

```
dotnet publish -c Release -r win10-x64 /p:PublishSingleFile=true
```

2. DotNetEverywhere\bin\Release\net6.0\win10-x64\publish 폴더로 이동하고 DotNetEverywhere 실행 파일의 크기는 61.9MB, .pdb 파일의 크기는 11KB인 것을 확인한다. 시스템에 따라 파일 크기는 다를 수 있다.

앱 다듬기를 사용해 크기 줄이기

독립형 .NET 앱을 배포할 때 가장 큰 문제는 .NET 라이브러리가 많은 공간을 차지한다는 것이다. 특히 블레이저 웹어셈블리 컴포넌트는 모든 .NET 라이브러리를 브라우저에 다운로드하기 때문에 크기를 줄여야 하는 가장 큰 이유이기도 하다.

사용하지 않는 어셈블리를 패키징하지 않도록 하면 크기를 줄일 수 있다. .NET 코어 3에 소개된 앱 다듬기trimming 시스템은 코드에서 사용하는 어셈블리를 식별해서 필요하지 않은 어셈블리를 제거할 수 있다.

.NET 5에서는 개별 형식을 제거하고 사용되지 않는 메서드는 어셈블리에서 제거하는 식으로 다듬기를 진행했다. 예를 들어, Hello World 콘솔 앱의 경우 System.Console.dll 어셈블리는 파일 크기가 61.5KB에서 31.5KB로 줄어들었다. .NET 5에서 이 기능은 실험적 기능이었으므로 기본으로 비활성화됐다.

.NET 6에서 마이크로소프트는 안전하게 다듬기를 진행할 수 있는 방법을 알려 주는 주석을 라이브러리에 추가해 형식과 멤버 다듬기가 기본값이 되도록 했다. 이를 **링크 다듬기 모드**link trim mode라고 한다.

중요한 점은 다듬기 시스템이 사용하지 않는 어셈블리, 형식, 멤버를 얼마나 잘 식별하느냐 하는 것이다. 만약, 코드가 동적이거나 리플렉션reflection을 사용한다면 올바르게 작동하지 않을 수도 있으므로 수동 제어도 허용한다.

어셈블리 레벨 다듬기 활성화

어셈블리 레벨 다듬기를 활성화하기 위한 두 가지 방법이 있다.

첫 번째는 프로젝트 파일에 다음 요소를 추가한다.

```
<PublishTrimmed>true</PublishTrimmed>
```

두 번째는 애플리케이션을 게시할 때 다음 플래그를 추가한다.

```
dotnet publish ... -p:PublishTrimmed=True
```

형식 레벨과 멤버 레벨 다듬기 활성화

형식 레벨과 멤버 레벨 다듬기를 활성화하기 위한 두 가지 방법이 있다.

첫 번째 방법은 다음과 같이 프로젝트 파일에 2개의 요소를 추가한다.

```
<PublishTrimmed>true</PublishTrimmed>
<TrimMode>Link</TrimMode>
```

두 번째는 애플리케이션을 게시할 때 다음과 같이 2개의 플래그를 추가한다.

```
dotnet publish ... -p:PublishTrimmed=True -p:TrimMode=Link
```

.NET 6에서는 링크 다듬기 모드가 기본값이므로 어셈블리 레벨 다듬기를 의미하는 copyused와 같은 추가적인 다듬기 모드를 지정하는 경우에만 스위치를 지정하면 된다.

.NET 어셈블리 디컴파일

.NET 코드 작성법을 배우는 가장 좋은 방법은 전문가가 작성한 코드를 살펴보는 것이다.

 좋은 습관: 프로젝트에서 사용하려고 코드를 복사하는 것처럼 학습이 아닌 목적으로 다른 사람이 작성한 어셈블리를 디컴파일할 수 있지만 지적 재산권을 위반하지 않도록 주의해야 한다.

비주얼 스튜디오 2022 ILSpy 확장을 사용한 디컴파일

학습 목적이라면 ILSpy를 사용해 .NET 어셈블리를 디컴파일할 수 있다.

1. 비주얼 스튜디오 2022의 메뉴에서 **확장 > 확장 관리**로 이동한다.

2. 검색 상자에 ilspy를 입력한다.

3. **ILSpy 2022**를 선택하고 **다운로드**를 누른다.

4. **닫기**를 누른다.

5. 비주얼 스튜디오 2022를 종료해서 확장을 설치한다.

6. 확장이 설치되면 비주얼 스튜디오 2022를 다시 시작하고 Chapter07 솔루션을 연다.

7. **솔루션 탐색기**에서 **DotNetEverywhere**를 오른쪽 클릭하고 **Open output in ILSpy**를 선택한다.

8. ILSpy의 **Assemblies** 트리에서 DotNetEverywhere(1.0.0.0, .NETCoreApp, v6.0)을 확장한다.

9. ILSpy의 **Assemblies** 트리에서 {}을 확장한다.

10. ILSpy의 **Assemblies** 트리에서 Program을 확장한다.

11. ILSpy의 **Assemblies** 트리에서 <Main>$(string[]) : void를 클릭하면 그림과 같이 컴파일러가 생성한 Program 클래스 및 <Main>$ 메서드가 표시돼 문자열 보간이 어떻게 동작하는지 알 수 있다.

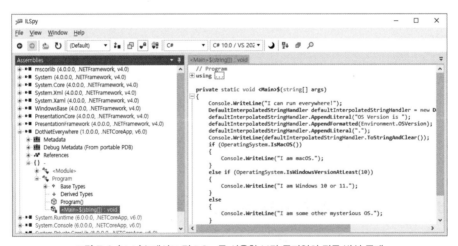

그림 7.4 <Main>$ 메서드 및 ILSpy를 사용한 보간 문자열의 작동 방식 공개

12. ILSpy 메뉴의 **File > Open**을 선택한다.

13. 다음 폴더로 이동한다.

Code/Chapter07/DotNetEverywhere/bin/Release/net6.0/linux-x64

14. System.Linq.dll을 선택하고 **열기**를 누른다.

15. **Assemblies** 트리에서 System.Linq(6.0.0.0, .NETCoreApp, v6.0)을 확장하고 **System.Linq** 네임스페이스를 확장하고 **Enumerable** 클래스를 확장한 다음 Count<TSource>(this IEnumerable<TSource>): int 메서드를 선택한다.

16. **Assemblies** 트리에서 **System.IO.FileSystem** 어셈블리를 확장하고 **System.IO** 네임스페이스를 확장한 다음, **Directory** 클래스를 선택하고 디컴파일하는 동안 기다린다.

17. Count 메서드에서 다음과 같은 모범 사례를 참고하자.

A. source 매개 변수가 null이면 ArgumentNullException 예외를 발생시킨다.

B. Count 프로퍼티로 구현할 수 있는 여러 인터페이스 중 source를 더 효율적으로 읽을 수 있는 인터페이스가 있는지 확인한다.

C. source의 항목을 모두 열거해 Count를 증가시키는 마지막 방법은 가장 효율적 이지 않은 구현이다.

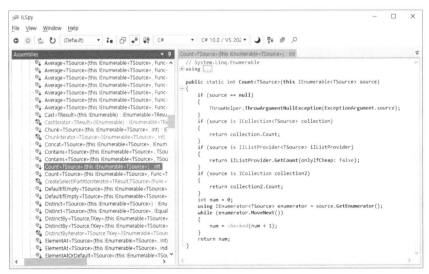

그림 7.5 리눅스에서 Enumerable 클래스의 디컴파일된 Count 메서드

18. Count 메서드에 대한 다음 C# 소스 코드를 살펴보자.

```csharp
public static int Count<TSource>(this IEnumerable<TSource> source)
{
  if (source == null)
  {
    ThrowHelper.ThrowArgumentNullException(ExceptionArgument.source);
  }
  if (source is ICollection<TSource> collection)
  {
    return collection.Count;
  }
  if (source is IIListProvider<TSource> iIListProvider)
  {
    return iIListProvider.GetCount(onlyIfCheap: false);
  }
  if (source is ICollection collection2)
  {
    return collection2.Count;
  }
  int num = 0;
  using IEnumerator<TSource> enumerator = source.GetEnumerator();
  while (enumerator.MoveNext())
  {
    num = checked(num + 1);
  }
  return num;
}
```

19. ILSpy 도구 모음의 Select language to decompile 선택 상자에서 **IL**을 선택해 Count 메서드의 IL 소스 코드를 확인한다.

```
.method public hidebysig static
  int32 Count<TSource> (
    class [System.Runtime]System.Collections.Generic.
IEnumerable'1<!!TSource> source
  ) cil managed
{
  .custom instance void [System.Runtime]System.Runtime.CompilerServices.
ExtensionAttribute::.ctor() = (
    01 00 00 00
```

```
  )
  .param type TSource
    .custom instance void System.Runtime.CompilerServices.
NullableAttribute::.ctor(uint8) = (
     01 00 02 00 00
    )
  // Method begins at RVA 0x42050
  // Header size: 12
  // Code size: 103 (0x67)
  .maxstack 2
  .locals (
    [0] class [System.Runtime]System.Collections.Generic.
ICollection'1<!!TSource>,
    [1] class System.Linq.IIListProvider'1<!!TSource>,
    [2] class [System.Runtime]System.Collections.ICollection,
    [3] int32,
    [4] class [System.Runtime]System.Collections.Generic.
IEnumerator'1<!!TSource>
  )
  IL_0000: ldarg.0
  IL_0001: brtrue.s IL_000a
  IL_0003: ldc.i4.s 16
  IL_0005: call void System.Linq.ThrowHelper::ThrowArgumentNullExceptio
n(valuetype System.Linq.ExceptionArgument)
  IL_000a: ldarg.0
  IL_000b: isinst class [System.Runtime]System.Collections.Generic.
ICollection'1<!!TSource>
  IL_0010: stloc.0
  IL_0011: ldloc.0
  IL_0012: brfalse.s IL_001b
  IL_0014: ldloc.0
  IL_0015: callvirt instance int32 class [System.Runtime]System.
Collections.Generic.ICollection'1<!!TSource>::get_Count()
  IL_001a: ret
...
  IL_003e: ldc.i4.0
  IL_003f: stloc.3
  IL_0040: ldarg.0
  IL_0041: callvirt instance class [System.Runtime]System.Collections.
Generic.IEnumerator'1<!0> class [System.Runtime]System.Collections.
Generic.IEnumerable'1<!!TSource>::GetEnumerator()
  IL_0046: stloc.s 4
  .try
  {
```

```
      IL_0048: br.s IL_004e
      // loop start (head: IL_004e)
        IL_004a: ldloc.3
        IL_004b: ldc.i4.1
        IL_004c: add.ovf
        IL_004d: stloc.3
        IL_004e: ldloc.s 4
        IL_0050: callvirt instance bool [System.Runtime]System.
Collections.IEnumerator::MoveNext()
        IL_0055: brtrue.s IL_004a
      // end loop
      IL_0057: leave.s IL_0065
    } // end .try
    finally
    {
      IL_0059: ldloc.s 4
      IL_005b: brfalse.s IL_0064
      IL_005d: ldloc.s 4
      IL_005f: callvirt instance void [System.Runtime]System.
IDisposable::Dispose()
      IL_0064: endfinally
    } // end handler
    IL_0065: ldloc.3
    IL_0066: ret
  } // end of method Enumerable::Count
```

 좋은 습관: C# 컴파일러가 어떻게 소스 코드를 IL 코드로 변환하는지 알 정도로 C# 및 .NET 개발에 매우 능숙하지 않는 한, IL 코드는 별 도움이 되지 못한다. 훨씬 더 유용한 편집 창에는 마이크로소프트 전문가가 작성한 동등한 C# 소스 코드가 포함돼 있다. 전문가가 어떻게 형식을 구현했는지 살펴보면 참고할 수 있는 많은 모범 사례를 배울 수 있다. 예를 들어, 방금 본 Count 메서드는 매개 변수에서 null 및 기타 예외를 확인하는 방법을 보여 준다.

20. ILSpy를 종료한다.

 다음 링크에서 비주얼 스튜디오 코드용 ILSpy 확장 사용 방법을 알아볼 수 있다.

https://github.com/markjprice/cs11dotnet7/blob/main/docs/code-editors/vscode.md#decompiling-using-the-ilspy-extension-for-visual-studio-code

디컴파일링 방지

디컴파일을 방지하기 위해 컴파일된 코드를 보호하는 방법이 있는지 묻는 질문을 종종 받는다. 빠른 대답은 '아니오'다. 생각해 보면 그 이유를 알 수 있을 것이다. **Dotfuscator** 같은 난독화 도구를 사용해서 어렵게 만들 수는 있어도 완전히 막을 방법은 없다.

모든 컴파일된 애플리케이션은 실행되는 플랫폼, 운영체제, 하드웨어에 대한 명령이 포함돼 있다. 이러한 명령은 기능적으로 원본 소스 코드와 동일하지만 사람이 읽기는 어렵다. 이 명령들은 코드 실행을 위해서 읽을 수 있어야 하며, 따라서 디컴파일링을 위해서 읽을 수 있어야 한다. 만약 특정 사용자 정의 기술을 사용해서 코드를 디컴파일링하지 못하도록 보호하면 코드 실행마저 막아 버릴 수도 있다.

가상 머신은 하드웨어를 시뮬레이션하므로 실행 중인 애플리케이션과 소프트웨어 및 하드웨어 간의 모든 상호 작용을 캡처할 수 있다. 코드를 보호할 수 있다면 디버거를 연결해서 단계별로 실행하는 것 역시 보호할 수 있다. 만약 pdb 파일을 갖고 있다면 디버거를 연결해서 코드를 한 줄씩 단계별로 실행할 수 있다. pdb 파일이 없더라도 디버거를 연결해서 코드가 어떻게 동작하는지 어느 정도 알 수 있다.

이 사실은 모든 프로그래밍 언어에 해당된다. C#, 비주얼 베이직, F#과 같은 .NET 언어뿐만 아니라 C, C++, 델파이, 어셈블리 언어도 디버거를 연결하거나 디스어셈블, 디컴파일할 수 있다. 전문가들이 사용하는 도구 일부를 다음 표에 나열했다.

종류	제품	설명
가상 머신	VMWare	멀웨어 분석가 같은 전문가는 항상 VM 내부에서 소프트웨어를 실행한다.
디버거	SoftICE	보통 VM 내의 운영체제에서 실행된다.
디버거	WinDbg	다른 디버거에 비해 윈도우 데이터 구조에 대해 더 많이 알고 있으므로 윈도우 내부를 이해하는 데 유용하다.
디스어셈블러	IDA Pro	전문 멀웨어 분석가가 사용한다.
디컴파일러	HexRays	IDA Pro 플러그인으로 C 애플리케이션을 디컴파일하는 데 사용된다.
디컴파일러	DeDe	델파이 애플리케이션을 디컴파일한다.
디컴파일러	dotPeek	젯브레인스의 .NET 디컴파일러

좋은 습관: 다른 사용자의 소프트웨어를 디버깅, 디스어셈블, 디컴파일하는 것은 라이선스 계약에 위배되며 대부분 불법에 해당된다. 기술적인 방법으로 지적 재산권을 보호하려고 애쓰는 대신, 법률에 의지하는 것이 유일한 수단일 수도 있다.

∷ NuGet 배포를 위한 라이브러리 패키징

자체 라이브러리를 만들고 패키징하는 방법을 배우기 전에 프로젝트에서 어떻게 기존 패키지를 사용할 수 있는지 알아보자.

NuGet 패키지 참조

JSON 처리에 널리 사용되는 Newtonsoft.Json 패키지와 같이 서드 파티 패키지를 추가하는 경우를 가정해 보자.

1. AssembliesAndNamespaces 프로젝트에 Newtonsoft.Json NuGet 패키지 참조를 추가한다. 비주얼 스튜디오 2022에서는 GUI를 사용하고 비주얼 스튜디오 코드에서는 dotnet add package 명령을 사용한다.

2. AssembliesAndNamespaces.csproj 파일을 열고 다음과 같이 추가된 패키지 참조를 확인한다.

```
<ItemGroup>
  <PackageReference Include="Newtonsoft.Json" Version="13.0.1" />
</ItemGroup>
```

추가된 패키지 버전은 업데이트로 인해 이 책과 다를 수 있다.

의존성 고정

패키지를 일관되게 복원하고 신뢰할 수 있는 코드를 작성하려면 의존성을 고정하는 것이 중요하다. 의존성을 고정한다는 것은, 예를 들어 .NET 6.0용 SQLite처럼 .NET의 특정 버전에 맞춰 배포된 동일한 패키지 제품군을 사용하고 있다는 것을 의미한다.

```xml
<Project Sdk="Microsoft.NET.Sdk">
  <PropertyGroup>
    <OutputType>Exe</OutputType>
    <TargetFramework>net6.0</TargetFramework>
  </PropertyGroup>
  <ItemGroup>
    <PackageReference
      Include="Microsoft.EntityFrameworkCore.Sqlite"
      Version="6.0.0" />
  </ItemGroup>
</Project>
```

의존성을 고정하려면 모든 패키지에 추가 한정자가 없는 단일 버전이 있어야 한다. 추가 한정자에는 베타(beta1), 릴리스 후보(rc4), 와일드 카드(*)가 포함된다.

와일드 카드는 항상 최신 버전을 나타내므로 미래에 배포될 최신 버전을 자동으로 참조하고 사용할 수 있다. 하지만 호환되지 않는 패키지를 사용해 코드를 손상시킬 수 있으므로 위험하기도 하다.

만약 패키지 참조를 업데이트하고 싶지 않다면 다음처럼 할 수 있다.

```xml
<PackageReference
  Include="Microsoft.EntityFrameworkCore.Sqlite"
  Version="6.0.0-preview.*" />
```

dotnet add package 명령 또는 비주얼 스튜디오의 **NuGet 패키지 관리**를 사용하는 경우, 기본으로 패키지의 특정 최신 버전이 사용된다. 하지만 외부의 블로그 등에서 참조를 복사해서 붙여 넣거나 수동으로 추가하는 경우 와일드 카드 한정자를 포함할 수 있다.

다음은 고정되지 않은 NuGet 패키지 참조의 예이므로 의미를 알지 못한다면 사용을 피해야 한다.

```
<PackageReference Include="System.Net.Http" Version="4.1.0-*" />
<PackageReference Include="Newtonsoft.Json" Version="12.0.3-beta1" />
```

 좋은 습관: 마이크로소프트는 특정 버전의 .NET(예, 6.0.0)과 함께 제공되는 항목에 대해 종속성을 고정한 경우 해당 패키지가 모두 작동한다는 것을 보장한다. 따라서 거의 항상 종속성을 고정하는 것이 좋다.

NuGet용 라이브러리 패키징

앞에서 작성한 SharedLibrary를 패키징해 보자.

1. SharedLibrary 프로젝트에서 Class1.cs 파일 이름을 StringExtensions.cs로 바꾼다.

2. 다음과 같이 정규식으로 텍스트 값의 유효성을 검사하는 확장 메서드를 정의한다.

```
using System.Text.RegularExpressions;
namespace Packt.Shared
{
  public static class StringExtensions
  {
    public static bool IsValidXmlTag(this string input)
    {
      return Regex.IsMatch(input,
        @"^<([a-z]+)([^<]+)*(?:>(.*)<\/\1>|\s+\/>)$");
    }
    public static bool IsValidPassword(this string input)
    {
      // 최소 8개 이상의 유효한 문자
      return Regex.IsMatch(input, "^[a-zA-Z0-9_-]{8,}$");
    }
    public static bool IsValidHex(this string input)
    {
```

```
    // 3개 또는 6개의 유효한 16진수 문자
    return Regex.IsMatch(input,
      "^#?([a-fA-F0-9]{3}|[a-fA-F0-9]{6})$");
  }
 }
}
```

8장에서 정규 표현식에 대해 배운다.

3. 다음을 참고해 SharedLibrary.csproj 파일을 수정한다.

- 다른 사람이 참조하고 다운로드할 수 있도록 이 NuGet 패키지를 https://www.nuget.org/에 게시하려면 PackageId는 반드시 전역적으로 고유해야 하므로 예제 코드와 다른 값을 사용해야 한다.

- PackageLicenseExpression은 https://spdx.org/licenses 링크의 값이거나 또는 사용자 지정 라이선스를 사용할 수 있다.

- 그 외의 요소들은 이름으로 의미를 유추할 수 있으므로 따로 설명하지 않는다.

```xml
<Project Sdk="Microsoft.NET.Sdk">
  <PropertyGroup>
    <TargetFramework>netstandard2.0</TargetFramework>
    <GeneratePackageOnBuild>true</GeneratePackageOnBuild>
    <PackageId>Packt.CSdotnet.SharedLibrary</PackageId>
    <PackageVersion>6.0.0.0</PackageVersion>
    <Title>C# 10 and .NET 6 Shared Library</Title>
    <Authors>Mark J Price</Authors>
    <PackageLicenseExpression>
      MS-PL
    </PackageLicenseExpression>
    <PackageProjectUrl>
      https://github.com/markjprice/cs10dotnet6
    </PackageProjectUrl>
    <PackageIcon>packt-csdotnet-sharedlibrary.png</PackageIcon>
    <PackageRequireLicenseAcceptance>true</PackageRequireLicenseAcceptance>
    <PackageReleaseNotes>
      Example shared library packaged for NuGet.
    </PackageReleaseNotes>
```

```xml
    <Description>
      Three extension methods to validate a string value.
    </Description>
    <Copyright>
      Copyright © 2016-2021 Packt Publishing Limited
    </Copyright>
    <PackageTags>string extensions packt csharp dotnet</PackageTags>
  </PropertyGroup>
  <ItemGroup>
    <None Include="packt-csdotnet-sharedlibrary.png">
      <Pack>True</Pack>
      <PackagePath></PackagePath>
    </None>
  </ItemGroup>
</Project>
```

 좋은 습관: true 또는 false 값을 갖는 구성 속성 값에는 공백이 없어야 하므로 〈PackageRequireLicenseAcceptance〉 요소에는 줄 바꾸기나 들여쓰기가 들어가면 안된다.

4. 다음 링크에서 아이콘 파일을 다운로드하고 저장한다.

   https://github.com/markjprice/cs10dotnet6/blob/main/vs4win/Chapter07/
   SharedLibrary/packt-csdotnet-sharedlibrary.png

5. 릴리스 어셈블리를 빌드한다.

   A. 비주얼 스튜디오에서는 릴리스를 선택한 다음, **빌드 > SharedLibrary 빌드**로
      이동한다.

   B. 비주얼 스튜디오 코드에서는 **터미널**에서 dotnet build -c Release를 입력한다.

6. 만약, 프로젝트 파일에서 〈GeneratePackageOnBuild〉 값을 true로 설정하지 않았다면
   아래의 단계를 통해 수동으로 NuGet 패키지를 생성해야 한다.

   A. 비주얼 스튜디오에서는 **Build > Pack SharedLibrary**로 이동한다.

   B. 비주얼 스튜디오 코드에서는 **터미널**에서 dotnet pack -c Release 명령을 입력
      한다.

공개 NuGet 피드에 패키지 게시하기

자신이 만든 NuGet 패키지를 누구나 다운로드하고 사용할 수 있게 하려면 마이크로소프트와 같은 공개 NuGet에 패키지를 업로드한다.

1. 브라우저를 열고 다음 링크로 이동한다.

   https://www.nuget.org/packages/manage/upload

2. 다른 개발자가 의존성 패키지로 참조할 수 있도록 NuGet 패키지를 업로드하려면 https://www.nuget.org/에 마이크로소프트 계정으로 로그인해야 한다.

3. **Browse**…를 클릭하고 NuGet 패키지로 만든 .nupkg 파일을 선택한다. 폴더 경로는 `Code\Chapter07\SharedLibrary\bin\Release`이고 파일 이름은 `Packt.CSdotnet.SharedLibrary.6.0.0.nupkg`다.

4. `SharedLibrary.csproj` 파일에 입력한 정보가 올바른지 확인하고 **Submit**을 클릭한다.

5. 잠시 기다리면 다음과 같이 패키지 업로드가 성공했다는 메시지를 볼 수 있다.

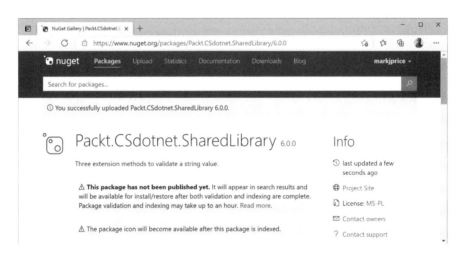

그림 7.6 NuGet 패키지 업로드 메시지

비공개 NuGet 피드에 패키지 게시하기

외부로 공개되지 않는 비공개 NuGet 서비스를 회사 내에서 호스팅할 수도 있다. 이렇게 하면 작업 결과물을 조직 내에서 손쉽게 공유할 수 있다. 다음 링크에서 더 자세한 내용을 읽을 수 있다.

https://docs.microsoft.com/ko-kr/nuget/hosting-packages/overview

NuGet 패키지 탐색하기

Uno 플랫폼에서 만든 **NuGet 패키지 탐색기**를 사용하면 NuGet 패키지를 열어서 자세한 내용을 확인할 수 있다.

1. 브라우저를 열고 다음 링크로 이동한다. https://nuget.info/

2. 검색 창에 `Packt.CSdotnet.SharedLibrary`를 입력한다.

3. **Mark J Price**가 게시한 패키지 **v6.0.0**을 선택하고 **Open** 버튼을 클릭한다.

4. **Contents** 섹션에서 **lib** 폴더와 **netstandard2.0** 폴더를 확장한다.

5. **SharedLIbrary.dll**을 선택하고 그림 7.7과 같은 세부 내용을 확인한다.

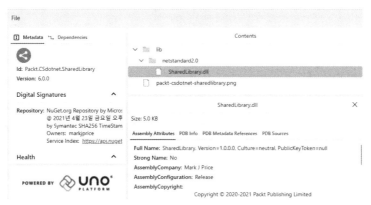

그림 7.7 Uno 플랫폼의 NuGet 패키지 탐색기를 사용해 패키지 탐색

6. 이 도구를 계속 사용하려면 브라우저의 install 버튼을 클릭해서 로컬에 설치한다.

7. 브라우저를 종료한다.

 이와 같은 웹 앱 설치를 모든 브라우저가 지원하지는 않으므로 개발과 테스트 시에는 크롬 사용을 권장한다.

클래스 라이브러리 패키지 테스트

이제 업로드된 패키지를 AssembliesAndNamespaces 프로젝트에서 참조하고 테스트해 보자.

1. AssembliesAndNamespaces 프로젝트에 다음과 같이 패키지 참조를 추가한다.

```xml
<ItemGroup>
    <PackageReference Include="Newtonsoft.Json" Version="13.0.1" />
    <PackageReference Include="packt.csdotnet.sharedlibrary"
Version="6.0.0" />
  </ItemGroup>
```

2. 콘솔 애플리케이션을 빌드한다.

3. Program.cs 파일에 Packt.Shared 네임스페이스를 가져온다.

4. Program.cs 파일에 사용자로부터 string 값을 입력받고 패키지의 확장 메서드를 사용해 유효성을 검사하는 코드를 다음과 같이 작성한다.

```
Write("16 진수 색상 값을 입력하세요.: ");
string? hex = ReadLine(); // 예) "00ffc8"
WriteLine("{0}이 올바른 색상 값인지 여부: {1}",
  arg0: hex, arg1: hex.IsValidHex());
Write("XML 요소 입력: ");
string? xmlTag = ReadLine(); // 예) "<h1 class=\"<\" />"
WriteLine("{0}이 올바른 XML 요소인지 여부: {1}",
  arg0: xmlTag, arg1: xmlTag.IsValidXmlTag());
Write("암호를 입력하세요.: ");
string? password = ReadLine(); // 예) "secretsauce"
WriteLine("{0}이 올바른 암호인지 여부: {1}",
  arg0: password, arg1: password.IsValidPassword());
```

5. 코드를 실행하고 요구 사항에 따라 적절한 값을 입력한 뒤, 다음과 같은 출력 결과를 확인한다.

```
16 진수 색상 값을 입력하세요.: 00fc8
00fc8이 올바른 색상 값인지 여부: False
XML 요소 입력: <h1 class="<" />
<h1 class="<" />이 올바른 XML 요소인지 여부: False
암호를 입력하세요.: secretsauce
secretsauce이 올바른 암호인지 여부: True
```

.NET 프레임워크에서 모던 .NET으로 이식하기

.NET 프레임워크 개발자라면 이미 개발된 애플리케이션을 모던 .NET으로 이식^{porting}해야 한다고 생각할 수도 있다. 하지만 이식이 항상 최선의 선택은 아니므로 신중할 필요가 있다.

예를 들어, .NET 프레임워크 4.8에서 실행되는 복잡한 웹사이트에 소수의 사용자만 방문한다고 하자. 최소 사양에서 해당 웹사이트가 방문자 트래픽을 처리하도록 한다면 .NET 6로 이식하면서 수개월의 시간을 낭비할 수 있다. 하지만 비용이 높은 윈도우 서버를 사용하고 있다면 더 적은 수의 값싼 리눅스 서버를 사용하도록 마이그레이션하면 비용을 아낄 수 있다.

이식 가능 여부

모던 .NET은 윈도우, 맥OS, 리눅스에서 다음 유형의 애플리케이션을 훌륭하게 지원하므로 이식하기에 좋은 후보다.

- **ASP.NET CORE MVC** 웹사이트

- **ASP.NET CORE 웹 API** 웹 서비스(REST/HTTP)

- **ASP.NET CORE SignalR** 서비스

- **콘솔 애플리케이션** 명령행 인터페이스

모던 .NET은 윈도우에서 다음 유형의 애플리케이션을 적절히 지원하므로 이식 가능한 잠재적 후보가 된다.

- **윈도우 폼**Windows Forms 애플리케이션

- **WPF**Windows Presentation Foundation 애플리케이션

모던 .NET은 크로스 플랫폼 데스크 톱 및 모바일 장치에서 다음 유형의 애플리케이션을 올바르게 지원한다.

- 모바일 iOS와 안드로이드용 **자마린** 앱

- 데스크톱 윈도우와 맥OS, 또는 모바일 iOS와 안드로이드를 위한 **.NET MAUI**

다음 유형의 애플리케이션은 모던 .NET에서 지원하지 않는다.

- **ASP.NET 웹 폼**^{Web Form} 웹사이트는 **ASP.NET CORE Razor 페이지** 또는 **블레이저**를 사용해 구현하는 것이 가장 좋다.

- **WCF**^{Windows Communication Foundation} 서비스(요구 사항에 따라 사용 가능한 **CoreWCF**라는 오픈소스가 있다)는 **ASP.NET CORE gRPC** 서비스를 사용해 더 좋게 구현할 수 있다.

- 실버라이트 애플리케이션은 **.NET MAUI**를 사용해 구현하는 것이 가장 좋다.

실버라이트 및 ASP.NET 웹 폼 애플리케이션은 모던 .NET으로 이식할 수 없지만, 윈도우 폼 및 WPF 애플리케이션은 새 API와 더 나은 성능을 얻고자 윈도우의 .NET으로 이식할 수 있다. 현재 .NET 프레임워크에 있는 레거시 ASP.NET MVC 웹 애플리케이션 및 ASP.NET 웹 API 웹 서비스를 모던 .NET으로 포팅한 다음, 윈도우, 맥OS, 리눅스에서 호스팅할 수 있다.

이식 필요 여부

이식이 가능하다면 이식하는 것이 좋을까? 어떤 장점이 있을까? 몇 가지 장점을 다음과 같이 나열했다.

- **웹사이트와 웹 서비스를 위해 리눅스, 도커, 쿠버네티스에 배포**: 이러한 OS들은 값비싼 윈도우 장비와 비교하면 웹사이트 및 웹 서비스 플랫폼으로서 가볍고 비용도 효율적이다.

- **IIS 및 System.Web.dll 종속성 제거**: 윈도우 서버를 계속 사용하더라도 ASP.NET CORE는 가볍고 성능이 뛰어난 케스트렐^{Kestrel} 또는 기타 웹 서비스에서 호스팅될 수 있다.

- **명령행 도구**: 개발자나 관리자가 작업을 자동화하기 위해 사용하는 도구는 콘솔 애플리케이션 형태로 만든다. 동일한 도구를 크로스 플랫폼 환경에서 사용할 수 있다는 것은 매우 유용한 특징이다.

.NET 프레임워크와 모던 .NET 간의 차이점

다음 표와 같이 3개의 주요 차이점이 있다.

모던 .NET	.NET 프레임워크
NuGet 패키지로 배포되므로 필요한 .NET 버전의 로컬 복사본을 사용해서 각 애플리케이션을 배포할 수 있다.	시스템 전역의 공유 어셈블리, 즉 GAC(Global Assembly Cache)로 배포된다.
최소 배포가 가능하도록 작은 계층 구성 요소로 분할한다.	단일한 모놀리식 배포
ASP.NET 웹 폼과 같은 이전 기술과 앱 도메인, .NET 리모팅, 이진 직렬화 같은 크로스 플랫폼을 지원하지 않는 기능을 제거한다.	ASP.NET CORE MVC와 같은 모던 .NET 기술과 일부 유사한 기술뿐만 아니라 ASP.NET 웹 폼과 같은 일부 이전 기술도 유지한다.

.NET 이식성 분석기

마이크로소프트는 기존 애플리케이션에 대해 이식성 보고서를 생성해 주는 도구를 제공한다. 다음 링크에서 이 도구에 대한 데모를 볼 수 있다.

https://docs.microsoft.com/ko-kr/dotnet/standard/analyzers/portability-analyzer

.NET 업그레이드 도우미

레거시 프로젝트를 모던 .NET으로 업그레이드하기 위한 마이크로소프트의 최신 도구는 .NET 업그레이드 도우미다.

내가 일하고 있는 옵티마이즐리Optimizely라는 회사는 콘텐츠 관리 시스템CMS, Content Management System과 전자 상거래 웹사이트를 구축을 위한 .NET 프레임워크 기반의 엔터프라이급 디지털 경험 플랫폼DXP, Digital Experience Platform을 보유하고 있다. 마이크로소프트는 .NET 업그레이드 도우미를 설계하고 테스트하는 데 까다로운 마이그레이션 프로젝트가 필요했기 때문에 옵티마이즐리는 마이크로소프트와 협업해 훌륭한 도구를 개발했다.

현재 다음과 같은 .NET 프로젝트 유형을 지원하며 계속 추가될 예정이다.

- ASP.NET MVC

- 윈도우 폼

- WPF

- 콘솔 애플리케이션

- 클래스 라이브러리

다음과 같이 전역 dotnet 도구로 설치할 수 있다.

```
dotnet tool install -g upgrade-assistant
```

다음 링크에서 이 도구와 사용법에 대해 자세히 알아볼 수 있다.

https://docs.microsoft.com/ko-kr/dotnet/core/porting/upgrade-assistant-overview

.NET 표준이 아닌 라이브러리 사용

대부분의 기존 NuGet 패키지는 .NET 표준 또는 .NET 6와 같은 최신 버전용으로 컴파일되지 않더라도 모던 .NET과 사용할 수 있다. 만약 .NET 표준이 공식적으로 지원하지 않는 패키지를 발견하더라도 포기할 필요는 없다. 실제로 테스트해서 동작하는지 살펴봐야 한다.

예를 들어, Dialect 소프트웨어에서 만든 행렬 처리용 사용자 지정 컬렉션 패키지는 다음 링크에 문서화돼 있다.

https://www.nuget.org/packages/DialectSoftware.Collections.Matrix/

이 패키지는 .NET 코어나 .NET 6가 존재하기 훨씬 이전인 2013년에 마지막으로 업데이트됐으므로 .NET 프레임워크로 빌드됐다. 하지만 이 패키지가 .NET 표준에서 사용 가능한 API만 사용한다면 모던 .NET 프로젝트에서도 사용할 수 있다.

다음 과정을 따라하면서 실제로 동작하는지 살펴보자.

1. 다음과 같이 AssembliesAndNamespaces 프로젝트에 Dialect 소프트웨어에 대한 패키지 참조를 추가한다.

```
<PackageReference Include="dialectsoftware.collections.matrix"
Version="1.0.0" />
```

2. AssembliesAndNamespaces 프로젝트를 빌드해 패키지를 복원한다.

3. Program.cs 파일에 DialectSoftware.Collections와 DialectSoftware.Collections. Generics 네임스페이스 가져오기 코드를 추가한다.

4. Axis 및 Matrix<T>의 인스턴스를 만들고 값으로 채워 출력한다.

```
Axis x = new("x", 0, 10, 1);
Axis y = new("y", 0, 4, 1);
Matrix<long> matrix = new(new[] { x, y });
for (int i = 0; i < matrix.Axes[0].Points.Length; i++)
{
  matrix.Axes[0].Points[i].Label = "x" + i.ToString();
}
for (int i = 0; i < matrix.Axes[1].Points.Length; i++)
{
  matrix.Axes[1].Points[i].Label = "y" + i.ToString();
}
foreach (long[] c in matrix)
{
  matrix[c] = c[0] + c[1];
}
foreach (long[] c in matrix)
{
  WriteLine("{0},{1} ({2},{3}) = {4}",
    matrix.Axes[0].Points[c[0]].Label,
    matrix.Axes[1].Points[c[1]].Label,
    c[0], c[1], matrix[c]);
}
```

5. 코드를 실행하고 경고 메시지와 출력 결과를 확인한다.

```
warning NU1701: 프로젝트 대상 프레임워크 'net6.0' 대신
'.NETFramework,Version=v4.6.1, .NETFramework,Version=v4.6.2,
.NETFramework,Version=v4.7, .NETFramework,Version=v4.7.1,
.NETFramework,Version=v4.7.2, .NETFramework,Version=v4.8'을(를) 사용해
패키지 'DialectSoftware.Collections.Matrix 1.0.0'을(를) 복원했습니다. 이 패키지는
프로젝트와 완벽하게 호환되지 않을 수 있습니다.
x0,y0 (0,0) = 0
x0,y1 (0,1) = 1
x0,y2 (0,2) = 2
x0,y3 (0,3) = 3
...
```

이 패키지는 .NET 6 이전에 만들어졌기 때문에 컴파일러와 런타임은 패키지가 잘 동작하는지 알 수 없으며, .NET 표준과 호환되는 API만 호출하기 때문에 경고 메시지를 출력한다.

미리보기 기능

런타임, 언어 컴파일러, API 라이브러리처럼 .NET의 여러 부분에 걸쳐 교차 효과cross-cutting effect가 있는 새로운 기능을 제공하는 것은 마이크로소프트에게 어려운 과제다. 마치 무엇을 먼저 해야 하느냐는 고전적인 닭과 달걀의 문제와 같다.

실용적 관점에서 보면 마이크로소프트가 기능에 필요한 작업 대부분을 완료했더라도 .NET 배포 주기까지 맞추지 못할 수 있으며, 실제 라이브 환경에서 제대로 테스트하기에는 늦을 수 있다는 의미다.

그래서 .NET 6부터 **일반 공급**GA, General Availability 배포에 미리보기 기능을 포함한다. 개발자는 미리보기 기능을 선택하고 마이크로소프트에 피드백을 제공할 수 있다. 이후 GA 배포에서는 누구나 사용할 수 있다.

좋은 습관: 프로덕션 코드에서는 미리보기 기능을 지원하지 않으며 최종 배포 전에 중요한 변경이 있을 수 있다. 따라서 사용자 책임하에 미리보기 기능을 사용해야 한다.

미리보기 기능 특성

[RequiresPreviewFeatures] 특성은 미리보기 기능에 대한 경고가 필요한 어셈블리, 형식 또는 멤버를 나타내는 데 사용한다. 코드 분석기는 이 어셈블리를 검색하고 필요하다면 경고를 생성한다. 코드에서 미리보기 기능을 사용하지 않는다면 경고가 표시되지 않는다. 미리보기 기능을 사용한다면 이 코드가 미리보기 기능을 사용 중이라는 것을 경고 메시지를 통해 사용자에게 알려야 한다.

미리보기 기능 활성화하기

.NET 6에서 사용 가능한 미리보기 기능의 예로 정적 추상 메서드로 인터페이스를 정의하는 기능을 살펴보자.

1. Chapter07 솔루션/작업 영역에 UsingFreeviewFeatures라는 새 콘솔 애플리케이션을 추가한다.

2. 비주얼 스튜디오 코드에서 활성 OmniSharp 프로젝트로 UsingPreviewFeatures를 선택한다. 필수 애셋이 누락됐다는 경고 메시지가 팝업되면 **Yes**를 클릭해 추가한다.

3. 프로젝트 파일에 다음과 같이 미리보기 기능 활성화 요소와 미리보기 언어 활성화 요소를 추가한다.

```
<Project Sdk="Microsoft.NET.Sdk">
  <PropertyGroup>
    <OutputType>Exe</OutputType>
    <TargetFramework>net6.0</TargetFramework>
    <Nullable>enable</Nullable>
    <ImplicitUsings>enable</ImplicitUsings>
```

```
    <EnablePreviewFeatures>true</EnablePreviewFeatures>
    <LangVersion>preview</LangVersion>
  </PropertyGroup>
</Project>
```

4. Program.cs 파일에서 주석을 지우고 Console 클래스를 정적으로 가져온다.

5. 다음과 같이 정적 추상 메서드가 있는 인터페이스와 이를 구현하는 클래스를 정의하는 코드를 추가한 후 상위 프로그램에서 메서드를 호출한다.

```
using static System.Console;
Doer.DoSomething();
public interface IWithStaticAbstract
{
  static abstract void DoSomething();
}
public class Doer : IWithStaticAbstract
{
  public static void DoSomething()
  {
    WriteLine("I am an implementation of a static abstract method.");
  }
}
```

6. 콘솔 애플리케이션을 실행하고 출력 결과를 확인한다.

일반 수학

마이크로소프트가 정적 추상 메서드를 정의하는 기능을 추가한 이유는 무엇일까? 어디에 사용할 수 있을까?

오랫동안 개발자들은 제네릭 유형에 *와 같은 연산자를 사용할 수 있도록 요청했다. 이를 통해 개발자는 지원하는 모든 숫자 형식에 대해 수십 개의 오버로드 메서드를 만들 필요 없이 일반 형식에 더하기, 평균 등의 작업을 수행하는 수학 메서드를 정의할 수 있다. 인터페이스에서 정적 추상 메서드에 대한 지원은 일반 수학을 가능하게 하는 기본 기능이다.

관심이 있다면 다음 링크에서 여기에 관해 읽어 볼 수 있다.

https://devblogs.microsoft.com/dotnet/preview-features-in-net-6-generic-math/

⁙ 연습 및 탐구

몇 개의 질문에 답해 보면서 7장에서 배운 내용을 얼마나 이해하고 있는지 확인하고 더 공부할 내용도 살펴보자.

연습 7.1 - 복습

1. 네임스페이스와 어셈블리의 차이점은 무엇인가?

2. .csproj 파일에서 다른 프로젝트 파일을 참조하려면 어떻게 해야 하는가?

3. ILSpy 같은 도구의 장점은 무엇인가?

4. .NET 형식 중 C# float 별칭을 제공하는 것은 무엇인가?

5. .NET 프레임워크에서 .NET 6로 애플리케이션을 이식할 때 사전에 어떤 도구를 실행해야 하며, 대부분의 이식 작업에서 사용할 수 있는 도구는 무엇인가?

6. .NET 애플리케이션의 프레임워크 종속 배포와 자체 포함 배포의 차이점은 무엇인가?

7. RID는 무엇인가?

8. dotnet pack과 dotnet publish 명령의 차이점은 무엇인가?

9. 어떤 유형의 .NET 프레임워크 애플리케이션이 모던 .NET으로 이식될 수 있는가?

10. .NET 프레임워크용 패키지를 모던 .NET에서 사용할 수 있는가?

연습 7.2 - 탐구

7장에서 다룬 주제에 관한 글을 다음 링크에서 좀 더 읽어 보자.

https://github.com/markjprice/cs10dotnet6/blob/main/book-links.md#chapter-7-
--understanding-and-packaging-net-types

연습 7.3 - 파워셸 살펴보기

파워셸^{PowerShell}은 크로스 플랫폼 환경에서 작업을 자동화하기 위한 마이크로소프트의 스크립팅 언어다. 마이크로소프트는 파워셸 확장이 포함된 비주얼 스튜디오 코드에서 스크립트를 작성하도록 권장한다.

파워셸에 대해서는 이 책에서 다루지 않는다. 대신, 몇 가지 주요 개념과 사용 예시를 깃허브 저장소에 정리했다.

https://github.com/markjprice/cs10dotnet6/tree/main/docs/powershell

⸬ 마무리

7장에서는 .NET 6로의 여정을 짚어 보고, 어셈블리와 네임스페이스 간의 관계, 여러 운영체제에 배포하기 위해 앱을 게시하는 옵션, 클래스 라이브러리를 패키징하고 배포하는 방법, 이미 .NET 프레임워크 코드로 개발된 버전을 이식하는 방법에 대해 알아봤다.

8장에서는 모던 .NET에 포함된 몇 가지 일반적인 기본 클래스 라이브러리 형식에 대해 살펴본다.

08

공용 .NET 형식 다루기

8장은 .NET에 포함된 공용common 형식을 다룬다. 여기에는 숫자, 텍스트, 컬렉션, 네트워크 접근, 리플렉션reflection 및 범위span, 인덱스, 영역range 작업 개선, 이미지 조작, 국제화 같은 속성을 조작하기 위한 형식이 포함된다.

8장은 다음 내용을 다룬다.

- 숫자 다루기

- 텍스트 다루기

- 날짜와 시간 다루기

- 정규 표현식을 사용한 패턴 매칭

- 컬렉션에 여러 개의 객체 저장하기

- 범위, 인덱스, 영역 다루기

- 네트워크 리소스 다루기

- 리플렉션과 특성 다루기

- 이미지 다루기

- 코드 국제화

⠿ 숫자 다루기

가장 많이 사용하는 데이터 형식 중 하나는 숫자다. 다음 표에 .NET의 가장 일반적인 숫자 형식을 나열했다.

네임스페이스	예시 형식	설명
System	SByte, Int16, Int32, Int64	정수, 즉 0, 양수, 음수
System	Byte, UInt16, UInt32, UInt64	기수(Cardinals), 즉 0과 양의 정수
System	Half, Single, Double	실수, 즉 부동 소수점 숫자
System	Decimal	정확한 실수, 과학, 엔지니어링, 금융 분야에서 사용
System.Numerics	BigInteger, Complex, Quaternion	임의의 큰 정수, 복소수 및 쿼터니언 (quaternion) 수

.NET은 .NET 프레임워크 1.0부터 32비트 float 및 64비트 double 형식을 사용했다. IEEE 754 사양에서도 16비트 부동 소수점 표준을 정의한다. 이보다 작고 정밀도가 낮은 숫자 형식은 머신러닝 및 기타 알고리듬에서 장점을 가지므로 마이크로소프트는 .NET 5.0 이상에서 System.Half 형식을 도입했다.

현재 C#은 half 별칭을 정의하지 않으므로 .NET 형식의 System.Half를 사용해야 한다. 이는 나중에 변경될 수 있다.

BigInteger 다루기

C# 별칭이 있는 .NET 형식에 저장할 수 있는 가장 큰 정수는 약 1,850조이며 부호 없는 long 정수에 저장된다. 만약 그보다 큰 숫자를 저장하는 경우는 어떻게 해야 할까?

numerics에 대해 알아보자.

1. 선호하는 코드 편집기를 열고 Chapter08이라는 이름으로 새 솔루션/작업 영역을 생성한다.

2. 콘솔 애플리케이션을 추가하고 다음 항목을 정의한다.

    A. 프로젝트 템플릿: **콘솔 애플리케이션**/console

    B. 작업 영역/솔루션 파일과 폴더: Chapter08

    C. 프로젝트 파일과 폴더: WorkingWithNumbers

3. Program.cs 파일의 코드를 지우고 System.Numerics를 가져오는 코드를 추가한다.

```
using System.Numerics;
```

4. ulong 형식의 최댓값과 BigInteger를 사용해 30 자리의 숫자를 출력하는 코드를 추가한다.

```
WriteLine("큰 정수 다루기:");
WriteLine("----------------------------------");
ulong big = ulong.MaxValue;
WriteLine($"{big,40:N0}");
BigInteger bigger =
  BigInteger.Parse("1234567890123456789012345 67890");
WriteLine($"{bigger,40:N0}");
```

포맷 코드 40은, 40자를 오른쪽 정렬하라는 의미이므로 두 숫자가 모두 오른쪽 끝까지 정렬된다. N0은 천 단위 구분 기호와 소수점 이하 자릿수 0을 사용한다는 의미다.

5. 애플리케이션을 실행하고 출력 결과를 확인한다.

```
큰 정수 다루기:
--------------------------------
        18,446,744,073,709,551,615
123,456,789,012,345,678,901,234,567,890
```

복소수 다루기

복소수는 $a + bi$로 표현할 수 있다. 여기서 a와 b는 실수이고 i는 허수 단위imaginary unit다. 여기서 $i^2 = -1$이다. 실수부 a가 0이면 순수 허수pure imaginary number이고 허수부 b가 0이면 실수다.

복소수는 많은 **STEM**Science, Technology, Engineering, Mathematic 분야에서 실용적으로 응용되고 있다. 복소수는 더하기를 할 때 실수 부분과 허수 부분을 별도로 더하므로 이를 고려해야 한다.

```
(a + bi) + (c + di) = (a + c) + (b + d)i
```

복소수를 살펴보자.

1. Program.cs에 다음과 같이 2개의 복소수를 추가한다.

```
WriteLine("복소수 다루기:");
Complex c1 = new(real: 4, imaginary: 2);
Complex c2 = new(real: 3, imaginary: 7);
Complex c3 = c1 + c2;
// 기본 ToString 구현을 사용해서 출력한다.
WriteLine($"{c1} added to {c2} is {c3}");
// 사용자 지정 포맷을 사용해 출력한다.
WriteLine("{0} + {1}i added to {2} + {3}i is {4} + {5}i",
  c1.Real, c1.Imaginary,
  c2.Real, c2.Imaginary,
  c3.Real, c3.Imaginary);
```

2. 애플리케이션을 실행하고 출력 결과를 확인한다.

```
복소수 다루기:
(4, 2) added to (3, 7) is (7, 9)
4 + 2i added to 3 + 7i is 7 + 9i
```

쿼터니언 이해하기

쿼터니언은 복소수를 확장하는 숫자 체계다. 실수에 대해 4차원 연관 규범 분할 대수를 형성하므로 영역domain도 형성한다.

이해할 수 없더라도 걱정하지 말자. 이 책에서는 여기에 관해 어떤 코드도 작성하지 않는다. 쿼터니언은 공간 회전을 잘 설명하므로 게임 엔진과 많은 컴퓨터 시뮬레이션 및 비행 제어 시스템에서 사용한다.

⁝⁝ 텍스트 다루기

일반적인 변수의 형식 중 또 다른 하나는 텍스트다. 텍스트 작업에 사용되는 .NET 형식을 다음 표에 나열했다.

네임스페이스	형식	설명
System	Char	단일 텍스트 문자를 저장
System	String	여러 텍스트 문자를 저장
System.Text	StringBuilder	효과적인 문자열 조작
System.Text.RegularExpressions	Regex	효과적인 문자열 패턴 매칭

문자열의 길이 구하기

텍스트를 다루는 일반적인 작업 몇 가지를 살펴보자. 먼저 string 변수에 저장된 텍스트 길이를 구한다.

1. 선호하는 코드 편집기를 사용해서 Chapter08 솔루션/작업 영역에 WorkingWithText라는 이름의 새 콘솔 애플리케이션을 생성한다.

    A. 비주얼 스튜디오에서는 솔루션의 시작 프로젝트를 현재 선택 영역으로 설정한다.

    B. 비주얼 스튜디오 Code에서는 WorkingWithText를 활성 OmniSharp 프로젝트로 설정한다.

2. WorkingWithText 프로젝트의 Program.cs 파일에 city 변수에 London을 저장하고 이름과 길이를 출력하는 코드를 추가한다.

    ```
    string city = "London";
    WriteLine($"{city}의 문자 길이는 {city.Length}입니다.");
    ```

3. 애플리케이션을 실행하고 출력 결과를 확인한다.

    ```
    London의 문자 길이는 6입니다.
    ```

문자열 안의 문자 가져오기

string 클래스는 내부적으로 char 배열을 사용해 텍스트를 저장한다. 또한 인덱서indexer가 있어 배열 구문을 사용해 문자를 읽을 수 있다. 배열 인덱스는 0에서 시작하므로 세 번째 문자의 인덱스 값은 2다.

코드를 통해 실제로 살펴보자.

1. 문자열 변수의 첫 번째와 세 번째 위치의 문자를 가져오는 코드를 작성한다.

```
WriteLine($"첫 번째 문자는 {city[0]}이고 세 번째 문자는 {city[2]}입니다.");
```

2. 애플리케이션을 실행하고 출력 결과를 확인한다.

```
첫 번째 문자는 L이고 세 번째 문자는 n입니다.
```

문자열 분할하기

때로는 쉼표와 같은 특정 문자를 기준으로 문자열을 분할해야 할 때가 있다.

1. 문자열 변수에 쉼표로 구분된 도시 이름을 추가하고 Split 메서드를 사용해, 쉼표를 기준으로 분할된 문자열 배열을 출력해 보자.

```
string cities = "Paris,Tehran,Chennai,Sydney,New York,Medellín";
string[] citiesArray = cities.Split(',');
WriteLine($"배열에는 아래와 같이, 총 {citiesArray.Length} 개의 항목이 있습니다.");
foreach (string item in citiesArray)
{
  WriteLine(item);
}
```

2. 애플리케이션을 실행하고 출력 결과를 확인한다.

```
배열에는 총 6개의 항목이 있습니다.
Paris
Tehran
Chennai
Sydney
New York
Medellin
```

8장의 나머지 부분에서 좀 더 복잡한 경우를 다루는 방법을 배운다.

문자열의 일부 가져오기

문자열의 일부를 가져와야 할 때가 있다. IndexOf 메서드는 문자열 내에서 지정된 char 또는 문자열의 인덱스 위치를 반환하는 9개의 오버로드가 있다. Substring 메서드는 다음과 같은 2개의 오버로드가 있다.

- Substring(strartIndex, length): startIndex에서 시작해서 length 길이만큼의 문자를 포함하는 하위 문자열을 반환한다.

- Substring(startIndex): startindex에서 시작해서 문자열 끝까지의 모든 문자를 포함하는 하위 문자열을 반환한다.

간단한 예를 살펴보자.

1. 문자열 변수에 이름과 성[last name] 사이에 공백 문자가 있는 문자열을 저장하고 공백의 위치를 찾은 다음, 이름과 성의 두 부분 문자열을 추출해 다시 하나로 결합하는 코드를 작성한다.

```
string fullName = "Alan Jones";
int indexOfTheSpace = fullName.IndexOf(' ');
string firstName = fullName.Substring(
  startIndex: 0, length: indexOfTheSpace);
string lastName = fullName.Substring(
  startIndex: indexOfTheSpace + 1);
WriteLine($"원래 문자열: {fullName}");
WriteLine($"순서를 뒤바꾼 후 문자열: {lastName}, {firstName}");
```

2. 애플리케이션을 실행하고 출력 결과를 확인한다.

```
원래 문자열: Alan Jones
순서를 뒤바꾼 후 문자열: Jones, Alan
```

만약 Last Name, First Name처럼 이름의 표기 순서가 다르다면 코드도 달라야 한다. 추가 연습으로 'Jones, Alan'을 'Alan Jones'으로 변경하는 코드를 작성해 보자.

문자열 내용 확인

문자열이 특정 문자로 시작하거나 끝나는지 또는 특정 문자가 존재하는지 확인해야 하는 경우가 있다. StartsWith, EndsWith, Contains 메서드를 사용해 이 작업을 처리할 수 있다.

1. 문자열 값을 저장하고 그 문자열이 특정 문자로 시작하는지, 특정 문자를 포함하고 있는지 확인하는 코드를 추가한다.

```
string company = "Microsoft";
bool startsWithM = company.StartsWith("M");
bool containsN = company.Contains("N");
WriteLine($"텍스트: {company}");
WriteLine($"M으로 시작하는지 여부: {startsWithM}, N을 포함하는지 여부:
{containsN}");
```

2. 애플리케이션을 실행하고 출력 결과를 확인한다.

```
텍스트: Microsoft
M으로 시작하는지 여부: True, N을 포함하는지 여부: False
```

Join, Format, 그 외의 다른 string 멤버

그 외의 다른 string 멤버들을 다음 표에 나열했다.

멤버	설명
Trim, TrimStart, TrimEnd	문자열의 시작이나 끝에서 공백, 탭, 캐리지 리턴(carriage return) 같은 화이트 스페이스를 자른다.
ToUpper, ToLower	모든 문자를 대문자나 소문자로 변환한다.
Insert, Remove	텍스트를 삽입하거나 제거한다.
Replace	텍스트 일부분을 다른 텍스트로 교체한다.
string.Empty	리터럴 문자열 값을 사용할 때마다 메모리를 할당하는 대신, 비어 있는 큰따옴표 쌍을 사용할 수 있다.

string.Concat	2개의 문자열 변수를 연결한다. + 연산자가 문자열의 피연산자로 사용되면 동일한 기능을 수행한다.
string.Join	특정 문자를 사이에 넣어 여러 개의 문자열을 연결한다.
string.IsNullOrEmpty	string 변수가 null 또는 비어 있는지 확인한다.
string.IsNullOrWhitespace	string 변수가 null 또는 화이트 스페이스인지 확인한다. 즉 탭, 공백, 캐리지 리턴, 줄 바꿈 같은 다양한 가로, 세로 간격 문자의 혼합인지 확인한다.
string.Format	이름 있는 매개 변수 대신, 위치 지정을 사용하는 형식화된 문자열 값을 출력하기 위한 문자열 보간의 대체 방법

위의 메서드 중 일부는 정적 메서드다. 즉 메서드 호출은 변수 인스턴스가 아니라 형식에서만 호출할 수 있다. 여기에 해당하는 메서드들은 표에서 string.Format과 같이 메서드 앞에 string.을 접두사로 표시했다.

메서드 중 일부를 직접 확인해 보자.

1. 문자열 배열을 받은 다음, Join 메서드를 사용해 구분 기호가 있는 단일 문자열로 이들을 결합한다.

```
string recombined = string.Join(" => ", citiesArray);
WriteLine(recombined);
```

2. 애플리케이션을 실행하고 출력 결과를 확인한다.

```
Paris => Tehran => Chennai => Sydney => New York => Medellin
```

3. 위치 지정 매개 변수 및 보간된 문자열 형식 지정 구문을 사용해 동일한 세 변수를 두 번 출력하는 코드를 추가한다.

```
string fruit = "Apples";
decimal price = 0.39M;
DateTime when = DateTime.Today;
WriteLine($"Interpolated:  {fruit} cost {price:C} on {when:dddd}.");
```

```
WriteLine(string.Format("string.Format: {0} cost {1:C} on {2:dddd}.",
    arg0: fruit, arg1: price, arg2: when));
```

4. 애플리케이션을 실행하고 출력 결과를 확인한다.

```
Interpolated:   Apples cost \0 on 월요일.
string.Format: Apples cost \0 on 월요일.
```

WriteLine이 string.Format과 동일한 형식 코드를 지원하므로 두 번째 코드를 다음과 같이 단순화할 수 있다.

```
WriteLine("WriteLine: {0} cost {1:C} on {2:dddd}.",
    arg0: fruit, arg1: price, arg2: when);
```

효과적으로 문자열 빌드하기

String.Concat 메서드나 + 연산자를 사용하면 두 문자열을 연결해서 새 문자열을 만들수 있다. 하지만 이렇게 하면 메모리에 새로운 문자열을 생성하므로 두 방법 모두 좋은선택은 아니다.

문자열 2개만 연결한다면 문제될 게 없지만, 수십 번 이상 반복하는 루프 내에서 이렇게하면 메모리 사용과 성능이 눈에 띄게 나빠질 수 있다. 12장에서는 StringBuilder 형식을 사용해 효과적인 string 연결 방법에 대해 알아본다.

⁖ 날짜와 시간 다루기

숫자와 텍스트 다음으로 많이 사용되는 데이터 형식은 날짜와 시간이다. 2개의 주요 형식은 다음과 같다.

- DateTime: 고정 시점에 대해 결합된 날짜 및 시간 값을 나타낸다.

- TimeSpan: 지속 시간을 나타낸다.

이 2개의 형식은 자주 같이 사용된다. 예를 들어, DateTime 값을 다른 값에서 빼면 그 결과는 TimeSpan이다. DateTime에 TimeSpan을 추가하면 결과는 DateTime 값이다.

날짜 및 시간 값 지정하기

날짜 및 시간 값을 만드는 일반적인 방법은 다음 표와 같이 day, hour 같은 날짜 및 시간 구성 요소에 대해 특정 값을 지정하는 것이다.

날짜/시간 매개 변수	값 범위
year	1부터 9999
month	1부터 12
day	1부터 해당 월의 일(day) 수
hour	0부터 23
minute	0부터 59
second	0부터 59

다른 방법은 파싱할 string에 값을 제공하는 것인데 기본 문화권culture에 따라 잘못 해석될 소지가 있다. 예를 들어, 영국에서는 일/월/년 순서로 날짜를 지정하는 데 반해 미국은 월/일/년 순서로 지정한다.

날짜와 시간을 어떻게 다루는지 살펴보자.

1. 선호하는 코드 편집기를 사용해서 Chapter08 솔루션/작업 영역에 WorkingWithTime이라는 이름의 새 콘솔 애플리케이션을 생성한다.

2. 비주얼 스튜디오 Code에서는 WorkingWithTime을 활성 OmniSharp 프로젝트로 설정한다.

3. Program.cs 파일의 기존 코드를 삭제하고 다음과 같이 몇 개의 특별한 날짜, 시간 값을 초기화한다.

```
WriteLine("가장 빠른 날짜/시간 값은: {0}",
  arg0: DateTime.MinValue);
WriteLine("UNIX epoch 날짜/시간 값은: {0}",
  arg0: DateTime.UnixEpoch);
WriteLine("현재 날짜/시간 값은: {0}",
  arg0: DateTime.Now);
WriteLine("오늘 날짜/시간 값은:: {0}",
  arg0: DateTime.Today);
```

4. 애플리케이션을 실행하고 출력 결과를 확인한다.

```
가장 빠른 날짜/시간 값은: 0001-01-01 오전 12:00:00
UNIX epoch 날짜/시간 값은: 1970-01-01 오전 12:00:00
현재 날짜/시간 값은: 2022-01-03 오후 10:09:43
오늘 날짜/시간 값은:: 2022-01-03 오전 12:00:00
```

5. 2022년 크리스마스를 정의하고 다양한 방식으로 출력해 보자.

```
DateTime christmas = new(year: 2022, month: 12, day: 25);
WriteLine("크리스마스: {0}",
  arg0: christmas); // 기본 형식
WriteLine("크리스마스: {0:dddd, dd MMMM yyyy}",
  arg0: christmas); // 사용자 지정 형식
WriteLine("크리스마스는 1년 중 {0}번째 달이다.",
  arg0: christmas.Month);
WriteLine("크리스마스는 1년 중 {0}번째 날이다.",
  arg0: christmas.DayOfYear);
WriteLine("{0}년 크리스마스는 {1} 이다.",
  arg0: christmas.Year,
  arg1: christmas.DayOfWeek);
```

6. 애플리케이션을 실행하고 출력 결과를 확인한다.

```
크리스마스: 2022-12-25 오전 12:00:00
크리스마스: 일요일, 25 12월 2022
크리스마스는 1년 중 12번째 달이다.
크리스마스는 1년 중 359번째 날이다.
2022년 크리스마스는 Sunday다.
```

7. 크리스마스에 덧셈과 뺄셈을 적용하는 코드를 추가한다.

```
DateTime beforeXmas = christmas.Subtract(TimeSpan.FromDays(12));
DateTime afterXmas = christmas.AddDays(12);
WriteLine("크리스마스 12일 전 날짜는: {0}",
  arg0: beforeXmas);
WriteLine("크리스마스 12일 후 날짜는: {0}",
  arg0: afterXmas);
TimeSpan untilChristmas = christmas - DateTime.Now;
WriteLine("크리스마스까지 남은 시간은 {0}일, {1} 시간",
  arg0: untilChristmas.Days,
  arg1: untilChristmas.Hours);
WriteLine("크리스마스까지 남은 총 시간은 {0:N0} 시간",
  arg0: untilChristmas.TotalHours);
```

8. 애플리케이션을 실행하고 출력 결과를 확인한다.

```
크리스마스 12일전 날짜는: 2022-12-13 오전 12:00:00
크리스마스 12일후 날짜는: 2023-01-06 오전 12:00:00
크리스마스까지 남은 시간은 355일, 1 시간
크리스마스까지 남은 총 시간은 8,522 시간
```

9. 아이들이 크리스마스에 일어나 선물을 열어 보는 시간을 추가하고 다양한 방식으로 출력한다.

```
DateTime kidsWakeUp = new(
  year: 2022, month: 12, day: 25,
  hour: 6, minute: 30, second: 0);
WriteLine("아이들은 {0}에 일어난다.",
  arg0: kidsWakeUp);
```

```
WriteLine("아이들은 {0}에 일어난다.",
    arg0: kidsWakeUp.ToShortTimeString());
```

10. 애플리케이션을 실행하고 출력 결과를 확인한다.

```
아이들은 2022-12-25 오전 6:30:00에 일어난다.
아이들은 오전 6:30에 일어난다.
```

날짜와 시간을 사용한 세계화

현재 문화권^{culture}은 날짜와 시간을 표시하는 방식을 결정한다.

1. Program.cs 상단에 System.Globalization 네임스페이스를 가져온다.

2. 날짜와 시간을 표시하는 데 사용되는 현재 문화권을 출력한 다음, 미국 독립 기념일을 다양한 방식으로 표시한다.

```
WriteLine("현재 문화권: {0}",
    arg0: CultureInfo.CurrentCulture.Name);
string textDate = "4 July 2021";
DateTime independenceDay = DateTime.Parse(textDate);
WriteLine(": {0}, DateTime: {1:d MMMM}",
    arg0: textDate,
    arg1: independenceDay);
textDate = "7/4/2021";
independenceDay = DateTime.Parse(textDate);
WriteLine("Text: {0}, DateTime: {1:d MMMM}",
    arg0: textDate,
    arg1: independenceDay);
independenceDay = DateTime.Parse(textDate,
    provider: CultureInfo.GetCultureInfo("en-US"));
WriteLine("Text: {0}, DateTime: {1:d MMMM}",
    arg0: textDate,
    arg1: independenceDay);
```

3. 애플리케이션을 실행하고 출력 결과를 확인한다.

```
현재 문화권: ko-KR
Text: 4 July 2021, DateTime: 4 7월
Text: 7/4/2021, DateTime: 4 7월
Text: 7/4/2021, DateTime: 4 7월
```

만약 컴퓨터의 현재 문화권이 영국식 영어로 지정됐다고 가정하자. 날짜가 4 July 2021로 지정되면 현재 문화권에 관계없이 올바르게 파싱된다. 하지만 날짜가 7/4/2021로 지정되면 4월 7일로 잘못 인식한다. 이런 경우는 위 세 번째 예와 같이 정확한 문화권으로 현재 문화권을 재정의할 수 있다.

4. 2020년부터 2025년까지 루프를 돌면서 해당 연도가 윤년인지, 2월에 며칠이 있는지, 크리스마스와 독립기념일이 서머타임daylight saving time 기간인지 여부를 표시한다.

```
for (int year = 2020; year < 2026; year++)
{
  Write($"{year}년은 윤년이다: {DateTime.IsLeapYear(year)}. ");
  WriteLine("{1}년 2월의 날짜 수는 {0}이다.",
    arg0: DateTime.DaysInMonth(year: year, month: 2), arg1: year);
}
WriteLine("크리스마스 daylight saving time? {0}",
  arg0: christmas.IsDaylightSavingTime());
WriteLine("7월 4일 daylight saving time? {0}",
  arg0: independenceDay.IsDaylightSavingTime());
```

5. 애플리케이션을 실행하고 출력 결과를 확인한다.

```
2020년은 윤년이다: True. 2020년 2월의 날짜 수는 229다.
2021년은 윤년이다: False. 2021년 2월의 날짜 수는 228이다.
2022년은 윤년이다: False. 2022년 2월의 날짜 수는 228이다.
2023년은 윤년이다: False. 2023년 2월의 날짜 수는 228이다.
2024년은 윤년이다: True. 2024년 2월의 날짜 수는 229다.
2025년은 윤년이다: False. 2025년 2월의 날짜 수는 28이다.
크리스마스 daylight saving time? False
7월 4일 daylight saving time? False
```

날짜 또는 시간 중 하나만 사용하기

.NET 6에는 날짜 값이나 시간 값 하나만 사용할 수 있는 DateOnly, TimeOnly라는 새로운 형식이 추가됐다. 형식에 안전하고[type-safe] 잘못된 사용을 방지하기 때문에 날짜 전용 값을 저장하기 위해 시간이 0인 DateTime 값을 사용하는 것보다 좋다. DateOnly는 SQL Server의 날짜 칼럼[column]과 같은 데이터베이스 칼럼에 더 잘 매핑된다. TimeOnly는 알림을 설정하고 정기적인 회의나 이벤트를 스케줄링하는 데 적합하며 SQL 서버의 시간 칼럼에 매핑된다.

2개의 형식을 사용해 영국 여왕을 위한 파티를 계획해 보자.

1. 여왕의 생일과 파티 시작 시간을 정의하는 코드를 추가하고 파티를 잊지 않도록 두 값을 결합한 달력 항목을 만든다.

```
DateOnly queensBirthday = new(year: 2022, month: 4, day: 21);
WriteLine($"여왕의 다음 생일은 {queensBirthday}");
TimeOnly partyStarts = new(hour: 20, minute: 30);
WriteLine($"여왕의 파티 시작 시간 {partyStarts}");
DateTime calendarEntry = queensBirthday.ToDateTime(partyStarts);
WriteLine($"캘린더 항목 추가: {calendarEntry}.");
```

2. 애플리케이션을 실행하고 출력 결과를 확인한다.

```
여왕의 다음 생일은 2022-04-21
여왕의 파티 시작 시간 오후 8:30
캘린더 항목 추가: 2022-04-21 오후 8:30:00.
```

⁝⁝⁝ 정규 표현식을 사용한 패턴 매칭

정규 표현식은 사용자 입력의 유효성을 검사하는 데 유용하다. 매우 강력하지만 복잡해질 수도 있다. 거의 모든 프로그래밍 언어는 정규식을 지원하며 공통된 특수 문자 집합을 사용해 정의한다.

정규 표현식의 몇 가지 예를 살펴보자.

1. 선호하는 코드 편집기를 사용해서 Chapter08 솔루션/작업 영역에 WorkingWith RegularExpressions라는 이름의 새 콘솔 애플리케이션을 생성한다.

2. 비주얼 스튜디오 코드에서는 WorkingWithRegularExpressions를 활성 OmniSharp 프로젝트로 설정한다.

3. Program.cs에서 다음과 같이 필요한 네임스페이스를 가져온다.

```
using System.Text.RegularExpressions;
```

텍스트로 입력된 숫자 검사

다음과 같이 입력된 숫자의 유효성을 검사하는 코드를 작성한다.

1. 사용자로부터 나이를 입력받고 정규식을 사용해 올바른 숫자를 입력했는지 검사한다.

```
Write("나이를 입력하세요: ");
string? input = ReadLine();
Regex ageChecker = new(@"\d");
if (ageChecker.IsMatch(input))
{
  WriteLine("올바른 나이입니다.");
}
else
{
  WriteLine($"올바른 나이가 아닙니다.: {input}");
}
```

작성한 코드에 대해 다음을 참고하자.

• @ 문자는 문자열에서 이스케이프 문자 사용을 끈다. 이스케이프 문자 앞에는 백

슬래시가 붙는다. 예를 들어, \t는 탭을 의미하고 \n은 새로운 줄을 의미한다. 정규식을 작성할 때는 이 기능을 비활성화해야 한다.

- @ 문자로 이스케이프 문자를 비활성화하면 정규 표현식으로 해석한다. 예를 들어, \d는 숫자를 의미한다. 잠시 뒤에 백슬래시가 접두사로 붙는 정규 표현식에 대해 알아본다.

2. 입력 값으로 34와 같은 올바른 숫자를 입력하고 출력 결과를 확인한다.

```
나이를 입력하세요: 34
올바른 나이입니다.
```

3. 이번에는 carrots를 입력하고 출력 결과를 확인한다.

```
나이를 입력하세요: carrots
올바른 나이가 아닙니다.: carrots
```

4. 다시 코드를 실행하고 이번에는 bob30smith를 입력한다.

```
나이를 입력하세요: bob30smith
올바른 나이입니다.
```

코드에 사용한 정규 표현식은 한 자리를 의미하는 \d다. 앞뒤에 무엇을 입력할 수 있는지는 명시하지 않았다. 이 정규 표현식은 '최소 한 자리 숫자를 입력하라'는 의미다.

정규 표현식에서 일부 입력의 시작은 캐럿 ^ 기호로 표시하고 일부 입력의 끝은 달러 $ 기호로 표시한다. 이 기호를 사용해 숫자를 제외하고 입력의 시작과 끝 사이에는 아무것도 없어야 한다는 것을 정규 표현식으로 나타내 보자.

5. 정규 표현식을 ^\d$로 변경한다.

```
Regex ageChecker = new(@"^\d$");
```

6. 이제 코드를 다시 실행하면 한 자리 숫자 외에는 모두 잘못된 입력으로 판단한다. 하나 이상의 숫자를 허용하기 위해서 \d 뒤에 +를 추가해야 한다.

7. 정규 표현식을 다음과 같이 변경한다.

```
Regex ageChecker = new(@"^\d+$");
```

8. 다시 코드를 실행하면 이번에는 길이에 상관없이 0 또는 양의 정수만 올바른 입력으로 판단한다.

정규 표현식 성능 향상

정규식 작업을 위한 .NET 형식은 .NET 플랫폼과 이를 사용해 빌드된 많은 애플리케이션에서 사용된다. 그만큼 성능에 많은 영향을 미치지만 지금까지 마이크로소프트로부터 최적화에 대한 관심을 크게 받지는 못했다.

.NET 5 이상에서 System.Text.RegularExpressions 네임스페이스는 최대한의 성능을 끌어내고자 내부 코드를 다시 작성했다. IsMatch와 같은 방법을 사용하는 일반적인 정규 표현식 코드는 이전보다 5배 빨라졌다. 가장 좋은 점은 이러한 성능 개선 효과를 얻으려고 코드를 변경할 필요가 없다는 것이다.

정규 표현식 구문 이해하기

다음 표에 정규 표현식에 많이 사용되는 기호와 설명을 정리했다.

기호	뜻	기호	뜻
^	입력의 시작	$	입력의 끝
\d	한 자리 숫자	\D	한 자리 비(NON)숫자
\s	화이트스페이스	\S	비(NON)화이트스페이스
\w	워드 문자	\W	비(NON)워드 문자

[A-Za-z0-9]	문자의 범위	\^	캐럿 문자
[aeiou]	문자 집합	[^aeiou]	문자 집합이 아님(NOT)
.	모든 단일 문자	\.	마침표(dot) 문자

다음은 정규 표현식의 이전 기호에 영향을 주는 정규 표현식 수량자[quantifiers] 일부다.

기호	뜻	기호	뜻
+	한번 이상	?	한 번 또는 없음
{3}	정확히 세번	{3, 5}	3에서 5
{3,}	최소 세번	{,3}	최대 세 번

정규 표현식의 예

다음은 몇 개의 정규 표현식과 그에 대한 설명이다.

표현식	뜻
\d	입력에 한 자리 숫자가 있어야 함
a	입력에 문자 a가 있어야 함
Bob	입력에 Bob이 있어야 함
^Bob	입력 시작에 Bob이 있어야 함
Bob$	입력 끝에 Bob이 있어야 함
^\d{2}$	정확히 2개의 숫자
^[0-9]{2}$	정확히 2개의 숫자
^[A-Z]{4,}$	ASCII 문자 집합에 있는 4자 이상의 영문 대문자
^[A-Za-z]{4,}$	ASCII 문자 집합에 있는 4자 이상의 영문 대문자 또는 소문자
^[A-Z]{2}\d{3}$	ASCII 문자 집합에 있는 2개의 영문 대문자와 3개의 숫자
^[A-Za-z\u00c0-\u017e]+$	최소 1개의 ASCII 문자 집합에 있는 영문 대소문자 또는 유니코드 문자 집합의 유럽 문자 ÀÁÂÃÄÅÆÇÈÉÊËÌÍÎÏÐÑÒÓÔÕÖ×ØÙÚÛÜÝ Þ ß àáâãäåæ çèéêëìíîï ð ñòóôõö÷ ø ùúûüýþ ÿ ı ŒœŠšŸ Žž

^d.g$	문자 d, 임의의 문자, 문자 g를 나타낸다. 따라서 dog나 dig, 그 외에 d와 g 사이의 단일 문자가 있는 모든 경우가 일치한다.
^d\.g$	문자 d, 마침표, 문자 g를 의미하므로 d.g만 일치한다.

좋은 습관: 사용자의 입력 유효성을 검사할 때 정규 표현식을 사용한다. 동일한 정규 표현식을 자바 스크립트 및 파이썬 같은 다른 언어에서도 사용할 수 있다.

쉼표로 구분된 문자열 나누기

8장의 앞에서 쉼표로 구분된 문자열을 나누는 방법을 배웠다. 그렇다면 다음 영화 제목은 어떻게 나눠야 할까?

```
"Monsters, Inc.", "I, Tonya", "Lock, Stock and Two Smoking Barrels"
```

string 값은 각 영화 제목 주위에 큰따옴표를 사용하고 있다. 이 사실을 활용해 쉼표로 분할해야 하는지 여부를 식별할 수 있다. 여기서는 Split 메서드보다 더 강력한 정규 표현식을 사용한다.

좋은 습관: 위 예제에 영감을 준 스택 오버플로 Q/A을 다음 링크에서 읽어 볼 수 있다.
https://stackoverflow.com/questions/18144431/regex-to-split-a-csv

문자열 값 안에 큰따옴표를 포함하려면 백슬래시를 접두사로 사용한다.

1. 쉼표로 구분된 복잡한 string을 선언하고 처음에는 Split 메서드로 분할한다.

```
string films = "\"Monsters, Inc.\",\"I, Tonya\",\"Lock, Stock and Two
Smoking Barrels\"";
WriteLine($"분할할 영화 제목: {films}");
string[] filmsDumb = films.Split(',');
WriteLine("string.Split 메서드로 분할:");
```

```
foreach (string film in filmsDumb)
{
  WriteLine(film);
}
```

2. 이번에는 정규 표현식을 사용해 더 영리한 방법으로 문자열을 분할한다.

```
WriteLine();
Regex csv = new(
  "(?:^|,)(?=[^\"]|(\")?)\"?((?(1)[^\"]*|[^,\"]*))\"?(?=,|$)");
MatchCollection filmsSmart = csv.Matches(films);
WriteLine("정규 표현식으로 분할:");
foreach (Match film in filmsSmart)
{
  WriteLine(film.Groups[2].Value);
}
```

3. 애플리케이션을 실행하고 출력 결과를 확인한다.

```
분할할 영화 제목: "Monsters, Inc.","I, Tonya","Lock, Stock and Two Smoking
Barrels"
string.Split 메서드로 분할:
"Monsters
 Inc."
"I
 Tonya"
"Lock
 Stock and Two Smoking Barrels"

정규 표현식으로 분할:
Monsters, Inc.
I, Tonya
Lock, Stock and Two Smoking Barrels
```

컬렉션에 여러 개의 객체 저장하기

가장 일반적인 데이터 형식의 또 다른 예는 컬렉션이다. 변수에 여러 값을 저장해야 하는 경우 컬렉션을 사용한다.

컬렉션은 여러 항목을 다양한 방식으로 관리할 수 있는 데이터 구조이며, 몇 개의 공유 기능을 갖고 있다.

컬렉션 작업에 사용되는 .NET의 가장 일반적인 형식은 다음과 같다.

네임스페이스	예시 형식	설명
System.Collections	IEnumerable, IEnumerable<T>	컬렉션에서 사용되는 인터페이스와 베이스 클래스
System.Collections.Generic	List<T>, Dictionary<T>, Queue<T>, Stack<T>	.NET 프레임워크 2.0과 함께 C# 2.0에 포함됐다. 이러한 컬렉션을 사용하면 제네릭 형식 매개 변수를 사용해 저장 형식을 지정할 수 있고, 더 안전하고 빠르며 효율적이다.
System.Collections.Concurrent	BlockingCollection, ConcurrentDictionary, ConcurrentQueue	이들 컬렉션은 멀티 스레드에 안전하다.
System.Collections.Immutable	ImmutableArray, ImmutableDictionary, ImmutableList, ImmutableQueue	원본 컬렉션의 내용이 절대 변경되지 않는 경우에 사용한다. 수정된 값으로 새로운 컬렉션 인스턴스를 만들 수는 있다.

모든 컬렉션이 갖는 공통 기능

모든 컬렉션은 ICollection 인터페이스를 구현한다. 이 말은 모든 컬렉션이 다음 코드와 같이 컬렉션 내의 항목 수를 알려 주는 Count 속성을 갖고 있다는 것을 의미한다.

```
namespace System.Collections
{
  public interface ICollection : IEnumerable
  {
    int Count { get; }
```

```
      bool IsSynchronized { get; }
      object SyncRoot { get; }
      void CopyTo(Array array, int index);
    }
  }
```

예를 들어, passengers라는 이름의 컬렉션을 갖고 있다면 다음처럼 쓸 수 있다.

```
  int howMany = passengers.Count;
```

모든 컬렉션은 IEnumerable 인터페이스를 구현한다. 즉 foreach를 사용해 컬렉션을 반복할 수 있다. 또한, IEnumerator를 구현한 객체를 반환하는 GetEnumerator 메서드가 있다. 그러므로 반환된 객체는 컬렉션 탐색을 위한 MoveNext, Reset 메서드와 컬렉션의 현재 항목을 가리키는 Current 속성을 갖고 있다. 다음 코드를 참고하자.

```
  namespace System.Collections
  {
    public interface IEnumerable
    {
      IEnumerator GetEnumerator();
    }
  }
  namespace System.Collections
  {
    public interface IEnumerator
    {
      object Current { get; }
      bool MoveNext();
      void Reset();
    }
  }
```

passengers 컬렉션의 각 항목마다 어떤 작업을 수행해야 한다면 다음처럼 코드를 쓸 수 있다.

```
  foreach (Passenger p in passengers)
  {
```

```
    // 각 passenger 항목마다 특정 작업을 수행한다.
  }
```

한편 객체 기반 컬렉션 인터페이스 외에 제네릭 인터페이스와 클래스도 있는데, 이들은
컬렉션에 저장할 형식을 다음 코드와 같이 제네릭 형식으로 정의한다.

```
namespace System.Collections.Generic
{
  public interface ICollection<T> : IEnumerable<T>, IEnumerable
  {
    int Count { get; }
    bool IsReadOnly { get; }
    void Add(T item);
    void Clear();
    bool Contains(T item);
    void CopyTo(T[] array, int index);
    bool Remove(T item);
  }
}
```

컬렉션의 용량을 확보해 성능 향상하기

.NET 1.1 이후로 StringBuilder와 같은 형식은 예상되는 문자열의 최종 크기로 내부 저
장소 배열을 미리 조정할 수 있는 SureCapacity라는 메서드가 있다. 이렇게 하면 더 많은
문자가 추가될 때 배열의 크기를 반복적으로 증가시킬 필요가 없기 때문에 성능이 향상
된다.

.NET 코어 2.1 이후로 Dictionary<T> 및 HashSet<T>와 같은 형식에도 SureCapacity가
제공된다.

.NET 6 이상에서는 List<T>, Queue<T>, Stack<T>와 같은 컬렉션에서도 다음과 같이
SureCapacity 메서드를 사용할 수 있다.

```
List<string> names = new();
names.EnsureCapacity(10_000);
// list에 10,000개의 이름을 로드한다.
```

컬렉션 선택

필요에 따라 다양한 목적으로 사용할 수 있도록 리스트^{list}, 딕셔너리^{dictionary}, 스택^{stack}, 큐^{queue}, 세트^{set}, 기타 여러 개의 특수한 컬렉션들이 제공된다.

리스트

IList<T>를 구현하는 리스트^{list}는 **순서 있는 컬렉션**을 제공한다.

```
namespace System.Collections.Generic
{
  [DefaultMember("Item")] // this 인덱서라고도 함.
  public interface IList<T> : ICollection<T>, IEnumerable<T>, IEnumerable
  {
    T this[int index] { get; set; }
    int IndexOf(T item);
    void Insert(int index, T item);
    void RemoveAt(int index);
  }
}
```

IList<T>는 ICollection<T>에서 파생되므로 Count 속성과 컬렉션의 끝에 항목을 추가하는 Add 메서드, 리스트의 지정된 위치에 항목을 추가하는 Insert 메서드, 지정된 위치의 항목을 제거하는 RemoveAt 메서드가 있다.

컬렉션 내의 항목 순서를 수동으로 제어하는 경우 리스트를 사용하는 것이 좋다. 리스트의 각 항목은 자동으로 할당되는 고유한 인덱스를 갖고 있다. 항목은 T가 지정하는 모든 형식이 될 수 있으며 항목을 복제할 수 있다. 인덱스는 int 유형이고 0부터 시작하므로 목록의 첫 번째 항목은 인덱스 0에 위치한다.

인덱스	항목
0	London
1	Paris
2	London
3	Sydney

새로운 항목 Santiago를 London과 Sydney 사이에 삽입하면 Sydney의 인덱스는 자동으로 증가한다. 따라서 항목을 삽입하거나 제거한 후에는 다음 표와 같이 항목의 인덱스가 변경된다는 점에 주의해야 한다.

인덱스	항목
0	London
1	Paris
2	London
3	Santiago
4	Sydney

딕셔너리

고유한 **키**^{key}와 **값**^{value}이 있고 컬렉션에서 해당 값을 빠르게 찾을 수 있어야 한다면 딕셔너리를 사용하는 것이 좋다. 키는 고유해야 한다. 예를 들어, 사람들의 목록을 저장하는 경우 중복되지 않는 고유한 id를 키로 사용할 수 있다.

키는 영어 사전의 색인에 비유할 수 있다. 사전의 단어(예: 키)들은 정렬된 상태로 유지되기 때문에 필요한 단어를 빠르게 찾을 수 있는데, 만약 manatee라는 단어를 찾는다면 사전의 중간부터 찾아볼 것이다. m은 알파벳 순서상 중간에 있기 때문이다.

사전에서 특정 단어를 찾는 과정은 프로그래밍에서 딕셔너리를 사용해 특정 키를 찾는 과정과 유사하다. 이때 다음과 같이 IDictionary<TKey, TValue>를 구현해야 한다.

```
namespace System.Collections.Generic
{
  [DefaultMember("Item")] // aka this indexer
  public interface IDictionary<TKey, TValue>
    : ICollection<KeyValuePair<TKey, TValue>>,
      IEnumerable<KeyValuePair<TKey, TValue>>, IEnumerable
  {
    TValue this[TKey key] { get; set; }
    ICollection<TKey> Keys { get; }
    ICollection<TValue> Values { get; }
```

```
    void Add(TKey key, TValue value);
    bool ContainsKey(TKey key);
    bool Remove(TKey key);
    bool TryGetValue(TKey key, [MaybeNullWhen(false)] out TValue value);
  }
}
```

딕셔너리의 각 항목은 KeyValuePair<TKey, TValue> 구조체의 인스턴스다. TKey는 키의 형식, TValue는 값의 형식이다.

```
namespace System.Collections.Generic
{
  public readonly struct KeyValuePair<TKey, TValue>
  {
    public KeyValuePair(TKey key, TValue value);
    public TKey Key { get; }
    public TValue Value { get; }
    [EditorBrowsable(EditorBrowsableState.Never)]
    public void Deconstruct(out TKey key, out TValue value);
    public override string ToString();
  }
}
```

Dictionary<string, Person>을 예로 들면 키는 string 형식이고 값은 Person 형식의 인스턴스다. Dictionary<string, string>의 경우는 다음 표와 같이 값 형식 모두 string이다.

키	값
BSA	Bob Smith
MW	Max Williams
BSB	Bob Smith
AM	Amir Mohammed

스택

스택은 **후입선출**^{LIFO, Last-In, First-Out}을 구현할 때 선택한다. 스택 내의 모든 항목을 읽기 위해 열거할 수 있지만 직접 접근이나 삭제는 스택 내의 맨 위 항목만 가능하다. 예를 들어, 스택 내의 두 번째 항목에 직접 접근할 수 없다.

텍스트 편집기의 되돌리기 기능을 구현할 때 스택을 사용할 수 있다. 스택을 사용해 최근에 실행된 명령을 차례로 저장한 다음, Ctrl + Z를 누를 때 가장 최근에 실행한 명령을 취소한다.

큐

큐^{queue}는 **선입선출**^{FIFO, First-In, First-Out}을 구현할 때 선택할 수 있다. 큐의 모든 항목을 읽기 위해 열거할 수 있지만 직접 접근이나 삭제는 큐의 맨 앞의 항목만 가능하다. 예를 들어, 큐의 두 번째 항목에 직접 접근할 수 없다.

컴퓨터의 백그라운드 프로세스는 사람들이 줄지어 극장에 입장하는 것처럼 도착한 순서대로 작업을 처리한다.

.NET 6에는 각 항목에 우선 순위와 위치를 지정할 수 있는 `PriorityQueue`가 포함됐다.

세트

두 컬렉션 간의 집합 작업이 필요하다면 세트^{set}를 선택할 수 있다. 예를 들어, 도시의 이름을 갖고 있는 2개의 컬렉션이 있을 때 양쪽 모두에 포함된 도시 이름을 찾고 싶을 수 있다. 세트의 각 항목은 고유해야 한다.

컬렉션 메서드 요약

각 컬렉션은 다음 표와 같이 항목을 추가, 삭제할 수 있는 다양한 메서드를 갖고 있다.

컬렉션	추가 메서드	삭제 메서드	설명
List	Add, Insert	Remove, RemoveAt	각 항목의 정수 인덱스 위치에 따라 리스트가 정렬된다. Add는 리스트의 끝에 새 항목을 추가한다. Insert는 지정된 인덱스 위치에 새 항목을 삽입한다.
Dictionary	Add	Remove	딕셔너리는 순서가 지정되지 않기 때문에 정수 인덱스가 없다. ContainsKey 메서드를 사용해 키가 사용됐는지 확인할 수 있다.
Stack	Push	Pop	스택은 Push 메서드를 사용해 맨 위에 새 항목을 추가한다. 맨 처음 추가된 항목은 스택의 맨 아래에 있다. 삭제는 Pop 메서드를 사용하며 스택의 맨 위 항목을 제거한다. 제거하지 않고 단지 확인만 한다면 Peek 메서드를 사용한다.
Queue	Enqueue	Dequeue	큐는 Enqueue 메서드를 사용해 맨 끝에 새 항목을 추가한다. 맨 처음 추가된 항목은 큐의 맨 앞에 있다. 삭제는 Dequeue 메서드를 사용하며 큐의 맨 앞의 항목을 제거한다. 제거하지 않고 단지 확인만 한다면 Peek 메서드를 사용한다.

리스트 다루기

리스트를 활용한 코드를 작성해 보자.

1. 선호하는 코드 편집기를 사용해서 Chapter08 솔루션/작업 영역에 WorkingWith Collections라는 이름의 새 콘솔 애플리케이션을 생성한다.

2. 비주얼 스튜디오 코드에서는 WorkingWithCollections을 활성 OmniSharp 프로젝트로 설정한다.

3. Program.cs 파일의 기존 코드를 삭제하고 다음과 같이 string 값의 컬렉션을 출력하는 함수를 정의한다.

```
static void Output(string title, IEnumerable<string> collection)
{
```

```
    WriteLine(title);
    foreach (string item in collection)
    {
      WriteLine($"  {item}");
    }
  }
```

4. WorkingWithLists라는 이름의 정적 메서드를 정의하고 다음과 같이 리스트를 사용
할 때 자주 사용되는 몇 가지 방법을 코드로 작성해 보자.

```
static void WorkingWithLists()
{
  // 리스트를 생성하고 3개의 항목을 추가하는 간단한 방법
  List<string> cities = new();
  cities.Add("London");
  cities.Add("Paris");
  cities.Add("Milan");
  /*3개의 항목을 추가하는 다른 방법.
    아래와 같이 작성하면 컴파일러가 위의 3개의 Add 코드로 변환한다.
  List<string> cities = new()
    { "London", "Paris", "Milan" };
  */
  /* AddRange에 string 배열을 전달해서 3개의 항목을 추가하는 또 다른 방법
  List<string> cities = new();
  cities.AddRange(new[] { "London", "Paris", "Milan" });
  */
  Output("리스트 초깃값", cities);
  WriteLine($"첫 번째 도시는 {cities[0]}.");
  WriteLine($"마지막 도시는 {cities[cities.Count - 1]}.");
  cities.Insert(0, "Sydney");
  Output("인덱스 0에 Sydney를 추가한 후 리스트 값", cities);
  cities.RemoveAt(1);
  cities.Remove("Milan");
  Output("두 개의 도시를 삭제한 후 리스트 값", cities);
}
```

5. Program.cs 맨 위에 네임스페이스를 가져온 후, 다음과 같이 WorkingWithLists 메서
드를 호출한다.

```
WorkingWithLists();
```

6. 애플리케이션을 실행하고 출력 결과를 확인한다.

```
리스트 초깃값
  London
  Paris
  Milan
첫 번째 도시는 London.
마지막 도시는 Milan.
인덱스 0에 Sydney를 추가한 후 리스트 값
  Sydney
  London
  Paris
  Milan
2개의 도시를 삭제한 후 리스트 값
  Sydney
  Paris
```

딕셔너리 다루기

리스트를 활용한 코드를 작성해 보자.

1. Program.cs에 WorkingWithDictionaries라는 이름의 정적 메서드를 정의하고, 단어 조회처럼 딕셔너리를 사용할 때 자주 사용되는 몇 가지 방법을 코드로 작성해 보자.

```
static void WorkingWithDictionaries()
{
  Dictionary<string, string> keywords = new();
  // 이름 있는 매개 변수를 사용해 추가한다.
  keywords.Add(key: "int", value: "32-bit integer data type");
  // 위치 매개 변수를 사용해 추가한다.
  keywords.Add("long", "64-bit integer data type");
  keywords.Add("float", "Single precision floating point number");
  /* 3개의 항목을 추가하는 다른 방법.
     아래와 같이 작성하면 컴파일러가 위 3개의 Add 메서드 호출로 변환한다.
  Dictionary<string, string> keywords = new()
  {
    { "int", "32-bit integer data type" },
    { "long", "64-bit integer data type" },
```

```
          { "float", "Single precision floating point number" },
        }; */
        /* 또 다른 방법. 컴파일러가 3개의 Add 메서드 호출로 변환한다.
        Dictionary<string, string> keywords = new()
        {
          ["int"] = "32-bit integer data type",
          ["long"] = "64-bit integer data type",
          ["float"] = "Single precision floating point number", // last comma
   is optional
        }; */
        Output("딕셔너리 키:", keywords.Keys);
        Output("딕셔너리 값:", keywords.Values);
        WriteLine("키와 값");
        foreach (KeyValuePair<string, string> item in keywords)
        {
          WriteLine($"  {item.Key}: {item.Value}");
        }
        // 키를 사용해 값을 조회한다.
        string key = "long";
        WriteLine($"키 {key}의 값: {keywords[key]}");
    }
```

2. Program.cs에서 이전 메서드 호출 코드를 주석 처리한 다음 WorkingWithDictionaries 를 호출한다.

```
// WorkingWithLists();
WorkingWithDictionaries();
```

3. 애플리케이션을 실행하고 출력 결과를 확인한다.

```
딕셔너리 키:
  int
  long
  float
딕셔너리 값:
  32-bit integer data type
  64-bit integer data type
  Single precision floating point number
키와 값
  int: 32-bit integer data type
```

```
long: 64-bit integer data type
float: Single precision floating point number
키 long의 값: 64-bit integer data type
```

큐 사용하기

큐를 활용한 코드를 작성해 보자.

1. Program.cs에 WorkingWithQueues라는 이름의 정적 메서드를 정의하고 순서대로 커피 주문을 접수하는 것처럼, 큐를 사용할 때 자주 사용되는 몇 가지 방법을 코드로 작성해 보자.

```
static void WorkingWithQueues()
{
  Queue<string> coffee = new();
  coffee.Enqueue("Damir"); // 큐의 맨 앞
  coffee.Enqueue("Andrea");
  coffee.Enqueue("Ronald");
  coffee.Enqueue("Amin");
  coffee.Enqueue("Irina"); // 큐의 맨 뒤
  Output("큐 초깃값", coffee);
    // 첫 번째 손님의 주문 접수
  string served = coffee.Dequeue();
  WriteLine($"첫 번째 손님 {served}의 주문 접수");
    // 두 번째 손님의 주문 접수
  served = coffee.Dequeue();
  WriteLine($"두 번째 손님 {served}의 주문 접수");
  Output("현재 큐", coffee);
  WriteLine($"다음 손님: {coffee.Peek()}");
  Output("현재 큐", coffee);
}
```

2. Program.cs에서 이전 메서드 호출 코드를 주석 처리한 다음 WorkingWithQueues를 호출한다.

3. 애플리케이션을 실행하고 출력 결과를 확인한다.

```
큐 초깃값
  Damir
  Andrea
  Ronald
  Amin
  Irina
첫 번째 손님 Damir의 주문 접수
두 번째 손님 Andrea의 주문 접수
현재 큐
  Ronald
  Amin
  Irina
다음 손님: Ronald
현재 큐
  Ronald
  Amin
  Irina
```

4. 다음과 같이 정적 메서드 OutputPQ를 정의한다.

```
static void OutputPQ<TElement, TPriority>(string title,
  IEnumerable<(TElement Element, TPriority Priority)> collection)
{
  WriteLine(title);
  foreach ((TElement, TPriority) item in collection)
  {
    WriteLine($"  {item.Item1}: {item.Item2}");
  }
}
```

OutputPQ는 제네릭 메서드이며 컬렉션으로 전달되는 튜플에 사용될 두 가지 형식을 지정할 수 있다.

5. WorkingWithPriorityQueues라는 이름의 정적 메서드를 다음과 같이 정의한다.

```
static void WorkingWithPriorityQueues()
{
```

490

```
PriorityQueue<string, int> vaccine = new();
// 사람 이름을 추가한다.
// 1 = 높은 우선 순위. 70세 이상
// 2 = 중간 순위. 30세 이상
// 3 = 낮은 순위. 10세 이상
vaccine.Enqueue("Pamela", 1);  // 70세 이상
vaccine.Enqueue("Rebecca", 3); // 10세 이상
vaccine.Enqueue("Juliet", 2);  // 30세 이상
vaccine.Enqueue("Ian", 1);     // 70세 이상
OutputPQ("현재 예방 접종 큐:", vaccine.UnorderedItems);
WriteLine($"{vaccine.Dequeue()} 예방 접종 완료.");
WriteLine($"{vaccine.Dequeue()} 예방 접종 완료.");
OutputPQ("현재 예방 접종 큐:", vaccine.UnorderedItems);
WriteLine($"{vaccine.Dequeue()} 예방 접종 완료.");
vaccine.Enqueue("Mark", 2); // 30세 이상
WriteLine($"다음 차례: {vaccine.Peek()}");
OutputPQ("현재 예방 접종 큐:", vaccine.UnorderedItems);
}
```

6. Program.cs에서 이전 메서드 호출 코드를 주석 처리한 다음 WorkingWithPriority Queues를 호출한다.

7. 애플리케이션을 실행하고 출력 결과를 확인한다.

```
현재 예방 접종 큐:
    Pamela: 1
    Rebecca: 3
    Juliet: 2
    Ian: 1
Pamela 예방 접종 완료.
Ian 예방 접종 완료.
현재 예방 접종 큐:
    Juliet: 2
    Rebecca: 3
Juliet 예방 접종 완료.
다음 차례: Mark
현재 예방 접종 큐:
    Mark: 2
    Rebecca: 3
```

컬렉션 정렬하기

List<T> 클래스는 Sort 메서드를 수동으로 호출해 정렬할 수 있다. 이때 각 항목의 인덱스도 변경된다는 것을 주의하자. string 값 또는 기타 기본 제공 형식의 리스트는 별도의 코드를 작성하지 않아도 수동으로 정렬할 수 있지만 새로 생성한 형식의 컬렉션인 경우 반드시 IComparable이라는 인터페이스를 구현해야 한다. 6장에서 여기에 관해 배웠다.

Stack<T>나 Queue<T> 컬렉션은 대부분 정렬 기능을 필요로 하지 않는다. 예를 들어, 호텔에 체크인하려고 대기하는 고객 명단을 다른 순서로 정렬할 일은 없을 것이다. 하지만 딕셔너리나 세트의 경우는 정렬이 필요할 수 있다.

때로는 자동으로 정렬되는 컬렉션, 즉 항목을 추가하거나 삭제할 때 정렬된 순서를 유지하는 컬렉션이 필요할 수 있다.

사용 가능한 자동 정렬 컬렉션은 여러 개 있다. 이들 간의 차이점은 뚜렷하지 않지만, 애플리케이션의 메모리 사용과 성능에 영향을 미칠 수 있으므로 요구 사항에 가장 알맞은 것을 선택해야 한다.

몇 개의 자동 정렬 컬렉션을 다음 표에 정리했다.

컬렉션	설명
SortedDictionary<TKey, TValue>	키 순서로 정렬된 키 값 쌍의 딕셔너리를 나타낸다.
SortedList<TKey, TValue>	키 순서로 정렬된 키 값 쌍의 리스트를 나타낸다.
SortedSet<T>	정렬된 순서를 유지하는 고유한 객체 컬렉션을 나타낸다.

그 외 특수 컬렉션

특별한 경우에 사용 가능한 다른 컬렉션들이 있다.

비트 값의 간소한 배열 다루기

System.Collections.BitArray 컬렉션은 불린Boolean으로 표현되는 간소한 비트 값의 배열을 관리한다. true는 비트가 켜져 있는 1인 상태를 나타내고 false는 비트가 꺼져 있는 0인 상태를 나타낸다.

효과적으로 리스트 다루기

System.Collections.Generics.LinkedList<T>는 각 항목이 이전 항목과 다음 항목에 대한 참조를 갖고 있는 이중 연결 리스트doubly linked list다. 리스트 중간에 항목을 추가하거나 삭제하는 경우 List<T>보다 더 나은 성능을 보여 준다. LinkedList<T>에서 각 항목은 메모리에서 재정렬될 필요가 없다.

불변 컬렉션 사용하기

때로는 변경할 수 없는 컬렉션이 필요한 때가 있다. 항목을 변경할 수 없기 때문에 추가하거나 삭제할 수도 없다. System.Collections.Immutable 네임스페이스를 가져오면 IEnumerable<T>를 구현하는 모든 컬렉션에 불변 리스트, 딕셔너리, 해시 세트hash set 등으로 변환할 수 있는 6개의 확장 메서드가 제공된다.

간단한 예를 살펴보자.

1. WorkingWithCollections 프로젝트의 Program.cs 파일에 System.Collections.Immutable 네임스페이스를 가져온다.

2. WorkingWithLists 메서드의 끝에 cities 리스트를 불변 리스트로 변환한 다음 새 도시 이름을 추가하는 코드를 작성한다.

```
ImmutableList<string> immutableCities = cities.ToImmutableList();
ImmutableList<string> newList = immutableCities.Add("Rio");
Output("cities 불변 리스트: ", immutableCities);
Output("새 cities 리스트:", newList);
```

3. Program.cs 파일에서 이전 함수 호출을 주석 처리하고 WorkingWithLists 메서드 호출의 주석 처리를 해제한다.

4. 애플리케이션을 실행하고 출력 결과를 확인한다. immutableCities에 Add 메서드를 호출했지만 항목은 변하지 않았다. 그 대신 도시 이름이 추가된 새로운 리스트를 반환한다.

```
cities 불변 리스트:
  Sydney
  Paris
새 cities 리스트:
  Sydney
  Paris
  Rio
```

 좋은 습관: 성능 향상을 위해 대부분의 애플리케이션은 접근하는 객체의 공유 복사본을 중앙 캐시에 저장한다. 해당 객체가 변경되지 않은 상태로 여러 스레드에서 안전하게 접근하도록 하려면 객체를 변경할 수 없게 하거나 다음 링크에서 볼 수 있는 동시성(concurrent) 컬렉션 형식을 사용해야 한다.

https://docs.microsoft.com/en-us/dotnet/api/system.collections.concurrent

컬렉션 모범 사례

컬렉션을 처리하는 메서드를 만든다고 가정해 보자. 유연성을 최대한 확보하려면 다음과 같이 입력 매개 변수를 IEnumerable<T>로 선언해 제네릭 메서드를 만들 수 있다.

```
void ProcessCollection<T>(IEnumerable<T> collection)
{
  // foreach 등을 사용해
  // 컬렉션의 항목들을 처리한다.
}
```

배열, 리스트, 큐, 스택을 비롯해 IEnumerable<T>를 구현하는 모든 것을 이 메서드에 전달해 각 항목을 처리할 수 있다. 하지만 이러한 유연성 확보에는 성능 비용이 따른다.

IEnumerable<T>의 성능 문제 중 하나는 지연 로딩이라고도 하는 지연 실행의 장점이기도 하다. 이 인터페이스를 구현하는 형식은 지연 실행을 구현할 필요는 없지만, 많은 형식이 지연 실행을 구현한다.

하지만 IEnumerable<T>의 최악의 성능 문제는 항목을 반복할 때마다 객체를 힙에 할당한다는 점이다. 이러한 메모리 할당을 방지하려면 다음과 같이 구체적인 형식을 사용해 메서드를 정의해야 한다.

```
void ProcessCollection<T>(List<T> collection)
{
  // foreach 등을 사용해
  // 컬렉션의 항목들을 처리한다.
}
```

이 코드는 참조 형식을 반환하는 IEnumerator<T> GetEnumerator() 메서드 대신 구조체를 반환하는 List<T>.Enumerator GetEnumerator() 메서드를 사용한다. 속도는 2~3배 더 빨라지고 메모리도 더 적게 사용한다. 성능을 얘기할 때 항상 강조되는 것처럼 실제 환경에서 코드에 대한 성능 테스트를 실행해 직접 측정해 보는 것이 좋다. 12장에서 그 방법에 대해 알아본다.

⁞⁞ 범위, 인덱스, 영역 다루기

.NET 코어 2.1에 대한 마이크로소프트의 목표 중 하나는 성능과 리소스 사용을 개선하는 것이었는데 이를 가능하게 한 것은 Span<T> 형식이다.

Span을 활용해 효과적으로 메모리 사용하기

배열을 다룰 때 하위 집합만 처리할 수 있도록 새로운 복사본을 만드는 경우가 있다. 이렇게 하면 메모리에 중복 객체가 생성되므로 효과적이지 않다.

배열의 하위 집합에 대한 작업을 할 때는 **span**을 사용한다. span은 원본 배열에 대한 일종의 창^{window} 역할을 하기 때문에 메모리 측면에서 효과적이고 성능도 향상된다. 메모리가 연속적이어야 하므로 span은 컬렉션이 아닌 배열에서만 동작한다.

span에 대해 이해하려면 먼저 index와 range에 대해 알아 둬야 한다.

Index 형식으로 위치 식별하기

C# 8.0에는 배열 내에서 항목의 인덱스와 2개의 인덱스를 사용해 항목의 범위를 식별하는 두 가지 기능이 도입됐다.

이전 항목에서 다음 코드와 같이 정수를 해당 인덱서에 전달해 컬렉션의 객체에 접근할 수 있다는 것을 배웠다.

```
int index = 3;
Person p = people[index]; // 배열의 4번째 항목
char letter = name[index]; // name의 4번째 문자
```

Index 형식은 위치를 식별하는 좀 더 공식적인 방법이며 다음 코드처럼 끝에서 계산하는 것을 지원한다.

```
// 동일한 인덱스를 정의하는 두 가지 방법, 맨 처음부터 3번째
Index i1 = new(value: 3); // 처음 위치부터 카운트한다.
Index i2 = 3; // 암시적인 int 변환 연산자 사용

// 동일한 인덱스를 정의하는 두 가지 방법, 끝에서부터 5번째
Index i3 = new(value: 5, fromEnd: true);
Index i4 = ^5; // 캐럿 연산자 사용
```

Range 형식으로 범위 식별하기

Range 형식은 Index를 사용해 다음과 같이 생성자, C# 구문 또는 정적 메서드를 사용해 범위의 시작과 끝을 나타낸다.

```
Range r1 = new(start: new Index(3), end: new Index(7));
Range r2 = new(start: 3, end: 7); // 암시적 int 변환 연산자 사용
Range r3 = 3..7; // C# 8.0 이상 구문 사용
Range r4 = Range.StartAt(3); // 인덱스 3부터 마지막 인덱스까지
Range r5 = 3..; // 인덱스 3부터 마지막 인덱스까지
Range r6 = Range.EndAt(3); // 인덱스 0부터 인덱스 3까지
Range r7 = ..3; // 인덱스 0부터 인덱스 3까지
```

확장 메서드가 string 값(내부적으로 char 배열을 사용함.), int 배열 및 범위에 추가돼 더 쉽게 범위를 다룰 수 있다. 이러한 확장 메서드는 범위를 매개 변수로 받고 Span<T>를 반환하는데 이는 메모리를 매우 효과적으로 사용한다.

index, range, span 사용하기

index와 range를 사용해 span을 반환하는 방법에 대해 알아보자.

1. 선호하는 코드 편집기를 사용해서 Chapter08 솔루션/작업 영역에 WorkingWithRanges 라는 이름의 새 콘솔 애플리케이션을 생성한다.

2. 비주얼 스튜디오 Code에서는 WorkingWithRanges를 활성 OmniSharp 프로젝트로 설정한다.

3. Program.cs 파일에 string 형식의 Substring 메서드와 Span을 사용해 이름과 성을 추출하는 코드를 작성한다.

```
string name = "Samantha Jones";
// Substring 사용
int lengthOfFirst = name.IndexOf(' ');
int lengthOfLast = name.Length - lengthOfFirst - 1;
string firstName = name.Substring(
  startIndex: 0,
  length: lengthOfFirst);
string lastName = name.Substring(
  startIndex: name.Length - lengthOfLast,
  length: lengthOfLast);
WriteLine($"이름: {firstName}, 성: {lastName}");
```

```
// Span 사용
ReadOnlySpan<char> nameAsSpan = name.AsSpan();
ReadOnlySpan<char> firstNameSpan = nameAsSpan[0..lengthOfFirst];
ReadOnlySpan<char> lastNameSpan = nameAsSpan[^lengthOfLast..^0];
WriteLine("이름: {0}, 성: {1}",
  arg0: firstNameSpan.ToString(),
  arg1: lastNameSpan.ToString());
```

4. 애플리케이션을 실행하고 출력 결과를 확인한다.

```
이름: Samantha, 성: Jones
이름: Samantha, 성: Jones
```

네트워크 리소스 다루기

네트워크 리소스로 작업할 때 자주 사용되는 .NET 형식을 다음 표에 정리했다.

네임스페이스	예제 형식	설명
System.Net	Dns, Uri, Cookie, WebClient, IPAddress	DNS 서버, URI, IP 주소 등을 다룰 때 사용한다.
System.Net	FtpStatusCode, FtpWebRequest, FtpWebResponse	FTP 서버 작업을 할 때 사용한다.
System.Net	HttpStatusCode, HttpWebRequest, HttpWebResponse	웹사이트, 웹 서비스 같은 HTTP 서버 작업을 할 때 사용한다. System.Net.Http의 형식이 사용하기 더 쉽다.
System.Net.Http	HttpClient, HttpMethod, HttpRequestMessage, HttpResponseMessage	웹사이트, 웹 서비스 같은 HTTP 서버 작업을 할 때 사용한다. 사용법은 16장에서 배운다.
System.Net.Mail	Attachment, MailAddress, MailMessage, SmtpClient	이메일을 보내는 것처럼 SMTP 서버 작업을 할 때 사용한다.
System.Net.NetworkInformation	IPStatus, NetworkChange, Ping, TcpStatistics	로우 레벨 네트워크 프로토콜 작업에 사용한다.

URI, DNS, IP 주소 다루기

네트워크 리소스 작업에 사용하는 몇 가지 공통 형식에 대해 알아보자.

1. 선호하는 코드 편집기를 사용해서 Chapter08 솔루션/작업 영역에 WorkingWithNet workResources라는 이름의 새 콘솔 애플리케이션을 생성한다.

2. 비주얼 스튜디오 코드에서는 WorkingWithNetworkResources를 활성 OmniSharp 프로젝트로 설정한다.

3. Program.cs 파일 맨 위에 네트워크 작업에 필요한 네임스페이스를 다음 코드처럼 가져온다.

```
using System.Net; // IPHostEntry, Dns, IPAddress
```

4. 사용자로부터 웹사이트 주소를 입력받은 다음, URL 형식을 사용해서 HTTP, FTP 등의 스킴scheme, 포트 번호, 호스트 부분으로 나눈다.

```
Write("유효한 웹사이트 주소를 입력하세요.: ");
string? url = ReadLine();
if (string.IsNullOrWhiteSpace(url))
{
  url = "https://stackoverflow.com/search?q=securestring";
}
Uri uri = new(url);
WriteLine($"URL: {url}");
WriteLine($"Scheme: {uri.Scheme}");
WriteLine($"Port: {uri.Port}");
WriteLine($"Host: {uri.Host}");
WriteLine($"Path: {uri.AbsolutePath}");
WriteLine($"Query: {uri.Query}");
```

편의상 사용자가 아무것도 입력하지 않고 엔터를 누르면 예제 URL을 사용한다.

5. 코드를 실행하고 유효한 웹사이트 주소를 입력하거나 엔터를 눌러 출력 결과를 확
   인한다.

```
유효한 웹사이트 주소를 입력하세요.:
URL: https://stackoverflow.com/search?q=securestring
Scheme: https
Port: 443
Host: stackoverflow.com
Path: /search
Query: ?q=securestring
```

6. 입력한 웹사이트의 IP 주소를 가져오는 코드를 추가한다.

```
IPHostEntry entry = Dns.GetHostEntry(uri.Host);
WriteLine($"{entry.HostName} 의 ip 주소:");
foreach (IPAddress address in entry.AddressList)
{
  WriteLine($"  {address} ({address.AddressFamily})");
}
```

7. 코드를 실행하고 유효한 웹사이트 주소를 입력하거나 엔터를 눌러 출력 결과를 확
   인한다.

```
stackoverflow.com 의 ip 주소:
  151.101.1.69 (InterNetwork)
  151.101.65.69 (InterNetwork)
  151.101.129.69 (InterNetwork)
  151.101.193.69 (InterNetwork)
```

서버에 ping 보내기

웹 서버 상태 확인을 위해 ping을 보내는 코드를 추가하자.

1. 네트워크에 대한 정보를 좀 더 가져오기 위해 네임스페이스를 추가로 가져온다.

```
using System.Net.NetworkInformation; // Ping, PingReply, IPStatus
```

2. 입력한 웹사이트에 ping을 보내는 코드를 추가한다.

```
try
{
  Ping ping = new();
  WriteLine("서버에 Ping 전송");
  PingReply reply = ping.Send(uri.Host);
  WriteLine($"{uri.Host} 에 ping 전송. 응답: {reply.Status}.");
  if (reply.Status == IPStatus.Success)
  {
    WriteLine("{0}으로부터의 응답 시간 {1:N0}ms",
      arg0: reply.Address,
      arg1: reply.RoundtripTime);
  }
}
catch (Exception ex)
{
  WriteLine($"{ex.GetType().ToString()} says {ex.Message}");
}
```

3. 코드를 실행하고 엔터를 눌러 결과를 확인한다.

```
서버에 Ping 보내기. 잠시만 기다려주세요...
stackoverflow.com 에 ping 전송. 응답: Success.
151.101.1.69으로부터의 응답 시간 2ms
```

4. 코드를 다시 실행하고 이번에는 'http://google.com'을 입력한 다음 출력 결과를 확인한다.

```
유효한 웹사이트 주소를 입력하세요.: http://google.com
URL: http://google.com
Scheme: http
Port: 80
Host: google.com
```

```
Path: /
Query:
google.com 의 ip 주소:
  142.250.196.142 (InterNetwork)
서버에 Ping 전송
google.com 에 ping 전송. 응답: Success.
142.250.196.142으로부터의 응답 시간 33ms
```

⠿ 리플렉션과 특성 다루기

리플렉션reflection은 코드가 스스로 이해하고 조작할 수 있게 하는 프로그래밍 기술이다. 어셈블리는 최대 4개의 부분으로 구성된다.

- **어셈블리 메타데이터metadata와 매니페스트manifest**: 이름, 어셈블리, 파일 버전, 참조 어셈블리 등

- **형식 메타데이터**: 형식, 멤버 등에 관한 정보

- **IL 코드**: 메서드, 프로퍼티, 생성자 등의 구현

- **포함된 리소스(선택 사항)**: 이미지, 문자열, 자바 스크립트 등

메타 데이터는 코드에 대한 정보 항목으로 구성된다. 메타데이터는 형식 및 멤버에 대한 정보처럼 코드에서 자동으로 생성되거나 특성attribute을 사용해 코드에 적용된다.

특성은 다음 코드처럼 어셈블리, 형식, 멤버와 같이 여러 레벨에서 적용될 수 있다.

```
// 어셈블리 레벨 속성
[assembly: AssemblyTitle("Working with Reflection")]
// 타입 레벨 속성
[Serializable]
public class Person
{
  // 멤버 레벨 속성
  [Obsolete("Deprecated: use Run instead.")]
  public void Walk()
```

```
    {
    ...
```

특성 기반 프로그래밍은 라우팅, 보안, 캐싱 등의 기능 활성화를 위해 ASP.NET Core
와 같은 앱 모델에서 많이 사용된다.

어셈블리 버저닝

.NET의 버전 번호는 2개의 추가 선택이 있는 3개 숫자의 조합이다. 유의적 버전^{semantic} versioning 체계에서 3개의 숫자는 다음을 의미한다.

- **주**^{major}: 주요 변경 사항, 하위 호환이 되지 않음.

- **부**^{minor}: 새로운 기능, 버그 수정 등의 변경 사항, 하위 호환됨.

- **패치**^{patch}: 작은 버그 수정, 하위 호환됨.

> **좋은 습관:** 이미 프로젝트에서 사용 중인 NuGet 패키지를 업데이트할 때는 변경 사항을
> 깨지 않도록 가장 높은 부 버전으로만 업그레이드하거나, 버그 수정만 받으려는 경우 가
> 장 높은 패치로만 업그레이드하도록 선택적 플래그를 지정해야 한다.
>
> Update–Package Newtonsoft.Json –ToHighestMinor 또는 Update–Package
> Newtonsoft.Json –ToHighestPatch.

추가적으로 버전은 다음 정보를 포함할 수 있다.

- **시험판**: 지원되지 않는 미리보기 릴리스

- **빌드 번호**: 일일 빌드

> **좋은 습관:** 다음 링크에 설명돼 있는 유의적 버전 규칙을 따르자.
> https://semver.org/

어셈블리 메타데이터 읽기

특성을 다루는 방법에 대해 알아보자.

1. 선호하는 코드 편집기를 사용해서 Chapter08 솔루션/작업 영역에 WorkingWith Reflection이라는 이름의 새 콘솔 애플리케이션을 생성한다.

2. 비주얼 스튜디오 코드에서는 WorkingWithReflection을 활성 OmniSharp 프로젝트로 설정한다.

3. Program.cs 파일에서 리플렉션 네임스페이스를 가져온다.

```
using System.Reflection; // 어셈블리
```

4. 다음과 같이 콘솔 앱의 어셈블리를 가져와서 이름과 위치를 출력하고 모든 어셈블리 속성을 가져와서 형식을 출력하는 코드를 작성한다.

```
WriteLine("어셈블리 메타데이터:");
Assembly? assembly = Assembly.GetEntryAssembly();
if (assembly is null)
{
  WriteLine("어셈블리 항목 가져오기 실패.");
  return;
}
WriteLine($"  전체 이름: {assembly.FullName}");
WriteLine($"  위치: {assembly.Location}");
IEnumerable<Attribute> attributes = assembly.GetCustomAttributes();
WriteLine($"  어셈블리 레벨 속성:");
foreach (Attribute a in attributes)
{
  WriteLine($"   {a.GetType()}");
}
```

5. 애플리케이션을 실행하고 출력 결과를 확인한다.

```
어셈블리 메타데이터:
  전체 이름: WorkingWithReflection, Version=1.0.0.0, Culture=neutral,
```

```
PublicKeyToken=null
  위치: F:\github\csharp9_translation\Code\Chapter08\
WorkingWithReflection\bin\Debug\net6.0\WorkingWithReflection.dll
  어셈블리 레벨 속성:
    System.Runtime.CompilerServices.CompilationRelaxationsAttribute
    System.Runtime.CompilerServices.RuntimeCompatibilityAttribute
    System.Diagnostics.DebuggableAttribute
    System.Runtime.Versioning.TargetFrameworkAttribute
    System.Reflection.AssemblyCompanyAttribute
    System.Reflection.AssemblyConfigurationAttribute
    System.Reflection.AssemblyFileVersionAttribute
    System.Reflection.AssemblyInformationalVersionAttribute
    System.Reflection.AssemblyProductAttribute
    System.Reflection.AssemblyTitleAttribute
```

어셈블리의 전체 이름은 어셈블리를 고유하게 식별해야 하므로 다음 정보를 조합해
야 한다.

- **이름**: 예를 들어, WorkingWithReflection

- **버전**: 예를 들어, 1.0.0.0

- **문화권**: 예를 들어, neutral

- **공용 키 토큰**: null일 수 있음

어셈블리를 장식하는 일부 특성에 대해 알았으므로 필요한 값을 구체적으로 요청할
수 있다.

6. AssemblyInformationalVersionAttribute와 AssemblyCompanyAttribute 클래스를 가져
   와서 값을 출력하는 코드를 추가한다.

```
AssemblyInformationalVersionAttribute? version = assembly
  .GetCustomAttribute<AssemblyInformationalVersionAttribute>();
WriteLine($"  버전: {version?.InformationalVersion}");
AssemblyCompanyAttribute? company = assembly
  .GetCustomAttribute<AssemblyCompanyAttribute>();
WriteLine($"  회사: {company?.Company}");
```

7. 애플리케이션을 실행하고 출력 결과를 확인한다.

```
버전: 1.0.0
회사: WorkingWithReflection
```

버전을 설정하지 않으면 기본값은 1.0.0이고 회사를 설정하지 않으면 어셈블리 이름이 기본값이 된다. 이 정보를 명시적으로 설정해 보자. 레거시 .NET 프레임워크에서 이렇게 하려면 다음 코드와 같이 C# 소스 코드 파일에 속성을 추가해야 했다.

```
[assembly: AssemblyCompany("Packt Publishing")]
[assembly: AssemblyInformationalVersion("1.3.0")]
```

.NET에서 사용하는 로슬린 컴파일러는 이러한 속성을 자동으로 설정하므로 이전 방식을 사용할 수 없다. 그 대신 프로젝트 파일에서 설정해야 한다.

8. WorkingWithReflection.csproj에 버전과 회사 항목을 다음과 같이 추가한다.

```
<PropertyGroup>
    <OutputType>Exe</OutputType>
    <TargetFramework>net6.0</TargetFramework>
    <ImplicitUsings>enable</ImplicitUsings>
    <Nullable>enable</Nullable>
    <Version>6.3.12</Version>
    <Company>Packt Publishing</Company>
</PropertyGroup>
```

9. 애플리케이션을 실행하고 출력 결과를 확인한다.

```
버전: 6.3.12
회사: Packt Publishing
```

사용자 정의 특성 만들기

사용자 정의 특성은 Attribute 클래스를 상속해서 정의한다.

1. 프로젝트에 CodeAttribute.cs라는 이름의 클래스 파일을 추가한다.

2. 다음 코드와 같이 코드 작성자의 이름과 코드의 마지막 수정 날짜를 저장하기 위해
   2개의 속성으로 클래스 또는 메서드를 장식할 수 있는 특성 클래스를 정의한다.

```
namespace Packt.Shared;
[AttributeUsage(AttributeTargets.Class | AttributeTargets.Method,
  AllowMultiple = true)]
public class CoderAttribute : Attribute
{
  public string Coder { get; set; }
  public DateTime LastModified { get; set; }
  public CoderAttribute(string coder, string lastModified)
  {
    Coder = coder;
    LastModified = DateTime.Parse(lastModified);
  }
}
```

3. Program.cs 파일에 필요한 네임스페이스를 추가로 가져온다.

```
using System.Runtime.CompilerServices; // CompilerGeneratedAttribute
using Packt.Shared; // CoderAttribute
```

4. Program.cs 파일의 마지막에 메서드가 있는 클래스를 추가하고 Coder 특성이 있는
   메서드를 2개의 Coder 데이터로 장식한다.

```
class Animal
{
  [Coder("Mark Price", "22 August 2021")]
  [Coder("Johnni Rasmussen", "13 September 2021")]
  public void Speak()
  {
    WriteLine("Woof...");
```

```
    }
  }
```

5. Program.cs의 Animal 클래스 위에 형식을 가져와서 해당 멤버를 열거하고 멤버에 대한 Coder 특성 정보를 출력한다.

```
WriteLine();
WriteLine($"* Types:");
Type[] types = assembly.GetTypes();
foreach (Type type in types)
{
  WriteLine();
  WriteLine($"Type: {type.FullName}");
  MemberInfo[] members = type.GetMembers();
  foreach (MemberInfo member in members)
  {
    WriteLine("{0}: {1} ({2})",
      arg0: member.MemberType,
      arg1: member.Name,
      arg2: member.DeclaringType?.Name);
    IOrderedEnumerable<CoderAttribute> coders =
      member.GetCustomAttributes<CoderAttribute>()
      .OrderByDescending(c => c.LastModified);
    foreach (CoderAttribute coder in coders)
    {
      WriteLine("-> Modified by {0} on {1}",
        coder.Coder, coder.LastModified.ToShortDateString());
    }
  }
}
```

6. 애플리케이션을 실행하고 출력 결과를 확인한다.

```
* Types:
...
Type: Animal
Method: Speak (Animal)
-> Modified by Johnni Rasmussen on 2021-09-13
-> Modified by Mark Price on 2021-08-22
Method: GetType (Object)
```

```
Method: ToString (Object)
Method: Equals (Object)
Method: GetHashCode (Object)
Constructor: .ctor (Animal)
...
Type: Program+<>c
Method: GetType (Object)
Method: ToString (Object)
Method: Equals (Object)
Method: GetHashCode (Object)
Constructor: .ctor (<>c)
Field: <>9 (<>c)
Field: <>9__0_0 (<>c)
```

출력 결과 중 Program+<>c 형식은 무엇일까?

이 형식은 컴파일러가 생성한 **출력 클래스**다. <>는 컴파일러가 생성했다는 것을 의미하고 c는 출력 클래스라는 것을 나타낸다. 이것은 컴파일러의 문서화되지 않은 정보이기 때문에 언제든지 변경될 수 있다. 이를 무시할 수 있으므로 선택 사항으로 콘솔 애플리케이션에 CompilerGeneratedAttribute로 장식된 형식을 건너뛰어 컴파일러 생성 형식을 필터링하는 코드를 추가할 수 있다.

리플렉션에 대해 좀 더 알아보기

리플렉션에 대한 지금까지의 내용은 예제 수준으로 코드에서 메타데이터를 읽는 데 그쳤지만, 다음과 같은 작업을 할 수도 있다.

- **참조되지 않은 어셈블리를 동적으로 로드**: https://docs.microsoft.com/en-us/dotnet/standard/assembly/unloadability

- **동적 코드 실행**: https://docs.microsoft.com/en-us/dotnet/api/system.reflection.methodbase.invoke

- **동적으로 새 코드 및 어셈블리 생성**: https://docs.microsoft.com/en-us/dotnet/api/system.reflection.emit.assemblybuilder

이미지 다루기

이미지샤프^{ImageSharp}는 서드파티 크로스 플랫폼 2D 그래픽 라이브러리다. .NET 코어 1.0이 개발 중일 때 System.Drawing 네임스페이스가 2D 이미지 작업을 지원하지 않는 데 대한 커뮤니티의 부정적인 피드백이 있었다.

이미지샤프 프로젝트는 모던 .NET 애플리케이션의 격차를 좁히려고 시작됐다. System.Drawing의 공식 문서에는 'System.Drawing 네임스페이스는 윈도우, ASP.NET에서 지원하지 않고 크로스 플랫폼이 아니기 때문에 신규 개발에 권장되지 않는다. 이미지샤프나 스키아샤프^{SkiaSharp}를 대안으로 권장한다'라고 돼 있다.

이미지샤프로 무엇을 할 수 있는지 알아보자.

1. 선호하는 코드 편집기를 사용해서 Chapter08 솔루션/작업 영역에 WorkingWith Images라는 이름의 새 콘솔 애플리케이션을 생성한다.

2. 비주얼 스튜디오 코드에서는 WorkingWithImages를 활성 OmniSharp 프로젝트로 설정한다.

3. images 폴더를 생성하고 다음 링크에서 9개의 이미지를 다운로드한다.

   https://github.com/markjprice/cs10dotnet6/tree/main/Assets/Categories

4. 다음과 같이 SixLabors.ImageSharp에 대한 레퍼런스 참조를 추가한다.

   ```
   <ItemGroup>
     <PackageReference Include="SixLabors.ImageSharp" Version="1.0.3" />
   </ItemGroup>
   ```

5. WorkingWithImages 프로젝트를 빌드한다.

6. Program.cs에 이미지 작업에 필요한 몇 개의 네임스페이를 가져오는 코드를 추가한다.

```
using SixLabors.ImageSharp;
using SixLabors.ImageSharp.Processing;
```

7. Program.cs에 images 폴더의 모든 파일을 1/10 크기의 회색조grayscale 섬네일thumbnail로 변환하는 코드를 추가한다.

```
string imagesFolder = Path.Combine(
  Environment.CurrentDirectory, "images");
IEnumerable<string> images =
  Directory.EnumerateFiles(imagesFolder);
foreach (string imagePath in images)
{
  string thumbnailPath = Path.Combine(
    Environment.CurrentDirectory, "images",
    Path.GetFileNameWithoutExtension(imagePath)
    + "-섬네일" + Path.GetExtension(imagePath));
  using (Image image = Image.Load(imagePath))
  {
    image.Mutate(x => x.Resize(image.Width / 10, image.Height / 10));
    image.Mutate(x => x.Grayscale());
    image.Save(thumbnailPath);
  }
}
WriteLine("이미지 처리 완료! images 폴더를 확인하세요.");
```

8. 코드를 실행한다.

9. images 폴더를 열고 그림 8.1과 같이 이미지들이 훨씬 더 작은 크기의 회색으로 축소된 것을 확인한다.

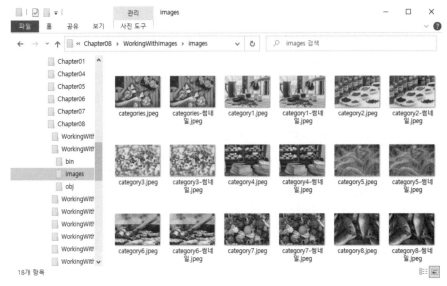

그림 8.1 이미지 처리 결과

이미지샤프에는 다음 목록과 같이 프로그래밍 방식으로 이미지를 그리고 웹에서 이미지 작업을 할 수 있는 NuGet 패키지도 있다.

- SixLabors.ImageSharp.Drawing

- SixLabors.ImageSharp.Web

∷ 코드 국제화

국제화internationalization는 프로그램이 세계 어디에서도 정확하게 실행되도록 하는 프로세스를 말한다. 국제화는 **세계화**globalization와 **현지화**localization 두 부분으로 이뤄진다.

세계화는 여러 가지 언어와 지역을 수용하도록 코드를 작성하는 것이다. 언어와 지역의 조합을 문화권culture이라고 한다. 프로그램 코드는 언어와 지역을 모두 알아야 한다. 왜냐하면 캐나다 퀘벡과 프랑스 파리처럼 동일한 언어를 사용하는 지역이더라도 날짜와 통화 형식이 다를 수 있기 때문이다.

모든 문화권 조합을 표시하기 위한 **국제표준화기구**ISO, Internationa Organization for Standardization 코드가 있다. 예를 들어, da-DK 코드에서 da는 덴마크어를 나타내고 DK는 덴마크 국가를 뜻한다.

현지화는 UI 표시를 해당 언어에 맞게 변경하는 것이다. 현지화는 언어에 관한 것이므로 지역을 알아야 할 필요는 없다.

현재 문화권을 가져오고 변경하기

국제화는 이 책 전반에 걸친 큰 주제다. 8장에서는 System.Globalization 네임스페이스의 CultureInfo 형식을 사용하는 기본적인 것만 소개한다.

1. 선호하는 코드 편집기를 사용해서 Chapter08 솔루션/작업 영역에 Internation alization라는 이름의 새 콘솔 애플리케이션을 생성한다.

2. 비주얼 스튜디오 코드에서는 Internationalization을 활성 OmniSharp 프로젝트로 설정한다.

3. Program.cs 파일 상단에 국제화 형식 사용을 위해 필요한 네임스페이스를 가져온다.

```
using System.Globalization; // CultureInfo
```

4. 현재 세계화 및 지역화 문화권을 가져오고 정보 일부를 출력한 다음, 사용자에게 새 문화권 코드를 입력받는다. 출력을 통해 날짜 및 통화에 어떤 영향을 미치는지 확인한다.

```
CultureInfo globalization = CultureInfo.CurrentCulture;
CultureInfo localization = CultureInfo.CurrentUICulture;
WriteLine("The current globalization culture is {0}: {1}",
   globalization.Name, globalization.DisplayName);
```

```
WriteLine("The current localization culture is {0}: {1}",
  localization.Name, localization.DisplayName);
WriteLine();
WriteLine("en-US: English (United States)");
WriteLine("da-DK: Danish (Denmark)");
WriteLine("fr-CA: French (Canada)");
Write("Enter an ISO culture code: ");
string? newCulture = ReadLine();
if (!string.IsNullOrEmpty(newCulture))
{
  CultureInfo ci = new(newCulture);
  // 현재 문화권을 변경한다.
  CultureInfo.CurrentCulture = ci;
  CultureInfo.CurrentUICulture = ci;
}
WriteLine();
Write("Enter your name: ");
string? name = ReadLine();
Write("Enter your date of birth: ");
string? dob = ReadLine();
Write("Enter your salary: ");
string? salary = ReadLine();
DateTime date = DateTime.Parse(dob);
int minutes = (int)DateTime.Today.Subtract(date).TotalMinutes;
decimal earns = decimal.Parse(salary);
WriteLine(
  "{0} was born on a {1:dddd}, is {2:N0} minutes old, and earns {3:C}",
  name, date, minutes, earns);
```

이 프로그램을 실행하면 현재 OS의 문화권을 사용하도록 자동 설정된다. 대한민국에서 실행된다면 한국어(대한민국)로 설정될 것이다.

사용자는 다른 ISO 코드를 프로그램에 입력할 수 있다. 이 기능은 런타임에 기본 문화권을 변경한다.

프로그램은 요일 표시를 위해 표준 형식 코드 dddd를 사용하고 분 단위를 천 자리씩 나눠서 표시하기 위해 N0을 사용한다. 수입salary은 환율 코드 C로 나타낸다. 이들은 현재 culture에 따라 자동 적용된다.

5. 프로그램을 실행하고 출력 결과를 보자. ISO 코드로 en-GB를 입력하고 데이터를 추가로 입력해서 결과를 확인하자.

```
Enter an ISO culture code: en-GB

Enter your name: Alice
Enter your date of birth: 30/3/1967
Enter your salary: 23500
Alice was born on a Thursday, is 28,833,120 minutes old, and earns
£23,500.00
```

 en-GB 대신에 en-US를 입력했다면 날짜를 입력할 때 월/일/년 형식을 사용한다.

6. 프로그램을 다시 실행하고 다른 ISO 코드를 입력해 보자. 여기서는 da-DK를 입력했다.

```
Enter an ISO culture code: da-DK
Enter your name: Mikkel
Enter your date of birth: 12/3/1980
Enter your salary: 340000
Mikkel was born on a onsdag, is 18.656.640 minutes old, and earns
340.000,00 kr.
```

 이 예에서는 날짜와 급여만 덴마크어로 적용됐고 나머지 텍스트는 영어로 하드코딩됐다. 이 책에는 다른 언어로 텍스트를 번역하는 방법은 포함돼 있지 않다.

 좋은 습관: 코딩을 시작하기 전에 프로그램에 국제화가 필요한지 먼저 생각해 보자. 현지화가 필요하다면 UI의 모든 텍스트들을 기록해 두자. 세계화에 필요한 모든 데이터(날짜 형식, 숫자 형식, 텍스트 정렬)에 대해서도 생각해 보자.

∷ 연습 및 탐구

몇 개의 질문에 답해 보면서 8장에서 배운 내용을 얼마나 이해하고 있는지 확인하고 더 공부할 내용도 살펴보자.

연습 8.1 - 복습

웹 검색을 활용해 다음 질문에 답해 보자.

1. string에 저장 가능한 최대 문자 수는 얼마인가?

2. SecureString은 언제, 무엇 때문에 사용하는가?

3. StringBuilder의 사용이 적합한 경우는 언제인가?

4. LinkedList<T>는 언제 사용하는 것이 좋은가?

5. SortedList<T>보다 SortedDictionary<T>를 사용해야 할 때는 언제인가?

6. Welsh의 ISO 컬처 코드는 무엇인가?

7. 현지화, 세계화, 국제화의 차이점은 무엇인가?

8. 정규 표현식에서 $는 무엇을 의미하는가?

9. 정규 표현식에서 숫자는 어떻게 표현할 수 있는가?

10. 사용자의 이메일 주소 유효성을 검증하기 위해 표준 이메일 주소에 대한 정규 표현식을 사용하면 안 되는 이유는 무엇인가?

연습 8.2 - 정규 표현식 연습

사용자로부터 정규 표현식을 입력받은 다음, Esc를 누를 때까지 입력 내용이 정규 표현식과 일치하는지 여부를 비교하는 콘솔 애플리케이션을 Chapter08 솔루션/작업 영역에 만들어 보자. 다음의 예시를 참고한다.

```
기본(default) 정규 표현식은 숫자가 최소 1개 있는지 확인한다.
정규 표현식 입력(Enter를 누르면 기본 정규 표현식 사용): ^[a-z]+$
내용 입력: apples
apple은 정규 표현식 ^[a-z]+$?에 매칭: True
ESC나 다른 키를 눌러 다시 시작
정규 표현식 입력(Enter를 누르면 기본 정규 표현식 사용): ^[a-z]+$
내용 입력: abc123xyz
abc123xyz은 정규 표현식 ^[a-z]+$?에 매칭: False
ESC나 다른 키를 눌러 다시 시작.
```

연습 8.3 - 확장 메서드 연습

Chapter08 솔루션/작업 영역에 Exercise03이라는 클래스 라이브러리를 만든다. 이 라이브러리에 BigInteger 및 int와 같은 숫자 형식에 대한 설명을 문자열로 반환하는 ToWords라는 확장 메서드를 만들어 보자. 예를 들어, 18,000,000은 1,800만이고 18,456,002,032,011,000,007은 18경, 456경, 2조, 32억, 1100만, 7이다.

다음 링크에서 큰 숫자의 이름에 대해 알아볼 수 있다.

https://en.wikipedia.org/wiki/Names_of_large_numbers

연습 8.4 탐구

8장에서 다룬 주제에 관한 글을 다음 링크에서 좀 더 읽어 보자.

https://github.com/markjprice/cs10dotnet6/blob/main/book-links.md#chapter-8-
--working-with-common-net-types

⁝⁚ 마무리

8장에서는 숫자, 날짜 및 시간, 정규 표현식을 포함한 텍스트를 저장하고 조작하는 형식과 여러 형식을 저장하는 데 사용하는 컬렉션에 대해 알아봤다. 인덱스, 범위, 영역 및 리플렉션, 특성을 다루는 방법을 살펴봤고 마이크로소프트가 제안하는 서드파티 라이브러리를 활용한 이미지 조작 방법과 코드에 국제화를 적용하는 방법을 알아봤다.

9장에서는 파일과 스트림, 텍스트 인코드와 디코드, 직렬화에 대해 알아본다.

코드 저장소

다음 깃허브 저장소에서 단계별 안내 및 연습에 대한 솔루션을 다운로드할 수 있다.

https://github.com/markjprice/cs10dotnet6

Discord 채널 참여

이 책의 Discord 채널에서 저자가 함께하는 Ask me Anything 세션에 참여할 수 있다.

https://packt.link/SAcsharp10dotnet6

09

파일, 스트림, 직렬화 사용하기

9장은 파일, 스트림을 읽고 쓰는 방법, 텍스트 인코딩, 직렬화에 관해 배운다.

9장에서는 다음 내용을 다룬다.

- 파일 시스템 다루기

- 스트림 읽고 쓰기

- 텍스트 인코딩, 디코딩

- 객체 그래프 직렬화

- JSON 다루기

파일 시스템 다루기

크로스 플랫폼 환경에서 파일과 디렉터리를 읽고 쓰는 것은 프로그램 개발 시에 가장 흔한 작업들이다. System 및 System.IO 네임스페이스는 이런 작업을 처리할 때 필요한 클래스들을 포함하고 있다.

크로스 플랫폼 환경과 파일 시스템 다루기

윈도우, 리눅스, 맥OS 간의 크로스 플랫폼 환경을 다루는 방법을 살펴보자. 경로는 OS에 따라 다르므로 .NET이 어떻게 경로를 다루는지 먼저 알아본다.

1. 선호하는 코드 편집기를 사용해서 Chapter09라는 이름의 새 솔루션/작업 영역을 만든다.

2. 콘솔 애플리케이션을 추가하고 다음 항목을 정의한다.

    A. 프로젝트 템플릿: **콘솔 애플리케이션**/console

    B. 작업 영역/솔루션 파일과 폴더: Chapter09

    C. 프로젝트 파일과 폴더: WorkingWithFileSystems

3. Program.cs 파일에 System.Console, System.IO.Directory, System.Environment, System.IO.Path 형식을 정적으로 가져오는 코드를 다음과 같이 작성한다.

```
using static System.Console;
using static System.IO.Directory;
using static System.IO.Path;
using static System.Environment;
```

4. Program.cs 파일에 다음 작업을 처리하는 OutputFileSystemInfo 메서드를 생성한다.

    - 경로와 디렉터리 구분 문자를 출력한다.

    - 현재 디렉터리의 경로를 출력한다.

- 시스템 파일, 임시 파일, 문서에 대한 특수 경로를 출력한다.

```
static void OutputFileSystemInfo()
{
  WriteLine("{0,-33} {1}", arg0: "Path.PathSeparator",
    arg1: PathSeparator);
  WriteLine("{0,-33} {1}", arg0: "Path.DirectorySeparatorChar",
    arg1: DirectorySeparatorChar);
  WriteLine("{0,-33} {1}", arg0: "Directory.GetCurrentDirectory()",
    arg1: GetCurrentDirectory());
  WriteLine("{0,-33} {1}", arg0: "Environment.CurrentDirectory",
    arg1: CurrentDirectory);
  WriteLine("{0,-33} {1}", arg0: "Environment.SystemDirectory",
    arg1: SystemDirectory);
  WriteLine("{0,-33} {1}", arg0: "Path.GetTempPath()",
    arg1: GetTempPath());
  WriteLine("GetFolderPath(SpecialFolder");
  WriteLine("{0,-33} {1}", arg0: " .System)",
    arg1: GetFolderPath(SpecialFolder.System));
  WriteLine("{0,-33} {1}", arg0: " .ApplicationData)",
    arg1: GetFolderPath(SpecialFolder.ApplicationData));
  WriteLine("{0,-33} {1}", arg0: " .MyDocuments)",
    arg1: GetFolderPath(SpecialFolder.MyDocuments));
  WriteLine("{0,-33} {1}", arg0: " .Personal)",
    arg1: GetFolderPath(SpecialFolder.Personal));
}
```

 Environment 형식에는 GetEnvironmentVariables 메서드, OSVersion 및 ProcessorCount 속성을 포함해 예제 코드에서 사용하지 않는 다른 많은 유용한 멤버가 들어 있다.

5. Program.cs에 위의 함수 OutputFileSystemInfo 메서드를 출력하는 코드를 추가한다.

```
OutputFileSystemInfo();
```

6. 애플리케이션을 실행하고 그림 9.1과 같은 출력 결과를 확인한다.

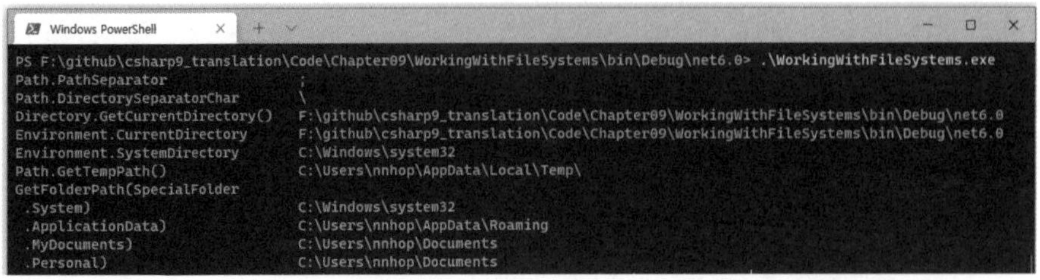

그림 9.1 윈도우의 파일 시스템 정보를 출력하는 애플리케이션 실행 결과

> 📝 비주얼 스튜디오 코드에서 dotnet run으로 콘솔 애플리케이션을 실행하면
> CurrentDirectory는 bin 내부의 폴더가 아니라 프로젝트 폴더가 된다.

> 💡 **좋은 습관:** 윈도우는 디렉터리 구분 문자로 \(백슬래시)를 사용하고 맥OS 및 리눅스
> 는 /(포워드슬래시)를 사용한다. 그러므로 경로를 결합할 때 OS에 따라 다른 구분 문
> 자가 사용된다는 것을 알고 있어야 한다.

드라이브 다루기

드라이브를 다룰 때는 컴퓨터의 모든 드라이브에 대한 정보를 반환하는 정적 메서드를
갖고 있는 DriveInfo 형식을 사용한다. 반환된 각 드라이브는 drive 형식을 갖고 있다.

1. 드라이브가 준비돼 사용 가능한 상태인 모든 드라이브를 가져와서 이름, 유형, 여유
   공간, 포맷 방식, 사용 가능 여부에 대한 정보를 출력하는 WorkWithDrives 메서드를
   다음과 같이 작성한다.

```
static void WorkWithDrives()
{
  WriteLine("{0,-30} | {1,-10} | {2,-7} | {3,18} | {4,18}",
    "NAME", "TYPE", "FORMAT", "SIZE (BYTES)", "FREE SPACE");
  foreach (DriveInfo drive in DriveInfo.GetDrives())
```

```
    {
      if (drive.IsReady)
      {
        WriteLine(
          "{0,-30} | {1,-10} | {2,-7} | {3,18:N0} | {4,18:N0}",
          drive.Name, drive.DriveType, drive.DriveFormat,
          drive.TotalSize, drive.AvailableFreeSpace);
      }
      else
      {
        WriteLine("{0,-30} | {1,-10}", drive.Name, drive.DriveType);
      }
    }
}
```

 좋은 습관: TotalSize 같은 속성을 사용하기 전에 드라이브가 사용 가능한지 먼저 확인하는 것이 좋다. 그렇지 않으면 이동식 드라이브 같은 경우 예외가 발생한다.

2. Program.cs에서 이전 메서드 호출을 주석 처리한 뒤, 다음과 같이 WorkWithDrives 호출 코드를 추가한다.

```
// OutputFileSystemInfo();
WorkWithDrives();
```

3. 애플리케이션을 실행하고 그림 9.2와 같은 출력 결과를 확인한다.

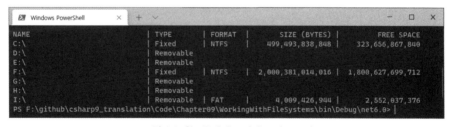

그림 9.2 윈도우에서 드라이브 정보 표시

디렉터리 다루기

디렉터리를 관리하려면 Directory, Path, Environment 정적 클래스를 사용한다. 이러한 형식에는 파일 시스템 작업을 위한 많은 멤버가 포함돼 있다.

디렉터리 구분 문자는 플랫폼에 따라 다르므로 사용자 지정 경로를 다룰 때는 특히 주의해야 한다.

1. WorkWithDirectories 메서드를 만들고 다음과 같은 코드를 작성한다.

- 디렉터리 이름에 대한 문자열 배열을 만든 다음 Path 형식의 Combine 메서드를 적절히 결합해 사용자의 홈 디렉터리 아래에 사용자 지정 경로를 정의한다.

- Directory 클래스의 Exists 메서드를 사용해 사용자 지정 경로가 존재하는지 확인한다.

- Directory 클래스의 CreateDirectory 및 Delete 메서드를 사용해 파일과 하위 디렉터리를 포함하는 디렉터리를 생성한 다음 삭제한다.

```
static void WorkWithDirectories()
{
  // 사용자 폴더에서 시작하는
  // 새 폴더의 디렉터리 경로 지정
  string newFolder = Combine(
    GetFolderPath(SpecialFolder.Personal),
    "Code", "Chapter09", "NewFolder");
  WriteLine($"Working with: {newFolder}");
  // 생성한 폴더가 존재하는지 확인
  WriteLine($"Does it exist? {Exists(newFolder)}");
  // 디렉터리 생성
  WriteLine("Creating it...");
  CreateDirectory(newFolder);
  WriteLine($"Does it exist? {Exists(newFolder)}");
  Write("Confirm the directory exists, and then press ENTER: ");
  ReadLine();
  // 디렉터리 삭제
  WriteLine("Deleting it...");
  Delete(newFolder, recursive: true);
```

```
    WriteLine($"Does it exist? {Exists(newFolder)}");
}
```

2. `Program.cs` 파일에서 이전 함수 호출을 주석 처리하고 `WorkingWithDirectories` 함수 호출을 추가한다.

3. 애플리케이션을 실행하고 출력 결과를 확인한다. 엔터 키를 눌러 디렉터리를 삭제하기 전에 제대로 생성이 됐는지 확인한다.

```
Working with: C:\Users\nnhop\Documents\Code\Chapter09\NewFolder
Does it exist? False
Creating it...
Does it exist? True
Confirm the directory exists, and then press ENTER:
Deleting it...
Does it exist? False
```

파일 다루기

앞에서 디렉터리 형식을 가져온 것처럼 파일을 다룰 때는 파일 형식을 가져와야 한다. 하지만 이번 예제에서는 이렇게 하지 않는데 일부 메서드 이름이 디렉터리 형식의 메서드 이름과 동일해 충돌을 일으키기 때문이다. 다행히 파일 형식은 이름이 짧기 때문에 입력하는 데 큰 문제가 없다.

1. `WorkWithFiles` 메서드를 만들고 다음과 같은 코드를 작성한다.

   A. 파일이 존재하는지 확인한다.

   B. 텍스트 파일을 생성한다.

   C. 파일 안에 한 줄을 입력한다.

   D. 파일을 닫고 시스템 리소스와 파일 잠금을 해제한다(이 작업은 예외가 발생하더라도 파일을 닫을 수 있도록 보통 try finally 블록 내에서 처리한다).

E.   파일을 백업하려고 복사한다.

F.   원본 파일을 삭제한다.

G.   백업 파일의 내용을 읽고 파일을 닫는다.

```
static void WorkWithFiles()
{
  // 사용자 폴더에 새 디렉터리 경로 지정
  string dir = Combine(
    GetFolderPath(SpecialFolder.Personal),
    "Code", "Chapter09", "OutputFiles");
  CreateDirectory(dir);
  // 파일 경로 지정
  string textFile = Combine(dir, "Dummy.txt");
  string backupFile = Combine(dir, "Dummy.bak");
  WriteLine($"Working with: {textFile}");
  // 파일이 존재하는지 확인
  WriteLine($"Does it exist? {File.Exists(textFile)}");
  // 파일을 생성하고 파일 안에 한 줄을 입력한다.
  StreamWriter textWriter = File.CreateText(textFile);
  textWriter.WriteLine("Hello, C#!");
  textWriter.Close(); // 파일을 닫고 리소스를 반환한다.
  WriteLine($"Does it exist? {File.Exists(textFile)}");
  // 파일을 복사한다. 이미 존재한다면 덮어쓴다.
  File.Copy(sourceFileName: textFile,
    destFileName: backupFile, overwrite: true);
  WriteLine(
    $"Does {backupFile} exist? {File.Exists(backupFile)}");
  Write("Confirm the files exist, and then press ENTER: ");
  ReadLine();
  // 파일을 삭제한다.
  File.Delete(textFile);
  WriteLine($"Does it exist? {File.Exists(textFile)}");
  // 백업한 파일에서 텍스트 읽기
  WriteLine($"Reading contents of {backupFile}:");
  StreamReader textReader = File.OpenText(backupFile);
  WriteLine(textReader.ReadToEnd());
  textReader.Close();
}
```

2. Program.cs에서 이전 함수 호출을 주석 처리하고 WorkWithFiles 호출을 추가한다.

3. 애플리케이션을 실행하고 출력 결과를 확인한다.

```
Working with: C:\Users\nnhop\Documents\Code\Chapter09\OutputFiles\Dummy.
txt
Does it exist? False
Does it exist? True
Does C:\Users\nnhop\Documents\Code\Chapter09\OutputFiles\Dummy.bak
exist? True
Confirm the files exist, and then press ENTER:
Does it exist? False
Reading contents of C:\Users\nnhop\Documents\Code\Chapter09\OutputFiles\
Dummy.bak:
Hello, C#!
```

경로 다루기

폴더 이름이나 파일 이름, 확장자 이름을 구할 때처럼 경로path를 다뤄야 하는 작업들이 있다. 때로는 임시 폴더나 파일 이름을 생성해야 할 때도 있다. 이런 작업들은 Path 클래스의 정적 메서드를 사용해서 처리할 수 있다.

1. WorkWithFiles 메서드 끝에 다음 코드를 작성한다.

```
// 경로 다루기
WriteLine($"Folder Name: {GetDirectoryName(textFile)}");
WriteLine($"File Name: {GetFileName(textFile)}");
WriteLine("File Name without Extension: {0}",
  GetFileNameWithoutExtension(textFile));
WriteLine($"File Extension: {GetExtension(textFile)}");
WriteLine($"Random File Name: {GetRandomFileName()}");
WriteLine($"Temporary File Name: {GetTempFileName()}");
```

2. 애플리케이션을 실행하고 출력 결과를 확인한다.

```
Folder Name: C:\Users\nnhop\Documents\Code\Chapter09\OutputFiles
File Name: Dummy.txt
File Name without Extension: Dummy
File Extension: .txt
Random File Name: bpoidzbm.nwu
Temporary File Name: C:\Users\nnhop\AppData\Local\Temp\tmpFA91.tmp
```

GetTempFileName 메서드는 크기가 0바이트인 비어 있는 파일을 생성하고 그 이름을
반환한다. GetRandomFileName 메서드는 파일 이름만 반환할 뿐 실제로 파일을 생성
하지 않는다.

파일의 정보 얻기

파일 크기나 마지막으로 읽은 시간처럼 파일이나 디렉터리에 관한 추가 정보를 얻으려
면 FileInfo나 DirectoryInfo 클래스의 인스턴스를 생성한다.

FileInfo와 DirectoryInfo는 모두 FileSystemInfo에서 파생되므로 둘 다 LastAccessTime
과 Delete 멤버를 갖고 있으며, 다음 표와 같은 추가 멤버를 각각 갖고 있다.

클래스	멤버
FileSystemInfo	필드: FullPath, OriginalPath
	속성: Attributes, CreationTime, CreationTimeUtc, Exists, Extension, FullName, LastAccessTime, LastAccessTimeUtc, LastWriteTime, LastWriteTimeUtc, Name
	메서드: Delete, GetObjectData, Refresh
DirectoryInfo	속성: Parent, Root
	메서드: Create, CreateSubdirectory, EnumerateDirectories, EnumerateFiles, EnumerateFileSystemInfos, GetAccessControl, GetDirectories, GetFiles, GetFileSystemInfos, MoveTo, SetAccessControl
FileInfo	속성: Directory, DirectoryName, IsReadOnly, Length
	메서드: AppendText, CopyTo, Create, CreateText, Decrypt, Encrypt, GetAccessControl, MoveTo, Open, OpenRead, OpenText, OpenWrite, Replace, SetAccessControl

FileInfo 인스턴스를 활용해 파일에 여러 가지 작업을 효율적으로 수행하는 코드를 작성해 보자.

1. WorkWithFiles 메서드의 끝에 백업용 파일에 대한 FileInfo 인스턴스를 만들고 그 정보를 콘솔에 출력한다.

```
FileInfo info = new(backupFile);
WriteLine($"{backupFile}:");
WriteLine($"Contains {info.Length} bytes");
WriteLine($"Last accessed {info.LastAccessTime}");
WriteLine($"Has readonly set to {info.IsReadOnly}");
```

2. 애플리케이션을 실행하고 출력 결과를 확인한다.

```
C:\Users\nnhop\Documents\Code\Chapter09\OutputFiles\Dummy.bak:
Contains 12 bytes
Last accessed 2022-01-28 오후 6:52:58
Has readonly set to False
```

OS에 따라 줄의 끝 처리가 다르므로 파일의 바이트 크기는 OS마다 다를 수 있다.

파일 작업 방식 제어하기

파일을 다룰 때는 파일을 여는 방법을 제어해야 하는 경우가 많다. File.Open 메서드는 enum 값을 사용해 추가 옵션을 지정할 수 있다.

enum 값은 다음과 같다.

- FileMode: CreateNew, OpenOrCreate, Truncate처럼 파일로 어떤 작업을 할지 제어한다.

- FileAccess: ReadWrite처럼 필요한 엑세스 수준을 제어한다.

- FileShare: 다른 프로세스가 Read와 같은 지정된 액세스 수준을 허용하도록 파일에 대한 잠금을 제어한다.

다음 코드처럼 파일을 열어서 읽고 다른 프로세스도 이 파일을 읽도록 허용할 수 있다.

```
FileStream file = File.Open(pathToFile,
  FileMode.Open, FileAccess.Read, FileShare.Read);
```

파일 속성에 대한 enum 값도 있다.

- FileAttributes: Archive 및 Encrypted와 같이 FileSystemInfo 파생 형식의 Attributes 속성을 확인한다.

파일이나 디렉터리의 속성은 다음 코드처럼 확인할 수 있다.

```
FileInfo info = new(backupFile);
WriteLine("Is the backup file compressed? {0}",
  info.Attributes.HasFlag(FileAttributes.Compressed));
```

⁂ 스트림으로 읽고 쓰기

스트림^{stream}은 읽고 쓸 수 있는 연속된 바이트를 의미한다. 파일은 파일 내의 바이트 위치를 통해 임의 접근을 할 수 있어 배열처럼 처리할 수도 있지만, 순차적으로 접근할 수 있는 스트림으로 파일을 처리하는 것이 유용한 경우도 있다.

스트림은 임의의 액세스를 제공하지 않아 위치를 찾거나 이동할 수 없는 소켓이나 포트와 같은 터미널 입/출력과 네트워킹 리소스를 처리하는 데 사용할 수 있다. 임의의 바이트가 어디에서 왔는지 알 필요없이 임의의 바이트를 처리하는 코드를 작성할 수 있다. 코드는 단순히 스트림을 읽거나 쓰기만 하고, 바이트가 실제로 저장되는 위치는 다른 코드가 처리한다.

스트림의 추상화, 구체화 이해하기

모든 유형의 스트림을 나타내는 Stream이라는 이름의 abstract 클래스가 있다. abstract 클래스는 new를 사용해 인스턴스를 만들 수 없고 상속만 가능하다는 것을 기억하자.

이 기본 클래스를 상속하는 많은 구체화 클래스가 있다. FileStream, MemoryStream, BufferedStream, GZipStream, SslStream은 모두 같은 방식으로 동작한다. 모든 스트림은 IDisposable을 구현하므로 관리되지 않는 리소스를 해제하는 Dispose 메서드가 있다.

Stream 클래스의 대표적인 멤버를 다음 표에 정리했다.

멤버	설명
CanRead, CanWrite	스트림을 읽고 쓸 수 있는지 결정한다.
Length, Position	스트림의 총 바이트 수와 스트림 내의 현재 위치를 결정한다. 일부 형식의 스트림에서 예외를 던질 수 있다.
Dispose()	스트림을 닫고 리소스를 해제한다.
Flush()	스트림에 버퍼가 있으면 버퍼를 비우고 버퍼 내용을 스트림에 쓴다.
CanSeek	Seek 메서드를 사용할 수 있는지 확인한다.
Seek()	현재 위치를 매개 변수에 지정된 위치로 이동한다.
Read(), ReadAsync()	지정한 바이트 수만큼 스트림에서 바이트 배열로 읽고 위치를 앞으로 이동한다.
ReadByte()	스트림에서 다음 바이트를 읽고 위치를 앞으로 이동한다.
Write(), WriteAsync()	바이트 배열의 내용을 스트림에 쓴다.
WriteByte()	스트림에 바이트를 쓴다.

스토리지 스트림

바이트가 저장될 위치를 나타내는 스토리지 스트림의 일부를 다음 표에 정리했다.

네임스페이스	클래스	설명
System.IO	FileStream	파일 시스템에 바이트가 저장된다.
System.IO	MemoryStream	현재 프로세스의 메모리에 바이트가 저장된다.
System.Net.Sockets	NetworkStream	네트워크 위치에 바이트가 저장된다.

FileStream은 윈도우에서 훨씬 더 높은 성능과 안정성을 갖추도록 .NET 6에서 개선됐다.

function 스트림

function 스트림은 스스로 존재할 수 없고 기능 추가를 위해 다른 스트림에 연결하는 용도로만 사용할 수 있다.

네임스페이스	클래스	설명
System.Security.Cryptography	CryptoStream	스트림을 암호화, 복호화한다.
System.IO.Compression	GZipStream, DeflateStream	스트림을 압축하고 해제한다.
System.Net.Security	AuthenticatedStream	스트림을 통해 자격 증명을 전송한다.

스트림 도우미

때로는 저수준에서 스트림으로 작업해야 하는 경우도 있지만, 대부분은 도우미(helper) 클래스를 체인에 연결해 보다 쉽게 작업할 수 있다. 모든 스트림 도우미 형식은 IDisposable을 구현하므로 관리되지 않는 리소스를 해제하기 위한 Dispose 메서드를 갖고 있다.

많이 사용되는 몇 개의 도우미 클래스는 다음과 같다.

네임스페이스	클래스	설명
Sytem.IO	StreamReader	스트림을 텍스트로 읽는다.
Sytem.IO	StreamWriter	스트림에 텍스트를 쓴다.
Sytem.IO	BinaryReader	스트림을 .NET 형식으로 읽는다. 예를 들어, ReadDecimal 메서드는 스트림에서 다음 16바이트를 decimal값으로 읽고 ReadInt32 메서드는 다음 4바이트를 int 값으로 읽는다.
Sytem.IO	BinaryWriter	스트림에 .NET 형식을 쓴다. 예를 들어, decimal 매개 변수가 있는 Write 메서드는 스트림에 16바이트를 쓰고 int 매개 변수가 있는 Write 메서드는 4바이트를 쓴다.
System.Xml	XmlReader	스트림에서 XML을 읽는다.
System.Xml	XmlWriter	스트림에 XML을 쓴다.

텍스트 스트림에 쓰기

스트림에 텍스트를 쓰는 코드를 작성해 보자.

1. 선호하는 코드 편집기를 사용해서 Chapter09라는 이름의 새 솔루션/작업 영역에 WorkingWithStreams라는 새로운 이름의 콘솔 앱을 만든다.

   A. 비주얼 스튜디오에서는 현재 선택 영역을 솔루션의 시작 프로젝트로 설정한다.

   B. 비주얼 스튜디오 코드에서는 WorkingWithStreams를 활성 OmniSharp 프로젝트로 설정한다.

2. WorkingWithStreams 프로젝트의 Program.cs에 System.Xml 네임스페이스를 가져오고 System.Console, System.Environment, System.IO.Path 형식을 정적으로 가져온다.

3. Program.cs 파일 아래에 CallSigns라는 이름의 정적 strings 배열을 멤버로 갖는 Viper 정적 클래스를 정의한다.

```
static class Viper
{
  // 문자열 배열 정의
  public static string[] Callsigns = new[]
  {
    "Husker", "Starbuck", "Apollo", "Boomer",
    "Bulldog", "Athena", "Helo", "Racetrack"
  };
}
```

4. Viper 클래스 위에 문자열 배열을 열거하고 텍스트 파일에 한 줄씩 쓰는 WorkWithText 메서드를 정의한다.

```
static void WorkWithText()
{
  // 쓰기 대상 파일 정의
  string textFile = Combine(CurrentDirectory, "streams.txt");
  // 텍스트 파일을 생성하고 헬퍼 writer를 반환한다.
  StreamWriter text = File.CreateText(textFile);
```

```
    // 문자열을 열거하고 스트림에 한 줄씩 쓴다.
    foreach (string item in Viper.Callsigns)
    {
      text.WriteLine(item);
    }
    text.Close(); // 리소스 반환
    // 파일의 내용을 출력한다.
    WriteLine("{0} contains {1:N0} bytes.",
      arg0: textFile,
      arg1: new FileInfo(textFile).Length);
    WriteLine(File.ReadAllText(textFile));
  }
```

5. 네임스페이스를 가져오는 코드 아래에 WorkWithText 메서드를 호출한다.

6. 애플리케이션을 실행하고 출력 결과를 확인한다.

```
Chapter09\WorkingWithStreams\streams.txt contains 68 bytes.
Husker
Starbuck
Apollo
Boomer
Bulldog
Athena
Helo
Racetrack
```

7. 생성된 파일을 열고 모든 문자열이 포함돼 있는지 확인한다.

XML 스트림에 쓰기

스트림에 XML을 쓰는 방법은 다음 두 가지가 있다

- WriteStartElement와 WriteEndElement: 자식 요소가 있는 경우 이 두 가지를 사용
  한다.

- WriteElementString: 자식 요소가 없는 경우 이 메서드를 사용한다.

XML 파일에 문자열 배열을 저장하는 코드를 작성해 보자.

1. 문자열 배열을 열거하고 각 요소를 XML 파일에 쓰는 WorkWithXML 메서드를 생성한다.

```
static void WorkWithXml()
{
  // 대상 파일 정의
  string xmlFile = Combine(CurrentDirectory, "streams.xml");
  // 파일 스트림 생성
  FileStream xmlFileStream = File.Create(xmlFile);
  // XML writer 헬퍼에서 파일 스트림을 래핑하고
  // 중첩 요소를 자동으로 들여쓴다.
  XmlWriter xml = XmlWriter.Create(xmlFileStream,
    new XmlWriterSettings { Indent = true });
  // 파일에 XML 선언부를 쓴다.
  xml.WriteStartDocument();
  // root 엘리먼트를 쓴다.
  xml.WriteStartElement("callsigns");
  // string 배열의 각 항목을 스트림에 쓴다.
  foreach (string item in Viper.Callsigns)
  {
    xml.WriteElementString("callsign", item);
  }
  // root 엘리먼트를 닫는다.
  xml.WriteEndElement();
  // 헬퍼와 스트림을 닫는다.
  xml.Close();
  xmlFileStream.Close();
  // 파일의 모든 내용을 출력한다.
  WriteLine("{0} contains {1:N0} bytes.",
    arg0: xmlFile,
    arg1: new FileInfo(xmlFile).Length);
  WriteLine(File.ReadAllText(xmlFile));
}
```

2. Program.cs 파일에서 이전 함수 호출을 주석 처리하고 WorkWithXml 메서드 호출을 추가한다.

3. 애플리케이션을 실행하고 출력 결과를 확인한다.

```
Chapter09\WorkingWithStreams\streams.xml contains 320 bytes.
<?xml version="1.0" encoding="utf-8"?>
<callsigns>
  <callsign>Husker</callsign>
  <callsign>Starbuck</callsign>
  <callsign>Apollo</callsign>
  <callsign>Boomer</callsign>
  <callsign>Bulldog</callsign>
  <callsign>Athena</callsign>
  <callsign>Helo</callsign>
  <callsign>Racetrack</callsign>
</callsigns>
```

파일 리소스 정리하기

파일을 읽거나 쓸 때는 .NET 외부의 리소스를 사용한다. 이러한 리소스를 **관리되지 않은 리소스**unmanaged resource라고 하며 작업을 마친 후에는 정리하는 과정이 필요하다. 정리를 확실히 하기 위해 보통 finally 블록에서 Dispose 메서드를 호출한다.

관리되지 않은 리소스를 올바로 처리하도록 조금 전 XML을 다뤘던 코드를 개선해 보자.

1. WorkWithXML 메서드를 다음과 같이 수정한다.

```
static void WorkWithXml()
{
  FileStream? xmlFileStream = null;
  XmlWriter? xml = null;
  try
  {
    // 대상 파일 정의
    string xmlFile = Combine(CurrentDirectory, "streams.xml");
    // 파일 스트림 생성
    xmlFileStream = File.Create(xmlFile);
    // XML writer 헬퍼에서 파일 스트림을 래핑하고
    // 중첩 요소를 자동으로 들여쓴다.
```

536

```csharp
xml = XmlWriter.Create(xmlFileStream,
    new XmlWriterSettings { Indent = true });

// 파일에 XML 선언부를 쓴다.
xml.WriteStartDocument();

// root 엘리먼트를 쓴다.
xml.WriteStartElement("callsigns");

// string 배열의 각 항목을 스트림에 쓴다.
foreach (string item in Viper.Callsigns)
{
    xml.WriteElementString("callsign", item);
}

// root 엘리먼트를 닫는다.
xml.WriteEndElement();

// 헬퍼와 스트림을 닫는다.
xml.Close();
xmlFileStream.Close();

// 파일의 모든 내용을 출력한다.
WriteLine("{0} contains {1:N0} bytes.",
    arg0: xmlFile,
    arg1: new FileInfo(xmlFile).Length);
WriteLine(File.ReadAllText(xmlFile));
}
catch (Exception ex)
{
    // 경로가 존재하지 않는 경우 예외를 처리한다.
    WriteLine($"{ex.GetType()} says {ex.Message}");
}
finally
{
    if (xml != null)
    {
        xml.Dispose();
        WriteLine("The XML writer's unmanaged resources have been
disposed.");
        if (xmlFileStream != null)
        {
            xmlFileStream.Dispose();
            WriteLine("The file stream's unmanaged resources have been
disposed.");
        }
    }
}
}
```

이전에 작성한 다른 코드에도 이러한 방식을 적용할 수 있다. 추가적인 연습은 여러 분의 몫으로 남겨 두겠다.

2. 애플리케이션을 실행하고 출력 결과를 확인한다.

```
The XML writer's unmanaged resources have been disposed.
The file stream's unmanaged resources have been disposed.
```

 좋은 습관: Dispose 메서드를 호출하기 전에 객체가 null이 아닌지 확인하자.

using 문을 사용해서 dispose 단순화하기

using 문을 사용하면 객체가 null이 아닌지 확인한 다음, Dispose 메서드를 호출하는 코드를 단순화할 수 있다. 더 높은 수준의 제어가 필요하지 않다면 수동으로 Dispose를 호출하는 대신 using을 사용하는 것이 좋다.

using 키워드는 두 가지 용도로 쓰인다. 하나는 네임스페이스를 가져오기 위해서고 다른 하나는 IDisposable을 구현한 객체에서 Dispose를 호출하는 finally 구문을 생성하기 위해서다.

컴파일러는 using 블록을 catch가 없는 try finally 구문으로 변경한다. 중첩된 try 문을 사용할 수 있기 때문에 다음 코드처럼 예외를 처리할 수 있다.

```
using (FileStream file2 = File.OpenWrite(
  Path.Combine(path, "file2.txt")))
{
  using (StreamWriter writer2 = new StreamWriter(file2))
  {
    try
    {
      writer2.WriteLine("Welcome, .NET!");
    }
    catch(Exception ex)
```

```
    {
      WriteLine($"{ex.GetType()} says {ex.Message}");
    }
  } // 객체가 null이 아니면 자동으로 Dispose를 호출한다.
} // 객체가 null이 아니면 자동으로 Dispose를 호출한다.
```

다음 코드처럼 using 문에 대해 중괄호와 들여쓰기를 의도적으로 하지 않음으로써 코드를 더 단순하게 작성할 수 있다.

```
using FileStream file2 = File.OpenWrite(
  Path.Combine(path, "file2.txt"));
using StreamWriter writer2 = new(file2);
try
{
  writer2.WriteLine("Welcome, .NET!");
}
catch(Exception ex)
{
  WriteLine($"{ex.GetType()} says {ex.Message}");
}
```

스트림 압축하기

XML은 일반 텍스트plain text에 비해 상대적으로 장황하기 때문에 더 많은 바이트를 사용한다. GZIP 압축 알고리듬을 사용하면 XML 크기를 줄일 수 있다.

1. Program.cs 파일 위에 압축 작업에 필요한 네임스페이스를 가져온다.

   ```
   using System.IO.Compression; // BrotliStream, GZipStream,
   CompressionMode
   ```

2. 다음과 같이 GZipStream의 인스턴스를 사용해 앞의 예제와 동일한 XML 요소가 포함된 압축 파일을 생성한 뒤, 내용을 읽고 콘솔에 출력할 때 압축을 푸는 WorkWith Compression 메서드를 작성한다.

```csharp
static void WorkWithCompression()
{
  string fileExt = "gzip";
  // XML 출력 압축
  string filePath = Combine(
    CurrentDirectory, $"streams.{fileExt}");
  FileStream file = File.Create(filePath);
  Stream compressor = new GZipStream(file, CompressionMode.Compress);
  using (compressor)
  {
    using (XmlWriter xml = XmlWriter.Create(compressor))
    {
      xml.WriteStartDocument();
      xml.WriteStartElement("callsigns");
      foreach (string item in Viper.Callsigns)
      {
        xml.WriteElementString("callsign", item);
      }
      // XmlWriter가 정리될 때 모든 깊이의 xml 요소를 자동 종료하므로
      // WriteEndElement 호출은 불필요
    }
  } // 스트림을 닫기
  // 압축 파일의 내용 출력
  WriteLine("{0} contains {1:N0} bytes.",
    filePath, new FileInfo(filePath).Length);
  WriteLine($"The compressed contents:");
  WriteLine(File.ReadAllText(filePath));
  // 압축 파일 읽기
  WriteLine("Reading the compressed XML file:");
  file = File.Open(filePath, FileMode.Open);
  Stream decompressor = new GZipStream(file,
    CompressionMode.Decompress);
  using (decompressor)
  {
    using (XmlReader reader = XmlReader.Create(decompressor))
    {
      while (reader.Read()) // 다음 xml 노드 읽기
      {
        // 노드 이름이 callsing인지 확인
        if ((reader.NodeType == XmlNodeType.Element)
          && (reader.Name == "callsign"))
        {
          reader.Read(); // 요소 내부의 텍스트로 이동
          WriteLine($"{reader.Value}"); // 값 읽기
```

```
            }
          }
        }
      }
    }
```

3. Program.cs에 WorkWithXml 호출을 그대로 둔 채 WorkWithCompression 호출을 추가한다.

```
//WorkWithText();
WorkWithXml();
WorkWithCompression();
```

4. 애플리케이션을 실행하고 압축된 파일과 그렇지 않은 파일의 크기를 비교한다. 다음 출력과 같이 압축된 파일의 크기는 절반 이상이 감소했다.

```
Chapter09\WorkingWithStreams\streams.xml contains 320 bytes.
Chapter09\WorkingWithStreams\streams.gzip contains 151 bytes
```

브로틀리 알고리듬으로 압축하기

마이크로소프트는 .NET 코어 2.1에 브로틀리Brotli 압축 알고리듬 구현을 도입했다. 성능면에서는 DEFLATE나 GZIP에서 사용하는 알고리듬과 비슷하지만 출력은 약 20% 더 밀도가 높다.

1. 다음 코드와 같이 브로틀리 사용 여부를 선택할 수 있도록 WorkWithCompression 메서드를 수정한다.

```
static void WorkWithCompression(bool useBrotli = true)
{
  string fileExt = useBrotli ? "brotli" : "gzip";
  // XML 출력 압축
  string filePath = Combine(
    CurrentDirectory, $"streams.{fileExt}");
```

```csharp
FileStream file = File.Create(filePath);
Stream compressor;
if (useBrotli)
{
  compressor = new BrotliStream(file, CompressionMode.Compress);
}
else
{
  compressor = new GZipStream(file, CompressionMode.Compress);
}
using (compressor)
{
  using (XmlWriter xml = XmlWriter.Create(compressor))
  {
    xml.WriteStartDocument();
    xml.WriteStartElement("callsigns");
    foreach (string item in Viper.Callsigns)
    {
      xml.WriteElementString("callsign", item);
    }
    // XmlWriter가 정리될 때 모든 깊이의 xml 요소를 자동 종료하므로
    // WriteEndElement 호출은 불필요
  }
} // 스트림을 닫기
// 압축 파일의 내용 출력
WriteLine("{0} contains {1:N0} bytes.",
  filePath, new FileInfo(filePath).Length);
WriteLine($"The compressed contents:");
WriteLine(File.ReadAllText(filePath));
// 압축 파일 읽기
WriteLine("Reading the compressed XML file:");
file = File.Open(filePath, FileMode.Open);
Stream decompressor;
if (useBrotli)
{
  decompressor = new BrotliStream(
    file, CompressionMode.Decompress);
}
else
{
  decompressor = new GZipStream(
    file, CompressionMode.Decompress);
}
using (decompressor)
```

```
{
  using (XmlReader reader = XmlReader.Create(decompressor))
  {
    while (reader.Read()) // 다음 xml 노드 읽기
    {
      // 노드 이름이 callsing인지 확인
      if ((reader.NodeType == XmlNodeType.Element)
        && (reader.Name == "callsign"))
      {
        reader.Read(); // 요소 내부의 텍스트로 이동
        WriteLine($"{reader.Value}"); // 값 읽기
      }
    }
  }
}
```

2. Program.cs에서 한 번은 브로틀리 알고리듬을 사용하도록 하고, 또 한 번은 GZIP을 사용하도록 WorkWithCompression을 호출한다.

```
WorkWithCompression();
WorkWithCompression(useBrotli: false);
```

3. 애플리케이션을 실행하고 2개의 압축 파일의 크기를 비교해 보자. 브로틀리를 적용한 파일이 21% 이상 밀도가 높다.

```
Chapter09\WorkingWithStreams\streams.brotli contains 118 bytes.
Chapter09\WorkingWithStreams\streams.gzip contains 151 bytes.
```

⁜ 텍스트 인코딩과 디코딩

문자는 여러 가지 다른 방법으로 표현될 수 있다. 예를 들어, 영어 알파벳은 전화선을 통한 전송을 위해 연속된 점(.)과 대시(−)를 사용하는 모스 부호Morse code로 표현되기도 한다.

비슷한 방식으로 컴퓨터 내부에서 텍스트는 코드 공간^{code space} 내의 코드 포인트를 나타내는 비트 0과 1로 저장된다. 대부분의 코드 포인트는 단일 문자를 나타내지만 포맷 지정처럼 다른 의미를 가질 수도 있다.

예를 들어, ASCII는 128개의 코드 포인트가 있는 코드 공간을 갖고 있다. .NET은 **유니코드**^{Unicode}라는 표준을 사용해 텍스트를 내부적으로 인코딩한다. 유니코드에는 100만 개 이상의 코드 포인트가 있다.

어떤 경우에는 유니코드를 사용하지 않는 시스템이나 유니코드 변형을 사용하는 다른 시스템으로 텍스트를 이동해야 할 때도 있다. 따라서 다른 방식의 인코딩으로 변환하는 방법을 아는 것은 매우 중요하다.

컴퓨터에서 자주 사용되는 텍스트 인코딩 방식을 다음 표에 정리했다.

인코딩	설명
ASCII	바이트의 하위 7비트를 사용해 제한된 범위의 문자를 인코딩한다.
UTF-8	각 유니코드를 1에서 4바이트로 나타낸다.
UTF-7	7비트 채널에서 UTF-8보다 더 효율적으로 설계됐지만 보안 및 견고성에서 문제가 있으므로 UTF-7보다 UTF-8이 권장된다.
UTF-16	각 유니코드를 하나 또는 2개의 16비트 정수열로 나타낸다.
UTF-32	모두 가변 길이 인코딩인 다른 유니코드 인코딩과 다르게 각 유니코드 코드 포인트를 32비트 정수로 표현하는 고정 길이 인코딩이다.
ANSI/ISO 인코딩	특정 언어나 언어 그룹을 위해 다양한 코드 페이지를 지원한다.

 좋은 습관: 현재는 대부분의 경우 UTF-8을 기본으로 사용하기 때문에 Encoding.Default를 사용하는 것이 좋다.

바이트 배열로 문자열 인코딩

1. 선호하는 코드 편집기를 사용해서 Chapter09라는 이름의 새 솔루션/작업 영역에 WorkingWithEncodings라는 새로운 이름의 콘솔 앱을 만든다.

2. 비주얼 스튜디오 코드에서는 WorkingWithEncodings를 활성 OmniSharp 프로젝트로 설정한다.

3. Program.cs에 System.Text 네임스페이스를 가져오고 Console 클래스를 정적으로 가져온다.

4. 사용자가 선택한 인코딩 방식으로 string을 인코딩하고 루프를 돌면서 각 바이트 값을 출력한 다음, 인코딩된 string을 다시 디코딩해 출력하는 코드를 작성한다.

```
WriteLine("Encodings");
WriteLine("[1] ASCII");
WriteLine("[2] UTF-7");
WriteLine("[3] UTF-8");
WriteLine("[4] UTF-16 (Unicode)");
WriteLine("[5] UTF-32");
WriteLine("[any other key] Default");
// 인코딩 방식을 선택한다.
Write("Press a number to choose an encoding: ");
ConsoleKey number = ReadKey(intercept: false).Key;
WriteLine();
WriteLine();
Encoding encoder = number switch
{
  ConsoleKey.D1 => Encoding.ASCII,
  ConsoleKey.D2 => Encoding.UTF7,
  ConsoleKey.D3 => Encoding.UTF8,
  ConsoleKey.D4 => Encoding.Unicode,
  ConsoleKey.D5 => Encoding.UTF32,
  _             => Encoding.Default
};
// 인코딩할 string을 정의한다.
string message = "Café cost: £4.39";
// string을 바이트 배열로 인코딩한다.
byte[] encoded = encoder.GetBytes(message);
```

```
// 인코딩이 필요한 바이트 수를 확인한다.
WriteLine("{0} uses {1:N0} bytes.",
  encoder.GetType().Name, encoded.Length);
WriteLine();
// 루프를 돌면서 각 바이트를 출력한다.
WriteLine($"BYTE HEX CHAR");
foreach (byte b in encoded)
{
  WriteLine($"{b,4} {b.ToString("X"),4} {(char)b,5}");
}
// 인코딩된 바이트 배열을 다시 디코딩해 출력한다.
string decoded = encoder.GetString(encoded);
WriteLine(decoded);
```

5. 애플리케이션을 실행했을 때 UTF-7 인코딩은 안전하지 않으므로 사용하지 말아야 한다는 경고를 확인한다. 물론 다른 시스템과의 호환성을 위해 해당 인코딩을 사용해야 할 수도 있으므로 여전히 선택 가능한 옵션으로 제공돼야 한다.

6. 애플리케이션을 실행하고 1을 눌러 ASCII 인코딩을 선택한다. 인코딩된 바이트를 출력할 때 파운드 기호(£)와 액센트가 있는 e(é)는 ASCII에서 표현할 수 없으므로 물음표로 표시된다.

```
BYTE HEX CHAR
  67    43     C
  97    61     a
 102    66     f
  63    3F     ?
  32    20
  99    63     c
 111    6F     o
 115    73     s
 116    74     t
  58    3A     :
  32    20
  63    3F     ?
  52    34     4
  46    2E     .
  51    33     3
  57    39     9
Caf? cost: ?4.39
```

7. 애플리케이션을 다시 실행하고 이번에 3을 눌러 UTF-8 인코딩을 선택한다. UTF-8은 추가로 2바이트를 더 써서 총 18바이트를 사용하지만, 이번에는 £와 é 를 제대로 인코딩하고 디코딩한다.

```
BYTE  HEX  CHAR
  67   43    C
  97   61    a
 102   66    f
 195   C3    Ã
 169   A9    ©
  32   20
  99   63    c
 111   6F    o
 115   73    s
 116   74    t
  58   3A    :
  32   20
 194   C2    Â
 163   A3    £
  52   34    4
  46   2E    .
  51   33    3
  57   39    9
Cafe cost: £4.39
```

8. 프로그램을 다시 실행하고 이번에는 4를 눌러 UTF-16을 선택한다. UTF-16은 모든 문자마다 추가로 2바이트가 더 필요하므로 총 32바이트를 사용하고 £와 é를 제대로 인코딩하고 디코딩한다. 이 인코딩은 .NET이 내부적으로 char와 string 값을 저장하는 데 사용한다.

파일의 텍스트 인코딩, 디코딩

StreamReader와 StreamWriter 같은 헬퍼 클래스를 사용할 때 필요한 인코딩 방식을 지정할 수 있다. 헬퍼 클래스에 문자열을 쓰거나 읽으면 자동으로 인코딩, 디코딩이 처리된다.

헬퍼 생성자의 두 번째 매개 변수에 사용하려는 인코딩 방식을 다음 코드처럼 지정한다.

```
StreamReader reader = new(stream, Encoding.UTF8);
StreamWriter writer = new(stream, Encoding.UTF8);
```

 좋은 습관: 다른 시스템에서 사용할 목적으로 파일을 생성할 때는 인코딩 방식을 선택할 필요가 없을 수 있다. 만약, 인코딩 방식을 선택해야 한다면 가장 적은 바이트를 사용하면서 필요한 모든 문자를 저장할 수 있는 것을 선택하자.

⁝⁝⁝ 객체 그래프 직렬화하기

직렬화^{serialization}는 지정된 형식을 사용해 객체를 순서 있는 바이트로 변환하는 과정을 말하며, **역직렬화**^{deserialization}는 반대의 과정이다. 이 방법을 사용해서 객체의 현재 상태를 저장했다가 필요한 때 다시 생성할 수 있다. 예를 들어, 게임의 현재 상태를 저장했다가 내일 다시 동일한 상태에서 게임을 이어서 할 수 있다. 직렬화된 객체는 보통 파일이나 데이터베이스에 저장된다.

선택할 수 있는 형식은 여러 가지가 있지만, 가장 많이 사용되는 두 가지 포맷은 **XML**^{eXtensible Markup Language}과 **JSON**^{JavaScript Object Notation}이다.

 좋은 습관: JSON은 XML보다 가볍기 때문에 웹과 모바일 애플리케이션에서 사용하기에 적합하다. XML은 내용이 장황하지만 오래된 시스템에서는 더 잘 지원된다. JSON을 사용하면 직렬화된 객체 그래프의 크기를 최소화할 수 있다. 또한 JSON은 자바스크립트의 기본 직렬화 형식이며 모바일 앱은 대역폭이 제한적이기 때문에 바이트 크기가 중요하다. 따라서 웹 애플리케이션이나 모바일 애플리케이션에서는 객체 그래프를 보낼 때 JSON을 선택하는 것이 좋다.

.NET은 XML과 JSON을 직렬화, 역직렬화하는 여러 개의 클래스를 갖고 있다. 먼저 `XmlSerializer`와 `JsonSerializer`를 알아보자.

XML 직렬화

자주 사용되는 직렬화 방식 중 하나인 XML부터 살펴보자. 일반적인 예제를 보여 주기 위해 사람에 관한 정보를 저장하고, 인스턴스의 리스트를 사용해 객체 그래프를 생성하는 커스텀 클래스 Person을 정의한다.

1. 선호하는 코드 편집기를 사용해서 Chapter09의 솔루션/작업 영역에 WorkingWith Serialization이라는 새로운 이름의 콘솔 앱을 만든다.

2. 비주얼 스튜디오 코드에서는 WorkingWithSerialization을 활성 OmniSharp 프로젝트로 설정한다.

3. Person이라는 이름의 클래스를 추가한다. Person 클래스 정의는 다음과 같다. Salary 속성은 protected이므로 자기 자신과 상속 클래스에서만 접근할 수 있다. 클래스 생성자는 salary 초깃값을 설정하는 단일 매개 변수를 가진다.

```
namespace Packt.Shared;
public class Person
{
  public Person(decimal initialSalary)
  {
    Salary = initialSalary;
  }
  public string? FirstName { get; set; }
  public string? LastName { get; set; }
  public DateTime DateOfBirth { get; set; }
  public HashSet<Person>? Children { get; set; }
  protected decimal Salary { get; set; }
}
```

4. Program.cs에 XML 직렬화 작업에 필요한 네임스페이스를 가져오고 Console, Environment, Path 클래스를 정적으로 가져온다.

```
using System.Xml.Serialization; // XmlSerializer
using Packt.Shared; // Person
using static System.Console;
```

```csharp
using static System.Environment;
using static System.IO.Path;
```

5. Person 인스턴스의 객체 그래프를 생성하는 코드를 추가한다.

```csharp
// 객체 그래프를 생성한다.
List<Person> people = new()
{
  new(30000M)
  {
    FirstName = "Alice",
    LastName = "Smith",
    DateOfBirth = new(1974, 3, 14)
  },
  new(40000M)
  {
    FirstName = "Bob",
    LastName = "Jones",
    DateOfBirth = new(1969, 11, 23)
  },
  new(20000M)
  {
    FirstName = "Charlie",
    LastName = "Cox",
    DateOfBirth = new(1984, 5, 4),
    Children = new()
    {
      new(0M)
      {
        FirstName = "Sally",
        LastName = "Cox",
        DateOfBirth = new(2000, 7, 12)
      }
    }
  }
};
// Person의 리스트를 XML로 형식화하는 객체를 생성한다.
XmlSerializer xs = new(people.GetType());
// 쓰기용 파일을 생성한다.
string path = Combine(CurrentDirectory, "people.xml");
using (FileStream stream = File.Create(path))
{
```

```
  // 스트림에 객체 그래프를 직렬화한다.
  xs.Serialize(stream, people);
}
WriteLine("Written {0:N0} bytes of XML to {1}",
  arg0: new FileInfo(path).Length,
  arg1: path);
WriteLine();
// 직렬화된 객체 그래프를 출력한다.
WriteLine(File.ReadAllText(path));
```

6. 코드를 실행한 뒤, 다음과 같은 예외가 발생하는 것을 확인한다.

```
Unhandled exception. System.InvalidOperationException: Packt.Shared.
Person cannot be serialized because it does not have a parameterless
constructor.
```

7. Person.cs 파일에 매개 변수가 없는 생성자를 정의한다.

```
public Person() { }
```

비록 생성자가 하는 일은 아무것도 없지만 반드시 만들어 줘야 하는 이유는, 역직렬
화하는 동안 새 Person 인스턴스를 초기화하기 위해 XmlSerializer가 빈 생성자를
호출하기 때문이다.

8. 애플리케이션을 다시 실행하고 출력 결과를 확인하자. 다음과 같이 객체 그래프가
<FirstName>Bob</FirstName>과 같은 XML 요소로 직렬화되며 Salary 속성은 공용
속성이 아니므로 포함되지 않는다.

```
Written 656 bytes of XML to F:\github\csharp9_translation\Code\
Chapter09\WorkingWithSerialization\people.xml

<?xml version="1.0" encoding="utf-8"?>
<ArrayOfPerson xmlns:xsi="http://www.w3.org/2001/XMLSchema-instance"
xmlns:xsd="http://www.w3.org/2001/XMLSchema">
<Person>
<FirstName>Alice</FirstName>
<LastName>Smith</LastName>
```

```
<DateOfBirth>1974-03-14T00:00:00</DateOfBirth>
</Person>
<Person>
<FirstName>Bob</FirstName>
<LastName>Jones</LastName>
<DateOfBirth>1969-11-23T00:00:00</DateOfBirth>
</Person>
<Person>
<FirstName>Charlie</FirstName>
<LastName>Cox</LastName>
<DateOfBirth>1984-05-04T00:00:00</DateOfBirth>
<Children>
<Person>
<FirstName>Sally</FirstName>
<LastName>Cox</LastName>
<DateOfBirth>2000-07-12T00:00:00</DateOfBirth>
</Person>
</Children>
</Person>
</ArrayOfPerson>
```

컴팩트 XML 생성

요소 대신 속성을 사용하면 좀 더 효율적인 XML을 만들 수 있다.

1. Person.cs 파일에 System.Xml.Serialization 네임스페이스를 선언하면 [XmlAttribute] 속성을 사용하도록 몇 개의 필드를 수정할 수 있다.

2. FirstName, LastName, DateOfBirth 속성을 [XmlAttribute]를 사용해서 장식하고 더 짧은 이름을 설정한다.

```
[XmlAttribute("fname")]
public string FirstName { get; set; }
[XmlAttribute("lname")]
public string LastName { get; set; }
[XmlAttribute("dob")]
public DateTime DateOfBirth { get; set; }
```

3. 애플리케이션을 다시 실행한다. 속성 값이 XML 속성으로 출력되면서 파일 크기가 656에서 451바이트까지 줄어들었고, 3분의 1 이상의 공간이 절약됐다.

```
Written 451 bytes of XML to F:\github\csharp9_translation\Code\
Chapter09\WorkingWithSerialization\people.xml

<?xml version="1.0" encoding="utf-8"?>
<ArrayOfPerson xmlns:xsi="http://www.w3.org/2001/XMLSchema-instance"
xmlns:xsd="http://www.w3.org/2001/XMLSchema">
<Person fname="Alice" lname="Smith" dob="1974-03-14T00:00:00" />
<Person fname="Bob" lname="Jones" dob="1969-11-23T00:00:00" />
<Person fname="Charlie" lname="Cox" dob="1984-05-04T00:00:00">
<Children>
<Person fname="Sally" lname="Cox" dob="2000-07-12T00:00:00" />
</Children>
</Person>
</ArrayOfPerson>
```

XML 역직렬화

이제 XML 파일을 메모리의 객체로 역직렬화해 보자.

1. XML 파일을 열고 역직렬화하는 코드를 추가한다.

```
using (FileStream xmlLoad = File.Open(path, FileMode.Open))
{
  // 직렬화된 객체 그래프를 person의 리스트로 역직렬화한다.
  List<Person>? loadedPeople =
    xs.Deserialize(xmlLoad) as List<Person>;
  if (loadedPeople is not null)
  {
    foreach (Person p in loadedPeople)
    {
      WriteLine("{0} has {1} children.",
        p.LastName, p.Children?.Count ?? 0);
    }
  }
}
```

2. 애플리케이션을 다시 실행하고 XML 파일에서 Person 데이터를 제대로 읽어 오는지 확인하자.

```
Smith has 0 children.
Jones has 0 children.
Cox has 1 children.
```

XML 생성을 제어하는 데 사용되는 많은 다른 속성이 있다.

어떤 주석도 사용하지 않는 경우 XmlSerializer는 역직렬화할 때 속성 이름의 대소문자를 구분하지 않는다.

 좋은 습관: XmlSerializer를 사용할 때는 오직 public 필드와 속성만 포함되며 생성자는 매개 변수가 없어야 한다는 것을 기억하자. 또한, 속성을 사용해서 출력 결과를 제어할 수 있다.

JSON 직렬화

JSON 직렬화 작업을 할 때 가장 많이 사용되는 .NET 라이브러리 중 하나는 Json.NET으로 알려진 Newtonsoft.Json이다. 많은 프로젝트에서 사용 중이며 매우 강력하다. 어떻게 사용하는지 알아보자.

1. WorkingWithSerialization 프로젝트에 Newtonsoft.Json의 가장 최근 버전에 대한 패키지 참조를 추가한다.

```
<ItemGroup>
  <PackageReference Include="Newtonsoft.Json"
    Version="13.0.1" />
</ItemGroup>
```

2. 프로젝트를 빌드해서 패키지를 복원한다.

3. Program.cs에 텍스트 파일을 생성하고 Person 리스트를 JSON 형식으로 파일에 쓰는 코드를 작성한다.

```
// 쓰기용 파일을 생성한다.
string jsonPath = Combine(CurrentDirectory, "people.json");
using (StreamWriter jsonStream = File.CreateText(jsonPath))
{
  // JSON으로 형식화하는 객체를 생성한다.
  Newtonsoft.Json.JsonSerializer jss = new();
  // 객체 그래프를 string에 직렬화한다.
  jss.Serialize(jsonStream, people);
}
WriteLine();
WriteLine("Written {0:N0} bytes of JSON to: {1}",
  arg0: new FileInfo(jsonPath).Length,
  arg1: jsonPath);
// 직렬화된 객체 그래프를 출력한다.
WriteLine(File.ReadAllText(jsonPath));
```

4. 프로그램을 실행해서 JSON이 XML에 비해 절반 정도의 바이트만 사용하는 것을 확인하자. JSON은 속성을 사용하는 XML과 비교해도 크기가 작다.

```
Written 366 bytes of JSON to: F:\github\csharp9_translation\Code\
Chapter09\WorkingWithSerialization\people.json
[{"FirstName":"Alice","LastName":"Smith","DateOfBirth":"1974-03-
14T00:00:00","Children":null},{"FirstName":"Bob","LastName":"Jones",
"DateOfBirth":"1969-11-23T00:00:00","Children":null},{"Fir
stName":"Charlie","LastName":"Cox","DateOfBirth":"1984-05-04T00:00:00",
"Children":[{"FirstName":"Sally","LastName":"Cox","DateOfBirth":"2000-
07-12T00:00:00","Children":null}]}]
```

고성능 JSON 처리

.NET 코어 3.0은 JSON 작업을 위한 System.Text.Json이라는 새로운 네임스페이스를 도입했다. 이 네임스페이스는 Span<T>와 같은 API를 활용해 성능을 향상시킨다.

Json.NET과 같은 오래된 라이브러리는 UTF-16을 사용한다. HTTP를 포함한 대부분의 네트워크 프로토콜이 UTF-8을 사용하고 Json.NET의 유니코드 문자열 값을 UTF-8로 변환하는 것을 방지할 수 있기 때문에 UTF-8로 JSON 문서를 읽고 쓰는 것이 성능이 더 좋다.

마이크로소프트는 새로운 API를 통해 성능을 1.3 ~ 5배까지 개선했다.

Json.NET을 개발한 제임스 뉴턴-킹^{James Newton-King}은 마이크로소프트에 합류하면서 새로운 JSON 형식을 개발 중이다. 그는 새로운 JSON API를 설명하는 댓글에서 'Json.NET은 사라지지 않을 것이다'라고 했다.

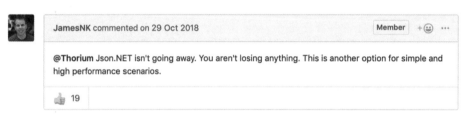

그림 9.3 Json.NET 개발자 댓글

새로운 JSON API가 어떻게 JSON 파일을 역직렬화하는지 알아보자.

1. WorkingWithSerialization 프로젝트의 Program.cs에 이전에 사용한 Json.NET과 이름이 충돌하지 않도록 별칭을 사용해서 직렬화 처리에 필요한 새 JSON 클래스를 가져온다.

```
using NewJson = System.Text.Json.JsonSerializer;
```

2. 다음과 같이 JSON 파일을 열고 역직렬화해서 Person 리스트의 자식 이름과 수를 출력하는 코드를 작성한다.

```
using (FileStream jsonLoad = File.Open(jsonPath, FileMode.Open))
{
  // 객체 그래프를 Person 리스트로 역직렬화한다.
  List<Person>? loadedPeople =
    await NewJson.DeserializeAsync(utf8Json: jsonLoad,
      returnType: typeof(List<Person>)) as List<Person>;
```

```
    if (loadedPeople is not null)
    {
      foreach (Person p in loadedPeople)
      {
        WriteLine("{0} has {1} children.",
          p.LastName, p.Children?.Count ?? 0);
      }
    }
}
```

3. 애플리케이션을 실행하고 출력 결과를 확인한다.

```
Smith has 0 children.
Jones has 0 children.
Cox has 1 children.
```

 좋은 습관: 개발 생산성과 풍부한 기능을 위해서는 Json.NET을 선택하고, 성능을 위해서는 System.Text.Json을 선택한다.

⫶ JSON 다루기

JSON을 다루기 위한 여러 옵션이 있다.

- 필드 추가 및 제외

- 대소문자 정책 설정

- 대소문자 구분 정책 선택

- 간결한compact 공백과 읽기 좋은prettified 공백 중 선택

실제 코드를 통해 알아보자.

1. 선호하는 코드 편집기를 사용해서 Chapter09의 솔루션/작업 영역에 WorkingWithJson 이라는 새로운 이름의 콘솔 앱을 만든다.

2. 비주얼 스튜디오 코드에서는 WorkingWithJson을 활성 OmniSharp 프로젝트로 설정한다.

3. WorkingWithJson 프로젝트의 Program.cs에서 현재 코드를 지우고 JSON 작업에 필요한 2개의 주요 네임스페이스를 가져온 다음, System.Console, System.Environment, System.IO.Path 형식을 정적으로 가져온다.

```
using System.Text.Json; // JsonSerializer
using System.Text.Json.Serialization; // [JsonInclude]
using static System.Console;
using static System.Environment;
using static System.IO.Path;
```

4. Program.cs 아래에 Book 클래스를 정의한다.

```
public class Book
{
  // nullable이 아닌 속성을 설정하는 생성자
  public Book(string title)
  {
    Title = title;
  }
  // 속성
  public string Title { get; set; }
  public string? Author { get; set; }
  // fields
  [JsonInclude] // 이 필드를 포함
  public DateOnly PublishDate;
  [JsonInclude] // 이 필드를 포함
  public DateTimeOffset Created;
  public ushort Pages;
}
```

5. Book 클래스 위해 Book 클래스의 인스턴스를 생성하고 JSON으로 직렬화하는 코드를 작성한다.

```
Book csharp10 = new(title:
  "C# 10 and .NET 6 - Modern Cross-platform Development")
{
  Author = "Mark J Price",
  PublishDate = new(year: 2021, month: 11, day: 9),
  Pages = 823,
  Created = DateTimeOffset.UtcNow,
};
JsonSerializerOptions options = new()
{
  IncludeFields = true, // 모든 필드를 포함
  PropertyNameCaseInsensitive = true,
  WriteIndented = true,
  PropertyNamingPolicy = JsonNamingPolicy.CamelCase,
};
string filePath = Combine(CurrentDirectory, "book.json");
using (Stream fileStream = File.Create(filePath))
{
  JsonSerializer.Serialize<Book>(
    utf8Json: fileStream, value: csharp10, options);
}
WriteLine("Written {0:N0} bytes of JSON to {1}",
  arg0: new FileInfo(filePath).Length,
  arg1: filePath);
WriteLine();
// 직렬화된 객체 그래프를 출력한다.
WriteLine(File.ReadAllText(filePath));
```

6. 코드를 실행하고 출력 결과를 확인한다.

```
Written 315 bytes of JSON to C:\Code\Chapter09\WorkingWithJson\bin\
Debug\net6.0\book.json
{
  "title": "C# 10 and .NET 6 - Modern Cross-platform Development",
  "author": "Mark J Price",
  "publishDate": {
    "year": 2021,
    "month": 11,
```

```
      "day": 9,
      "dayOfWeek": 2,
      "dayOfYear": 313,
      "dayNumber": 738102
    },
    "created": "2021-08-20T08:07:02.3191648+00:00",
    "pages": 823
}
```

다음 항목을 참고한다.

- JSON 파일은 315바이트다.

- 멤버 이름은 publishDate 형태의 카멜케이스^{camelCase}를 사용한다. 이는 자바스크립트가 있는 브라우저의 후속 처리에 가장 적합하다.

- pages를 포함하는 옵션 설정으로 인해 모든 필드가 포함된다.

- 좀 더 읽기 쉽도록 JSON 형식이 꾸며진다.

- DateTimeOffset 값은 단일 표준 문자열 형식으로 저장된다.

- DateOnly 값은 year, month 같은 날짜 부분에 대한 하위 속성이 있는 객체로 저장된다.

7. Program.cs에서 JsonSerializerOptions를 설정할 때 대소문자 정책 설정을 주석 처리하고 들여쓰기를 한 다음 필드를 포함한다.

8. 코드를 실행하고 출력 결과를 확인한다.

```
Written 230 bytes of JSON to C:\Code\Chapter09\WorkingWithJson\bin\
Debug\net6.0\book.json
{"Title":"C# 10 and .NET 6 - Modern Cross-platform
Development","Author":"Mark J Price","PublishDate":{"Year":2021,"Mont
h":11,"Day":9,"DayOfWeek":2,"DayOfYear":313,"DayNumber":738102},"Crea
ted":"2021-08-20T08:12:31.6852484+00:00"}
```

다음을 참고하자.

- JSON 파일은 230바이트로 25% 이상 감소했다.

- 멤버 이름은 PublishDate처럼 일반적인 대소문자 표기를 따른다.

- Pages 필드는 제외된다. PublishDate와 Created 필드의 [JsonInclude] 속성 때문에 다른 필드는 포함된다.

- JSON은 전송 또는 저장을 위한 대역폭을 절약하기 위해 최소한의 공백으로 압축된다.

HTTP 응답을 위한 새로운 JSON 확장 메서드

마이크로소프트는 .NET 5에서 System.Text.Json 네임스페이스 형식에 세부 사항을 추가했다. 16장에서 여기에 대해 다룬다.

Newtonsoft에서 새 JSON으로 마이그레이션

Newtonsoft Json.NET 라이브러리를 사용하는 기존 코드를 새로운 System.Text.Json 네임스페이스로 마이그레이션하는 방법은 다음 링크에서 볼 수 있다.

https://docs.microsoft.com/en-us/dotnet/standard/serialization/system-text-json-migrate-from-newtonsoft-how-to

⋙ 연습 및 탐구

몇 개의 질문에 답해 보면서 9장에서 배운 내용을 얼마나 이해하고 있는지 확인하고 더 공부할 내용도 살펴보자.

연습 9.1 - 복습

다음의 질문에 답해 보자.

1. File 클래스와 FileInfo 클래스의 차이점은 무엇인가?

2. ReadByte 메서드와 스트림의 Read 메서드의 차이점은 무엇인가?

3. StringReader, TextReader, StreamReader 클래스는 각각 언제 사용되는가?

4. DeflateStream 형식은 어떤 작업을 수행하는가?

5. UTF-8 인코딩은 각 문자당 몇 바이트를 사용하는가?

6. 객체 그래프는 무엇인가?

7. 사용하는 바이트 수를 최대한 줄이려면 어떤 직렬화 포맷을 사용하는 것이 가장 좋은가?

8. 크로스 플랫폼을 지원하려면 어떤 직렬화 포맷을 사용하는 것이 가장 좋은가?

9. 경로를 나타내기 위해 "\Code\Chapter01"과 같은 문자열 값을 사용하는 것이 좋지 않은 이유는 무엇이며, 어떻게 하는 것이 좋은가?

10. NuGet 패키지 및 해당 종속성에 대한 정보는 어디에서 찾을 수 있는가?

연습 9.2 - XML 직렬화 연습

Chapter09 솔루션/작업 영역에 Exercise02라는 이름으로 새 콘솔 애플리케이션을 생성한다. 도형의 리스트를 직렬화를 사용해 XML 형식으로 파일에 저장한 뒤에 다시 역직렬화해 읽어 들이자.

```
// 직렬화하기 위한 도형 리스트를 생성
List<Shape> listOfShapes = new()
{
  new Circle { Colour = "Red", Radius = 2.5 },
```

```
    new Rectangle { Colour = "Blue", Height = 20.0, Width = 10.0 },
    new Circle { Colour = "Green", Radius = 8.0 },
    new Circle { Colour = "Purple", Radius = 12.3 },
    new Rectangle { Colour = "Blue", Height = 45.0, Width = 18.0 }
};
```

Shape는 Area라는 읽기 전용 속성을 가져야 한다. 그래서 역직렬화할 때 다음 코드와
같이 Area를 포함한 각 도형의 리스트를 출력해야 한다.

```
List<Shape> loadedShapesXml =
    serializerXml.Deserialize(fileXml) as List<Shape>;
foreach (Shape item in loadedShapesXml)
{
    WriteLine("{0} is {1} and has an area of {2:N2}",
        item.GetType().Name, item.Colour, item.Area);
}
```

프로그램을 실행했을 때의 출력 결과는 다음과 같다.

```
Loading shapes from XML:
Circle is Red and has an area of 19.63
Rectangle is Blue and has an area of 200.00
Circle is Green and has an area of 201.06
Circle is Purple and has an area of 475.29
Rectangle is Blue and has an area of 810.00
```

연습 9.3 - 탐구

9장에서 다룬 주제에 관한 글을 다음 링크에서 좀 더 읽어 보자.

https://github.com/markjprice/cs10dotnet6/blob/main/book-links.md#chapter-9-
--working-with-files-streams-and-serialization

⠞ 마무리

9장에서는 텍스트 파일과 XML 파일을 읽고 쓰는 방법과 해당 파일을 압축하고 해제하는 방법을 배웠다. 그리고 텍스트를 인코딩, 디코딩하고 객체를 JSON과 XML 형식으로 직렬화한 뒤에 다시 역직렬화하는 방법도 알아봤다.

10장에서는 엔티티 프레임워크 코어를 사용한 데이터베이스 작업에 대해 배운다.

10

엔티티 프레임워크 코어로 데이터 다루기

10장에서는 **엔티티 프레임워크 코어**^{EF Core, Entity Framework Core}라고 부르는 **객체 관계 매 핑**^{ORM, Object-Relational Mapping} 기술을 사용해 마이크로소프트 SQL 서버, SQLite, 애저 코스모스 DB^{Azure Cosmos DB} 같은 데이터 베이스를 읽고 쓰는 방법을 배운다.

11장은 다음 내용을 다룬다.

- 최신 데이터베이스 이해하기

- EF 코어 설정

- EF 코어 모델 정의

- EF 코어 모델 쿼리

- EF 코어로 패턴 로딩

- EF 코어로 데이터 조작하기

- 트랜잭션 다루기

- 첫 번째 EF 코어 모델 코드

⁂ 최신 데이터베이스 이해하기

데이터를 저장하는 가장 일반적인 장소는 **관계형 데이터베이스 관리 시스템**^{RDBMS,} Relational Database Management System과 **NoSQL**이다. RDBMS에는 마이크로소프트 SQL 서버, PostgreSQL, MySQL, SQLite 등이 있고 NoSQL에는 마이크로소프트 애저 코 스모스 DB, 레디스^{Redis}, MongoDB, 아파치 카산드라^{Apache Cassandra} 등이 있다.

레거시 엔티티 프레임워크

엔티티 프레임워크^{EF}는 .NET 프레임워크 3.5 서비스 팩 1에 포함돼 2008년 후반에 처음 발표됐다. 이후 마이크로소프트가 개발자들이 실제로 **객체 관계 매핑**^{ORM} 도구를 어떻게 사용하는지 관찰하고 그 결과를 EF 코어에 반영하면서 꾸준히 진화하고 있다.

ORM은 매핑 정의를 사용해 테이블의 열을 클래스의 속성에 연결한다. 이렇게 하면 개발자는 관계형 테이블이나 NoSQL 저장소에 값을 저장하는 구체적인 방법을 알지 못해도 익숙한 방식으로 다양한 유형의 객체와 상호 작용할 수 있다.

.NET 프레임워크에 포함된 EF 버전은 **엔티티 프레임워크 6**^{EF 6}다. 이 버전은 안정적이고 성숙됐으며 EDMX(XML 파일) 모델 정의 방식과 복잡한 상속 모델을 지원하며 그 외다른 고급 기능도 지원한다.

EF 6.3 이상은 .NET 프레임워크에서 별도의 패키지로 추출되므로 .NET 코어 3.0에서지원 가능하다. 이를 통해 웹 애플리케이션이나 웹 서비스 같은 기존 프로젝트를 이식해 크로스 플랫폼 환경에서 실행할 수 있다. 하지만 EF 6는 크로스 플랫폼 환경에서 실행할 때 몇 가지 제약이 있고 새로운 기능도 추가되지 않으므로 레거시 기술로 간주해야 한다.

레거시 엔티티 프레임워크 6.3 이상 사용하기

.NET 코어 3.0 이상 프로젝트에서 레거시 엔티티 프레임워크를 사용하려면 프로젝트파일에 다음과 같이 패키지 참조를 추가해야 한다.

```
<PackageReference Include="EntityFramework" Version="6.4.4" />
```

 좋은 습관: 레거시 EF 6를 사용하는 WPF 애플리케이션을 마이그레이션할 때처럼 반드시 필요한 경우만 레거시 EF 6를 사용한다. 이 책은 최신 크로스 플랫폼 개발을 다루므로 10장의 나머지 부분에서는 최신 엔티티 프레임워크 코어만 다룬다. 10장의 프로젝트에서는 위의 코드처럼 레거시 EF 6 패키지 참조를 추가할 필요가 없다.

엔티티 프레임워크 코어 이해하기

진정한 크로스 플랫폼 버전인 **EF 코어**는 레거시 엔티티 프레임워크와는 다르다. 이름은 비슷하지만 EF 6와 다른 점을 알아야 한다. 최신 EF 코어 버전은 .NET 6.0과 일치하는 버전 6.0이다.

EF 코어 5.0 이상은 .NET 5.0 이상만 지원한다. EF 코어 3.0 이상은 .NET 코어 3.0 이상을 의미하는 .NET 표준 2.1을 지원하는 플랫폼에서만 실행된다. .NET 프레임워크 4.8과 같은 .NET 표준 2.0 플랫폼은 지원하지 않는다.

기존 RDBMS와 마찬가지로 EF 코어는 마이크로소프트 애저 코스모스 DB 및 MongoDB와 같은 최신 클라우드 기반의 비관계형 스키마 없는 데이터 저장소를 지원하며 서드파티 공급자를 사용하기도 한다.

EF 코어는 10장에서 모두 다루지 못할 정도로 많은 개선이 있다. 여기서는 모든 .NET 개발자가 알아야 할 기본 사항과 몇 가지 멋진 새 기능을 소개하는 데 중점을 둔다.

EF 코어를 사용할 때는 두 가지 접근 방식이 있다.

1. **데이터베이스 중심**database first: 데이터베이스가 이미 존재하므로 구조 및 기능이 일치하는 모델을 구축한다.

2. **코드 중심**code first: 데이터베이스가 없으므로 모델을 만든 다음, EF 코어를 사용해 구조 및 기능이 일치하는 데이터베이스를 만든다.

기존 데이터베이스와 함께 EF 코어를 사용해 시작해 보자.

EF 코어 작업을 위한 콘솔 앱 만들기

먼저 10장에서 사용할 콘솔 앱 프로젝트를 생성한다.

1. 선호하는 코드 편집기를 사용해서 Chapter10이라는 이름의 새 솔루션/작업 영역을 만든다.

2. 콘솔 애플리케이션을 추가하고 다음 항목을 정의한다.

    A. 프로젝트 템플릿: **콘솔 애플리케이션**/console

    B. 작업 영역/솔루션 파일과 폴더: Chapter10

    C. 프로젝트 파일과 폴더: WorkingWithEFCore

샘플 관계형 데이터베이스 사용하기

.NET을 사용해 RDBMS을 다루는 방법을 배우기 위해 크게 복잡하지 않으면서 적당한 양의 데이터가 들어 있는 샘플 데이터베이스를 준비하자. 마이크로소프트는 여러 개의 샘플 데이터베이스를 제공하지만, 대부분은 10장에서 다룰 내용에 비해 복잡하다. 그래서 여기서는 1990년대 초에 만들어진 **Northwind** 데이터베이스를 사용한다.

다음 Northwind 데이터베이스의 다이어그램을 살펴보자. 10장의 코드와 쿼리를 작성할 때 이 다이어그램을 참조할 수 있다.

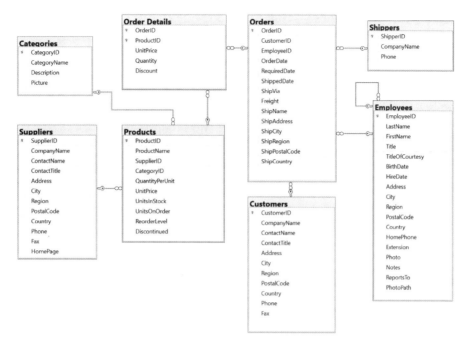

그림 10.1 Northwind 데이터베이스 테이블 및 관계도

Categories와 Products 테이블은 10장에서 사용하며, 다른 테이블들은 다른 장에서 사용한다. 다음 사항을 참고하자.

- 각 카테고리는 고유 식별자, 이름, 설명, 그림 필드를 갖고 있다.

- 각 제품은 고유 식별자, 이름, 단위 가격, 재고 단위, 그 외의 필드를 갖고 있다.

- 각 제품은 카테고리의 고유 식별자를 저장해 카테고리와 연결된다.

- Categories와 Product 간의 관계는 일대다 one-to-many다. 각 카테고리는 0개 이상의 제품을 가질 수 있다.

윈도우용 마이크로소프트 SQL 서버 사용하기

마이크로소프트는 인기 있고 유용한 SQL 서버의 다양한 버전을 윈도우, 리눅스, 도커 컨테이너용으로 제공한다. 이 책에서는 독립 실행형으로 설치할 수 있는 SQL 서버 Developer 에디션 무료 버전을 사용하지만, 윈도우용 비주얼 스튜디오와 함께 설치 가능한 익스프레스 버전이나 무료 SQL 서버 로컬 DB를 사용해도 된다.

 윈도우 컴퓨터가 없거나 크로스 플랫폼 데이터베이스 시스템을 사용하고 싶다면 'SQLite 사용하기' 절로 건너뛰어도 좋다.

SQL 서버 다운로드하고 설치하기

다음 링크에서 SQL 서버 에디션을 다운로드한다.

https://www.microsoft.com/ko-kr/sql-server/sql-server-downloads

1. **Developer** 에디션을 다운로드한다.

2. 다운로드한 인스톨러를 실행한다.

3. 설치 유형은 **사용자 지정**을 선택한다.

4. 미디어 위치를 지정하고 **설치** 버튼을 누른다.

5. 약 1.5GB의 설치 패키지를 다운로드하는 동안 기다린다.

6. **SQL Server 설치 센터**에서 설치를 누른 다음, 새 **SQL Server 독립 실행형 설치** 또는 **기존 설치에 기능 추가**를 누른다.

7. 무료 버전 지정에 **Developer**를 선택하고 **다음**을 누른다.

8. 라이선스 조건에 동의함을 체크하고 **다음**을 누른다.

9. 설치 규칙, 이슈 수정 등을 확인하고 **다음**을 누른다.

10. **기능 선택**에서 **데이터베이스 엔진 서비스**를 선택하고 **다음**을 누른다.

11. **인스턴스 구성**에서 **기본 인스턴스**를 선택하고 **다음**을 누른다. 이미 기본 인스턴스가 있는 경우 cs10dotnet6과 같이 새로운 인스턴스를 생성한다.

12. **서버 구성**에서 **SQL Server 데이터베이스 엔진**의 시작 유형이 자동으로 설정돼 있는지 확인한다. **SQL Server 브라우저**의 시작 유형을 자동으로 설정하고 **다음**을 누른다.

13. **데이터베이스 엔진 구성**의 **서버 구성** 탭에서 **인증 모드**를 **혼합 모드**로 선택하고 **sa** 계정 암호를 설정한다. **현재 사용자 추가**를 클릭하고 **다음**을 누른다.

14. **설치 준비**에서 설치할 기능을 확인하고 **설치**를 누른다.

15. **완료** 창에서 설치 완료를 확인하고 **닫기**를 누른다.

16. **SQL Server 설치 센터**의 설치에서 **SQL Server 관리 도구 설치**를 누른다.

17. 브라우저에서 SSMS를 다운로드한다.

18. 인스톨러를 실행하고 설치 위치를 설정한 다음 **설치**를 누른다.

19. 설치가 완료됐을 때 필요하면 시스템을 **재시작**하거나 **닫기**를 누른다.

SQL Server용 Northwind 샘플 데이터베이스 생성

Northwind 샘플 데이터베이스를 생성하기 위해 데이터베이스 스크립트를 실행한다.

1. 아직 이 책에 대한 깃허브 저장소를 복제하지 않았다면 다음 링크를 사용해 복제한다.

   https://github.com/markjprice/cs10dotnet6/

2. SQL Server용 Northwind 데이터베이스 생성 스크립트 파일인, 로컬 git 저장소 /sql-scripts/Northwind4SQLServer.sql을 WorkingWithEFCore 폴더로 복사한다.

3. SQL Server Management Studio를 실행한다.

4. **서버에 연결** 창의 **서버 이름**에 로컬 컴퓨터를 의미하는 `.`을 입력하고 **연결**을 누른다.

 'cs10dotnet6'처럼 이름 있는 인스턴스를 만들려면 `.\cs10dotnet6`을 입력한다.

5. 메뉴에서 **파일 > 열기 > 파일**…로 이동한다.

6. `Northwind4SQLServer.sql` 파일을 선택하고 **열기**를 누른다.

7. 툴바에서 **실행**을 누르고 결과 창에서 **명령이 완료됐습니다** 메시지를 확인한다.

8. **개체 탐색기**에서 **Northwind** 데이터베이스를 확장한 다음 **테이블**을 확장한다.

9. **Products** 테이블을 오른쪽 클릭하고 **상위 1000개 행 선택**을 누른 다음 그림 10.2 와 같은 결과를 확인한다.

그림 10.2 SQL Server Management Studio에서 Products 테이블 확인

10. **개체 탐색기** 툴바에서 **연결 끊기**를 누른다.

11. SQL Server Management Studio를 종료한다.

서버 탐색기에서 Northwind 샘플 데이터베이스 다루기

데이터베이스 스크립트 실행을 위해 반드시 SQL Server Management Studio를 사용해야 할 필요는 없다. **SQL Server 개체 탐색기** 및 **서버 탐색기**를 비롯한 비주얼 스튜디오 도구를 사용할 수도 있다.

1. 비주얼 스튜디오 메뉴에서 **보기 > 서버 탐색기**로 이동한다.

2. **서버 탐색기** 창에서 **데이터 연결**을 오른쪽 클릭하고 **연결 추가…**를 누른다.

3. 그림 10.3과 같은 **데이터 소스 선택** 대화상자에서 **Microsoft SQL Server**를 선택한 다음 **계속**을 누른다.

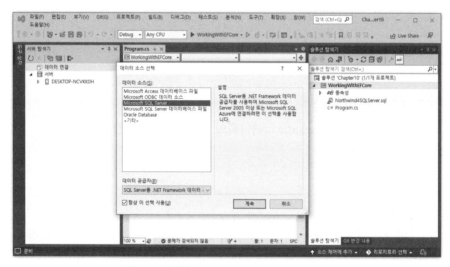

그림 10.3 데이터 소스로 Microsoft SQL Server 선택

4. **연결 추가** 대화상자에서 서버 이름으로 .을 입력하고 데이터베이스 이름으로 Northwind를 입력한 다음 **확인**을 누른다.

5. **서버 탐색기**에서 데이터 연결과 테이블을 확장한다. **Categories**, **Products** 테이블을 포함해 13개의 테이블이 표시된다.

6. **Products** 테이블을 오른쪽 클릭하고 **테이블 데이터 표시**를 누르면 77개의 제품 데이터가 출력된다.

7. **Products** 테이블 칼럼과 형식 같은 세부 정보를 보려면 **Products**를 오른쪽 클릭하고 **테이블 정의 열기**를 선택하거나 **서버 탐색기**에서 테이블을 더블 클릭한다.

SQLite 사용하기

SQLite는 크로스 플랫폼을 지원하는 가벼운 RDBMS이며, iOS(아이폰, 아이패드)나 안드로이드 같은 모바일 플랫폼에서 가장 많이 사용된다. 윈도우를 사용 중이고 이전 절에서 SQL 서버 설정을 마쳤더라도 SQLite 역시 사용해 보고 싶을 수 있다. 여기서 작성하는 두 코드는 양쪽 DB에서 모두 동작하므로 둘 사이의 미묘한 차이점을 살펴보는 것도 흥미로울 것이다.

맥OS에서 SQLite 설정

맥OS에는 SQLite가 /usr/bin 디렉터리의 sqlite3라는 명령행 프로그램으로 포함돼 있다.

윈도우에서 SQLite 설정

윈도우에서는 SQLite 폴더를 시스템 경로에 추가해 명령 프롬프트나 터미널에서 명령을 입력했을 때 찾을 수 있도록 해야 한다.

1. 브라우저를 열고 다음 링크로 이동한다.

   https://www.sqlite.org/download.html

2. **Precompiled Binaries for Windows** 섹션으로 스크롤한다.

3. **sqlite-tools-win32-x86-3370200.zip** 파일을 선택한다. 파일 버전은 이 책이 출판된 이후에 더 올라갔을 수 있다.

4. C:\Sqlite 폴더를 만들고 압축 파일을 여기에 푼다.

5. **윈도우 설정**을 연다.

6. **윈도우 탐색기**에서 **내 PC**를 오른쪽 클릭한 다음 **속성**을 클릭하고 **고급 시스템 설정**을 선택한다.

7. **환경 변수**를 클릭한다.

8. **시스템 변수** 목록에서 **Path**를 선택하고 **편집**을 누른다.

9. **새로 만들기**를 클릭하고 C:\Sqlite를 입력한 다음 **확인**을 누른다.

다른 OS에서 SQLite 설정

다음 링크에서 각 OS에 맞는 SQLite를 다운로드하고 설치할 수 있다.

https://www.sqlite.org/download.html

SQLite용 Northwind 샘플 데이터베이스 생성하기

이제 SQL 스크립트를 사용해 SQLite용 Northwind 샘플 데이터베이스를 만들어 보자.

1. 이 책의 깃허브 저장소를 아직 다운로드하지 않았다면 다음 링크에서 다운로드한다.

    https://github.com/markjprice/cs10dotnet6/

2. SQLite용 Northwind 데이터베이스 생성 스크립트 파일인, 로컬 깃 저장소 /sql-scripts/Northwind4SQLite.sql을 WorkingWithEFCore 폴더로 복사한다.

3. WorkingWithEFCore 폴더에서 명령행을 시작한다.

    A. 윈도우에서는 **윈도우 탐색기**에서 WorkingWithEFCore 폴더를 오른쪽 클릭하고 **Windows 터미널에서 열기**를 선택하거나 명령 프롬프트 창을 열고 해당 폴더로 이동한다.

B. 맥OS에서는 **파인더**를 시작하고 WorkingWithEFCore 폴더를 오른쪽 클릭한 다음 **새 터미널에서 폴더 열기**를 선택한다.

4. 다음과 같이 SQLite와 SQL 스크립트를 사용해 Northwind.db 데이터베이스를 생성하는 명령을 입력한다.

```
sqlite3 Northwind.db -init Northwind4SQLite.sql
```

5. 데이터베이스 생성이 완료될 때까지 기다린다. 생성이 완료되면 다음과 같이 SQLite 명령 프롬프트가 표시된다.

```
-- Loading resources from Northwind4SQLite.sql
SQLite version 3.37.2 2022-01-06 13:25:41
Enter ".help" for usage hints.
sqlite>
```

6. 윈도우에서는 Ctrl + C, 맥OS에서는 Ctrl + D를 눌러 SQLite 명령 모드를 빠져나온다.

7. 곧 다시 사용할 것이므로 터미널이나 명령 프롬프트 창은 그대로 둔다.

SQLiteStudio로 Northwind 샘플 데이터베이스 다루기

크로스 플랫폼을 지원하는 SQLiteStudio를 사용하면 GUI를 통해 SQLite 데이터베이스를 쉽게 관리할 수 있다.

1. http://sqlitestudio.pl에서 애플리케이션을 다운로드하고 적당한 위치에 압축을 푼다.

2. **SQLiteStudio**를 시작한다.

3. **Database** 메뉴에서 **Add a database**를 선택한다.

4. **Database** 대화상자의 **File** 섹션에서 폴더 버튼을 누르고 `WorkingWithEFCore` 폴더에 생성된 `Northwind.db` 파일을 선택하고 **OK**를 누른다.

5. **Northwind** 데이터베이스를 오른쪽 클릭하고 **Connect to the database**를 선택한다. 그러면 스크립트가 생성한 10개의 테이블을 볼 수 있다. SQLite용 스크립트는 SQL Server용 스크립트보다 더 적은 테이블과 데이터베이스 객체를 만든다.

6. **Products** 테이블을 오른쪽 클릭하고 **Edit the table**을 선택한다.

7. 그림 10.4의 테이블 편집 창에서 칼럼 이름, 데이터 형식, 키, 제약과 같은 `Products` 테이블의 구조를 확인한다.

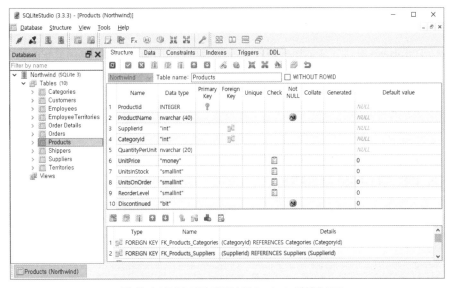

그림 10.4 테이블 편집 창에서 본 Products 테이블 구조

8. 테이블 편집 창에서 **Data** 탭을 클릭하면 그림 10.5와 같이 77개의 데이터를 확인할
   수 있다.

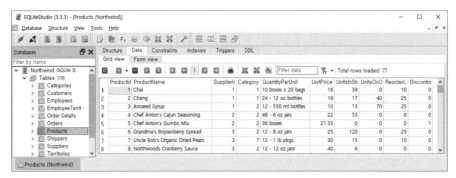

그림 10.5 Data 탭에서 Products 테이블 데이터 확인

9. **Database** 창에서 **Northwind**를 오른쪽 클릭하고 **Disconnect from the database**
   를 선택한다.

10. SQLiteStudio를 종료한다.

⁞ EF 코어 설정하기

EF 코어를 사용해 데이터를 관리하는 방법을 알아보기 전에 EF 코어 데이터 공급자 선
택 방법을 먼저 살펴보자.

EF 코어 데이터 공급자 선택하기

특정 데이터베이스의 데이터를 관리하려면 해당 데이터베이스와 효과적으로 커뮤니케
이션할 수 있는 클래스가 필요하다.

EF 코어 데이터베이스 공급자는 특정 데이터 저장소에 최적화된 클래스들의 집합이다.
이 중에는 현재 프로세스의 메모리에 데이터를 저장하는 것도 있다. 이렇게 하면 외부
시스템과의 충돌을 피할 수 있기 때문에 고성능 단위 테스트에 유용하다.

데이터 공급자는 다음 표와 같이 NuGet 패키지로 배포된다.

데이터 저장소	NuGet 패키지
Microsoft SQL Server 2012 이상	`Microsoft.EntityFrameworkCore.SqlServer`
SQLite 3.7 이상	`Microsoft.EntityFrameworkCore.SQLite`
MySQL	`MySQL.Data.EntityFrameworkCore`
인메모리	`Microsoft.EntityFrameworkCore.InMemory`
Azure Cosmos DB SQL API	`Microsoft.EntityFrameworkCore.Cosmos`
오라클 DB 11.2	`Oracle.EntityFrameworkCore`

동일한 프로젝트에 필요한 만큼 EF 코어 데이터베이스 공급자를 설치할 수 있다. 각 패키지는 공유 형식과 공급자별 형식을 포함한다.

데이터베이스 연결하기

SQLite 데이터베이스에 연결하려면 `FileName` 매개 변수를 사용해 설정할 데이터베이스 파일 이름만 알면 된다.

SQL 서버 데이터베이스에 연결하려면 다음의 정보를 알아야 한다.

- 서버 이름(인스턴스가 있는 경우 인스턴스 이름)

- 데이터베이스 이름

- 사용자 이름이나 비밀번호 같은 보안 정보, 또는 현재 로그인한 사용자의 자격 증명을 자동으로 전달해야 하는지 여부

이 정보들은 **연결 문자열**^{connection string}에 들어가는데 하위 호환성을 위해 SQL 서버 연결 문자열에서 다음과 같이 여러 개의 키워드를 사용할 수 있다.

- `Data Source, server, addr`
  서버와 선택적 인스턴스의 이름. 로컬 서버를 의미하는 `.`을 사용할 수 있다.

- Initial Catalog, database

  이 키워드는 데이터베이스 이름이다.

- Integrated Security, trusted_connection

  현재 사용자의 자격 증명을 전달하기 위해 true나 SSPI로 설정한다.

- MultipleActiveResultSets

  여러 테이블에서 동시에 작업할 때 효율성 향상을 위해 단일 연결을 사용하려면 이 값을 true로 설정한다.

위에서 언급했듯이 SQL 서버 데이터베이스에 연결하는 코드를 작성할 때는 해당 서버 이름을 알아야 한다. 서버 이름은 다음과 같이 SQL 서버 버전과 에디션에 따라 다르다.

SQL 서버 에디션	서버 이름\인스턴스 이름
LocalDB 2012	(localdb)\v11.0
LocalDB 2016 이상	(localdb)\mssqllocaldb
Express	.\sqlexpress
Full/개발자(기본 인스턴스)	.
Full/개발자(이름 있는 인스턴스)	.\cs10dotnet6

 좋은 습관: 로컬 컴퓨터 이름의 축약 표현으로 .을 사용하자. SQL 서버의 서버 이름은 컴퓨터 이름과 SQL 서버 인스턴스 이름의 두 부분으로 구성된다. 사용자 지정 설치 중에 인스턴스 이름을 지정한다.

Northwind 데이터베이스 콘텍스트 클래스 정의하기

데이터베이스를 표현하기 위해 Northwind 클래스를 사용한다. EF 코어를 사용하려면 반드시 DbContext를 상속해야 한다. 이 클래스를 통해 데이터베이스와 커뮤니케이션하고 데이터를 쿼리하고 조작하기 위한 SQL 구문을 동적으로 생성할 수 있다.

DbContext를 상속한 클래스는 데이터베이스 연결 문자열을 설정하는 OnConfiguring 메서드를 재정의해야 한다.

SQLite와 SQL 서버를 쉽게 사용할 수 있도록 런타임에 문자열을 제어해 두 데이터베이스를 모두 지원하는 프로젝트를 만들어 보자.

1. WorkingWithEFCore 프로젝트에 EF 코어 데이터 공급자에 대한 패키지 참조를 추가한다. 다음과 같이 SQLite와 SQL 서버 모두에 대해 추가한다.

```
<ItemGroup>
  <PackageReference
    Include="Microsoft.EntityFrameworkCore.Sqlite"
    Version="6.0.0" />
  <PackageReference
    Include="Microsoft.EntityFrameworkCore.SqlServer"
    Version="6.0.0" />
</ItemGroup>
```

2. 프로젝트를 빌드해서 패키지를 복원한다.

3. ProjectConstants.cs 클래스 파일을 추가한다.

4. ProjectConstants.cs에 사용하기 원하는 데이터베이스 공급자 이름을 public 문자열 상수로 다음과 같이 정의한다.

```
namespace Packt.Shared;
public class ProjectConstants
{
  public const string DatabaseProvider = "SQLite"; // 또는 "SQLServer"
}
```

5. Program.cs에 Packe.Shared 네임스페이스를 가져오고 데이터베이스 공급자를 출력한다.

```
WriteLine($"Using {ProjectConstants.DatabaseProvider} database
provider.");
```

6. Northwind.cs 클래스 파일을 추가한다.

7. Northwind.cs에 EF 코어의 메인 네임스페이스를 가져오고, DbContext를 상속하고, provider를 확인해서 SQLite와 SQL 서버 모두를 사용할 수 있도록 하는 OnConfiguring 메서드를 다음과 같이 작성한다.

```
using Microsoft.EntityFrameworkCore; // DbContext,
DbContextOptionsBuilder
using static System.Console;
namespace Packt.Shared;
// 데이터베이스 연결을 다룬다.
public class Northwind : DbContext
{
  protected override void OnConfiguring(
    DbContextOptionsBuilder optionsBuilder)
  {
    if (ProjectConstants.DatabaseProvider == "SQLite")
    {
      string path = Path.Combine(
        Environment.CurrentDirectory, "Northwind.db");
      WriteLine($"Using {path} database file.");
      optionsBuilder.UseSqlite($"Filename={path}");
    }
    else
    {
      string connection = "Data Source=.;" +
        "Initial Catalog=Northwind;" +
        "Integrated Security=true;" +
        "MultipleActiveResultSets=true;";
      optionsBuilder.UseSqlServer(connection);
    }
  }
}
```

윈도우용 비주얼 스튜디오를 사용하는 경우 애플리케이션이 WorkingWithEFCore\bin\Debug\net6.0 폴더에서 실행되므로 데이터베이스 파일을 찾지 못한다.

8. **솔루션 탐색기**에서 Northwind.db 파일을 오른쪽 클릭하고 **속성**을 선택한다.

9. 속성의 **출력 디렉터리로 복사** 값을 **항상 복사**로 설정한다.

10. WorkingWithEFCore.csproj 파일을 열고 다음과 같이 새로 추가된 항목을 확인한다.

```
<ItemGroup>
  <None Update="Northwind.db">
    <CopyToOutputDirectory>Always</CopyToOutputDirectory>
  </None>
</ItemGroup>
```

비주얼 스튜디오 코드를 사용하는 경우 애플리케이션이 WorkingWithEFCore 폴더에서 실행되므로 복사가 필요 없다.

11. 애플리케이션을 실행하고 선택한 데이터베이스 공급자가 출력 결과에 표시되는지 확인한다.

∷ EF 코어 모델 정의하기

EF 코어는 **규칙**convention, **주석 속성**annotation attributes, **Fluent API**를 조합해 런타임에 모델을 작성한다. 따라서 어떤 작업이 클래스에서 수행되면 해당 작업은 자동으로 실제 데이터베이스에 반영된다. 엔티티 클래스는 테이블의 구조를 나타내고 클래스의 인스턴스는 테이블의 1개의 행을 나타낸다.

먼저, 코드 예제와 함께 모델을 정의하는 세 가지 방법을 알아보고 실제로 몇 개의 클래스를 구현해 보자.

모델을 정의하는 EF 코어 규칙 사용하기

앞으로 작성하는 코드는 다음과 같이 EF 코어 규칙을 따른다.

- Products 테이블처럼 테이블 이름과 DbContext 클래스의 DbSet<T> 속성 이름을 동일하게 맞춘다.

- ProductId처럼 칼럼의 이름과 클래스의 속성 이름을 동일하게 한다.

- .NET의 string 형식은 데이터베이스의 nvarchar와 맞춘다.

- .NET의 int 형식은 데이터베이스의 int와 맞춘다.

- 속성 이름에 id나 ID가 있으면 primary 키라고 간주한다. 만약 엔티티 모델 클래스 이름이 Product라면 속성 이름은 ProductId나 ProductID다. 이 속성이 int나 Guid 형식이면 데이터를 삽입할 때 자동으로 값이 할당되는 IDENTITY인 것으로 간주한다.

> **좋은 습관:** 이 외에 알아야 할 다른 많은 규칙이 있으며 자신만의 새로운 규칙을 만들 수도 있지만, 여기서는 다루지 않는다. 다음 링크에서 더 많은 정보를 읽을 수 있다.
>
> https://docs.microsoft.com/ko-kr/ef/core/modeling/

EF 코어 주석 특성을 사용해 모델 정의하기

클래스를 데이터베이스 객체에 완전히 매핑하려면 규칙만으로는 충분하지 않다. 더 영리한 모델을 만드는 단순한 방법은 주석 속성을 적용하는 것이다.

다음 표에 몇 개의 공통된 속성을 나열했다.

속성	설명
[Required]	값은 not null이다.
[StringLength(50)]	값의 길이는 최대 50자다.
[RegularExpression(expression)]	값이 정규식과 일치하는지 확인한다.
[Column(TypeName = "money", Name = "UnitPrice")]	테이블에 사용되는 칼럼 형식과 칼럼 이름을 지정한다.

예를 들어, 데이터베이스에서 product의 이름을 최대 40으로 제한하고 null 값이 될 수 없다는 제약을 걸고 싶다고 하자. 다음 **데이터 정의 언어**^{DDL, Date Definition Language}는 칼럼, 데이터 형식, 키, 기타 제약 조건이 있는 Product 클래스를 생성하는 방법을 보여준다.

```sql
CREATE TABLE Products (
    ProductId       INTEGER       PRIMARY KEY,
    ProductName     NVARCHAR (40) NOT NULL,
    SupplierId      "INT",
    CategoryId      "INT",
    QuantityPerUnit NVARCHAR (20),
    UnitPrice       "MONEY"       CONSTRAINT DF_Products_UnitPrice DEFAULT
(0),
    UnitsInStock    "SMALLINT"    CONSTRAINT DF_Products_UnitsInStock
DEFAULT (0),
    UnitsOnOrder    "SMALLINT"    CONSTRAINT DF_Products_UnitsOnOrder
DEFAULT (0),
    ReorderLevel    "SMALLINT"    CONSTRAINT DF_Products_ReorderLevel
DEFAULT (0),
    Discontinued    "BIT"         NOT NULL
                                  CONSTRAINT DF_Products_Discontinued
DEFAULT (0),
    CONSTRAINT FK_Products_Categories FOREIGN KEY (
        CategoryId
    )
    REFERENCES Categories (CategoryId),
    CONSTRAINT FK_Products_Suppliers FOREIGN KEY (
        SupplierId
    )
    REFERENCES Suppliers (SupplierId),
    CONSTRAINT CK_Products_UnitPrice CHECK (UnitPrice >= 0),
    CONSTRAINT CK_ReorderLevel CHECK (ReorderLevel >= 0),
    CONSTRAINT CK_UnitsInStock CHECK (UnitsInStock >= 0),
    CONSTRAINT CK_UnitsOnOrder CHECK (UnitsOnOrder >= 0)
);
```

Product 클래스에 위 제약을 적용하려면 다음과 같은 속성을 사용한다.

```
[Required]
[StringLength(40)]
public string ProductName { get; set; }
```

.NET 형식과 데이터베이스 형식의 매핑이 명확하지 않은 경우에도 속성을 사용할 수 있다. 예를 들어, Products 테이블의 UnitPrice 칼럼 형식은 money인데, .NET에는 money 형식이 존재하지 않기 때문에 decimal을 대신 사용해야 한다.

```
[Column(TypeName = "money")]
public decimal? UnitPrice { get; set; }
```

또 다른 예는 다음 DDL과 같은 Categories 테이블이다.

```
CREATE TABLE Categories (
    CategoryId    INTEGER        PRIMARY KEY,
    CategoryName  NVARCHAR (15) NOT NULL,
    Description   "NTEXT",
    Picture       "IMAGE"
);
```

Categories 테이블의 Description 칼럼에는 nvarchar 타입에 저장 가능한 8,000개의 문자보다 더 큰 데이터가 저장될 수 있다. 따라서 ntext 타입을 사용해야 한다.

```
[Column(TypeName = "ntext")]
public string Description { get; set; }
```

EF 코어 Fluent API를 사용해 모델 정의하기

모델을 정의하는 마지막 방법은 Fluent API다. Fluent API는 속성을 대체하거나 속성과 함께 사용할 수도 있다. 예를 들어, ProductName 속성을 정의하기 위해 속성을 2개의 특성으로 장식하는 대신 다음과 같이 동일한 효과를 주는 Fluent API 코드를 데이터베이스 콘텍스트 클래스의 OnModelCreating 메서드에 쓸 수 있다.

```
modelBuilder.Entity<Product>()
  .Property(product => product.ProductName)
  .IsRequired()
  .HasMaxLength(40);
```

이렇게 하면 엔티티 모델 클래스를 더 단순하게 유지할 수 있다.

Fluent API로 데이터 시딩

Fluent API의 또 다른 장점은 데이터베이스를 채우기 위한 초기 데이터를 제공한다는 점이다. EF 코어는 삽입, 업데이트 또는 삭제 중 어떤 작업을 해야 하는지 자동으로 알아낸다.

예를 들어, 새 데이터베이스의 Product 테이블에 최소 1개의 데이터가 존재하는지 확인하려면 다음과 같이 HasData 메서드를 호출한다.

```
modelBuilder.Entity<Product>()
  .HasData(new Product
  {
    ProductId = 1,
    ProductName = "Chai",
    UnitPrice = 8.99M
  });
```

지금은 이미 데이터로 채워진 데이터베이스에 매핑된 모델을 사용하므로 예제 코드에서는 사용하지 않는다.

Northwind 테이블용 EF 코어 모델 빌드

지금까지 EF 코어 모델을 정의하는 방법을 배웠다. 이제 Northwind 데이터베이스에서 두 테이블을 나타내는 모델을 빌드해 보자.

두 엔티티 클래스는 서로를 참조한다. 따라서 컴파일러 오류를 피하기 위해 멤버가 없는 클래스를 먼저 만든다.

1. WorkingWithEFCore 프로젝트에 Category.cs, Product.cs 2개의 클래스 파일을 추가한다.

2. Category.cs 파일에 다음과 같이 Category라는 이름의 클래스를 정의한다.

```
namespace Packt.Shared;
public class Category
{
}
```

3. Product.cs에 Product 클래스를 정의한다.

```
namespace Packt.Shared;
public class Product
{
}
```

Category와 Product 엔티티 클래스 정의

Categories 테이블의 1개의 행을 나타내기 위해 엔티티 모델이라고도 부르는 Category 클래스를 사용한다. 이 테이블은 다음 DDL과 같이 4개의 칼럼을 갖고 있다.

```
CREATE TABLE Categories (
    CategoryId   INTEGER        PRIMARY KEY,
    CategoryName NVARCHAR (15) NOT NULL,
    Description  "NTEXT",
    Picture      "IMAGE"
);
```

규칙을 사용해 다음 항목을 정의한다.

-   Picture 칼럼은 매핑하지 않으므로 4개 속성 중 3개

-   기본 키

-   Product 테이블에 대한 일대다 관계

Description 칼럼을 정확한 데이터베이스 형식에 매핑하려면 string 속성을 칼럼 특성으로 장식해야 한다.

10장의 뒷부분에서는 Fluent API를 사용해 `CategoryName`이 `not null`이고 길이를 최대 15자로 제한한다.

1. `Category` 엔티티 모델 클래스를 다음 코드로 수정한다.

```csharp
using System.ComponentModel.DataAnnotations.Schema; // [Column]
namespace Packt.Shared;
public class Category
{
    // 이 프로퍼티들은 데이터베이스의 칼럼에 매핑된다.
    public int CategoryId { get; set; }
    public string? CategoryName { get; set; }
    [Column(TypeName = "ntext")]
    public string? Description { get; set; }
    // 관련된 행에 대한 탐색 프로퍼티를 정의한다.
    public virtual ICollection<Product> Products { get; set; }
    public Category()
    {
        // 개발자가 Category에 Product를 추가할 수 있게 하려면
        // 탐색 속성을 빈 컬렉션으로 초기화해야 한다.
        Products = new HashSet<Product>();
    }
}
```

`Product` 클래스는, 10개의 칼럼을 갖고 있는 `Products` 테이블의 1개 행을 나타내는 데 사용된다. 테이블의 모든 칼럼을 클래스의 속성으로 포함시킬 필요는 없다. 여기서는 `ProductId`, `ProductName`, `UnitPrice`, `UnitsInStock`, `Discontinued`, `CategoryId` 6개의 속성만 매핑한다.

속성에 매핑되지 않은 칼럼은 클래스 인스턴스를 사용해 읽거나 설정할 수 없다. 그래서 클래스를 사용해 새 객체를 만들 때 테이블의 새 행은 매핑되지 않은 칼럼의 값으로 `NULL` 또는 기본값을 설정한다. 칼럼을 매핑하지 않은 것이 의도적인지, 그러한 칼럼에 대해 데이터베이스에서 기본값을 설정했는지 확인해야 한다. 그렇지 않으면 런타임 예외가 발생한다. 예제에서 행은 이미 데이터 값을 갖고 있으며 애플리케이션에서 이 값을 읽지 않는다.

속성을 정의하면 칼럼 이름을 Cost와 같은 다른 이름으로 변경할 수 있다. [Column] 특성을 장식하고 UnitPrice처럼 칼럼 이름을 지정한다.

CategoryId는 각 제품을 부모 카테고리로 매핑하는 데 사용하는 Category 속성과 연관된다.

2. Product 클래스를 다음 코드와 같이 수정한다.

```
using System.ComponentModel.DataAnnotations; // [Required],
[StringLength]
using System.ComponentModel.DataAnnotations.Schema; // [Column]
namespace Packt.Shared;
public class Product
{
  public int ProductId { get; set; } // 기본키
  [Required]
  [StringLength(40)]
  public string ProductName { get; set; } = null!;
  [Column("UnitPrice", TypeName = "money")]
  public decimal? Cost { get; set; } // 속성 이름 != 칼럼 이름
  [Column("UnitsInStock")]
  public short? Stock { get; set; }
  public bool Discontinued { get; set; }
  // 아래 2개는 Categories 테이블에 대해 외래키 관계를 정의한다.
  public int CategoryId { get; set; }
  public virtual Category Category { get; set; } = null!;
}
```

2개의 엔티티와 연관된 속성들인 Category.Products, Product.Category는 virtual로 선언됐다. 이렇게 하면 EF가 이 속성을 상속하고 재정의해서 지연 로딩 같은 부가 기능을 제공할 수 있다.

Northwind 데이터베이스 콘텍스트 클래스에 테이블 추가하기

DbContext 파생 클래스 내에서는 DbSet<T> 형식의 속성을 하나 이상 정의해야 한다. 이 속성들은 테이블을 나타낸다. 각 테이블에 어떤 칼럼들이 있는지 EF 코어에 알리기 위해 DbSet<T> 속성은 제네릭을 사용해 테이블의 행을 나타내는 클래스를 지정한다. 엔티

티 모델 클래스는 해당 칼럼을 나타내는 속성을 가진다. DbContext 파생 클래스는 OnModelCreating이라는 재정의된 메서드를 선택적으로 가질 수 있다. 이때 어트리뷰트로 엔티티 클래스를 작성하는 대신 Fluent API를 사용할 수 있다.

코드를 작성해 보자.

1. 다음과 같이 Northwind 클래스를 수정해 2개의 테이블과 OnModelCreating 메서드에 대한 2개의 속성을 정의하는 코드를 추가한다.

```csharp
public class Northwind : DbContext
{

    // 아래 속성은 데이터베이스 테이블에 매핑된다.
    public DbSet<Category>? Categories { get; set; }
    public DbSet<Product>? Products { get; set; }
    protected override void OnConfiguring(
        DbContextOptionsBuilder optionsBuilder)
    {
        …
    }

    protected override void OnModelCreating(
        ModelBuilder modelBuilder)
    {
        // 속성 대신 Fluent API를 이용해 Category 이름을
        // 15로 제한
        modelBuilder.Entity<Category>()
            .Property(category => category.CategoryName)
            .IsRequired() // NOT NULL
            .HasMaxLength(15);
        if (ProjectConstants.DatabaseProvider == "SQLite")
        {
            // SQLite에서 decimal 지원 문제를 수정하기 위해 추가
            modelBuilder.Entity<Product>()
                .Property(product => product.Cost)
                .HasConversion<double>();
        }
    }
}
```

EF 코어 3.0 이상에서 decimal 형식에 대한 정렬이나 기타 작업이 SQLite 데이터베이스에서 지원되지 않는다. SQLite 데이터베이스를 사용할 때 decimal 값을 double 값으로 변환할 수 있다는 것을 모델에 알려서 이 문제를 해결할 수 있다. 이렇게 하더라도 실제로 런타임에 변환을 수행하지는 않는다.

엔티티 모델을 수동으로 정의하는 몇 가지 예를 살펴봤으므로 이제 도구를 사용하는 방법을 살펴보자.

dotnet-ef 도구 설정하기

.NET에는 dotnet 명령행 도구가 있는데 EF 코어를 사용하기 위해 확장할 수 있다. 예를 들어, 이전 모델에서 새 모델로 마이그레이션하고 기존 데이터베이스에서 모델에 대한 코드를 생성하는 디자인 타임 작업을 처리할 수 있다.

dotnet-ef 명령행 도구는 자동으로 설치되지 않으므로 **전역** 또는 **로컬**로 설치해야 한다. 이전 버전을 설치했다면 이전 버전을 제거해야 한다.

1. 이미 dotnet-ef가 전역에 설치됐는지 확인하려면 명령 프롬프트나 터미널에서 다음 명령을 입력한다.

```
dotnet tool list --global
```

2. 다음 .NET 코어 3.1과 같이 이전 버전의 도구가 설치돼 있는지 확인한다.

```
패키지 ID        버전        명령
-----------------------------------
dotnet-ef      3.1.0      dotnet-ef
```

3. 이전 버전이 이미 설치돼 있다면 다음 명령으로 제거한다.

```
dotnet tool uninstall --global dotnet-ef
```

4. 다음과 같이 최신 버전을 설치한다.

```
dotnet tool install --global dotnet-ef --version 6.0.0
```

5. 필요하다면 dotnet-ef설치 결과의 설명에 따라 설치된 폴더를 PATH 환경 변수에 추가한다.

기존 데이터베이스를 사용한 스캐폴딩

스캐폴딩scaffolding은 리버스 엔지니어링을 통해 데이터베이스 모델을 나타내는 클래스를 생성하는 프로세스다. 좋은 스캐폴딩 도구를 사용하면 자동으로 생성된 클래스를 확장하는 방식으로 클래스를 다시 생성할 수 있다.

도구를 사용해서 클래스를 다시 생성하지 않는 것이 확실하다면 자동 생성된 클래스를 얼마든지 수정해도 좋다. 도구로 생성된 코드는 가까운 근사치일 뿐이다.

 좋은 습관: 확실하게 알고 있다면 도구에 의존할 필요는 없다.

위에서 수동으로 작성했던 동일한 모델이 도구를 이용했을 때도 생성되는지 살펴보자.

1. WorkingWithEFCore 프로젝트에 Microsoft.EntityFrameworkCore.Design 패키지를 추가한다.

2. 명령 프롬프트나 터미널에서 WorkingWithEFCore 폴더로 이동한 뒤, 다음 명령으로 AutoGenModels 폴더에 Categories와 Products 테이블에 대한 모델을 생성한다.

```
dotnet ef dbcontext scaffold "Filename=Northwind.db" Microsoft.
EntityFrameworkCore.Sqlite --table Categories --table Products --output-
dir AutoGenModels --namespace WorkingWithEFCore.AutoGen --data-
annotations --context Northwind
```

다음을 참고하자.

- 명령 액션: dbcontext scaffold

- 연결 문자열: "Filename=Northwind.db"

- 데이터베이스 공급자: Microsoft.EntityFrameworkCore.Sqlite

- 모델을 생성할 테이블: --table Categories --table Products

- 출력 폴더: --output-dir AutoGenModels

- 네임스페이스: --namespace WorkingWithEFCore.AutoGen

- 데이터 주석과 Fluent API 사용: --data-annotations

- [database_name] 콘텍스트에서 이름 변경: --context Northwind

 SQL 서버에서는 다음 명령문처럼 데이터베이스 공급자와 연결 문자열을 변경한다.

```
dotnet ef dbcontext scaffold "Data Source=.;Initial
Catalog=Northwind;Integrated Security=true;" Microsoft.
EntityFrameworkCore.SqlServer --table Categories
--table Products --output-dir AutoGenModels --namespace
WorkingWithEFCore.AutoGen --data-annotations --context
Northwind
```

3. 다음 출력과 같이 빌드 메시지와 경고를 확인한다.

```
Build started...
Build succeeded.
To protect potentially sensitive information in your connection string,
you should move it out of source code. You can avoid scaffolding
the connection string by using the Name= syntax to read it from
configuration - see https://go.microsoft.com/fwlink/?linkid=2131148. For
more guidance on storing connection strings, see http://go.microsoft.
com/fwlink/?LinkId=723263.
```

4. AutoGenModels 폴더에서 자동으로 생성된 Category.cs, Northwind.cs, Product.cs 3
   개의 파일을 확인한다.

5. 다음과 같이 Category.cs 파일을 열어서 수동으로 작성한 코드와 어떤 점이 다른 지
   살펴보자.

6. Category.cs 파일을 열고 수동으로 생성했을 때와 차이를 비교해 보자.

```csharp
using System;
using System.Collections.Generic;
using System.ComponentModel.DataAnnotations;
using System.ComponentModel.DataAnnotations.Schema;
using Microsoft.EntityFrameworkCore;

namespace WorkingWithEFCore.AutoGen
{
    [Index(nameof(CategoryName), Name = "CategoryName")]
    public partial class Category
    {
        public Category()
        {
            Products = new HashSet<Product>();
        }

        [Key]
        public long CategoryId { get; set; }
        [Column(TypeName = "nvarchar (15)")]
        public string CategoryName { get; set; } = null!;
        [Column(TypeName = "ntext")]
        public string? Description { get; set; }
        [Column(TypeName = "image")]
        public byte[]? Picture { get; set; }

        [InverseProperty(nameof(Product.Category))]
        public virtual ICollection<Product> Products { get; set; }
    }
}
```

다음을 참고하자.

- EF 코어 5.0에 도입된 [Index] 특성으로 엔티티 클래스를 장식한다. 이는 속성이 인덱스를 가져야 한다는 것을 나타낸다. 이전 버전에서는 인덱스 정의에 Fluent API만 지원했다. 기존 데이터베이스로 작업하고 있으므로 이 작업이 필요하지 않지만, 코드에서 빈 데이터베이스를 새로 생성하려면 이 정보가 필요하다.

- 데이터베이스의 테이블 이름은 Categories에 해당하지만, dotnet-ef 도구는 **휴머나이저**^{Humanizer} 서드 파티 라이브러리를 사용해 클래스 이름을, 단일 엔티티를 만들 때 더 자연스러운 이름인 Category로 자동 단수화한다.

- 엔티티 클래스는 partial 키워드를 사용해 선언되므로 코드를 추가하기 위해 partial 클래스를 만들 수 있다. 이렇게 하면 도구를 다시 실행해도 추가 코드를 잃지 않고 엔티티 클래스를 다시 생성할 수 있다.

- CategoryId 속성은 엔티티의 기본 키임을 나타내는 [Key] 특성으로 장식돼 있다. 이 속성의 데이터 형식은 SQL Server는 int, SQLite는 long이다.

- Products 속성은 [InverseProperty] 특성을 사용해 Product 엔티티 클래스의 Category 속성에 대한 외래 키 관계를 정의한다.

7. Product.cs 파일을 열어서 수동으로 작성한 코드와 어떤 점이 다른지 확인하자.

8. Northwind.cs 파일을 열고 수동으로 작성한 코드와 어떤 점이 다른지 확인하자.

```
using Microsoft.EntityFrameworkCore;
namespace WorkingWithEFCore.AutoGen
{
  public partial class Northwind : DbContext
  {
    public Northwind()
    {
    }
    public Northwind(DbContextOptions<Northwind> options)
      : base(options)
    {
```

```
        }
        public virtual DbSet<Category> Categories { get; set; } = null!;
        public virtual DbSet<Product> Products { get; set; } = null!;
        protected override void OnConfiguring(
          DbContextOptionsBuilder optionsBuilder)
        {
          if (!optionsBuilder.IsConfigured)
          {
#warning To protect potentially sensitive information in your connection
string, you should move it out of source code. You can avoid scaffolding
the connection string by using the Name= syntax to read it from
configuration - see https://go.microsoft.com/fwlink/?linkid=2131148. For
more guidance on storing connection strings, see http://go.microsoft.
com/fwlink/?LinkId=723263.
            optionsBuilder.UseSqlite("Filename=Northwind.db");
          }
        }
        protected override void OnModelCreating(ModelBuilder modelBuilder)
        {
          modelBuilder.Entity<Category>(entity =>
          {
            ...
          });
          modelBuilder.Entity<Product>(entity =>
          {
            ...
          });
          OnModelCreatingPartial(modelBuilder);
        }
        partial void OnModelCreatingPartial(ModelBuilder modelBuilder);
    }
}
```

다음을 참고하자.

- Northwind 데이터 콘텍스트 클래스는 확장 및 다시 생성이 가능하도록 partial을 사용한다.

- 기본 생성자와 옵션을 전달할 수 있는 생성자 2개가 있다. 이렇게 하면 런타임에 연결 문자열을 지정하려는 앱에서 유용하다.

- 컴파일 시, 정적 컴파일러 분석 경고를 방지하기 위해 Categories 및 Products 테이블을 나타내는 2개의 DbSet<T> 속성이 null 허용 값으로 설정됐다. 런타임에는 영향을 미치지 않는다.

- 생성자에서 옵션을 지정하지 않으면 OnConfiguring 메서드에서는 기본적으로 현재 폴더에서 데이터베이스 파일을 찾는 연결 문자열을 사용한다. 이 연결 문자열에 보안 정보를 하드코딩하면 안 된다는 컴파일러 경고가 표시된다.

- OnModelCreating 메서드에서 Fluent API를 사용해 두 엔티티 클래스를 구성한 다음, OnModelCreatingPartial이라는 partial메서드가 호출된다. 이렇게 Northwind 클래스에서 partial 메서드를 구현하면 모델 클래스를 다시 생성해도 손실되지 않는 고유한 Fluent API 구성을 추가할 수 있다.

9. 자동으로 생성된 클래스 파일을 닫는다.

사전 규칙 모델 구성하기

SQLite 데이터베이스 공급자와 함께 사용할 수 있는 DateOnly 및 TimeOnly 형식에 대한 지원과 함께 EF 코어 6에 도입된 새로운 기능 중 하나는 사전 규칙 모델preconvention model 구성이다.

모델이 복잡할수록 규칙에 의존해 엔티티 형식과 속성을 발견하고 테이블과 칼럼에 매핑하는 것이 어려워진다. 따라서 규칙을 사용하기 전에 규칙 자체를 구성할 수 있다면 유용할 것이다.

예를 들어, 모든 string 속성의 최대 길이를 50자로 정하거나 사용자 정의 인터페이스를 구현하는 속성 형식은 매핑하지 않도록 규칙을 정의할 수 있다.

```
protected override void ConfigureConventions(
  ModelConfigurationBuilder configurationBuilder)
{
  configurationBuilder.Properties<string>().HaveMaxLength(50);
  configurationBuilder.IgnoreAny<IDoNotMap>();
}
```

10장의 나머지에서는 수동으로 생성한 클래스를 사용한다.

⁝⁝ EF 코어 모델 쿼리하기

Northwind 데이터베이스와 개의 테이블에 매핑되는 모델이 있으므로 간단한 LINQ 쿼리를 작성해서 데이터를 가져올 수 있다. 11장에서 LINQ 쿼리에 대해 알아본다.

먼저, 여기서는 코드를 작성하고 결과만 확인한다.

1. Program.cs에서 EF 코어 네임스페이스를 가져와 테이블에서 미리 데이터를 가져오는 Include 확장 메서드 사용을 활성화한다.

```
using Microsoft.EntityFrameworkCore; // Include 확장 메서드
```

2. Program.cs 파일 끝에 다음 항목을 처리하는 QueryingCategories 메서드를 정의한다.

   - 데이터베이스를 관리할 Northwind 클래스 인스턴스를 만든다. 데이터베이스 콘텍스트 인스턴스는 작업 단위에서 짧은 수명 주기로 설계됐고 가능한 한 빨리 폐기돼야 하므로 using으로 감싼다. 14장에서는 의존성 주입을 사용해 데이터베이스 콘텍스트를 가져오는 방법에 대해 알아본다.

   - 관련 제품을 포함하는 모든 카테고리를 구해 오는 쿼리를 작성한다.

   - 카테고리를 열거하면서 각 카테고리의 제품 이름과 번호를 출력한다.

```
static void QueryingCategories()
{
  using (Northwind db = new())
  {
    WriteLine("Categories and how many products they have:");
    // 모든 카테고리와 카테고리와 연관된 제품을 가져오는 쿼리
    IQueryable<Category>? categories = db.Categories?
      .Include(c => c.Products);
```

```
        if (categories is null)
        {
          WriteLine("No categories found.");
          return;
        }
        // 쿼리 및 결과 열거 실행
        foreach (Category c in categories)
        {
          WriteLine($"{c.CategoryName} has {c.Products.Count} products.");
        }
      }
    }
}
```

3. Program.cs 위에 데이터베이스 공급자 이름을 출력한 뒤에 QueryingCategories 메서
   드를 호출한다.

```
WriteLine($"Using {ProjectConstants.DatabaseProvider} database
provider.");
QueryingCategories();
```

4. 프로그램을 실행하고 결과를 확인한다. 다음은 비주얼 스튜디오 코드에서 SQLite
   데이터베이스 공급자를 사용한 경우다.

```
Using SQLite database provider.
Categories and how many products they have:
Using F:\github\csharp9_translation\Code\Chapter10\WorkingWithEFCore\
Northwind.db database file.
Beverages has 12 products.
Condiments has 12 products.
Confections has 13 products.
Dairy Products has 10 products.
Grains/Cereals has 7 products.
Meat/Poultry has 6 products.
Produce has 5 products.
Seafood has 12 products.
```

SQLite 데이터베이스 공급자를 사용해 비주얼 스튜디오 코드로 실행할 때의 경로는 WorkingWithEFCore 폴더다. SQL Server 데이터베이스 공급자를 사용해 실행하는 경우에는 데이터베이스 파일 경로를 출력하지 않는다.

 주의: 비주얼 스튜디오 2022에서 SQLite를 사용할 때 다음과 같은 예외가 발생한다면 Northwind.db 파일이 출력 디렉터리에 복사되지 않은 경우가 대부분이다. 출력 디렉터리로 복사를 항상 복사로 설정했는지 확인하자.

```
Unhandled exception. Microsoft.Data.Sqlite.SqliteException
(0x80004005): SQLite Error 1: 'no such table: Categories'
```

포함되는 엔티티 필터링하기

EF 코어 5.0에서 **필터링 포함**filtered includes 기능이 추가됐다. 이 기능은 Include 메서드를 호출하고 그 결과를 반환할 때 람다를 사용해 반환할 엔티티를 필터링할 수 있다.

1. Program.cs 파일 아래에 다음과 같은 작업을 처리하는 FilteredIncludes 메서드를 정의한다.

   - 데이터베이스를 관리할 Northwind 클래스의 인스턴스를 생성한다.

   - 사용자로부터 조회할 재고 수량units in stock을 입력받는다.

   - 입력받은 재고 수량이 남아 있는 제품 카테고리를 가져오는 쿼리를 작성한다.

   - 카테고리와 제품을 열거하면서 이름과 재고 수량을 출력한다.

   ```
   static void FilteredIncludes()
   {
     using (Northwind db = new())
     {
       Write("Enter a minimum for units in stock: ");
       string unitsInStock = ReadLine() ?? "10";
       int stock = int.Parse(unitsInStock);
       IQueryable<Category>? categories = db.Categories?
   ```

```
    .Include(c => c.Products.Where(p => p.Stock >= stock));
  if (categories is null)
  {
    WriteLine("No categories found.");
    return;
  }
  foreach (Category c in categories)
  {
    WriteLine($"{c.CategoryName} has {c.Products.Count} products with
a minimum of {stock} units in stock.");
    foreach(Product p in c.Products)
    {
      WriteLine($"  {p.ProductName} has {p.Stock} units in stock.");
    }
  }
 }
}
```

2. Program.cs에서 QueryingCategories 메서드를 주석 처리하고 FilteredIncludes 메서드 호출을 추가한다.

```
WriteLine($"Using {ProjectConstants.DatabaseProvider} database
provider.");
// QueryingCategories();
FilteredIncludes();
```

3. 코드를 실행하고 재고 수량에 100을 입력한 다음 결과를 확인한다.

```
Enter a minimum for units in stock: 100
Beverages has 2 products with a minimum of 100 units in stock.
  Sasquatch Ale has 111 units in stock.
  Rhonbrau Klosterbier has 125 units in stock.
Condiments has 2 products with a minimum of 100 units in stock.
  Grandma's Boysenberry Spread has 120 units in stock.
  Sirop d'erable has 113 units in stock.
Confections has 0 products with a minimum of 100 units in stock.
Dairy Products has 1 products with a minimum of 100 units in stock.
  Geitost has 112 units in stock.
Grains/Cereals has 1 products with a minimum of 100 units in stock.
  Gustaf's Knackebrod has 104 units in stock.
```

```
Meat/Poultry has 1 products with a minimum of 100 units in stock.
    Pate chinois has 115 units in stock.
Produce has 0 products with a minimum of 100 units in stock.
Seafood has 3 products with a minimum of 100 units in stock.
    Inlagd Sill has 112 units in stock.
    Boston Crab Meat has 123 units in stock.
    Rod Kaviar has 101 units in stock.
```

윈도우 콘솔에서 유니코드 문자

윈도우10 가을 크리에이터스^{Fall Creators} 업데이트 이전 버전의 윈도우 콘솔에는 제한 사항이 있다. 기본적으로 콘솔은 Rhönbräu와 같은 유니코드 문자를 표시할 수 없다.

이 문제가 있다면 앱 실행 전에 다음 명령을 입력해 콘솔의 코드 페이지(문자 집합이라고도 함)를 유니코드 UTF-8로 일시적으로 변경할 수 있다.

```
chcp 65001
```

필터링과 정렬

데이터를 필터링하고 정렬하는 좀 더 복잡한 쿼리를 배워 보자.

1. Program.cs 파일에 다음과 같은 작업을 처리하는 QueryingProducts 메서드를 정의한다.

   - 데이터베이스를 관리할 Northwind 클래스의 인스턴스를 생성한다.

   - 사용자로부터 조회할 제품 가격을 입력받는다. 이전 예제와 다르게 올바른 가격을 입력할 때까지 루프^{loop}를 돈다.

   - LINQ를 사용해 입력한 가격보다 비싼 제품을 조회하는 쿼리를 생성한다.

   - 결과에 대해 루프를 돌면서 Id, 이름, 가격(미국 달러 형식), 재고 수량을 출력한다.

```
static void QueryingProducts()
{
  using (Northwind db = new())
  {
    WriteLine("Products that cost more than a price, highest at top.");
    string? input;
    decimal price;
    do
    {
      Write("Enter a product price: ");
      input = ReadLine();
    } while (!decimal.TryParse(input, out price));
    IQueryable<Product>? products = db.Products?
      .Where(product => product.Cost > price)
      .OrderByDescending(product => product.Cost);
    if (products is null)
    {
      WriteLine("No products found.");
      return;
    }
    foreach (Product p in products)
    {
      WriteLine(
        "{0}: {1} costs {2:$#,##0.00} and has {3} in stock.",
        p.ProductID, p.ProductName, p.Cost, p.Stock);
    }
  }
}
```

2. 이전 함수 호출을 주석 처리하고 QueryingProducts 메서드 호출을 추가한다.

3. 코드를 실행하고 제품 가격에 50을 입력한 다음 결과를 확인한다.

```
Enter a product price: 50
38: Cote de Blaye costs $263.50 and has 17 in stock.
29: Thuringer Rostbratwurst costs $123.79 and has 0 in stock.
9: Mishi Kobe Niku costs $97.00 and has 29 in stock.
20: Sir Rodney's Marmalade costs $81.00 and has 40 in stock.
18: Carnarvon Tigers costs $62.50 and has 42 in stock.
59: Raclette Courdavault costs $55.00 and has 79 in stock.
51: Manjimup Dried Apples costs $53.00 and has 20 in stock.
```

생성된 SQL 확인하기

위에서 작성한 C# 쿼리 코드를 통해 실제로 어떤 SQL 문이 생성되는 걸까? EF 코어 5.0에서는 생성된 SQL 문을 쉽고 빠르게 확인할 수 있다.

1. FilteredIncludes 메서드에서 foreach를 사용해 쿼리를 열거하기 전에 생성된 SQL 을 출력하는 코드를 추가한다.

```
WriteLine($"ToQueryString: {categories.ToQueryString()}");
foreach (Category c in categories)
```

2. 다른 함수 호출을 주석 처리하고 FilteredIncludes 메서드를 호출한다.

3. 코드를 실행하고 재고 수량에 99를 입력한 다음 결과를 확인한다. 다음은 SQLite를 사용했을 때의 결과다.

```
Enter a minimum for units in stock: 99
ToQueryString: .param set @__stock_0 99
SELECT "c"."CategoryID", "c"."CategoryName", "c"."Description",
"t"."ProductID", "t"."CategoryID", "t"."UnitPrice", "t"."Discontinued",
"t"."ProductName", "t"."UnitsInStock"
FROM "Categories" AS "c"
LEFT JOIN (
    SELECT "p"."ProductID", "p"."CategoryID", "p"."UnitPrice",
"p"."Discontinued", "p"."ProductName", "p"."UnitsInStock"
    FROM "Products" AS "p"
    WHERE "p"."UnitsInStock" >= @__stock_0
) AS "t" ON "c"."CategoryID" = "t"."CategoryID"
ORDER BY "c"."CategoryID"
Beverages has 2 products with a minimum of 99 units in stock.
  Sasquatch Ale has 111 units in stock.
  Rhonbrau Klosterbier has 125 units in stock.
...
```

SQL 매개 변수 @_stock_0이 재고 수량 입력 값인 99로 설정됐다.

SQL 서버를 사용했을 때 생성되는 쿼리는 약간 다르다. 예를 들어, 객체 이름 주위에 큰따옴표 대신 대괄호가 사용된다.

```
Enter a minimum for units in stock: 99
Using SqlServer database provider.
ToQueryString: DECLARE @__stock_0 smallint = CAST(99 AS smallint);
SELECT [c].[CategoryId], [c].[CategoryName], [c].[Description], [t].
[ProductId], [t].[CategoryId], [t].[UnitPrice], [t].[Discontinued], [t].
[ProductName], [t].[UnitsInStock]
FROM [Categories] AS [c]
LEFT JOIN (
    SELECT [p].[ProductId], [p].[CategoryId], [p].[UnitPrice], [p].
[Discontinued], [p].[ProductName], [p].[UnitsInStock]
    FROM [Products] AS [p]
    WHERE [p].[UnitsInStock] >= @__stock_0
) AS [t] ON [c].[CategoryId] = [t].[CategoryId]
ORDER BY [c].[CategoryId], [t].[ProductId]
```

사용자 정의 로깅 공급자를 사용해 EF 코어 로깅하기

EF 코어와 데이터베이스 간의 동작을 모니터링하려면 로깅을 활성화해야 한다. 다음 작업이 필요하다.

- **로깅 공급자**logging provider **등록**

- **로거**logger **구현**

필요한 작업을 하나씩 따라해 보자.

1. 프로젝트에 ConsoleLogger.cs 파일을 추가한다.

2. 추가한 파일에 ILoggerProvider와 ILogger를 구현하는 2개의 클래스를 작성한다. 이 클래스들은 다음 작업을 처리한다.

- ConsoleLoggerProvider는 ConsoleLogger의 인스턴스를 반환한다. 관리되지 않는 리소스를 사용하지 않으므로 Dispose 메서드가 아무런 작업도 하지 않지만 메서드 자체는 필요하다.

- ConsoleLogger는 None, Trace, Information 레벨은 비활성화하고 그 외의 로그 레벨은 활성화한다.

- ConsoleLogger는 실제로 콘솔에 로그를 출력하는 Log 메서드를 구현한다.

```csharp
using Microsoft.Extensions.Logging; // ILoggerProvider, ILogger,
LogLevel
using static System.Console;
namespace Packt.Shared;
public class ConsoleLoggerProvider : ILoggerProvider
{
  public ILogger CreateLogger(string categoryName)
  {
    // categoryName에 따라 로거를 더 구현할 수 있다.
    // 여기서는 ConsoleLogger 하나만 구현한다.
    return new ConsoleLogger();
  }

  // logger가 관리되지 않는 리소스를 사용하면
  // 여기서 메모리를 해제한다.
  public void Dispose() { }
}
public class ConsoleLogger : ILogger
{
  // logger가 관리되지 않는 리소스를 사용하면
  // 여기서 IDisposable을 구현한 클래스를 반환할 수 있다.
  public IDisposable BeginScope<TState>(TState state)
  {
    return null;
  }
  public bool IsEnabled(LogLevel logLevel)
  {
    // 로그가 지나치게 많아지는 걸 방지하기 위해
    // log level에 따라 로그를 필터한다.
    switch(logLevel)
    {
      case LogLevel.Trace:
```

```
          case LogLevel.Information:
          case LogLevel.None:
            return false;
          case LogLevel.Debug:
          case LogLevel.Warning:
          case LogLevel.Error:
          case LogLevel.Critical:
          default:
            return true;
      };
  }
  public void Log<TState>(LogLevel logLevel,
    EventId eventId, TState state, Exception? exception,
    Func<TState, Exception, string> formatter)
  {
      // level과 eventId를 출력한다.
      Write($"Level: {logLevel}, Event Id: {eventId.Id}");
      // state나 exception이 있는 경우 출력한다.
      if (state != null)
      {
        Write($", State: {state}");
      }
      if (exception != null)
      {
        Write($", Exception: {exception.Message}");
      }
      WriteLine();
  }
}
```

3. Program.cs에 로깅에 필요한 네임스페이스를 가져오는 코드를 추가한다.

```
using Microsoft.EntityFrameworkCore.Infrastructure;
using Microsoft.Extensions.DependencyInjection;
using Microsoft.Extensions.Logging;
```

4. FilteredIncludes 메서드는 이미 SQL 쿼리 출력을 위해 ToQueryString 메서드를 사용하고 있으므로 로깅을 추가할 필요가 없다. QueryingCategories와 Querying Products 메서드의 Using 블록 내부에 로깅 팩토리를 가져오고 사용자 지정 콘솔 로거를 등록하는 코드를 추가한다.

```
ILoggerFactory loggerFactory = db.GetService<ILoggerFactory>();
loggerFactory.AddProvider(new ConsoleLoggerProvider());
```

5. FilteredIncludes 호출은 주석 처리하고 QueryingProducts를 호출한다.

6. 코드를 실행하고 출력된 로그를 확인한다.

```
Level: Debug, Event Id: 20000, State: Opening connection to database
'main' on server 'F:\github\csharp9_translation\Code\Chapter10\
WorkingWithEFCore\Northwind.db'.
Level: Debug, Event Id: 20001, State: Opened connection to database
'main' on server 'F:\github\csharp9_translation\Code\Chapter10\
WorkingWithEFCore\Northwind.db'.
Level: Debug, Event Id: 20100, State: Executing DbCommand
[Parameters=[@__price_0='?' (DbType = Double)], CommandType='Text',
CommandTimeout='30']
SELECT "p"."ProductID", "p"."CategoryID", "p"."UnitPrice",
"p"."Discontinued", "p"."ProductName", "p"."UnitsInStock"
FROM "Products" AS "p"
WHERE "p"."UnitPrice" > @__price_0
ORDER BY "p"."UnitPrice" DESC
```

 로그는 선택한 데이터베이스 공급자와 코드 편집기 그리고 EF 코어의 향후 개선 사항에 따라 책과 다를 수 있다. 연결을 맺거나 명령을 실행하는 이벤트 ID 역시 다르다.

공급자 지정 값으로 로그 필터링

이벤트 ID의 값과 의미는 .NET 데이터 공급자에 따라 다르다. LINQ 쿼리가 어떻게 SQL 문으로 변환돼 실행되는지 알고 싶을 때는 이벤트 ID 20100을 사용한다.

1. 이벤트 ID가 20100일 때만 출력되도록 ConsoleLogger의 Log 메서드를 수정한다.

```
public void Log<TState>(LogLevel logLevel,
    EventId eventId, TState state, Exception? exception,
    Func<TState, Exception, string> formatter)
  {
```

```
    if (eventId.Id == 20100)
    {
        // level과 eventId를 출력한다.
        Write($"Level: {logLevel}, Event Id: {eventId.Id}");
        // state나 exception이 있는 경우 출력한다.
        if (state != null)
        {
            Write($", State: {state}");
        }
        if (exception != null)
        {
            Write($", Exception: {exception.Message}");
        }
        WriteLine();
    }
  }
}
```

2. Program.cs에서 QueryingCategories 메서드는 주석을 제거하고 다른 두 메서드는 주석 처리한다.

3. 코드를 실행하고 로그로 출력되는 SQL 쿼리를 확인한다.

```
Using SQLite database provider.
Categories and how many products they have:
Level: Debug, Event Id: 20100, State: Executing DbCommand [Parameters=[],
CommandType='Text', CommandTimeout='30']
SELECT "c"."CategoryID", "c"."CategoryName", "c"."Description",
"p"."ProductID", "p"."CategoryID", "p"."UnitPrice", "p"."Discontinued",
"p"."ProductName", "p"."UnitsInStock"
FROM "Categories" AS "c"
LEFT JOIN "Products" AS "p" ON "c"."CategoryID" = "p"."CategoryID"
ORDER BY "c"."CategoryID"
Beverages has 12 products.
Condiments has 12 products.
Confections has 13 products.
Dairy Products has 10 products.
Grains/Cereals has 7 products.
Meat/Poultry has 6 products.
Produce has 5 products.
Seafood has 12 products.
```

쿼리 태그 로깅

복잡한 시나리오에서 LINQ 쿼리와 로그 메시지를 상호 연관시키는 것은 까다롭다. 이때는 EF 코어 2.2에서 도입된, 로그에 SQL 주석을 추가할 수 있는 쿼리 태그 기능을 사용하면 도움이 된다.

다음과 같이 `TagWith` 메서드를 사용해 LINQ 쿼리에 주석을 달 수 있다.

```
IQueryable<Product>? products = db.Products?
  .TagWith("Products filtered by price and sorted.")
  .Where(product => product.Cost > price)
  .OrderByDescending(product => product.Cost);
```

이렇게 하면 다음 출력과 같이 로그에 SQL 주석이 추가된다.

```
-- Products filtered by price and sorted.
```

Like로 패턴 매칭

EF 코어는 패턴 매칭을 위해 Like를 포함한 일반적인 SQL 문을 지원한다.

1. `Program.cs`에 `QueryingWithLike` 메서드를 추가한다. 다음 항목을 참고한다.

    A. 로깅을 활성화한다.

    B. 사용자로부터 제품 이름 일부를 입력받은 다음, `EF.Functions.Like` 메서드를 사용해 `ProductName` 속성을 검색한다.

    C. 일치하는 제품이 있으면 이름, 재고, 단종 여부를 출력한다.

```
static void QueryingWithLike()
{
  using (Northwind db = new())
  {
    ILoggerFactory loggerFactory = db.GetService<ILoggerFactory>();
```

```
        loggerFactory.AddProvider(new ConsoleLoggerProvider());
        Write("Enter part of a product name: ");
        string? input = ReadLine();
        IQueryable<Product>? products = db.Products?
          .Where(p => EF.Functions.Like(p.ProductName, $"%{input}%"));
        if (products is null)
        {
          WriteLine("No products found.");
          return;
        }
        foreach (Product p in products)
        {
          WriteLine("{0} has {1} units in stock. Discontinued? {2}",
            p.ProductName, p.Stock, p.Discontinued);
        }
      }
    }
}
```

2. Program.cs에서 기존 메서드를 주석 처리하고 QueryingWithLike를 호출한다.

3. 코드를 실행하고 제품 이름 일부를 입력한 뒤 결과를 확인한다. 여기서는 che를 입력했다.

```
Using SQLServer database provider.
Enter part of a product name: che
Level: Debug, Event Id: 20100, State: Executing DbCommand
[Parameters=[@__Format_1='?' (Size = 40)], CommandType='Text',
CommandTimeout='30']
SELECT "p"."ProductId", "p"."CategoryId", "p"."UnitPrice",
"p"."Discontinued", "p"."ProductName", "p"."UnitsInStock" FROM
"Products" AS "p"
WHERE "p"."ProductName" LIKE @__Format_1
Chef Anton's Cajun Seasoning has 53 units in stock. Discontinued? False
Chef Anton's Gumbo Mix has 0 units in stock. Discontinued? True
Queso Manchego La Pastora has 86 units in stock. Discontinued? False
Gumbär Gummibärchen has 15 units in stock. Discontinued? False
```

EF 코어 6.0에는 0과 1을 제외한 의사 난수를 반환하는 데이터베이스 함수에 매핑되는 또 다른 함수인 EF.Functions.Random이 도입됐다. 예를 들어, 난수에 테이블의 행 수를 곱해 해당 테이블에서 임의의 행 하나를 선택할 수 있다.

전역 필터 정의하기

Northwind 제품은 단종될 수 있으므로 쿼리에서 Where을 사용하지 않더라도 단종된 제품은 결과에서 제외되도록 하는 것이 좋다.

1. Northwind.cs에서 OnModelCreating 메서드를 수정해 단종 제품을 제거하는 전역 필터를 추가한다.

```
protected override void OnModelCreating(ModelBuilder modelBuilder)
{
    ...
    // 단종 제품을 제거하기 위한 전역 필터
    modelBuilder.Entity<Product>()
        .HasQueryFilter(p => !p.Discontinued);
}
```

2. 코드를 실행하고 제품 이름의 일부인 che를 입력하고 결과를 확인한다. 다음과 같이 생성된 SQL 문에 Discontinued 칼럼에 대한 필터가 포함돼 있기 때문에 **Chef Anton's Gumbo Mix**는 이제 결과에서 제외됐다.

```
SELECT "p"."ProductId", "p"."CategoryId", "p"."UnitPrice",
"p"."Discontinued", "p"."ProductName", "p"."UnitsInStock"
FROM "Products" AS "p"
WHERE ("p"."Discontinued" = 0) AND "p"."ProductName" LIKE @__Format_1
Chef Anton's Cajun Seasoning has 53 units in stock. Discontinued? False
Queso Manchego La Pastora has 86 units in stock. Discontinued? False
Gumbär Gummibärchen has 15 units in stock. Discontinued? False
```

⁝⁝ EF 코어 로딩 패턴

EF 코어에서는 다음 3개의 로딩 패턴이 주로 사용된다.

- **즉시 로딩**eager loading: 데이터를 즉시 로딩

- **지연 로딩**lazy loading: 데이터를 사용하기 직전에 로딩

- **명시적 로딩**explicit loading: 데이터를 명시적으로 로딩

각 로딩 패턴에 대해서 알아보자.

즉시 로딩

QueryingCategories 메서드는 루프를 돌면서 Categories 속성을 사용해 각 카테고리의 이름과 카테고리의 product 개수를 출력한다. 이것은 쿼리를 작성할 때 Include 메서드를 사용해서 관련 product를 즉시 로딩했기 때문에 가능하다.

Include를 호출하지 않았을 때는 어떻게 되는지 알아보자.

1. 코드를 수정해 다음과 같이 Include 메서드를 호출하지 않도록 한다.

```
IQueryable<Category>? categories = db.Categories;
  //.Include(c => c.Products);
```

2. Program.cs에서 QueryingCategories를 제외한 모든 메서드 호출을 주석 처리한다.

3. 코드를 실행해서 출력 결과를 확인한다.

```
Beverages has 0 products.
Condiments has 0 products.
Confections has 0 products.
Dairy Products has 0 products.
Grains/Cereals has 0 products.
Meat/Poultry has 0 products.
```

```
Produce has 0 products.
Seafood has 0 products.
```

foreach의 각 아이템은 Category 클래스의 인스턴스이며, Products 속성을 갖고 있다. 이 Product 속성은 해당 Category에 속해 있는 product의 리스트다. 원래 쿼리는 Category 테이블에서만 조회하므로 이 속성은 비어 있다.

지연 로딩 활성화

지연 로딩은 EF 코어 2.1에 포함됐으며 누락된 연관 데이터를 자동으로 로드한다. 지연 로딩을 활성화하려면 다음 작업이 필요하다.

- 프록시proxy에 대한 NuGet 패키지 참조

- 프록시를 사용해 지연 로딩 구성

하나씩 따라해 보자.

1. WorkingEFCore 프로젝트에 EF 코어 프록시 패키지 참조를 추가한다.

   ```
   <PackageReference
     Include="Microsoft.EntityFrameworkCore.Proxies"
     Version="6.0.0" />
   ```

2. 프로젝트를 빌드해 패키지를 복원한다.

3. Northwind.cs 파일을 열고 OnConfiguring 메서드 상단에 지연 로딩 프록시 사용을 위해 확장 메서드를 호출한다.

   ```
   protected override void OnConfiguring(
       DbContextOptionsBuilder optionsBuilder)
   {
       optionsBuilder.UseLazyLoadingProxies();
   ```

이제 루프에서 Products 속성을 읽을 때마다 지연 로딩 프록시는 제품이 로드됐는지 확인한다. 로드가 되지 않았으면 현재 카테고리에 대한 제품만 로드하는 SELECT 문을 실행해 '지연' 로드한 다음 정확한 개수를 출력한다.

4. 코드를 실행하면 제품 수가 제대로 표시된다. 지연 로딩의 문제점은 다음 출력과 같이 모든 데이터를 가져오기 위해 데이터베이스를 여러 번 왕복해야 한다는 점이다.

```
Categories and how many products they have:
Level: Debug, Event Id: 20100, State: Executing DbCommand [Parameters=[],
CommandType='Text', CommandTimeout='30']
SELECT "c"."CategoryID", "c"."CategoryName", "c"."Description"
FROM "Categories" AS "c"
Level: Debug, Event Id: 20100, State: Executing DbCommand
[Parameters=[@__p_0='?' (DbType = Int32)], CommandType='Text',
CommandTimeout='30']
SELECT "p"."ProductID", "p"."CategoryID", "p"."UnitPrice",
"p"."Discontinued", "p"."ProductName", "p"."UnitsInStock"
FROM "Products" AS "p"
WHERE "p"."CategoryID" = @__p_0
Beverages has 12 products.
Level: Debug, Event Id: 20100, State: Executing DbCommand
[Parameters=[@__p_0='?' (DbType = Int32)], CommandType='Text',
CommandTimeout='30']
SELECT "p"."ProductID", "p"."CategoryID", "p"."UnitPrice",
"p"."Discontinued", "p"."ProductName", "p"."UnitsInStock"
FROM "Products" AS "p"
WHERE "p"."CategoryID" = @__p_0
Condiments has 12 products.
```

명시적 로딩

또 다른 로딩 타입은 명시적 로딩이다. 명시적 로딩은 지연 로딩처럼 동작하지만, 어떤 데이터를 언제 로딩할 것인지 정확하게 제어할 수 있다.

1. Program.cs 상단에 변경 사항을 추적하기 위한 네임스페이스를 가져오면 Collection Entry 클래스를 사용해 수동으로 연관 엔티티를 가져올 수 있다.

```
using Microsoft.EntityFrameworkCore.ChangeTracking; // CollectionEntry
```

2. QueryingCategories 메서드를 수정해 지연 로딩을 비활성화하고 사용자로부터 즉시 로딩을 사용할지, 명시적 로딩을 사용할지 여부를 입력받도록 한다.

```
IQueryable<Category>? categories;
// = db.Categories;
// .Include(c => c.Products);
db.ChangeTracker.LazyLoadingEnabled = false;
Write("Enable eager loading? (Y/N): ");
bool eagerloading = (ReadKey().Key == ConsoleKey.Y);
bool explicitloading = false;
WriteLine();
if (eagerloading)
{
  categories = db.Categories?.Include(c => c.Products);
}
else
{
  categories = db.Categories;
  Write("Enable explicit loading? (Y/N): ");
  explicitloading = (ReadKey().Key == ConsoleKey.Y);
  WriteLine();
}
```

3. foreach 루프에서 WriteLine 메서드를 호출하기 전에 명시적 로드가 활성화된 경우 사용자가 각 카테고리를 명시적으로 로드할지 여부를 선택할 수 있게 한다.

```
if (explicitloading)
{
  Write($"Explicitly load products for {c.CategoryName}? (Y/N): ");
  ConsoleKeyInfo key = ReadKey();
  WriteLine();
  if (key.Key == ConsoleKey.Y)
  {
    CollectionEntry<Category, Product> products =
      db.Entry(c).Collection(c2 => c2.Products);
    if (!products.IsLoaded) products.Load();
  }
}
```

```
}
WriteLine($"{c.CategoryName} has {c.Products.Count} products.");
```

4. 코드를 실행한다.

- N을 눌러 즉시 로딩을 비활성화한다.

- Y를 눌러 명시적 로딩을 활성화한다.

- 각 카테고리에 대해 Y나 N을 눌러 원하는 카테고리의 제품을 로드한다.

 다음은 8개의 카테고리 중 Beverages, Seafood, 2개의 카테고리만 선택했을 때의
출력 결과다.

```
Categories and how many products they have:
Enable eager loading? (Y/N): n
Enable explicit loading? (Y/N): y
Level: Debug, Event Id: 20100, State: Executing DbCommand [Parameters=[],
CommandType='Text', CommandTimeout='30']
SELECT "c"."CategoryId", "c"."CategoryName", "c"."Description" FROM
"Categories" AS "c"
Explicitly load products for Beverages? (Y/N): y
Level: Debug, Event Id: 20100, State: Executing DbCommand [Parameters=[@
p_0='?'], CommandType='Text', CommandTimeout='30']
SELECT "p"."ProductId", "p"."CategoryId", "p"."UnitPrice",
"p"."Discontinued", "p"."ProductName", "p"."UnitsInStock"
FROM "Products" AS "p"
WHERE ("p"."Discontinued" = 0) AND ("p"."CategoryId" = @ p_0)
Beverages has 11 products.
Explicitly load products for Condiments? (Y/N): n
Condiments has 0 products.
Explicitly load products for Confections? (Y/N): n
Confections has 0 products.
Explicitly load products for Dairy Products? (Y/N): n
Dairy Products has 0 products.
Explicitly load products for Grains/Cereals? (Y/N): n
Grains/Cereals has 0 products.
Explicitly load products for Meat/Poultry? (Y/N): n
Meat/Poultry has 0 products.
```

```
Explicitly load products for Produce? (Y/N): n
Produce has 0 products.
Explicitly load products for Seafood? (Y/N): y
Level: Debug, Event ID: 20100, State: Executing DbCommand [Parameters=[@
p_0='?'], CommandType='Text', CommandTimeout='30']
SELECT "p"."ProductId", "p"."CategoryId", "p"."UnitPrice",
"p"."Discontinued", "p"."ProductName", "p"."UnitsInStock"
FROM "Products" AS "p"
WHERE ("p"."Discontinued" = 0) AND ("p"."CategoryId" = @ p_0)
Seafood has 12 products.
```

 좋은 습관: 어떤 로딩 방식이 적합한지 선택할 때는 신중을 기하자. 지연 로딩은 말
그대로 여러분을 게으른 데이터베이스 개발자로 만들 수 있다. 다음 링크에서 로딩
패턴에 관해 더 읽어 볼 수 있다.

https://docs.microsoft.com/ko-kr/ef/core/querying/related-data/

⸭ EF 코어로 데이터 조작하기

EF 코어를 사용하면 엔티티 삽입, 업데이트, 삭제를 쉽게 처리할 수 있다.

DbContext는 변경 사항을 추적해 자동으로 유지하므로 로컬 엔티티는 새 엔티티 추가,
기존 엔티티 수정 및 제거를 포함한 여러 변경 사항을 추적할 수 있다. 이러한 변경 사항
을 데이터베이스에 실제로 적용시킬 준비가 됐을 때 SaveChanges 메서드를 호출하면 성
공적으로 변경된 엔티티 수가 반환된다.

엔티티 삽입

테이블에 새로운 데이터 행을 어떻게 추가하는지 알아보자.

1. Program.cs에 AddProduct라는 새 메서드를 추가한다.

```
static bool AddProduct(
  int categoryId, string productName, decimal? price)
{
  using (Northwind db = new())
  {
    Product p = new()
    {
      CategoryId = categoryId,
      ProductName = productName,
      Cost = price
    };
    // 제품이 변경됐음을 표시
    db.Products.Add(p);
    // 변경 사항을 데이터베이스에 저장
    int affected = db.SaveChanges();
    return (affected == 1);
  }
}
```

2. Program.cs에 각 제품의 Id, 이름, 비용, 재고, 단종 속성을 가장 비싼 제품 순서로 정렬해 출력하는 ListProducts 메서드를 추가한다.

```
static void ListProducts()
{
  using (Northwind db = new())
  {
    WriteLine("{0,-3} {1,-35} {2,8} {3,5} {4}",
      "Id", "Product Name", "Cost", "Stock", "Disc.");
    foreach (Product p in db.Products
      .OrderByDescending(product => product.Cost))
    {
      WriteLine("{0:000} {1,-35} {2,8:$#,##0.00} {3,5} {4}",
        p.ProductId, p.ProductName, p.Cost, p.Stock, p.Discontinued);
    }
  }
}
```

1, -35는 35자 너비의 칼럼 내에서 인자 1을 왼쪽 정렬하고 3, 5는 5자 너비의 칼럼 내에서 인자 3을 오른쪽 정렬한다는 의미다.

3. Program.cs에서 이전 메서드 호출을 주석 처리하고 AddProduct, ListProducts를 호출한다.

```
// QueryingCategories();
// FilteredIncludes();
// QueryingProducts();
// QueryingWithLike();
if (AddProduct(categoryId: 6,
  productName: "Bob's Burgers", price: 500M))
{
  WriteLine("Add product successful.");
}
ListProducts();
```

4. 코드를 실행해 새 제품이 추가됐는지 확인한다.

```
Add product successful.
Id  Product Name              Cost Stock Disc.
078 Bob's Burgers          $500.00       False
038 Côte de Blaye          $263.50    17 False
020 Sir Rodney's Marmalade $81.00     40 False
...
```

엔티티 업데이트

이번에는 기존 데이터를 갱신해 보자.

1. Program.cs에 지정된 이름으로 시작하는 첫 번째 제품의 가격을 지정된 금액만큼 증가시키는 메서드를 추가한다. 여기서는 이름은 Bob, 가격은 $20을 사용한다.

```
static bool IncreaseProductPrice(
  string productNameStartsWith, decimal amount)
```

```
{
  using (Northwind db = new())
  {
    // 이름이 productNameStartsWith로 시작하는 첫 번째 제품 가져오기
    Product updateProduct = db.Products.First(
      p => p.ProductName.StartsWith(productNameStartsWith));
    updateProduct.Cost += amount;
    int affected = db.SaveChanges();
    return (affected == 1);
  }
}
```

2. Program.cs에서 AddProduct를 호출하는 if 문 전체를 주석 처리하고 제품 목록 호출 앞에 IncreaseProductPrice 호출을 추가한다.

```
/*
if (AddProduct(categoryId: 6,
  productName: "Bob's Burgers", price: 500M))
{
  WriteLine("Add product successful.");
}
*/
if (IncreaseProductPrice(
  productNameStartsWith: "Bob", amount: 20M))
{
  WriteLine("Update product price successful.");
}
ListProducts();
```

3. 코드를 실행하고 Bob's Burgers 엔티티 가격이 $20 증가했음을 확인한다.

```
Update product price successful.
Id  Product Name           Cost Stock Disc.
078 Bob's Burgers         $520.00       False
038 Côte de Blaye         $263.50    17 False
020 Sir Rodney's Marmalade $81.00    40 False
...
```

엔티티 삭제

Remove 메서드를 사용해 개별 엔티티를 삭제할 수 있다. 여러 엔티티를 삭제할 때는 RemoveRange를 사용하는 것이 더 효율적이다.

테이블의 데이터를 삭제해 보자.

1. Program.cs의 맨 아래에 지정된 값으로 시작하는 이름을 가진 모든 제품을 삭제하는 메서드를 추가한다. 여기서는 이름에 Bob을 사용한다.

```
static int DeleteProducts(string productNameStartsWith)
{
  using (Northwind db = new())
  {
    IQueryable<Product>? products = db.Products?.Where(
      p => p.ProductName.StartsWith(productNameStartsWith));
    if (products is null)
    {
      WriteLine("No products found to delete.");
      return 0;
    }
    else
    {
      db.Products.RemoveRange(products);
    }
    int affected = db.SaveChanges();
    return affected;
  }
}
```

2. Program.cs에서 IncreaseProductPrice를 호출하는 if 문 블록 전체를 주석 처리하고 DeleteProducts 호출을 추가한다.

```
int deleted = DeleteProducts(productNameStartsWith: "Bob");
WriteLine($"{deleted} product(s) were deleted.");
```

3. 코드를 실행하고 결과를 확인한다.

```
1 product(s) were deleted.
```

Bob으로 시작하는 제품이 여러 개라면 모두 삭제된다. 추가 연습으로 코드를 수정해 Bob으로 시작하는 제품 3개를 추가한 다음 삭제해 보자.

데이터베이스 콘텍스트 풀링

DbContext 클래스는 일회용이며 단일 작업 단위 원칙에 따라 설계됐다. 이전 코드 예제에서는 각 작업이 끝날 때마다 Dispose가 호출되도록 using 블록에 모든 DbContext 파생 Northwind 인스턴스를 생성했다.

EF 코어와 관련된 ASP.NET Core의 기능은 웹사이트 및 서비스를 빌드할 때 데이터베이스 콘텍스트를 풀링해 코드를 더 효율적으로 만든다는 점이다. 이를 통해 코드가 최대한 효율적으로 유지되는 상태에서 원하는 만큼 DbContext 파생 개체를 생성하고 폐기할 수 있다.

⁝⁝⁝ 트랜잭션 다루기

SaveChanges 메서드를 호출하면 암시적 트랜잭션이 실행된다. 따라서 무언가 잘못되면 자동으로 모든 변경이 롤백rollback된다. 모든 명령이 성공해야만 트랜잭션이 커밋commit 된다.

트랜잭션은 작업이 발생하는 동안 데이터베이스의 무결성을 유지하기 위해 잠금lock을 적용해 읽기 및 쓰기를 방지한다.

트랜잭션은 ACID라고 하는 다음 4개의 특성으로 설명할 수 있다.

- A는 원자성atomic을 뜻하며 트랜잭션의 작업들은 모두 커밋되거나 어떤 작업도 커밋되지 않아야 하는 것을 뜻한다.

- C는 일관성consistent을 뜻한다. 트랜잭션 전후의 데이터베이스는 일관성이 있어야 한다. 이 특성은 코드 로직에 의존한다. 예를 들어, 은행 계좌 간 송금 처리를 할 때 한 계좌에서 100달러를 인출하면 다른 계좌에 100달러가 입금되도록 하는 것은 비즈니스 로직에 달려 있다.

- I는 독립성isolation이다. 트랜잭션 중의 변경 사항은 다른 프로세스로부터 숨겨진다. 다음 표와 같이 선택 가능한 여러 가지 격리 수준이 있다. 레벨이 높을수록 데이터 무결성은 높아지지만, 그만큼 더 많은 잠금이 필요하기 때문에 다른 프로세스에 부정적인 영향을 미칠 수 있다. 스냅샷은 잠금을 피하기 위해 데이터의 사본을 여러 개 생성하므로 트랜잭션이 발생하는 동안 데이터베이스 크기가 증가한다.

- D는 지속성durable이다. 트랜잭션이 일어나는 동안 실패가 발생하면 복구될 수 있어야 한다. 지속성의 반대는 일시성volatile이다.

격리 수준에 따른 트랜잭션 제어

다음 표의 설명대로 **격리 수준**을 설정해 트랜잭션을 제어할 수 있다.

격리 수준	잠금	발생할 수 있는 무결성 문제
ReadUncommitted	없음	– 아직 커밋되지 않은 데이터를 다른 트랜잭션이 읽는 것을 허용(dirty read)한 트랜잭션 내에서 같은 쿼리를 두 번 수행할 때 두 쿼리의 결과가 상이하게 나타날 수 있음 (non–repeatable read) – 한 트랜잭션 안에서 일정 범위의 레코드를 두 번 이상 읽을 때 첫 번째 쿼리에서 없던 레코드가 두 번째 쿼리에서 나타날 수 있음(phantom data)
ReadCommitted	편집 시에 트랜잭션이 끝날 때까지 다른 사용자가 레코드를 읽지 못하도록 읽기 잠금을 적용함	– 한 트랜잭션 내에서 같은 쿼리를 두 번 수행할 때 두 쿼리의 결과가 상이하게 나타날 수 있음(non–repeatable read) – 한 트랜잭션 안에서 일정 범위의 레코드를 두 번 이상 읽을 때 첫 번째 쿼리에서 없던 레코드가 두 번째 쿼리에서 나타날 수 있음(phantom data)

RepeatableRead	레코드를 읽는 동안, 편집 잠금을 적용해 다른 사용자가 트랜잭션이 끝날 때까지 레코드를 편집하지 못하도록 함	한 트랜잭션 안에서 일정 범위의 레코드를 두 번 이상 읽을 때 첫 번째 쿼리에서 없던 레코드가 두 번째 쿼리에서 나타날 수 있음 (phantom data)
Serializable	키 범위 잠금을 적용해 삽입, 삭제를 포함한 결과에 영향을 줄 수 있는 작업을 방지함	없음
Snapshot	없음	없음

명시적 트랜잭션 선언하기

데이터베이스 콘텍스트의 Database 속성을 사용해 명시적 트랜잭션을 조정할 수 있다.

1. Program.cs에 IDbContextTransaction 인터페이스를 사용하기 위해 EF 코어 스토리지 네임스페이스를 가져온다.

```
using Microsoft.EntityFrameworkCore.Storage; // IDbContextTransaction
```

2. DeleteProducts 메서드에서 db 변수를 인스턴스화한 후 명시적 트랜잭션을 시작하고 격리 수준을 출력한다. 메서드의 맨 아래에서 트랜잭션을 커밋하고 중괄호를 닫는다.

```
static int DeleteProducts(string name)
{
  using (Northwind db = new())
  {
    using (IDbContextTransaction t = db.Database.BeginTransaction())
    {
      WriteLine("Transaction isolation level: {0}",
        arg0: t.GetDbTransaction().IsolationLevel);
      IQueryable<Product>? products = db.Products?.Where(
        p => p.ProductName.StartsWith(name));
      if (products is null)
      {
        WriteLine("No products found to delete.");
```

```
        return 0;
      }
      else
      {
        db.Products.RemoveRange(products);
      }
      int affected = db.SaveChanges();
      t.Commit();
      return affected;
    }
  }
}
```

3. 코드를 실행하고 SQL 서버를 사용한 결과를 확인한다.

```
Transaction isolation level: ReadCommitted
```

4. 코드를 실행하고 SQLite를 사용한 결과를 확인한다.

```
Transaction isolation level: Serializable
```

⁝⁝⁝ 코드 주도 EF 코어 모델

때로는 기존 데이터베이스가 없는 경우도 있다. 이때는 EF 코어 모델을 코드 우선[Code First]으로 정의하면 EF 코어가 생성 및 드롭[drop] API를 사용해 일치하는 데이터베이스를 생성한다.

 좋은 습관: 생성 및 드롭 API는 개발 중에만 사용한다. 출시 후에는 프로덕션 데이터베이스가 삭제되지 않도록 주의해야 한다.

예를 들어, 학생과 강의 목록을 관리하기 위한 애플리케이션을 만들어야 한다고 하자. 학생 한 명이 여러 강의에 등록해 수강할 수 있고, 하나의 강의는 여러 학생이 수강할 수 있다. 따라서 학생과 수업은 다대다 관계다.

이 예제를 모델링해 보자.

1. 선호하는 코드 편집기를 사용해 Chapter10 작업 영역/솔루션에 CoursesAndStudents 라는 새 콘솔 애플리케이션을 만들어 추가한다.

2. 비주얼 스튜디오 2022는 현재 선택 영역을 시작 프로젝트로 설정한다.

3. 비주얼 스튜디오 코드에서는 CoursesAndStudents를 활성 OmniSharp 프로젝트로 설정한다. 필수 애셋이 누락됐다는 팝업 메시지가 뜨면 **Yes**를 눌러 애셋을 추가 한다.

4. CoursesAndStudents 프로젝트에서 다음 패키지에 대한 참조를 추가한다.

    A. Microsoft.EntityFrameworkCore.Sqlite

    B. Microsoft.EntityFrameworkCore.SqlServer

    C. Microsoft.EntityFrameworkCore.Design

5. CoursesAndStudents 프로젝트를 빌드해 패키지를 복원한다.

6. Academy.cs, Student.cs, Course.cs를 추가한다.

7. Student.cs를 다음처럼 수정한다. 클래스를 장식하는 속성이 없는 POCO[Plain Old CLR Object]임을 확인한다.

```
namespace CoursesAndStudents;
public class Student
{
  public int StudentId { get; set; }
  public string? FirstName { get; set; }
  public string? LastName { get; set; }
  public ICollection<Course>? Courses { get; set; }
}
```

8. Course.cs를 수정한다. 모델에 더 많은 정보를 제공하기 위해 몇 가지 특성으로
   Title 속성을 장식했다.

```csharp
using System.ComponentModel.DataAnnotations;
namespace CoursesAndStudents;
public class Course
{
  public int CourseId { get; set; }
  [Required]
  [StringLength(60)]
  public string? Title { get; set; }
  public ICollection<Student>? Students { get; set; }
}
```

9. Academy.cs를 수정한다.

```csharp
using Microsoft.EntityFrameworkCore;
using static System.Console;
namespace CoursesAndStudents;
public class Academy : DbContext
{
  public DbSet<Student>? Students { get; set; }
  public DbSet<Course>? Courses { get; set; }
  protected override void OnConfiguring(
    DbContextOptionsBuilder optionsBuilder)
  {
    string path = Path.Combine(
      Environment.CurrentDirectory, "Academy.db");
    WriteLine($"Using {path} database file.");
    optionsBuilder.UseSqlite($"Filename={path}");
    // optionsBuilder.UseSqlServer(@"Data Source=.;Initial
Catalog=Academy;Integrated Security=true;MultipleActiveResultSets=t
rue;");
  }
  protected override void OnModelCreating(ModelBuilder modelBuilder)
  {
    // Fluent API 유효성 검사 규칙
    modelBuilder.Entity<Student>()
        .Property(s => s.LastName).HasMaxLength(30).IsRequired();
      // populate database with sample data
      Student alice = new() { StudentId = 1,
```

```
      FirstName = "Alice", LastName = "Jones" };
    Student bob = new() { StudentId = 2,
      FirstName = "Bob", LastName = "Smith" };
    Student cecilia = new() { StudentId = 3,
      FirstName = "Cecilia", LastName = "Ramirez" };
    Course csharp = new()
    {
      CourseId = 1,
      Title = "C# 10 and .NET 6",
    };
    Course webdev = new()
    {
      CourseId = 2,
      Title = "Web Development",
    };
    Course python = new()
    {
      CourseId = 3,
      Title = "Python for Beginners",
    };
    modelBuilder.Entity<Student>()
      .HasData(alice, bob, cecilia);
    modelBuilder.Entity<Course>()
      .HasData(csharp, webdev, python);
    modelBuilder.Entity<Course>()
      .HasMany(c => c.Students)
      .WithMany(s => s.Courses)
      .UsingEntity(e => e.HasData(
        // 모든 학생이 C# 강의에 등록
        new { CoursesCourseId = 1, StudentsStudentId = 1 },
        new { CoursesCourseId = 1, StudentsStudentId = 2 },
        new { CoursesCourseId = 1, StudentsStudentId = 3 },
        // 학생 Bob만 Web Dev에 등록
        new { CoursesCourseId = 2, StudentsStudentId = 2 },
        // 학생 Cecilia만 Python에 등록
        new { CoursesCourseId = 3, StudentsStudentId = 3 }
      ));
  }
}
```

좋은 습관: 익명 형식을 사용해 다대다 관계의 중간 테이블에 데이터를 제공한다. 속성 이름은 NavigationPropertyNamePropertyName 명명 규칙을 따른다. 예를 들어, Courses는 탐색 속성 이름이고 CourseId는 속성 이름이므로 CoursesCourseId가 익명 형식의 속성 이름이 된다.

10. Program.cs의 파일 상단에 EF 코어 등의 필요한 네임스페이스를 가져온다.

```
using Microsoft.EntityFrameworkCore; // GenerateCreateScript()
using CoursesAndStudents; // Academy
using static System.Console;
```

11. Program.cs에서 Academy 데이터베이스 콘텍스트 인스턴스를 생성하고 데이터베이스가 있으면 삭제한 뒤, 모델에서 데이터베이스를 생성하고 SQL 스크립트를 출력한 다음, 학생 및 강의 목록을 열거한다.

```
using (Academy a = new())
{
  bool deleted = await a.Database.EnsureDeletedAsync();
  WriteLine($"Database deleted: {deleted}");
  bool created = await a.Database.EnsureCreatedAsync();
  WriteLine($"Database created: {created}");
  WriteLine("SQL script used to create database:");
  WriteLine(a.Database.GenerateCreateScript());
  foreach (Student s in a.Students.Include(s => s.Courses))
  {
    WriteLine("{0} {1} attends the following {2} courses:",
      s.FirstName, s.LastName, s.Courses.Count);
    foreach (Course c in s.Courses)
    {
      WriteLine($"  {c.Title}");
    }
  }
}
```

12. 코드를 실행한다. 코드를 처음 실행할 때는 데이터베이스가 아직 존재하지 않으므
로 삭제할 데이터베이스도 없다.

```
Using C:\Code\Chapter10\CoursesAndStudents\bin\Debug\net6.0\Academy.db
database file.
Database deleted: False
Database created: True
SQL script used to create database:
CREATE TABLE "Courses" (
    "CourseId" INTEGER NOT NULL CONSTRAINT "PK_Courses" PRIMARY KEY
AUTOINCREMENT,
    "Title" TEXT NOT NULL
);
CREATE TABLE "Students" (
    "StudentId" INTEGER NOT NULL CONSTRAINT "PK_Students" PRIMARY KEY
AUTOINCREMENT,
    "FirstName" TEXT NULL,
    "LastName" TEXT NOT NULL
);
CREATE TABLE "CourseStudent" (
    "CoursesCourseId" INTEGER NOT NULL,
    "StudentsStudentId" INTEGER NOT NULL,
    CONSTRAINT "PK_CourseStudent" PRIMARY KEY ("CoursesCourseId",
"StudentsStudentId"),
    CONSTRAINT "FK_CourseStudent_Courses_CoursesCourseId" FOREIGN KEY
("CoursesCourseId") REFERENCES "Courses" ("CourseId") ON DELETE CASCADE,
    CONSTRAINT "FK_CourseStudent_Students_StudentsStudentId" FOREIGN KEY
("StudentsStudentId") REFERENCES "Students" ("StudentId") ON DELETE
CASCADE
);
INSERT INTO "Courses" ("CourseId", "Title")
VALUES (1, 'C# 10 and .NET 6');
INSERT INTO "Courses" ("CourseId", "Title")
VALUES (2, 'Web Development');
INSERT INTO "Courses" ("CourseId", "Title")
VALUES (3, 'Python for Beginners');
INSERT INTO "Students" ("StudentId", "FirstName", "LastName")
VALUES (1, 'Alice', 'Jones');
INSERT INTO "Students" ("StudentId", "FirstName", "LastName")
VALUES (2, 'Bob', 'Smith');
INSERT INTO "Students" ("StudentId", "FirstName", "LastName")
VALUES (3, 'Cecilia', 'Ramirez');
```

```
INSERT INTO "CourseStudent" ("CoursesCourseId", "StudentsStudentId")
VALUES (1, 1);
INSERT INTO "CourseStudent" ("CoursesCourseId", "StudentsStudentId")
VALUES (1, 2);
INSERT INTO "CourseStudent" ("CoursesCourseId", "StudentsStudentId")
VALUES (2, 2);
INSERT INTO "CourseStudent" ("CoursesCourseId", "StudentsStudentId")
VALUES (1, 3);
INSERT INTO "CourseStudent" ("CoursesCourseId", "StudentsStudentId")
VALUES (3, 3);
CREATE INDEX "IX_CourseStudent_StudentsStudentId" ON "CourseStudent"
("StudentsStudentId");
Alice Jones attends the following 1 course(s):
  C# 10 and .NET 6
Bob Smith attends the following 2 course(s):
  C# 10 and .NET 6
  Web Development
Cecilia Ramirez attends the following 2 course(s):
  C# 10 and .NET 6
  Python for Beginners
```

다음을 참고하자.

- 모델이 [Required]로 장식됐으므로 Title 칼럼은 NOT NULL이다.

- LastName 칼럼은 IsRequired()를 사용했기 때문에 NOT NULL이다.

- 어떤 학생이 어떤 강의를 듣는지에 대한 정보를 저장하기 위해 CourseStudent라는 중간 테이블이 생성된다.

13. 비주얼 스튜디오 서버 탐색기 또는 SQLiteStudio를 사용해 Academy 데이터베이스에 연결하고 테이블을 확인한다.

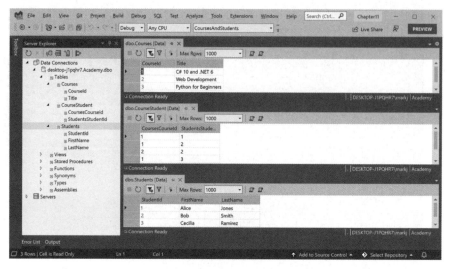

그림 10.6 비주얼 스튜디오 서버 탐색기로 SQL 서버에서 Academy 데이터베이스 연결

마이그레이션

데이터베이스를 사용하는 프로젝트를 게시한 후에 엔티티 데이터 모델과 데이터베이스 구조를 변경해야 하는 경우가 있다. 이때는 Ensure 메서드를 사용해서는 안 되고, 데이터베이스의 기존 데이터를 보존하면서 데이터베이스 스키마를 점진적으로 업데이트할 수 있는 시스템을 사용해야 한다. EF 코어 마이그레이션migration이 이와 같은 시스템이다.

마이그레이션은 매우 복잡한 문제로 이 책에서 다룰 수 있는 범위를 벗어난다. 자세한 내용은 다음 링크에서 확인할 수 있다.

https://learn.microsoft.com/ko-kr/ef/core/managing-schemas/migrations

⁝⁝ 연습 및 탐구

몇 개의 질문에 답해 보면서 10장에서 배운 내용을 얼마나 이해하고 있는지 확인하고 더 공부할 내용도 살펴보자.

연습 10.1 - 복습

다음 질문에 답해 보자.

1. DbContext 클래스를 정의할 때 Category 엔티티의 Products 속성처럼 테이블을 나타내는 속성에 사용할 형식은 무엇인가?

2. Category 엔티티의 Products 속성처럼 일대다 관계를 나타내려면 어떤 형식의 속성을 사용해야 하는가?

3. 기본키를 위한 EF 규약은 무엇인가?

4. 엔티티 클래스에서 주석 특성은 언제 사용되는가?

5. 주석 특성보다 Fluent API를 사용해야 하는 이유는 무엇인가?

6. Serializable의 트랜잭션 격리 수준은 무엇인가?

7. DbContext.SaveChanges()는 무엇을 반환하는가?

8. 즉시 로딩과 지연 로딩의 차이점은 무엇인가?

9. 다음 테이블에 매핑할 EF 코어 엔티티 클래스는 어떻게 정의해야 하는가?

```
CREATE TABLE Employees(
  EmpId INT IDENTITY,
  FirstName NVARCHAR(40) NOT NULL,
  Salary MONEY
)
```

10. 엔티티 내비게이션 속성을 virtual로 선언했을 때 얻는 장점은 무엇인가?

연습 10.2 - 다른 직렬화 포맷을 사용해 데이터 내보내기 연습

Chapter10 솔루션/작업 영역에서 Northwind 데이터베이스의 모든 카테고리와 제품을 쿼리하는 Exercise02라는 콘솔 프로그램을 만든 다음, .NET에서 사용할 수 있는 직렬화 형식 중 세 가지 이상을 사용해 데이터를 직렬화한다. 어떤 직렬화 형식이 가장 적은 바이트 수를 사용하는가?

연습 10.3 - 주제 탐구

다음 링크에서 10장에서 다룬 주제에 관해 좀 더 읽어보자.

https://github.com/markjprice/cs10dotnet6/blob/main/book-links.md#chapter-10---working-with-data-using-entity-framework-core

연습 10.4 - NoSQL 데이터베이스 탐구

10장에서는 SQL 서버, SQLite 같은 RDBMS에 초점을 맞췄다. Cosmos DB나 MongoDB 같은 NoSQL 데이터베이스에 관해 배우고 싶고, EF 코어에서 어떻게 사용하는지 알고 싶다면 다음 링크를 읽어 보기 바란다.

- 애저 코스모스 DB 시작: https://docs.microsoft.com/ko-kr/azure/cosmos-db/introduction

- NoSQL 데이터베이스를 지속성 인프라에 사용하기: https://docs.microsoft.com/ko-kr/dotnet/architecture/microservices/microservice-ddd-cqrs-patterns/nosql-database-persistence-infrastructure

- EF 코어용 도큐먼트 데이터베이스 공급자: https://github.com/BlueshiftSoftware/EntityFrameworkCore

⠿ 마무리

10장에서는 데이터베이스에 연결하는 방법, 간단한 LINQ 쿼리를 실행하고 결과를 가져오는 방법, 필터 사용법, 데이터 추가, 수정, 삭제 방법, Northwind와 같은 기존 데이터베이스에 대해 엔티티 데이터 모델 코드를 작성하는 방법을 알아봤다. 또한, 코드 우선 모델을 정의하는 방법과 이를 사용해 새 데이터 베이스를 생성하고 데이터를 채워넣는 방법을 배웠다.

11장에서는 select, filter, sort, join, group 같은 고급 LINQ 쿼리를 배운다.

코드 저장소

다음 깃허브 저장소에서 단계별 안내 및 연습에 대한 솔루션을 다운로드할 수 있다.

https://github.com/markjprice/cs10dotnet6

Discord 채널 참여

이 책의 Discord 채널에서 저자가 함께하는 Ask me Anything 세션에 참여할 수 있다.

https://packt.link/SAcsharp10dotnet6

11

LINQ를 사용해 데이터 쿼리하고 조작하기

11장은 LINQ^{Language INtegrated Query} 표현식을 다룬다. LINQ는 연속된 항목에 대해 필터링, 정렬 등을 적용해 출력할 수 있게 하는 언어 확장 기능이다.

11장은 다음 내용을 다룬다.

- LINQ 표현식 작성하기

- LINQ를 사용해 세트^{set} 다루기

- EF 코어와 LINQ 사용하기

- 간편 표기법으로 LINQ 구문 단순화하기

- 병렬 LINQ로 멀티 스레드 사용하기

- 사용자 정의 LINQ 확장 메서드 만들기

- LINQ to XML 사용하기

⁙ LINQ 표현식 작성하기

10장에서 몇 개의 LINQ 쿼리를 작성했지만 LINQ의 동작 방식에 대해서는 설명하지 않았다. 11장을 통해 LINQ가 어떻게 동작하는지 이해하자.

LINQ의 구성 요소

LINQ는 여러 부분으로 이뤄져 있는데 일부는 필수 요소이며 일부는 옵션이다.

- **확장 메서드(필수)**: 확장 메서드에는 `Where`, `OrderBy`, `Select` 등이 있다. 이들은 LINQ 의 기능을 제공한다.

- **LINQ 공급자(필수)**: 객체 LINQ, 엔티티 LINQ, XML LINQ, OData LINQ, 아마 존 LINQ 등이 있다. 이들은 표준 LINQ 작업을 다른 데이터 타입에 대한 특정 명령 으로 변환한다.

- **람다 표현식(옵션)**: LINQ 쿼리를 단순화하기 위해 사용한다. 예를 들면, `Where` 메서 드의 조건에서 이름 있는 메서드를 대신해 사용할 수 있다.

- **LINQ 쿼리 해석 구문(옵션)**: `from`, `in`, `where`, `orderby`, `descending`, `select` 등을 포함 한다. 이들은 일부 LINQ 확장 메서드를 위한 별칭이다. 만약, **SQL** 같은 다른 쿼리 언어를 사용해 본 경험이 있다면 이 키워드들을 사용해 쿼리를 단순화할 수 있다.

처음 LINQ를 접하면 쿼리 해석 구문이 LINQ라고 생각할 수 있지만, 이것은 LINQ 옵 션 중의 하나일 뿐이다.

Enumerable 클래스로 LINQ 표현식 만들기

`Where`, `Select` 같은 확장 메서드는 `Enumerable` 정적 클래스에 의해 `IEnumerable<T>`를 구 현하는 모든 **시퀀스** 형식에 추가된다.

예를 들어, 모든 배열 형식은 `IEnumerable<T>` 클래스를 구현하며 `T`는 배열의 각 항목 형식이다. 따라서 모든 배열은 LINQ를 사용해서 항목을 쿼리하고 조작할 수 있다.

List<T>, Dictionary<TKey, TValue>, Stack<T>, Queue<T> 같은 모든 제너릭 컬렉션 역시
IEnumerable<T>를 구현하므로 LINQ를 사용할 수 있다.

Enumerable은 다음 표에 요약된 50개 이상의 확장 메서드를 정의한다.

메서드	설명
First, FirstOrDefault, Last, LastOrDefault	시퀀스에서 첫 번째나 마지막 항목을 가져오거나 예외를 던지거나 기본값을 반환한다. 예를 들어, 첫 번째나 마지막 항목이 없다면 int 는 0을 참조 형식은 null을 반환한다.
Where	지정된 필터와 매칭되는 항목들의 시퀀스를 반환한다.
Single, SingleOrDefault	지정된 필터와 매칭되는 항목을 반환하거나 예외를 던지거나 정확히 매칭되는 항목이 없다면 기본값을 반환한다.
ElementAt, ElementAtOrDefault	지정된 인덱스 위치의 항목을 반환하거나 예외를 던지거나 해당 위치에 항목이 없다면 기본값을 반환한다. .NET 6의 새로운 기능 중 int 대신 Index를 전달할 수 있는 오버로드는 Span<T> 시퀀스로 작업할 때 더 효율적이다.
Select, SelectMany	항목을 다른 형식으로 투영하고 항목의 중첩 계층을 병합한다.
OrderB, OrderByDescending, ThenBy, ThenByDescending	지정한 필드나 속성에 따라 항목을 정렬한다.
Reverse	순서를 반대로 한다.
GroupBy, GroupJoin, Join	두 시퀀스를 그룹화하거나 결합한다.
Skip, SkipWhile	여러 항목을 건너뛴다. 또는 표현식이 참일 때 건너뛴다.
Take, TakeWhile	여러 항목을 가져온다. 또는 표현식이 참일 때 가져온다. Take 오버로드는 Range를 전달할 수 있는 .NET 6의 새로운 기능이다. 예를 들어, Take(range: 3..^5)는 시작 부분에서 3개, 끝 부분에서 5개의 항목으로 끝나는 부분집합을 가져온다. 또 Skip(4) 대신 Take(4..)를 쓸 수 있다.
Aggregate, Average, Count, LongCount, Max, Min, Sum	집계(aggregate) 값을 계산한다.
TryGetNonEnumeratedCount	Count()는 Count 속성이 시퀀스에 구현됐는지 확인하고 값을 반환하거나 전체 시퀀스를 열거해 항목을 카운트한다. .NET 6에 추가된 새로운 기능은 Count가 구현돼 있지 않다면 false를 반환하고 out 매개 변수를 0으로 설정해 성능이 저하되지 않도록 방지한다.
All, Any, Contains	모든 항목 또는 일부가 필터와 일치하거나 시퀀스에 지정된 항목이 포함돼 있으면 true를 반환한다.

Cast	항목을 지정된 형식으로 변환한다. 컴파일러가 경고할 수 있는 상황에서 비일반(non-generic) 객체를 일반 형식으로 변환하는 것이 유용할 수 있다.
OfType	지정된 형식과 다른 항목을 제거한다.
Distinct	중복된 항목을 제거한다.
Except, Intersect, Union	세트를 반환한다. 세트는 중복 항목을 가질 수 없다. 어떤 시퀀스도 입력할 수 있으므로 입력은 중복될 수 있지만 결과는 항상 세트다.
Chunk	시퀀스를 크기가 지정된 배치로 나눈다.
Append, Concat, Prepand	시퀀스 결합 작업을 수행한다.
Zip	항목 위치를 기준으로 두 시퀀스에 대해 일치 작업을 수행한다. 예를 들어, 첫 번째 시퀀스의 위치 1에 있는 항목이 두 번째 시퀀스의 위치 1에 있는 항목과 일치하는지 확인한다. .NET 6에서는 3개의 시퀀스에 대한 일치 작업을 지원한다. 이전까지는 동일한 처리를 위해 2개 시퀀스 오버로드를 두 번 실행해야 했다.
ToArray, ToList, ToDictionary, ToHashSet, ToLookup	시퀀스를 배열이나 컬렉션으로 변환한다. 이는 LINQ 표현식을 실행하는 유일한 확장 메서드다.
DistinctBy, ExceptBy, IntersettBy, UnionBy, MinBy, MaxBy	By는 .NET 6의 새로운 확장 메서드로, 전체 항목이 아닌 하위 집합에 대한 비교를 수행한다. 예를 들어, Person 객체 전체를 비교해 중복을 제거하는 대신 LastName과 DateOfBirth만 비교해 중복을 제거할 수 있다.

Enumerable 클래스는 다음 표처럼 확장 메서드가 아닌 메서드도 갖고 있다.

메서드	설명
Empty\<T>	지정한 T 형식의 비어 있는 시퀀스를 반환한다. 빈 시퀀스를 IEnumerable\<T>가 필요한 메서드에 전달할 때 유용하다.
Range	start 값을 기준으로 지정한 count만큼의 정수 시퀀스를 반환한다. 예를 들어, Enumerable.Range(start: 5, count: 3)은 정수 5, 6, 7을 포함한다.
Repeat	동일한 요소를 지정한 count만큼 포함하는 시퀀스를 반환한다. 예를 들어, Enumerable.Repeat(element: "5", count: 3)는 문자열 "5"가 3개 포함된다.

지연 실행

LINQ는 **지연 실행**deferred execution을 사용한다. 위 확장 메서드의 대부분을 실행하더라도 쿼리를 실행해 결과를 가져오지 않는다는 것을 이해하는 것이 중요하다. 즉 대부분의 확장 메서드는 답이 아닌 질문을 나타내는 LINQ 표현식을 반환한다. 코드로 확인해 보자.

1. 선호하는 코드 편집기를 사용해서 Chapter11이라는 이름의 새 솔루션/작업 영역을 만든다.

2. 콘솔 애플리케이션을 추가하고 다음 항목을 정의한다.

   A. 프로젝트 템플릿: **콘솔 애플리케이션**/console

   B. 작업 영역/솔루션 파일과 폴더: Chapter11

   C. 프로젝트 파일과 폴더: LinqWithObjects

3. Program.cs 파일에서 현재 코드를 삭제하고 Console을 정적으로 가져온다.

4. 다음과 같이 사무실 직원 정보를 갖는 string 시퀀스를 정의하는 코드를 추가한다.

```
// IEnumerable<string>을 구현하는 문자열 배열 시퀀스
string[] names = new[] { "Michael", "Pam", "Jim", "Dwight",
  "Angela", "Kevin", "Toby", "Creed" };
WriteLine("지연 실행");
// 질문: m으로 끝나는 이름은?
// (LINQ 확장 메서드로 작성)
var query1 = names.Where(name => name.EndsWith("m"));
// 질문: m으로 끝나는 이름은?
// (LINQ 쿼리 해석 구문으로 작성)
var query2 = from name in names where name.EndsWith("m") select name;
```

5. 질문을 해서 답을 얻으려면, 즉 쿼리를 실행하려면 ToArray나 ToLookup 같은 To 메서드 중 하나를 호출하거나 쿼리를 열거해 **구체화**해야 한다.

```
// Pam과 Jim을 포함하는 문자열 배열로 답변이 반환된다.
string[] result1 = query1.ToArray();
// Pam과 Jim을 포함하는 문자열 리스트로 답변이 반환된다.
List<string> result2 = query2.ToList();
// 결과를 열거할 때 답변이 반환된다.
foreach (string name in query1)
{
```

```
    WriteLine(name); // Pam 출력
    names[2] = "Jimmy"; // Jim을 Jimmy로 변경
    // 두 번째 출력에서 Jimmy는 M으로 끝나지 않는다.
}
```

6. 애플리케이션을 실행하고 출력 결과를 확인한다.

```
지연 실행
Pam
```

첫 번째 결과인 Pam을 출력하고 원래 배열 값 Jim을 Jimmy로 변경했다. 지연된 실행으로 인해 두 번째 루프를 돌 때는 m으로 끝나는 값이 없기 때문에 더 이상 출력되는 이름이 없다.

LINQ에 대해 더 자세히 알아보기 전에 일반적인 LINQ 확장 메서드와 사용 방법을 살펴보자.

Where로 엔티티 필터링하기

LINQ 사용의 가장 일반적인 이유는 Where 확장 메서드로 시퀀스 내의 항목들을 필터링할 수 있기 때문이다. LINQ를 사용해 시퀀스를 필터링하는 예제를 살펴보자.

1. 프로젝트 파일에서 다음과 같이 암시적 using을 사용하지 않도록 주석 처리한다.

```
<Project Sdk="Microsoft.NET.Sdk">

  <PropertyGroup>
    <OutputType>Exe</OutputType>
    <TargetFramework>net6.0</TargetFramework>
    <!-- <ImplicitUsings>enable</ImplicitUsings> -->
    <Nullable>enable</Nullable>
  </PropertyGroup>

</Project>
```

2. Program.cs에 이름 배열에 대해 Where 확장 메서드를 호출한다. W까지만 타이핑한다.

```
WriteLine("쿼리 만들기");
var query = names.W
```

3. Where 메서드를 입력하려고 할 때 그림 11.1처럼 인텔리센스에 Where이 string 배열의 멤버 리스트로 나타나지 않는 것을 볼 수 있다.

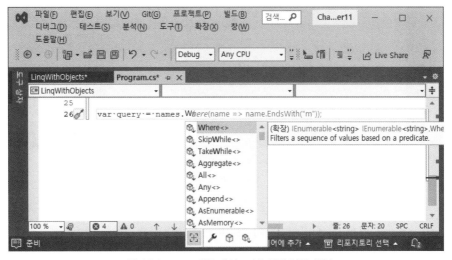

그림 11.1 Where 확장 메서드가 누락된 인텔리센스

이유는, Where은 확장 메서드로서 배열 형식에 존재하지 않기 때문이다. 이 메서드는 별도의 어셈블리와 네임스페이스에 존재한다. Where 확장 메서드를 사용하려면 System.Linq 네임스페이스를 선언해야 한다. .NET 6 프로젝트에서는 기본으로 암시적으로 가져오지만 조금 전 이 기능을 비활성화했다.

4. 프로젝트 파일에서 암시적 using 사용에 대한 주석 처리를 제거한다.

5. 다시 Where 메서드를 타이핑하면 그림 11.2와 같이 이번에는 인텔리센스가 Enumerable 클래스에 추가된 확장 메서드를 포함해 보여 준다.

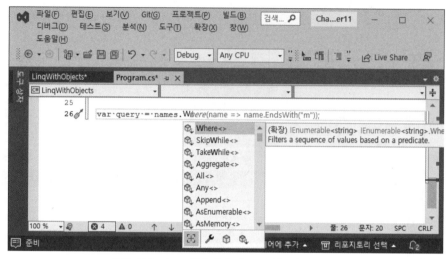

그림 11.2 Where 확장 메서드를 표시하는 인텔리센스

6. Where 메서드를 타이핑하고 괄호를 입력하면 인텔리센스가 Where을 호출하려면 Func<string, bool> 델리게이트의 인스턴스를 전달해야 한다고 알려 준다.

7. 표현식을 입력해 Func<string, bool> 델리게이트의 새 인스턴스를 생성한다. 메서드는 조금 뒤에 만들 것이므로 비워 둔다.

```
var query = names.Where(new Func<string, bool>( ))
```

Func<string, bool> 델리게이트는 전달된 각 string에 대해 bool 값을 반환해야 한다. true를 반환하면 결과에 string을 포함하고 false를 반환하면 제외한다.

이름 있는 메서드 타기팅

길이가 4보다 긴 이름만을 포함하는 메서드를 정의해 보자.

1. Program.cs 아래에 길이가 4보다 긴 이름만 포함하는 메서드를 다음과 같이 정의한다.

```
static bool NameLongerThanFour(string name)
{
  return name.Length > 4;
}
```

2. NameLongerThanFour 메서드 위에 Func<string, bool> 델리게이트에 메서드 이름을 전달하고 루프를 돌면서 쿼리 항목을 출력하는 코드를 추가한다.

```
var query = names.Where(
  new Func<string, bool>(NameLongerThanFour));
foreach (string item in query)
{
  WriteLine(item);
}
```

3. 애플리케이션을 실행하고 출력 결과를 확인한다.

```
쿼리 만들기
Michael
Jimmy
Dwight
Angela
Kevin
Creed
```

명시적 델리게이트 인스턴스화를 제거해서 코드 단순화하기

앞의 코드에서는 명시적으로 Func<string, bool> 델리게이트의 인스턴스를 생성했다. 이것을 제거해서 코드를 더 단순화할 수 있다. 사실 C# 컴파일러가 Func<string, bool> 델리게이트의 인스턴스를 알아서 생성해 주므로 명시적인 코드는 필요하지 않다.

1. 앞에서 작성한 쿼리를 복사해서 붙여 넣는다.

2. 다음 코드를 주석 처리한다.

```
// var query = names.Where(
//   new Func<string, bool>(NameLongerThanFour));
```

3. 다음과 같이 델리게이트의 명시적 인스턴스화를 제거한 코드를 추가한다.

```
var query = names.Where(NameLongerThanFour);
```

4. 코드를 실행하고 동일한 결과가 출력되는지 확인한다.

람다 표현식 타기팅

이름 있는 메서드 대신 **람다 표현식**lambda expression을 사용하면 코드를 더 단순화할 수 있다.

비록 람다 표현식이 처음엔 복잡해 보일 수 있지만, 사실 단순히 이름 없는 메서드에 불과하다. 반환 값을 가리킬 때는 =>(영어로 goes to라고 읽음) 표현을 사용한다.

1. 두 번째 예제에서 주석 처리했던 쿼리 코드를 복사해 붙여 넣고 다음과 같이 수정한다.

```
var query = names.Where(name => name.Length > 4);
```

람다 표현식의 구문은 NameLongerThanFour 메서드에서 가장 중요하면서도 유일한 내용만 있을 뿐 다른 차이는 없다. 람다 표현식에서는 다음 내용을 정의한다.

- 입력 매개 변수의 이름: name

- 반환 값 표현식: name.Length > 4

입력 매개 변수 name의 형식은 names 배열이 string 값을 갖고 있다는 사실에서 추론된다. Where 메서드가 제대로 동작하려면 반환 형식은 반드시 bool 값이어야 한다. 따라서 반환 값을 나타내는 => 표현 다음에는 반드시 bool 값을 반환하는 표현식이 와야 한다.

이렇게 컴파일러가 대부분의 처리를 담당하기 때문에 코드가 간결하다.

2. 프로그램을 다시 실행해 동일한 값을 출력하는지 확인하자.

엔티티 정렬하기

주로 사용하는 또 다른 확장 메서드는 OrderBy와 ThenBy다. 이들은 순서 정렬에 사용된다.

만약 어떤 메서드가 IEnumerable<T> 클래스를 구현하는 시퀀스 형식을 반환하면 확장 메서드는 마치 체인처럼 연결될 수 있다.

OrderBy를 사용해 단일 프로퍼티 정렬하기

앞의 예제 프로젝트를 계속 활용해 정렬에 대해 알아보자.

1. 다음 코드와 같이 현재 쿼리의 마지막에 OrderBy 호출을 추가한다.

```
var query = names
  .Where(name => name.Length > 4)
  .OrderBy(name => name.Length);
```

 좋은 습관: 확장 메서드를 한 줄에 하나씩 호출하도록 LINQ 형식을 지정해 가독성을 향상시킨다.

2. 코드를 실행해서 길이가 짧은 이름이 처음에 나오도록 정렬됐는지 확인한다.

```
Kevin
Creed
Dwight
Angela
Michael
```

길이가 긴 이름을 처음에 오도록 정렬하려면 OrderByDescending을 사용한다.

ThenBy 메서드로 여러 개의 속성 정렬하기

동일한 길이의 이름을 알파벳 순서대로 정렬하는 경우처럼 여러 개의 속성을 사용해서 정렬하는 방법을 알아보자.

1. ThenBy 메서드 호출을 현재 쿼리의 마지막에 추가한다.

```
var query = names
  .Where(name => name.Length > 4)
  .OrderBy(name => name.Length)
  .ThenBy(name => name);
```

2. 코드를 실행하면 정렬 순서가 달라진 것을 알 수 있다. 동일한 길이의 이름 그룹 내에서 알파벳 순서대로 정렬됐기 때문에 Creed가 Kevin 앞에 출력되고 Angela는 Dwight 앞에 출력된다.

```
Creed
Kevin
Angela
Dwight
Michael
```

var 또는 특정 형식을 사용해 쿼리 선언하기

LINQ 표현식을 작성할 때는 var를 사용해 쿼리 객체를 선언하는 것이 편리하다. 이유는 LINQ 표현식으로 작업할 때 형식이 자주 변경되기 때문이다. 예를 들어, 앞의 예제는 처음에 IEnumerable<string>으로 시작했지만 지금은 IOrderedEnumerable<string>
이다.

1. 마우스를 var 위로 움직여서 그 형식이 IOrderedEnumerable<string>인지 확인한다.

2. var를 실제 형식으로 변경한다.

```
IOrderedEnumerable<string> query = names
  .Where(name => name.Length > 4)
  .OrderBy(name => name.Length)
  .ThenBy(name => name);
```

 좋은 습관: 쿼리 작성을 완료한 뒤에 var를 실제 형식으로 변경해 어떤 형식을 사용
하고 있는지 명확히 나타낼 수 있다.

형식 필터링

Where 확장 메서드는 텍스트나 숫자를 필터링하는 데 적합하다. 만약 시퀀스에 여러 형
식이 들어 있을 때 특정 형식 기준으로 필터링하면서 상속 계층 구조도 준수하려면 어
떻게 해야 할까?

연속된 예외가 있다고 가정하자. 그림 11.3처럼 예외 형식은 복잡한 계층 구조를 형성
하고 수백 가지가 넘는다.

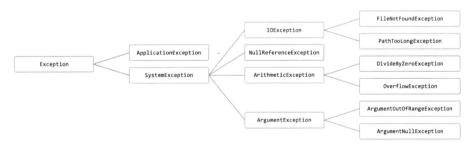

그림 11.3 예외 계층 구조의 일부

형식 필터링에 대해 알아보자.

1. Program.cs에 다음과 같이 exception을 상속하는 객체 목록을 정의한다.

```
WriteLine("형식 필터링");
List<Exception> exceptions = new()
{
  new ArgumentException(),
  new SystemException(),
  new IndexOutOfRangeException(),
  new InvalidOperationException(),
  new NullReferenceException(),
  new InvalidCastException(),
  new OverflowException(),
  new DivideByZeroException(),
  new ApplicationException()
};
```

2. 다음과 같이 OfType<T> 확장 메서드를 사용해 ArithmeticException이 아닌 예외는 제거하고 ArithmeticException만 콘솔에 출력하도록 한다.

```
IEnumerable<ArithmeticException> arithmeticExceptionsQuery =
  exceptions.OfType<ArithmeticException>();
foreach (ArithmeticException exception in arithmeticExceptionsQuery)
{
  WriteLine(exception);
}
```

3. 코드를 실행해서 ArithmeticException 형식 또는 ArithmeticException 파생 형식의 예외만 출력되는지 확인한다.

```
System.OverflowException: Arithmetic operation resulted in an overflow.
System.DivideByZeroException: Attempted to divide by zero.
```

LINQ를 사용해 set, multiset 다루기

수학에서 세트[set]는 가장 기본 개념 중 하나다. **세트**는 하나 이상의 유일한 객체 모음이다. **bag**이라고도 부르는 **멀티세트**[multiset]는 중복을 허용하는 하나 이상의 객체 모음이다.

학교에서 벤 다이어그램[Venn diagram]을 배운 적이 있을 것이다. 세트를 사용하는 일반적인 연산에는 **교집합**[intersect]과 **합집합**[union]이 있다.

3개의 string 배열을 정의한 다음, 일반적인 세트, 멀티세트 작업을 수행하는 코드를 작성해 보자.

1. 선호하는 코드 편집기를 사용해서 Chapter11 솔루션/작업 영역에 LinqWithSets라는 이름의 콘솔 앱을 만든다.

   A. 비주얼 스튜디오에서는 현재 선택 영역을 솔루션의 시작 프로젝트로 설정한다.

   B. 비주얼 스튜디오 코드에서는 LinqWithSets를 활성 OmniSharp 프로젝트로 설정한다.

2. Program.cs에서 자동 생성된 코드를 제거하고 Console 형식을 정적으로 가져온다.

   ```
   using static System.Console;
   ```

3. Program.cs 아래에 Output 메서드를 추가한다. 이 메서드는 string 배열의 모든 아이템을 쉼표로 구분해 추가 설명과 함께 콘솔에 출력한다.

   ```
   static void Output(IEnumerable<string> cohort, string description = "")
   {
     if (!string.IsNullOrEmpty(description))
     {
       WriteLine(description);
     }
     Write(" ");
     WriteLine(string.Join(", ", cohort.ToArray()));
     WriteLine();
   }
   ```

4. Output 메서드 위에 3개의 이름 배열을 정의하고 출력한 다음 다양한 작업을 수행하
   는 코드를 추가한다.

```
string[] cohort1 = new[]
  { "Rachel", "Gareth", "Jonathan", "George" };
string[] cohort2 = new[]
  { "Jack", "Stephen", "Daniel", "Jack", "Jared" };
string[] cohort3 = new[]
  { "Declan", "Jack", "Jack", "Jasmine", "Conor" };
Output(cohort1, "Cohort 1");
Output(cohort2, "Cohort 2");
Output(cohort3, "Cohort 3");
Output(cohort2.Distinct(), "cohort2.Distinct()");
Output(cohort2.DistinctBy(name => name.Substring(0, 2)),
  "cohort2.DistinctBy(name => name.Substring(0, 2)):");
Output(cohort2.Union(cohort3), "cohort2.Union(cohort3)");
Output(cohort2.Concat(cohort3), "cohort2.Concat(cohort3)");
Output(cohort2.Intersect(cohort3), "cohort2.Intersect(cohort3)");
Output(cohort2.Except(cohort3), "cohort2.Except(cohort3)");
Output(cohort1.Zip(cohort2,(c1, c2) => $"{c1} matched with {c2}"),
  "cohort1.Zip(cohort2)");
```

5. 코드를 실행하고 결과를 확인한다.

```
Cohort 1
 Rachel, Gareth, Jonathan, George

Cohort 2
 Jack, Stephen, Daniel, Jack, Jared

Cohort 3
 Declan, Jack, Jack, Jasmine, Conor

cohort2.Distinct()
 Jack, Stephen, Daniel, Jared

cohort2.DistinctBy(name => name.Substring(0, 2)):
 Jack, Stephen, Daniel

cohort2.Union(cohort3)
 Jack, Stephen, Daniel, Jared, Declan, Jasmine, Conor
```

```
cohort2.Concat(cohort3)
  Jack, Stephen, Daniel, Jack, Jared, Declan, Jack, Jack, Jasmine, Conor

cohort2.Intersect(cohort3)
  Jack

cohort2.Except(cohort3)
  Stephen, Daniel, Jared

cohort1.Zip(cohort2)
  Rachel matched with Jack, Gareth matched with Stephen, Jonathan matched
with Daniel, George matched with Jack
```

Zip을 사용할 때 두 시퀀스의 항목 수가 동일하지 않으면 일부 항목은 일치하는 대상이 없다. Jared와 같이 대상이 없는 경우는 결과에 포함되지 않는다.

DistinctBy의 경우 전체 이름을 비교해 중복을 제거하는 대신에 처음 두 문자를 비교해 중복을 제거하는 람다 키 선택기selector를 정의한다. 따라서 Jack이 Ja로 시작하기 때문에 Jared가 제거된다.

지금까지는 LINQ to Object 공급자를 사용해 메모리 내의 객체를 대상으로 했다. 다음 절부터는 LINQ to Entities 공급자를 사용해 데이터베이스에 저장된 엔티티를 대상으로 작업한다.

⁞⁞ EF 코어와 LINQ 사용하기

지금가지 LINQ 쿼리를 사용해 데이터를 필터링하고 정렬했지만 컬렉션 내 항목의 형태를 변경하는 쿼리는 없었다. 이를 한 모양의 항목을 다른 형태로 **투영**projection한다고 한다. 투영을 배우려면 좀 더 복잡한 형식을 사용하는 것이 좋다. 따라서 이번에는 string 배열이나 리스트 대신 Northwind 샘플 데이터베이스의 엔티티를 사용한다.

SQLite가 크로스 플랫폼을 지원하므로 여기서는 SQLite를 사용하지만 SQL 서버를 사용해도 좋다. SQL 서버를 사용할 때 적용 가능하도록 몇 개의 주석 처리된 코드를 포함했다.

EF 코어 모델 만들기

작업할 데이터베이스와 테이블을 나타내는 데 EF 코어 모델 정의가 필요하다. Categories와 Products 테이블 간의 관계가 자동으로 정의되지 않도록 수동으로 모델을 정의한다. 나중에 LINQ를 사용해 두 엔티티 집합을 조인[join]한다.

1. Chapter11 솔루션, 작업 영역에 LinqWithEFCore라는 새 콘솔 앱을 생성한다.

2. 비주얼 스튜디오 코드에서는 LinqWithEFCore를 활성 OmniSharp 프로젝트로 선택한다.

3. LinqWithEFCore 프로젝트에서 SQLite(또는 SQL 서버) EF 코어 공급자 패키지 참조를 추가한다.

```
<ItemGroup>
    <PackageReference
      Include="Microsoft.EntityFrameworkCore.Sqlite"
      Version="6.0.0" />
    <PackageReference
      Include="Microsoft.EntityFrameworkCore.SqlServer"
      Version="6.0.0" />
</ItemGroup>
```

4. 프로젝트를 빌드해 패키지를 복원한다.

5. Northwind4Sqlite.sql 파일을 LinqWithEFCore 폴더에 복사한다.

6. 명령 프롬프트나 터미널에서 다음 명령을 실행해 Northwind 데이터베이스를 생성한다.

```
sqlite3 Northwind.db -init Northwind4Sqlite.sql
```

7. 데이터베이스 구조를 만들기 때문에 명령이 완료되기까지 시간이 소요된다. 처리가 완료되면 다음과 같은 SQLite 명령 프롬프트를 볼 수 있다.

```
-- Loading resources from Northwind4Sqlite.sql
SQLite version 3.37.2 2022-01-06 13:25:41
Enter ".help" for usage hints.
sqlite>
```

8. 맥OS에서는 cmd + D, 윈도우에서는 Ctrl + C를 눌러 SQLite 명령 모드를 빠져나간다.

9. 프로젝트에 Northwind.cs, Category.cs, Product.cs 3개 파일을 추가한다.

10. Northwind.cs 클래스 파일을 다음과 같이 수정한다.

```csharp
using Microsoft.EntityFrameworkCore; // DbContext, DbSet<T>
namespace Packt.Shared;
// 데이터베이스 연결을 다룬다.
public class Northwind : DbContext
{
  // 아래 속성은 데이터베이스 테이블에 매핑된다.
  public DbSet<Category>? Categories { get; set; }
  public DbSet<Product>? Products { get; set; }
  protected override void OnConfiguring(
    DbContextOptionsBuilder optionsBuilder)
  {
    string path = Path.Combine(
      Environment.CurrentDirectory, "Northwind.db");
    optionsBuilder.UseSqlite($"Filename={path}");
    /*
    string connection = "Data Source=.;" +
        "Initial Catalog=Northwind;" +
        "Integrated Security=true;" +
        "MultipleActiveResultSets=true;";
    optionsBuilder.UseSqlServer(connection);
    */
  }
  protected override void OnModelCreating(
    ModelBuilder modelBuilder)
  {
```

```
    modelBuilder.Entity<Product>()
      .Property(product => product.UnitPrice)
      .HasConversion<double>();
  }
}
```

11. Category.cs 파일을 다음과 같이 수정한다.

```
using System.ComponentModel.DataAnnotations;
namespace Packt.Shared;
public class Category
{
  public int CategoryId { get; set; }
  [Required]
  [StringLength(15)]
  public string CategoryName { get; set; } = null!;
  public string? Description { get; set; }
}
```

12. Product.cs 파일을 다음과 같이 수정한다.

```
using System.ComponentModel.DataAnnotations;
using System.ComponentModel.DataAnnotations.Schema;
namespace Packt.Shared;
public class Product
{
  public int ProductId { get; set; }
  [Required]
  [StringLength(40)]
  public string ProductName { get; set; } = null!;
  public int? SupplierId { get; set; }
  public int? CategoryId { get; set; }
  [StringLength(20)]
  public string? QuantityPerUnit { get; set; }
  [Column(TypeName = "money")] // SQL 서버 공급자인 경우 필요
  public decimal? UnitPrice { get; set; }
  public short? UnitsInStock { get; set; }
  public short? UnitsOnOrder { get; set; }
  public short? ReorderLevel { get; set; }
  public bool Discontinued { get; set; }
}
```

13. 프로젝트를 빌드하고 컴파일 에러가 발생했다면 수정한다. 만약 비주얼 스튜디오 2022를 사용 중이라면 컴파일된 애플리케이션이 LinqWithEFCore\bin\Debug\net6.0 폴더에서 실행된다. 따라서 데이터베이스 파일을 찾을 수 없기 때문에 출력 폴더에 항상 복사되도록 해야 한다.

14. **솔루션 탐색기**에서 Northwind.db 파일을 오른쪽 클릭하고 **속성**을 선택한다.

15. **속성**의 **출력 디렉터리로 복사** 값을 **항상 복사**로 설정한다.

시퀀스 필터링과 정렬

이번에는 테이블의 데이터를 필터링하고 정렬하는 방법에 대해 알아보자.

1. Program.cs 파일에 Console 형식을 정적으로 가져오고 EF 코어 작업에 필요한 네임 스페이스와 LINQ를 사용한 엔티티 모델을 가져온다.

```
using Packt.Shared; // Northwind, Category, Product
using Microsoft.EntityFrameworkCore; // DbSet<T>
using static System.Console;
```

2. Program.cs 파일 아래에 products를 필터링하고 정렬하는 메서드를 다음과 같이 추가한다.

```
static void FilterAndSort()
{
  using (Northwind db = new())
  {
    DbSet<Product> allProducts = db.Products;
    IQueryable<Product> filteredProducts =
      allProducts.Where(product => product.UnitPrice < 10M);
    IOrderedQueryable<Product> sortedAndFilteredProducts =
      filteredProducts.OrderByDescending(product => product.UnitPrice);
    WriteLine("Products that cost less than $10:");
    foreach (Product p in sortedAndFilteredProducts)
    {
```

```
        WriteLine("{0}: {1} costs {2:$#,##0.00}",
          p.ProductId, p.ProductName, p.UnitPrice);
      }
    WriteLine();
  }
}
```

DbSet<T>는 IEnumerable<T>를 구현하기 때문에 LINQ를 사용해 EF 코어로 빌드된 모델의 엔티티 컬렉션을 쿼리하고 조작할 수 있다(사실 T보다는 TEntity라고 해야 하는 데 여기서 제네릭 형식의 이름은 기능적 효과가 없고 클래스 형식이면 된다. 이름은 단지 어떤 클래스가 엔티티 모델이 될 것으로 예상한다는 것을 나타낼 뿐이다).

한편, 코드에서 시퀀스가 IEnumerable<T>나 IOrderedEnumerable<T> 대신 IQueryable <T>(또는 순서 지정 LINQ 메서드 호출 후 IOrderedQueryable<T>)를 구현한다는 것을 알 수 있다.

이는 표현식 트리를 사용해 메모리에 쿼리를 작성하는 LINQ 공급자를 사용한다는 것을 나타낸다. 이 LINQ 공급자는 트리와 같은 데이터 구조를 코드로 나타내며, SQLite와 같은 외부 데이터 공급자에 대한 LINQ 쿼리를 만드는 데 유용한 동적 쿼리를 생성할 수 있다.

링크 식은 SQL과 같은 다른 쿼리 언어로 변환된다. foreach로 쿼리를 열거하거나 ToArray와 같은 메서드를 호출하면 쿼리가 실행되고 결과를 가져온다.

3. Program.cs에 네임스페이스를 가져온 후 FilterAndSort 메서드를 호출한다.

4. 코드를 실행하고 결과를 확인한다.

```
Products that cost less than $10:
41: Jack's New England Clam Chowder costs $9.65
45: Rogede sild costs $9.50
47: Zaanse koeken costs $9.50
19: Teatime Chocolate Biscuits costs $9.20
23: Tunnbrod costs $9.00
75: Rhonbrau Klosterbier costs $7.75
54: Tourtiere costs $7.45
52: Filo Mix costs $7.00
```

```
13: Konbu costs $6.00
24: Guarana Fantastica costs $4.50
33: Geitost costs $2.50
```

출력 결과는 잘못된 것이 없지만 이 코드는 비효율적이다. 왜냐하면 필요한 3개의 칼럼,
즉 ProductID, ProductName, UnitPrice만 가져오지 않고, 마치 아래 SQL 구문처럼
Product 테이블의 모든 칼럼을 가져오고 있기 때문이다.

```
SELECT * FROM Products;
```

10장에서 어떤 SQL 쿼리가 실행되는지 출력하는 방법을 배웠기 때문에 직접 확인해
볼 수 있을 것이다.

새로운 형식에 시퀀스 투영하기

투영에 대해 알아보기 전에 객체 초기화 구문을 다시 살펴볼 필요가 있다. 만약 클래스
를 정의했다면 클래스 이름과 new(), 그리고 소괄호에 필드와 프로퍼티의 초깃값을 설
정해 객체의 인스턴스를 만들 수 있다.

```
public class Person
{
  public string Name { get; set; }
  public DateTime DateOfBirth { get; set; }
}
Person knownTypeObject = new()
{
  Name = "Boris Johnson",
  DateOfBirth = new(year: 1964, month: 6, day: 19)
};
```

C# 3.0 이후부터는 var 키워드를 사용해 **익명 형식**anonymous type의 인스턴스를 만들 수
있다.

```
var anonymouslyTypedObject = new
{
  Name = "Boris Johnson",
  DateOfBirth = new DateTime(year: 1964, month: 6, day: 19)
};
```

위 코드에서는 생성하려는 형식을 명시하지 않았지만 컴파일러는 Name, DateOfBirth라는 2개의 프로퍼티로부터 익명 형식을 추론한다. 컴파일러는 string및 DateTime에 할당된 값에서 두 프로퍼티의 형식을 추론할 수 있다.

이 특징은 특히 새 형식을 명시적으로 정의하지 않은 채 현재 형식을 새 형식으로 투영하는 LINQ 쿼리를 작성할 때 유용하다. 왜냐하면 익명 형식은 var로 선언한 지역 변수에만 사용할 수 있기 때문이다.

이제 Select 메서드를 추가하고 Product 클래스 인스턴스를 프로퍼티가 3개인 새로운 익명 형식으로 투영해 보다 효율적으로 SQL 명령을 실행해 보자.

1. FilterAndSort에서 Select 메서드를 사용해 3개의 프로퍼티(즉 테이블 칼럼)만 반환하도록 LINQ 쿼리를 확장한다. 그리고 var 키워드와 투영 LINQ 표현식을 사용하도록 foreach 문을 수정한다.

```
IOrderedQueryable<Product> sortedAndFilteredProducts =
    filteredProducts.OrderByDescending(product => product.UnitPrice);
  var projectedProducts = sortedAndFilteredProducts
  .Select(product => new // anonymous type
  {
    product.ProductId,
    product.ProductName,
    product.UnitPrice
  });
  WriteLine("Products that cost less than $10:");
  foreach (var p in projectedProducts)
  {
```

2. 마우스를 Select 메서드의 new 키워드와 foreach 문의 var 키워드에 올렸을 때 그림 11.4처럼 익명 형식으로 표시되는 것을 확인하자.

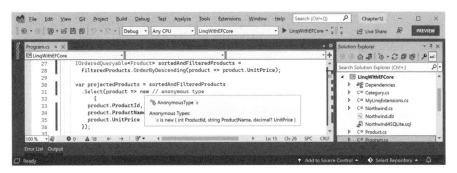

그림 11.4 LINQ 투영에 사용되는 익명 형식

3. 코드를 실행하고 이전과 동일한 결과가 출력되는지 확인한다.

시퀀스 Join과 group

또 다른 확장 메서드인 Join과 GroupJoin을 알아보자.

- **Join**: 이 메서드는 4개의 매개 변수, 즉 join하려는 시퀀스, 매칭하려는 왼쪽 속성, 매칭하려는 오른쪽 속성, 투영을 가진다.

- **GroupJoin**: 이 메서드는 동일한 매개 변수를 갖는데 일치하는 값에 대한 Key 프로퍼티와 여러 일치에 대한 IEnumerable<T>가 있는 그룹 객체로 일치 항목을 결합한다.

시퀀스 조인

Categories와 Products 2개의 테이블 데이터로 join 메서드에 대해 알아보자.

1. Program.cs 마지막에 Categories와 Products를 선택하고 조인한 다음 출력하는 코드를 작성하자.

```
static void JoinCategoriesAndProducts()
{
  using (Northwind db = new())
  {
    // 각 product를 category와 매칭해 77개의 결과를 반환한다.
    var queryJoin = db.Categories.Join(
      inner: db.Products,
      outerKeySelector: category => category.CategoryId,
      innerKeySelector: product => product.CategoryId,
      resultSelector: (c, p) =>
        new { c.CategoryName, p.ProductName, p.ProductId });
    foreach (var item in queryJoin)
    {
      WriteLine("{0}: {1} is in {2}.",
        arg0: item.ProductId,
        arg1: item.ProductName,
        arg2: item.CategoryName);
    }
  }
}
```

조인할 때는 outer와 inner, 2개의 시퀀스가 있다. 위 예제에서 categories는 outer 시퀀스고 products는 inner 시퀀스다.

2. Program.cs 파일에서 FilterAndSort 호출 코드를 주석 처리하고 JoinCategories AndProducts를 호출한다.

3. 코드를 실행하고 결과를 확인한다. 77개의 product가 한 줄씩 출력된다. 다음 출력 은 처음 10개의 데이터만 나타낸다.

```
1: Chai is in Beverages.
2: Chang is in Beverages.
3: Aniseed Syrup is in Condiments.
4: Chef Anton's Cajun Seasoning is in Condiments.
5: Chef Anton's Gumbo Mix is in Condiments.
6: Grandma's Boysenberry Spread is in Condiments.
7: Uncle Bob's Organic Dried Pears is in Produce.
8: Northwoods Cranberry Sauce is in Condiments.
9: Mishi Kobe Niku is in Meat/Poultry.
10: Ikura is in Seafood.
…
```

4. 쿼리 마지막에 CategoryName에 따라 정렬하도록 OrderBy 메서드를 호출한다.

```
.OrderBy(cp => cp.CategoryName);
```

5. 코드를 실행하고 결과를 확인한다. 이번에는 Beverages 카테고리에 속한 것들이 먼저 출력되고, 다음은 Condiments 카테고리의 순으로 출력된다. 아래에 출력 결과 중 일부를 표시했다.

```
1: Chai is in Beverages.
2: Chang is in Beverages.
24: Guarana Fantastica is in Beverages.
34: Sasquatch Ale is in Beverages.
35: Steeleye Stout is in Beverages.
38: Cote de Blaye is in Beverages.
39: Chartreuse verte is in Beverages.
43: Ipoh Coffee is in Beverages.
67: Laughing Lumberjack Lager is in Beverages.
70: Outback Lager is in Beverages.
75: Rhonbrau Klosterbier is in Beverages.
76: Lakkalikoori is in Beverages.
3: Aniseed Syrup is in Condiments.
4: Chef Anton's Cajun Seasoning is in Condiments.
```

시퀀스 GroupJoin

1. Program.cs 끝에 GroupJoin을 실행하고 그룹 이름을 출력한 다음 그룹 내의 모든 아이템을 출력하는 함수를 생성한다.

```
static void GroupJoinCategoriesAndProducts()
{
  using (Northwind db = new())
  {
    // 8개의 매칭 결과를 반환하도록 카테고리로 모든 product를 그룹화한다.
    var queryGroup = db.Categories.AsEnumerable().GroupJoin(
      inner: db.Products,
      outerKeySelector: category => category.CategoryId,
      innerKeySelector: product => product.CategoryId,
```

```
    resultSelector: (c, matchingProducts) => new
    {
      c.CategoryName,
      Products = matchingProducts.OrderBy(p => p.ProductName)
    });
  foreach (var category in queryGroup)
  {
    WriteLine("{0} has {1} products.",
      arg0: category.CategoryName,
      arg1: category.Products.Count());
    foreach (var product in category.Products)
    {
      WriteLine($" {product.ProductName}");
    }
  }
}
}
```

만약, `AsEnumerable` 메서드를 호출하지 않았다면 다음과 같은 런타임 예외가 발생한다.

```
Unhandled exception. System.ArgumentException:  Argument type 'System.
Linq.IOrderedQueryable`1[Packt.Shared.Product]' does not match the
corresponding member type 'System.Linq.IOrderedEnumerable`1[Packt.
Shared.Product]' (Parameter 'arguments[1]')
```

이유는 모든 LINQ 확장 메서드를 표현식 트리에서 SQL 같은 다른 쿼리 구문으로 변환할 수 있는 것은 아니기 때문이다. 위 코드에서는 `AsEnumerable` 메서드를 호출해 `IQueryable<T>`에서 `IEnumerable<T>`로 변환할 수 있다. 이렇게 하면 데이터를 애플리케이션으로 가져올 때만 LINQ to EF 코어를 사용하고 메모리에서 복잡한 처리를 할 때는 LINQ to Objects를 사용하도록 강제한다. 하지만 이 방법은 효율성이 떨어지는 경우가 많다.

2. `Program.cs`에서 이전 메서드 호출을 주석 처리하고 `GroupJoinCategoriesAndProduct` 메서드를 호출한다.

3. 코드를 실행하고 결과를 확인한다. 쿼리에서 작성한 대로 각 product들은 자신들의 카테고리 내에서 이름 기준으로 정렬됐다.

```
Beverages has 12 products.
 Chai
 Chang
 Chartreuse verte
 Cote de Blaye
 Guarana Fantastica
 Ipoh Coffee
 Lakkalikoori
 Laughing Lumberjack Lager
 Outback Lager
 Rhonbrau Klosterbier
 Sasquatch Ale
 Steeleye Stout
Condiments has 12 products.
 Aniseed Syrup
 Chef Anton's Cajun Seasoning
 Chef Anton's Gumbo Mix
 ...
```

시퀀스 집계

LINQ 확장 메서드 중 Average, Sum은 집계 기능을 수행한다. 이 확장 메서드를 사용해 Products 테이블의 데이터를 집계해 보자.

1. Program.cs 파일에 집계 확장 메서드를 사용한 코드를 추가한다.

```
static void AggregateProducts()
{
  using (Northwind db = new())
  {
    WriteLine("{0,-25} {1,10}",
      arg0: "Product count:",
      arg1: db.Products.Count());
    WriteLine("{0,-25} {1,10:$#,##0.00}",
      arg0: "Highest product price:",
```

```
      arg1: db.Products.Max(p => p.UnitPrice));
    WriteLine("{0,-25} {1,10:N0}",
      arg0: "Sum of units in stock:",
      arg1: db.Products.Sum(p => p.UnitsInStock));
    WriteLine("{0,-25} {1,10:N0}",
      arg0: "Sum of units on order:",
      arg1: db.Products.Sum(p => p.UnitsOnOrder));
    WriteLine("{0,-25} {1,10:$#,##0.00}",
      arg0: "Average unit price:",
      arg1: db.Products.Average(p => p.UnitPrice));
    WriteLine("{0,-25} {1,10:$#,##0.00}",
      arg0: "Value of units in stock:",
      arg1: db.Products
        .Sum(p => p.UnitPrice * p.UnitsInStock));
  }
}
```

2. 이전 메서드 호출을 주석 처리하고 AggregateProducts 메서드를 호출한다.

3. 코드를 실행하고 결과를 확인한다.

```
Product count:                  77
Highest product price:     $263.50
Sum of units in stock:       3,119
Sum of units on order:         780
Average unit price:         $28.87
Value of units in stock: $74,050.85
```

⁑ 간편 표기법으로 LINQ 구문 단순화하기

2008년, C# 3.0은 SQL에 경험 있는 개발자들이 더 쉽게 LINQ 쿼리를 작성할 수 있도록 새로운 키워드를 몇 개 소개했다. 이 간편 표기법syntactic sugar은 **LINQ 쿼리 해석 구문**LINQ query comprehension syntax으로 부르기도 한다.

다음과 같은 string 배열이 있다고 하자.

```
string[] names = new[] { "Michael", "Pam", "Jim", "Dwight",
  "Angela", "Kevin", "Toby", "Creed" };
```

이름으로 필터링하고 정렬하려면 다음과 같은 확장 메서드와 람다 표현식을 쓸 것이다.

```
var query = names
  .Where(name => name.Length > 4)
  .OrderBy(name => name.Length)
  .ThenBy(name => name);
```

쿼리 해석 구문을 써도 동일한 결과를 얻을 수 있다.

```
var query = from name in names
  where name.Length > 4
  orderby name.Length, name
  select name;
```

컴파일러는 쿼리 해석 구문을 확장 메서드와 람다 표현식으로 변경해서 처리한다.

LINQ 쿼리 해석 구문을 사용하려면 select 키워드가 항상 필요하다. 반면에 확장 메서드와 람다 표현식을 사용할 때는 Select 확장 메서드가 필수는 아니다. 만약 Select를 호출하지 않으면 암묵적으로 전체 항목이 선택된다.

모든 확장 메서드가 동등한 C# 키워드를 갖고 있지는 않다. 즉 일부 확장 메서드는 쿼리 해석 구문만으로 사용할 수 없다는 뜻이다. 예를 들어, 많은 양의 데이터는 보통 페이징paging으로 처리하는데 이때 흔히 사용되는 Skip 및 Take 확장 메서드가 있다. 이들을 사용해서 다음과 같은 쿼리를 작성한다고 해보자. Skip과 Take 확장 메서드는 동등한 C# 키워드가 없기 때문에 이 쿼리는 LINQ 쿼리 해석 구문만으로는 작성할 수 없다.

```
var query = names
  .Where(name => name.Length > 4)
  .Skip(80)
  .Take(10);
```

또는 다음과 같이 쿼리 해석 구문을 괄호로 묶은 다음 확장 메서드를 사용하도록 전환할 수도 있다.

```
var query = (from name in names
  where name.Length > 4
  select name)
  .Skip(80)
  .Take(10);
```

 좋은 습관: 확장 메서드와 람다 표현식을 사용해 LINQ 쿼리를 작성하는 방법과 쿼리 해석 구문으로 LINQ 쿼리를 작성하는 방법 모두를 익혀 두자. 두 가지 방법을 모두 사용하는 코드를 유지보수 해야 할 수도 있다.

⁝⁝▶ 병렬 LINQ로 멀티 스레드 사용하기

LINQ 쿼리를 실행하는 데는 기본으로 1개의 스레드만 사용된다. **병렬 LINQ**[PLINQ, Parallel LINQ]를 사용하면 간단히 여러 개의 스레드를 사용해서 LINQ 쿼리를 실행할 수 있다.

 좋은 습관: 멀티 스레드를 사용하는 것이 애플리케이션의 성능을 무조건 향상시킬 것이라고 생각하지 말자. 소요되는 시간과 리소스 사용량을 실제로 측정해 봐야 한다.

멀티 스레드 장점을 이용하는 앱 만들기

실제 동작을 보기 위해 1개의 스레드만 사용해서 45개 정수에 대한 피보나치[Fibonacci] 값을 계산하는 코드를 작성한다. 성능 변화를 측정하기 위해 StopWatch 형식을 사용하며, CPU 사용량을 모니터링하기 위해 OS의 시스템 도구도 사용한다.

1. Chapter11 솔루션, 작업 영역에 LinqInParallel이라는 새 콘솔 앱을 생성한다.

2. 비주얼 스튜디오 코드에서는 LinqInParallel를 활성 OmniSharp 프로젝트로 선택한다.

3. Program.cs에서 현재 코드를 지운 다음 StopWatch 형식을 사용하기 위해 System.Diagnostics 네임스페이스를 추가한다. 그리고 System.Console 형식도 추가한다.

4. stopwatch를 만들고 키를 눌러 타이머를 시작하기 전에 대기한다. 키를 누르면 45개의 정수를 만들어 피보나치 값을 계산한 다음 타이머를 멈추고 경과된 시간을 ms로 출력한다.

```
Stopwatch watch = new();
Write("Press ENTER to start. ");
ReadLine();
watch.Start();
int max = 45;
IEnumerable<int> numbers = Enumerable.Range(start: 1, count: max);
WriteLine($"Calculating Fibonacci sequence up to {max}. Please
wait...");
int[] fibonacciNumbers = numbers
  .Select(number => Fibonacci(number)).ToArray();
watch.Stop();
WriteLine("{0:#,##0} elapsed milliseconds.",
  arg0: watch.ElapsedMilliseconds);
Write("Results:");
foreach (int number in fibonacciNumbers)
{
  Write($" {number}");
}
static int Fibonacci(int term) =>
  term switch
  {
    1 => 0,
    2 => 1,
    _ => Fibonacci(term - 1) + Fibonacci(term - 2)
  };
```

5. 코드를 실행만 하고 아직 엔터 키는 누르지 말자. CPU 사용량을 보기 위해 모니터링 도구를 실행해야 한다.

윈도우

1. 윈도우 사용자는 **시작** 버튼을 오른쪽 클릭하거나 Ctrl + Alt + Delete 키를 누르고 **작업 관리자**를 클릭한다.

2. **작업 관리자** 창에서 하단의 **자세히** 버튼을 클릭한다.

3. **작업 관리자** 창에서 상단의 **성능** 탭을 클릭한다.

4. **CPU 작업** 그래프 부분을 오른쪽 클릭해서 **그래프 변경**을 선택한 뒤 **논리 프로세서** 항목을 클릭한다.

맥OS

1. 맥OS에서는 **활성 상태 보기**를 실행한다.

2. **보기 > 업데이트 주기 > 매우 자주(1초)**를 선택해서 CPU 측정 주기를 빠르게 한다.

3. CPU 그래프를 보려면 **윈도우 > CPU 히스토리**를 선택한다.

모든 운영체제

1. 모니터링 도구와 코드 편집기를 나란히 배치한다.

2. 엔터 키를 눌러 stopwatch를 시작하고 쿼리를 실행한다. 출력 결과는 다음처럼 실행 시간을 ms로 표시한다.

```
Press ENTER to start.
Calculating Fibonacci sequence up to 45. Please wait...
30,866 elapsed milliseconds.
Results: 0 1 1 2 3 5 8 13 21 34 55 89 144 233 377 610 987 1597 2584 4181
```

```
6765 10946 17711 28657 46368 75025 121393 196418 317811 514229 832040
1346269 2178309 3524578 5702887 9227465 14930352 24157817 39088169
63245986 102334155 165580141 267914296 433494437 701408733
```

모니터링 도구는 대부분 1개나 2개의 CPU가 사용되고 있음을 보여 줄 것이다. 나
머지 CPU 역시 가비지 컬렉터garbage collector 같은 백그라운드 작업을 실행하고 있
을 수 있지만, 모든 가능한 CPU 사이에 작업이 균등하게 분배되고 있지 않으며 특
정 CPU를 100% 가까이 사용한다.

3. 쿼리를 수정해 AsParallel 확장 메서드를 호출하고 결과 시퀀스를 정렬한다. 병렬로
   처리할 때는 결과가 잘못 정렬될 수도 있다.

```
int[] fibonacciNumbers = numbers.AsParallel()
  .Select(number => Fibonacci(number))
  .OrderBy(number => number)
  .ToArray();
```

 좋은 습관: AsParallel를 쿼리 마지막에 호출해서는 안 된다. 이러면 어떤 작업도 일
어나지 않는다. AsParallel 이후에는 최소 1개 이상의 병렬로 실행할 작업을 호출해
야 한다. .NET 6에는 이러한 오용에 대해 경고로 알려 주는 코드 분석기가 포함됐다.

4. 수정한 코드를 다시 실행한다. 작업 관리자나 CPU History 창이 원활히 동작할 때
   까지 잠시 기다린 뒤에 엔터 키를 눌러 쿼리를 실행한다. 이번에는 처음 실행했을
   때보다 실행 시간이 더 감소했다. 멀티 스레드로 변경해도 기대한 시간만큼 줄어들
   지 않을 수도 있다.

```
Press ENTER to start.
Calculating Fibonacci sequence up to 45. Please wait...
12,012 elapsed milliseconds.
Results: 0 1 1 2 3 5 8 13 21 34 55 89 144 233 377 610 987 1597 2584 4181
6765 10946 17711 28657 46368 75025 121393 196418 317811 514229 832040
1346269 2178309 3524578 5702887 9227465 14930352 24157817 39088169
63245986 102334155 165580141 267914296 433494437 701408733
```

5. 이번에는 모니터링 도구에서 모든 CPU가 LINQ 쿼리를 실행하는 데 균등하게 사용됐음을 보여 주며, 작업이 균등하게 분배됐기 때문에 이전처럼 특정 CPU 사용량이 100% 가까이 올라가지도 않는다.

12장에서 멀티 스레드를 다루는 방법에 대해 더 알아본다.

⁙ 사용자 정의 LINQ 확장 메서드 만들기

6장에서 사용자 정의 확장 메서드를 만드는 방법에 대해 배웠다. LINQ 확장 메서드를 만드는 데 필요한 것은 IEnumerable<T> 형식을 확장하는 것이다.

 좋은 습관: 사용자 정의 확장 메서드를 분리된 클래스 라이브러리에 포함시키면 해당 어셈블리나 NuGet 패키지를 통해 쉽게 배포할 수 있다.

여기서는 예제로 Average 확장 메서드를 사용한다. 보통 average라고 하면 다음 3개 중 하나를 나타낸다.

- **평균**mean: 숫자들의 합을 숫자 개수로 나눈 것
- **모드**mode: 가장 일반적인 숫자
- **중앙값**median: 여러 숫자들 중 중간에 있는 값

Average 확장 메서드는 평균을 계산한다. Mode, Median 같은 사용자 정의 확장 메서드를 정의할 수도 있다.

1. LinqWithEFCore 프로젝트에 MyLinqExtensions.cs라는 이름의 새 클래스 파일을 추가한다.

2. 다음 코드를 입력한다.

```
namespace System.Linq; // 네임스페이스 확장
```

```csharp
public static class MyLinqExtensions
{
  // 연결할 수 있는 LINQ 확장 메서드
  public static IEnumerable<T> ProcessSequence<T>(
    this IEnumerable<T> sequence)
  {
    // 여기서 필요한 작업을 처리한다.
    return sequence;
  }
  public static IQueryable<T> ProcessSequence<T>(
    this IQueryable<T> sequence)
  {
    // 여기서 필요한 작업을 처리한다.
    return sequence;
  }

  // 스칼라 LINQ 확장 메서드
  public static int? Median(
    this IEnumerable<int?> sequence)
  {
    var ordered = sequence.OrderBy(item => item);
    int middlePosition = ordered.Count() / 2;
    return ordered.ElementAt(middlePosition);
  }
  public static int? Median<T>(
    this IEnumerable<T> sequence, Func<T, int?> selector)
  {
    return sequence.Select(selector).Median();
  }
  public static decimal? Median(
    this IEnumerable<decimal?> sequence)
  {
    var ordered = sequence.OrderBy(item => item);
    int middlePosition = ordered.Count() / 2;
    return ordered.ElementAt(middlePosition);
  }
  public static decimal? Median<T>(
    this IEnumerable<T> sequence, Func<T, decimal?> selector)
  {
    return sequence.Select(selector).Median();
  }
  public static int? Mode(
    this IEnumerable<int?> sequence)
  {
```

```
    var grouped = sequence.GroupBy(item => item);
    var orderedGroups = grouped.OrderByDescending(
      group => group.Count());
    return orderedGroups.FirstOrDefault()?.Key;
  }
  public static int? Mode<T>(
    this IEnumerable<T> sequence, Func<T, int?> selector)
  {
    return sequence.Select(selector)?.Mode();
  }
  public static decimal? Mode(
    this IEnumerable<decimal?> sequence)
  {
    var grouped = sequence.GroupBy(item => item);
    var orderedGroups = grouped.OrderByDescending(
      group => group.Count());
    return orderedGroups.FirstOrDefault()?.Key;
  }
  public static decimal? Mode<T>(
    this IEnumerable<T> sequence, Func<T, decimal?> selector)
  {
    return sequence.Select(selector).Mode();
  }
}
```

만약 이 클래스가 분리된 클래스 라이브러리에 있다면 LINQ 확장 메서드를 사용하기 위해 단순히 클래스 라이브러리 어셈블리를 참조하면 된다. 왜냐하면 System.Linq 네임 스페이스는 이미 암묵적으로 추가됐기 때문이다.

 주의: 위 확장 방법 중 하나를 제외하고 LINQ to SQLite 또는 LINQ to SQL Server에서 사용하는 것과 같은 IQueryable 시퀀스와 함께 사용할 수 없다. 왜냐하면 코드를 SQL과 같은 기본 쿼리 언어로 변환하는 방법을 구현하지 않았기 때문이다.

연결 가능한 확장 메서드 호출하기

먼저 다른 확장 메서드와 ProcessSequence 메서드를 연결한다.

676

1. Program.cs의 FilterAndSort 메서드에서 Products에 대한 LINQ 쿼리를 수정해 사용자 정의 확장 메서드를 호출한다.

```
DbSet<Product>? allProducts = db.Products;
    if (allProducts is null)
    {
      WriteLine("No products found.");
      return;
    }
    IQueryable<Product> processedProducts = allProducts.
ProcessSequence();
    IQueryable<Product> filteredProducts = processedProducts
      .Where(product => product.UnitPrice < 10M);
```

2. Program.cs에서 다른 메서드 호출을 주석 처리하고 FilterAndSort 메서드를 호출한다.

3. 코드를 실행하고 이전과 동일한 결과가 출력되는지 확인한다. 이제 LINQ를 확장해 필요한 기능을 구현하는 방법을 배웠다.

MODE와 MEDIAN 메서드 만들기

두 번째로 Mode와 Median 메서드로 average의 다른 종류를 계산해 보자.

1. Program.cs 파일 아래에 사용자 지정 확장 메서드와 내장 Average 확장 메서드를 사용해 Product의 UnitsInStock 및 UnitPrice에 대한 평균, 중앙값 및 모드를 출력하는 메서드를 만든다.

```
static void CustomExtensionMethods()
{
  using (Northwind db = new())
  {
    WriteLine("Mean units in stock: {0:N0}",
      db.Products.Average(p => p.UnitsInStock));
    WriteLine("Mean unit price: {0:$#,##0.00}",
```

```
          db.Products.Average(p => p.UnitPrice));
        WriteLine("Median units in stock: {0:N0}",
          db.Products.Median(p => p.UnitsInStock));
        WriteLine("Median unit price: {0:$#,##0.00}",
          db.Products.Median(p => p.UnitPrice));
        WriteLine("Mode units in stock: {0:N0}",
          db.Products.Mode(p => p.UnitsInStock));
        WriteLine("Mode unit price: {0:$#,##0.00}",
          db.Products.Mode(p => p.UnitPrice));
    }
}
```

2. 다른 메서드 호출을 주석 처리하고 CustomExtensionMethods를 호출한다.

3. 코드를 실행하고 출력 결과를 확인한다.

```
Mean units in stock: 41
Mean unit price: $28.87
Median units in stock: 26
Median unit price: $19.50
Mode units in stock: 0
Mode unit price: $18.00
```

단가가 18$인 제품은 4개이며, 재고가 0인 제품은 5개다.

⠿ LINQ to XML 사용하기

LINQ to XML은 XML을 쿼리하고 조작할 수 있게 하는 LINQ 공급자다.

LINQ to XML을 사용해서 XML 생성하기

Products 테이블을 XML로 변환하는 메서드를 만들어 보자.

1. LinqWithEFCore 프로젝트의 Program.cs 파일 상단에 System.Xml.Linq 네임스페이스를 가져온다.

2. `Program.cs` 파일 마지막에 XML 형식으로 제품을 출력하는 메서드를 작성한다.

```
static void OutputProductsAsXml()
{
  using (Northwind db = new())
  {
    Product[] productsArray = db.Products.ToArray();
    XElement xml = new("products",
      from p in productsArray
      select new XElement("product",
        new XAttribute("id",  p.ProductId),
        new XAttribute("price", p.UnitPrice),
       new XElement("name", p.ProductName)));
    WriteLine(xml.ToString());
  }
}
```

3. 다른 메서드 호출을 주석 처리하고 `OutputProductsAsXml` 메서드를 호출한다.

4. 콘솔 애플리케이션을 실행하고 출력 결과를 확인한다. 위 코드에서는 LINQ to XML 구문을 사용해 XML의 엘리먼트와 속성을 선언했다. 생성된 XML의 구조가 이 코드에서 선언한 엘리먼트 및 속성과 매칭된다는 것을 확인하자.

```
<products>
  <product id="1" price="18">
    <name>Chai</name>
  </product>
  <product id="2" price="19">
    <name>Chang</name>
  </product>
...
```

LINQ to XML을 사용해 XML 읽기

LINQ to XML을 사용해서 XML 파일을 쉽게 쿼리하는 방법을 알아보자.

1. `LinqWithEFCore` 프로젝트에 `settings.xml`이라는 파일을 추가한다.

2. 다음과 같이 파일 내용을 입력한다.

```xml
<?xml version="1.0" encoding="utf-8" ?>
<appSettings>
  <add key="color" value="red" />
  <add key="size" value="large" />
  <add key="price" value="23.99" />
</appSettings>
```

비주얼 스튜디오 2022를 사용한다면 컴파일된 애플리케이션은 LinqWithEFCore\bin\Debug\net6.0 폴더에서 실행되므로 setting.xml 파일을 찾지 못한다. 그래서 출력 폴더에 항상 파일이 복사되도록 해야 한다.

3. **솔루션 탐색기**에서 setting.xml 파일을 오른쪽 클릭하고 **속성**을 선택한다.

4. **속성**의 **출력 디렉터리로 복사** 값을 **항상 복사**로 설정한다.

5. 다음과 같은 작업을 처리하는 메서드를 Program.cs 파일에 작성한다.

- XML 파일을 로딩한다.

- LINQ to XML을 사용해서 appSettings 요소와 add 하위 요소를 검색한다.

- Key와 Value 속성을 사용해서 익명 형식의 배열에 XML을 투영한다.

- 배열을 순회하면서 결과를 출력한다.

```csharp
static void ProcessSettings()
{
  XDocument doc = XDocument.Load("settings.xml");
  var appSettings = doc.Descendants("appSettings")
    .Descendants("add")
    .Select(node => new
    {
      Key = node.Attribute("key")?.Value,
      Value = node.Attribute("value")?.Value
    }).ToArray();
  foreach (var item in appSettings)
  {
    WriteLine($"{item.Key}: {item.Value}");
```

```
    }
  }
```

6. 다른 메서드 호출을 주석 처리하고 `ProcessSettings` 메서드를 호출한다.

7. 코드를 실행하고 출력 결과를 확인한다.

```
color: red
size: large
price: 23.99
```

⁘ 연습 및 탐구

몇 개의 질문에 답해 보면서 11장에서 배운 내용을 얼마나 이해하고 있는지 확인하고 더 공부할 내용도 살펴보자.

연습 11.1 - 복습

다음의 질문에 답해 보자.

1. LINQ의 두 가지 필수 구성 요소는 무엇인가?

2. 형식에서 속성의 하위 집합을 반환할 때 사용하는 LINQ 확장 메서드는 무엇인가?

3. 시퀀스를 필터링할 때 사용하는 LINQ 확장 메서드는 무엇인가?

4. 집합을 수행하는 5개의 LINQ 확장 메서드는 무엇인가?

5. `Select`와 `SelectMany` 확장 메서드 간의 차이점은 무엇인가?

6. `IEnumerable<T>`와 `IQueryable<T>` 간의 차이점은 무엇이며 어떻게 전환할 수 있는가?

7. `Func<T1, T2, T>`와 같은 제네릭 `Func` 델리게이트에서 마지막 매개 변수 `T`는 무엇을 나타내는가?

8. OrDefault로 끝나는 LINQ 확장 메서드의 장점은 무엇인가?

9. 쿼리 해석 구문이 선택적인 이유는 무엇인가?

10. 사용자 정의 확장 메서드는 어떻게 만드는가?

연습 11.2 - LINQ 쿼리 연습

Chapter11 솔루션, 작업 영역에 Exercise02라는 이름의 새 콘솔 애플리케이션을 생성한다. 이 프로그램은 사용자로부터 도시 이름을 입력받은 후, Northwind의 고객이 해당 도시에 있다면 그 목록을 출력한다. 즉 다음과 같이 동작하는 프로그램을 만들어 보자.

```
Enter the name of a city: London
There are 6 customers in London:
Around the Horn
B's Beverages
Consolidated Holdings
Eastern Connection
North/South
Seven Seas Imports
```

그런 다음, 사용자로부터 도시 이름을 입력 받기 전에 고객사가 위치한 모든 도시 이름을 미리 출력해서 프로그램을 좀 더 향상시켜 보자.

```
Aachen, Albuquerque, Anchorage, Århus, Barcelona, Barquisimeto, Bergamo,
Berlin, Bern, Boise, Bräcke, Brandenburg, Bruxelles, Buenos Aires, Butte,
Campinas, Caracas, Charleroi, Cork, Cowes, Cunewalde, Elgin, Eugene,
Frankfurt a.M., Genève, Graz, Helsinki, I. de Margarita, Kirkland,
Kobenhavn, Köln, Lander, Leipzig, Lille, Lisboa, London, Luleå, Lyon,
Madrid, Mannheim, Marseille, México D.F., Montréal, München, Münster,
Nantes, Oulu, Paris, Portland, Reggio Emilia, Reims, Resende, Rio de
Janeiro, Salzburg, San Cristóbal, San Francisco, Sao Paulo, Seattle,
Sevilla, Stavern, Strasbourg, Stuttgart, Torino, Toulouse, Tsawassen,
Vancouver, Versailles, Walla Walla, Warszawa
```

연습 11.3 - 탐구

11장에서 다룬 주제에 관한 글을 다음 링크에서 좀 더 읽어 보자.

https://github.com/markjprice/cs10dotnet6/blob/main/book-links.md#chapter-11---querying-and-manipulating-data-using-linq

🎵 마무리

11장에서는 LINQ 쿼리를 작성해 XML을 포함한 다양한 형식의 데이터를 select, project, filter, sort, join 및 그룹화하는 방법을 배웠다.

12장에서는 Task 형식을 사용해 애플리케이션의 성능을 향상시키는 방법을 알아본다.

12

멀티태스킹으로 성능과 확장성 향상하기

12장은 여러 작업을 동시에 처리해 애플리케이션의 성능, 확장성, 사용자 생산성을 향상시키는 방법에 대해 알아본다.

12장은 다음 내용을 다룬다.

- 프로세스^{process}, 스레드^{thread}, 태스크^{task} 이해하기

- 성능과 리소스 사용량 모니터링

- 태스크를 비동기로 처리하기

- 공유 리소스에 동기적으로 접근하기

- async와 await 이해하기

프로세스, 스레드, 태스크 이해하기

프로세스의 예로, 할당된 메모리와 스레드 같은 리소스를 갖고 있는 콘솔 애플리케이션을 들 수 있다.

스레드는 코드를 명령문statement별로 실행한다. 기본으로 각 프로세스는 1개의 스레드만 가지므로 동시에 1개 이상의 태스크를 다룰 때 문제가 발생할 수 있다. 스레드는 또한 현재 인증된 사용자나 언어 및 지역에 대해 달라져야 하는 국제화 규칙과 같은 사항을 추적하는 역할을 한다.

윈도우를 비롯한 대부분의 현대적인 운영체제에서는 병렬로 테스크를 실행하는 **선점형 멀티 태스킹**preemptive multitasking 방식을 사용한다. 이 방식은 프로세서 시간을 스레드별로 나눠서 각 스레드에 차례로 **시간을 할당**한다. 할당받은 시간이 지나면 현재 스레드는 실행을 잠시 중단하고, 다른 스레드가 할당받은 시간만큼 실행된다.

이와 같이 스레드가 변경될 때 윈도우는 현재 스레드의 콘텍스트를 저장하고, 스레드 큐에 저장돼 있던 다음 스레드의 콘텍스트를 읽어 온다. 이런 과정을 거치면서 시간과 리소스가 소비된다.

복잡한 작업의 수가 적고 이들 작업을 제어하려면 개별 Thread 인스턴스를 만들어 관리할 수 있다. 백그라운드에서 실행할 수 있는 기본 스레드가 하나이고 작은 작업이 여러 개 있는 경우 ThreadPool 클래스를 사용해 메서드로 구현된 작업을 가리키는 대리자 인스턴스를 큐에 추가할 수 있다. 그러면 이 인스턴스는 스레드 풀의 스레드에 자동으로 할당된다.

12장에서는 더 높은 추상화 수준에서 스레드를 관리하기 위해 Task 형식을 사용한다.

스레드 수를 두 배로 늘린다고 작업 완료 시간이 반드시 두 배로 줄어드는 것은 아니다. 오히려 완료 시간이 늘어날 수도 있다.

좋은 습관: 더 많은 스레드가 성능을 향상시킬 것이라고 가정하지 말자. 멀티 스레드를 사용하지 않는 코드로 먼저 성능 테스트를 한 뒤에 다시 멀티 스레드를 사용한 코드로 성능을 측정하자. 환경 구성에서도 실제 운영 환경과 유사하게 환경을 구성한 뒤에 성능 테스트를 실행해야 한다.

성능과 리소스 사용량 모니터링

코드 성능을 향상시키려면 먼저 코드 속도와 효율성을 모니터링해 얼마나 개선이 됐는지 측정할 수 있는 기준을 기록해야 한다.

형식 효율성 평가

문제 해결에 가장 적합한 형식은 무엇인가? 이 질문에 답하려면 '가장 적합한'이 의미하는 바를 신중하게 생각하면서 다음 요소를 고려해야 한다.

- **기능**: 해당 형식이 필요한 기능을 제공하는지 확인한다.

- **메모리 크기**: 형식이 차지하는 메모리 크기를 확인한다.

- **성능**: 형식의 속도를 확인한다.

- **향후 요구 사항**: 요구 사항 및 유지 보수 측면에서 변경 가능성을 확인한다.

숫자를 저장할 때처럼 여러 형식이 하나의 시나리오에서 사용될 수 있으므로 메모리와 성능을 고려해 선택해야 한다.

수백만 개의 숫자를 저장해야 하는 경우 가장 적은 메모리를 사용하는 형식을 사용하는 것이 좋다. 하지만 몇 개의 숫자만 저장하면서 많은 계산을 수행해야 한다면 특정 CPU에서 가장 빠르게 실행되는 형식을 사용하는 것이 좋다.

sizeof() 함수는 어떤 형식의 단일 인스턴스가 차지하는 메모리 바이트 수를 알려 준다.

하지만 배열 및 리스트와 같은 더 복잡한 데이터 구조에 많은 수의 값을 저장할 때는 메모리 사용량을 측정하는 더 나은 방법이 필요하다.

온라인과 책에서 많은 조언을 읽을 수 있지만 코드에 가장 알맞은 형식이 무엇인지 알수 있는 유일한 방법은 형식을 직접 비교하는 것이다. 다음 절에서는 다양한 형식을 사용할 때 필요한 메모리 요구 사항과 성능 모니터링 방법을 알아본다.

short 형식이 최선의 선택일 수 있지만 메모리를 2배 더 사용하더라도 int 형식을 사용하는 것이 더 좋은 선택이 되기도 한다. 미래에 더 넓은 범위의 값을 저장해야 할 수도 있기 때문이다.

개발자가 자주 간과하지만 유지 관리는 중요한 측정 기준이다. 이는 다른 프로그래머가 코드를 이해하고 수정하는 데 들여야 하는 노력을 측정한 것이다. 도움되는 설명이 없고 불명확한 형식 선택은 나중에 기능을 추가하거나 버그를 수정해야 하는 동료를 혼란스럽게 할 수 있다.

Diagnostics를 사용한 성능 및 메모리 모니터링

System.Diagnostics 네임스페이스는 코드를 모니터링하는 데 유용한 많은 형식을 제공한다. 먼저 Stopwatch 형식을 알아보자.

1. 선호하는 코드 편집기를 사용해서 Chapter12라는 이름의 새 솔루션/작업 영역을 만든다.

2. 클래스 라이브러리 프로젝트를 추가하고 다음 항목을 정의한다.

   A. 프로젝트 템플릿: **클래스 라이브러리**/classlib

   B. 작업 영역/솔루션 파일과 폴더: Chapter12

   C. 프로젝트 파일과 폴더: MonitoringLib

3. 콘솔 애플리케이션을 추가하고 다음 항목을 정의한다.

   A. 프로젝트 템플릿: **콘솔 애플리케이션**/console

B. 작업 영역/솔루션 파일과 폴더: Chapter12

C. 프로젝트 파일과 폴더: MonitoringApp

4. 비주얼 스튜디오에서는 현재 선택 영역을 솔루션의 시작 프로젝트로 설정한다.

5. 비주얼 스튜디오 코드에서는 MonitoringApp을 활성 OmniSharp 프로젝트로 선택한다.

6. MonitoringLib 프로젝트에서 Class1.cs 파일을 Recorder.cs로 변경한다.

7. MonitoringApp 프로젝트에서 다음과 같이 MonitoringLib 클래스 라이브러리를 프로젝트 참조로 추가한다.

```
<ItemGroup>
  <ProjectReference
    Include="..\MonitoringLib\MonitoringLib.csproj" />
</ItemGroup>
```

8. MonitoringApp 프로젝트를 빌드한다.

Stopwatch와 Process 형식의 유용한 멤버

Stopwatch에는 다음과 같은 유용한 멤버가 있다.

멤버	설명
Restart 메서드	경과 시간을 0으로 리셋하고 타이머를 시작한다.
Stop 메서드	타이머를 정지한다.
Elapsed 속성	경과 시간을 TimeSpan 포맷(hours:minutes:seconds)으로 저장한다.
ElapsedMilliseconds	경과 시간을 Int64 형식의 밀리초(ms) 값으로 저장한다.

Process에는 다음과 같은 유용한 멤버가 있다.

멤버	설명
VirtualMemorySize64	프로세스에 할당된 가상 메모리를 바이트로 표시한다.
WorkingSet64	프로세스에 할당된 물리 메모리를 바이트로 표시한다.

Recorder 클래스 구현하기

경과 시간과 리소스 사용량을 쉽게 모니터링할 수 있도록 Recorder 클래스를 구현한다.
구현을 위해 Stopwatch 및 Process 클래스를 사용한다.

1. Recorder.cs에서 다음과 같이 Stopwatch 인스턴스를 사용해 시간을 기록하고 현재
   Process 인스턴스를 사용해 메모리 사용량을 기록한다.

```
using System.Diagnostics; // Stopwatch
using static System.Console;
using static System.Diagnostics.Process; // GetCurrentProcess()
namespace Packt.Shared;
public static class Recorder
{
  private static Stopwatch timer = new();
  private static long bytesPhysicalBefore = 0;
  private static long bytesVirtualBefore = 0;
  public static void Start()
  {
    // 더 이상 참조되지 않지만 아직 해제되지 않은 메모리를
    // 해제하도록 2개의 가비지 컬렉션을 강제 실행한다.
    GC.Collect();
    GC.WaitForPendingFinalizers();
    GC.Collect();
    // 현재 물리 메모리, 가상 메모리 사용량을 저장한다.
    bytesPhysicalBefore = GetCurrentProcess().WorkingSet64;
    bytesVirtualBefore = GetCurrentProcess().VirtualMemorySize64;
    timer.Restart();
  }
  public static void Stop()
  {
    timer.Stop();
```

```
      long bytesPhysicalAfter =
        GetCurrentProcess().WorkingSet64;
      long bytesVirtualAfter =
        GetCurrentProcess().VirtualMemorySize64;
      WriteLine("{0:N0} physical bytes used.",
        bytesPhysicalAfter - bytesPhysicalBefore);
      WriteLine("{0:N0} virtual bytes used.",
        bytesVirtualAfter - bytesVirtualBefore);
      WriteLine("{0} time span ellapsed.", timer.Elapsed);
      WriteLine("{0:N0} total milliseconds ellapsed.",
        timer.ElapsedMilliseconds);
    }
  }
```

Recorder 클래스의 Start 메서드는 GC 형식(가비지 수집기)을 사용해, 더 이상 참조되지 않지만 아직 해제되지 않은 메모리를 해제한다. 이는 애플리케이션 코드에서는 거의 사용할 일이 없는 기술이다.

2. Program.cs에서 다음과 같이 10,000개의 정수 배열을 생성하는 코드 전, 후로 Recorder를 시작, 중지하는 코드를 작성한다.

```
using Packt.Shared; // Recorder
using static System.Console;
WriteLine("Processing. Please wait...");
Recorder.Start();
// 메모리를 사용하는 프로세스를 시뮬레이션한다.
int[] largeArrayOfInts = Enumerable.Range(
  start: 1, count: 10_000).ToArray();
// 완료 시간을 지연시킨다.
Thread.Sleep(new Random().Next(5, 10) * 1000);
Recorder.Stop();
```

3. 애플리케이션을 실행하고 출력 결과를 확인한다.

```
Processing. Please wait...
524,288 physical bytes used.
290,816 virtual bytes used.
00:00:09.0090484 time span ellapsed.
9,009 total milliseconds ellapsed.
```

경과 시간은 무작위로 5~10초가 걸리며 책의 결과와 다를 수 있다. 예를 들어, 맥 미니 ^{Mac mini} M1에서 실행할 때는 다음과 같이 물리 메모리는 적게 사용하고 가상 메모리가 더 많이 사용됐다.

```
Processing. Please wait...
294,912 physical bytes used.
10,485,760 virtual bytes used.
00:00:06.0074221 time span ellapsed.
6,007 total milliseconds ellapsed.
```

문자열 처리 효율성 측정

Stopwatch와 Process 형식을 사용해 코드를 모니터링하는 방법을 알아봤으므로 이번에는 string 처리 코드의 효율성을 측정해 보자.

1. Program.cs에서 이전 코드를 여러 줄 주석 처리 문자(/* */)를 사용해 주석 처리한다.

2. 50,000개의 int 배열을 만들고 string과 StringBuilder 클래스를 각각 사용해 배열 원소를 쉼표로 연결한다.

```csharp
int[] numbers = Enumerable.Range(
  start: 1, count: 50_000).ToArray();
WriteLine("Using string with +");
Recorder.Start();
string s = string.Empty; // i.e. ""
for (int i = 0; i < numbers.Length; i++)
{
  s += numbers[i] + ", ";
}
Recorder.Stop();
WriteLine("Using StringBuilder");
Recorder.Start();
System.Text.StringBuilder builder = new();
for (int i = 0; i < numbers.Length; i++)
{
  builder.Append(numbers[i]);
```

```
    builder.Append(", ");
  }
  Recorder.Stop();
```

3. 애플리케이션을 실행하고 출력 결과를 확인한다.

```
Using string with +
11,534,336 physical bytes used.
1,703,936 virtual bytes used.
00:00:02.7884350 time span ellapsed.
2,788 total milliseconds ellapsed.
Using StringBuilder
16,384 physical bytes used.
0 virtual bytes used.
00:00:00.0010474 time span ellapsed.
1 total milliseconds ellapsed.
```

결과를 다음처럼 요약할 수 있다.

- \+ 연산자가 있는 String 클래스는 약 11MB의 물리 메모리, 1.7MB의 가상 메모리, 약 2.7초의 시간이 걸렸다.

- StringBuilder 클래스는 16KB의 물리 메모리, 가상 메모리 0, 약 1밀리초의 시간이 걸렸다.

이렇게 보면 StringBuilder는 텍스트를 연결할 때 1,000배 이상 빠르고 메모리 효율성도 약 1,000배 더 높다. string 값은 불변이므로 string을 연결할 때마다 매번 새 string을 생성한다. 반면에 StringBuilder는 단일 버퍼를 생성한다.

 좋은 습관: 루프 내에서 String.Concat 메서드나 + 연산자 대신 StringBuilder를 사용한다.

지금까지는 .NET이 기본 제공하는 형식을 사용해 코드 성능 및 리소스 효율성을 측정했다. 이번에는 보다 정교한 측정 방법을 제공하는 NuGet 패키지에 대해 알아보자.

Benchmark.NET으로 성능 및 메모리 모니터링

마이크로소프트가 성능 향상에 대한 글을 작성할 때 사용하는 .NET용 벤치마킹 NuGet 패키지가 있으므로 .NET 개발자라면 사용법을 알아보고 성능 테스트에 사용하는 것이 좋다. 이번에는 이 패키지를 사용해 string 연결과 StringBuilder의 성능을 비교해 본다.

1. 선호하는 코드 편집기를 사용해서 Chapter12 솔루션/작업 영역에 Benchmarking이라는 새로운 콘솔 앱을 추가한다.

2. 비주얼 스튜디오 코드에서는 Benchmarking을 활성 OmniSharp 프로젝트로 선택한다.

3. 다음과 같이 Benchmark.NET에 대한 패키지 참조를 추가한다. 책이 나온 이후로 최신 버전이 나왔다면 버전을 바꿔도 좋다.

```
<ItemGroup>
  <PackageReference Include="BenchmarkDotNet" Version="0.13.1" />
</ItemGroup>
```

4. 프로젝트를 빌드해서 패키지를 복원한다.

5. Program.cs에서 현재 코드를 지우고 벤치마크를 실행하기 위한 네임스페이스를 가져온다.

```
using BenchmarkDotNet.Running;
```

6. StringBenchmarks.cs라는 새로운 클래스 파일을 추가한다.

7. 다음과 같이 string 연결과 StringBuilder를 사용해 쉼표로 구분된 20개의 숫자를 결합하는 두 메서드가 있는 클래스를 정의한다.

```
using BenchmarkDotNet.Attributes; // [Benchmark]
public class StringBenchmarks
```

```
{
  int[] numbers;
  public StringBenchmarks()
  {
    numbers = Enumerable.Range(
      start: 1, count: 20).ToArray();
  }
  [Benchmark(Baseline = true)]
  public string StringConcatenationTest()
  {
    string s = string.Empty; // e.g. ""
    for (int i = 0; i < numbers.Length; i++)
    {
      s += numbers[i] + ", ";
    }
    return s;
  }
  [Benchmark]
  public string StringBuilderTest()
  {
    System.Text.StringBuilder builder = new();
    for (int i = 0; i < numbers.Length; i++)
    {
      builder.Append(numbers[i]);
      builder.Append(", ");
    }
    return builder.ToString();
  }
}
```

8. Program.cs에 벤치마크를 실행하기 위한 코드를 추가한다.

```
BenchmarkRunner.Run<StringBenchmarks>();
```

9. 비주얼 스튜디오 2022에서는 **솔루션 구성**을 **릴리스**로 설정한다.

10. 비주얼 스튜디오 코드는 터미널에서 dotnet run --configuration Release 명령을 사용한다.

11. 콘솔 앱을 실행하고 보고서 파일과 요약 표를 비롯한 결과를 확인한다. 다음 출력과 그림 12.1은 string 연결의 평균이 570.886 ns이고 StringBuilder의 평균이 392.895 ns임을 보여 준다.

```
// ***** BenchmarkRunner: Finish  *****

// * Export *
  BenchmarkDotNet.Artifacts\results\StringBenchmarks-report.csv
  BenchmarkDotNet.Artifacts\results\StringBenchmarks-report-github.md
  BenchmarkDotNet.Artifacts\results\StringBenchmarks-report.html

// * Detailed results *
StringBenchmarks.StringConcatenationTest: DefaultJob
Runtime = .NET 6.0.3 (6.0.322.12309), X64 RyuJIT; GC = Concurrent
Workstation
Mean = 570.886 ns, StdErr = 3.150 ns (0.55%), N = 36, StdDev = 18.900
ns
Min = 547.927 ns, Q1 = 559.180 ns, Median = 564.063 ns, Q3 = 575.929 ns,
Max = 622.892 ns
IQR = 16.749 ns, LowerFence = 534.056 ns, UpperFence = 601.053 ns
ConfidenceInterval = [559.574 ns; 582.198 ns] (CI 99.9%), Margin =
11.312 ns (1.98% of Mean)
Skewness = 1.29, Kurtosis = 3.7, MValue = 2
-------------------- Histogram --------------------
[540.414 ns ; 552.451 ns) | @
[552.451 ns ; 567.477 ns) | @@@@@@@@@@@@@@@@@@@@@
[567.477 ns ; 587.926 ns) | @@@@@@@
[587.926 ns ; 602.952 ns) | @@@@
[602.952 ns ; 625.142 ns) | @@@
---------------------------------------------------

StringBenchmarks.StringBuilderTest: DefaultJob
Runtime = .NET 6.0.3 (6.0.322.12309), X64 RyuJIT; GC = Concurrent
Workstation
Mean = 392.895 ns, StdErr = 0.822 ns (0.21%), N = 15, StdDev = 3.185 ns
Min = 387.881 ns, Q1 = 391.129 ns, Median = 392.765 ns, Q3 = 395.351 ns,
Max = 398.321 ns
IQR = 4.222 ns, LowerFence = 384.795 ns, UpperFence = 401.685 ns
ConfidenceInterval = [389.490 ns; 396.300 ns] (CI 99.9%), Margin = 3.405
ns (0.87% of Mean)
Skewness = 0.12, Kurtosis = 1.8, MValue = 2
-------------------- Histogram --------------------
```

```
[386.185 ns ; 400.017 ns) | @@@@@@@@@@@@@@@
-------------------------------------------------


// * Summary *

BenchmarkDotNet=v0.13.1, OS=Windows 10.0.19044.1826 (21H2)
Intel Core i7-4790 CPU 3.60GHz (Haswell), 1 CPU, 8 logical and 4
physical cores
.NET SDK=6.0.201
  [Host]     : .NET 6.0.3 (6.0.322.12309), X64 RyuJIT
  DefaultJob : .NET 6.0.3 (6.0.322.12309), X64 RyuJIT


|                  Method |   Mean |  Error | StdDev | Ratio |
RatioSD |
|------------------------ |-------:|-------:|-------:|------:|---
-----:|
| StringConcatenationTest | 570.9 ns | 11.31 ns | 18.90 ns |  1.00 |
0.00 |
|       StringBuilderTest | 392.9 ns |  3.41 ns |  3.19 ns |  0.67 |
0.02 |

// * Hints *
Outliers
  StringBenchmarks.StringConcatenationTest: Default -> 3 outliers were
removed (629.59 ns..639.51 ns)

// * Legends *
  Mean    : Arithmetic mean of all measurements
  Error   : Half of 99.9% confidence interval
  StdDev  : Standard deviation of all measurements
  Ratio   : Mean of the ratio distribution ([Current]/[Baseline])
  RatioSD : Standard deviation of the ratio distribution ([Current]/
[Baseline])
  1 ns    : 1 Nanosecond (0.000000001 sec)

// ***** BenchmarkRunner: End *****
// ** Remained 0 benchmark(s) to run **
Run time: 00:00:53 (53.24 sec), executed benchmarks: 2


Global total time: 00:00:59 (59.38 sec), executed benchmarks: 2
// * Artifacts cleanup *
```

```
// * Summary *

BenchmarkDotNet=v0.13.1, OS=Windows 10.0.19044.1826 (21H2)
Intel Core i7-4790 CPU 3.60GHz (Haswell), 1 CPU, 8 logical and 4 physical cores
.NET SDK=6.0.201
  [Host]     : .NET 6.0.3 (6.0.322.12309), X64 RyuJIT
  DefaultJob : .NET 6.0.3 (6.0.322.12309), X64 RyuJIT


|                  Method |   Mean |   Error |   StdDev | Ratio | RatioSD |
|------------------------ |-------:|--------:|---------:|------:|--------:|
| StringConcatenationTest | 570.9 ns | 11.31 ns | 18.90 ns |  1.00 |    0.00 |
|       StringBuilderTest | 392.9 ns |  3.41 ns |  3.19 ns |  0.67 |    0.02 |

// * Hints *
Outliers
  StringBenchmarks.StringConcatenationTest: Default -> 3 outliers were removed (629.59 ns..639.51 ns)
```

그림 12.1 StringBuilder가 string 연결에 비해 67%의 시간이 소요됨을 보여 주는 요약 표

Outliers 섹션은 string 연결이 StringBuilder보다 느릴 뿐 아니라 소요 시간 역시 일관 되지 않다는 것을 보여 준다. 여러분의 결과는 책과 다를 수 있다.

지금까지 성능을 측정하는 두 가지 방법에 대해 알아봤다. 이제 작업을 비동기로 실행 시켜 성능을 향상하는 방법을 살펴본다.

비동기로 태스크 실행하기

여러 개의 태스크가 어떻게 동시에 실행될 수 있는지 이해하기 위해 3개의 메서드를 실 행하는 콘솔 애플리케이션을 만들어 보자.

첫 번째 함수는 실행하는 데 3초의 시간이 소요되고, 두 번째 함수는 2초의 시간이 걸리 며, 세 번째 함수는 1초의 시간이 필요하다. 이를 위해 Thread 클래스의 Sleep 메서드를 사용해 현재 스레드를 지정된 밀리초만큼 대기하도록 한다.

동기로 여러 개의 작업 수행하기

동시 실행을 살펴보기 전에 먼저 각 작업을 동기적으로, 즉 차례대로 실행해 보자.

1. 선호하는 코드 편집기를 사용해서 Chapter12 솔루션/작업 영역에 WorkingWithTasks 라는 새로운 콘솔 앱을 추가한다.

2. 비주얼 스튜디오 코드에서는 WorkingWithTasks를 활성 OmniSharp 프로젝트로 선택한다.

3. Program.cs에서 Stopwatch를 사용하기 위한 네임스페이스를 가져온다. 이렇게 하면 스레딩 및 태스크 작업에 필요한 네임스페이스를 암시적으로 가져온다. 다음으로 Console을 정적으로 가져온다.

```
using System.Diagnostics; // Stopwatch
using static System.Console;
```

4. Program.cs 아래에 현재 스레드의 정보를 출력하는 메서드를 다음과 같이 작성한다.

```
static void OutputThreadInfo()
{
  Thread t = Thread.CurrentThread;
  WriteLine(
    "Thread Id: {0}, Priority: {1}, Background: {2}, Name: {3}",
    t.ManagedThreadId, t.Priority,
    t.IsBackground, t.Name ?? "null");
}
```

5. Program.cs 아래에 작업을 작업을 시뮬레이션 하는 3개의 메서드를 추가한다.

```
static void MethodA()
{
  WriteLine("Starting Method A...");
  OutputThreadInfo();
  Thread.Sleep(3000); // 3초간 대기한다.
  WriteLine("Finished Method A.");
}
static void MethodB()
{
  WriteLine("Starting Method B...");
  OutputThreadInfo();
  Thread.Sleep(2000); // 2초간 대기한다.
  WriteLine("Finished Method B.");
}
static void MethodC()
```

```
{
  WriteLine("Starting Method C...");
  OutputThreadInfo();
  Thread.Sleep(1000); // 1초간 대기한다.
  WriteLine("Finished Method C.");
}
```

6. Program.cs 위에 Stopwatch를 시작하고 3개의 메서드를 호출한 다음, 경과된 시간을
   출력하는 코드를 추가한다.

```
OutputThreadInfo();
Stopwatch timer = Stopwatch.StartNew();
WriteLine("Running methods synchronously on one thread.");
MethodA();
MethodB();
MethodC();
WriteLine($"{timer.ElapsedMilliseconds:#,##0}ms elapsed.");
```

7. 코드를 실행하고 출력 결과를 확인한다. 하나의 스레드만 사용했기 때문에 3개의 함
   수를 모두 호출하는 데 걸리는 시간은 6초 이상이다.

```
Thread Id: 1, Priority: Normal, Background: False, Name: null
Running methods synchronously on one thread.
Starting Method A...
Thread Id: 1, Priority: Normal, Background: False, Name: null
Finished Method A.
Starting Method B...
Thread Id: 1, Priority: Normal, Background: False, Name: null
Finished Method B.
Starting Method C...
Thread Id: 1, Priority: Normal, Background: False, Name: null
Finished Method C.
6,026ms elapsed.
```

태스크를 사용해 비동기로 여러 작업 수행하기

Thread 클래스는 .NET 최초 버전부터 포함됐으며 스레드 생성, 관리에 사용된다. 하지만 이 클래스를 직접 다루기는 까다로운 면이 있다.

2010년 .NET 프레임워크 4.0에는 Task 클래스가 새로 포함됐다. 이 클래스는 내부적으로 스레드를 감싸고^{wrapping} 있으면서 스레드를 쉽게 생성하고 관리할 수 있게 해준다. 태스크로 여러 개의 스레드를 생성하면 코드는 동시에, 즉 비동기^{asynchronously}로 실행된다.

각 Task는 Status 속성과 CreationOptions 속성을 갖고 있다. 또한 TaskContinuation Options 열거형으로 사용자 지정이 가능하고 TaskFactory 클래스로 관리할 수 있는 ContinueWith 메서드가 있다.

태스크 시작하기

이제 Task 인스턴스를 사용해서 메서드를 실행하는 세 가지 방법을 알아보자. 각 방법은 장단점이 있으며 방법마다 약간씩 구문 차이가 있지만, 모두 Task를 정의하고 실행한다는 공통점이 있다.

1. 메시지 출력 코드와 3개의 함수 호출 부분을 주석 처리하고 각 메서드에 대해 Task를 생성하고 실행하는 코드를 추가한다.

```
OutputThreadInfo();
Stopwatch timer = Stopwatch.StartNew();
/*
WriteLine("Running methods synchronously on one thread.");
MethodA();
MethodB();
MethodC();
*/
WriteLine("Running methods asynchronously on multiple threads.");
Task taskA = new(MethodA);
taskA.Start();
Task taskB = Task.Factory.StartNew(MethodB);
```

```
Task taskC = Task.Run(MethodC);
WriteLine($"{timer.ElapsedMilliseconds:#,##0}ms elapsed.");
```

2. 코드를 실행하면 앞에서 동기로 실행했을 때와는 다르게 출력 결과가 거의 동시에 나타난다. 스레드 풀에서 할당된 3개의 백그라운드 작업자^{worker} 스레드에서 3개 메서드가 각각 실행되기 때문이다.

```
Thread Id: 1, Priority: Normal, Background: False, Name: null
Running methods asynchronously on multiple threads.
Starting Method B...
Thread Id: 6, Priority: Normal, Background: True, Name: .NET ThreadPool
Worker
Starting Method A...
Thread Id: 4, Priority: Normal, Background: True, Name: .NET ThreadPool
Worker
Starting Method C...
Thread Id: 7, Priority: Normal, Background: True, Name: .NET ThreadPool
Worker
4ms elapsed.
```

실행 환경에 따라 하나 이상의 태스크가 시작되고 콘솔에 메시지를 출력하기 전에 콘솔 앱이 종료될 수도 있다.

태스크 대기하기

때로는 계속 실행하기 전에 태스크가 완료되기를 기다려야 할 때가 있다. 이렇게 하려면 Task 인스턴스에 대해 Wait 함수를 호출하거나 태스크 배열에 대해 WaitAll, 또는 WaitAny 정적 함수를 호출한다.

메서드	설명
t.Wait()	t 태스크 인스턴스가 실행을 완료할 때까지 대기한다.
Task.WaitAny(Task[])	배열의 태스크 중 어느 하나가 실행을 완료할 때까지 대기한다.
Task.WaitAll(Task[])	배열의 모든 태스크가 실행을 완료할 때까지 대기한다.

태스크에 대기 메서드 사용하기

표에서 설명한 대기 메서드를 사용해서 콘솔 앱이 태스크가 종료될 때까지 기다리도록 해보자.

1. Program.cs에 3개의 태스크를 생성한 뒤 경과 시간을 출력하기 전에 각 태스크에 대한 참조 배열을 WaitAll 메서드에 전달한다.

```
Task[] tasks = { taskA, taskB, taskC };
Task.WaitAll(tasks);
```

2. 코드를 실행하고 출력 결과를 보면 주 스레드가 WaitAll 메서드를 호출하면서 일시 중지되고 3초가 조금 넘는 경과 시간을 출력하기 전에 3개의 태스크가 모두 완료될 때까지 기다린다.

```
Thread Id: 1, Priority: Normal, Background: False, Name: null
Running methods asynchronously on multiple threads.
Starting Method C...
Thread Id: 6, Priority: Normal, Background: True, Name: .NET ThreadPool
Worker
Starting Method B...
Thread Id: 7, Priority: Normal, Background: True, Name: .NET ThreadPool
Worker
Starting Method A...
Thread Id: 4, Priority: Normal, Background: True, Name: .NET ThreadPool
Worker
Finished Method C.
Finished Method B.
Finished Method A.
3,017ms elapsed.
```

3개의 스레드는 특정한 순서 없이 동시에 코드를 실행한다. MethodC는 처리하는 데 1초가 걸리므로 보통 제일 빨리 끝나고, 다음 MethodB, MethodA 순서대로 함수가 종료된다.

하지만 실제 사용되는 CPU는 결과에 큰 영향을 미친다. CPU는 각 프로세스에 시간을 할당해서 스레드를 실행할 수 있게 한다. 메서드가 실행되는 시기는 제어할 수 없다.

다른 태스크 계속 실행하기

3개의 태스크를 동시에 실행할 수 있다면 모든 태스크가 완료될 때까지 기다리는 것 외에는 해야 할 일이 없다. 하지만 태스크는 보통 다른 태스크의 출력에 종속된다. 즉 완료된 태스크의 정보를 다른 태스크가 사용한다. 이렇게 하려면 **연속된 태스크** 처리를 구현해야 한다.

금액을 알려 주는 웹 서비스를 시뮬레이션하는 메서드를 만든 다음, 이 호출 결과를 활용해 데이터베이스에서 해당 금액보다 더 비싼 제품을 조회해 보자. 첫 번째 메서드를 호출한 결과는 두 번째 메서드 호출의 매개 변수로 사용된다. 이번에는 고정된 시간을 기다리는 대신, Random 클래스를 사용해 각 메서드 호출 시에 2초에서 4초 사이의 임의 시간 동안 대기하도록 한다.

1. Program.cs 아래에 웹 서비스와 데이터베이스 저장 프로시저 호출을 시뮬레이션하기 위한 2개의 메서드를 추가한다.

```
static decimal CallWebService()
{
  WriteLine("Starting call to web service...");
  OutputThreadInfo();
  Thread.Sleep((new Random()).Next(2000, 4000));
  WriteLine("Finished call to web service.");
  return 89.99M;
}
static string CallStoredProcedure(decimal amount)
{
  WriteLine("Starting call to stored procedure...");
  OutputThreadInfo();
  Thread.Sleep((new Random()).Next(2000, 4000));
  WriteLine("Finished call to stored procedure.");
  return $"12 products cost more than {amount:C}.";
}
```

2. 이전에 작성했던 3개의 태스크 호출을 주석 처리한다. 경과 시간을 출력하는 코드는 그대로 둔다.

```
WriteLine("Passing the result of one task as an input into another.");
Task<string> taskServiceThenSProc = Task.Factory
  .StartNew(CallWebService) // Task<decimal> 반환
  .ContinueWith(previousTask => // Task<string> 반환
    CallStoredProcedure(previousTask.Result));
WriteLine($"Result: {taskServiceThenSProc.Result}");
```

3. 코드를 실행하고 출력 결과를 확인한다.

```
Thread Id: 1, Priority: Normal, Background: False, Name: null
Passing the result of one task as an input into another.
Starting call to web service...
Thread Id: 4, Priority: Normal, Background: True, Name: .NET ThreadPool
Worker
Finished call to web service.
Starting call to stored procedure...
Thread Id: 6, Priority: Normal, Background: True, Name: .NET ThreadPool
Worker
Finished call to stored procedure.
Result: 12 products cost more than \90.
5,617ms elapsed.
```

위 출력의 Thread Id: 4, Thread Id: 6과 같이 각 메서드를 호출할 때 스레드 id가 다르게 표시되거나 만약 해당 스레드가 더 이상 사용되지 않는다면 동일한 스레드가 재사용될 수도 있다.

중첩된 태스크와 자식 태스크

방금 살펴본 것처럼 태스크 간의 종속성 외에도 **중첩 태스크**nested task, **자식 태스크**child task를 정의할 수 있다. 중첩 태스크는 다른 태스크의 내부에서 생성된다. 자식 태스크는 중첩 태스크의 일종으로 부모 태스크가 끝나기 전에 완료돼야 한다.

각각의 태스크 유형이 어떻게 동작하는지 살펴보자.

1. 선호하는 코드 편집기를 사용해서 Chapter12 솔루션/작업 영역에 NestedAndChild Tasks라는 새로운 콘솔 앱을 추가한다.

2. 비주얼 스튜디오 코드에서는 NestedAndChildTasks를 활성 OmniSharp 프로젝트로 선택한다.

3. Program.cs에 기본으로 생성된 코드를 제거하고 Console 클래스를 정적으로 가져온 뒤, 다음과 같이 2개의 메서드를 추가한다.

```
static void OuterMethod()
{
  WriteLine("Outer method starting...");
  Task innerTask = Task.Factory.StartNew(InnerMethod);
  WriteLine("Outer method finished.");
}
static void InnerMethod()
{
  WriteLine("Inner method starting...");
  Thread.Sleep(2000);
  WriteLine("Inner method finished.");
}
```

4. 메서드 위에, OuterMethod를 실행하는 태스크를 시작하고 완료될 때까지 대기하는 코드를 추가한다.

```
Task outerTask = Task.Factory.StartNew(OuterMethod);
outerTask.Wait();
WriteLine("Console app is stopping.");
```

5. 코드를 실행하고 출력 결과를 확인한다.

```
Outer method starting...
Outer method finished.
Console app is stopping.
```

결과를 보면 outerTask가 완료되기만 기다리고 내부의 innerTask가 완료되기를 기다리지 않는다. outerTask는 완료됐지만 innerTask가 시작하기 전에 콘솔 앱이 종료될 수 있다. 이러한 중첩 태스크를 부모, 자식으로 연결하려면 특별한 옵션이 필요하다.

6. 다음과 같이 innerTask를 정의하는 코드를 수정해 TaskCreationOption의 Attached ToParent 값을 추가한다.

```
Task innerTask = Task.Factory.StartNew(InnerMethod,
    TaskCreationOptions.AttachedToParent);
```

7. 코드를 실행하고 결과를 확인한다. 이번에는 콘솔 앱이 종료되기 전에 innerTask가 완료된다.

```
Outer method starting...
Outer method finished.
Inner method starting...
Inner method finished.
Console app is stopping.
```

OuterMethod는 InnerMethod 전에 완료될 수 있지만 outerTask와 innerTask가 모두 완료 될 때까지 콘솔 앱은 종료되지 않는다.

객체를 태스크로 감싸기

어떤 메서드를 비동기로 만들더라도 반환되는 결과 자체는 태스크가 아니다. 다음 표에 나열된 방법을 사용하면 성공한 태스크에서 반환 값을 감싸거나 예외를 반환하거나 태스크가 취소됐음을 나타낼 수 있다.

메서드	설명
FromResult<TResult>(TResult)	Result 속성이 태스크가 아닌 결과이고 Status 속성이 RanToCompletion인 Task<TResult> 객체를 만든다.
FromException<TResult>(Exception)	지정된 예외와 함께 완료된 Task<TResult>를 만든다.
FromCanceled<TResult>(CancellationToken)	지정된 토큰을 사용해 취소로 완료된 Task<TResult> 를 만든다.

위 메서드는 다음과 같은 경우에 유용하다.

- 비동기 메서드가 있는 인터페이스를 구현하지만 구현 자체는 동기인 경우(웹사이트나 서비스에 해당된다)

- 단위 테스트에 필요한 비동기 모의 객체를 구현하는 경우

7장에서 XML, 패스워드, 16진수 코드가 유효한지 확인하는 메서드가 포함된 클래스 라이브러리를 만들었다.

이 메서드가 Task<T>를 반환하도록 하려면 다음과 같이 코드를 작성할 수 있다.

```
using System.Text.RegularExpressions;
namespace Packt.Shared;
public static class StringExtensions
{
  public static Task<bool> IsValidXmlTagAsync(this string input)
  {
    if (input == null)
    {
      return Task.FromException<bool>(
        new ArgumentNullException("Missing input parameter"));
    }
    if (input.Length == 0)
    {
      return Task.FromException<bool>(
        new ArgumentException("input parameter is empty."));
    }
    return Task.FromResult(Regex.IsMatch(input,
      @"^<([a-z]+)([^<]+)*(?:>(.*)<\/\1>|\s+\/>)$"));
  }
  // 다른 메서드들
}
```

구현하는 메서드가 Task(동기 메서드의 void에 해당)를 반환하는 경우 다음과 같이 미리 정 의된 완료된 Task 객체를 반환할 수 있다.

```
public Task DeleteCustomerAsync()
{
  // ...
  return Task.CompletedTask;
}
```

::: 공유 리소스에 동기적으로 접근하기

동시에 실행되는 여러 개의 스레드가 있다면 동일한 변수나 리소스에 2개 이상의 스레드가 접근할 수 있기 때문에 문제가 발생할 수 있다. 이런 이유로 **스레드에 안전한** 코드를 작성하도록 주의해야 한다.

스레드 안전성을 구현하는 가장 단순한 방법은 '플래그'나 '교통 신호등' 같은 역할의 객체 변수를 사용해서 공유 리소스에 배타적 잠금이 언제 적용되는지를 나타내는 것이다.

윌리엄 골딩^{William Golding}의 『파리 대왕』(민음사, 2000)에서 소년들은 회의를 할 때 조개 껍질을 사용한다. 그들은 '조개 껍질의 법칙'이라 해서 조개 껍질을 갖고 있을 때만 회의 시간에 발언할 수 있다는 규칙을 정한다.

앞에서 말한 객체 변수를 '조개 껍질'이라고 생각해 보자. 어떤 스레드가 '조개 껍질'을 갖고 있는 동안 다른 스레드는 '조개 껍질'로 보호되는 공유 리소스에 접근해서는 안 된다.

공유 리소스에 대한 접근 동기화에 사용할 수 있는 몇 가지 형식을 살펴보자.

- Monitor: 동일 프로세스의 여러 스레드에서 공유 리소스에 접근해야 하는지 여부를 확인하기 위해 사용할 수 있는 객체
- Interlocked: CPU 수준에서 간단한 숫자 형식을 조작하기 위한 객체

멀티 스레드에서 리소스 접근하기

1. 선호하는 코드 편집기를 사용해서 Chapter12 솔루션/작업 영역에 Synchronizing ResourceAccess라는 새로운 콘솔 앱을 추가한다.

2. 비주얼 스튜디오 코드에서는 SynchronizingResourceAccess를 활성 OmniSharp 프로젝트로 선택한다.

3. Program.cs에서 자동으로 생성된 코드를 삭제하고 다음 코드를 추가한다.

   A. Stopwatch 사용을 위해 Diagnostics 네임스페이스를 가져온다.

   B. Console 형식을 정적으로 가져온다.

   C. Program.cs 아래에 2개 필드를 갖는 정적 클래스를 생성한다.

      i. 임의의 대기 시간을 만드는 필드

      ii. 공유 리소스로 사용할 메시지를 저장하는 string 필드

   D. 클래스 위에 2개의 정적 메서드를 추가한다. 이 메서드는 루프를 5번 돌면서 문자 A, B를 추가하며 각 반복 시에 최대 2초 내의 임의 시간 동안 대기한다.

```
static void MethodA()
{
  for (int i = 0; i < 5; i++)
  {
    Thread.Sleep(SharedObjects.Random.Next(2000));
    SharedObjects.Message += "A";
    Write(".");
  }
}
static void MethodB()
{
  for (int i = 0; i < 5; i++)
  {
    Thread.Sleep(SharedObjects.Random.Next(2000));
    SharedObjects.Message += "B";
    Write(".");
  }
}
```

```
  }
  static class SharedObjects
  {
    public static Random Random = new();
    public static string? Message; // 공유 리소스
  }
```

4. 네임스페이스를 가져온 후에 다음과 같이 별도의 스레드에서 두 메서드를 실행하고 경과된 시간을 출력하기 전에 대기하는 코드를 추가한다.

```
WriteLine("Please wait for the tasks to complete.");
Stopwatch watch = Stopwatch.StartNew();
Task a = Task.Factory.StartNew(MethodA);
Task b = Task.Factory.StartNew(MethodB);

Task.WaitAll(new Task[] { a, b });
WriteLine();
WriteLine($"Results: {SharedObjects.Message}.");
WriteLine($"{watch.ElapsedMilliseconds:N0} elapsed milliseconds.");
```

5. 코드를 실행하고 결과를 확인한다.

```
Please wait for the tasks to complete.
..........
Results: ABABABABBA.
```

2개의 메서드가 공유 리소스인 Message 변수에 동시에 접근해 값을 수정하고 있다. 실제 현업에서 사용하는 프로그램이라면 문제가 될 수 있다. 이제 상호 배타적 잠금을 적용해 스레드가 공유 리소스에 동시 접근하는 것을 막아 보자.

리소스에 상호 배제 잠금 적용하기

한 번에 하나의 스레드만 공유 리소스에 접근할 수 있도록 '조개 껍질' 역할을 담당할 객체 변수를 추가한다.

1. SharedObjects에 '조개 껍질' 역할을 담당할 object 변수를 선언하고 초기화한다.

```
public static object Conch = new();
```

2. MethodA, MethodB 양쪽의 for 루프 주위에 Conch 변수에 대한 lock 코드를 추가한다.

```
lock (SharedObjects.Conch)
    {
        for (int i = 0; i < 5; i++)
        {
            Thread.Sleep(SharedObjects.Random.Next(2000));
            SharedObjects.Message += "A";
            Write(".");
        }
    }
```

 좋은 습관: Conch 객체의 잠금을 확인하는 것은 강제가 아니므로 2개의 메서드 중 하나만 lock을 걸면 2개의 메서드가 모두 공유 리소스에 접근할 수 있다. 공유 리소스에 접근하는 모든 메서드에서 Conch 객체의 잠금을 확인해야 한다.

3. 코드를 실행하고 결과를 확인한다.

```
Please wait for the tasks to complete.
..........
Results: AAAAABBBBB.
9,030 elapsed milliseconds.
```

실행 시간은 더 늘어났지만, 이제 한 번에 하나의 메서드만 공유 리소스에 접근할 수 있다. MethodA와 MethodB는 둘 중 어느 것도 먼저 실행될 수 있다. 하나의 메서드가 공유 리소스 사용을 다 마치고 잠금을 해제하면 다른 메서드가 잠금을 획득해 공유 리소스를 사용할 기회를 얻는다.

잠금 코드 이해하기

다음과 같이 lock을 사용해서 객체 변수를 잠글 때(실제로 객체를 잠그는 것은 아니다) 어떤 일이 일어나는지 궁금할 것이다.

```
lock (SharedObjects.Conch)
{
    // 공유 리소스에 접근한다.
}
```

C# 컴파일러는 lock이 사용된 곳을 다음과 같이 Monitor 클래스를 사용해 객체 변수에 들어가고 나가는(객체 변수를 획득했다가 해제하는 것으로 생각하자) try-finally 코드로 변경한다.

```
try
{
    Monitor.Enter(SharedObjects.Conch);
    // 공유 리소스에 접근한다.
}
finally
{
    Monitor.Exit(SharedObjects.Conch);
}
```

스레드가 참조 유형이라고도 부르는 어느 객체에 대해 Monitor.Enter를 호출하면 다른 스레드가 이미 해당 객체를 획득했는지 확인한다. 만약 그렇다면 스레드는 대기하고 그렇지 않다면 객체를 획득하고 공유 리소스에 대한 작업을 수행한다. 스레드가 작업을 완료하면 Monitor.Exit를 호출해 객체에 대한 잠금을 해제한다. 이때 다른 스레드가 대기 중이었다면 해당 스레드가 객체를 획득해서 작업을 시작할 수 있다. 이렇게 되려면 공유 리소스를 사용하는 모든 리소스가 잠금 객체에 대해 Monitor.Enter와 Monitor.Exit를 적절하게 호출해야 한다.

데드락 회피하기

lock 코드가 컴파일러에 의해 Monitor 클래스의 메서드 호출로 변환된다는 것을 아는 것은 중요하다. 왜냐하면 lock을 사용하는 코드는 데드락^{deadlock} 상황을 만들 수 있기 때문이다.

데드락은 2개 이상의 공유 리소스가 있을 때 다음과 같은 순서로 이벤트가 일어나면 발생할 수 있다.

- 스레드 X가 공유 자원 A를 잠근다.

- 스레드 Y가 공유 자원 B를 잠근다.

- 스레드 X가 공유 자원 A를 잠근 상태에서 공유 자원 B 사용을 위해 잠금을 시도하지만, 이미 스레드 Y가 공유 자원 B를 갖고 있기 때문에 실패하고 계속 대기한다.

- 스레드 Y가 공유 자원 B를 잠근 상태에서 공유 자원 A 사용을 위해 잠금을 시도하지만, 이미 스레드 X가 공유 자원 A를 갖고 있기 때문에 실패하고 계속 대기한다.

데드락을 방지하는 안전한 방법은 잠금을 시도할 때 타임아웃을 지정하는 것이다. 이렇게 하려면 lock 구문 대신 수동으로 Monitor 클래스를 사용해야 한다.

1. 이전 코드에서 lock 코드를, 타임아웃을 사용해 잠금 객체를 획득하고 에러를 출력한 다음, 객체를 해제해 다른 스레드가 공유 리소스에 접근할 수 있도록 수정해 보자.

```
try
{
  if (Monitor.TryEnter(SharedObjects.Conch, TimeSpan.FromSeconds(15)))
  {
    for (int i = 0; i < 5; i++)
    {
      Thread.Sleep(SharedObjects.Random.Next(2000));
      SharedObjects.Message += "A";
      Write(".");
    }
  }
  else
```

```
    {
        WriteLine("타임아웃 발생. 객체를 획득할 수 없음.");
    }
}
finally
{
    Monitor.Exit(SharedObjects.Conch);
}
```

2. 코드를 실행하고 출력 결과를 확인하자. 이전과 동일한 결과를 반환하지만(A, B 메
   서드의 시작 순서는 다를 수 있다) 잠재적인 데드락 상황을 방지하도록 코드가 개선
   됐다.

 좋은 습관: lock은 데드락을 피할 수 있는 경우에만 사용해야 한다. 그렇지 않은 경
우 try-finally와 조합한 Monitor.TryEnter 메서드를 사용하자. 이렇게 하면 타임아웃
값을 줄 수 있기 때문에 데드락 상황을 피할 수 있다.

다음 링크에서 올바른 스레딩 처리에 관해 좀 더 읽어 볼 수 있다.

https://docs.microsoft.com/ko-kr/dotnet/standard/threading/managed-
threading-best-practices

이벤트 동기화

6장에서 이벤트를 발생시키고 처리하는 방법을 배웠다. 하지만 .NET 이벤트는 스레드
에 안전하지 않으므로 멀티 스레드 상황에서는 사용하지 말고 앞에서 살펴본 표준 이벤
트 발생 코드를 따라야 한다.

.NET 이벤트가 스레드에 안전하지 않다는 것을 알게 된 후에 개발자들은 이벤트 핸들
러를 추가, 제거하거나 이벤트를 발생시킬 때 배타적 잠금을 사용하기도 한다.

```
// 이벤트 델리게이트 필드
public event EventHandler Shout;
// 잠금 대상 객체
private object eventLock = new();
// method
```

```
public void Poke()
{
  lock (eventLock) // 좋지 않음.
  {
    // 이벤트가 발생하면
    if (Shout != null)
    {
      // 이벤트 발생을 위해 델리게이트를 호출
      Shout(this, EventArgs.Empty);
    }
  }
}
```

 좋은 습관: 다음 링크에서 이벤트 및 스레드 안정성에 대해 읽어 볼 수 있다.

https://docs.microsoft.com/en-us/archive/blogs/cburrows/field-like-events-considered-harmful

하지만 다음 블로그에서 설명하는 것처럼 이해하기 까다롭다.

https://blog.stephencleary.com/2009/06/threadsafe-events.html

원자적 CPU 연산 만들기

원자적atomic은 그리스어 **atomos**에서 유래한 말로 '더 이상 나눌 수 없다'는 뜻이다. 멀티 스레딩 환경에서는 어떤 작업이 원자적인지 아는 것이 중요하다. 원자성이 없는 경우는 다른 스레드에 의해 작업이 중단될 수 있다. 다음 C# 증가 연산은 원자적 연산일까?

```
int x = 3;
x++; // 원자적 CPU 연산일까?
```

정답은 원자적 연산이 아니다. 정수를 증가하는 건 다음처럼 3개의 CPU 연산이 필요하다.

1. 인스턴스 변수에서 값을 읽고 레지스터에 넣는다.

2. 값을 증가한다.

3. 값을 인스턴스 변수에 저장한다.

첫 번째 스레드가 2번까지 작업을 마친 후에 두 번째 스레드에 제어권이 넘어가서 1번부터 3번 작업을 모두 마칠 수 있다. 이제 첫 번째 스레드가 다시 실행되면 변수 값을 덮어쓰게 되므로 두 번째 스레드가 수행한 증가 효과는 사라진다.

이러한 문제를 해결하려면 `Interlocked` 형식을 사용한다. `Interlocked` 형식은 `int`나 `float` 같은 값 형식에 원자적 연산을 수행한다.

1. 얼마나 많은 연산이 수행됐는지를 나타내는 Counter 공유 리소스를 SharedObjects 클래스의 필드로 추가한다.

```
public static int Counter; // 공유 리소스 추가
```

2. A, B 양쪽 함수의 for 루프 안에서 string 변수를 수정한 뒤에 다음 코드를 추가한다. Counter는 스레드에 안전하게 증가한다.

```
Interlocked.Increment(ref SharedObjects.Counter);
```

3. 실행 시간을 출력하는 코드 다음에 Counter를 출력하는 코드를 추가한다.

```
WriteLine($"{SharedObjects.Counter} string modifications.");
```

4. 코드를 실행하고 결과를 확인한다.

```
Please wait for the tasks to complete.
..........
Results: BBBBBAAAAA.
10,442 elapsed milliseconds.
10 string modifications.
```

사실 위 예제에서는 이미 또 다른 객체 변수 Conch에 lock을 사용하고 있다. 따라서 lock 코드 블록 내에서 접근하는 모든 공유 리소스는 보호되기 때문에 Interlocked를 사용할 필요는 없다. 하지만 Message와 같은 다른 공유 리소스를 아직 보호하지 않았다면 Interlocked를 사용해야 한다.

다른 동기화 형식 적용하기

Monitor와 Interlocked는 단순하면서 효과적인 상호 배타적 잠금이지만, 공유 리소스에 대한 접근을 동기화하기 위해 더 고급 옵션이 필요한 경우도 있다.

형식	설명
ReaderWriterLock, ReaderWriterLockSlim	읽기 모드로 여러 스레드를 둘 수 있고, 쓰기 모드 잠금에 대한 독점적 소유권을 갖는 하나의 쓰기 전용 스레드를 둘 수 있다. 읽기 모드에 있는 스레드는 리소스에 대한 읽기 권한을 포기하지 않고 쓰기 모드로 업그레이드할 수 있다.
Mutex	내부 프로세스 동기화에 사용될 때를 제외하고, Monitor처럼 공유 리소스에 대해 독점적 접근을 허락한다.
Semaphore, SemaphoreSlim	slot을 정의해 리소스나 리소스 pool에 동시 접근 가능한 스레드의 수를 제한한다. 리소스 잠금이라기보다는 리소스 조절(throttling)에 가깝다.
AutoResetEvent, ManualResetEvent	이벤트 대기 핸들을 사용해 스레드가 서로 시그널을 보내고 시그널을 기다리면서 작업을 동기화할 수 있다.

⁝⁝ async와 await 이해하기

C# 5는 Task 형식을 쉽게 다루고자 2개의 키워드를 소개했는데, 특히 다음과 같은 작업에서 유용하다.

- GUI^{Graphical User Interface}에서 멀티태스킹 구현
- 웹 애플리케이션과 웹 서비스의 확장성 향상

15장에서는 async, await 키워드가 어떻게 웹사이트의 확장성을 향상시키는지 알아본다.

추가 온라인 리소스 19장에서는 async, awit 키워드로 어떻게 GUI에서 멀티 태스킹을 구현하는지 알아보고 모바일 GUI를 구현하며 웹 서비스의 확장성을 높이는 방법을 알아본다. 자세한 내용은 다음 링크에서 읽을 수 있다.

https://github.com/markjprice/cs10dotnet6/blob/main/9781801077361_Bonus_Content.pdf

지금은 이 2개의 C# 키워드가 왜 도입됐는지 알아보고 나중에 실제 사용 예를 살펴본다.

콘솔 앱의 응답성 향상시키기

콘솔 앱의 제약 사항 중 하나는 async로 표시된 메서드 내에서만 await 키워드를 사용할 수 있다는 점이다. C# 7 및 이전 버전에서는 Main 메서드를 async로 표시할 수 없었다. 다행히 C# 7.1부터는 Main 메서드에서 async 표시가 가능하다.

1. 선호하는 코드 편집기를 사용해서 Chapter12 솔루션/작업 영역에 AsyncConsole이라는 새로운 콘솔 앱을 추가한다.

2. 비주얼 스튜디오 코드에서는 AsyncConsole을 활성 OmniSharp 프로젝트로 선택한다.

3. Program.cs에서 자동으로 생성된 코드를 삭제하고 Console 형식을 정적으로 가져온다.

   ```
   using static System.Console;
   ```

4. HttpClient 인스턴스를 생성한 다음 애플 홈페이지에 대한 요청을 보내고 페이지 크기를 바이트로 출력한다.

```
HttpClient client = new();
HttpResponseMessage response =
  await client.GetAsync("http://www.apple.com/");
WriteLine("Apple's home page has {0:N0} bytes.",
  response.Content.Headers.ContentLength);
```

5. 프로젝트가 성공적으로 빌드되는지 확인한다. 만약 .NET 5 및 이전 버전을 사용 중이면 다음 에러가 발생한다.

```
Program.cs(14,9): error CS4033: The 'await' operator can only be used
within an async method. Consider marking this method with the 'async'
modifier and changing its return type to 'Task'. [/Users/markjprice/
Code/ Chapter12/AsyncConsole/AsyncConsole.csproj]
```

6. 에러 메시지와 같이 이전 버전에서는 Main 메서드에 async 키워드를 추가하고 반환 형식을 Task로 변경해야 했다. .NET 6 이상에서 콘솔 앱 프로젝트 템플릿은 최상위 top-level 문 기능을 사용해 Program 클래스를 비동기 Main 메서드로 자동 정의한다.

7. 코드를 실행하고 결과를 확인한다. 애플 홈페이지는 자주 변경되므로 바이트 수는 여러분의 결과와 다를 수 있다.

```
Apple's home page has 102,021 bytes.
```

GUI 앱의 응답성 개선하기

지금까지 이 책에서는 콘솔 애플리케이션만 만들었다. 하지만 실제 업무에서는 웹 애플리케이션, 웹 서비스, 윈도우 데스크톱, 모바일 앱과 같이 GUI를 사용하는 앱을 만들어야 할 때가 있고 구현은 더 복잡하다.

구현이 복잡한 이유 중 하나는 GUI 앱의 경우는 특수한 스레드인 사용자 인터페이스UI, User Interface 스레드가 있기 때문이다. GUI 작업에는 두 가지 규칙이 있다.

- UI 스레드에서는 시간이 오래 걸리는 작업을 하지 말아야 한다.

- UI 스레드가 아닌 다른 스레드에서는 UI 요소에 접근하지 말아야 한다.

이 규칙을 준수하기 위해 개발자들은 시간이 오래 걸리는 작업을 비UI^{non-UI} 스레드에서 처리하기 위해 복잡한 코드를 작성해야 했다. 작업이 완료되면 결과를 사용자에게 보여 주고자 UI 스레드에 전달한다. 이렇게 하면서 코드는 빠르게 지저분해진다.

다행히 C# 5 이상에서는 async 및 await를 사용해 마치 동기 방식처럼 코드를 작성할 수 있어 코드를 깨끗하고 이해하기 쉽게 유지할 수 있다. 그 속에서는 C# 컴파일러가 복잡한 상태 시스템을 만들어 실행 중인 스레드를 추적한다. 일종의 마법과 같다.

예를 들어, SqlConnection, SqlCommand, SqlDataReader와 같은 저수준 형식을 사용해 SQL Server 데이터베이스의 Northwind 데이터베이스에서 직원 정보를 가져오는 **WPF**^{Windows Presentation Foundation} 윈도우 데스크톱 앱을 만들어 볼 것이다.

이 예제는 윈도우 환경에서만 동작하며 SQL Server에 Northwind 데이터베이스가 미리 저장돼 있어야 한다. 또한 이 책에서 유일하게 크로스 플랫폼을 지원하지 않고 현대적이지 않다(WPF는 16년 이상 된 기술이다).

여기서는 GUI 앱을 반응형으로 만드는 데 집중한다. 추가 온라인 리소스 19장에서 XAML 및 크로스 플랫폼 GUI 앱 빌드에 대해 배운다. 다음 링크에서 읽을 수 있다.

https://github.com/markjprice/cs10dotnet6/blob/main/9781801077361_Bonus_Content.pdf

이 책의 다른 부분에서는 WPF를 다루지 않기 때문에 이 예제는 최소한의 WPF를 사용해 빌드 된 앱을 볼 수 있는 기회가 될 것이다.

그럼, 시작해 보자.

1. 비주얼 스튜디오 2022에서 WpfResponsive라는 이름으로 **WPF 애플리케이션**을 Chapter12 솔루션에 추가한다. 비주얼 스튜디오 코드를 사용한다면 dotnet new wpf 명령을 사용한다.

2. 프로젝트 파일에서 출력 형식이 WinExe, 대상 프레임워크는 net6.0-windows(맥

OS나 리눅스에서는 동작하지 않는다)고 **WPF**를 사용한다는 것을 확인한다.

3. 프로젝트에 `Microsoft.Data.SqlClient`에 대한 패키지 참조를 추가한다.

```
<ItemGroup>
    <PackageReference Include="Microsoft.Data.SqlClient" Version="3.0.0"
/>
    </ItemGroup>
```

4. 프로젝트를 빌드하고 패키지를 복원한다.

5. `MainWindow.xaml`의 `<Grid>`에 버튼 2개, 텍스트 박스, 리스트 박스를 스택 패널에 세로로 배치하는 태그를 추가한다.

```
<StackPanel>
    <Button Name="GetEmployeesSyncButton"
            Click="GetEmployeesSyncButton_Click">
    Get Employees Synchronously</Button>
    <Button Name="GetEmployeesAsyncButton"
            Click="GetEmployeesAsyncButton_Click">
    Get Employees Asynchronously</Button>
    <TextBox HorizontalAlignment="Stretch" Text="Type in here" />
    <ListBox Name="EmployeesListBox" Height="400" />
</StackPanel>
```

 비주얼 스튜디오 2022는 WPF앱의 코드나 XAML 태그를 작성할 때 인텔리센스를 제공하지만, 비주얼 스튜디오 코드는 제공하지 않는다.

6. `MainWindow.xaml.cs`의 `MainWindow` 클래스에서 `System.Diagnostics` 및 `Microsoft.Data.SqlClient` 네임스페이스를 가져온 다음, 데이터베이스 연결 문자열 및 **SQL** 문에 대한 2개의 `string` 상수를 만들고 2개 버튼의 이벤트 핸들러를 추가한다. 다음과 같이 `string` 상수를 사용해 Northwind 데이터베이스에 연결하고 모든 직원의 **ID**와 이름으로 리스트 박스를 채운다.

```csharp
      private const string connectionString =
  "Data Source=.;" +
  "Initial Catalog=Northwind;" +
  "Integrated Security=true;" +
  "MultipleActiveResultSets=true;";
private const string sql =
  "WAITFOR DELAY '00:00:05';" +
  "SELECT EmployeeId, FirstName, LastName FROM Employees";
private void GetEmployeesSyncButton_Click(object sender, RoutedEventArgs
e)
{
  Stopwatch timer = Stopwatch.StartNew();
  using (SqlConnection connection = new(connectionString))
  {
    connection.Open();
    SqlCommand command = new(sql, connection);
    SqlDataReader reader = command.ExecuteReader();
    while (reader.Read())
    {
      string employee = string.Format("{0}: {1} {2}",
        reader.GetInt32(0), reader.GetString(1), reader.GetString(2));
      EmployeesListBox.Items.Add(employee);
    }
    reader.Close();
    connection.Close();
  }
  EmployeesListBox.Items.Add($"Sync: {timer.ElapsedMilliseconds:N0}ms");
}
private async void GetEmployeesAsyncButton_Click(
  object sender, RoutedEventArgs e)
{
  Stopwatch timer = Stopwatch.StartNew();
  using (SqlConnection connection = new(connectionString))
  {
    await connection.OpenAsync();
    SqlCommand command = new(sql, connection);
    SqlDataReader reader = await command.ExecuteReaderAsync();
    while (await reader.ReadAsync())
    {
      string employee = string.Format("{0}: {1} {2}",
        await reader.GetFieldValueAsync<int>(0),
        await reader.GetFieldValueAsync<string>(1),
        await reader.GetFieldValueAsync<string>(2));
      EmployeesListBox.Items.Add(employee);
```

```
    }
    await reader.CloseAsync();
    await connection.CloseAsync();
  }
  EmployeesListBox.Items.Add($"Async: {timer.ElapsedMilliseconds:N0}
ms");
```

다음을 참고하자.

- SQL 코드는 SQL Server 명령 WAITFOR DELAY를 사용해 5초가 걸리는 작업을 시뮬레이션한다. 다음으로 Employees 테이블에서 3개의 칼럼을 선택한다.

- GetEmployeesSyncButton_Click 이벤트 핸들러는 동기 메서드를 사용해 연결하고 employee 정보를 가져온다.

- GetEmployeesAsyncButton_Click 이벤트 핸들러는 await 키워드와 비동기 메서드를 사용해 연결하고 employee 정보를 가져온다.

- 2개의 이벤트 핸들러 모두 Stopwatch를 사용해 작업에 소요된 시간을 밀리초 단위로 기록하고 리스트 박스에 추가한다.

7. 디버깅하지 않고 WPF 앱을 시작한다.

8. 텍스트 박스를 클릭하고 임의의 텍스트를 입력해서 GUI 응답성을 확인한다.

9. **Get Employees Synchronously** 버튼을 클릭한다.

10. 텍스트 박스를 클릭하고 텍스트 박스가 응답하지 않는 것을 확인한다.

11. 리스트 박스가 employees 정보로 채워질 때까지 최소 5초 이상 대기한다.

12. 텍스트 박스를 클릭하고 임의의 텍스트를 입력해서 GUI 응답성을 다시 확인한다.

13. **Get Employees Asynchronously** 버튼을 클릭한다.

14. 텍스트 박스를 클릭하고 임의의 텍스트를 입력해서 GUI가 여전히 응답하는 것을 확인한다. 리스트 박스가 employees 정보로 채워질 때까지 계속 입력한다.

15. 두 작업의 차이에 주의하자. 데이터를 동기 방식으로 가져오는 경우 UI가 차단되고 비동기로 가져오는 경우는 응답성을 유지한다.

16. WPF 앱을 종료한다.

웹 애플리케이션과 웹 서비스의 확장성 향상하기

async 및 await 키워드는 웹사이트, 애플리케이션, 서비스를 만들 때 서버 측에도 적용할 수 있다. 클라이언트 측에서 보면 변경되는 것은 없다(또는 요청이 반환되는 데 걸리는 시간이 약간 증가할 수 있다). 따라서 하나의 클라이언트 관점에서는 서버에서 멀티태스킹을 구현하기 위해 async 및 await를 사용하면 경험이 더 나빠질 수 있다.

서버 입장에서는 시간이 오래 걸리는 작업이 완료될 때까지 기다리기 위해 비용이 저렴한 작업자 스레드가 추가로 생성되므로 값비싼 I/O 스레드가 차단되지 않고 다른 클라이언트 요청을 처리할 수 있다. 이렇게 하면 웹 애플리케이션과 서비스의 확장성을 향상시켜서 더 많은 클라이언트를 동시에 처리할 수 있다.

멀티태스킹을 지원하는 공통 형식

await를 사용할 수 있는 비동기 메서드를 갖는 여러 공통 형식을 다음 표에 나열했다.

형식	메서드
DbContext<T>	AddAsync, AddRangeAsync, FindAsync, SaveChangesAsync
DbSet<T>	AddAsync, AddRangeAsync, ForEachAsync, SumAsync, ToListAsync, ToDictionaryAsync, AverageAsync, CountAsync
HttpClient	GetAsync, PostAsync, PutAsync, DeleteAsync, SendAsync
StreamReader	ReadAsync, ReadLineAsync, ReadToEndAsync
StreamWriter	WriteAsync, WriteLineAsync, FlushAsync

좋은 습관: Async 접미어로 끝나는 함수를 보게 되면 그 함수가 Task나 Task⟨T⟩를 반환하는지 확인한다. 만약, 그렇다면 동일한 기능을 제공하는 동기 함수 대신, Async 접미어로 끝나는 비동기 함수를 사용하는 것이 좋다. 이들을 호출하려면 await를 사용하고 메서드를 async로 장식해야 한다는 것을 기억하자.

catch 블록에서 await 사용하기

C#5.0에서는 await 키워드를 try 블록에서만 사용할 수 있었고, catch 블록에서는 사용할 수 없었다. C# 6.0 이후에는 try, catch 어디서든 await를 사용할 수 있다.

async 스트림 다루기

.NET 코어 3.0에서 마이크로소프트는 비동기 스트림 처리를 도입했다. 다음 링크에서 비동기 스트림에 대한 자습서를 읽어 볼 수 있다.

https://docs.microsoft.com/ko-kr/dotnet/csharp/whats-new/tutorials/generate-consume-asynchronous-stream

C# 8.0 및 .NET 코어 3.0 이전에서는 await 키워드가 스칼라 값을 반환하는 Task에서만 동작했다. .NET 표준 2.1의 비동기 스트림 지원은 비동기 메서드가 값 시퀀스를 반환할 수 있게 한다.

3개의 임의의 정수를 비동기 스트림으로 반환하는 예를 살펴보자.

1. 선호하는 코드 편집기를 사용해서 Chapter12 솔루션/작업 영역에 AsyncEnumerable이라는 새로운 콘솔 앱을 추가한다.

2. 비주얼 스튜디오 코드에서는 AsyncEnumerable을 활성 OmniSharp 프로젝트로 선택한다.

3. Program.cs에서 자동으로 생성된 코드를 삭제하고 Console 형식을 정적으로 가져온다.

```
using static System.Console; // WriteLine()
```

4. Program.cs의 맨 아래에 yield 키워드를 사용해 3개 숫자의 임의 시퀀스를 비동기적
   으로 반환하는 메서드를 추가한다.

```
async static IAsyncEnumerable<int> GetNumbersAsync()
{
  Random r = new();
  // 작업을 시뮬레이션한다.
  await Task.Delay(r.Next(1500, 3000));
  yield return r.Next(0, 1001);
  await Task.Delay(r.Next(1500, 3000));
  yield return r.Next(0, 1001);
  await Task.Delay(r.Next(1500, 3000));
  yield return r.Next(0, 1001);
}
```

5. GetNumberAsync 위에 숫자 시퀀스를 출력하는 코드를 추가한다.

```
await foreach (int number in GetNumbersAsync())
{
  WriteLine($"Number: {number}");
}
```

6. 코드를 실행하고 결과를 확인한다.

```
Number: 517
Number: 706
Number: 369
```

⁝⁝⁝ 연습 및 탐구

몇 개의 질문에 답해 보면서 12장에서 배운 내용을 얼마나 이해하고 있는지 확인하고
더 공부할 내용도 살펴보자.

연습 12.1 - 복습

다음 질문에 답해 보자.

1. 프로세스에서 발견할 수 있는 정보는 무엇인가?

2. Stopwatch 클래스는 얼마나 정확한가?

3. Task나 Task<T>를 반환하는 함수들이 갖는 공통 접미사는 무엇인가?

4. 메서드에서 await 키워드를 사용할 때 메서드 선언에 반드시 적용돼야 하는 키워드는 무엇인가?

5. 자식child 태스크는 어떻게 생성할 수 있는가?

6. lock 사용을 피해야 하는 이유는 무엇인가?

7. Interlocked 클래스는 언제 사용해야 하는가?

8. Monitor 클래스 대신 Mutex 클래스를 사용해야 하는 때는 언제인가?

9. 웹사이트나 웹 서비스에서 async와 await를 사용해서 얻는 장점은 무엇인가?

10. 태스크는 취소 가능한가? 만약 그렇다면 방법은 무엇인가?

연습 12.2 - 탐구

12장에서 다룬 주제에 관한 세부 내용을 다음 사이트에서 좀 더 읽어 보자.

https://github.com/markjprice/cs10dotnet6/blob/main/book-links.md#chapter-12---improving-performance-and-scalability-using-multitasking

⁙ 마무리

12장에서는 태스크를 어떻게 선언하고 시작하는지, 하나 이상의 태스크가 완료되기를 기다리는 방법 그리고 태스크의 순서를 어떻게 조정하는지 배웠다. 또한, 공유 리소스 접근을 동기적으로 제어하는 방법과 async와 await를 사용해 UI 스레드 블록을 방지하는 방법도 배웠다.

이어지는 13장에서는 웹사이트 및 서비스, 크로스 플랫폼 데스크톱 및 모바일 앱과 같이 .NET에서 지원하는 **워크로드**workload라고도 부르는 **앱 모델**용 애플리케이션을 만드는 방법에 대해 알아본다.

13

C#과 .NET으로 만드는 실용적인 애플리케이션

이 책의 세 번째이자 마지막 부분은 C#과 .NET의 실제 적용에 관한 것으로 웹사이트, 웹 서비스, 모바일 및 데스크톱 앱과 같은 크로스 플랫폼 앱을 만드는 방법을 배운다.

마이크로소프트는 애플리케이션 앱 모델 또는 워크로드를 만들기 위해 플랫폼을 호출한다. 1장부터 추가 온라인 리소스 18장, 20장은 OS별 비주얼 스튜디오 또는 크로스 플랫폼 비주얼 스튜디오 코드 및 젯브레인스 라이더를 사용해 빌드할 수 있다. 추가 온라인 리소스 19장은 비주얼 스튜디오 코드를 사용해서 빌드할 수도 있지만 쉽지 않다. 현재로서는 윈도우용 비주얼 스튜디오 2022가 비주얼 스튜디오 코드보다 .NET MAUI를 더 잘 지원한다.

13장과 이후의 장들은 순서대로 읽어 가는 것이 좋다. 필요에 따라 앞의 장을 참고하기도 하고 이후의 장에서 나올 더 까다로운 문제를 해결할 수 있는 충분한 지식과 기술을 쌓아갈 수 있기 때문이다.

13장은 다음 내용을 다룬다.

- C# 및 .NET용 앱 모델 이해

- ASP.NET Core의 새로운 기능

- 프로젝트 구조화

- 다른 프로젝트 템플릿 사용

- Northwind용 엔티티 데이터 모델 만들기

⁘ C# 및 .NET용 앱 모델 이해

이 책의 나머지 장에서는 실제 애플리케이션을 만들어 볼 것이다. 그전에 앱 모델에 대해 알아보자.

 더 알아보기: 마이크로소프트는 .NET 애플리케이션 아키텍처 가이드 문서에서 앱 모델 구현에 대한 광범위한 지침을 제공한다. 다음 사이트에서 읽을 수 있다.

https://dotnet.microsoft.com/ko-kr/learn/dotnet/architecture-guides

ASP.NET Core를 사용해 웹사이트 만들기

웹사이트는 파일 시스템에서 정적으로 로드되거나 ASP.NET Core와 같은 서버 측 기술에 의해 동적으로 생성되는 여러 개의 웹 페이지로 구성된다. 웹 브라우저는 POST, PUT, DELETE 요청으로 서버에 저장된 데이터를 조작하고 각 페이지를 식별할 수 있는 URL^{Uniform Resource Locator}을 사용해 GET 요청을 만든다.

대부분의 웹사이트에서 브라우저는 프레젠테이션 계층을 담당하며 거의 모든 처리가 서버에서 수행된다. 캐러셀^{carousel}과 같은 기능 구현을 위해서 자바 스크립트 일부가 클라이언트에서 사용되기도 한다.

ASP.NET Core는 웹사이트를 만들기 위한 여러 기술을 제공한다.

- **ASP.NET Core Razor 페이지** 및 **Razor 클래스 라이브러리**는 간단한 웹사이트를 만들 때 사용되며 HTML을 동적으로 생성한다. 14장에서 자세히 알아본다.

- **ASP.NET Core MVC**는 복잡한 웹사이트 개발에 자주 사용되는 **모델-뷰-컨트롤러** MVC, Model-View-Controller 디자인 패턴을 구현한다. 15장에서 자세히 알아본다.

- **블레이저**는 앵귤러Angular, 리액트React, 뷰vue와 같은 자바 스크립트 기반 UI 프레임워크가 아닌, C# 및 .NET을 사용해 UI 구성 요소를 만들 수 있게 한다. **블레이저 웹 어셈블리**는 자바 스크립트 기반의 프레임워크처럼 브라우저에서 코드를 실행하며, **블레이저 서버**는 서버에서 코드를 실행해 웹 페이지를 동적으로 업데이트한다. 17장에서 블레이저에 대해 자세히 알아본다. 블레이저는 웹사이트 개발만을 위한 기술이 아니며 하이브리드 모바일 및 데스크톱 앱을 개발할 때도 사용할 수 있다.

콘텐츠 관리 시스템을 사용해 웹사이트 만들기

웹사이트는 보통 많은 콘텐츠를 갖고 있는데 콘텐츠 변경이 필요할 때마다 개발 인력이 투입돼야 한다면 확장성 면에서 불리하다. **콘텐츠 관리 시스템**CMS, Content Management System을 통해 개발자는 콘텐츠 구조와 템플릿을 정의해 일관성과 뛰어난 디자인을 제공하고 콘텐츠 관리자는 콘텐츠를 쉽게 관리할 수 있다. 콘텐츠 관리자는 최소한의 노력으로 새로운 페이지나 콘텐츠 블록을 만들어 기존 콘텐츠를 업데이트할 수 있다.

PHP용 워드프레스, 파이썬용 장고Django CMS와 같이 웹 플랫폼에서 사용할 수 있는 다양한 CMS가 있다. 최신 .NET을 지원하는 CMS로는 Optimizely Content Cloud, Piranha CMS 및 Orchard Core가 있다.

CMS를 사용할 때의 장점은 친숙한 콘텐츠 관리 사용자 인터페이스를 제공한다는 것이다. 콘텐츠 소유자는 웹사이트에 로그인해 콘텐츠를 직접 관리한다. 렌더링된 콘텐츠는 ASP.NET Core MVC 컨트롤러 및 뷰, 또는 **헤드리스**headless **CMS**라고도 부르는 웹 서비스 엔드 포인트를 통해 사이트 방문자에게 반환돼 모바일, 데스크톱 앱, 터치 스크린으로 구현된 '헤드'나 자바 스크립트 프레임워크, 블레이저로 만든 클라이언트에 콘텐츠를 제공한다.

여기서는 .NET CMS를 다루지 않으며 깃허브 저장소에서 참고할 수 있는 사이트를 정리했다.

https://github.com/markjprice/cs10dotnet6/blob/main/book-links.md#net-content-management-systems

SPA 프레임워크로 웹 애플리케이션 만들기

SPASingle-Page Application라고도 부르는 웹 애플리케이션은 블레이저 웹어셈블리, 앵귤러, 리액트, 뷰Vue와 같은 프론트엔드 기술을 써서 만든 단일 웹 페이지로 구성되며, 데이터가 필요할 때 백엔드 웹 서비스에 요청을 보내고 XML이나 JSON 형식의 직렬화를 사용해 변경된 데이터를 출력한다. 대표적인 예로 Gmail, Maps, Docs 같은 구글 웹 앱이 있다.

웹 애플리케이션은 클라이언트에서 자바스크립트 프레임워크나 블레이저 웹어셈블리를 사용해 사용자 상호작용을 정교하게 구현하지만 웹 브라우저가 로컬 시스템 리소스 접근을 제한하기 때문에 중요한 처리 및 데이터 접근의 대부분은 여전히 서버에서 발생한다.

자바스크립트는 복잡한 프로젝트를 개발하려는 목적으로 설계되지 않았고 형식에 안전하지 않으므로, 근래에는 대부분의 자바스크립트 라이브러리는 마이크로소프트의 타입스크립트TypeScript를 사용한다. 타입스크립트는 형식을 엄격히 지정해 복잡한 구현이 가능하도록 최신 언어 기능으로 설계됐다.

.NET SDK에는 자바스크립트 및 타입스크립트 기반 SPA용 프로젝트 템플릿이 있지만 이 책은 C#을 다루기 때문에 자바스크립트 및 타입스크립트 기반 SPA를 개발하는 방법은 다루지 않는다.

간단히 말해, C#과 .NET은 그림 13.1과 같이 서버와 클라이언트 양쪽에서 웹사이트를 만드는 데 사용할 수 있다.

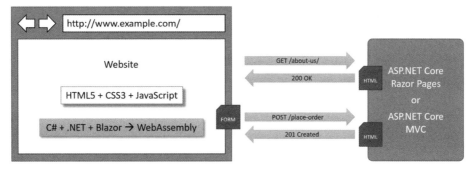

그림 13.1 C#과 .NET을 사용해 서버와 클라이언트 양쪽에서 웹사이트 개발

자바스크립트 및 타입스크립트 기반의 SPA에 대해 배우지는 않지만 **ASP.NET Core 웹 API**를 사용해 웹 서비스를 만든 다음 ASP.NET Core의 서버 사이드 코드에서 이 웹 서비스를 호출하는 방법을 배운다. 나중에는 블레이저 웹어셈블리 컴포넌트와 크로스 플랫폼 모바일 및 데스크톱 앱에서 이 웹 서비스를 호출해 본다.

공식적인 정의는 없지만 서비스는 복잡성으로 구분하기도 한다.

- **서비스**: 하나의 모놀리식monolithic 서비스에서 클라이언트 앱에 필요한 모든 기능

- **마이크로서비스**: 더 작은 기능 집합 각각에 초점을 맞춘 여러 서비스

- **나노서비스**nanoservice: 서비스로 제공되는 단일 기능. 1년 내내 중단 없이 호스팅되는 서비스 및 마이크로서비스와 다르게 나노서비스는 리소스와 비용 절감을 위해 요청될 때까지 비활성 상태인 경우가 종종 있다.

HTTP를 기본 통신 기술과 API의 설계 원칙으로 사용하는 웹 서비스 외에도 다음과 같이 다른 기술과 설계 철학을 사용하는 서비스에 대해서도 알아본다.

- **gRPC**: 거의 모든 플랫폼을 지원하는 고효율 및 고성능 서비스를 구축

- **SignalR**: 구성 요소 간의 실시간 통신을 구축

- **OData**: 엔티티 프레임워크 코어 및 기타 데이터 모델을 웹 API로 래핑

- **GraphQL**: 여러 개의 데이터 소스에서 검색되는 데이터를 클라이언트가 제어

- **Azure Function**: 클라우드에서 서버리스 나노서비스를 호스팅

모바일 및 데스크톱 앱 빌드

주요 모바일 플랫폼인 애플의 iOS와 구글의 안드로이드는 각각 고유한 프로그래밍 언어와 플랫폼 API를 갖고 있다. 또한 2개의 주요 데스크톱 플랫폼인 애플의 맥OS와 마이크로소프트의 윈도우는 다음과 같은 고유한 프로그래밍 언어와 플랫폼 API를 각각 사용한다.

- **iOS**: 오브젝티브 C, 스위프트^{Swift}, UIkit

- **안드로이드**: 자바, 코틀린^{Kotlin}, 안드로이드 API

- **맥OS**: 오브젝티브 C, 스위프트, AppKit, Catalyst

- **윈도우**: C, C++, 그 외 다른 언어들, Win32 API, 윈도우 앱 SDK

이 책은 C# 및 .NET을 사용한 최신 크로스 플랫폼 개발을 다루므로 윈도우 전용 기술인 **윈도우 폼**^{Windows Form}, **WPF**, **유니버설 윈도우 플랫폼**^{UWP, Universal Windows Platform}에 대해서는 다루지 않는다.

크로스 플랫폼 모바일 및 데스크톱 앱은 **.NET MAUI**^{Multi-platform App User Interface} 플랫폼으로 한 번 빌드한 다음 여러 모바일 및 데스크톱 플랫폼에서 실행할 수 있다.

.NET MAUI를 사용하면 사용자 인터페이스 구성 요소와 비즈니스 논리를 공유해 쉽게 앱을 개발할 수 있다. .NET MAUI는 콘솔 앱, 웹사이트, 웹 서비스에서 사용하는 것과 동일한 .NET API를 대상으로 할 수 있다. 앱은 모바일 장치의 Mono 런타임과 데스크톱 장치의 CoreCLR 런타임에 의해 실행된다. Mono 런타임은 일반 .NET CoreCLR 런타임에 비해 모바일 장치에 더 최적화돼 있고 블레이저 웹어셈블리는 모바일 앱과 마찬가지로 리소스가 제한적이므로 Mono 런타임도 사용한다.

앱은 보통 서버, 노트북, 스마트 폰, 게임에 이르기까지 모든 장치에 걸친 경험을 제공하기 위해 서비스를 호출한다. .NET MAUI에 대한 향후 업데이트는 기존 MVVM 및

XAML 패턴은 물론 애플의 스위프트 UI와 같이 C#을 사용하는 **MVU**^{Model-View-Update}와 같은 패턴을 지원한다.

추가 온라인 리소스 19장에서는 .NET MAUI를 사용해 크로스 플랫폼 모바일 및 데스크톱 앱을 만들어 본다.

.NET MAUI의 대안

마이크로소프트가 .NET MAUI를 만들기 전에 서드 파티에서는 **Uno** 및 **아발로니아**^{Avalonia}라는 XAML을 사용해 크로스 플랫폼 앱을 개발할 수 있도록 오픈소스 이니셔티브를 만들었다.

Uno 플랫폼

Uno 웹사이트는 '윈도우, 웹어셈블리, iOS, 맥OS, 안드로이드, 리눅스용 단일 코드베이스 애플리케이션을 위한 최초이자 유일한 UI 플랫폼'이라고 Uno를 소개한다. 개발자는 모바일, 웹 및 데스크톱에서 비즈니스 로직과 UI 레이어의 99%를 재사용할 수 있다. Uno 플랫폼은 자마린 네이티브 플랫폼을 사용하지만 Xamarin.Forms는 사용하지 않는다. 웹어셈블리의 경우 Uno는 블레이저 웹어셈블리와 마찬가지로 Mono-WASM 런타임을 사용한다. 리눅스의 경우 Uno는 Skia를 사용해 캔버스에 UI를 그린다.

아발로니아

.NET 파운데이션 웹사이트에서는 '아발로니아는 크로스 플랫폼 XAML 기반 UI 프레임워크로 유연한 스타일링 시스템을 제공하고 윈도우, Xorg를 통한 리눅스, 맥OS와 같은 다양한 OS를 지원하며, 여러 목적의 데스크톱 앱 개발을 위한 준비가 돼 있다'라고 소개한다.

아발로니아는 WPF의 계승자로 볼 수 있다. WPF, 실버라이트, UWP에 익숙한 개발자는 기존 경험과 기술을 계속 사용할 수 있다.

아발로니아는 젯브레인스에서 WPF 기반 도구를 현대화하고 크로스 플랫폼 사용을 위해 활용됐다. 비주얼 스튜디오용 아발로니아 확장과 젯브레인스 라이더와의 긴밀한 통합은 개발을 더 쉽고 생산적으로 만든다.

⁞⁝ ASP.NET Core의 새로운 기능

지난 몇 년간 마이크로소프트는 ASP.NET Core의 기능을 빠르게 확장했다. 각 버전별 지원되는 .NET 플랫폼은 다음과 같다.

- ASP.NET Core 1.0 ~ 2.2는 .NET 코어 또는 .NET 프레임워크에서 실행된다.
- ASP.NET Core 3.0 이상은 .NET 코어 3.0 이상에서만 실행된다.

ASP.NET Core 1.0

ASP.NET Core 1.0은 2016년 6월에 배포됐으며 윈도우, 맥OS 및 리눅스용 최신 크로스 플랫폼 웹 앱 및 서비스를 개발하는 데 적합한 최소한의 API를 구현했다.

ASP.NET Core 1.1

ASP.NET Core 1.1은 2016년 11월에 배포됐으며 기능 및 성능에 대한 버그 수정과 일반적인 개선 사항들이 포함됐다.

ASP.NET Core 2.0

ASP.NET Core 2.0은 2017년 8월에 배포됐으며 Razor 페이지와 같은 새로운 기능을 추가하고 어셈블리를 Microsoft.AspNetCore.All 메타패키지로 번들링하고, .NET 표준 2.0을 준수하고 새로운 인증 모델을 제공하고 성능을 개선하는 데 중점을 뒀다.

ASP.NET Core 2.0에 포함된 가장 큰 새로운 기능은 14장에서 다루는 ASP.NET

Core Razor 페이지와 추가 온라인 리소스 18장에서 다루는 ASP .NET OData 지원이다(https://github.com/markjprice/cs10dotnet6/blob/main/9781801077361_Bonus_Content.pdf).

ASP.NET Core 2.1

ASP.NET Core 2.1은 2018년 5월에 LTS^{Long Term Support}로 배포됐으며 2021년 8월 22일까지 지원됐다. LTS 지정 버전은 2.1.3으로 2018년 8월까지 공식적으로 할당되지 않았다.

다음 표에 나열된 기능처럼 실시간 통신을 위한 **SignalR**, 웹 구성 요소 재사용을 위한 **Razor 클래스 라이브러리**, 인증을 위한 **ASP.NET Core 아이덴티티**, HTTP 및 유럽연합의 **GDPR**^{General Data Protection Regulation} 지원 향상과 같은 새로운 기능을 추가했다.

기능	장	주제
Razor 클래스 라이브러리	14장	Razor 클래스 라이브러리 사용하기
GDPR 지원	15장	ASP.NET Core MVC 웹사이트 생성과 살펴보기
아이덴티티 UI 라이브러리 및 스캐 폴딩	15장	ASP.NET Core MVC 웹사이트 살펴보기
통합 테스트	15장	ASP.NET Core MVC 웹사이트 테스트
[ApiController], ActionResult⟨T⟩	16장	ASP.NET Core 웹 API 프로젝트 생성하기
세부 문제	16장	웹 API 컨트롤러 구현하기
IHttpClientFactory	16장	HttpClientFactory를 사용해 HTTP 클라이언트 구성
ASP.NET Core SignalR	추가 온라인 리소스 18장	SignalR을 사용한 실시간 커뮤니케이션 구현

ASP.NET Core 2.2

ASP.NET Core 2.2는 2018년 12월에 배포됐으며 RESTful HTTP API 빌드 개선, 프로젝트 템플릿을 부트스트랩 4 및 앵귤러 6로 업데이트, 애저^{Azure} 호스팅에 최적화된 구성, 성능 개선에 초점을 뒀다.

기능	장	주제
케스트렐(Kestrel)에서 HTTP/2	14장	클래식 ASP.NET과 모던 ASP.NET Core
인프로세스 호스팅 모델	14장	ASP.NET Core 프로젝트 만들기
엔드포인트 라우팅	14장	엔드 포인트 라우팅 이해하기
헬스 체크 API	16장	상태 확인 API 구현
오픈 API 분석	16장	Open API 분석기 및 규칙 구현

ASP.NET Core 3.0

ASP.NET Core 3.0은 2019년 9월에 배포됐으며 .NET 프레임워크를 지원하지 않기 때문에 .NET 코어 3.0과 .NET 표준 2.1을 완전히 활용하는 데 중점을 뒀다. 다음과 같은 개선 사항이 포함됐다.

기능	장	주제
Razor 클래스 라이브러리의 정적 애셋	14장	Razor 클래스 라이브러리 사용하기
MVS 서비스 등록에서 새로운 옵션	15장	ASP.NET Core MVC 웹사이트 만들기
ASP.NET Core gRPC	추가 온라인 리소스 18장	ASP.NET Core gRPC로 서비스 만들기
블레이저 서버	17장	블레이저 서버로 컴포넌트 만들기

ASP.NET Core 3.1

ASP.NET Core 3.1은 2019년 12월에 LTS로 배포됐으며 2022년 12월 3일까지 지원된다. Razor 구성 요소 및 새로운 <component> 태그 헬퍼에 대한 부분 클래스 지원과 같은 개선 사항에 중점을 둔다.

블레이저 웹어셈블리 3.2

블레이저 웹어셈블리 3.2는 2020년 5월에 배포됐다. .NET 5.0 배포 후 3개월, 즉 2021년 2월 10일까지 프로젝트를 .NET 5.0 버전으로 업그레이드해야 했다.

마이크로소프트는 마침내 .NET을 사용한 풀 스택 웹 개발의 약속을 지켰으며, 블레이저 서버와 블레이저 웹어셈블리는 17장에서 다룬다.

ASP.NET Core 5.0

ASP.NET Core 5.0은 2020년 11월에 배포됐으며 버그 수정, 인증서 인증 시 캐싱을 사용한 성능 개선, 케스트렐에서 HTTP/2 응답 헤더의 HPACK 동적 압축, ASP.NET Core 어셈블리에서 null 허용 주석 및 컨테이너 이미지 크기 축소에 중점을 둔다. 다음 개선 사항이 포함됐다.

기능	장	주제
엔드포인트에 대한 익명 접근을 허용하는 확장 메서드	16장	웹 서비스 보안
HttpRequest 및 HttpResponse에 대한 JSON 확장 메서드	16장	컨트롤러에서 JSON으로 고객 정보 가져오기

ASP.NET Core 6.0

ASP.NET Core 6.0은 2021년 11월에 배포됐으며 기본 웹사이트 및 서비스 구현을 위한 코드 최소화, .NET 핫 리로드hot reload, .NET MAUI를 사용하는 하이브리드 앱과 같은 블레이저의 새로운 호스팅 옵션처럼 생산성 향상에 중점을 뒀다.

기능	장	주제
새 비어 있는 웹 프로젝트 템플릿	14장	비어 있는 웹 템플릿 이해하기
HTTP 로깅 미들웨어	16장	HTTP 로깅 활성화
최소 API	16장	최소한의 웹 API 구현

블레이저 오류 경계	17장	블레이저 오류 경계 정의
블레이저 웹어셈블리 AOT	17장	블레이저 웹어셈블리 사전 컴파일 활성화
.NET 핫 리로드	17장	.NET 핫 리로드를 사용한 코드 수정
.NET MAUI 블레이저 앱	추가 온라인 리소스 19장	.NET MAUI 앱에서 블레이저 구성 요소 호스팅

⁝⁝ 윈도우 전용 데스크톱 앱 만들기

윈도우 전용 데스크톱 앱을 만들기 위한 기술은 다음과 같다.

- **윈도우 폼**, 2002

- **윈도우 WPF**, 2006

- **윈도우 스토어** 앱, 2012

- **유니버설 윈도우 플랫폼**UWP, Universal Windows Platform 앱, 2015

- **윈도우 앱 SDK**(이전의 WinUI 3 및 프로젝트 Reunion) 앱, 2021

레거시 윈도우 애플리케이션 플랫폼 이해하기

1985년 마이크로소프트 윈도우 1.0에서 윈도우 애플리케이션을 만드는 유일한 방법은 C 언어를 사용해 3개의 핵심 DLL인 커널kernel, 사용자user, GDI의 함수를 호출하는 것이었다. 윈도우 95가 32비트가 되면서 DLL에 32라는 접미사가 붙게 됐고 **Win32 API**로 불리게 됐다.

1991년에 마이크로소프트는 비주얼 베이직을 사용해 도구 상자에서 필요한 컨트롤을 끌어와 놓는 방법으로 윈도우 애플리케이션 UI를 개발할 수 있도록 지원했다. 이는 엄청난 인기를 가져왔으며 비주얼 베이직 런타임은 지금도 윈도우 10의 일부로 여전히 배포되고 있다.

2002년에 출시된 C#과 .NET 프레임워크의 첫 번째 버전에서 마이크로소프트는 윈도우 데스크톱 애플리케이션을 개발하기 위한 기술로 **윈도우 폼**을 도입했다. 웹 개발 시에는 **웹 폼**으로 부른다. 코드는 비주얼 베이직 또는 C# 언어로 작성할 수 있고 컨트롤을 끌어와 놓을 수 있는 도구 상자를 지원하지만 이때 자동으로 생성되는 코드는 직접 이해하고 편집하기 어려울 수 있다.

2006년에 마이크로소프트는 .NET 프레임워크 3.0의 핵심 구성 **요소**로 **WCF**[Windows Communication Foundation] 및 **WF**[Windows Workflow Foundation]와 함께 **WPF**[Windows Presentation Foundation]라는 윈도우 데스크톱 애플리케이션 개발을 위한 더 향상된 기술을 도입했다.

2012년에 마이크로소프트는 보호된 샌드박스에서 실행되는 윈도우 스토어 앱과 함께 윈도우 8을 출시했다.

2015년에 **UWP**[Universal Windows Platform]라는 업데이트된 윈도우 스토어 앱과 함께 윈도우 10이 출시됐다. UWP는 크로스 플랫폼을 지원하지 않지만 전체 WinRT API를 사용할 수 있는 최신 .NET의 사용자 지정 포크[fork]를 사용하며 C++과 다이렉트X UI, 또는 자바스크립트와 HTML, C#을 사용해 개발할 수 있다.

UWP 앱은 윈도우 10에서만 실행할 수 있고 이전 버전 윈도우는 지원하지 않는다. 이외에 Xbox, VR과 AR을 혼합한 윈도우 혼합 현실[Mixed Reality] 헤드셋과 모션 컨트롤러 환경에서 실행할 수 있다.

윈도우 스토어와 UWP 앱은 기본 시스템에 대한 접근이 제한돼 있기 때문에 윈도우 개발자들의 호응을 얻지 못했다. 최근에 마이크로소프트는 기존 WPF 앱에 최신 윈도우 개발의 장점 일부를 적용하고 UWP 앱과 동일한 장점 및 시스템 통합을 활용할 수 있게 하는 **프로젝트 Reunion** 및 **WinUI 3**을 만들었다. 이 기술은 **윈도우 앱 SDK**로 부른다.

레거시 윈도우 플랫폼에 대한 최신 .NET 지원 이해하기

리눅스 및 맥OS용 .NET SDK의 크기는 약 330MB고 윈도우용 .NET SDK의 크기는 약 440MB다. 크기가 큰 이유는 레거시 윈도우 애플리케이션 플랫폼인 윈도우 폼 및 WPF를 최신 .NET에서 실행 가능하도록 윈도우 데스크톱 런타임이 포함돼 있기 때문이다.

윈도우 폼 및 WPF를 사용해 구축된 많은 엔터프라이즈 애플리케이션은 계속 유지 관리되거나 새로운 기능으로 향상돼야 하지만 최근까지는 레거시 플랫폼인 .NET 프레임워크의 테두리를 벗어날 수 없었다. 이제 이러한 앱들은 최신 .NET 및 윈도우 데스크톱 팩을 통해 최신 기능을 모두 사용할 수 있다.

⁑ 프로젝트 구조화

프로젝트 구조는 어떻게 구성해야 할까? 지금까지의 예제는 언어 특징과 라이브러리 설명을 위해 작은 규모의 개별 콘솔 앱으로 만들었다. 지금부터는 단일 솔루션을 제공하기 위해 다양한 기술을 사용해 여러 프로젝트를 만들어 본다.

크고 복잡한 솔루션에서는 모든 코드를 탐색하기가 어려워진다. 그러므로 프로젝트는 구성 요소를 쉽게 찾을 수 있도록 구성해야 한다. 그러기 위해 솔루션이나 작업 공간의 전체 이름을 지정하는 것이 좋다.

이번 예제에서는 Northwind라는 가상의 회사를 위한 여러 프로젝트를 개발한다. 솔루션 또는 작업 영역의 이름을 PracticalApps로 지정하고 Northwind를 모든 프로젝트의 접두사로 사용한다.

프로젝트와 솔루션을 구성하고 이름을 지정하는 방법에는 여러 가지가 있다. 예를 들어, 폴더 계층 구조와 명명 규칙을 사용하는 것이다. 팀을 이뤄 작업한다고 하면 팀에서 어떤 규칙을 사용하는지 알고 있어야 한다.

솔루션이나 작업 영역에서 프로젝트 구조화

참여하는 모든 개발자가 각 프로젝트가 처리하는 작업을 바로 알 수 있도록 솔루션이나 작업 공간에서 프로젝트에 일관적인 명명 규칙을 적용하는 것이 좋다. 보통 다음 표와 같이 클래스 라이브러리, 콘솔 앱, 웹사이트 같은 프로젝트 형식을 사용한다.

이름	설명
Northwind.Common	여러 프로젝트에서 사용되는 인터페이스, 열거형, 클래스, 레코드, 구조체와 같은 공용 형식에 대한 클래스 라이브러리 프로젝트
Northwind.Common.EntityModels	일반적인 EF 코어 엔티티 모델에 대한 클래스 라이브러리 프로젝트. 엔티티 모델은 보통 서버와 클라이언트 양쪽에서 사용되므로 특정 데이터베이스 공급자에 대한 의존성을 분리하는 것이 가장 좋다.
Northwind.Common.DataContext	특정 데이터베이스 공급자에 대한 의존성이 있는 EF 코어 데이터베이스 콘텍스트에 대한 클래스 라이브러리 프로젝트
Northwind.Web	정적 HTML 파일과 동적 Razor 페이지를 혼합해 사용하는 간단한 웹사이트용 ASP.NET Core 프로젝트
Northwind.Razor.Component	여러 프로젝트에서 사용되는 Razor 페이지용 클래스 라이브러리 프로젝트
Northwind.Mvc	MVC 패턴을 사용해 단위 테스트를 쉽게 할 수 있는 복잡한 웹사이트용 ASP.NET Core 프로젝트
Northwind.WebApi	HTTP API 서비스용 ASP.NET Core 프로젝트. 모든 자바스크립트 라이브러리와 블레이저를 사용해 서비스와 상호 작용할 수 있으므로 웹사이트 통합에 적합하다.
Northwind.OData	클라이언트가 쿼리를 제어할 수 있도록 OData 표준을 구현하는 HTTP API 서비스용 ASP.NET Core 프로젝트
Northwind.GraphQL	클라이언트가 쿼리를 제어할 수 있도록 GraphQL 표준을 구현하는 HTTP API 서비스용 ASP.NET Core 프로젝트
Northwind.gRPC	gRPC 서비스용 ASP.NET Core 프로젝트. gRPC는 광범위한 지원을 제공하고 효율적이며 성능이 좋기 때문에 모든 언어 및 플랫폼으로 빌드된 앱과 통합할 때 적합하다.
Northwind.SignalR	실시간 통신을 위한 ASP.NET Core 프로젝트
Northwind.AzureFuncs	Azure Functions에서 호스팅을 위해 서버리스 나노서비스를 구현하는 ASP.NET Core 프로젝트
Northwind.BlazorServer	ASP.NET Core 블레이저 서버 프로젝트
Northwind.BlazorWasm.Client	ASP.NET Core 블레이저 웹어셈블리 클라이언트 프로젝트
Northwind.BlazorWasm.Server	ASP.NET Core 블레이저 웹어셈블리 서버 프로젝트
Northwind.Maui	크로스 플랫폼 데스크톱/모바일 앱용 .NET MAUI 프로젝트
Northwind.MauiBlazor	OS 기본 통합으로 블레이저 구성 요소를 호스팅하기 위한 .NET MAUI 프로젝트

⇾ 다른 프로젝트 템플릿 사용하기

.NET SDK를 설치하면 다른 많은 프로젝트 템플릿도 같이 설치된다.

1. 명령 프롬프트나 터미널에서 다음 명령을 입력한다.

```
dotnet new --list
```

2. 그러면 현재 설치된 템플릿 목록이 표시된다. 윈도우 환경이라면 윈도우 데스크톱
   개발용 템플릿이 포함돼 있다.

```
솔루션 파일                                    sln                                  Solution
웹 구성                                        webconfig                            Config
콘솔 앱                                        console           [C#],F#,VB         Common/Console
클래스 라이브러리                               classlib          [C#],F#,VB         Common/Library
ASP.NET Core Empty                            web               [C#],F#            Web/Empty
ASP.NET Core gRPC Service                     grpc              [C#]               Web/gRPC
ASP.NET Core Web API                          webapi            [C#],F#            Web/WebAPI
ASP.NET Core Web App                          razor,webapp      [C#]               Web/MVC/Razor Pages
ASP.NET Core Web App (Model-View-Controller)  mvc               [C#],F#            Web/MVC
ASP.NET Core with Angular                     angular           [C#]               Web/MVC/SPA
ASP.NET Core with React.js                    react             [C#]               Web/MVC/SPA
ASP.NET Core with React.js and Redux          reactredux        [C#]               Web/MVC/SPA
Blazor Server App                             blazorserver      [C#]               Web/Blazor
Blazor WebAssembly App                        blazorwasm        [C#]               Web/Blazor/WebAssembly/PWA
dotnet 로컬 도구 매니페스트 파일                 tool-manifest                        Config
dotnet gitignore 파일                          gitignore                            Config
EditorConfig 파일                              editorconfig                         Config
global.json 파일                               globaljson                           Config
MSTest Test Project                           mstest            [C#],F#,VB         Test/MSTest
MVC ViewImports                               viewimports       [C#]               Web/ASP.NET
MVC ViewStart                                 viewstart         [C#]               Web/ASP.NET
NuGet 구성                                     nugetconfig                          Config
NUnit 3 Test Item                             nunit-test        [C#],F#,VB         Test/NUnit
NUnit 3 Test Project                          nunit             [C#],F#,VB         Test/NUnit
Protocol Buffer File                          proto                                Web/gRPC
Razor Class Library                           razorclasslib     [C#]               Web/Razor/Library/Razor Class Library
Razor Component                               razorcomponent    [C#]               Web/ASP.NET
Razor Page                                    page              [C#]               Web/ASP.NET
Windows Forms 앱                               winforms          [C#],VB            Common/WinForms
Windows Forms 컨트롤 라이브러리                  winformscontrollib [C#],VB           Common/WinForms
Windows Forms 클래스 라이브러리                  winformslib       [C#],VB            Common/WinForms
Worker Service                                worker            [C#],F#            Common/Worker/Web
WPF 애플리케이션                                wpf               [C#],VB            Common/WPF
WPF Class library                             wpflib            [C#],VB            Common/WPF
WPF Custom Control Library                     wpfcustomcontrollib [C#],VB          Common/WPF
WPF User Control Library                       wpfusercontrollib [C#],VB           Common/WPF
xUnit Test Project                            xunit             [C#],F#,VB         Test/xUnit
```

그림 13.2 .NET 프로젝트 템플릿 리스트

3. 블레이저, 앵귤러, 리액트 등으로 SPA 개발을 위해 필요한 템플릿을 비롯해 웹 관
   련 프로젝트 템플릿들이 설치된 것을 알 수 있다. 하지만 자주 사용되는 자바스크립
   트 SPA 라이브러리인 뷰[Vue]는 빠져 있다.

추가 템플릿 팩 설치하기

이외에도 다른 템플릿을 추가로 설치할 수 있다.

1. 브라우저에서 다음 링크로 이동한다.

   https://dotnetnew.azurewebsites.net/

2. 검색 상자에 vue를 입력하고 그림 13.3과 같이 Vue.js에 사용 가능한 템플릿 목록을
   확인한다.

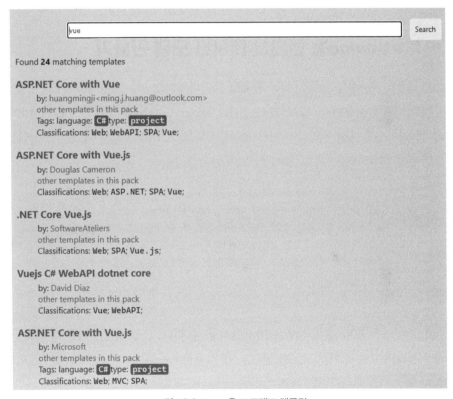

그림 13.3 Vue.js용 프로젝트 템플릿

3. 마이크로소프트에서 게시한 템플릿을 클릭해 템플릿을 설치하고 사용하기 위한 명령을 확인한다.

```
dotnet new --install "Microsoft.AspNetCore.SpaTemplates"
dotnet new vue
```

4. 이 패키지의 다른 템플릿들도 살펴보자. Vue.js 외에도 Aurelia, Knockout.js용 프로젝트 템플릿도 찾을 수 있다.

⁙ Northwind용 엔티티 데이터 모델 만들기

실제 애플리케이션을 개발할 때는 관계형 데이터베이스 또는 다른 데이터 저장소에 저장된 데이터를 사용한다. 13장에서는 SQL Server 또는 SQLite에 저장된 Northwind 데이터베이스에 대한 엔티티 데이터 모델을 정의하고 14장에서는 이 데이터 모델을 사용해 앱을 개발한다.

 Northwind4SQLServer.sql과 Northwind4SQLite.sql 스크립트 파일은 다르다. SQL Server용 스크립트는 13개의 테이블과 관련 뷰, 저장 프로시저를 생성한다. SQLite용 스크립트는 SQLite가 많은 기능을 지원하지 않으므로 단순히 10개의 테이블만 생성한다. 이 책의 예제 프로젝트는 10개의 테이블만 사용하므로 둘 중 어떤 데이터베이스를 사용해도 무방하다.

SQL 서버나 SQLite 설치 방법은 10장에서 볼 수 있다. 13장에서는 기존 데이터베이스에서 엔티티 모델의 기본 구조를 만드는 데 사용할 dotnet-ef 도구 설치 방법도 확인할 수 있다.

 좋은 습관: 엔티티 데이터 모델에 대해 별도의 클래스 라이브러리 프로젝트를 만드는 것이 좋다. 이렇게 하면 백엔드 웹 서버와 프론트엔드 데스크톱, 모바일, 블레이저 웹어셈블리 클라이언트 간의 공유가 더 쉬워진다.

SQLite를 사용해 엔티티 모델용 클래스 라이브러리 만들기

이번에는 클라이언트 앱 모델을 포함한 다른 프로젝트에서 사용할 수 있도록 클래스 라이브러리에서 엔티티 데이터 모델을 정의한다. SQL 서버를 사용하지 않는 경우는 SQLite용 클래스 라이브러리를 만들어야 한다. SQL 서버를 사용하는 경우라도 SQLite용 클래스 라이브러리와 SQL 서버용 클래스 라이브러리를 모두 만든 다음, 필요에 따라 전환할 수 있다.

EF 코어 명령줄 도구를 사용해 엔티티 모델을 자동으로 생성한다.

1. 선호하는 편집기를 사용해 PracticalApps라는 이름으로 새 솔루션/작업 영역을 생성한다.

2. 다음 내용으로 클래스 라이브러리 프로젝트를 추가한다.

   A. 프로젝트 템플릿: **클래스 라이브러리**/classlib

   B. 작업 영역/솔루션 파일과 폴더: PracticalApps

   C. 프로젝트 파일과 폴더: Northwind.Common.EntityModels.Sqlite

3. Northwind.Common.EntityModels.Sqlite 프로젝트에 SQLite 데이터베이스 공급자 및 EF 코어 디자인 타임 지원에 대한 패키지 참조를 추가한다.

```
<ItemGroup>
<PackageReference
  Include="Microsoft.EntityFrameworkCore.Sqlite"
  Version="6.0.0" />
<PackageReference
  Include="Microsoft.EntityFrameworkCore.Design"
  Version="6.0.0">
  <PrivateAssets>all</PrivateAssets>
  <IncludeAssets>runtime; build; native; contentfiles; analyzers;
buildtransitive</IncludeAssets>
  </PackageReference>
</ItemGroup>
```

4. Class1.cs 파일을 삭제한다.

5. 프로젝트를 빌드한다.

6. Northwind4SQLite.sql 파일을 PracticalApps 폴더에 복사하고 명령 프롬프트나 터미널에서 다음 명령을 입력해 SQLite용 Northwind.db 파일을 만든다.

```
sqlite3 Northwind.db -init Northwind4SQLite.sql
```

7. 다음 출력처럼 데이터베이스 구조 생성이 완료될 때까지 기다린다.

```
-- Loading resources from Northwind4SQLite.sql
SQLite version 3.37.2 2022-01-06 13:25:41
Enter ".help" for usage hints.
sqlite>
```

8. 윈도우에서는 Ctrl + C를, 맥OS에서는 Cmd + D를 눌러서 SQLite 명령 모드에서 빠져나온다.

9. Northwind.Common.EntityModels.Sqlite 폴더에서 명령 프롬프트나 터미널을 연다.

10. 다음 명령으로 모든 테이블에 대해 엔티티 클래스 모델을 생성한다.

```
dotnet ef dbcontext scaffold "Filename=../Northwind.db" Microsoft.
EntityFrameworkCore.Sqlite --namespace Packt.Shared --data-annotations
```

다음을 참고하자.

- 실행할 명령: dbcontext scaffold

- 연결 문자열: "Filename=../Northwind.db"

- 데이터베이스 공급자: Microsoft.EntityFrameworkCore.Sqlite

- 네임스페이스: --namespace Packt.Shared

- Fluent API 외에 데이터 주석 사용: --data-annotations

11. 다음 출력과 같이 빌드 메시지 및 경고를 확인한다.

```
Build started...
Build succeeded.
To protect potentially sensitive information in your connection string,
you should move it out of source code. You can avoid scaffolding
the connection string by using the Name= syntax to read it from
configuration - see https://go.microsoft.com/fwlink/?linkid=2131148. For
more guidance on storing connection strings, see http://go.microsoft.
com/fwlink/?LinkId=723263.
```

클래스-테이블 매핑 개선

dotnet-ef 명령줄 도구는 서로 다른 수준의 기능을 지원하기 때문에 SQL 서버와 SQLite에 대해 생성하는 코드 역시 다르다. 예를 들어, SQL 서버의 텍스트 칼럼에는 문자 수에 대해 제약을 둘 수 있지만 SQLite는 지원하지 않는다. 따라서 dotnet-ef는 SQL 서버에서 유효성 검사 속성을 생성해 string 속성을 지정된 문자 수로 제한하지만 SQLite는 그렇지 않다. 다음 코드를 참고하자.

```
// SQLite 데이터베이스 공급자 생성 코드
[Column(TypeName = "nvarchar (15)")]
public string CategoryName { get; set; } = null!;
// SQL 서버 데이터베이스 생성 코드
[StringLength(15)]
public string CategoryName
{ get; set; } = null!;
```

양쪽 데이터베이스 공급자 모두 nullable이 아닌 string 속성은 [Required]로 표시하지 않는다.

```
// nullable이 아닌 속성에 대해 런타임 유효성 검사를 하지 않음.
public string CategoryName { get; set; } = null!;
// nullable 속성
public string? Description { get; set; }
// 런타임 유효성 검사를 위해 속성으로 데코레이트
```

```
[Required]
public string CategoryName { get; set; } = null!;
```

SQLite에 대한 엔티티 모델 매핑 및 유효성 검사 규칙을 개선해 보자.

1. Customer.cs 파일을 열고 기본 키[primary key]에 알파벳 대문자만 허용하도록 유효성을 검사하는 정규식을 추가한다.

```
[Key]
        [Column(TypeName = "nchar (5)")]
        [RegularExpression("[A-Z]{5}")]
        public string CustomerId { get; set; } = null!;
```

2. 비주얼 스튜디오 코드의 바꾸기 기능을 선택한 다음, 정규식 사용을 켜고 아래 정규식을 입력한다. 비주얼 스튜디오 2022에서는 **편집 > 찾기 및 바꾸기 > 빠른 바꾸기**로 이동한다.

```
\[Column\(TypeName = "(nchar|nvarchar) \((.*)\)"\)\]
```

3. 바꾸기 상자에 교체 정규식을 입력한다.

```
$&\n     [StringLength($2)]
```

 줄 바꿈 문자 \n 뒤에는 들여쓰기 수준당 공백 문자 2개를 사용하는 시스템에서 정확하게 들여쓰기 위해 4개의 공백 문자를 포함했다. 원하는 만큼 추가할 수 있다.

4. 현재 프로젝트에서 찾기 및 바꾸기를 실행하도록 설정한다.

5. 그림 13.4와 같이 모두 바꾸기를 실행한다.

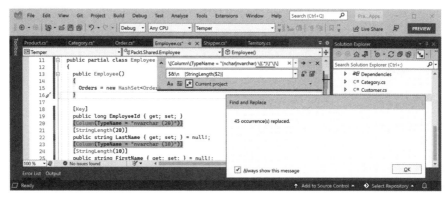

그림 13.4 비주얼 스튜디오 2022에서 정규식을 사용해 모든 일치하는 항목 검색 및 바꾸기

6. Employee.cs에서 datetime 속성을 바이트 배열 대신 null이 가능한 DateTime으로 변경한다. 다른 파일도 동일하게 변경한다.

```
// before
[Column(TypeName = "datetime")]
public byte[] BirthDate { get; set; }
// after
[Column(TypeName = "datetime")]
public DateTime? BirthDate { get; set; }
```

 코드 편집기의 찾기 기능에서 datetime을 검색해 변경 대상을 모두 찾는다.

7. Order.cs에서 money 속성을 바이트 배열 대신 null이 가능한 decimal로 변경한다. 다른 파일도 동일하게 변경한다.

```
// before
[Column(TypeName =  "money")]
public byte[] Freight { get; set; }
// after
```

```
[Column(TypeName = "money")]
public decimal? Freight { get; set; }
```

 코드 편집기의 찾기 기능에서 money를 검색해 변경 대상을 모두 찾는다.

8. Product.cs에서 bit 속성을 바이트 배열 대신 bool로 변경한다.

```
// before
[Column(TypeName = "bit")]
public byte[] Discontinued { get; set; } = null!;
// after
[Column(TypeName = "bit")]
public bool Discontinued { get; set; }
```

 코드 편집기의 찾기 기능에서 bit를 검색해 변경 대상을 모두 찾는다.

9. Category.cs에서 CategoryId 속성을 int로 변경한다.

```
[Key]
public int CategoryId { get; set; }
```

10. Category.cs에서 CategoryName 속성을 [Required]로 지정한다.

```
[Required]
[Column(TypeName = "nvarchar (15)")]
[StringLength(15)]
public string CategoryName { get; set; } = null!;
```

11. Customer.cs에서 CompanyName 속성을 [Required]로 지정한다.

```
[Required]
[Column(TypeName = "nvarchar (40)")]
[StringLength(40)]
public string CompanyName { get; set; } = null!;
```

12. Employee.cs에서 EmployeeId 속성을 long 대신 int로 변경한다.

13. Employee.cs에서 FirstName과 LastName 속성을 [Required]로 지정한다.

14. Employee.cs에서 ReportsTo 속성을 long? 대신 int?로 변경한다.

15. EmployeeTerritory.cs에서 EmployeeId 속성을 long 대신 int로 변경한다.

16. EmployeeTerritory.cs에서 TerritoryId 속성을 [Required]로 지정한다.

17. Order.cs에서 OrderId 속성을 long 대신 int로 변경한다.

18. Order.cs에서 CustomerId 속성을 5개의 대문자로 제한하도록 정규 표현식을 적용한다.

19. Order.cs에서 EmployeeId 속성을 long? 대신 int?로 변경한다.

20. Order.cs에서 ShipVia 속성을 long? 대신 int?로 변경한다.

21. OrderDetail.cs에서 OrderId 속성을 long 대신 int로 변경한다.

22. OrderDetail.cs에서 ProductId 속성을 long 대신 int로 변경한다.

23. OrderDetail.cs에서 Quantity 속성을 long 대신 short로 변경한다.

24. Product.cs에서 ProductId 속성을 long 대신 int로 변경한다.

25. Product.cs에서 ProductName 속성을 [Required]로 변경한다.

26. Product.cs에서 SupplierId와 CategoryId 속성을 long? 대신 int?로 변경한다.

27. Product.cs에서 UnitsInStock, UnitsOnOrder, ReorderLevel 속성을 long? 대신 short? 으로 변경한다.

28. Shipper.cs에서 ShipperId 속성을 long 대신 int로 변경한다.

29. Shipper.cs에서 CompanyName 속성을 [Required]로 변경한다.

30. Supplier.cs에서 SupplierId 속성을 long 대신 int로 변경한다.

31. Supplier.cs에서 CompanyName 속성을 [Required]로 변경한다.

32. Territory.cs에서 RegionId 속성을 long 대신 int로 변경한다.

33. Territory.cs에서 TerritoryId와 TerritoryDescription 속성을 [Required]로 변경한다.

이제 엔티티 클래스에 대한 클래스 라이브러리를 완성했으므로 데이터베이스 콘텍스트에 대한 클래스 라이브러리를 만들어 보자.

Northwind 데이터베이스 콘텍스트에 대한 클래스 라이브러리 만들기

다음과 같이 데이터베이스 콘텍스트 클래스 라이브러리를 만든다.

1. 솔루션/작업 영역에 다음 내용으로 클래스 라이브러리 프로젝트를 추가한다.

    A. 프로젝트 템플릿: **클래스 라이브러리**/classlib

    B. 작업 영역/솔루션 파일 및 폴더: PracticalApps

    C. 프로젝트 파일과 폴더: Northwind.Common.DataContext.Sqlite

2. 비주얼 스튜디오에서는 현재 프로젝트를 솔루션의 시작 프로젝트로 설정한다.

3. 비주얼 스튜디오 코드에서는 Northwind.Common.DataContext.Sqlite를 활성 OmniSharp 프로젝트로 설정한다.

4. Northwind.Common.DataContext.Sqlite 프로젝트에 Northwind.Common.EntityModels. Sqlite 프로젝트에 대한 참조를 추가하고, SQLite용 EF 코어 데이터 공급자에 대한 패키지 참조를 추가한다.

```
<ItemGroup>
  <PackageReference
    Include="Microsoft.EntityFrameworkCore.SQLite"
    Version="6.0.0" />
</ItemGroup>
<ItemGroup>
  <ProjectReference Include=
    "..\Northwind.Common.EntityModels.Sqlite\Northwind.Common
.EntityModels.Sqlite.csproj" />
</ItemGroup>
```

 프로젝트 참조 경로에는 줄 바꿈이 없어야 한다.

5. Northwind.Common.DataContext.Sqlite 프로젝트에서 Class1.cs 클래스 파일을 삭제한다.

6. Northwind.Common.DataContext.Sqlite 프로젝트를 빌드한다.

7. Northwind.Common.EntityModels.Sqlite 프로젝트의 NorthwindContext.cs 파일을 Northwind.Common.DataContext.Sqlite 프로젝트로 이동한다.

 비주얼 스튜디오 솔루션 탐색기에서 파일을 끌어와 놓으면 파일이 복사되고 Shift 키를 누른 상태에서 하면 파일이 이동된다. 비주얼 스튜디오 코드의 탐색기에서는 파일을 끌어와 놓으면 파일이 이동되고 Ctrl 키를 누른 상태에서 하면 복사된다.

8. NorthwindContext.cs의 OnConfiguring 메서드에서 연결 문자열에 대한 컴파일러 #warning를 제거한다.

좋은 습관: Northwind 데이터베이스를 사용하는 모든 프로젝트에서 기본 데이터베이스 연결 문자열을 재정의한다. 따라서 DbContext에서 파생된 클래스는 DbContextOptions 매개 변수를 받는 생성자가 있어야 한다.

```
public NorthwindContext(DbContextOptions<NorthwindContext>
options)
  : base(options)
{
}
```

9. OnModelCreating 메서드에서 ValueGeneratedNever 메서드를 호출하는 모든 Fluent API 코드를 제거해 SupplierId 같은 기본 키 속성이 값을 자동으로 생성하지 않거나 HasDefaultValueSql 메서드를 호출하도록 한다.

```
        modelBuilder.Entity<Supplier>(entity =>
        {
            entity.Property(e => e.SupplierId).
ValueGeneratedNever();
        });
```

위와 같이 구성하지 않으면 새 공급자를 추가할 때 SupplierId 값은 항상 0이 되고 하나의 공급자만 추가할 수 있으며 모든 시도에서 예외가 발생한다.

10. Product 엔티티의 경우 SQLite에 UnitPrice를 decimal에서 double로 변경할 수 있다고 알린다. 이제 다음과 같이 OnModelCreating 메서드가 훨씬 간소화된다.

```
        protected override void OnModelCreating(ModelBuilder
modelBuilder)
        {
            modelBuilder.Entity<OrderDetail>(entity =>
            {
                entity.HasKey(e => new { e.OrderId, e.ProductId });
                entity.HasOne(d => d.Order)
                .WithMany(p => p.OrderDetails)
```

```
                .HasForeignKey(d => d.OrderId)
                .OnDelete(DeleteBehavior.ClientSetNull);
                entity.HasOne(d => d.Product)
                .WithMany(p => p.OrderDetails)
                .HasForeignKey(d => d.ProductId)
                .OnDelete(DeleteBehavior.ClientSetNull);
            });
        modelBuilder.Entity<Product>()
            .Property(product => product.UnitPrice)
            .HasConversion<double>();
        OnModelCreatingPartial(modelBuilder);
    }
```

11. NorthwindContextExtensions.cs라는 클래스를 추가하고 코드를 수정해 다음과 같이
    Northwind 데이터베이스 콘텍스트를 의존성 서비스 컬렉션에 추가하는 확장 메서
    드를 정의한다.

```
using Microsoft.EntityFrameworkCore; // UseSqlite
using Microsoft.Extensions.DependencyInjection; // IServiceCollection
namespace Packt.Shared;
public static class NorthwindContextExtensions
{
  /// <summary>
  /// 지정된 IServiceCollection에 NorthwindContext를 추가한다. Sqlite 데이터베이
스 공급자를 사용한다.
  /// </summary>
  /// <param name="services"></param>
  /// <param name="relativePath">기본값 ".."을 재정의</param>
  /// <returns>더 많은 서비스를 추가할 수 있는 IServiceCollection</returns>
  public static IServiceCollection AddNorthwindContext(
    this IServiceCollection services, string relativePath = "..")
  {
    string databasePath = Path.Combine(relativePath, "Northwind.db");
    services.AddDbContext<NorthwindContext>(options =>
      options.UseSqlite($"Data Source={databasePath}")
    );
    return services;
  }
}
```

12. 2개의 클래스 라이브러리를 빌드하고 컴파일 에러가 있다면 수정한다.

SQL 서버를 사용해 엔티티 모델용 클래스 라이브러리 만들기

10장에서 Northwind 데이터베이스를 이미 설정했다면 SQL 서버를 사용하기 위해 별도로 해야 할 작업은 없고, dotnet-ef 도구를 사용해 엔티티 모델을 만들면 된다.

1. 선호하는 편집기를 사용해 PracticalApps라는 이름으로 새 솔루션/작업 영역을 만든다.

2. 다음 내용으로 클래스 라이브러리 프로젝트를 추가한다.

    A. 프로젝트 템플릿: **클래스 라이브러리**/classlib

    B. 작업 영역/솔루션 파일과 폴더: PracticalApps

    C. 프로젝트 파일과 폴더: Northwind.Common.EntityModels.SqlServer

3. Northwind.Common.EntityModels.SqlServer 프로젝트에서 SQL 서버 데이터베이스 공급자와 EF 코어 디자인 타임 지원에 대한 패키지 참조를 추가한다.

```
<ItemGroup>
<PackageReference
  Include="Microsoft.EntityFrameworkCore.SqlServer"
  Version="6.0.0" />
<PackageReference
  Include="Microsoft.EntityFrameworkCore.Design"
  Version="6.0.0">
  <PrivateAssets>all</PrivateAssets>
  <IncludeAssets>runtime; build; native; contentfiles; analyzers;
buildtransitive</IncludeAssets>
  </PackageReference>
</ItemGroup>
```

4. Class1.cs 파일을 삭제한다.

5. 프로젝트를 빌드한다.

6. Northwind.Common.EntityModels.SqlServer 폴더에서 명령 프롬프트나 터미널을 연다.

7. 명령줄에서 다음 명령으로 모든 테이블에 대한 엔티티 클래스 모델을 생성한다.

```
dotnet ef dbcontext scaffold "Data Source=.;Initial
Catalog=Northwind;Integrated Security=true;" Microsoft.
EntityFrameworkCore.SqlServer --namespace Packt.Shared --data-
annotations
```

다음을 참고한다.

- 수행할 명령: dbcontext scaffold

- 연결 문자열: "Data Source=.;Initial Catalog=Northwind;Integrated Security=true;"

- 데이터베이스 공급자: Microsoft.EntityFrameworkCore.SqlServer

- 네임스페이스: --namespace Packt.Shared

- Fluent API 외에 데이터 주석 사용: --data-annotations

8. Customer.cs 파일을 열고 기본 키에 알파벳 대문자만 허용하도록 유효성을 검사하는 정규식을 추가한다.

```
[Key]
[StringLength(5)]
[RegularExpression("[A-Z]{5}")]
public string CustomerId { get; set; } = null!;
```

9. Customer.cs에서 CustomerId와 CompanyName 속성을 [Required]로 지정한다.

10. 솔루션/작업 영역에 다음 내용으로 클래스 라이브러리 프로젝트를 추가한다.

A. 프로젝트 템플릿: **클래스 라이브러리**/classlib

B. 작업 영역/솔루션 파일과 폴더: PracticalApps

C. 프로젝트 파일과 폴더: Northwind.Common.DataContext.SqlServer

11. 비주얼 스튜디오 코드에서 Northwind.Common.DataContext.SqlServer를 활성 OmniSharp 프로젝트로 선택한다.

12. Northwind.Common.DataContext.SqlServer 프로젝트에서 Northwind.Common. EntityModels.SqlServer 프로젝트에 대한 참조를 추가하고, SQL 서버용 EF 코어 데이터 공급자에 대한 패키지 참조를 추가한다.

```
<ItemGroup>
<PackageReference
  Include="Microsoft.EntityFrameworkCore.SqlServer"
  Version="6.0.0" />
</ItemGroup>
<ItemGroup>
  <ProjectReference Include=
    "..\Northwind.Common.EntityModels.SqlServer\Northwind.Common.
EntityModels.SqlServer.csproj" />
</ItemGroup>
```

13. Northwind.Common.DataContext.SqlServer 프로젝트에서 Class1.cs 클래스 파일을 삭제한다.

14. Northwind.Common.DataContext.SqlServer 프로젝트를 빌드한다.

15. Northwind.Common.EntityModels.SqlServer 프로젝트의 NorthwindContext.cs 파일을 Northwind.Common.DataContext.SqlServer 프로젝트로 이동한다.

16. NorthwindContext.cs에서 연결 문자열에 대한 컴파일러 경고를 제거한다.

17. NorthwindContextExtensions.cs라는 이름으로 클래스를 추가하고 의존성 서비스 컬렉션에 Northwind 데이터베이스 콘텍스트를 추가하는 확장 메서드를 정의하도록 코드를 수정한다.

```
using Microsoft.EntityFrameworkCore; // UseSqlServer
using Microsoft.Extensions.DependencyInjection; // IServiceCollection
namespace Packt.Shared;
public static class NorthwindContextExtensions
{
  /// <summary>
  /// 지정된 IServiceCollection에 NorthwindContext를 추가한다. Sqlite 데이터베이
스 공급자를 사용한다.
  /// </summary>
  /// <param name="services"></param>
  /// <param name="connectionString">기본값 ".."을 재정의</param>
  /// <returns>더 많은 서비스를 추가할 수 있는 IServiceCollection</returns>
  public static IServiceCollection AddNorthwindContext(
    this IServiceCollection services, string connectionString =
      "Data Source=.;Initial Catalog=Northwind;"
      + "Integrated Security=true;MultipleActiveResultsets=true;")
  {
    services.AddDbContext<NorthwindContext>(options =>
      options.UseSqlServer(connectionString));
    return services;
  }
}
```

18. 2개의 클래스 라이브러리를 빌드하고 컴파일 에러가 있다면 수정한다.

 좋은 습관: 하드코딩된 SQLite 데이터베이스 파일 이름 경로 또는 SQL 데이터베이
스 연결 문자열을 재정의할 수 있도록 AddNorthwindContext 메서드에 선택적 인
수를 제공했다. 이렇게 하면 설정 파일에서 값을 읽어 오는 방식으로 유연성을 향상
시킬 수 있다.

⁝⁝ 연습 및 탐구

몇 개의 질문에 답해 보면서 13장에서 배운 내용을 얼마나 이해하고 있는지 확인하고
더 공부할 내용도 살펴보자.

연습 13.1 - 복습

1. .NET 6는 크로스 플랫폼을 지원한다. 윈도우 폼과 WPF 앱은 .NET 6에서 실행할 수 있다. 그렇다면 해당 앱을 맥OS나 리눅스에서 실행할 수 있는가?

2. 윈도우 폼에서 사용자 인터페이스를 만들 때 어떤 방법을 사용하며 발생 가능한 문제점은 무엇인가?

3. WPF 또는 UWP 앱에서 사용자 인터페이스를 만들 때 어떤 방법을 사용하며 개발자에게 더 좋은 이유는 무엇인가?

연습 13.2 - 탐구

13장에서 다룬 주제에 관한 세부 내용을 다음 링크에서 좀 더 읽어 보자.

https://github.com/markjprice/cs10dotnet6/blob/main/book-links.md#chapter-13---introducing-practical-applications-of-c-and-net

⁑ 마무리

13장에서는 C# 및 .NET을 사용해 실용적인 애플리케이션을 만드는 데 사용할 수 있는 앱 모델과 워크로드에 대해 알아봤다. SQLite나 SQL 서버 또는 양쪽 모두를 사용해 Northwind 데이터베이스 작업을 위한 엔티티 데이터 모델을 정의하기 위해 2~4개의 클래스 라이브러리를 만들었다.

이후의 장에서는 다음 각 항목에 대해 자세히 살펴본다.

- 정적 HTML 페이지와 동적 Razor 페이지를 사용하는 단순한 웹사이트

- MVC^{Model-View-Controller} 디자인 패턴을 사용하는 복잡한 웹사이트

- HTTP 요청을 보낼 수 있는 모든 플랫폼과 웹 서비스를 호출하는 클라이언트에서

호출할 수 있는 웹 서비스

- 웹 서버, 브라우저 또는 하이브리드 웹 네이티브 모바일 및 데스크톱 앱에서 호스팅할 수 있는 블레이저 사용자 인터페이스 구성 요소

다음 항목들은 추가 온라인 리소스(번역서에서는 포함하지 않음)로 제공된다.

- gRPC를 사용해 원격 프로시저 호출을 구현하는 서비스
- SignalR을 사용해 실시간 통신을 구현하는 서비스
- EF 코어 모델에 대한 쉽고 유연한 접근을 제공하는 서비스
- Azure Functions에서 호스팅되는 서버리스 나노서비스
- .NET MAUI를 사용하는 크로스 플랫폼 기본 모바일 및 데스크톱 앱

코드 저장소

다음 깃허브 저장소에서 단계별 안내 및 연습에 대한 솔루션을 다운로드할 수 있다.

https://github.com/markjprice/cs10dotnet6

Discord 채널 참여

이 책의 Discord 채널에서 저자가 함께하는 Ask me Anything 세션에 참여할 수 있다.

https://packt.link/SAcsharp10dotnet6

14

ASP.NET Core Razor 페이지를 사용해 웹사이트 만들기

14장에서는 ASP.NET Core를 사용해 서버 사이드에서 최신 HTTP 아키텍처로 웹사이트를 개발하는 방법을 설명한다. ASP.NET Core 2.0에 추가된 ASP.NET Core Razor 페이지 기능과 ASP.NET Core 2.1에 추가된 Razor 클래스 라이브러리 기능을 사용해 간단한 웹사이트 개발 방법을 배운다.

14장은 다음 내용을 다룬다.

- 웹 개발 이해하기

- ASP.NET Core 이해하기

- ASP.NET Core Razor 페이지 살펴보기

- ASP.NET Core와 엔티티 프레임워크 코어 사용하기

- Razor 클래스 라이브러리 사용하기

- 서비스 및 HTTP 요청 파이프라인 구성하기

⁑ 웹 개발 이해하기

웹 개발은 **HTTP**^{Hypertext Transfer Protocol}를 사용한 개발을 의미한다. 따라서 먼저 HTTP 에 대해 살펴보자.

HTTP 이해하기

웹 서버와 통신하기 위해 **사용자 에이전트**^{user agent}라고도 부르는 클라이언트는 HTTP 를 사용해 네트워크 요청을 한다. 웹 기술의 핵심은 HTTP다. 따라서 웹 프로그램이나 웹 서비스에 관해 얘기한다면 클라이언트와 서버 간 통신에는 HTTP를 사용하겠다는 의미가 된다.

클라이언트가 **URL**^{Uniform Resource Locator}에 의해 고유하게 식별되는 페이지와 같은 리소스를 HTTP로 요청하면 서버는 그림 14.1과 같이 HTTP 응답을 보낸다.

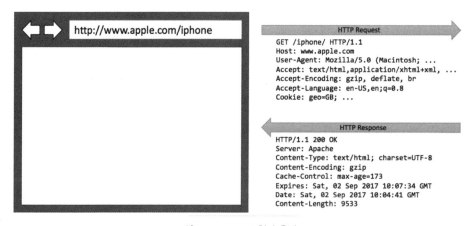

그림 14.1 HTTP 요청과 응답

구글 크롬이나 다른 브라우저를 통해서 요청과 응답을 레코딩할 수도 있다.

좋은 습관: 구글 크롬은 다른 브라우저에 비해 좀 더 다양한 OS를 지원하고 강력한 개발 도구가 내장돼 있으므로 웹사이트를 테스트하기 위한 브라우저를 정할 때 좋은 선택이 된다. 웹 프로그램은 크롬 외에 최소 2개의 다른 브라우저에서 테스트하는 것이 좋다. 예를 들어, 파이어폭스(Firefox)를 사용하거나 맥OS와 아이폰에서는 사파리(Safari)를 사용한다. 마이크로소프트 에지(Edge)는 2019년에 렌더링 엔진을 크로미움(Chromium)으로 전환했으므로 에지에서 테스트하는 것은 큰 의미가 없어졌다. 조직 내부의 인트라넷 환경에서는 마이크로소프트의 인터넷 익스플로러가 여전히 사용되는 경우도 있다.

URL의 구성 요소 이해

URL은 다음과 같은 여러 구성 요소로 이뤄진다.

- **스킴**scheme: http(일반 텍스트) 또는 https(암호화)

- **도메인**: 실제 웹사이트나 서비스의 경우 **최상위 도메인**TLD, Top-Level Domain은 example. com과 같은 형식일 수 있으며, www, jobs, extranet 같은 하위 도메인이 있을 수 있다. 개발하는 중에는 모든 웹사이트와 서비스에 대해 보통 localhost를 사용한다.

- **포트 번호**: 실제 웹사이트나 서비스의 경우 http는 80, https는 443이다. 포트 번호는 보통 스킴에서 유추된다. 개발 중에는 localhost를 사용 중인 다른 서비스와 구분하기 위해 5000, 5001과 같은 다른 포트 번호를 사용한다.

- **경로**path: 리소스에 대한 상대 경로(예: /customers/germany)

- **쿼리 스트링**query string: 매개 변수를 전달하기 위한 방법(예: ?country=Germany&searchtext=shoes)

- **프래그먼트**fragment: id를 사용하는 웹 페이지의 특정 요소에 대한 참조(예: #toc)

이 책의 프로젝트에서 사용하는 포트 번호

이 책의 모든 프로젝트는 localhost 도메인을 사용하므로 여러 프로젝트를 동시에 실행하는 경우 다음과 같이 서로 다른 포트 번호를 사용해 프로젝트를 구분한다.

프로젝트	설명	포트 번호
Northwind.Web	ASP.NET Core Razor 페이지 웹사이트	5000 HTTP, 5001 HTTPS
Northwind.Mvc	ASP.NET Core MVC 웹사이트	5000 HTTP, 5001 HTTPS
Northwind.WebApi	ASP.NET Core 웹 API 서비스	5002 HTTPS, 5008 HTTP
Minimal.WebApi	ASP.NET Core 웹 API (minimal)	5003 HTTPS
Northwind.OData	ASP.NET Core OData 서비스	5004 HTTPS
Northwind.GraphQL	ASP.NET Core GraphQL 서비스	5005 HTTPS
Northwind.gRPC	ASP.NET Core gRPC 서비스	5006 HTTPS
Northwind.AzureFuncs	Azure Functions 나노서비스	7071 HTTP

크롬을 사용해 HTTP 요청 보내기

크롬을 사용해 HTTP 요청을 보내는 방법을 알아보자.

1. 크롬을 실행한다.

2. **도구 더보기 > 개발자 도구**를 선택한다.

3. **네트워크** 탭을 선택하면 그림 14.2와 같이 크롬에서 브라우저와 웹 서버 간의 네트워크 트래픽을 기록한다.

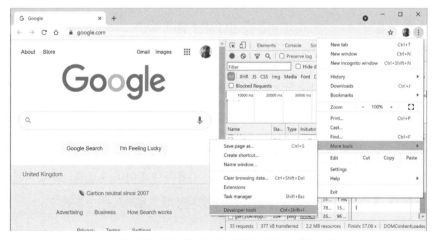

그림 14.2 크롬 개발자 도구에서 네트워크 트래픽 기록

4. 크롬 주소 상자에 마이크로소프트의 **ASP.NET** 학습 사이트 주소를 입력한다.

https://dotnet.microsoft.com/learn/aspnet

5. 그림 14.3과 같이 개발자 도구에서 레코딩된 요청 항목을 맨 위로 스크롤해 **Type**이 **document**인 첫 번째 항목을 클릭한다.

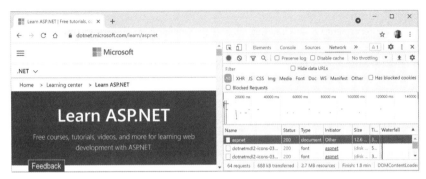

그림 **14.3** 개발자 도구의 요청 항목

6. 오른쪽에서 **Headers** 탭을 클릭하면 그림 14.4와 같이 **요청 헤더**와 **응답 헤더**의 세 부 내용을 볼 수 있다.

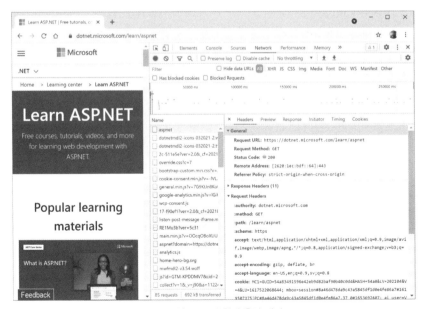

그림 **14.4** 요청과 응답 헤더

다음 항목을 참고하자.

- **요청 메서드**^{request method}는 GET이다. HTTP에서 정의한 메서드 종류는 POST, PUT, DELETE, HEAD, PATCH가 있다.

- **응답 코드**^{stauts code}는 200 OK다. 이는 브라우저가 요청한 리소스를 서버가 찾아서 응답 본문으로 반환했다는 것을 뜻한다. GET 요청에 대한 다른 응답 코드에는 301 Moved Permanently, 400 Bad Request, 401 Unauthorized 및 404 Not Found가 있다.

- 브라우저가 웹 서버로 보내는 **요청 헤더**에는 다음 항목이 포함된다.

  - **accept**는 브라우저가 처리할 수 있는 형식들을 나열한다. 여기서는 브라우저가 HTML, XHTML, XML 및 일부 이미지 형식을 이해하며 다른 모든 파일(*/*)을 허용한다. 품질 값이라고도 부르는 기본 가중치는 1.0이다. XML은 0.9의 품질 값으로 지정되므로 HTML이나 XHTML보다 덜 선호되며, 다른 모든 파일 형식의 품질 값은 0.8이므로 가장 선호되지 않는다.

  - **accept-encoding**은 GZIP, DEFLATE, Brotli처럼 브라우저가 이해할 수 있는 압축 알고리듬을 나열한다.

  - **accept-language**는 브라우저가 어떤 언어를 선호하는지 서버에게 알린다. 여기서는 한국어가 기본 품질 값 0.9로 지정됐고, 미국 영어는 0.8로, 모든 영어는 0.7로 지정됐다.

- **응답 헤더**

  - content-encoding은 클라이언트가 gzip 포맷을 압축 해제할 수 있다는 것을 알고 있으므로 서버가 gzip 알고리듬을 사용해 압축된 HTML 페이지를 응답으로 보낸다.

7. 크롬을 종료한다.

클라이언트 웹 개발 기술 이해하기

웹사이트를 개발할 때 개발자는 C#과 .NET 코어 이외의 것들도 알아야 한다. 클라이언트, 즉 웹 브라우저 단에서는 다음 기술들을 조합해 사용한다.

- **HTML5**: 웹 페이지의 내용 및 구조를 만드는 데 사용된다.

- **CSS3**: 웹 페이지의 요소에 스타일을 적용한다.

- **자바스크립트**: 웹 페이지에 필요한 비즈니스 로직을 코딩하는 데 사용된다. 예를 들어, 입력 양식의 유효성을 검사하거나 웹 페이지에 필요한 더 많은 데이터를 가져오기 위해 웹 서비스를 호출한다.

HTML5, CSS3, 자바스크립트는 프론트엔드 웹 개발 기술의 기본 구성 요소지만 프론트엔드 웹 개발을 좀 더 생산적으로 만드는 다른 기술들도 있다. 세계에서 가장 인기 있는 프론트엔드 오픈소스 툴킷인 부트스트랩, 스타일링을 위한 SASS, LESS 같은 CSS 전처리기, 보다 강력한 코드 작성을 위한 마이크로소프트의 타입 스크립트 언어, 그리고 제이쿼리, 앵귤러, 리액트, Vue와 같은 자바스크립트 라이브러리가 여기에 포함된다. 이러한 모든 고급 기술은 결국 기본 세 가지 핵심 기술로 변환되거나 컴파일되므로 모든 최신 브라우저에서 동작한다.

빌드 및 배포 프로세스의 일부로 Node.js 같은 기술을 사용할 수 있다. npm^{node package manager}과 Yarn은 클라이언트 패키지 관리자다. 웹팩^{webpack}은 웹사이트 소스 파일을 컴파일, 변환, 번들링하기 위한 인기 있는 모듈 번들러^{bundler}다.

⁂ ASP.NET Core 이해하기

마이크로소프트의 웹 기술은 수년간 많은 변화를 거치며 발전하고 있다. ASP.NET Core는 이러한 마이크로소프트 웹 기술 역사의 한 자리를 차지하고 있다.

- **액티브 서버 페이지**^{ASP, Active Server Pages}는 1996년에 발표됐으며 웹 프로그램의 코드를 서버에서 동적으로 실행하는 마이크로소프트의 첫 번째 플랫폼 시도였다. ASP 파일에는 HTML과 VBScript로 작성한, 서버에서 실행되는 코드가 혼합돼 있다.

- **ASP.NET 웹 폼**은 2002년에 .NET 프레임워크와 함께 발표됐으며 웹 개발자가 아니어도 웹 개발을 쉽게 할 수 있도록 설계됐다. 예를 들면, 필요한 컴포넌트를 끌어와 놓고 이벤트 핸들링 코드를 비주얼 베이직이나 C# 코드로 작성할 수 있게 했다. ASP.NET MVC를 선호하는 새 .NET 프레임워크 웹 프로젝트에서는 웹 폼을 사용하지 않는 것이 좋다.

- **윈도우 커뮤니케이션 파운데이션**^{WCF}은 2006년에 발표됐고 SOAP과 REST 서비스 개발이 가능하도록 했다. SOAP은 강력한 기능을 제공했지만 복잡하기 때문에 분산 트랜잭션 및 복잡한 메시징 토폴로지^{topology}와 같은 고급 기능이 필요한 것이 아니라면 사용하지 않는 것이 좋다.

- **ASP.NET MVC**는 2009년에 발표됐으며 웹 개발자의 관심사가, 데이터를 저장하는 '모델'과 데이터를 표현하는 '뷰'와 모델을 가져와서 뷰에 전달하는 '컨트롤러'간에 확실히 구분되도록 설계됐다.

- **ASP.NET Web API**는 2012년에 발표됐으며 SOAP보다 단순하고 확장성이 좋은 REST 서비스를 개발할 수 있다.

- **ASP.NET SignalR**은 2013년에 발표됐으며 웹 소켓과 롱-폴링^{Long Polling} 같은 기반 기술을 추상화해 웹 프로그램에서 실시간 커뮤니케이션이 가능하도록 한다. 이를 통해 웹 소켓 같은 기본 기술을 지원하지 않는 경우에도 실시간 채팅이나 주식 가격처럼 시간이 중요한 데이터 업데이트 기능을 다양한 웹 브라우저에서 사용할 수 있다.

- **ASP.NET Core**는 2016년에 발표됐고 MVC, Web API, SignalR과 같은 .NET 프레임워크 기술의 최신 구현과 최신 .NET에서 실행되는 Razor 페이지, gRPC, 블레이저 같은 기술을 결합한다. 따라서 크로스 플랫폼이 가능하다. ASP.NET Core에는 지원하는 기술을 선택해서 개발을 시작할 수 있게 하는 프로젝트 템플릿이 있다.

좋은 습관: ASP.NET Core는 최신 웹 기술과 크로스 플랫폼을 지원하므로 웹사이트나 서비스를 개발할 때는 ASP.NET Core를 사용하자.

ASP.NET Core 2.0에서 2.2는 .NET 프레임워크 4.6.1 이상(윈도우만 해당) 및 .NET 코어 2.0 이상에서 실행할 수 있다. ASP.NET Core 3.0은 .NET 코어 3.0만 지원한다. ASP.NET Core 6.0은 .NET 6.0만 지원한다.

클래식 ASP.NET과 모던 ASP.NET Core

지금까지 ASP.NET은 .NET 프레임워크 안의 System.Web.dll이라는 큰 어셈블리 기반으로 구축됐으며 **IIS**Internet Information Service라는 마이크로소프트의 윈도우 전용 웹 서버에 강하게 결합돼 있었다. 수년 동안 이 어셈블리에는 많은 기능이 추가됐는데 대부분은 크로스 플랫폼 개발에 적합하지 않았다.

ASP.NET Core는 ASP.NET을 재설계해서 만들어진 결과물이다. ASP.NET Core는 System.Web.dll 어셈블리와 IIS에 대한 의존성을 제거했고, .NET 코어의 다른 부분처럼 가벼운 모듈형 패키지로 구성돼 있다. ASP.NET Core에서는 여전히 웹 서버로 IIS를 사용할 수 있도록 지원하지만 더 나은 선택지가 있다.

ASP.NET Core는 크로스 플랫폼을 지원하므로 윈도우, 맥OS, 리눅스에서 동작한다. 마이크로소프트는 **케스트렐**Kestrel이라는 크로스 플랫폼 기반의 고성능 웹 서버를 만들었으며 오픈소스로 공개했다.

ASP.NET Core 2.2 이상의 프로젝트는 기본적으로 새로운 인-프로세스in-process 호스팅 모델을 사용한다. 마이크로소프트 IIS에서 호스팅하면 성능이 400%까지 향상되지만 더 나은 성능을 위해 마이크로소프트는 여전히 케스트렐을 사용할 것을 권장한다.

비어 있는 ASP.NET Core 프로젝트 만들기

이번에는 Northwind 데이터베이스의 공급자 목록을 표시하는 ASP.NET Core 프로젝트를 만들어 본다.

dotnet 도구에는 많은 프로젝트 템플릿이 포함돼 있지만 요구 사항에 가장 적합한 템플릿이 무엇인지 알기 어려울 수 있다. 그래서 일단 비어 있는 웹사이트 프로젝트 템플릿으로 시작한 다음 단계별로 기능을 추가해 가면서 전체를 이해하도록 한다.

1. 선호하는 코드 편집기를 사용해 다음 항목으로 새 프로젝트를 추가한다.

    A. 프로젝트 템플릿: **ASP.NET Core 비어 있음**/Web

    B. 언어: C#

    C. 작업 공간/솔루션 파일 및 폴더: PracticalApps

    D. 프로젝트 파일과 폴더: Northwind.Web

    E. 비주얼 스튜디오 2022의 경우 모든 옵션을 기본값으로 둔다. **HTTPS에 대한 구성**은 선택된 상태로, **Docker 사용**은 선택 해제된 상태로 둔다.

2. 비주얼 스튜디오 코드에서는 Northwind.Web을 활성 OmniSharp 프로젝트로 선택한다.

3. Northwind.Web 프로젝트를 빌드한다.

4. Northwind.Web.csproj 파일을 열고 사용하는 SDK가 Microsoft.NET.Sdk.Web인 것을 제외하면 클래스 라이브러리 프로젝트 설정과 같다는 것을 확인한다.

```
<Project Sdk="Microsoft.NET.Sdk.Web">

  <PropertyGroup>
    <TargetFramework>net6.0</TargetFramework>
    <Nullable>enable</Nullable>
    <ImplicitUsings>enable</ImplicitUsings>
  </PropertyGroup>
```

```
    </Project>
```

5. 비주얼 스튜디오 2022를 사용한다면 **솔루션 탐색기**에서 **모든 파일 표시**를 선택한다.

6. obj, Debug, net6.0 폴더를 차례로 확장하고 Northwind.Web.GlobalUsings.g.cs 파일을 선택한다. 암시적으로 가져온 네임스페이스에 콘솔 앱이나 클래스 라이브러리에 대한 모든 네임스페이스가 포함되고 다음과 같이 Microsoft.AspNetCore.Builder와 같은 일부 ASP.NET Core 네임스페이스도 포함된 것을 확인한다.

```
// <auto-generated/>
global using global::Microsoft.AspNetCore.Builder;
global using global::Microsoft.AspNetCore.Hosting;
global using global::Microsoft.AspNetCore.Http;
global using global::Microsoft.AspNetCore.Routing;
global using global::Microsoft.Extensions.Configuration;
global using global::Microsoft.Extensions.DependencyInjection;
global using global::Microsoft.Extensions.Hosting;
global using global::Microsoft.Extensions.Logging;
global using global::System;
global using global::System.Collections.Generic;
global using global::System.IO;
global using global::System.Linq;
global using global::System.Net.Http;
global using global::System.Net.Http.Json;
global using global::System.Threading;
global using global::System.Threading.Tasks;
```

7. obj 폴더를 축소한다.

8. Program.cs 파일을 열고 다음을 확인한다.

   A. ASP.NET Core 프로젝트는 args라는 이름으로 전달된 인수를 받는 Main 메서드가 숨겨진 콘솔 애플리케이션과 같다.

   B. WebApplication.CreateBuilder를 호출해 웹 호스트에 대한 기본값으로 웹사이트에 대한 호스트를 생성하고 구축한다.

C. 모든 HTTP GET 요청에 Hello World라는 텍스트 응답을 보낸다.

D. Run 메서드 호출은 블록되므로 웹 서버 실행이 중단될 때까지 숨겨진 Main 메서드는 반환되지 않는다.

```
var builder = WebApplication.CreateBuilder(args);
var app = builder.Build();

app.MapGet("/", () => "Hello World!");

app.Run();
```

9. 파일 맨 아래에 Run 메서드가 종료된 후, 즉 웹 서버가 중지된 후 콘솔에 메시지를 출력하는 코드를 추가한다.

```
app.Run();

Console.WriteLine("웹 서버가 중지되면 이 텍스트가 출력됨!");
```

웹사이트 테스트 및 보안

이제 방금 만든 ASP.NET Core 프로젝트의 기능을 테스트하고 개인 정보 보호를 위해 HTTP에서 HTTPS로 전환해 브라우저와 웹 서버 간의 모든 트래픽 암호화를 활성화한다. HTTPS는 보안을 위해 HTTP를 암호화한 버전이다.

1. 비주얼 스튜디오를 사용하는 경우

A. 툴바에서 IIS Express나 WSL이 아닌 Northwind.Web이 선택됐는지 확인하고 그림 14.5와 같이 웹 브라우저가 Chrome으로 선택됐는지 확인한다.

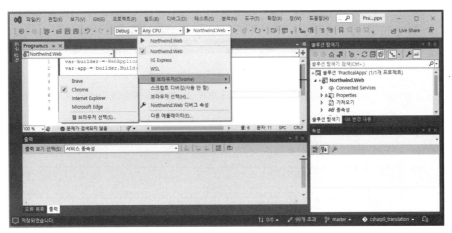

그림 14.5 비주얼 스튜디오에서 케스트렐 웹 서버가 있는 Northwind.Web 프로필 선택

B. 메뉴에서 **디버그 > 디버그하지 않고 시작**을 선택한다.

C. 웹사이트를 처음 시작하면 '브라우저에서 SSL 경고를 피하기 위해 ASP.NET Core에서 생성한 인증서를 신뢰하도록 선택할 수 있다'는 메시지가 나타난다. **예**를 선택한다.

D. **보안 경고** 창이 나타나면 다시 **예**를 선택한다.

2. 비주얼 스튜디오 코드에서는 **터미널**에서 dotnet run 명령을 실행한다.

3. 이제 비주얼 스튜디오의 명령 프롬프트 창 또는 비주얼 스튜디오 코드의 터미널에서 케스트렐 웹 서버가 HTTP와 HTTS에 대해 임의 포트에서 수신을 대기한다. 호스팅 환경은 Development이며 Ctrl + C를 눌러 웹 서버를 종료할 수 있다.

```
info: Microsoft.Hosting.Lifetime[14]
      Now listening on: https://localhost:7101
info: Microsoft.Hosting.Lifetime[14]
      Now listening on: http://localhost:5101
info: Microsoft.Hosting.Lifetime[0]
      Application started. Press Ctrl+C to shut down.
info: Microsoft.Hosting.Lifetime[0]
      Hosting environment: Development
info: Microsoft.Hosting.Lifetime[0]
```

```
        Content root path: F:\github\csharp9_translation\Code\Chapter14\
VS\PracticalApps\Northwind.Web\
```

 비주얼 스튜디오는 선택한 브라우저를 자동으로 시작한다. 비주얼 스튜디오 코드는
수동으로 브라우저를 시작해야 한다.

4. 웹 서버를 실행 상태로 둔다.

5. 크롬의 **개발자 도구**에서 **Network** 탭을 선택한다.

6. 주소창에 다음 주소(http://localhost:5000/) 또는 할당된 포트 번호를 입력하고 그림
   14.6과 같이 크로스 플랫폼 웹 서버인 케스트렐이 Hello, World! 응답을 보낸 것을
   확인한다.

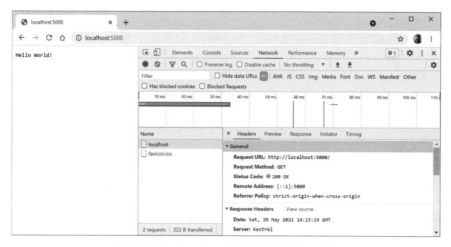

그림 14.6 http://localhost:5000/의 일반 텍스트 응답

 크롬은 브라우저 탭에 표시할 favicon.ico 파일도 자동으로 요청하지만 이 파일은 제
공되지 않으므로 404 Not Found로 표시된다.

7. 이번에는 주소 창에 https 주소를 입력한다. 비주얼 스튜디오를 사용하지 않거나 SSL 인증서의 신뢰 여부를 묻는 메시지에 **No**를 선택하면 그림 14.7과 같이 개인 정보 보호 오류 메시지가 나타난다.

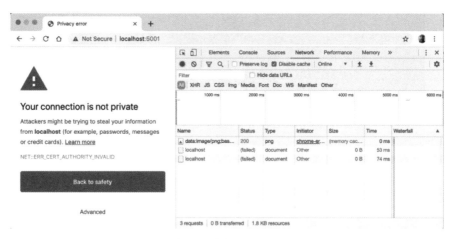

그림 **14.7** 개인 정보 보호 오류

브라우저가 HTTPS 트래픽의 암호화, 복호화를 위해 신뢰할 수 있는 인증서를 구성하지 않은 경우 이 오류가 표시된다. 이 오류가 표시되지 않은 경우는 이미 인증서를 구성했기 때문이다.

실제 서비스 환경에서는 베리사인^{Verisign} 같은 회사에 비용을 지불하고 SSL 인증서를 구성해 책임 보호 및 기술 지원을 제공받아야 한다.

 리눅스 개발자의 경우: 자체 서명된 인증서를 생성할 수 없는 리눅스 배포판을 사용하거나 90일마다 새 인증서를 신청하는 것이 괜찮다면 다음 링크에서 무료 인증서를 받을 수 있다.
https://letsencrypt.org

개발 중에는 ASP.NET Core에서 제공하는 개발용 인증서를 임시로 신뢰하도록 할 수 있다.

8. 명령줄 또는 **터미널**에서 Ctrl + C를 눌러서 웹 서버를 종료하고 아래 메시지를 확인한다.

```
info: Microsoft.Hosting.Lifetime[0]
      Content root path: F:\github\csharp9_translation\Code\Chapter13\
PracticalApps\Northwind.Web\
info: Microsoft.Hosting.Lifetime[0]
      Application is shutting down...
웹 서버가 중지되면 이 텍스트가 출력됨!
```

9. 로컬의 자체 서명된 SSL 인증서를 신뢰해야 하는 경우 명령줄 또는 **터미널**에서 dotnet dev-certs https --trust 명령을 입력한다. **유효한 HTTPS 인증서가 이미 있으면 암호를 입력하라는** 메시지가 표시될 수 있다.

더 엄격한 보안 활성화 및 보안 연결로 리다이렉트

더 강력한 보안을 활성화하고 HTTP 요청을 HTTS로 자동 리다이렉트하는 것이 좋다.

 좋은 습관: HSTS(HTTP Strict Transport Security)는 항상 활성화해야 하는 옵트인(opt-in) 보안 향상 기능이다. 웹사이트에 이를 지정하고 브라우저가 기능을 지원한다면 HTTPS를 통한 모든 통신을 강제해 신뢰할 수 없는 방문자나 잘못된 인증서 사용을 방지한다.

이제 실제로 이 기능을 사용해 보자.

1. Program.cs에 다음과 같이 개발 환경이 아닐 때 HSTS를 활성화하는 코드를 추가한다.

```
if (!app.Environment.IsDevelopment())
{
  app.UseHsts();
}
```

2. HTTP 요청을 HTTPS로 리다이렉트하기 위해 다음 코드를 app.MapGet() 호출 전에 추가한다.

```
app.UseHttpsRedirection();
```

3. **Northwind.Web** 웹사이트 프로젝트를 시작한다.

4. 크롬이 실행 중이라면 재시작한다.

5. 크롬에 **개발자 도구**를 표시하고 **Network** 탭을 클릭한다.

6. 주소 창에 https://localhost:5213/ 또는 할당된 포트 번호를 입력하면 그림 14.8과 같이 포트 7031에 대한 307 임시 리다이렉트로 응답하며 인증서가 유효하고 신뢰할 수 있음을 확인한다.

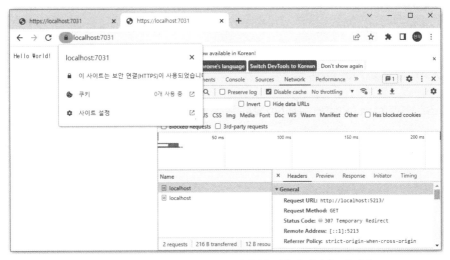

그림 14.8 유효한 인증서와 307 리다이렉션을 사용해 연결이 보호된다.

7. 크롬을 종료한다.

8. 웹 서버를 종료한다.

좋은 습관: 웹사이트 테스트를 마칠 때 케스트렐 웹 서버를 종료하는 것을 잊지 말자.

호스팅 환경 제어

이전 버전의 ASP.NET Core에서 프로젝트 템플릿은 개발 모드에서 예외의 세부 사항을 볼 수 있도록 처리되지 않은 예외는 브라우저에 표시하도록 규칙을 설정했다.

```
if (app.Environment.IsDevelopment())
{
  app.UseDeveloperExceptionPage();
}
```

ASP.NET Core 이상에서는 위 코드가 기본으로 실행되므로 프로젝트 템플릿에 포함되지 않는다. ASP.NET Core는 개발 모드에서 실행 중인지를 어떻게 인식해 IsDevelopment 메서드가 true를 반환하게 할까?

ASP.NET Core는 DOTNET_ENVIRONMENT 또는 ASPNETCORE_ENVIRONMENT와 같은 환경 변수에서 사용할 호스팅 환경을 읽을 수 있다. 로컬 개발 중에는 다음과 같이 설정을 재정의할 수 있다.

1. Northwind.Web 폴더에서 Properties 폴더를 확장하고, launchSettings.json 파일을 연 다음, 호스팅 환경을 Development로 설정하는 Northwind.Web 프로필을 확인한다.

```
{
  "iisSettings": {
    "windowsAuthentication": false,
    "anonymousAuthentication": true,
    "iisExpress": {
      "applicationUrl": "http://localhost:52586",
      "sslPort": 44314
    }
  },
```

```
"profiles": {
  "Northwind.Web": {
    "commandName": "Project",
    "dotnetRunMessages": true,
    "launchBrowser": true,
    "applicationUrl": "https://localhost:5001;http://localhost:5000",
    "environmentVariables": {
      "ASPNETCORE_ENVIRONMENT": "Development"
    }
  },
  "IIS Express": {
    "commandName": "IISExpress",
    "launchBrowser": true,
    "environmentVariables": {
      "ASPNETCORE_ENVIRONMENT": "Development"
    }
  }
}
}
```

2. HTTP에 임의 할당된 포트 번호를 5000으로, HTTP는 5001로 변경한다.

3. 환경을 Production으로 변경한다. 추가로 비주얼 스튜디오가 자동으로 브라우저를 실행하는 것을 방지하기 위해 launchBrowser을 false로 변경한다.

4. 웹사이트를 실행하고 호스팅 환경이 Production인 것을 확인한다.

```
info: Microsoft.Hosting.Lifetime[0]
      Hosting environment: Production
```

5. 웹 서버를 종료한다.

6. launchSettings.json에서 환경을 Development로 다시 변경한다.

launchSettings.json 파일에 임의 포트 번호를 사용해 IIS를 웹 서버로 사용하기 위한 구성도 있지만, 이 책에서는 케스트렐이 크로스 플랫폼을 지원하므로 케스트렐만 웹 서버로 사용한다.

서비스 및 파이프라인 구성 분리

간단한 웹 프로젝트를 초기화하기 위해 `Program.cs`에 모든 코드를 두는 것은 특히 웹 서비스의 경우 좋은 방법이 될 수 있다. 여기에 대해서는 16장에서 살펴본다.

기본적인 웹 프로젝트의 경우 두 가지 방법을 사용해 별도의 Startup 클래스로 구성을 분리하고 싶을 수 있다.

- `ConfigureServices`(`IServiceCollection` 서비스): Razor Pages 지원, **CORS**Cross-Origin Resource Sharing 지원 또는 Northwind 데이터베이스 작업을 위한 데이터베이스 콘텍스트와 같은 종속성 주입 컨테이너에 종속성 서비스를 추가한다.

- `Configure`(`IApplicationBuilder` 앱, `IWebHostEnvironment env`): 요청 및 응답 흐름의 HTTP 파이프라인을 설정한다. 기능 처리 순서대로 파이프라인을 구성하려면 app 매개 변수에서 다양한 `Use` 메서드를 호출한다.

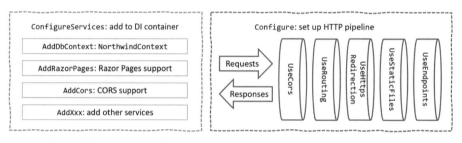

그림 14.9 Startup 클래스 ConfigureServices 및 Configure 메서드 다이어그램

두 메서드 모드 런타임에 자동으로 호출된다.

이제 Startup 클래스를 만들어 보자.

1. Northwind.Web 프로젝트에 `Startup.cs`라는 새 파일을 추가한다.

2. `Startup.cs`에 다음과 같은 코드를 추가한다.

```
namespace Northwind.Web;
public class Startup
```

```
{
  public void ConfigureServices(IServiceCollection services)
  {
  }
  public void Configure(
    IApplicationBuilder app, IWebHostEnvironment env)
  {
    if (!env.IsDevelopment())
    {
      app.UseHsts();
    }
    app.UseRouting(); // start endpoint routing
    app.UseHttpsRedirection();
    app.UseEndpoints(endpoints =>
    {
      endpoints.MapGet("/", () => "Hello World!");
    });
  }
}
```

코드에 대해서는 다음 내용을 참고한다.

- 종속성 서비스가 아직 필요하지 않기 때문에 ConfigureServices 메서드는 현재 비어 있다.

- Configure 메서드는 HTTP 요청 파이프라인을 설정하고 엔드포인트endpoint 라우팅을 사용할 수 있도록 한다. 루트 경로 /에 대한 각 HTTP GET 요청에 대해 동일한 맵을 사용해 요청을 대기하도록 라우팅된 엔드포인트를 구성한다. 이 요청에 대해 일반 텍스트 "Hello, World!"를 응답으로 반환한다. 14장의 마지막에서 라우팅된 엔드포인트와 그 장점에 대해 알아본다.

이제 애플리케이션의 진입점에서 Startup 클래스를 사용하도록 지정해야 한다.

3. 다음과 같이 Program.cs를 수정한다.

```
using Northwind.Web; // Startup
Host.CreateDefaultBuilder(args)
  .ConfigureWebHostDefaults(webBuilder =>
```

```
    {
      webBuilder.UseStartup<Startup>();
    }).Build().Run();

    Console.WriteLine("웹 서버가 중지되면 이 텍스트가 출력됨!");
```

4. 웹사이트를 시작하고 동일하게 동작하는지 확인한다.

5. 웹 서버를 종료한다.

 이 책에서 만드는 다른 웹사이트 및 서비스 프로젝트에서는 .NET 6 프로젝트 템플릿
으로 만든 단일 Program.cs 파일을 사용한다. Startup.cs를 사용하는 방식이 좋다
면 14장에서 사용법을 볼 수 있다.

웹사이트에서 정적 콘텐츠를 제공하도록 설정

웹사이트가 일반 텍스트만 반환한다면 그다지 쓸모가 없다. 더 유용한 웹사이트라면 정
적 HTML 페이지, 스타일 지정에 사용할 CSS, 이미지나 비디오 같은 정적 리소스를 반
환해야 한다. 규칙에 따라 이러한 파일들은 웹사이트 프로젝트의 동적으로 실행되는 부
분과 분리되도록 wwwroot 디렉터리에 저장한다.

정적 파일 및 웹 페이지를 위한 폴더 생성

이제 정적 웹사이트 리소스를 저장할 폴더와 부트스트랩을 스타일 지정에 사용하는 기
본 색인 페이지를 생성한다.

1. Northwind.Web 프로젝트/폴더에 wwwroot라는 이름의 폴더를 생성한다.

2. wwwroot 폴더에 index.html이라는 이름의 새 HTML 페이지 파일을 추가한다.

3. 스타일 지정을 위해 CDN에서 호스팅하는 부트스트랩에 연결하도록 수정하고 뷰
   포트viewport 설정과 같은 최신 모범 사례를 사용한다.

```html
<!doctype html>
<html lang="en">
<head>
  <!-- Required meta tags -->
  <meta charset="utf-8" />
  <meta name="viewport" content=
    "width=device-width, initial-scale=1 " />
  <!-- Bootstrap CSS -->
  <link href=
"https://cdn.jsdelivr.net/npm/bootstrap@5.1.0/dist/css/bootstrap.min.
css" rel="stylesheet" integrity="sha384-KyZXEAg3QhqLMpG8r+8fhAXLRk2vvoC
2f3B09zVXn8CA5QIVfZOJ3BCsw2P0p/We" crossorigin="anonymous">
  <title>Welcome ASP.NET Core!</title>
</head>
<body>
  <div class="container">
    <div class="jumbotron">
      <h1 class="display-3">Welcome to Northwind B2B</h1>
      <p class="lead">We supply products to our customers.</p>
      <hr />
      <h2>This is a static HTML page.</h2>
      <p>Our customers include restaurants, hotels, and cruise lines.</
p>
      <p>
        <a class="btn btn-primary"
          href="https://www.asp.net/">Learn more</a>
      </p>
    </div>
  </div>
</body>
</html>
```

 좋은 습관: 부트스트랩의 최신 〈link〉는 다음 링크의 문서에서 확인할 수 있다.

https://getbootstrap.com/docs/5.0/getting–started/introduction/#starter–template

정적 및 기본 파일 활성화

지금 상태로 웹사이트를 시작하고 주소창에 다음 주소(http://localhost:5000/index.html)를 입력하면 페이지를 찾을 수 없다는 404 Not Found 오류를 반환한다. 웹사이트가 index.html과 같은 정적 파일을 올바로 반환하도록 하려면 명시적으로 해당 기능을 구성해야 한다.

정적 파일을 활성화하더라도 웹사이트를 시작하고 주소창에 다음 주소(http://localhost:5000/)를 입력하면 웹 서버가 기본으로 무엇을 반환해야 하는지 모르기 때문에 404 Not Found 오류를 반환한다.

이제 정적 파일을 활성화하고 기본 파일을 명시적으로 지정하고 Hello, World! 텍스트 응답을 반환하도록 등록된 URL 경로를 변경한다.

1. Startup.cs의 Configure 메서드에 HTTPS 리다이렉트를 활성화하고 코드를 추가해 정적 파일 및 기본 파일을 활성화한다. Hello World!를 반환하는 GET 요청 매핑 코드를 수정해 URL 경로 /hello에만 응답하도록 한다.

```
app.UseHttpsRedirection();
app.UseDefaultFiles(); // index.html, default.html, and so on
app.UseStaticFiles();
app.UseEndpoints(endpoints =>
{
    endpoints.MapGet("/hello", () => "Hello World!");
});
```

 UseStaticFiles에 대한 호출보다 UseDefaultFiles에 대한 호출이 먼저 와야 한다. 그렇지 않으면 동작하지 않는다. 14장의 끝에서 미들웨어와 엔드포인트 라우팅의 순서에 대해 더 알아본다.

2. 웹사이트를 시작한다.

3. **크롬**을 시작하고 **개발자 도구**를 연다.

4. 크롬 주소창에 다음 주소(http://localhost:5000)를 입력하면 포트 5001의 https 주소로 리다이렉트 되며 해당 보안 연결을 통해 index.html 파일이 반환된다. 이 파일은 웹사이트의 가능한 기본 파일 중 하나다.

5. **개발자 도구**에서 부트스트랩 스타일시트에 대한 요청을 확인한다.

6. 크롬 주소창에 다음 주소(http://localhost:5000/hello)를 입력하면 이전과 같이 Hello World! 일반 텍스트 응답이 반환된다.

7. 크롬과 웹 서버를 종료한다.

모든 웹 페이지가 수동으로 변경되는 정적 페이지라면 프로그래밍 작업은 여기서 완료된다. 하지만 대부분의 웹사이트에는 동적 콘텐츠가 필요하다. 즉 코드를 실행해 런타임에 웹 페이지를 생성한다.

가장 쉬운 방법은 ASP.NET Core의 **Razor 페이지** 기능을 사용하는 것이다.

⁞⁞ ASP.NET Core Razor 페이지 살펴보기

ASP.NET Core Razor 페이지는 C# 코드와 HTML 태그를 손쉽게 혼합해 동적으로 웹 페이지를 만들 수 있다. C# 코드와 HTML을 혼합하므로 파일의 확장자로 .cshtml을 사용한다. 규칙에 따라 ASP.NET Core는 Pages라는 폴더에서 Razor 페이지를 찾는다.

Razor 페이지 활성화

이제 정적 HTML 페이지를 복사해 동적 Razor 페이지로 변경한 다음 Razor Pages 서비스를 추가하고 활성화해 보자.

1. Northwind.Web 프로젝트 폴더에 Pages라는 폴더를 만든다.

2. index.html 파일을 Pages 폴더로 복사한다.

3. 파일 확장명을 .html에서 .cshtml로 변경한다.

4. 정적 페이지라는 것을 나타내는 <h2> 태그를 제거한다.

5. Startup.cs의 ConfigureServices 메서드에 다음과 같이 ASP.NET Core Razor 페이지 및 관련 서비스(예를 들어, 모델 바인딩, 권한 부여, 위조 방지, 뷰, 태그 헬퍼)를 추가한다.

```
services.AddRazorPages();
```

6. Startup.cs의 Configure 메서드에서 MapRazorPages 메서드를 호출한다.

```
app.UseEndpoints(endpoints =>
    {
    endpoints.MapRazorPages();
    endpoints.MapGet("/hello", () => "Hello World!");
    });
```

Razor 페이지에 코드 추가하기

웹 페이지의 HTML 마크업에서 Razor 구문은 @ 기호로 표시한다. Razor 페이지는 다음과 같은 특징이 있다.

- 파일 상단에 @page 지시문이 필요하다.

- 다음 중 하나를 정의하는 @functions 섹션을 가질 수 있다.

  ○ 클래스 정의와 같이 데이터 값을 저장하기 위한 속성. 이 클래스의 인스턴스는 속성이 특수 메서드에 설정돼 있고 HTML에서 속성 값을 가져올 수 있는 Model이라는 이름으로 자동 인스턴스화된다.

  ○ OnGet, OnPost, OnDelete 같은 이름의 메서드들은 GET, POST, DELETE 같은 HTTP 요청이 처리될 때 실행된다.

이제 정적 HTML 페이지를 Razor 페이지로 변경해 보자.

1. Pages 폴더에서 index.cshtml을 연다.

2. @Page 지시문을 파일의 상단에 추가한다.

3. @Page 지시문 다음에 @functions를 추가한다.

4. 오늘이 무슨 요일인지 string 값으로 저장할 속성을 정의한다.

5. 다음과 같이 HTTP GET 요청을 처리할 때 실행되는 DayName 메서드를 추가한다.

```
@page
@functions
{
  public string? DayName { get; set; }
  public void OnGet()
  {
    Model.DayName = DateTime.Now.ToString("dddd");
  }
}
```

6. 두 번째 HTML 단락에 요일을 출력한다.

```
<p>It's @Model.DayName! Our customers include restaurants, hotels, and
cruise lines.</p>
```

7. 웹사이트를 시작한다.

8. 크롬 주소창에 다음 주소(https://localhost:5001/)를 입력하고 그림 14.10과 같이 요일이 출력되는 것을 확인한다.

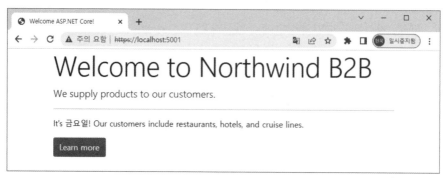

그림 14.10 요일을 출력하는 Northwind 환영 페이지

9. 크롬 주소창에 다음 주소(https://localhost:5001/index.html)를 입력하고 이전과 동일한 정적 HTML 페이지를 출력하는 것을 확인한다.

10. 크롬 주소창에 다음 주소(https://localhost:5001/hello)를 입력하고 이전과 동일하게 Hello World 텍스트를 반환하는 것을 확인한다.

11. 크롬과 웹 서버를 종료한다.

Razor 페이지에서 공유 레이아웃 사용하기

웹사이트는 보통 여러 개의 페이지를 갖고 있다. 만약 모든 페이지에 index.cshtml에 있는 마크업을 반복해서 포함시켜야 한다면 관리가 어려워진다. 그래서 ASP.NET Core 는 **레이아웃**^{layout}이라는 기능을 제공한다.

레이아웃을 사용하려면 모든 Razor 페이지와 MVC 뷰에 대한 기본 레이아웃을 정의한 Razor 파일을 만들고 규칙에 따라 쉽게 찾을 수 있도록 Shared 폴더에 저장한다. 파일 이름은 보통 _Layout.cshtml로 지정하지만 변경할 수 있다.

또한 모든 Razor 페이지와 MVC 뷰에 대한 기본 레이아웃 파일을 설정하기 위해 _View Start.html 파일을 만들어야 한다.

이제 레이아웃을 만들어 보자.

1. Pages 폴더에 _ViewStart.cshtml 파일을 추가한다. 비주얼 스튜디오의 템플릿 이름
   은 **Razor 뷰 시작**이다.

2. 다음과 같이 내용을 수정한다.

```
@{
    Layout = "_Layout";
}
```

3. Pages 폴더에 Shared라는 폴더를 생성한다.

4. Shared 폴더에 _Layout.cshtml 파일을 생성한다. 비주얼 스튜디오의 템플릿 이름은
   Razor 레이아웃이다.

5. _Layout.cshtml을 다음과 같이 수정한다. index.cshtml과 비슷하므로 이 파일을 붙
   여넣기 해도 좋다.

```
<!doctype html>
<html lang="en">
<head>
  <!-- Required meta tags -->
  <meta charset="utf-8" />
  <meta name="viewport" content=
    "width=device-width, initial-scale=1, shrink-to-fit=no" />
  <!-- Bootstrap CSS -->
  <link href=
"https://cdn.jsdelivr.net/npm/bootstrap@5.1.0/dist/css/bootstrap.min.
css" rel="stylesheet" integrity="sha384-KyZXEAg3QhqLMpG8r+8fhAXLRk2vvoC
2f3B09zVXn8CA5QIVfZOJ3BCsw2P0p/We" crossorigin="anonymous">
  <title>@ViewData["Title"]</title>
</head>
<body>
  <div class="container">
    @RenderBody()
    <hr />
    <footer>
      <p>Copyright &copy; 2021 - @ViewData["Title"]</p>
```

```
      </footer>
    </div>
    <!-- JavaScript to enable features like carousel -->
    <script src="https://cdn.jsdelivr.net/npm/bootstrap@5.1.0/
dist/js/bootstrap.bundle.min.js" integrity="sha384-
U1DAWAznBHeqEIlVSCgzq+c9gqGAJn5c/t99JyeKa9xxaYpSvHU5awsuZVVFIhvj"
crossorigin="anonymous"></script>
    @RenderSection("Scripts", required: false)
  </body>
</html>
```

다음을 참고하자.

- `<title>`은 서버 코드의 `ViewData`라는 맵을 사용해 동적으로 설정된다. 이는 ASP. NET Core 웹사이트의 다른 부분 간에 데이터를 전달하는 간단한 방법이다. 데이터는 Razor 페이지 클래스 파일에 설정된 다음 공유 레이아웃으로 출력된다.

- `@RenderBody()`는 요청 중인 뷰의 삽입 지점을 표시한다.

- 각 페이지 하단에 가로선과 바닥글footer이 나타난다.

- 레이아웃 맨 아래에는 이미지 캐러셀carousel처럼 부트스트랩의 멋진 기능을 구현하는 스크립트가 있다.

- 부트스트랩의 `<script>` 요소 뒤에 Razor 페이지가 필요한 스크립트를 선택적으로 삽입할 수 있도록 Scripts라는 섹션을 정의한다.

6. `Index.cshtm`의 HTML 마크업에서 `<div class="jumbotron">`과 그 내용을 제외한 나머지를 삭제한다. 이전에 추가한 `@functions` 블록의 C# 코드는 그대로 둔다.

7. `ViewData` 맵에 페이지 제목을 저장하는 `OnGet` 메서드를 추가한다. 그리고 버튼을 수정해 supplier 페이지로 이동하게 한다. supplier 페이지는 다음 절에서 만들어본다.

```
@page
@functions
{
```

```
  public string? DayName { get; set; }
  public void OnGet()
  {
    ViewData["Title"] = "Northwind B2B";
    Model.DayName = DateTime.Now.ToString("dddd");
  }
}
<div class="jumbotron">
  <h1 class="display-3">Welcome to Northwind B2B</h1>
  <p class="lead">We supply products to our customers.</p>
  <hr />
  <p>It's @Model.DayName! Our customers include restaurants, hotels, and
cruise lines.</p>
  <p>
    <a class="btn btn-primary" href="suppliers">
      Learn more about our suppliers</a>
  </p>
</div>
```

8. 웹사이트를 시작하고 이전과 동일하게 동작하는지 확인한다. 아직 supplier 페이지
   를 만들지 않았으므로 버튼을 누르면 404 NOT FOUND 에러가 발생한다.

Razor 페이지에서 코드 숨김 파일 사용하기

때로는 HTML 마크업을 데이터나 실행 코드에서 분리하는 것이 더 나을 수 있다.
Razor 페이지에서는 이를 위해 **코드 숨김**code-behind 클래스 파일에 C# 코드를 넣을 수
있다. cshtml과 파일 이름은 같지만 확장자가 cshtml.cs로 끝난다.

이제 suppliers 목록을 표시하는 페이지를 만들어 본다. 여기서는 코드 숨김 파일에 대
해서 배우는 것이 목적이므로 하드 코딩된 배열을 사용하지만, 다음 섹션에서는 데이터
베이스에서 공급 업체 목록을 가져온다.

1. Pages 폴더에 Suppliers.cshtml과 Suppliers.cshtml.cs 2개의 파일을 추가한다(비주
   얼 스튜디오에서 **Razor Page – 비어 있음**을 선택하면 2개 파일을 생성한다).

2. Suppliers.cshtml.cs 코드 숨김 파일에 다음과 같은 코드를 추가한다.

```
using Microsoft.AspNetCore.Mvc.RazorPages; // PageModel
namespace Northwind.Web.Pages;
public class SuppliersModel : PageModel
{
  public IEnumerable<string>? Suppliers { get; set; }
  public void OnGet()
  {
    ViewData["Title"] = "Northwind B2B - Suppliers";
    Suppliers = new[]
    {
      "Alpha Co", "Beta Limited", "Gamma Corp"
    };
  }
}
```

코드 설명은 다음을 참고한다.

- SupplierModel은 PageModel을 상속하므로 ViewData처럼 데이터 공유를 위한 딕셔너리 멤버를 갖고 있다.

- SupplierModel은 Suppliers라는 이름의 string 값 컬렉션을 저장하기 위한 속성을 정의한다.

- 이 Razor Page에 대해 HTTP GET 요청이 발생하면 Suppliers 속성은 몇 개의 하드 코딩된 공급자 이름으로 채워진다. 나중에는 Northwind 데이터베이스에서 이름을 가져오도록 변경한다.

3. Suppliers.cshtml의 내용을 다음과 같이 수정한다.

```
@page
@model Northwind.Web.Pages.SuppliersModel
<div class="row">
  <h1 class="display-2">Suppliers</h1>
  <table class="table">
    <thead class="thead-inverse">
      <tr><th>Company Name</th></tr>
```

```
    </thead>
    <tbody>
    @if (Model.Suppliers is not null)
    {
      @foreach(string name in Model.Suppliers)
      {
        <tr><td>@name</td></tr>
      }
    }
    </tbody>
  </table>
</div>
```

코드 설명은 다음을 참고한다.

- 이 Razor Page의 모델 형식은 SuppliersModel로 설정된다.

- 이 페이지는 부트스트랩 스타일의 HTML 테이블을 출력한다.

- 테이블의 데이터 행은 만약 null이 아니라면 Model의 Supplier 속성을 반복해 생성된다.

4. 웹사이트를 시작하고 크롬 주소창에 주소를 입력한다.

5. **Learn more about our suppliers** 버튼을 클릭하고 그림 14.11과 같이 테이블에 공급자 목록이 표시되는 것을 확인한다.

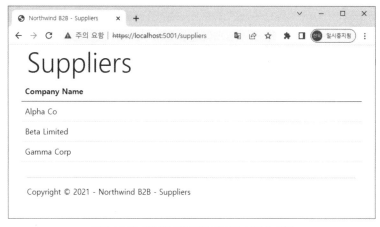

그림 14.11 문자열 배열에서 가져온 공급자 목록

⁘ ASP.NET Core와 엔티티 프레임워크 코어 사용하기

엔티티 프레임워크 코어는 웹사이트에서 실제 데이터를 가져오기 위한 자연스러운 방법이다. 13장에서 2개의 클래스 라이브러리를 만들었다. 하나는 엔티티 모델용이고 다른 하나는 SQL 서버나 SQLite 또는 양쪽 모두에서 사용 가능한 Northwind 데이터베이스 콘텍스트용이다. 이번 예제에서는 이 클래스 라이브러리를 사용한다.

엔티티 프레임워크 코어를 서비스로 구성하기

ASP.NET Core에 필요한 엔티티 프레임워크 코어 데이터베이스 콘텍스트 같은 기능은 웹사이트 시작 시에 서비스로 등록해야 한다. 깃허브 저장소의 코드와 아래에서 SQLite를 사용하지만 원한다면 SQL 서버 역시 쉽게 사용할 수 있다.

1. Northwind.Web 프로젝트에서 다음과 같이 SQLite 또는 SQL 서버에 대한 North
   wind.Common.DataContext 프로젝트에 대한 참조를 추가한다.

   ```
   <!-- SQL 서버를 사용하려면 Sqlite를 SqlServer로 변경한다. -->
   <ItemGroup>
     <ProjectReference Include="..\Northwind.Common.DataContext.Sqlite\
   Northwind.Common.DataContext.Sqlite.csproj" />
   </ItemGroup>
   ```

    프로젝트 참조는 줄 바꿈 없이 한 줄로 써야 한다.

2. Northwind.Web 프로젝트를 빌드한다.

3. Startup.cs에서 엔티티 모델 형식으로 작업하는 데 필요한 네임스페이스를 가져온다.

   ```
   using Packt.Shared; // AddNorthwindContext 확장 메서드
   ```

4. ConfigureServices 메서드에, Northwind 데이터베이스 콘텍스트 클래스에 등록하기
위한 코드를 추가한다.

```
services.AddNorthwindContext();
```

5. Northwind.Web 프로젝트의 Pages 폴더에서 Suppliers.cshtml.cs 파일을 열고 데이터
베이스 콘텍스트에 대한 네임스페이스를 가져온다.

```
using Packt.Shared; // NorthwindContext
```

6. SupplierModel 클래스에 Northwind 데이터베이스 콘텍스트를 저장할 private 필드와
이를 설정할 생성자를 추가한다.

```
private NorthwindContext db;
public SuppliersModel(NorthwindContext injectedContext)
{
  db = injectedContext;
}
```

7. Suppliers 속성이 string 값 대신, Supplier 객체를 포함하도록 변경한다.

8. OnGet 메서드에서 국가 및 회사 이름으로 정렬된 db의 Suppliers에서 Suppliers 속
성을 설정하도록 코드를 수정한다.

```
public void OnGet()
{
  ViewData["Title"] = "Northwind B2B - Suppliers";
  Suppliers = db.Suppliers
    .OrderBy(c => c.Country).ThenBy(c => c.CompanyName);
}
```

9. Suppliers.cshtml을 수정해 Packt.Shared 네임스페이스를 가져오고 각 공급자에 대해 필요한 칼럼 값을 출력한다.

```
@page
@using Packt.Shared
@model Northwind.Web.Pages.SuppliersModel
<div class="row">
  <h1 class="display-2">Suppliers</h1>
  <table class="table">
    <thead class="thead-inverse">
      <tr>
        <th>Company Name</th>
        <th>Country</th>
        <th>Phone</th>
      </tr>
    </thead>
    <tbody>
    @if (Model.Suppliers is not null)
    {
      @foreach(Supplier s in Model.Suppliers)
      {
        <tr>
          <td>@s.CompanyName</td>
          <td>@s.Country</td>
          <td>@s.Phone</td>
        </tr>
      }
    }
    </tbody>
  </table>
</div>
```

10. 웹사이트를 시작한다.

11. 크롬 주소줄에 다음 주소(https://localhost:5001/)를 입력한다.

12. **Learn more about our suppliers** 버튼을 클릭하고 그림 14.12와 같이 이번에는 데이터베이스에서 가져온 공급자 목록이 표시되는 것을 확인한다.

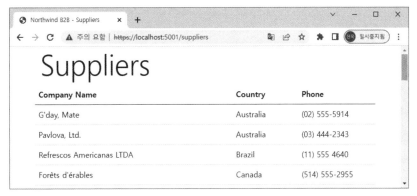

그림 14.12 데이터베이스에서 가져온 공급자 목록

Razor Page를 사용한 데이터 조작

이번에는 새 공급자를 추가하는 기능을 만들어 보자.

모델에 엔티티 추가가 가능하도록 설정

먼저, 새 공급자 추가를 위한 양식을 제출할 때 HTTP POST 요청에 응답하도록 공급자 모델을 수정한다.

1. Northwind.Web 프로젝트의 Pages 폴더에서 Suppliers.cshtml.cs 파일을 열고 필요한 네임스페이스를 가져온다.

```
using Microsoft.AspNetCore.Mvc; // [BindProperty], IActionResult
```

2. SupplierModel 클래스에 하나의 공급자를 저장하는 속성과 해당 모델이 유효하다면 Northwind 데이터베이스의 공급자 테이블에 추가하는 OnPost 메서드를 추가한다.

```
[BindProperty]
public Supplier? Supplier { get; set; }
public IActionResult OnPost()
{
```

```
    if ((Supplier is not null) && ModelState.IsValid)
    {
      db.Suppliers.Add(Supplier);
      db.SaveChanges();
      return RedirectToPage("/suppliers");
    }
    else
    {
      return Page(); // 원래 페이지를 반환
    }
  }
```

코드에 대한 설명은 다음을 참고한다.

- 웹 페이지의 HTML 요소를 Supplier 클래스의 속성에 쉽게 연결하기 위해 [Bind Property] 어트리뷰트로 장식된 Supplier 속성을 추가한다.

- HTTP POST 요청에 응답하는 메서드를 추가한다. 모든 속성 값이 [Required] 및 [StringLength] 같은 Supplier 클래스 엔티티 모델의 유효성 검사 규칙을 준수하는지 확인한 다음, 기존 테이블에 공급자를 추가하고 변경 사항을 데이터베이스 콘텍스트에 저장한다. 이를 통해 데이터베이스에 insert를 수행하는 SQL 문이 생성된다. 이제 새로 추가된 공급자를 볼 수 있도록 Suppliers 페이지로 리디렉션한다.

새 공급자를 추가하기 위한 양식 정의

이번에는 새 공급자를 추가하기 위한 양식을 만들어 본다.

1. Suppliers.cshtml의 @model 선언 다음에 태그 도우미를 추가해 asp-for와 같은 태그를 사용할 수 있도록 한다.

```
@addTagHelper *, Microsoft.AspNetCore.Mvc.TagHelpers
```

2. 파일 맨 아래에 새 공급자를 삽입하기 위한 양식을 추가하고 asp-for 태그를 사용해 Supplier 클래스의 CompanyName, Country, Phone 속성을 입력 상자에 연결한다.

```
<div class="row">
  <p>Enter details for a new supplier:</p>
  <form method="POST">
    <div><input asp-for="Supplier.CompanyName"
                placeholder="Company Name" /></div>
    <div><input asp-for="Supplier.Country"
                placeholder="Country" /></div>
    <div><input asp-for="Supplier.Phone"
                placeholder="Phone" /></div>
    <input type="submit" />
  </form>
</div>
```

코드 설명은 다음을 참고한다.

- POST 메서드가 있는 <form> 요소는 일반 HTML이므로 내부의 <input type="submit" />은 내부의 다른 요소 값을 사용해 현재 페이지에 POST 요청을 다시 보낸다.

- asp-for 태그가 있는 <input> 요소는 Razor page 내부의 모델에 대한 데이터 바인딩을 활성화한다.

3. 웹사이트를 시작한다.

4. **Learn more about our suppliers** 버튼을 클릭하고 맨 아래로 스크롤해 각 항목에 임의의 내용을 입력하고 **제출** 버튼을 클릭한다.

5. 페이지가 새로 고침 되면 새로 입력한 공급자가 목록에 추가돼 있는지 확인한다.

6. 크롬과 웹 서버를 종료한다.

Razor Page에 종속성 서비스 주입

코드 숨김 파일이 없는 .cshtml Razor 페이지의 경우 생성자 매개 변수 주입 대신 @inject 지시문을 사용해 종속성 서비스를 주입할 수 있다. 다음으로 태그 중간에 Razor 구문을 사용해 주입된 데이터베이스 콘텍스트를 직접 참조한다.

직접 따라해 보자.

1. Pages 폴더에 Orders.cshtml이라는 새 파일을 추가한다(비주얼 스튜디오의 템플릿 이름 은 Razor Page - 비어 있음이며 2개의 파일을 생성한다. .cs 파일은 삭제한다).

2. Orders.cshtml에 다음과 같이 Northwind 데이터베이스의 주문 수를 출력하는 코드 를 작성한다.

```
@page
@using Packt.Shared
@inject NorthwindContext db
@{
  string title = "Orders";
  ViewData["Title"] = $"Northwind B2B - {title}";
}
<div class="row">
  <h1 class="display-2">@title</h1>
  <p>
    There are @db.Orders.Count() orders in the Northwind database.
  </p>
</div>
```

3. 웹사이트를 시작한다.

4. /orders로 이동해서 Northwind 데이터베이스에 830개의 주문이 있는 것을 확인 한다.

5. 크롬과 웹 서버를 종료한다.

⠿ Razor 클래스 라이브러리 사용하기

Razor Page와 관련된 모든 것은 클래스 라이브러리로 컴파일해 여러 프로젝트에서 쉽게 재사용할 수 있다. ASP.NET Core 3.0 이상에서는 HTML, CSS, 자바스크립트 라이브러리와 같은 정적 파일이나 이미지 파일과 같은 미디어 애셋을 포함할 수 있다. 웹사이트는 클래스 라이브러리에 정의된 Razor Page의 뷰를 사용하거나 재정의할 수 있다.

Razor 클래스 라이브러리 만들기

이제 Razor 클래스 라이브러리를 만들어 보자.

선호하는 편집기를 열고 다음 내용으로 새 프로젝트를 추가한다.

1. 프로젝트 템플릿: **Razor 클래스 라이브러리**/razorclasslib

2. 체크박스/플래그: **지원 페이지 및 보기**/-s

3. 작업 영역/솔루션 파일 및 폴더: PracticalApps

4. 프로젝트 파일 및 폴더: Northwind.Razor.Employees

 -s는 클래스 라이브러리에서 Razor Page 및 .cshtml 파일 뷰를 사용할 수 있게 하는 --support-pages-and-views 플래그의 축약 표현이다.

비주얼 스튜디오 코드의 압축 형식으로 폴더 렌더링 기능 비활성화

Razor 클래스 라이브러리를 구현하기 전에 이전 버전의 책이 출간된 이후 변경된 비주얼 스튜디오 코드의 기능에 대해 잠깐 짚고 넘어가자.

'압축compact 형식으로 폴더 렌더링' 기능은 트리 구조의 중간 폴더에 파일이 하나도 없는 경우 비주얼 스튜디오 코드가 그림 14.3과 같이 단일 하위 폴더를 결합된 트리 요소로 압축하는 것을 말한다.

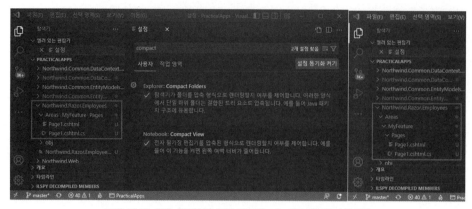

그림 14.13 압축 형식으로 폴더 렌더링 기능 활성화 및 비활성화

이 기능을 비활성화하고 싶다면 다음 단계를 따른다.

1. 윈도우에서는 **파일 > 기본 설정 > 설정**을 선택하고 맥OS에서는 **코드 > 기본 설정 > 설정**을 선택한다.

2. 설정 **검색** 상자에 compact를 입력한다.

3. 그림 14.4와 같이 **Explorer: Compact Folders** 체크박스를 해제한다.

그림 14.14 비주얼 스튜디오 코드에서 압축 형식으로 폴더 렌더링 기능 비활성화

4. **설정** 탭을 닫는다.

EF 코어를 사용해 직원 정보 출력

이번에는 엔티티 모델에 대한 참조를 추가해 직원 정보를 Razor 클래스 라이브러리에 표시되도록 해보자.

1. Northwind.Razor.Employees 프로젝트에 SQLite 또는 SQL 서버에 대한 Nothwind. Comon.DataContext 프로젝트에 대한 참조를 추가하고 SDK가 Microsoft.NET.Sdk. Razor인 것을 확인한다.

```xml
<Project Sdk="Microsoft.NET.Sdk.Razor">
  <PropertyGroup>
    <TargetFramework>net6.0</TargetFramework>
    <Nullable>enable</Nullable>
    <ImplicitUsings>enable</ImplicitUsings>
    <AddRazorSupportForMvc>true</AddRazorSupportForMvc>
  </PropertyGroup>
  <ItemGroup>
    <FrameworkReference Include="Microsoft.AspNetCore.App" />
  </ItemGroup>
  <!-- SQL 서버를 사용하려면 Sqlite를 SqlServer로 변경한다. -->
  <ItemGroup>
    <ProjectReference Include="..\Northwind.Common.DataContext.Sqlite\Northwind.Common.DataContext.Sqlite.csproj" />
  </ItemGroup>
</Project>
```

 프로젝트 참조는 줄 바꿈 없이 한 줄에 써야 한다. 만약 SQLite와 SQL 서버 프로젝트를 혼합하면 컴파일러 오류가 발생한다. Northwind.Web 프로젝트에서 SQL 서버를 사용했다면 Northwind.Razor.Employees 프로젝트에서도 SQL 서버를 사용해야 한다.

2. Northwind.Razor.Employees 프로젝트를 빌드한다.

3. MyFeature 폴더 이름을 PacktFeatures로 변경한다.

4. PacktFeatures 폴더 하위의 Pages 폴더에 _ViewStart.cshtml이라는 새 파일을 추가

한다(비주얼 스튜디오의 템플릿 이름은 **Razor 뷰 시작**이다. Northwind.Web 프로젝트에서 복사해도 된다).

5. 다음과 같이 모든 Razor Page가 Northwind.Web 프로젝트에서 사용한 것과 동일한 이름의 레이아웃을 찾아야 함을 이 클래스 라이브러리가 알 수 있도록 코드를 수정한다.

```
@{
  Layout = "_Layout";
}
```

 이 프로젝트에서는 _Layout.cshtml 파일을 만들 필요가 없다. Northwind.Web 호스트 프로젝트를 사용한다.

6. Pages 폴더의 Page1.cshtml을 Employees.cshtml로, Page1.cshtml.cs는 Employees.cshtml.cs로 변경한다.

7. Northwind 데이터베이스에서 가져온 Employee 엔티티 인스턴스의 배열로 PageModel을 정의하도록 Employees.cshtml.cs 파일을 수정한다.

```
using Microsoft.AspNetCore.Mvc.RazorPages; // PageModel
using Packt.Shared; // Employee, NorthwindContext
namespace PacktFeatures.Pages;
public class EmployeesPageModel : PageModel
{
  private NorthwindContext db;
  public EmployeesPageModel(NorthwindContext injectedContext)
  {
    db = injectedContext;
  }
  public Employee[] Employees { get; set; } = null!;
  public void OnGet()
  {
    ViewData["Title"] = "Northwind B2B - Employees";
    Employees = db.Employees.OrderBy(e => e.LastName)
      .ThenBy(e => e.FirstName).ToArray();
```

```
    }
  }
```

8. 다음과 같이 Employees.cshtml을 수정한다.

```
@page
@using Packt.Shared
@addTagHelper *, Microsoft.AspNetCore.Mvc.TagHelpers
@model PacktFeatures.Pages.EmployeesPageModel
<div class="row">
  <h1 class="display-2">Employees</h1>
</div>
<div class="row">
@foreach(Employee employee in Model.Employees)
{
  <div class="col-sm-3">
    <partial name="_Employee" model="employee" />
  </div>
}
</div>
```

코드 설명은 다음을 참고한다.

* Employee 클래스를 사용할 수 있도록 Packt.Shared 네임스페이스를 가져온다.

* <partial> 요소를 사용할 수 있도록 태그를 추가한다.

* 위에서 정의한 PageModel 클래스를 사용하기 위해 Razor Page의 @model 형식을 선언한다.

* Model에서 Employees를 열거하고 partial 뷰를 사용해 각 직원 정보를 출력한다.

단일 직원 정보를 표시하는 partial 보기 구현

<partial> 태그는 ASP.NET Core 2.1에 도입됐다. partial 뷰는 Razor Page의 한 부분과 같다. 지금부터 단일 직원 정보를 표시하는 partial 뷰를 만들어 본다.

1. Northwind.Razor.Employees 프로젝트의 Pages 폴더에 Shared라는 하위 폴더를 생성한다.

2. Shared 폴더에 _Employee.cshtml 파일을 만든다(비주얼 스튜디오 템플릿 이름은 **Razor 뷰 – 비어 있음**이다).

3. _Employee.cshtml을 다음과 같이 수정한다.

```
@model Packt.Shared.Employee
<div class="card border-dark mb-3" style="max-width: 18rem;">
  <div class="card-header">@Model?.LastName, @Model?.FirstName</div>
  <div class="card-body text-dark">
    <h5 class="card-title">@Model?.Country</h5>
    <p class="card-text">@Model?.Notes</p>
  </div>
</div>
```

코드 설명은 다음을 참고한다.

- 규칙에 따라 partial 뷰의 이름은 밑줄로 시작한다.

- partial 뷰를 Shared 폴더에 두면 자동으로 검색된다.

- partial 뷰의 모델 형식은 단일 Employee 엔티티다.

- 부트스트랩 카드 스타일을 사용해 각 직원에 대한 정보를 출력한다.

Razor 클래스 라이브러리 사용 및 테스트

이제 웹사이트 프로젝트에서 Razor 클래스 라이브러리를 참조하고 사용해 보자.

1. Northwind.Web 프로젝트에 Northwind.Razor.Emplyees에 대한 참조를 추가한다.

```
<ProjectReference Include="..\Northwind.Razor.Employees\Northwind.Razor.
Employees.csproj" />
```

2. 다음과 같이 `Pages\index.cshtml`의 공급자 페이지 링크 아래에 직원 페이지에 대한 링크를 추가한다.

```
<p>
  <a class="btn btn-primary" href="packtfeatures/employees">
    Contact our employees
  </a>
</p>
```

3. 웹사이트를 시작하고 **Contact our employees** 버튼을 클릭해 그림 14.15처럼 직원 정보가 제대로 출력되는지 확인한다.

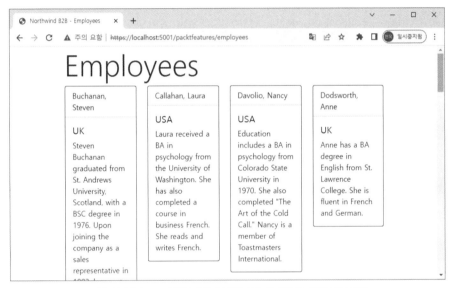

그림 14.15 Razor 클래스 라이브러리 기능을 사용한 직원 정보 목록

⁝⁝⁝ 서비스 및 HTTP 요청 파이프라인 구성하기

이제 웹사이트를 구축했으므로 시작 구성으로 돌아가 서비스와 HTTP 요청 파이프라인이 어떻게 작동하는지 자세히 살펴보자.

엔드포인트 라우팅 이해하기

이전 버전의 ASP.NET Core에서는 라우팅 시스템과 확장 가능한 미들웨어 시스템을 함께 작동시키기가 어려웠다. 예를 들어, 미들웨어와 MVC 양쪽 모두에서 CORS 정책을 구현하는 경우를 들 수 있다. 마이크로소프트는 ASP.NET Core 2.2에 도입한 **엔드포인트 라우팅**endpoint routing이라는 시스템으로 라우팅을 개선했다.

 좋은 습관: 엔드포인트 라우팅은 ASP.NET Core 2.1 및 이전 버전에서 사용했던 IRouter 기반의 라우팅을 대체한다. 마이크로소프트는 가능하면 모든 이전 버전의 ASP.NET Core 프로젝트를 엔드포인트 라우팅으로 마이그레이션할 것을 권장한다.

엔드포인트 라우팅은 Razor Page, MVC 또는 Web API와 같이 라우팅이 필요한 프레임워크, 현지화, 권한 부여, CORS 등과 같이 라우팅이 프레임워크에 미치는 영향을 이해해야 하는 미들웨어 간의 상호 운용성을 향상시키도록 설계됐다.

엔드포인트 라우팅은 라우팅 시스템에서 효율적으로 이동할 수 있는 컴파일된 엔드포인트 계층 구조로 라우팅 테이블을 나타내기 때문에 이름 지어졌다. 가장 큰 개선 사항 중 하나는 라우팅 성능과 작업 방법을 선택할 수 있다는 점이다.

호환성이 2.2 이상으로 설정된 경우 ASP.NET Core 2.2 이상에서 기본으로 설정된다. MapRoute 메서드나 특성을 사용해 등록된 기존 경로는 새 시스템에 매핑된다.

새 라우팅 시스템에는 HttpContext가 필요 없는 종속성 서비스로 등록된 링크 생성 서비스가 포함된다.

엔드포인트 라우팅 구성

엔드포인트 라우팅은 UseRouting 및 UseEndpoints 메서드 호출이 필요하다.

- UseRouting은 라우팅이 결정되는 파이프라인 위치를 표시한다.

- UseEndpoints는 선택한 엔드포인트가 실행되는 파이프라인 위치를 표시한다.

이러한 방법으로 실행되는 현지화와 같은 미들웨어는 선택한 엔드포인트를 볼 수 있으며 필요한 경우 다른 엔드포인트로 전환할 수 있다.

엔드포인트 라우팅은 2010년부터 ASP.NET MVC에 사용된 것과 동일한 라우트 템플릿 구문과 2013년에 ASP.NET MVC 5에 도입된 [Route] 특성을 사용한다. 마이그레이션은 보통 Startup 구성만 변경하는 경우가 많다.

MVC 컨트롤러, Razor Page, SignalR과 같은 프레임워크는 UseMvc 또는 유사한 메서드에 대한 호출을 통해 활성화되지만 이제는 미들웨어와 함께 동일한 라우팅 시스템에 통합돼 있으므로 UseEndpoints만 호출하면 된다.

엔드포인트 라우팅 구성 살펴보기

Startup.cs 파일에 대해 살펴보자.

```
using Packt.Shared; // AddNorthwindContext 확장 메서드
namespace Northwind.Web;
public class Startup
{
  public void ConfigureServices(IServiceCollection services)
  {
    services.AddRazorPages();
    services.AddNorthwindContext();
  }
  public void Configure(
    IApplicationBuilder app, IWebHostEnvironment env)
  {
    if (!env.IsDevelopment())
    {
      app.UseHsts();
    }
    app.UseRouting();
    app.UseHttpsRedirection();
    app.UseDefaultFiles(); // index.html, default.html, 등
    app.UseStaticFiles();
    app.UseEndpoints(endpoints =>
    {
      endpoints.MapRazorPages();
```

```
        endpoints.MapGet("/hello", () => "Hello World!");
    });
    }
}
```

Startup 클래스에는 웹사이트 구성을 위해 호스트에서 자동으로 호출하는 2개의 메서드가 있다.

ConfigureServices 메서드는 종속성 주입이 필요할 때 검색 가능한 서비스를 등록한다. 여기서는 Razor Page와 EF 코어 데이터베이스 콘텍스트라는 2개의 서비스를 등록한다.

ConfigureServices 메서드에 서비스 등록

서비스 등록을 위한 다른 메서드 호출을 결합하는 서비스 외에 종속성 서비스를 등록하는 일반적인 메서드를 다음 표에 나열했다.

메서드	등록 서비스
AddMVCCore	요청을 라우팅하고 컨트롤러를 호출하는 데 필요한 최소한의 서비스 집합. 대부분의 웹사이트는 이보다 더 많은 구성이 필요하다.
AddAuthorization	인증 및 권한 부여 서비스
AddDataAnnotations	MVC 데이터 주석 서비스
AddCacheTagHelper	MVC 캐시 태그 헬퍼 서비스
AddRazorPages	Razor 뷰 엔진을 포함한 Razor Page 서비스. 간단한 웹사이트 프로젝트에서 일반적으로 사용된다. 다음과 같은 추가 메서드를 호출한다. AddMvcCore AddAuthorization AddDataAnnotations AddCacheTagHelper
AddApiExplorer	웹 API 탐색 서비스
AddCors	강화된 보안을 위한 CORS 지원
AddFormatterMappings	URL 형식과 해당 미디어 형식 간의 매핑

AddControllers	컨트롤러 서비스이지만 뷰 또는 페이지에 대한 서비스는 아니다. 보통 ASP.NET Core Web API 프로젝트에서 사용한다. 아래의 추가 메서드를 호출한다. AddMvcCore AddAuthorization AddDataAnnotations AddCacheTagHelper AddApiExplorer AddCors AddFormatterMappings
AddViews	기본 규칙을 포함한 .cshtml 뷰 지원
AddRazorViewEngine	@ 기호 처리를 포함한 Razor 뷰 엔진 지원
AddControllersWithViews	컨트롤러, 뷰, 페이지 서비스. 보통 ASP.NET Core MVC 웹사이트 프로젝트에서 사용된다. 아래의 추가 메서드를 호출한다. AddMvcCore AddAuthorization AddDataAnnotations AddCacheTagHelper AddApiExplorer AddCors AddFormatterMappings AddViews AddRazorViewEngine
AddMvc	AddControllersWithViews와 비슷하지만, 하위 호환성을 위해서만 사용해야 한다.
AddDbContext<T>	DbContext 형식 및 선택적 DbContextOptions<TContext>
AddNorthwindContext	참조된 프로젝트를 기반으로 SQLite 또는 SQL 서버에 NorthwindContext 클래스를 쉽게 등록할 수 있게 하는 사용자 지정 확장 메서드

다음 몇 장에 걸쳐 MVC 및 Web API 서비스로 작업할 때 서비스 등록을 위해 이러한 확장 메서드를 사용하는 예를 볼 수 있다.

Configure 메서드에 HTTP 요청 파이프라인 설정

Configure 메서드는 처리를 수행한 다음 응답 자체를 반환하거나 파이프라인의 다음 대리자에게 처리를 전달할 수 있는 연결된 대리자 시퀀스로 구성된 HTTP 요청 파이프라인을 구성한다. 돌아오는 응답도 조작이 가능하다.

대리자는 대리자 구현이 연결할 수 있는 메서드 서명을 정의한다. HTTP 요청 파이프라인의 대리자는 다음처럼 단순하다.

```
public delegate Task RequestDelegate(HttpContext context);
```

입력 매개 변수는 HttpContext다. 이를 통해 URL 경로, 쿼리 문자열 매개 변수, 쿠키, 사용자 에이전트를 포함해 들어오는 HTTP 요청을 처리하는 데 필요한 모든 것에 접근할 수 있다.

위와 같은 대리자는 보통 브라우저 클라이언트와 웹사이트 또는 서비스 사이에 있기 때문에 미들웨어middleware라고 부른다.

미들웨어 대리자는 아래 방법 중 하나 또는 자기 자신을 호출하는 사용자 지정 메서드를 사용해 구성된다.

- Run: 다음 미들웨어 대리자를 호출하는 대신 즉시 응답을 반환하고 파이프라인을 종료하는 미들웨어 대리자를 추가한다.

- Map: /hello와 같은 URL 경로를 기반으로 하는 매칭 요청이 있을 때 파이프라인에 분기를 생성하는 미들웨어 대리자를 추가한다.

- Use: 파이프라인의 일부를 형성하는 미들웨어 대리자를 추가해 파이프라인의 다음 대리자에게 요청 전달 여부를 결정할 수 있고 다음 대리자 앞뒤의 요청 및 응답을 수정할 수 있다.

편의성을 위해 UseMiddleware<T>와 같이 더 쉽게 파이프라인을 만들 수 있는 많은 확장 메서드가 있다. 여기서 T는 다음을 포함하는 클래스다.

- 다음 파이프라인 구성 요소를 전달하기 위한 RequestDelegate 매개 변수가 있는 생성자

- HttpContext 매개 변수가 있는 Invoke 메서드 및 Task 반환

주요 미들웨어 확장 방법 요약

코드에 사용된 주요 미들웨어 확장 방법은 다음과 같다.

- UseDeveloperExceptionPage: 파이프라인에서 동기 및 비동기 System.Exception 인스 턴스를 캡처하고 HTML 오류 응답을 생성한다.

- UseHsts: Strict-Transport-Security 헤더를 추가하는 HSTS 사용을 위한 미들웨어 를 추가한다.

- UseRouting: 라우팅을 결정하고 처리가 실행되는 UseEndpoints에 대한 호출과 결합이 필요한 지점을 정의하는 미들웨어를 추가한다. 예를 들어, / 또는 /index 또는 /suppliers와 일치하는 모든 URL 경로가 Razor Page에 매핑되고 /hello에 대한 매 칭이 익명 대리자에 매핑된다는 것을 의미한다. 정적 파일과 같은 다른 모든 URL 경 로는 매칭을 위해 다음 대리자에게 전달된다. Razor Page 및 /hello에 대한 매핑이 파이프라인의 정적 파일 다음에 발생하는 것처럼 보이지만, 실제로 UseRouting에 대 한 호출이 UseStaticFiles보다 먼저 발생하기 때문에 우선순위가 높다.

- UseHttpsRedirection: HTTP 요청을 HTTPS로 리디렉션하기 위한 미들웨어를 추가 한다. 예를 들어, http://localhost:5000에 대한 요청은 https://localhost:5001로 변 경된다.

- UseDefaultFiles: 현재 경로에서 기본 파일 매핑을 활성화하는 미들웨어를 추가한다. 예를 들어, index.html과 같은 파일을 식별한다.

- UseStaticFiles: wwwroot에서 HTTP 응답에 반환할 정적 파일을 찾는 미들웨어를 추 가한다.

- UseEndpoints: 파이프라인에서 이전 결정의 응답을 생성하기 위해 실행할 미들웨어 를 추가한다. 다음과 같이 2개의 엔드포인트가 추가된다.

  - MapRazorPages: /suppliers와 같은 URL 경로를 Suppliers.cshtml이라는 /Pages 폴더의 Razor Page 파일에 매핑하고 결과를 HTTP 응답으로 반환하는 미들웨어 를 추가한다.

○ MapGet: /hello와 같은 URL 경로를, HTTP 응답에 직접 일반 텍스트를 작성하는 인라인 대리자에 매핑하는 미들웨어를 추가한다.

HTTP 파이프라인 시각화

HTTP 요청 및 응답 파이프라인은 UseHsts와 같은 일부 미들웨어 대리자를 제외하면 다음과 같이 차례로 호출되는 요청 대리자로 시각화할 수 있다.

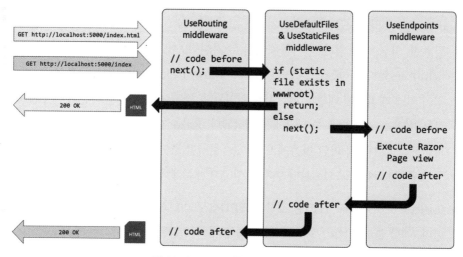

그림 14.16 HTTP 요청 응답 파이프라인

앞서 말한 것처럼 UseRouting 및 UseEndpoints 메서드는 함께 사용해야 한다. /hello와 같은 매핑 경로를 정의하는 코드가 UseEndpoints에도 있지만, 들어오는 HTTP 요청 URL 경로의 매핑 여부에 따라 실행되는 엔드포인트 결정은 파이프라인의 UseRouting에서 담당한다.

미들웨어로 익명 인라인 대리자 구현

대리자는 인라인 익명 메서드로 지정할 수 있다. 엔드포인트에 대한 라우팅 결정이 내려진 후 파이프라인 연결을 등록해 보자.

선택된 엔드포인트를 출력하고 그중 특정 경로인 /bonjour를 처리한다. 경로가 매칭되면 파이프라인을 더 이상 호출하지 않고 일반 텍스트로 응답한다.

1. Startup.cs에 Console을 정적으로 가져온다.

```
using static System.Console;
```

2. 익명 메서드를 미들웨어 대리자로 사용하려면 UseRouting을 호출한 다음, UseHttps Redirection 호출 전에 코드를 추가한다.

```
app.Use(async (HttpContext context, Func<Task> next) =>
{
  RouteEndpoint? rep = context.GetEndpoint() as RouteEndpoint;
  if (rep is not null)
  {
    WriteLine($"Endpoint name: {rep.DisplayName}");
    WriteLine($"Endpoint route pattern: {rep.RoutePattern.
RawText}");
  }
  if (context.Request.Path == "/bonjour")
  {
    // url 경로가 일치하면 응답을 반환하는 종료 대리자가 되므로
    // 다음 대리자를 호출하지 않는다.
    await context.Response.WriteAsync("Bonjour Monde!");
    return;
  }
  // 다음 대리자를 호출하기 전에 요청을 수정할 수 있다.
  await next();
  // 다음 대리자를 호출한 후에 응답을 수정할 수 있다.
});
```

3. 웹사이트를 시작한다.

4. 크롬에서 https://localhost:5001/로 이동해 콘솔 출력을 확인한다. 엔드포인트 경로 /에 일치하는 항목이 있고 /index로 처리됐으며 index.cshtml Razor Page가 반환됐음을 확인한다.

```
Endpoint name: /index
Endpoint route pattern:
```

5. https://localhost:5001/suppliers로 이동해 콘솔 출력을 확인한다. 엔드포인트 경로 /suppliers에 매칭되는 항목이 있고 응답 반환을 위해 Suppliers.cshtml Razor Page가 실행됐음을 확인한다.

```
Endpoint name: /Suppliers
Endpoint route pattern: Suppliers
```

6. https://localhost:5001/index로 이동하고 엔드포인트 경로 /index에 매칭되는 항목이 있고 index.cshtml Razor Page가 실행돼 응답을 반환하는지 확인한다.

```
Endpoint name: /index
Endpoint route pattern: index
```

7. https://localhost:5001/index.html로 이동한다. 이번에는 콘솔 출력이 없다. 엔드포인트 경로에 매칭되는 항목은 없지만, 정적 파일에 대한 매칭 항목이 있기 때문에 이 파일이 응답으로 반환됐다.

8. https://localhost:5001/bonjour로 이동한다. 엔드포인트 경로에 매칭되는 항목이 없으므로 콘솔 출력도 없다. 대신 대리자가 /bonjour와 매칭되기 때문에 응답 스트림에 응답을 직접 쓰고 추가 처리없이 반환됐다.

9. 크롬과 웹 서버를 종료한다.

∷ 연습 및 탐구

몇 개의 질문에 답해 보면서 14장에서 배운 내용을 얼마나 이해하고 있는지 확인하고 더 공부할 내용도 살펴보자.

연습 14.1 - 복습

1. HTTP 요청에서 특정할 수 있는 여섯 가지 메서드 이름을 나열하라.

2. HTTP 응답이 반환할 수 있는 여섯 가지 상태 코드와 설명을 나열하라.

3. ASP.NET Core의 Startup 클래스는 어디에 사용되는가?

4. HSTS의 뜻과 역할은 무엇인가?

5. 웹사이트에서 정적 HTML 페이지는 어떻게 활성화하는가?

6. 동적 페이지를 생성하기 위해 HTML에 C# 코드를 혼합하는 방법은 무엇인가?

7. Razor Page의 공유 레이아웃은 어떻게 정의할 수 있는가?

8. Razor Page의 코드 숨김에서 어떻게 마크업을 분리할 수 있는가?

9. ASP.NET Core에서 엔티티 프레임워크 코어를 구성하는 방법은 무엇인가?

10. ASP.NET Core 2.2 이상에서 Razor Page의 재사용 방법은 무엇인가?

연습 14.2 - 데이터 기반 웹 페이지 구축 연습

Northwind.Web 사이트에 국가별로 그룹화된 고객 목록을 표시하는 Razor Page를 추가해 보자. 사용자가 고객 기록을 클릭하면 해당 고객의 전체 연락처 세부 정보와 주문 목록을 출력한다.

연습 14.3 - 콘솔 앱용 웹 페이지 구축

4장의 콘솔 앱 일부를 Razor Page로 다시 구현해 보자. 웹 사용자 인터페이스를 제공해 시간 테이블을 출력하고 세금을 계산하고 팩토리얼 및 피보나치 수열을 생성한다.

연습 14.4 - 탐구

14장에서 다룬 주제에 관한 세부 내용을 다음 링크에서 좀 더 읽어 보자.

https://github.com/markjprice/cs10dotnet6/blob/main/book-links.md#chapter-14---building-websites-using-aspnet-core-razor-pages

⁝⁚ 마무리

14장에서는 HTTP를 사용한 웹 개발의 기초, 정적 파일을 반환하는 간단한 웹사이트를 만드는 방법, 엔티티 프레임워크 코어와 함께 ASP.NET Core Razor Page를 사용해 데이터베이스에서 정보를 조회해 동적으로 웹 페이지를 만드는 방법을 살펴봤다.

그리고 HTTP 요청 및 응답 파이프라인, 헬퍼 확장 메서드가 담당하는 작업, 처리에 영향을 주는 자체 미들웨어를 추가하는 방법을 배웠다.

15장에서는 ASP.NET Core MVC로 더 복잡한 웹사이트를 만든다. 이 MVC는 웹사이트 구축의 기술적 문제를 모델, 뷰, 컨트롤러로 분리해 관리를 수월하게 한다.

15

모델-뷰-컨트롤러 패턴을 이용한
웹사이트 개발

15장은 ASP.NET Core MVC 프로젝트를 만드는 데 필요한 시작startup 구성, 인증, 권한 부여, 라우트, 요청 및 응답 파이프라인, 모델, 뷰, 컨트롤러를 포함해 마이크로소프트 ASP.NET Core MVC를 사용해 서버 측에서 최신 HTTP 아키텍처로 웹사이트를 개발하는 방법을 다룬다.

15장은 다음 내용을 다룬다.

- ASP.NET Core MVC 웹사이트 설정

- ASP.NET Core MVC 웹사이트 살펴보기

- ASP.NET Core MVC 웹사이트 변경

- 데이터베이스 쿼리 및 디스플레이 템플릿 사용

- 비동기 태스크를 사용한 확장성 향상

⠿ ASP.NET Core MVC 웹사이트 설정

단순한 웹사이트를 개발할 때는 ASP.NET Core Razor Page를 사용해도 되지만, 복잡한 웹사이트라면 복잡성 관리를 위해 더 구체적으로 구조를 잡는 것이 중요하다.

MVC 디자인 패턴은 복잡성 관리에 유용하다. Razor Pages와 같은 기술을 사용하지만 다음과 같이 관심사를 보다 명확하게 구분한다.

- **모델**model: 웹사이트에서 사용하는 데이터 엔티티 및 뷰 모델을 나타내는 클래스

- **뷰**view: 뷰 모델의 데이터를 HTML 웹 페이지로 렌더링하는 Razor 파일, 즉 `.cshtml` 파일이다. razor 확장자를 갖는 블레이저와 혼동하지 말자.

- **컨트롤러**controller: HTTP 요청이 웹 서버에 도착할 때 코드를 실행하는 클래스. 컨트롤러 메서드는 보통 엔티티 모델을 포함하는 뷰 모델을 만들고 이를 뷰에 전달해 웹 브라우저나 다른 클라이언트로 보낼 HTTP 응답을 생성한다.

이제 MVC 디자인 패턴을 이해하기 위한 예제를 살펴보자.

ASP.NET Core MVC 웹사이트 만들기

프로젝트 템플릿을 사용해 사용자 인증 및 권한 부여를 위한 데이터베이스가 준비된 ASP.NET Core MVC 웹사이트 프로젝트를 만든다. 비주얼 스튜디오 코드 2022는 기본적으로 계정account 데이터베이스에 SQL Server LocalDB를 사용한다. 비주얼 스튜디오 코드(더 정확하게는 dotnet 도구)는 기본으로 SQLite를 사용하지만, SQL Server LocalDB를 사용하도록 변경이 가능하다.

1. 다음과 같이 선호하는 코드 편집기를 사용해 데이터베이스에 저장된 인증 계정으로 MVC 웹사이트 프로젝트를 추가한다.

    A. 프로젝트 템플릿: **ASP.NET Core 웹앱(Model-View-Controller)**/mvc

    B. 언어: C#

C. 작업 공간/솔루션 파일 및 폴더: PracticalApps

D. 프로젝트 파일과 폴더: Northwind.Mvc

E. 선택 사항: 인증 유형: **개별 계정**/--auth Individual

F. 비주얼 스튜디오 2022의 경우 다른 모든 옵션은 기본값으로 둔다.

2. 비주얼 스튜디오 코드에서 Northwind.Mvc를 OmniSharp 활성 프로젝트로 선택한다.

3. Northwind.Mvc 프로젝트를 빌드한다.

4. 명령줄 또는 터미널에서 help 플래그를 사용해 프로젝트 템플릿의 다른 옵션을 확인한다.

```
dotnet new mvc --help
```

5. 다음과 같은 출력 결과를 확인한다.

```
ASP.NET Core Web App (Model-View-Controller) (C#)
작성자: Microsoft
설명: A project template for creating an ASP.NET Core application with
example ASP.NET Core MVC Views and Controllers. This template can also
be used for RESTful HTTP services.
이 템플릿에는 Microsoft 이외의 타사 기술이 포함돼 있습니다. 자세한 내용은 https://aka.
ms/aspnetcore/6.0-third-party-notices를 참조하세요.
```

다음 표처럼 특히 인증과 관련된 많은 옵션이 있다.

플래그	설명
-au | --auth	사용할 인증 유형
	None(기본): 이 유형을 선택하면 HTTP를 비활성화할 수 있다.
	Individual: 등록된 사용자와 비밀번호를 데이터베이스에 저장하는 개별 인증(기본으로 SQLite 사용). 15장의 예제에서 이 유형을 사용한다.
	IndividualB2C: Azure AD B2C를 사용한 개별 인증
	SingleOrg: 단일 테넌트(tenant)에 대한 조직 인증
	MultiOrg: 여러 테넌트에 대한 조직 인증
	Windows: Windows 인증. 주로 인트라넷에 유용함.

-uld | --use-local-db	SQLite 대신 SQL Server LocalDB를 사용할지 여부. 이 옵션은 —auth Individual 또는 —auth IndividualB2C가 지정된 경우에만 선택 가능하다. 기본값은 false다.
-rrc|--razor-runtime-compilation	프로젝트가 Debug 빌드에서 Razor 런타임 컴파일을 사용하도록 구성됐는지 확인한다. 이렇게 하면 Razor 뷰의 컴파일이 지연되므로 디버깅 시작 성능이 향상될 수 있다. 기본값은 false다.
-f|--framework	프로젝트의 대상 프레임워크. 값은 net6.0(기본), net5.0 또는 netcoreapp3.1이 될 수 있다.

SQL Server LocalDB에 대한 인증 데이터베이스 생성

비주얼 스튜디오 2022를 사용해 MVC 프로젝트를 만들거나 dotnet new mvc 명령에 -uld 또는 --use-local-db 플래그를 사용한 경우, 인증 및 권한 부여를 위한 데이터베이스는 SQL Server LocalDB에 저장된다. 하지만 데이터베이스는 아직 존재하지 않는다. 실제로 만들어 보자.

명령 프롬프트 또는 터미널의 Northwind.Mvc 폴더에서 다음과 같이 인증을 위한 자격 증명 저장에 사용되는 데이터베이스가 생성되도록 데이터베이스 마이그레이션 실행 명령을 입력한다.

```
dotnet ef database update
```

dotnet new를 사용해 MVC 프로젝트를 생성했다면 인증 및 권한 부여를 위한 데이터베이스는 SQLite에 저장되며 app.db라는 이름으로 파일이 생성된다.

인증 데이터베이스에 대한 연결 문자열의 이름은 DefaultConnection이며 MVC 웹사이트 프로젝트의 루트 폴더에 있는 appsettings.json 파일에 저장된다.

SQL Server LocalDB에서 연결 문자열이 잘린 경우는 다음 태그를 참고하자.

```
{
  "ConnectionStrings": {
    "DefaultConnection": "Server=(localdb)\\mssqllocaldb;Database=aspnet-
```

```
Northwind.Mvc-...;Trusted_Connection=True;MultipleActiveResultSets=true"
  },
```

SQLite는 다음을 참고한다.

```
{
  "ConnectionStrings": {
    "DefaultConnection": "DataSource=app.db;Cache=Shared"
  },
```

기본 ASP.NET Core 웹사이트 살펴보기

기본 ASP.NET Core MVC 웹사이트 프로젝트 템플릿이 어떻게 동작하는지 살펴보자.

1. Northwind.Mvc 프로젝트의 Properties 폴더를 확장하고 launchSettings.json 파일을
   열어서 다음과 같이 HTTPS 및 HTTP용 프로젝트에 대해 구성된 임의의 포트 번호를 확
   인한다. 포트 번호는 책과 다를 수 있다.

```
"profiles": {
    "Northwind.Mvc": {
      "commandName": "Project",
      "dotnetRunMessages": true,
      "launchBrowser": true,
      "applicationUrl": "https://localhost:7149;http://localhost:5278",
      "environmentVariables": {
        "ASPNETCORE_ENVIRONMENT": "Development"
      }
    },
```

2. 다음과 같이 HTTPS는 5001, HTTP는 5000으로 포트 번호를 변경한다.

```
"applicationUrl": "https://localhost:5001;http://localhost:5000",
```

3. launchSettings.json 파일의 변경 사항을 저장한다.

4. 웹사이트를 시작한다.

5. 크롬을 실행하고 **개발자 도구**를 연다.

6. 그림 15.1과 같이 http://localhost:5000/으로 이동해 다음 항목을 확인한다.

   - **HTTP** 요청은 HTTPS 포트 5001로 자동 리다이렉트된다.

   - 상단 탐색 메뉴는 **Home**, **Privacy**, **Register**, **Login**에 대한 링크다. 뷰포트 넓이가 575 픽셀 이하면 탐색 메뉴는 햄버거 메뉴로 축소된다.

   - 머리글과 바닥글에 표시되는 웹사이트 제목은 **Northwind.Mvc**다.

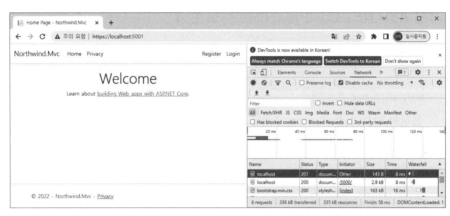

그림 15.1 ASP.NET Core MVC 프로젝트 템플릿 웹사이트 홈페이지

새 계정 생성하기

암호 기본 규칙은 영숫자alphanumeric가 아닌 문자가 하나 이상 있어야 하고 숫자(0-9)가 하나 이상 있어야 하며 대문자(A-Z)가 하나 이상 있어야 한다. 나는 보통 이런 경우에 Pa$$w0rd를 사용한다.

MVC 프로젝트 템플릿은 **더블 옵트인**DOI, Double-Opt-In에 대한 모범 사례를 따른다. 즉 등록을 위해 이메일과 비밀번호를 입력하면 확인 메일이 전송되고 사용자가 전송된 이메일의 링크를 클릭해야 계정이 생성된다.

확인 메일을 보내기 위한 이메일 공급자를 아직 구성하지 않았으므로 이 단계를 시뮬레이션한다.

1. 상단 탐색 메뉴의 **Register**를 클릭한다.

2. 이메일과 비밀번호를 입력하고 **Register** 버튼을 클릭한다(나는 test@example.com과 Pa$$w0rd를 사용했다).

3. **Click here to confirm your account** 링크를 클릭하면 사용자 지정이 가능한 **이메일 확인** 페이지로 리다이렉트된다.

4. 상단 탐색 메뉴에서 **Login**을 클릭하고 이메일과 비밀번호를 입력한 다음, **Login** 버튼을 클릭한다. 선택 사항으로 'Remember me?' 체크박스와 'Forgot your password?' 링크 등이 제공된다.

5. 상단 탐색 메뉴에서 이메일 주소를 클릭하면 계정 관리 페이지로 이동한다. 전화번호를 설정하거나 이메일 주소와 비밀번호 변경, 이중 인증 활성화(인증 앱을 추가한 경우)를 활성화할 수 있고 개인 데이터를 다운로드하거나 삭제할 수 있다.

6. 크롬과 웹 서버를 종료한다.

MVC 웹사이트 프로젝트 구조 살펴보기

코드 편집기의 비주얼 스튜디오 **솔루션 탐색기**(모든 파일 보기 선택) 또는 비주얼 스튜디오 코드의 **탐색기**에서 그림 15.2와 같이 MVC 웹사이트 프로젝트의 구조를 확인한다.

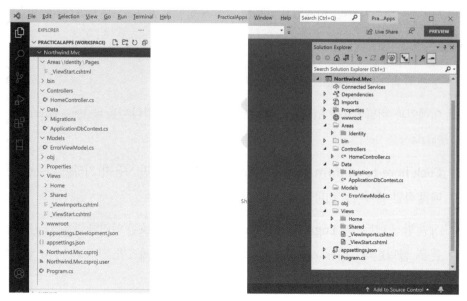

그림 15.2 ASP.NET Core MVC 프로젝트의 기본 폴더 구조

다음을 참고한다. 이 중 일부에 대해서는 나중에 더 자세히 살펴본다.

- Areas: 인증에 사용되는 **ASP.NET Core Identity**와 웹사이트 프로젝트를 통합하기 위한 중첩된 폴더와 파일이 들어 있다.

- bin, obj: 빌드 프로세스 중에 필요한 임시 파일과 컴파일된 어셈블리가 들어 있다.

- Controllers: HomeController.cs처럼 모델을 가져와서 뷰에 전달하는 메서드(액션이라고 함)가 있는 C# 클래스가 들어 있다.

- Data: ApplicationDbContext.cs처럼 인증 및 권한 부여 데이터 저장소를 제공하기 위해 ASP.NET Core Identity가 사용하는 엔티티 프레임워크 코어 마이그레이션 클래스(예: ApplicationDbContext.cs)가 들어 있다.

- Models: ErrorViewModel.cs처럼 컨트롤러가 수집해서 뷰에 전달하는 모든 데이터를 나타내는 C# 클래스가 포함돼 있다.

- Properties: 윈도우의 IIS 또는 IIS Express에 대한 구성 파일과 개발 시에 웹사이트

를 시작하기 위한 `launchSettings.json`이라는 구성 파일이 포함돼 있다. 이 파일은 로컬 개발 시스템에서만 사용되며 실제 서비스용 웹사이트에는 배포되지 않는다.

- `Views`: HTML과 C# 코드를 결합해 HTML 응답을 동적으로 생성하는 `.cshtml` Razor 파일이 들어 있다. `_ViewStart` 파일은 기본 레이아웃을 설정하고 `_ViewImports`는 태그 헬퍼처럼 모든 뷰에서 사용되는 공통 네임스페이스를 가져온다.

  - `Home`: 홈 및 개인 정보용 Razor 파일이 들어 있다.

  - `Shared`: 공유 레이아웃용 Razor 파일, 오류 페이지, 로그인, 유효성 검사 스크립트를 위한 2개의 부분 뷰가 들어 있다.

- `wwwroot`: 스타일 지정을 위한 CSS, 자바스크립트 라이브러리, 웹사이트 프로젝트용 자바스크립트 및 `favicon.ico`처럼 웹사이트에서 사용하는 정적 콘텐츠가 들어 있다. 여기에 PDF 문서와 같은 이미지 및 기타 정적 파일 리소스도 넣을 수 있다. 프로젝트 템플릿에는 부트스트랩 및 jQuery 라이브러리가 포함된다.

- `app.db`: 등록된 사용자를 저장하는 SQLite 데이터베이스다(SQL Server LocalDB를 사용한다면 필요하지 않다).

- `appsettings.json` 및 `appsettings.Development.json`: 웹사이트가 런타임에 로드할 수 있는 설정(예: ASP.NET Core Identity 및 로깅 레벨에 대한 데이터베이스 연결 문자열)이 포함돼 있다.

- `Northwind.Mvc.csproj`: Web .NET SDK 사용 여부와 같은 프로젝트 설정, `app.db` 파일이 웹사이트의 출력 폴더에 복사됐는지 확인하기 위한 SQLite 항목, 프로젝트에서 사용할 NuGet 패키지 목록이 포함돼 있다. 다음의 항목을 포함한다.

  - `Microsoft.AspNetCore.Diagnostics.EntityFrameworkCore`

  - `Microsoft.AspNetCore.Identity.EntityFrameworkCore`

  - `Microsoft.AspNetCore.Identity.UI`

  - `Microsoft.EntityFrameworkCore.Sqlite` 또는 `Microsoft.EntityFrameworkCore.SqlServer`

○ Microsoft.EntityFrameworkCore.Tools

- Program.cs: 기본 진입점을 포함하는 숨겨진 Program 클래스를 정의한다. 들어오는
  HTTP 요청을 처리하기 위한 파이프라인을 구축하고 케스트렐 웹 서버 구성 및 앱
  설정 로드와 같은 기본 옵션을 사용해 웹사이트를 호스팅한다. 인증을 위한 ASP.
  NET Core Identity, Identity 데이터 저장을 위한 SQLite 또는 SQL Server 등 웹
  사이트에 필요한 서비스와 애플리케이션 라우트를 추가하거나 구성한다.

ASP.NET Core Identity 데이터베이스 검토

appsettings.json을 열어 SQL Server LocalDB에서 ASP.NET Core Identity 데이터
베이스 연결에 사용하는 연결 문자열을 확인한다.

```
{
  "ConnectionStrings": {
    "DefaultConnection": "Server=(localdb)\\mssqllocaldb;Database=aspnet-
Northwind.Mvc-2F6A1E12-F9CF-480C-987D-FEFB4827DE22;Trusted_Connection=True;
MultipleActiveResultSets=true"
  },
  "Logging": {
    "LogLevel": {
      "Default": "Information",
      "Microsoft": "Warning",
      "Microsoft.Hosting.Lifetime": "Information"
    }
  },
  "AllowedHosts": "*"
}
```

Identity 데이터 저장소에 SQL Server LocalDB를 사용한 경우 **서버 탐색기**를 이용해
데이터베이스에 연결할 수 있다. appsettings.json 파일에서 연결 문자열을 복사해 붙여
넣을 수 있는데, 이때 (localdb)와 mssqllocaldb 사이의 두 번째 백슬래시는 제거해야
한다.

SQLiteStudio와 같은 SQLite 도구를 설치했다면 SQLite app.db 데이터베이스 파일을

열 수 있다. 그러면 등록된 사용자를 저장하기 위한 AspNetUsers 테이블을 포함해 ASP. NET Core Identity 시스템이 사용자 및 역할을 등록할 때 사용하는 테이블을 볼 수 있다.

 좋은 습관: ASP.NET Core MVC 프로젝트 템플릿은 암호를 곧바로 저장하는 대신, 암호의 해시를 저장하는 모범 사례를 따른다. 여기에 대해서는 추가 온라인 리소스 20장 (https://github.com/markjprice/cs10dotnet6/blob/main/9781801077361_Bonus_Content.pdf)에서 자세히 알아본다.

ASP.NET Core MVC 웹사이트 살펴보기

이제 모던 ASP.NET Core MVC 웹사이트가 어떻게 구성되는지 살펴보자.

ASP.NET Core MVC 초기화

먼저, MVC 웹사이트의 기본 초기화와 구성에 대해 알아본다.

1. Program.cs 파일을 열고 Main 메서드가 있는 숨겨진 Program 클래스를 활용해 최상위 문을 사용하는지 확인한다. 이 파일은 4개의 주요 섹션으로 구분할 수 있다.

    마이크로소프트는 .NET 5 및 이전 ASP.NET Core 프로젝트 템플릿에서 Startup 클래스를 사용해 이 부분을 별도의 메서드로 분리했지만 .NET 6에서는 모든 것을 단일 Program.cs 파일에 넣는 것을 장려한다.

2. 첫 번째 섹션은 다음과 같은 네임스페이스를 가져온다.

   ```
   using Microsoft.AspNetCore.Identity; // IdentityUser
   using Microsoft.EntityFrameworkCore; // UseSqlServer, UseSqlite
   using Northwind.Mvc.Data; // ApplicationDbContext
   ```

기본적으로 .NET 6 이상의 암시적 사용 기능을 통해 다른 많은 네임스페이스를 가져온다. 전역적으로 가져온 네임스페이스는 프로젝트를 빌드한 다음 obj\Debug\net6.0\Northwind.Mvc.GlobalUsings.g.cs에서 볼 수 있다.

3. 두 번째 섹션은 웹 호스트 빌더를 만들고 구성한다. 데이터 저장을 위해 appsettings.json 파일에서 로드된 데이터베이스 연결 문자열과 SQL Server 또는 SQLite를 사용해 애플리케이션 데이터베이스 콘텍스트를 등록하며 인증을 위해 ASP.NET Core ID를 추가한다. 그리고 애플리케이션 데이터베이스를 사용하도록 구성하고 다음과 같이 뷰가 있는 MVC 컨트롤러에 대한 지원을 추가한다.

```
var builder = WebApplication.CreateBuilder(args);

// Add services to the container.
var connectionString = builder.Configuration.GetConnectionString("Defau
ltConnection");
builder.Services.AddDbContext<ApplicationDbContext>(options =>
    options.UseSqlite(connectionString));
builder.Services.AddDatabaseDeveloperPageExceptionFilter();

builder.Services.AddDefaultIdentity<IdentityUser>(options => options.
SignIn.RequireConfirmedAccount = true)
    .AddEntityFrameworkStores<ApplicationDbContext>();
builder.Services.AddControllersWithViews();
```

builder 객체는 주로 사용되는 2개의 객체, Configuration과 Services를 갖고 있다.

- Configuration에는 appsettings.json 환경 변수, 명령줄 인수 등 구성을 설정할 수 있는 모든 위치에서 병합된 값이 포함된다.

- Services는 등록된 종속성 서비스의 모음이다.

AddDbContext에 대한 호출은 종속성 서비스를 등록하는 예시다. ASP.NET Core는 컨트롤러와 같은 다른 컴포넌트가 생성자를 통해 필요한 서비스를 요청할 수 있도록 **의존성 주입**DI, Dependency Injection 디자인 패턴을 구현한다. 개발자는 Program.cs의 이 섹션(또는 Startup 클래스를 사용하는 경우 ConfigureServices 메서드)에 해당 서비스를 등록한다.

4. 세 번째 섹션에서는 HTTP 요청 파이프라인을 구성한다. 웹사이트가 개발 중인 경우 데이터베이스 마이그레이션을 실행하도록 상대 URL 경로를 구성하고 라이브 환경에서는 보다 친숙한 오류 페이지 및 HSTS를 구성한다. 다음과 같이 HTTPS 리다이렉션, 정적 파일, 라우팅, ASP.NET ID가 활성화되고 MVC 기본 경로 및 Razor 페이지가 구성된다.

```
// Configure the HTTP request pipeline.
if (app.Environment.IsDevelopment())
{
    app.UseMigrationsEndPoint();
}
else
{
    app.UseExceptionHandler("/Home/Error");
    // The default HSTS value is 30 days. You may want to change this
for production scenarios, see https://aka.ms/aspnetcore-hsts.
    app.UseHsts();
}

app.UseHttpsRedirection();
app.UseStaticFiles();

app.UseRouting();

app.UseAuthentication();
app.UseAuthorization();

app.MapControllerRoute(
    name: "default",
    pattern: "{controller=Home}/{action=Index}/{id?}");
app.MapRazorPages();
```

14장에서 이러한 방법과 대부분의 기능에 대해 배웠다.

UseAuthentication 및 UseAuthorization 메서드 외에 Program.cs의 세 번째 섹션에서 가장 중요한 메서드는 MVC에서 사용할 기본 경로를 매핑하는 MapController Route다. 이 경로는 거의 모든 수신 URL에 매핑되므로 매우 유연하다. 조금 뒤에 다시 살펴본다.

15장에서 Razor 페이지를 만들지는 않지만 MVC 웹사이트는 인증 및 권한 부여를 위해 ASP.NET Core ID를 사용하고 사용자 등록 및 로그인과 같은 사용자 인터페이스 컴포넌트에는 Razor 클래스 라이브러리를 사용하므로 Razor Page 지원을 매핑하는 메서드 호출은 그대로 둬야 한다.

5. 네 번째이자 마지막 섹션에서는 웹사이트를 실행하고 HTTP 요청에 대한 응답을 대기하기 위해 스레드 차단 메서드를 호출한다.

```
app.Run();
```

기본 MVC 라우터 이해하기

라우터의 역할은 인스턴스화할 컨트롤러 클래스의 이름과 HTTP 응답 메서드에 전달할 선택적 id 매개 변수로 실행할 작업 메서드를 찾는 것이다.

MVC의 기본 라우터 코드는 다음과 같다.

```
endpoints.MapControllerRoute(
    name: "default",
    pattern: "{controller=Home}/{action=Index}/{id?}");
```

라우터 패턴에는 **세그먼트**^{segment}라고 하는 중괄호 {} 부분이 있으며 메서드의 명명된 매개 변수와 같다. 이러한 세그먼트의 값은 모든 문자열이 될 수 있다. URL 세그먼트는 대소문자를 구분하지 않는다.

라우터 패턴은 브라우저에서 요청한 URL 경로를 살펴보고 컨트롤러 이름, 작업 이름, 선택적 id 값을 추출하기 위해 매핑시킨다. 여기서 ? 기호는 선택 사항이다.

이름을 입력하지 않은 경우 컨트롤러는 Home 기본값이 사용되고 action은 Index를 사용한다. =은 명명된 세그먼트에 기본값을 설정한다.

다음 표는 각 URL에 대해 기본 라우터가 컨트롤러 및 액션의 이름을 처리하는 방법을 보여 준다.

URL	Controller	Action	ID
/	Home	Index	
/Muppet	Muppet	Index	
/Muppet/Kermit	Muppet	Kermit	
/Muppet/Kermit/Green	Muppet	Kermit	Green
/Products	Products	Index	
/Products/Detail	Products	Detail	
/Products/Detail/3	Products	Detail	3

컨트롤러와 액션 이해하기

MVC에서 C는 컨트롤러를 나타낸다. 라우트와 요청된 URL을 통해 ASP.NET Core 는 컨트롤러의 이름을 알 수 있으므로 [Controller] 특성으로 장식되거나 해당 특성으로 장식된 클래스에서 파생되는 클래스를 찾는다. 마이크로소프트가 제공하는 다음 ControllerBase 클래스를 예로 들 수 있다.

```
namespace Microsoft.AspNetCore.Mvc
{
  //
  // Summary:
  // A base class for an MVC controller without view support.
  [Controller]
  public abstract class ControllerBase
  {
...
```

ControllerBase 클래스 이해하기

XML 주석의 설명처럼 ControllerBase는 뷰를 지원하지 않으며 16장에서 볼 수 있듯이 웹 서비스를 만드는 데 사용된다.

ControllerBase는 다음 표와 같이 현재 HTTP 콘텍스트로 작업할 때 필요한 여러 개의 유용한 프로퍼티를 갖고 있다.

속성	설명
Request	HTTP 요청. 예를 들어 헤더, 쿼리 문자열 매개 변수, 읽을 수 있는 스트림으로서 요청 본문, 콘텐츠 유형 및 길이, 쿠키 등
Response	HTTP 응답. 예를 들어 헤더, 쓸 수 있는 스트림인 응답 본문, 콘텐츠 유형 및 길이, 상태 코드, 쿠키 등. 메서드를 연결할 수 있는 OnStarting 및 OnCompleted와 같은 대리자도 있다.
HttpContext	요청 및 응답, 연결에 대한 정보, 미들웨어가 있는 서버에서 활성화된 기능 모음, 인증 및 권한 부여를 위한 사용자 객체를 포함해 현재 HTTP 콘텍스트에 대한 모든 것

컨트롤러 클래스 이해하기

마이크로소프트는 다음과 같이 뷰 지원이 필요할 때 클래스에서 상속할 수 있는 Controller라는 다른 클래스를 제공한다.

```
namespace Microsoft.AspNetCore.Mvc
{
  //
  // Summary:
  // A base class for an MVC controller with view support.
  public abstract class Controller : ControllerBase,
    IActionFilter, IFilterMetadata, IAsyncActionFilter, IDisposable
  {
...
```

Controller 클래스는 다음 표처럼 뷰를 사용할 때 유용한 많은 속성을 갖고 있다.

속성	설명
ViewData	컨트롤러가 뷰에서 접근할 수 있는 키/값 쌍을 저장하는 딕셔너리다. 딕셔너리의 라이프 사이클은 현재 요청/응답에서만 유효하다.
ViewBag	딕셔너리를 설정하고 가져오기 위해 보다 친숙한 구문을 제공하는, ViewData를 래핑한 동적 개체
TempData	컨트롤러가 뷰에서 접근할 수 있는 키/값 쌍을 저장하는 딕셔너리다. 딕셔너리의 수명은 동일한 방문자 세션에 대한 현재 요청/응답 및 다음 요청/응답에서 유효하다. 이는 초기 요청 중에 값을 저장하고 리다이렉션으로 응답한 다음, 후속 요청에서 저장된 값을 읽을 때 유용하다.

Controller 클래스는 다음 표처럼 뷰를 사용할 때 유용한 많은 메서드도 갖고 있다.

속성	설명
View	동적으로 생성된 웹 페이지처럼 전체 응답을 렌더링하는 뷰를 실행한 후 ViewResult를 반환한다. 뷰는 규칙을 사용해 선택하거나 문자열 이름으로 지정할 수 있으며 뷰에 모델을 전달할 수 있다.
PartialView	동적으로 생성된 HTML 청크처럼 전체 응답의 일부인 뷰를 실행한 후 PartialViewResult를 반환한다. 뷰는 규칙을 사용해 선택하거나 문자열 이름으로 지정할 수 있으며 뷰에 모델을 전달할 수 있다.

ViewComponent	HTML을 동적으로 생성하는 컴포넌트를 실행한 후 ViewComponentResult를 반환한다. 컴포넌트는 유형 또는 이름을 지정해 선택해야 하며 객체를 인수로 전달할 수 있다.
Json	JSON 직렬화 객체를 포함하는 JsonResult를 반환한다. 사람이 볼 수 있는 HTML을 반환하는 MVC 컨트롤러의 일부로 간단한 웹 API를 구현하는 데 유용하다.

컨트롤러 책임 이해하기

컨트롤러의 책임은 다음과 같다.

- 컨트롤러가 유효한 상태로 있는 데 필요한 서비스와 클래스 생성자에서 제대로 작동하는 데 필요한 서비스를 식별한다.

- 액션 이름을 사용해 실행할 메서드를 식별한다.

- HTTP 요청에서 매개 변수를 추출한다.

- 매개 변수를 사용해 뷰 모델을 구성하는 데 필요한 추가 데이터를 가져와 클라이언트에 적합한 뷰에 전달한다. 클라이언트가 웹 브라우저인 경우 HTML을 렌더링하는 뷰가 가장 적합하다. 다른 클라이언트는 PDF 파일이나 Excel 파일과 같은 문서 형식이나 JSON 또는 XML과 같은 데이터 형식과 같은 대체 렌더링을 선호할 수 있다.

- 뷰의 결과를 적절한 상태 코드와 함께 HTTP 응답으로 클라이언트에 반환한다.

홈, 개인 정보, 오류 페이지를 생성할 때 사용되는 컨트롤러를 살펴보자.

1. Controllers 폴더를 확장한다.

2. HomeController.cs 파일을 연다.

3. 다음 내용을 코드에서 확인한다.

   ○ 추가된 네임스페이스에서 어떤 형식을 가져오는지 표시하기 위해 주석을 추가했다.

   ○ HomeController 생성자에서 logger에 대한 참조를 저장하기 위해 읽기 전용 필드

를 선언한다.

○ 3개의 메서드는 모두 View 메서드를 호출하고 그 결과를 IActionResult 인터페이스로 반환한다.

○ Error 메서드는 추적에 사용되는 요청 ID를 사용해 뷰 모델을 해당 뷰에 전달한다. 오류 응답은 캐시되지 않는다.

```csharp
using Microsoft.AspNetCore.Mvc; // Controller, IActionResult
using Northwind.Mvc.Models; // ErrorViewModel
using System.Diagnostics; // Activity

namespace Northwind.Mvc.Controllers;

public class HomeController : Controller
{
    private readonly ILogger<HomeController> _logger;

    public HomeController(ILogger<HomeController> logger)
    {
        _logger = logger;
    }

    public IActionResult Index()
    {
        return View();
    }

    public IActionResult Privacy()
    {
        return View();
    }

    [ResponseCache(Duration = 0, Location = ResponseCacheLocation.None,
NoStore = true)]
    public IActionResult Error()
    {
        return View(new ErrorViewModel { RequestId = Activity.Current?.
Id ?? HttpContext.TraceIdentifier });
    }
}
```

/ 또는 /Home의 경로로 이동하는 경우 /Home/Index는 기본 경로의 컨트롤러 및 액션에 대한 기본 이름이므로 /Home/Index로 이동하는 것과 동일하다.

뷰 탐색 경로 규칙

Index 및 Privacy 메서드의 구현은 동일하지만 반환되는 웹 페이지는 다르다. 이는 **규칙** convention 때문인데 View 메서드 호출은 웹 페이지 생성을 위해 다른 경로의 **Razor** 파일을 찾는다.

기본으로 탐색되는 경로를 볼 수 있도록 페이지 이름 중 하나를 변경해 보자.

1. Northwind.Mvc 프로젝트에서 Views 폴더, Home 폴더를 차례로 확장한다.

2. Privacy.cshtml 이름을 Privacy2.cshtml로 변경한다.

3. 웹사이트를 시작한다.

4. 크롬을 시작하고 https://localhost:5001/로 이동해서 **Privacy**를 클릭한다. 그림 15.3과 같이 웹 페이지(MVC 뷰 및 Razor 페이지용 Shared 폴더 포함)를 렌더링하기 위해 뷰를 탐색하는 경로를 확인한다.

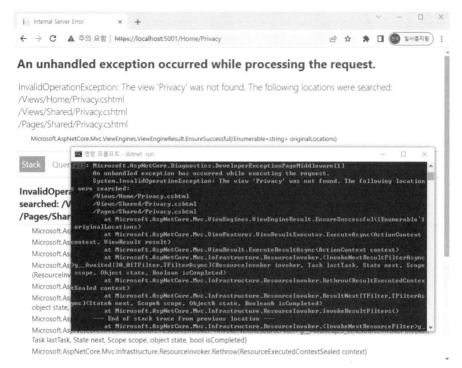

그림 15.3 뷰의 기본 탐색 경로를 보여 주는 예외

5. 크롬과 웹 서버를 종료한다.

6. `Privacy2.cshtml` 이름을 원래대로 `Privacy.html`로 변경한다.

예외 메시지를 살펴보면 뷰의 탐색 경로 규칙은 다음과 같다.

- 특정 Razor 뷰: `/Views/{controller}/{action}.cshtml`

- 공유 Razor 뷰: `/Views/Shared/{action}.cshtml`

- 공유 Razor 페이지: `/Pages/Shared/{action}.cshtml`

로깅

발생한 오류의 내용이 콘솔에 출력되는 것을 앞에서 확인했다. 로거를 사용하면 동일한 방식으로 콘솔에 필요한 메시지를 출력할 수 있다.

1. Controllers 폴더의 HomeController.cs에 있는 Index 메서드에 다음과 같이 로거를 사용해 다양한 레벨의 로그를 출력하는 코드를 추가한다.

```
_logger.LogError("This is a serious error (not really!)");
_logger.LogWarning("This is your first warning!");
_logger.LogWarning("Second warning!");
_logger.LogInformation("I am in the Index method of the
HomeController.");
```

2. 웹사이트를 시작한다.

3. 크롬을 실행하고 홈페이지로 이동한다.

4. 명령 프롬프트나 터미널에서 다음의 출력 메시지를 확인한다.

```
fail: Northwind.Mvc.Controllers.HomeController[0]
      This is a serious error (not really!)
warn: Northwind.Mvc.Controllers.HomeController[0]
      This is your first warning!
warn: Northwind.Mvc.Controllers.HomeController[0]
      Second warning!
info: Northwind.Mvc.Controllers.HomeController[0]
      I am in the Index method of the HomeController.
```

5. 크롬과 웹 서버를 종료한다.

필터

여러 개의 컨트롤러와 액션에 기능을 추가해야 할 때는 필요한 필터를 특성 클래스로 구현해 사용할 수 있다.

필터는 다음 레벨에 적용할 수 있다.

- 액션 레벨에서 특성으로 메서드를 장식한다. 이 방법은 액션 메서드에만 영향을 미친다.

- 컨트롤러 레벨에서 특성으로 컨트롤러 클래스를 장식한다. 이 방법은 컨트롤러의 모든 메서드에 영향을 미친다.

- 글로벌 레벨에서 AddControllersWithViews 메서드를 호출할 때 MVC를 구성하는 데 사용할 수 있는 특성 형식을 MvcOptions 인스턴스의 Filters 컬렉션에 추가해 다음과 같이 사용한다.

```
builder.Services.AddControllersWithViews(options =>
{
  options.Filters.Add(typeof(MyCustomFilter));
});
```

필터를 사용한 액션 메서드 보안 처리

보안 역할이 부여된 특정 구성원만 컨트롤러 클래스의 메서드를 호출할 수 있도록 하려면 [Authorize] 특성으로 메서드를 장식한다.

- [Authorize]: 인증된(비익명, 로그인 사용자) 사용자만 메서드에 접근할 수 있도록 허용한다.

- [Authorize(Roles = "Sales,Marketing")]: 지정된 구성원만 메서드에 접근할 수 있다.

실제로 사용해 보자.

1. HomeController.cs에서 Microsoft.AspNetCore.Authorization 네임스페이스를 가져온다.

2. 다음 코드와 같이 Administrators라는 그룹/역할의 구성원이면서 로그인한 사용자에게만 접근을 허용하려면 Privacy 메서드에 특성을 추가한다.

```
[Authorize(Roles = "Administrators")]
public IActionResult Privacy()
```

3. 웹사이트를 시작한다.

4. **Piravacy**를 클릭하면 로그인 페이지로 이동한다.

5. 이메일과 비밀번호를 입력한다.

6. **로그인**을 클릭하면 접근이 거부된다.

7. 크롬과 웹 서버를 종료한다.

역할 관리 활성화 및 프로그래밍 방식으로 역할 생성하기

ASP.NET Core MVC 프로젝트에서 역할 관리는 기본으로 활성화돼 있지 않으므로 역할 생성 전에 기능 활성화를 먼저 해야 한다. 다음으로 프로그래밍 방식으로 Administrators 역할을 생성하는 컨트롤러를 만들고 테스트 사용자를 할당한다.

1. Program.cs의 ASP.NET Core ID 및 데이터베이스 설정에 AddRoles 호출을 추가해 역할 관리를 활성화한다.

```
services.AddDefaultIdentity<IdentityUser>(
  options => options.SignIn.RequireConfirmedAccount = true)
.AddRoles<IdentityRole>() // enable role management
.AddEntityFrameworkStores<ApplicationDbContext>();
```

2. Controllers에 RolesController.cs라는 빈 컨트롤러 클래스를 만들고 다음 코드를 추가한다.

```
using Microsoft.AspNetCore.Identity; // RoleManager, UserManager
using Microsoft.AspNetCore.Mvc; // Controller, IActionResult
using static System.Console;
namespace Northwind.Mvc.Controllers;
public class RolesController : Controller
{
```

```
private string AdminRole = "Administrators";
private string UserEmail = "test@example.com";
private readonly RoleManager<IdentityRole> roleManager;
private readonly UserManager<IdentityUser> userManager;
public RolesController(RoleManager<IdentityRole> roleManager,
  UserManager<IdentityUser> userManager)
{
  this.roleManager = roleManager;
  this.userManager = userManager;
}
public async Task<IActionResult> Index()
{
  if (!(await roleManager.RoleExistsAsync(AdminRole)))
  {
    await roleManager.CreateAsync(new IdentityRole(AdminRole));
  }
  IdentityUser user = await userManager.FindByEmailAsync(UserEmail);
  if (user == null)
  {
    user = new();
    user.UserName = UserEmail;
    user.Email = UserEmail;
    IdentityResult result = await userManager.CreateAsync(
      user, "Pa$$w0rd");
    if (result.Succeeded)
    {
      WriteLine($"User {user.UserName} created successfully.");
    }
    else
    {
      foreach (IdentityError error in result.Errors)
      {
        WriteLine(error.Description);
      }
    }
  }
  if (!user.EmailConfirmed)
  {
    string token = await userManager
      .GenerateEmailConfirmationTokenAsync(user);
    IdentityResult result = await userManager
      .ConfirmEmailAsync(user, token);
    if (result.Succeeded)
    {
```

```
        WriteLine($"User {user.UserName} email confirmed
successfully.");
      }
      else
      {
        foreach (IdentityError error in result.Errors)
        {
          WriteLine(error.Description);
        }
      }
    }
    if (!(await userManager.IsInRoleAsync(user, AdminRole)))
    {
      IdentityResult result = await userManager
        .AddToRoleAsync(user, AdminRole);
      if (result.Succeeded)
      {
        WriteLine($"User {user.UserName} added to {AdminRole}
successfully.");
      }
      else
      {
        foreach (IdentityError error in result.Errors)
        {
          WriteLine(error.Description);
        }
      }
    }
    return Redirect("/");
  }
}
```

코드에 대해 다음을 참고한다.

- 사용자 역할 이름과 이메일에 해당하는 2개의 필드가 존재한다.

- 생성자는 등록된 사용자 및 역할 관리자 종속성 서비스를 가져오고 저장한다.

- Administrators 역할이 없다면 역할 관리자를 사용해 생성한다.

- 이메일로 테스트 사용자를 찾아서 없으면 생성한 다음, Administrators 역할에
  할당한다.

- 웹사이트는 DOI를 사용하기 때문에 이메일 확인 토큰을 생성해 새 사용자 이메일 주소를 확인할 때 사용해야 한다.

- 성공 메시지나 모든 오류 내용이 콘솔에 출력된다.

- 자동으로 홈페이지로 리다이렉션된다.

3. 웹사이트를 시작한다.

4. **Privacy**를 클릭하면 로그인 페이지로 이동한다.

5. 이메일과 비밀번호를 입력한다.

6. **로그인**을 클릭하면 이전과 동일하게 접근이 거부된다.

7. **Home**을 클릭한다.

8. 주소창에 다음 URL을 입력한다. `https://localhost:5001/roles`

9. 콘솔에서 다음과 같은 성공 메시지를 확인한다.

```
User test@example.com created successfully.
User test@example.com email confirmed successfully.
User test@example.com added to Administrators successfully.
```

10. 역할 구성원 자격을 새로 로드하기 위해 로그아웃을 클릭한다.

11. **Privacy**에 다시 접근해 프로그래밍 방식으로 생성된 새 사용자의 이메일(예: test@example.com)과 비밀번호를 입력한 다음, **로그인**을 클릭하면 접근 권한이 부여된다.

12. 크롬과 웹 서버를 종료한다.

필터를 사용해 응답 캐시하기

응답 시간과 확장성을 개선하려면 [ResponseCache] 특성으로 메서드를 장식해 메서드가 생성한 HTTP 응답을 캐시할 수 있다.

다음과 같은 매개 변수를 사용해 캐시 위치와 기간을 제어할 수 있다.

- Duration: 초 단위로 측정되는 max-age HTTP 응답 헤더를 설정한다. 보통 한 시간(3600초)이나 하루(86400초)를 설정한다.

- Location: ResponseCacheLocation 값인 Any, Client, None 중의 하나. 캐시 제어 HTTP 응답 헤더를 설정한다.

- NoStore: true면 Duration 및 Location을 무시하고 캐시 제어 HTTP 응답 헤더를 no-store로 설정한다.

실제 예제를 살펴보자.

1. HomeController.cs의 Index 메서드에 다음 특성을 추가해 브라우저 또는 서버와 브라우저 간의 프록시에서 10초 동안 응답을 캐시한다.

```
[ResponseCache(Duration = 10, Location = ResponseCacheLocation.Any)]
public IActionResult Index()
```

2. Views 폴더의 하위 Home 폴더에서 Index.cshtml을 열고 다음과 같이 초를 포함하는 긴 형식으로 현재 시간을 출력한다.

```
<p class="alert alert-primary">@DateTime.Now.ToLongTimeString()</p>
```

3. 웹사이트를 시작한다.

4. 홈페이지에서 현재 시간을 확인한다.

5. **Register**를 클릭한다.

6. 다시 **Home**을 클릭한다. 캐시 값을 사용하므로 시간은 전과 동일하다.

7. 다시 **Register**를 클릭하고 최소 10초 동안 기다린다.

8. **Home**을 클릭하고 시간이 변경된 것을 확인한다.

9. **로그인**을 클릭하고 이메일과 비밀번호를 입력한 다음, **로그인**을 클릭한다.

10. 홈페이지의 시간을 확인한다.

11. **Privacy**를 클릭한다.

12. **Home**을 클릭하고 페이지가 캐시되지 않은 것을 확인한다.

13. 로그인된 상태에서는 ASP.NET Core가 위조 방지 토큰을 사용하므로 캐시되지 않
    아야 한다. 다음과 같이 캐시가 갱신됐음을 알리는 경고 메시지를 확인한다.

```
warn: Microsoft.AspNetCore.Antiforgery.DefaultAntiforgery[8]
      The 'Cache-Control' and 'Pragma' headers have been overridden
and set to 'no-cache, no-store' and 'no-cache' respectively to prevent
caching of this response. Any response that uses antiforgery should not
be cached.
```

14. 크롬과 웹 서버를 종료한다.

필터를 사용해 사용자 지정 라우트 정의

기본 경로 대신 단순화된 메서드 라우트를 정의할 수 있다.

예를 들어, Privacy 페이지를 표시하려면 현재 컨트롤러와 액션을 모두 지정하는 다음
URL 라우트가 필요하다.

```
https://localhost:5001/home/privacy
```

사용자 지정 라우트를 사용하면 위 경로를 다음처럼 단순화할 수 있다.

```
https://localhost:5001/private
```

실제 사용 예를 살펴보자.

1. HomeController.cs의 Privacy 메서드에 다음 특성을 추가해 단순화된 경로를 정의한다.

```
[Route("private")]
[Authorize(Roles = "Administrators")]
public IActionResult Privacy()
```

2. 웹사이트를 시작한다.

3. 주소창에 다음 URL을 입력한다.

   `https://localhost:5001/private`

4. 이메일과 비밀번호를 입력하고 로그인을 클릭하면 간소화된 경로를 통해 **Privacy** 페이지가 표시된다.

5. 크롬과 웹 서버를 종료한다.

엔티티 및 뷰 모델 이해하기

MVC에서 M은 모델을 의미한다. 모델은 요청에 응답할 때 필요한 데이터다. 보통 엔티티 모델과 뷰 모델의 두 가지 유형으로 구분한다.

엔티티 모델은 SQL Server 또는 SQLite와 같은 데이터베이스 엔티티를 나타낸다. 요청에 따라 데이터 저장소에서 하나 이상의 엔티티를 검색할 수 있다. 엔티티 모델은 기본 데이터 저장소를 업데이트하는 데 사용할 수 있으므로 클래스를 통해 정의한다.

요청에 대한 응답으로 사용되는 모든 데이터는 **뷰 모델**이다. 이는 HTML 또는 JSON과 같은 응답 형식으로 렌더링하기 위해 뷰에 전달되는 모델이기 때문이다. 뷰 모델은 변경 불가능해야 하므로 보통 레코드를 사용해 정의한다.

예를 들어, 다음 HTTP GET 요청은 제품 3에 대한 세부 정보를 요청한다.

http://www.example.com/products/details/3

컨트롤러는 ID 경로 값 3을 사용해 해당 제품의 엔티티를 검색하고 이를 뷰에 전달한다. 뷰는 모델을 HTML로 변환해 브라우저에 표시한다.

이번에는 13장에서 만든 Northwind 데이터베이스의 엔티티 프레임워크 코어 엔티티 데이터 모델을 사용해 카테고리 캐러셀, 제품 목록, 방문자 수를 표시해 보자.

1. Northwind.Mvc 프로젝트에서 SQLite 또는 SQL Server에 대해 Northwind.Common.
   DataContext에 대한 프로젝트 참조를 추가한다.

```
<!-- SQL Server를 사용하려면 Sqlite를 SqlServer로 변경 -->
<ProjectReference Include="..\Northwind.Common.DataContext.Sqlite\
Northwind.Common.DataContext.Sqlite.csproj" />
```

2. Northwind.Mvc 프로젝트를 빌드해 의존성을 컴파일한다.

3. SQL Server를 사용하거나 SQL Server와 SQLite 간의 전환을 하려면 appsettings.
   json에서 다음 연결 문자열을 추가한다.

```
"ConnectionStrings": {
    "DefaultConnection": "Server=(localdb)\\mssqllocaldb;Database=
aspnet-Northwind.Mvc-DC9C4FAF-DD84-4FC9-B925-69A61240EDA7;Trusted_Conne
ction=True;MultipleActiveResultSets=true",
    "NorthwindConnection": "Server=.;Database=Northwind;Trusted_Connect
ion=True;MultipleActiveResultSets=true"
  },
```

4. Program.cs에서 엔티티 모델 형식 작업에 필요한 네임스페이스를 가져온다.

```
using Packt.Shared; // AddNorthwindContext extension method
```

5. builder.Build 메서드 호출 전에 적절한 연결 문자열을 로드해서 Northwind 데이터
   베이스 콘텍스트를 등록하는 코드를 추가한다.

```
// SQL Server 사용
string sqlServerConnection = builder.Configuration.GetConnectionString(
```

```
"NorthwindConnection");
builder.Services.AddNorthwindContext(sqlServerConnection);
// SQLite를 사용하는 경우 기본값은 ..\Northwind.db
builder.Services.AddNorthwindContext();
```

6. Models 폴더에 클래스 파일을 추가하고 이름을 HomeIndexViewModel.cs로 지정한다.

 좋은 습관: 비록 MVC 프로젝트 템플릿에서 생성한 ErrorViewModel 클래스는 이 규칙을 따르지 않지만, 뷰 모델 클래스에는 {Controller}{Action}ViewModel 명명 규칙을 사용하는 것이 좋다.

7. 방문자 수, 카테고리, 제품 목록에 대한 세 가지 속성이 있는 레코드를 정의한다.

```
using Packt.Shared; // Category, Product
namespace Northwind.Mvc.Models;
public record HomeIndexViewModel
(
  int VisitorCount,
  IList<Category> Categories,
  IList<Product> Products
);
```

8. HomcController.cs에서 Packt.Shared 네임스페이스를 가져온다.

```
using Packt.Shared; // NorthwindContext
```

9. Northwind 인스턴스에 대한 참조를 저장할 필드를 추가하고 생성자에서 초기화한다.

```
private readonly ILogger<HomeController> _logger;
private readonly NorthwindContext db;
public HomeController(ILogger<HomeController> logger,
    NorthwindContext injectedContext)
{
    _logger = logger;
    db = injectedContext;
```

```
        }
    ...
```

ASP.NET Core는 생성자 매개 변수 주입을 사용해 Program.cs에 지정한 연결 문자
열로 NorthwindContext 데이터베이스 콘텍스트의 인스턴스를 전달한다.

10. Index 메서드의 코드를 수정해 뷰 모델의 인스턴스를 만든다. 방문자 수를 흉내내기
    위해 Random 클래스로 1에서 1000 사이의 숫자를 생성하고 Northwind 데이터베이스
    를 사용해 카테고리 및 제품 목록을 가져온다. 생성된 모델을 뷰에 전달한다.

```
HomeIndexViewModel model = new
    (
        VisitorCount: (new Random()).Next(1, 1001),
        Categories: db.Categories.ToList(),
        Products: db.Products.ToList()
    );
    return View(model); // 모델을 뷰에 전달한다.
```

뷰의 탐색 규칙을 기억하자. View 메서드가 컨트롤러의 작업 메서드에서 호출되면 ASP.
NET Core MVC는 Views 폴더에서 현재 컨트롤러, 즉 Home과 이름이 같은 하위 폴더
를 찾는다. 다음으로 현재 액션과 이름이 같은 파일, 즉 Index.cshtml을 찾는다. 또한
Shared 폴더에서 액션 메서드 이름과 일치하는 뷰와 Pages 폴더에서 Razor Pages를 탐
색한다.

뷰 이해하기

MVC에서 V는 뷰를 의미한다. 뷰의 역할은 모델을 HTML 또는 기타 형식으로 변환하
는 것이다.

사용할 수 있는 여러 **뷰 엔진**view engine이 있다. 기본 뷰 엔진은 **Razor**라고 하며 @ 기호
를 사용해 서버 측 실행 코드를 나타낸다. ASP.NET Core 2.0에 도입된 Razor Pages
기능은 동일한 뷰 엔진을 사용하므로 같은 Razor 구문을 사용할 수 있다.

카테고리 및 제품 목록을 렌더링하도록 홈페이지 뷰를 수정하자.

1. Views 폴더, Home 폴더를 차례로 확장한다.

2. Index.cshtml 파일을 열고 @{ }로 래핑된 C# 코드 블록을 확인한다. 이 블록은 웹 페이지 제목과 같이 공유 레이아웃 파일에 전달해야 하는 데이터를 저장하기 위해 사용되며 먼저 실행된다.

```
@{
    ViewData["Title"] = "Home Page";
}
```

3. 스타일 지정을 위해 부트스트랩을 사용하는 <div> 요소의 정적 HTML 콘텐츠를 확인한다.

 좋은 습관: 고유한 스타일을 정의할 수 있으며, 반응형 디자인을 구현하는 부트스트랩과 같은 공통 라이브러리를 기준으로 스타일을 정의한다.

Razor Pages와 마찬가지로 View 메서드에 의해 실행되는 _ViewStart.cshtml이라는 파일이 있다. 이 파일은 모든 뷰에 적용되는 기본값을 설정한다.

예를 들어, 아래 마크업은 모든 뷰의 Layout 속성을 공유 레이아웃 파일로 설정한다.

```
@{
    Layout = "_Layout";
}
```

4. Views 폴더에서 _ViewImports.cshtml 파일을 열고 필요한 네임스페이스와 ASP. NET Core TagHelpers를 추가한다.

```
@using Northwind.Mvc
@using Northwind.Mvc.Models
@addTagHelper *, Microsoft.AspNetCore.Mvc.TagHelpers
```

5. Shared 폴더에서 _Layout.cshtml 파일을 연다.

6. 제목은 Index.cshtml 뷰에서 ViewData 딕셔너리를 읽어 표시한다.

```
<title>@ViewData["Title"] - Northwind.Mvc</title>
```

7. 부트스트랩 및 사이트 스타일시트를 지원하기 위한 링크 렌더링에 유의하자. ~는 wwwroot 폴더를 의미한다.

```
<link rel="stylesheet" href="~/lib/bootstrap/dist/css/bootstrap.min.css"
/>
<link rel="stylesheet" href="~/css/site.css" asp-append-version="true"
/>
```

8. 헤더에 있는 탐색 바 렌더링에 유의하자.

```
<body>
    <header>
        <nav class="navbar …">
```

9. 다음 마크업처럼 로그인에 대한 부분 보기와 하이퍼링크를 포함하는, 접을 수 있는 <div>가 렌더링돼 사용자가 asp-controller 및 asp-action과 같은 특성을 가진 ASP. NET Core 태그 헬퍼로 페이지를 탐색할 수 있다.

```
<div class=
  "navbar-collapse collapse d-sm-inline-flex justify-content-between">
  <ul class="navbar-nav flex-grow-1">
    <li class="nav-item">
      <a class="nav-link text-dark" asp-area=""
        asp-controller="Home" asp-action="Index">Home</a>
    </li>
    <li class="nav-item">
      <a class="nav-link text-dark"
        asp-area="" asp-controller="Home"
        asp-action="Privacy">Privacy</a>
    </li>
  </ul>
```

```
    <partial name="_LoginPartial" />
  </div>
```

<a> 요소는 asp-controller 및 asp-action이라는 태그 헬퍼 특성을 사용해 링크를 클릭할 때 실행할 컨트롤러 이름과 작업을 지정한다. 14장에서 만든 직원 컴포넌트와 같이 Razor 클래스 라이브러리의 기능으로 이동하려면 asp-area를 사용해 기능 이름을 지정한다.

10. <main> 요소 내부의 본문 렌더링에 유의하자.

```
<div class="container">
  <main role="main" class="pb-3">
    @RenderBody()
  </main>
</div>
```

RenderBody 메서드는 공유 레이아웃의 해당 지점에 Index.cshtml 파일과 같은 특정 Razor 뷰의 내용을 삽입한다.

11. 페이지 하단의 <script> 요소 렌더링으로 페이지 표시 속도를 늦추지 않고 scripts 라는 선택적 정의 섹션에 고유한 스크립트 블록을 추가할 수 있다.

```
<script src="~/lib/jquery/dist/jquery.min.js"></script>
<script src="~/lib/bootstrap/dist/js/bootstrap.bundle.min.js">
</script>
<script src="~/js/site.js" asp-append-version="true"></script>
@await RenderSectionAsync("scripts", required: false)
```

asp-append-version이 src 속성과 함께 <img> 또는 <script>와 같은 요소에 true 값으로 지정되면 이미지 태그 헬퍼가 호출된다. 이 태그 헬퍼는 이미지에만 영향을 주지 않기 때문에 이름이 잘못 지정됐다.

다음과 같이 참조된 소스 파일의 해시에서 생성된 v라는 쿼리 문자열 값을 자동으로 추가해 작동한다.

```
<script src="~/js/site.js? v=Kl_dqr9NVtnMdsM2MUg4qthUnWZm5T1fCEimBPWD
NgM"></script>
```

site.js 파일 내용이 1바이트라도 변경되면 해시 값이 달라지므로 브라우저 또는 CDN
이 스크립트 파일을 캐시하는 경우 캐시된 사본을 삭제하고 새로운 버전으로 교체한다.

⁙ ASP.NET Core MVC 웹사이트 사용자 지정

앞에서 기본 MVC 웹사이트의 구조를 알아봤다. 이번에는 사용자 지정과 확장에 대해
살펴본다. Northwind 데이터베이스에 대한 EF 코어 모델을 이미 등록했으므로 이번에
는 해당 데이터 중 일부를 홈페이지에 출력한다.

사용자 정의 스타일

홈페이지에는 Northwind 데이터베이스의 77개 제품 목록이 표시된다. 공간을 효율적
으로 사용하기 위해 목록을 3개의 열column로 표시하는데, 이를 위해서는 웹사이트의 스
타일시트를 사용자 정의해야 한다.

1. wwwroot\css 폴더에서 site.css 파일을 연다.

2. 제품 열 ID가 있는 요소에 적용할 새 스타일을 파일 맨 아래에 추가한다.

```
#product-columns
{
  column-count: 3;
}
```

카테고리 이미지 설정

Northwind 데이터베이스에는 8개의 카테고리가 있지만 이미지는 없다. 웹사이트에 다채로운 이미지를 추가하면 다른 사이트와 차이를 만들 수 있다.

1. wwwroot 폴더에 images라는 폴더를 만든다.

2. 이미지 폴더에 category1.jpeg, category2.jpeg 등으로 이름이 지정된 8개의 이미지 파일을 category8.jpeg까지 추가한다.

 다음 깃허브 저장소에서 이미지를 다운로드할 수 있다.
https://github.com/markjprice/cs10dotnet6/tree/master/Assets/Categories

Razor 구문 이해하기

홈페이지 뷰를 사용자 지정하기 전에 다음과 같이 태그, 가격, 수량으로 주문을 인스턴스화한 다음 웹 페이지에서 주문에 대한 정보를 출력하는 초기 Razor 코드 블록이 있는 예제 파일을 먼저 살펴보자.

```
@{
  Order order = new()
  {
    OrderId = 123,
    Product = "Sushi",
    Price = 8.49M,
    Quantity = 3
  };
}
<div>Your order for @order.Quantity of @order.Product has a total cost of
$@ order.Price * @order.Quantity</div>
```

앞의 Razor 파일은 다음과 같은 잘못된 출력을 보여 준다.

```
Your order for 3 of Sushi has a total cost of $8.49 * 3
```

Razor 태그는 @object.property를 사용해 단일 속성 값을 포함할 수 있지만, 식을 괄호로 묶어야 한다.

```
<div>Your order for @order.Quantity of @order.Product has a total cost of
$@ (order.Price * order.Quantity)</div>
```

이제 올바른 출력 결과를 보여 준다.

```
Your order for 3 of Sushi has a total cost of $25.47
```

형식화된 뷰 정의

뷰를 만들 때 인텔리센스IntelliSense를 개선하려면 맨 위에 있는 @model 지시문을 사용해 뷰에서 예상할 수 있는 형식을 정의할 수 있다.

1. Views\Home 폴더에서 Index.cshtml을 연다.

2. 파일 맨 위에 HomeIndexViewModel을 사용하도록 모델 형식을 설정하는 코드를 추가한다.

```
@model HomeIndexViewModel
```

이제 코드 편집기가 모델의 올바른 형식을 알기 때문에 뷰에서 Model을 입력할 때 인텔리센스를 제공할 수 있다.

뷰에 코드를 입력할 때 다음 사항을 알아 두자.

- 모델의 형식을 선언하고 소문자 m으로 시작하는 @model을 사용한다.

- 모델 인스턴스와 상호 작용하려면 대문자 M으로 시작하는 @Model을 사용한다.

계속해서 홈페이지의 뷰를 사용자 지정해 보자.

3. 초기 Razor 코드 블록에서 다음과 같이 현재 항목에 대한 문자열 변수를 선언하는 코드를 추가하고, 기존 `<div>` 요소 아래에 캐러셀의 출력 카테고리에 새 마크업을 추가하고, 순서가 지정되지 않은 목록으로 제품을 추가한다.

```
@using Packt.Shared
@model HomeIndexViewModel
@{
  ViewData["Title"] = "Home Page";
  string currentItem = "";
}
<div class="text-center">
  <h1 class="display-4">Welcome</h1>
  <p>Learn about <a href="https://docs.microsoft.com/aspnet/
core">building Web apps with ASP.NET Core</a>.</p>
  <p class="alert alert-primary">@DateTime.Now.ToLongTimeString()</p>
</div>
@if (Model is not null)
{
<div id="categories" class="carousel slide" data-ride="carousel"
    data-interval="3000" data-keyboard="true">
  <ol class="carousel-indicators">
  @for (int c = 0; c < Model.Categories.Count; c++)
  {
    if (c == 0)
    {
      currentItem = "active";
    }
    else
    {
      currentItem = "";
    }
    <li data-target="#categories" data-slide-to="@c"
        class="@currentItem"></li>
  }
  </ol>
  <div class="carousel-inner">
  @for (int c = 0; c < Model.Categories.Count; c++)
  {
    if (c == 0)
    {
      currentItem = "active";
    }
```

```
      else
      {
        currentItem = "";
      }
      <div class="carousel-item @currentItem">
        <img class="d-block w-100" src=
          "~/images/category@(Model.Categories[c].CategoryId).jpeg"
          alt="@Model.Categories[c].CategoryName" />
        <div class="carousel-caption d-none d-md-block">
          <h2>@Model.Categories[c].CategoryName</h2>
          <h3>@Model.Categories[c].Description</h3>
          <p>
            <a class="btn btn-primary"
              href="/category/@Model.Categories[c].CategoryId">View</a>
          </p>
        </div>
      </div>
    }
    </div>
    <a class="carousel-control-prev" href="#categories"
      role="button" data-slide="prev">
      <span class="carousel-control-prev-icon"
        aria-hidden="true"></span>
      <span class="sr-only">Previous</span>
    </a>
    <a class="carousel-control-next" href="#categories"
      role="button" data-slide="next">
      <span class="carousel-control-next-icon" aria-hidden="true"></span>
      <span class="sr-only">Next</span>
    </a>
  </div>
}
<div class="row">
  <div class="col-md-12">
    <h1>Northwind</h1>
    <p class="lead">
      We have had @Model?.VisitorCount visitors this month.
    </p>
    @if (Model is not null)
    {
    <h2>Products</h2>
    <div id="product-columns">
      <ul>
      @foreach (Product p in @Model.Products)
```

```
    {
      <li>
        <a asp-controller="Home"
           asp-action="ProductDetail"
           asp-route-id="@p.ProductId">
          @p.ProductName costs
@(p.UnitPrice is null ? "zero" : p.UnitPrice.Value.ToString("C"))
        </a>
      </li>
    }
    </ul>
  </div>
  }
  </div>
</div>
```

추가한 Razor 마크업에 대해서는 다음을 참고한다.

- `<ul>` 및 `<li>`와 같은 정적 HTML 요소를 C# 코드와 혼합해 카테고리 캐러셀 및 제품 이름 목록을 출력하는 것은 어렵지 않다.

- id 속성이 product-columns인 `<div>` 요소는 앞서 정의한 사용자 정의 스타일을 사용하므로 해당 요소의 모든 콘텐츠가 3개의 열에 표시된다.

- 각 범주의 `<img>` 요소는 Razor 식 주위에 괄호를 사용해 컴파일러가 식의 일부로 jpeg를 포함하지 않도록 한다. "~/images/category@(Model.Categories[c].CategoryID).jpeg"

- 제품 링크의 `<a>` 요소는 태그 도우미를 사용해 URL 경로를 생성한다. 이러한 하이퍼링크에 대한 클릭은 HomeController 및 해당 ProductDetail 작업 메서드가 처리한다. 이 작업 방법은 아직 존재하지 않지만 15장의 뒷부분에서 추가할 것이다. 제품의 ID는 Ipoh Coffee의 URL 경로와 같이 id라는 경로 세그먼트로 전달된다. URL 경로는 다음과 같다.

https://localhost:5001/Home/ProductDetail/43

사용자 정의 홈페이지 결과 확인

사용자 정의 홈페이지의 결과를 살펴보자.

1. Northwind.Mvc 웹사이트를 시작한다.

2. 홈페이지에는 그림 15.4와 같이 카테고리, 방문자 수, 제품 목록이 3개의 열로 표시되는 회전식 캐러셀이 출력된다.

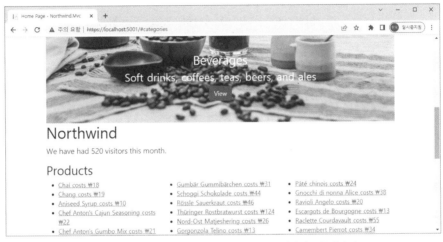

그림 15.4 캐러셀이 포함된 Northwind MVC 웹사이트 홈페이지

현재는 카테고리나 제품 링크를 클릭하면 **404 Not Found** 오류가 발생한다. 전달된 매개 변수를 사용해 제품 또는 카테고리의 세부 정보를 확인하는 페이지를 구현해보자.

3. 크롬과 웹 서버를 종료한다.

경로를 사용해 매개 변수 전달

매개 변수를 전달하는 간단한 방법은 기본 경로에 정의된 id 세그먼트를 사용하는 것이다.

1. `HomeController` 클래스에 `ProductDetail`이라는 메서드를 추가한다.

```
public IActionResult ProductDetail(int? id)
{
    if (!id.HasValue)
    {
        return BadRequest("You must pass a product ID in the route,
for example, /Home/ProductDetail/21");
    }

    Product? model = db.Products
        .SingleOrDefault(p => p.ProductId == id);

    if (model == null)
    {
        return NotFound($"ProductId {id} not found.");
    }
    return View(model); // 모델을 뷰에 전달하고 그 결과를 반환한다.
}
```

다음을 참고한다.

- 이 메서드는 **모델 바인딩**이라는 ASP.NET Core 기능을 사용해 경로에 전달된 id를 메서드의 id 매개 변수와 자동으로 일치시킨다.

- 메서드 내에서 id에 값이 없는지 확인하고, 없으면 `BadRequest` 메서드를 호출해 올바른 URL 경로 형식을 설명하는 사용자 지정 메시지와 함께 400 상태 코드를 반환한다.

- 값이 있으면 데이터베이스에 연결하고 id 값을 사용해 제품을 검색할 수 있다.

- 제품을 찾으면 뷰에 전달한다. 찾지 못하면 `NotFound` 메서드를 호출해 404 상태 코드와 해당 ID를 가진 제품이 데이터베이스에서 발견되지 않았음을 설명하는 사용자 지정 메시지를 반환한다.

2. Views/Home 폴더 안에 ProductDetail.cshtml이라는 새 파일을 추가한다.

3. 다음 마크업을 추가한다.

```
@model Packt.Shared.Product
@{
  ViewData["Title"] = "Product Detail - " + Model.ProductName;
}
<h2>Product Detail</h2>
<hr />
<div>
  <dl class="dl-horizontal">
    <dt>Product Id</dt>
    <dd>@Model.ProductId</dd>
    <dt>Product Name</dt>
    <dd>@Model.ProductName</dd>
    <dt>Category Id</dt>
    <dd>@Model.CategoryId</dd>
    <dt>Unit Price</dt>
    <dd>@Model.UnitPrice.Value.ToString("C")</dd>
    <dt>Units In Stock</dt>
    <dd>@Model.UnitsInStock</dd>
  </dl>
</div>
```

4. 웹사이트를 시작한다.

5. 제품 목록이 있는 홈페이지가 나타나면 그중 하나를 클릭한다. 여기서는 두 번째 제품인 **Chang**을 클릭했다.

6. 그림 15.5와 같이 브라우저 주소 표시줄의 URL 경로, 브라우저 탭에 표시되는 페이지 제목, 제품 세부 정보 페이지를 확인한다.

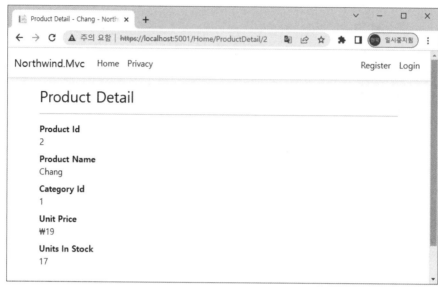

그림 15.5 제품 Chang의 상세 페이지

7. **개발자 도구**를 연다.

8. 크롬 주소 창의 URL을 수정해 99와 같이 존재하지 않는 제품 ID를 요청하고 404 Not Found 상태 코드 및 사용자 지정 오류 응답이 오는지 확인한다.

모델 바인더 자세히 이해하기

모델 바인더는 강력하며 기본 바인더는 많은 작업을 처리한다. 기본 경로가 인스턴스화할 컨트롤러 클래스와 호출할 작업 메서드를 식별한 후 해당 메서드에 매개 변수가 있는 경우 해당 매개 변수에 값을 설정해야 한다.

모델 바인더는 아래 매개 변수로 HTTP 요청에 전달된 매개 변수 값을 검색해 이를 수행한다.

- **경로 매개 변수**: /Home/ProductDetail/2

- **쿼리 문자열 매개 변수**: /Home/ProductDetail?id=2

- **폼 매개 변수**: 다음 마크업과 같은 매개 변수

```
<form action="post" action="/Home/ProductDetail">
  <input type="text" name="id" value="2" />
  <input type="submit" />
</form>
```

모델 바인더는 거의 모든 형식을 채울 수 있다.

- int, string, DateTime, bool과 같은 단순 형식

- class, record 또는 struct로 정의된 복합 형식

- 배열 및 리스트 같은 컬렉션 형식

기본 모델 바인더를 사용해 할 수 있는 것을 설명하기 위해 약간 인위적인 예를 만들어 보자.

1. Models 폴더에 Thing.cs라는 새 파일을 추가한다.

2. Id라는 nullable 정수와 Color라는 string에 대한 두 가지 속성을 사용해 클래스를 정의한다.

```
namespace Northwind.Mvc.Models;
public class Thing
{
  public int? Id { get; set; }
  public string? Color { get; set; }
}
```

3. HomeController에 새 모델 형식을 사용해 폼이 있는 페이지 표시와 매개 변수가 있는 사물 표시의 2개 메서드를 추가한다.

```
public IActionResult ModelBinding()
{
    return View(); // 폼이 있는 페이지
}
public IActionResult ModelBinding(Thing thing)
{
    return View(thing); // 바인딩된 모델을 표시
}
```

4. Views\Home 폴더에 ModelBinding.cshtml이라는 새 파일을 추가한다.

5. 다음 마크업을 추가한다.

```
@model Thing
@{
    ViewData["Title"] = "Model Binding Demo";
}
<h1>@ViewData["Title"]</h1>
<div>
    Enter values for your thing in the following form:
</div>
<form method="POST" action="/home/modelbinding?id=3">
    <input name="color" value="Red" />
    <input type="submit" />
</form>
@if (Model != null)
{
<h2>Submitted Thing</h2>
<hr />
<div>
    <dl class="dl-horizontal">
        <dt>Model.Id</dt>
        <dd>@Model.Id</dd>
        <dt>Model.Color</dt>
        <dd>@Model.Color</dd>
    </dl>
</div>
}
```

6. Views/Home에서 Index.cshtml을 열고 첫 번째 `<div>`에, 모델을 바인딩한 페이지 링크를 추가한다.

```
<p><a asp-action="ModelBinding" asp-controller="Home">Binding</a></p>
```

7. 웹사이트를 시작한다.

8. 홈페이지에서 **Binding**을 클릭한다.

9. 그림 15.6과 같이 모호한 일치에 대한 처리되지 않은 예외가 발생한다.

그림 15.6 처리되지 않은 모호한 작업 메서드 불일치 예외

10. 크롬과 웹 서버를 종료한다.

모호한 불일치 예외 해결

C# 컴파일러는 메서드 서명이 다르다는 점에 주목해 두 메서드를 구별할 수 있지만 HTTP 요청의 라우팅 관점에서는 두 메서드가 모두 잠재적으로 일치한다. 작업 메서드를 명확히 일치하게 하려면 HTTP에 맞는 방법이 필요하다.

작업에 대해 다른 이름을 만들거나 GET, POST 또는 DELETE와 같은 특정 HTTP 동사에 대해 하나의 메서드를 사용하도록 지정하면 이 문제를 해결할 수 있다.

1. HomeController에서 두 번째 ModelBinding 작업 메서드가 HTTP POST 요청 처리, 즉 폼이 제출될 때 사용된다는 것을 명시한다.

```
[HttpPost]
public IActionResult ModelBinding(Thing thing)
```

 나머지 ModelBinding 작업 메서드는 GET, PUT, DELETE 등과 같은 다른 모든 유형의 HTTP 요청에 대해 암시적으로 사용된다.

2. 웹사이트를 시작한다.

3. 홈페이지에서 **Binding**을 클릭한다.

4. **제출** 버튼을 클릭하고, 그림 15.7과 같이 Id 속성 값은 쿼리 문자열 매개 변수에서 설정되고 color 속성 값은 form 매개 변수에서 설정되는 것을 확인한다.

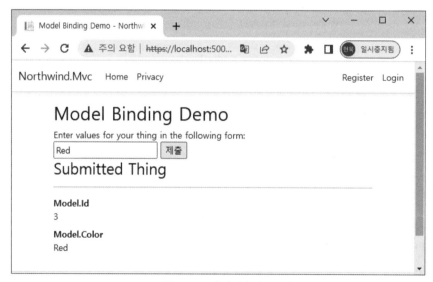

그림 15.7 모델 바인딩 데모 페이지

5. 크롬과 웹 서버를 종료한다.

경로 매개 변수 전달

이번에는 경로 매개 변수를 사용해 속성을 설정한다.

1. 다음 마크업과 같이 폼을 수정해 값 2를 경로 매개 변수로 전달한다.

```
<form method="POST" action="/home/modelbinding/2?id=3">
```

2. 웹사이트를 시작한다.

3. 홈페이지에서 **Binding**을 클릭한다.

4. **제출** 버튼을 클릭하고 Id 속성 값은 경로 매개 변수에서 설정되고 Color 속성 값은 form 매개 변수에서 설정되는 것을 확인한다.

5. 크롬과 웹 서버를 종료한다.

폼 매개 변수 전달

이번에는 폼 매개 변수를 사용해 속성을 설정한다.

1. 폼 매개 변수로 값 1을 전달하도록 마크업을 수정한다.

```
<form method="POST" action="/home/modelbinding/2?id=3">
  <input name="id" value="1" />
  <input name="color" value="Red" />
  <input type="submit" />
</form>
```

2. 웹사이트를 시작한다.

3. 홈페이지에서 **Binding**을 클릭한다.

4. **제출** 버튼을 클릭하고 Id 및 Color 속성 값이 모두 폼 매개 변수에서 설정된 것을 확인한다.

좋은 습관: 이름이 같은 매개 변수가 여러 개 있는 경우 자동 모델 바인딩에 대해 폼 매개 변수의 우선순위가 가장 높고 쿼리 문자열 매개 변수의 우선순위가 가장 낮다.

모델 검증

데이터 형식 변환 또는 유효성 검사 규칙으로 모델이 장식된 경우 모델 바인딩 프로세스에서 오류가 발생할 수 있다. 바인딩된 데이터나 유효성 검사 오류는 ControllerBase.ModelState에 저장된다.

바인딩된 모델에 몇 가지 유효성 검사 규칙을 적용한 후, 뷰에 잘못된 데이터 메시지를 표시해 모델 상태로 어떤 작업을 할 수 있는지 살펴보자.

1. Models 폴더에서 Thing.cs 파일을 연다.

2. System.ComponentModel.DataAnnotations 네임스페이스를 가져온다.

3. Id 속성을 유효성 검사 속성으로 장식해 허용되는 숫자의 범위를 1에서 10으로 제한하고 방문자가 색상을 제공하도록 한 다음, 유효성 검사를 위해 정규식을 사용해 새 Email 속성을 추가한다.

```
public class Thing
{
    [Range(1, 10)]
    public int? Id { get; set; }
    [Required]
    public string? Color { get; set; }
    [EmailAddress]
    public string? Email { get; set; }
}
```

4. Models 폴더에 HomeModelBindingViewModel.cs라는 새 파일을 추가한다.

5. 바인딩된 모델을 저장하는 속성, 오류가 있음을 나타내는 플래그 및 오류 메시지 시퀀스를 포함하는 record를 정의하는 코드를 추가한다.

```
namespace Northwind.Mvc.Models;
public record HomeModelBindingViewModel
(
  Thing Thing,
  bool HasErrors,
  IEnumerable<string> ValidationErrors
);
```

6. HomeController에서 HTTP POST를 처리하는 ModelBinding 메서드에서 뷰에 thing을 전달한 이전 코드를 주석 처리하고 뷰 모델의 인스턴스를 생성하는 코드를 추가한다. 모델의 유효성을 검사하고 오류 메시지 배열을 저장한 다음, 뷰 모델을 뷰에 전달한다.

```
[HttpPost]
public IActionResult ModelBinding(Thing thing)
{
    HomeModelBindingViewModel model = new(
        thing,
        !ModelState.IsValid,
        ModelState.Values
        .SelectMany(state => state.Errors)
        .Select(error => error.ErrorMessage)
    );
    return View(model);
}
```

7. Views\Home에서 ModelBinding.cshtml을 연다.

8. 뷰 모델 클래스를 사용하도록 모델 형식 선언을 수정한다.

```
@model Northwind.Mvc.Models.HomeModelBindingViewModel
```

9. <div>를 추가해 모델 유효성 검사 오류를 표시하고 뷰 모델이 변경됐기 때문에 사물 속성의 출력도 변경한다.

```
<form method="POST" action="/home/modelbinding/2?id=3">
  <input name="id" value="1" />
  <input name="color" value="Red" />
  <input name="email" value="test@example.com" />
  <input type="submit" />
</form>
@if (Model != null)
{
  <h2>Submitted Thing</h2>
  <hr />
  <div>
  <dl class="dl-horizontal">
      <dt>Model.Thing.Id</dt>
      <dd>@Model.Thing.Id</dd>
      <dt>Model.Thing.Color</dt>
      <dd>@Model.Thing.Color</dd>
      <dt>Model.Thing.Email</dt>
      <dd>@Model.Thing.Email</dd>
      </dl>
  </div>
  @if (Model.HasErrors)
  {
      <div>
      @foreach(string errorMessage in Model.ValidationErrors)
      {
          <div class="alert alert-danger" role="alert">@errorMessage</
div>
      }
      </div>
  }
}
```

10. 웹사이트를 시작한다.

11. 홈페이지에서 **Binding**을 클릭한다.

12. **제출** 버튼을 클릭하고 1, Red 및 test@example.com이 유효한 값인지 확인한다.

13. 그림 15.8과 같이 Id를 13으로 입력하고 색상 텍스트 상자를 지우고 이메일 주소에서 @를 삭제하고 **제출** 버튼을 클릭해 오류 메시지를 확인한다.

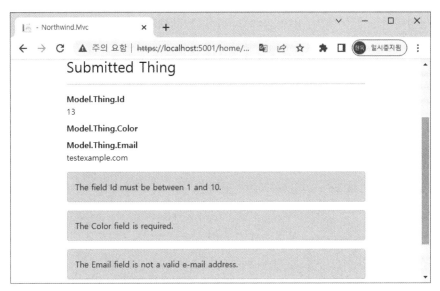

그림 15.8 필드 유효성 검사가 있는 모델 바인딩 데모 페이지

14. 크롬과 웹 서버를 종료한다.

 좋은 습관: 마이크로소프트가 EmailAddress 유효성 검사 특성을 구현하기 위해 어떤 정규식을 사용하는지 다음 링크에서 알아보자.

https://github.com/microsoft/referencesource/blob/5697c29004a34d80acda f5742d7e699022c64ecd/System.ComponentModel.DataAnnotations/ DataAnnotations/EmailAddressAttribute.cs#L54

뷰 도우미 메서드 이해하기

ASP.NET Core MVC에 대한 뷰를 만드는 동안 Html 개체와 해당 메서드를 사용해 태그를 생성할 수 있다.

몇 가지 유용한 방법은 다음과 같다.

- ActionLink: 지정된 컨트롤러 및 작업에 대한 URL 경로가 포함된 앵커 <a> 요소를 생성한다. 예를 들어, Html.ActionLink(linkText: "Binding", actionName: "ModelBinding", controllerName: "Home")은 <a href="/home/modelbinding">Binding</a>을 생성한다. 앵커 태그 도우미인 <a asp-action="ModelBinding" asp-controller="Home">Binding</a>을 사용해 동일한 결과를 얻을 수 있다.

- AntiForgeryToken: 폼이 제출될 때 유효성을 검사할 위조 방지 토큰이 포함된 <hidden> 요소를 삽입하기 위해 <form> 내부에 사용한다.

- Display 및 DisplayFor: 디스플레이 템플릿을 사용해 현재 모델과 관련된 표현식에 대한 HTML 마크업을 생성한다. .NET 형식에 대한 기본 제공 디스플레이 템플릿이 있으며 DisplayTemplates 폴더에서 사용자 지정 템플릿을 만들 수 있다. 대소문자를 구분하는 파일 시스템에서는 폴더 이름의 대소문자를 구분한다.

- DisplayForModel: 단일 표현식 대신 전체 모델에 대한 HTML 마크업을 생성하는 데 사용한다.

- Editor 및 EditorFor: 편집기 템플릿을 사용해 현재 모델에 상대적인 표현식에 대한 HTML 마크업을 생성한다. <label> 및 <input> 요소를 사용하는 .NET 유형용 편집기 템플릿이 내장돼 있으며 EditorTemplates 폴더에서 사용자 정의 템플릿을 생성할 수 있다. 대소문자를 구분하는 파일 시스템에서는 폴더 이름의 대소문자를 구분한다.

- EditorForModel: 단일 표현식 대신 전체 모델에 대한 HTML 마크업을 생성하는 데 사용한다.

- Encode: 객체 또는 문자열을 HTML로 안전하게 인코딩할 때 사용한다. 예를 들어, 문자열 값 "<script>"는 "<script>"로 인코딩된다. Razor @ 기호는 기본적으로 문자열 값을 인코딩하므로 일반적으로 필요하지 않다.

- Raw: HTML로 인코딩하지 않고 문자열 값을 렌더링할 때 사용한다.

- PartialAsync 및 RenderPartialAsync: 부분 뷰에 대한 HTML 마크업을 생성한다. 선

택적으로 모델을 전달하고 데이터를 볼 수 있다.

실제 예를 살펴보자.

1. Views/Home 폴더에서 ModelBinding.cshtml 파일을 연다.

2. DisplayFor를 사용하도록 Email 속성의 렌더링을 수정한다.

```
<dd>@Html.DisplayFor(model => model.Thing.Email)</dd>
```

3. 웹사이트를 시작한다.

4. **Binding**을 클릭한다.

5. **제출**을 클릭한다.

6. 이제 이메일 주소는 단순 텍스트가 아니라 클릭 가능한 하이퍼링크다.

7. 크롬과 웹 서버를 종료한다.

8. Models/Thing.cs에서 Email 속성 위의 [EmailAddress] 특성을 주석 처리한다.

9. 웹사이트를 시작한다.

10. **Binding**을 클릭한다.

11. **제출**을 클릭한다.

12. 이제 이메일 주소는 단순 텍스트다.

13. 크롬과 웹 서버를 종료한다.

14. Models/Thing.cs에서 [EmailAddress] 특성의 주석 처리를 제거한다.

Email 속성을 [EmailAddress] 유효성 검사 특성으로 장식하고 ASP.NET Core에 값을 이메일 주소로 처리해 클릭 가능한 링크로 렌더링하도록 알리는 DisplayFor를 실제로 사용해 봤다.

데이터베이스 쿼리 및 디스플레이 템플릿 사용

쿼리 문자열 매개 변수를 전달할 수 있는 새 메서드를 만들고 지정된 가격보다 비싼 제품들을 Northwind 데이터베이스에서 조회해 보자.

이전 예에서는 뷰에서 렌더링해야 하는 모든 값에 대한 속성이 포함된 뷰 모델을 정의했다. 이번에는 제품 목록과 방문자가 입력한 가격이라는 두 가지 값이 있다. 뷰 모델에 대한 클래스 또는 레코드를 정의하지 않아도 되도록 제품 목록을 모델로 전달하고 ViewData 컬렉션에 가장 높은 가격을 저장한다.

직접 기능을 구현해 보자.

1. HomeController에서 Microsoft.EntityFrameworkCore 네임스페이스를 가져온다. 10장에서 배운 것처럼 관련 엔티티를 포함할 수 있도록 Include 확장 메서드를 추가하려면 이 네임스페이스가 필요하다.

2. 새로운 액션 메서드를 추가한다.

```
public IActionResult ProductsThatCostMoreThan(decimal? price)
{
  if (!price.HasValue)
  {
    return BadRequest("You must pass a product price in the query
string, for example, /Home/ProductsThatCostMoreThan?price=50");
  }
  IEnumerable<Product> model = db.Products
    .Include(p => p.Category)
    .Include(p => p.Supplier)
    .Where(p => p.UnitPrice > price);
  if (!model.Any())
  {
    return NotFound($"No products cost more than {price:C}.");
  }
  ViewData["MaxPrice"] = price.Value.ToString("C");
  return View(model); // 모델을 뷰에 전달한다.
}
```

3. Views/Home 폴더에 ProductsThatCostMoreThan.cshtml이라는 새 파일을 추가한다.

4. 다음 코드를 추가한다.

```
@using Packt.Shared
@model IEnumerable<Product>
@{
  string title =
    "Products That Cost More Than " + ViewData["MaxPrice"];
  ViewData["Title"] = title;
}
<h2>@title</h2>
@if (Model is null)
{
  <div>No products found.</div>
}
else
{
  <table class="table">
    <thead>
      <tr>
        <th>Category Name</th>
        <th>Supplier's Company Name</th>
        <th>Product Name</th>
        <th>Unit Price</th>
        <th>Units In Stock</th>
      </tr>
    </thead>
    <tbody>
    @foreach (Product p in Model)
    {
      <tr>
        <td>
          @Html.DisplayFor(modelItem => p.Category.CategoryName)
        </td>
        <td>
          @Html.DisplayFor(modelItem => p.Supplier.CompanyName)
        </td>
        <td>
          @Html.DisplayFor(modelItem => p.ProductName)
        </td>
        <td>
          @Html.DisplayFor(modelItem => p.UnitPrice)
```

```
          </td>
          <td>
            @Html.DisplayFor(modelItem => p.UnitsInStock)
          </td>
        </tr>
    }
        <tbody>
    </table>
}
```

5. Views/Home 폴더에서 Index.cshtml을 연다.

6. 방문자 수 아래, 제품 머리글, 해당 제품 목록 위에 다음 폼 요소를 추가한다. 이는 사용자가 가격을 입력할 수 있는 폼을 제공한다. 이제 사용자는 **제출**을 클릭해 입력한 가격보다 더 비싼 제품만 표시하는 메서드를 호출할 수 있다.

```
<h3>Query products by price</h3>
<form asp-action="ProductsThatCostMoreThan" method="GET">
  <input name="price" placeholder="Enter a product price" />
  <input type="submit" />
</form>
```

7. 웹사이트를 시작한다.

8. 홈페이지의 양식에 가격 50을 입력한 다음 **제출**을 클릭한다.

9. 그림 15.9와 같이 입력한 가격보다 더 비싼 제품이 표에 출력되는지 확인한다.

그림 15.9 £50 이상인 제품으로 필터링된 목록

10. 크롬과 웹 서버를 종료한다.

⁝⁝➤ 비동기 작업을 사용해 확장성 향상

데스크톱 또는 모바일 앱을 빌드할 때 응답성을 향상시키기 위해 여러 개의 태스크와 스레드를 사용한다. 한 스레드는 작업을 처리하고 다른 스레드는 사용자와의 상호 작용을 처리할 수 있기 때문이다.

태스크와 스레드는 서버 측에도 유용하다. 특히 파일 작업을 하는 웹사이트나 응답하는 데 시간이 걸리는 저장소 또는 웹 서비스에서 데이터를 요청하는 경우에 유용하다. 하지만 CPU에 의존하는 복잡한 계산에는 좋지 않으므로 보통의 경우처럼 동기식으로 처리되도록 두는 것이 좋다.

HTTP 요청이 웹 서버에 도착하면 해당 풀pool의 스레드가 요청을 처리하기 위해 할당된다. 그러나 해당 스레드가 리소스를 기다려야 하는 경우 더 이상 들어오는 요청을 처리하지 못하도록 차단된다. 웹사이트가 풀에 있는 스레드보다 더 많은 동시 요청을 수신하는 경우 이러한 요청 중 일부는 서버 시간 초과 오류인 **503 서비스를 사용할 수 없음**Service Unavailable으로 응답한다.

잠긴 스레드는 유용한 작업을 수행하지 못한다. 다른 요청 중 하나를 처리할 수 있지만 웹사이트에서 비동기 코드를 구현하는 경우에만 가능하다.

스레드가 필요한 리소스를 기다릴 때마다 스레드 풀로 돌아가 다른 수신 요청을 처리해 웹사이트의 확장성을 향상시킬 수 있다. 즉 처리할 수 있는 동시 요청 수를 늘릴 수 있다.

그렇다면 처음부터 더 큰 스레드 풀을 갖지 않는 이유는 무엇일까? 최신 운영체제에서 풀의 모든 스레드에는 1MB 스택이 있다. 비동기 방식은 더 적은 양의 메모리를 사용한다. 또한 시간이 걸리는 풀에 새 스레드를 생성할 필요가 없다. 새 스레드가 풀에 추가되는 속도는 일반적으로 2초마다 1회이며, 이는 비동기식 스레드 간 전환에 비해 엄청나게 긴 시간이다.

컨트롤러 작업 메서드를 비동기로 만들기

기존 작업 메서드를 비동기식으로 만드는 것은 어렵지 않다.

1. 다음 코드와 같이 Index 작업 메서드를 비동기로 수정하고 작업을 반환하고 비동기
   식 메서드 호출을 대기해 카테고리 및 제품을 가져온다.

```
public async Task<IActionResult> Index()
{
  HomeIndexViewModel model = new
  (
    VisitorCount = (new Random()).Next(1, 1001),
    Categories = await db.Categories.ToListAsync(),
    Products = await db.Products.ToListAsync()
  );
  return View(model); // 모델을 뷰에 전달한다.
}
```

2. ProductDetail 작업 메서드를 비슷한 방식으로 수정한다.

```
public async Task<IActionResult> ProductDetail(int? id)
{
  if (!id.HasValue)
  {
    return BadRequest("You must pass a product ID in the route, for
example,
/Home/ProductDetail/21");
  }
  Product? model = await db.Products
    .SingleOrDefaultAsync(p => p.ProductId == id);
  if (model == null)
  {
    return NotFound($"ProductId {id} not found.");
```

```
    }
    return View(model); // 모델은 뷰에 전달한 다음 결과를 반환한다.
  }
```

3. 이제 웹사이트의 기능은 동일하지만 확장성은 더 향상됐다.

4. 크롬과 웹 서버를 종료한다.

⠿ 연습 및 탐구

몇 개의 질문에 답해 보면서 15장에서 배운 내용을 얼마나 이해하고 있는지 확인하고 더 공부할 내용도 살펴보자.

연습 15.1 - 복습

1. _ViewStart 및 _ViewImports라는 특수 이름을 가진 파일이 Views 폴더에 생성될 때 담당하는 역할은 무엇인가?

2. 기본 ASP.NET Core MVC 경로에 정의된 3개의 세그먼트 이름과 의미하는 바는 무엇이며, 선택 사항은 무엇인가?

3. 기본 모델 바인더의 역할은 무엇이며 어떤 데이터 형식을 처리할 수 있는가?

4. _Layout.cshtml과 같은 공유 레이아웃 파일에서 현재 뷰의 내용을 어떻게 출력할 수 있는가?

5. _Layout.cshtml과 같은 공유 레이아웃 파일에서 현재 뷰가 콘텐츠를 제공할 수 있는 섹션을 어떻게 출력하는가? 그리고 뷰는 해당 섹션의 콘텐츠를 어떻게 제공하는가?

6. 컨트롤러의 액션 메서드 내에서 View 메서드를 호출할 때 규칙에 따라 뷰에 대해 어떤 경로를 검색하는가?

7. 방문자의 브라우저에 24시간 동안 응답을 캐시하도록 하려면 어떻게 해야 하는가?

8. 직접 만들지 않아도 Razor Pages를 활성화할 수 있는 이유는 무엇인가?

9. ASP.NET Core MVC는 컨트롤러 역할을 할 수 있는 클래스를 어떻게 식별하는가?

10. ASP.NET Core MVC를 사용하면 어떤 방식으로 웹사이트를 더 쉽게 테스트할 수 있는가?

연습 15.2 - 카테고리 세부 정보 페이지를 구현해 MVC 구현 연습

Northwind.Mvc 프로젝트에는 카테고리를 표시하는 홈페이지가 있지만 뷰를 클릭하면 웹사이트에서 다음 URL과 같은 404 Not Found 오류를 반환한다.

```
https://localhost:5001/category/1
```

카테고리에 대한 세부 정보 페이지를 표시하는 기능을 추가해 Northwind.Mvc 프로젝트를 확장한다.

연습 15.3 - 비동기 작업 방법을 이해하고 구현해 확장성 향상 연습

몇 년 전 Stephen Cleary는 ASP.NET용 비동기 작업 메서드 구현의 확장성 이점을 설명하는 훌륭한 기사를 MSDN Magazine에 기고했다. 동일한 원칙이 ASP.NET Core에 적용되지만 문서에 설명된 이전 ASP.NET과 달리 ASP.NET Core는 비동기 필터 및 기타 구성 요소를 지원하기 때문에 더욱 그렇다.

다음 링크에서 내용을 읽어 보자.

https://docs.microsoft.com/en-us/archive/msdn-magazine/2014/october/async-programming-introduction-to-async-await-on-asp-net

연습 15.4 - MVC 컨트롤러 단위 테스트 연습

컨트롤러는 웹사이트의 비즈니스 로직이 실행되는 곳이므로 4장에서 배운 것처럼 단위 테스트를 사용해 해당 로직의 정확성을 테스트하는 것이 중요하다.

HomeController에 대한 몇 가지 단위 테스트를 만들어 보자.

 좋은 습관: 다음 링크에서 단위 테스트 컨트롤러에 대한 자세한 내용을 읽을 수 있다.
https://docs.microsoft.com/en-us/aspnet/core/mvc/controllers/testing

연습 15.5 - 탐구

15장에서 다룬 주제에 관한 세부 내용을 다음 링크에서 좀 더 읽어 보자.

https://github.com/markjprice/cs10dotnet6/blob/main/book-links.md#chapter-15---building-websites-using-the-model-view-controller-pattern

⠿ 마무리

15장에서는 데이터베이스 콘텍스트 및 로거와 같은 종속성 서비스를 등록하거나 주입해 단위 테스트를 쉽게 만들고 ASP.NET Core MVC를 사용해 관리하기 쉬운 방식으로 크고 복잡한 웹사이트를 구축하는 방법을 배웠다. 그리고 구성, 인증, 경로, 모델, 뷰, 컨트롤러에 대해 살펴봤다.

16장에서는 통신 계층으로 HTTP를 사용하는 웹 서비스를 구축하고 사용하는 방법을 알아본다.

코드 저장소

다음 깃허브 저장소에서 단계별 안내 및 연습에 대한 솔루션을 다운로드할 수 있다.

https://github.com/markjprice/cs10dotnet6

Discord 채널 참여

이 책의 Discord 채널에서 저자가 함께하는 Ask me Anything 세션에 참여할 수 있다.

https://packt.link/SAcsharp10dotnet6

16

웹 서비스 개발 및 사용하기

16장은 ASP.NET Core Web API를 사용해 웹 서비스(HTTP 또는 REST 서비스라고도 함)를 개발하는 방법을 배운다. 그리고 웹사이트, 모바일 또는 데스크톱 앱을 포함하는 다양한 .NET 앱을 HTTP 클라이언트로 사용해 웹 서비스를 어떻게 활용하는지 배운다.

16장을 공부하려면 10장과 13장에서 15장에 걸쳐 배운 지식과 기술이 필요하다.

16장은 다음 내용을 다룬다.

- ASP.NET Core Web API를 사용해 웹 서비스 개발

- 웹 서비스 문서화 및 테스트

- HTTP 클라이언트를 사용해 웹 서비스 사용

- 웹 서비스를 위한 고급 기능 구현

- 최소한의 API를 사용해 웹 서비스 개발

⠿ ASP.NET Core Web API를 사용해 웹 서비스 개발

모던 웹 서비스를 개발하기 전에 웹 서비스에 대한 배경 지식을 알아보자.

웹 서비스 용어 이해

HTTP는 HTML 및 기타 리소스 요청과 응답을 사람이 읽고 이해하기 위해 설계됐지만 서비스 개발에 사용하기도 좋다.

로이 필딩^{Roy Fielding}은 박사 학위 논문에서 **REST**^{Representational State Transfer} 아키텍처 스타일을 설명하면서 다음과 같은 HTTP 표준의 특징이 서비스 개발에 적합하다고 주장했다.

- 리소스를 고유하게 식별하는 URI(예: https://localhost:5001/api/products/23).

- 해당 리소스스에 대해 GET, POST, PUT, DELETE처럼 일반적인 작업을 수행하는 메서드

- XML 및 JSON과 같은 요청 및 응답에서 교환되는 콘텐츠의 미디어 형식을 협상하는 기능. 콘텐츠 협상은 클라이언트가 Accept: application/xml,*/*;q=0.8과 같은 요청 헤더를 지정할 때 발생한다. ASP.NET Core Web API에서 사용하는 기본 응답 형식은 JSON이다. 즉 응답 헤더 중 하나는 Content-Type: application/json; charset=utf-8이다.

웹 서비스는 HTTP 통신 표준을 사용하므로 HTTP 또는 RESTful 서비스라고도 한다. 16장에서는 HTTP 또는 RESTful 서비스에 대해 설명한다.

웹 서비스는 일부 WS-* 표준을 구현하는 **SOAP**^{Simple Object Access Protocol} 서비스를 의미할 수도 있다. 이러한 표준을 통해 서로 다른 시스템에 구현된 클라이언트와 서비스가 통신할 수 있다. WS-* 표준은 원래 마이크로소프트와 같은 다른 회사의 의견을 바탕으로 IBM에서 정의했다.

WCF

.NET 프레임워크 3.0 이상에는 **WCF**^{Windows Communication Foundation}라는 **원격 프로시저 호출**^{RPC, Remote Procedure Call} 기술이 포함돼 있다. RPC를 사용하면 시스템의 코드가 네트워크를 통해 다른 시스템의 코드를 실행할 수 있다.

WCF를 사용하면 개발자가 WS-* 표준을 구현하는 SOAP 서비스 등을 쉽게 만들 수 있다. 나중에는 웹/HTTP/REST 스타일의 서비스 개발도 지원했지만 다소 무겁고 복잡한 기술이었다.

이미 WCF로 개발된 서비스가 있고 이를 최신 .NET으로 이식하고 싶다면 2021년 2월에 첫 번째 **일반 공급**^{GA, General Availability} 버전을 배포한 오픈소스를 이용할 수 있다. 다음 링크에서 더 많은 내용을 읽을 수 있다.

https://corewcf.github.io/blog/2021/02/19/corewcf-ga-release

WCF의 대안

마이크로소프트에서 권장하는 WCF의 대안은 **gRPC**다. gRPC는 구글에서 만든 최신 크로스 플랫폼 오픈소스 RPC 프레임워크다. 비공식적으로 gRPC의 g가 구글을 가리킨다고 한다. 추가 온라인 리소스 18장에서 gRPC에 대해 자세히 알아본다. 다음 링크에서 볼 수 있다.

https://github.com/markjprice/cs10dotnet6/blob/main/9781801077361_Bonus_Content.pdf

Web API에 대한 HTTP 요청 및 응답 이해

HTTP는 표준 형식의 요청과 표준 코드를 정의해 응답 형식을 나타낸다. 대부분 웹 API 서비스를 구현하는 데 사용할 수 있다.

가장 일반적인 요청 형식은 GET이며 다음과 같이 허용 가능한 미디어 형식과 같은 추가 옵션이 요청 헤더로 설정돼 고유한 경로로 식별되는 리소스를 검색한다.

```
GET /path/to/resource
Accept: application/json
```

다음 표와 같이 일반적인 응답에는 성공 및 여러 유형의 실패가 있다.

상태 코드	설명
200 OK	경로가 올바르게 형성됐고 리소스가 발견됐으며 허용 가능한 미디어 유형으로 직렬화 돼 응답 본문으로 반환됐다. 응답 헤더는 Content-Type, Content-Length, Content-Encoding을 지정한다(예: GZIP).
301 Moved Permanently	시간이 지남에 따라 웹 서비스는 기존 리소스를 식별하는 데 사용되는 경로를 포함해 리소스 모델을 변경할 수 있다. 웹 서비스는 이 상태 코드와 새 경로가 있는 Location이라는 응답 헤더를 반환해 새 경로를 나타낼 수 있다.
302 Found	301과 유사하다.
304 Not Modified	요청에 If-Modified-Since 헤더가 포함된 경우 이 상태 코드로 응답할 수 있다. 이때 클라이언트는 리소스의 캐시된 복사본을 사용하므로 응답 본문은 비어 있다.
400 Bad Request	유효하지 않은 요청. 예를 들어, 정수 ID를 사용하는 제품 경로에 ID 값이 누락된 경우
401 Unauthorized	요청이 유효하고 리소스를 찾았지만 클라이언트가 자격 증명을 제공하지 않았거나 해당 리소스에 액세스할 수 있는 권한이 없다. 예를 들어, 재인증은 Authorization 요청 헤더를 추가하거나 변경해 액세스를 활성화할 수 있다.
403 Forbidden	요청이 유효하고 리소스를 찾았지만 클라이언트가 해당 리소스에 액세스할 수 있는 권한이 없다. 재인증해도 문제가 해결되지 않는다.
404 Not Found	요청은 유효했지만 리소스를 찾을 수 없다. 만약 요청이 반복되면 리소스를 찾을 수도 있다. 리소스가 완전히 삭제된 것을 나타내려면 410 Gone을 반환한다.
406 Not Acceptable	웹 서비스가 지원하지 않는 미디어 유형만 나열하는 Accept 요청 헤더가 있는 경우. 예를 들어, 클라이언트는 JSON을 요청했지만 웹 서비스는 XML만 반환할 수 있는 경우에 해당한다.
451 Unavailable for Legal Reasons	미국에서 호스팅되는 웹사이트는 일반 데이터 보호 규정(GDPR, General Data Protection Regulation)을 준수할 필요가 없도록 유럽에서 오는 요청에 대해 이 코드를 반환할 수 있다. 이 번호는 책을 금지하고 불태우는 소설 『화씨 451』(황금가지, 2009)을 참조해 선택됐다.
500 Server Error	요청은 유효하지만 처리하는 동안 서버에서 문제가 발생했다. 나중에 다시 시도하면 정상 동작할 수 있다.
503 Service Unavailable	웹 서비스가 사용 중이어서 요청을 처리할 수 없다. 나중에 다시 시도하면 동작할 수 있다.

HTTP 요청의 다른 일반적인 유형은 리소스를 생성, 수정, 삭제하는 POST, PUT, PATCH, DELETE가 있다.

새 리소스를 생성하려면 다음과 같이 새 리소스가 포함된 본문을 사용해 POST 요청을 보낸다.

```
POST /path/to/resource
Content-Length: 123
Content-Type: application/json
```

새 리소스를 생성하거나 기존 리소스를 수정하려면 기존 리소스의 완전히 새로운 버전을 포함하는 본문을 포함해 PUT 요청을 보낸다. **upsert** 작업이라고도 부른다.

```
PUT /path/to/resource
Content-Length: 123
Content-Type: application/json
```

기존 리소스를 보다 효율적으로 업데이트하려면 다음과 같이 변경해야 하는 속성만 포함된 본문을 사용해 PATCH 요청을 보낸다.

```
PATCH /path/to/resource
Content-Length: 123
Content-Type: application/json
```

기존 리소스를 삭제하려면 DELETE 요청을 보낸다.

```
DELETE /path/to/resource
```

위의 GET 요청에 대해서 표시된 응답 외에도 리소스를 생성, 수정 또는 삭제하는 모든 유형의 요청에는 다음 표와 같이 추가할 수 있는 공통 응답이 있다.

상태 코드	설명
201 Created	새 리소스가 성공적으로 생성됐고 Location이라는 응답 헤더에 해당 경로가 포함되며 응답 본문에 새로 생성된 리소스가 포함된다. 리소스를 즉시 GET 하면 200을 반환해야 한다.
202 Accepted	새 리소스를 즉시 생성할 수 없기 때문에 나중에 처리하기 위해 요청은 대기한다. 즉시 리소스를 GET하면 404가 반환될 수 있다. 응답 본문에 상태 검사기의 일부 형태를 가리키는 리소스 또는 리소스를 사용할 수 있게 될 시기에 대한 추정치를 포함할 수 있다 .
204 No Content	삭제 후 본문에서 리소스를 반환하는 것은 일반적으로 의미가 없기 때문에 DELETE 요청에 대한 응답으로 자주 사용된다. 클라이언트가 요청이 올바르게 처리됐는지 확인할 필요가 없는 경우 POST, PUT 또는 PATCH 요청에 대한 응답으로 사용되기도 한다.
405 Method Not Allowed	지원되지 않는 메서드를 요청이 사용하려는 경우 반환된다. 예를 들어, 읽기 전용으로 설계된 웹 서비스에서 PUT, DELETE 등을 명시적으로 허용하지 않을 수 있다.
415 Unsupported Media Type	요청 본문의 리소스가 웹 서비스에서 처리할 수 없는 미디어 유형을 사용하는 경우 반환된다. 예를 들어, 본문에 XML 형식의 리소스가 포함돼 있지만 웹 서비스가 JSON만 처리할 수 있는 경우에 해당한다.

ASP.NET Core 웹 API 프로젝트 생성하기

이번에는 ASP.NET Core를 사용해 Northwind 데이터베이스의 데이터를 활용하는 웹 서비스를 만들어 본다. 이 웹 서비스는 HTTP 요청을 보내고 HTTP 응답을 받을 수 있다면 모든 플랫폼의 모든 클라이언트 애플리케이션에서 사용할 수 있다.

1. 다음과 같이 선호하는 코드 편집기를 사용해 새 프로젝트를 생성한다.

    A. 프로젝트 템플릿: **ASP.NET Core Web API**/webapi

    B. 작업 공간/솔루션 파일 및 폴더: PracticalApps

    C. 프로젝트 파일과 폴더: Northwind.WebApi

    D. 선택 사항(비주얼 스튜디오 2022):

        i. **인증 유형**: 없음

ii. **HTTPS에 대한 구성**: 선택

iii. **Docker 사용**: 선택 안 함

iv. **OpenAPI 지원 사용**: 선택

2. 비주얼 스튜디오 코드에서 Northwind.WebAPI를 OmniSharp 활성 프로젝트로 선택한다.

3. Northwind.WebAPI를 빌드한다.

4. Controllers 폴더에서 WeatherForecastController.cs 파일을 열어 코드를 확인한다.

```
using Microsoft.AspNetCore.Mvc;

namespace Northwind.WebApi.Controllers;

[ApiController]
[Route("[controller]")]
public class WeatherForecastController : ControllerBase
{
    private static readonly string[] Summaries = new[]
    {
        "Freezing", "Bracing", "Chilly", "Cool", "Mild", "Warm",
"Balmy", "Hot", "Sweltering", "Scorching"
    };

    private readonly ILogger<WeatherForecastController> _logger;

    public WeatherForecastController(ILogger<WeatherForecastController>
logger)
    {
        _logger = logger;
    }

    [HttpGet(Name = "GetWeatherForecast")]
    public IEnumerable<WeatherForecast> Get()
    {
        return Enumerable.Range(1, 5).Select(index => new
WeatherForecast
        {
            Date = DateTime.Now.AddDays(index),
```

```
            TemperatureC = Random.Shared.Next(-20, 55),
            Summary = Summaries[Random.Shared.Next(Summaries.Length)]
        })
        .ToArray();
    }
}
```

코드에 대해 다음 내용을 확인한다.

- Controller 클래스는 ControllerBase에서 상속된다. View 모델을 Razor 파일에 전달해 HTML 응답을 생성하는 View와 같은 메서드가 없기 때문에 MVC에서 사용되는 Controller 클래스에 비해 단순하다.

- [Route] 속성은 /weatherforecast 상대 URL을 등록한다. 이 URL은 클라이언트가 이 컨트롤러에서 처리하는 HTTP 요청을 만드는 데 사용한다. 예를 들어, https://localhost:5001/weatherforecast/에 대한 HTTP 요청은 이 컨트롤러에서 처리된다. 혼합 프로젝트에서 MVC와 Web API를 구별하기 위한 규칙으로 api/를 컨트롤러 이름에 접두사로 붙이기도 한다. 이와 같이 사용하려면 클래스 이름에서 Controller 앞의 문자(여기서는 WeatherForecast)를 사용하거나 대괄호 없이 [Route("api/forecast")]처럼 다른 이름을 입력한다.

- [ApiController] 특성은 ASP.NET Core 2.1에 포함됐으며 조금 뒤에 볼 수 있듯이 잘못된 모델에 대한 자동 HTTP 400 응답과 같은 컨트롤러에 대한 REST 관련 동작을 활성화한다.

- [HttpGet] 속성은 HTTP GET 요청에 응답하기 위해 Get 메서드를 Controller 클래스에 등록한다. 메서드 구현은 공유 Random 개체를 사용해 다음 5일 동안 무작위 온도와 날씨 상태를 가진 WeatherForecast 개체 배열을 반환한다.

5. 이번에는 아래 항목을 구현해 기상 예보 날짜 수를 지정할 수 있는 두 번째 Get 메서드를 추가한다.

- 원래 메서드 위에 주석을 추가해 해당 메서드가 응답하는 작업 메서드와 URL 경로를 표시한다.

- days라는 정수 매개 변수가 있는 새 메서드를 추가한다.

- 원본 Get 메서드 구현 코드 문을 잘라내어 새 Get 메서드에 붙여 넣는다.

- 요청된 일 수까지 정수의 IEnumerable을 만들고 새 Get 메서드를 호출해 값 5를 전달하도록 원래 Get 메서드를 수정한다.

위 내용을 적용한 코드는 다음과 같다.

```csharp
// GET /weatherforecast
[HttpGet]
public IEnumerable<WeatherForecast> Get() // 원래 메서드
{
    return Get(5); // 기상예보 날짜 수
}
// GET /weatherforecast/7
[HttpGet("{days:int}")]
public IEnumerable<WeatherForecast> Get(int days) // 새 메서드
{
    return Enumerable.Range(1, days).Select(index =>
        new WeatherForecast
        {
        Date = DateTime.Now.AddDays(index),
        TemperatureC = Random.Shared.Next(-20, 55),
        Summary = Summaries[Random.Shared.Next(Summaries.Length)]
        })
        .ToArray();
}
```

[HttpGet] 특성에서 days 매개 변수를 int 값으로 제한하는 경로 형식 패턴 {days:int} 을 사용했다.

웹 서비스 기능 확인

이번에는 웹 서비스의 기능을 테스트해 보자.

1. 비주얼 스튜디오 코드를 사용하는 경우 **Properties**에서 launchSettings.json 파일을 열어서 프로젝트 실행 시 기본으로 브라우저를 실행하고 /swagger 상대 URL 경로로 이동하도록 돼 있는지 확인한다.

```
"profiles": {
  "Northwind.WebApi": {
    "commandName": "Project",
    "dotnetRunMessages": true,
    "launchBrowser": true,
    "launchUrl": "swagger",
    "applicationUrl": "https://localhost:5001;http://localhost:5000",
    "environmentVariables": {
      "ASPNETCORE_ENVIRONMENT": "Development"
    }
  },
```

2. launchBrowser를 false로 수정한다.

3. applicationUrl에서 랜덤 포트를 HTTP는 5000으로, HTTPS는 5001로 수정한다.

4. 웹 서비스 프로젝트를 시작한다.

5. 크롬을 시작한다.

6. https://localhost:5001/로 이동하면 정적 파일이 활성화되지 않았고 index.html도 없으며, 경로가 구성된 MVC 컨트롤러도 없기 때문에 404 상태 코드 응답을 받는다. 이 프로젝트는 사람이 직접 상호 작용하도록 설계되지 않았으므로 예상되는 동작이다.

 깃허브의 솔루션은 책의 뒷부분에서 구성을 변경할 것이기 때문에 포트 5002를 사용하도록 구성돼 있다.

7. 크롬에서 **개발자 도구**를 선택한다.

8. https://localhost:5001/weatherforecast로 이동하면 그림 16.1과 같이 Web API 서비스가 5개의 임의의 일기 예보 객체 배열이 포함된 JSON 문서를 반환한다.

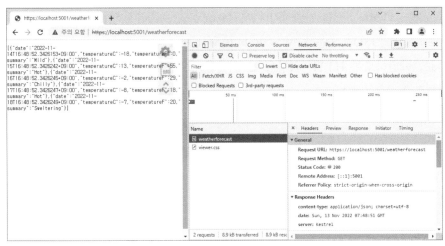

그림 16.1 일기 예보 웹 서비스의 요청 및 응답

9. **개발자 도구**를 종료한다.

10. https://localhost:5001/weatherforecast/14로 이동해 14일 동안의 일기 예보를 요청할 때 그림 16.2와 같은 응답을 확인한다.

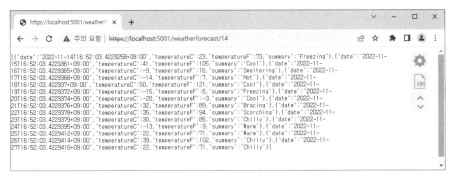

그림 16.2 14일 동안의 일기 예보 요청에 대한 JSON 문서 응답

11. 크롬과 웹 서버를 종료한다.

Northwind 데이터베이스용 웹 서비스 만들기

MVC 컨트롤러와 다르게 Web API 컨트롤러는 웹사이트 방문자가 브라우저에서 볼 수 있는 HTML 응답을 반환하기 위해 Razor 뷰를 호출하지 않는다. 대신 HTTP 응답에서 XML, JSON 또는 X-WWW-FORM-URLENCODED와 같은 형식으로 데이터를 반환하도록 HTTP 요청을 보내온 클라이언트 애플리케이션과 콘텐츠 협상 negotiation을 사용한다.

그러면 클라이언트 애플리케이션은 협상된 형식에서 데이터를 역직렬화한다. 최신 웹 서비스에 가장 일반적으로 사용되는 형식은 JSON^{JavaScript Object Notation}이다. JSON은 앵귤러, 리액트, Vue와 같은 클라이언트 측 기술로 **단일 페이지 애플리케이션**^{SPA, Single-Page Application}을 구축할 때 자바스크립트와 함께 브라우저에서 기본으로 동작하기 때문이다.

여기서는 13장에서 만든 Northwind 데이터베이스에 대한 엔티티 프레임워크 코어 엔티티 데이터 모델을 사용한다.

1. Northwind.WebApi 프로젝트에서 다음과 같이 SQLite나 SQL Server에 대해 North wind.Common.DataContext 프로젝트 참조를 추가한다.

    ```
    <ItemGroup>
      <!-- SQL 서버를 사용하려면 Sqlite를 SqlServer로 변경한다. -->
      <ProjectReference Include="..\Northwind.Common.DataContext.Sqlite\
    Northwind.Common.DataContext.Sqlite.csproj" />
    </ItemGroup>
    ```

2. 프로젝트를 빌드하고 컴파일 에러가 발생하면 수정한다.

3. Program.cs를 열고 필요한 네임스페이스를 가져온다.

    ```
    using Microsoft.AspNetCore.Mvc.Formatters;
    using Packt.Shared; // AddNorthwindContext 확장 메서드
    using static System.Console;
    ```

4. AddControllers를 호출하기 전에 Northwind 데이터베이스 콘텍스트 클래스를 등록한다. 프로젝트 파일에서 참조한 데이터베이스 공급자에 맞춰 SQLite 또는 SQL Server를 사용한다.

```
// 컨테이너에 서비스 추가
builder.Services.AddNorthwindContext();
```

5. AddControllers에 대한 호출에서 기본 출력 포맷터의 이름과 지원되는 미디어 유형을 콘솔에 쓰도록 람다 블록을 추가한 다음, XML 직렬 변환기 포맷터를 추가한다.

```
builder.Services.AddControllers(options =>
{
  WriteLine("Default output formatters:");
  foreach (IOutputFormatter formatter in options.OutputFormatters)
  {
    OutputFormatter? mediaFormatter = formatter as OutputFormatter;
    if (mediaFormatter == null)
    {
      WriteLine($"  {formatter.GetType().Name}");
    }
    else // OutputFormatter 클래스는 SupportedMediaTypes를 갖고 있다.
    {
      WriteLine("  {0}, Media types: {1}",
        arg0: mediaFormatter.GetType().Name,
        arg1: string.Join(", ",
          mediaFormatter.SupportedMediaTypes));
    }
  }
})
.AddXmlDataContractSerializerFormatters()
.AddXmlSerializerFormatters();
```

6. 웹 서비스를 시작한다.

7. 다음 출력과 같이 null 값을 204 No Content로 변환하는 형식(HttpNoContentOutput Formatter), 일반 텍스트를 지원하는 형식(StringOutputFormatter, Media types: text/plain), 바이트 스트림을 지원하는 형식(StreamOutputFormatter), 그리고 JSON 응답

을 지원하는 형식(SystemTextJsonOutputFormatter, Media types: application/json, text/json, application/*+json)을 포함해 4개의 기본 출력 포맷터가 표시되는 것을 확인한다.

```
Default output formatters:
  HttpNoContentOutputFormatter
  StringOutputFormatter, Media types: text/plain
  StreamOutputFormatter
  SystemTextJsonOutputFormatter, Media types: application/json, text/
json, application/*+json
```

8. 웹 서버를 종료한다.

엔티티용 데이터 저장소 만들기

CRUD 작업에 필요한 데이터 저장소를 정의하고 구현하는 것은 좋은 연습이 된다. CRUD의 의미는 다음과 같다.

- C: 생성Create

- R: 읽기Read 또는 검색Retrieve

- U: 변경Update

- D: 삭제Delete

이제 Northwind의 Customers 테이블에 대한 데이터 저장소를 생성해 본다. 이 테이블의 고객 데이터는 91개에 불과하므로 확장성과 성능 향상을 위해 전체 테이블의 복사본을 메모리에 저장한다.

 좋은 습관: 실제 웹 서비스에서는 고성능, 고가용성 데이터베이스, 캐시 또는 메시지 브로커로 사용할 수 있는 오픈소스 데이터 구조 저장소인 레디스(Redis)와 같은 분산 캐시를 사용하는 것이 좋다.

최신 모범 사례를 따르기 위해 저장소 API를 비동기식으로 만든다. 생성자 매개 변수 주입을 사용해 Controller 클래스에 의해 인스턴스화되므로 모든 HTTP 요청을 처리하기 위해 새 인스턴스가 생성된다.

1. Northwind.WebApi 프로젝트에 Repositories라는 폴더를 만든다.

2. ICustomerRepository.cs와 CustomerRepository.cs라는 2개의 클래스 파일을 추가한다.

3. ICustomerRepository에 5개의 메서드를 정의한다.

```csharp
using Packt.Shared; // Customer
namespace Northwind.WebApi.Repositories;
public interface ICustomerRepository
{
  Task<Customer?> CreateAsync(Customer c);
  Task<IEnumerable<Customer>> RetrieveAllAsync();
  Task<Customer?> RetrieveAsync(string id);
  Task<Customer?> UpdateAsync(string id, Customer c);
  Task<bool?> DeleteAsync(string id);
}
```

4. CustomerRepository 클래스는 5개의 메서드를 구현한다. 내부에서 await를 사용하는 메서드는 async로 표시해야 한다는 것을 기억하자.

```csharp
using Microsoft.EntityFrameworkCore.ChangeTracking; // EntityEntry<T>
using Packt.Shared; // Customer
using System.Collections.Concurrent; // ConcurrentDictionary
namespace Northwind.WebApi.Repositories;
public class CustomerRepository : ICustomerRepository
{
  // 스레드에 안전한 정적 딕셔너리 필드를 사용해 고객 정보 캐시
  private static ConcurrentDictionary <string, Customer>?
customersCache;

  // 캐시되지 않아야 하므로 인스턴스 데이터 콘텍스트 필드를 사용한다.
  private NorthwindContext db;
  public CustomerRepository(NorthwindContext injectedContext)
```

```csharp
  {
    db = injectedContext;

    // CustomerId를 키로 사용해 데이터베이스에서 딕셔너리로 고객 정보를
    // 미리 로드한 다음 스레드에 안전한 ConcurrentDictionary로 변환한다.
    if (customersCache is null)
    {
      customersCache = new ConcurrentDictionary<string, Customer>(
        db.Customers.ToDictionary(c => c.CustomerId));
    }
  }
  public async Task<Customer?> CreateAsync(Customer c)
  {
    // CustomerId 대문자로 변환
    c.CustomerId = c.CustomerId.ToUpper();
    // EF 코어를 사용해 데이터베이스에 추가
    EntityEntry<Customer> added = await db.Customers.AddAsync(c);
    int affected = await db.SaveChangesAsync();
    if (affected == 1)
    {
      if (customersCache is null) return c;
      // 신규 고객이면 캐시에 추가
      // 그렇지 않으면 UpdateCache 메서드 호출
      return customersCache.AddOrUpdate(c.CustomerId, c, UpdateCache);
    }
    else
    {
      return null;
    }
  }
  public Task<IEnumerable<Customer>> RetrieveAllAsync()
  {
    // 성능을 위해 캐시에서 조회
    return Task.FromResult(customersCache is null
        ? Enumerable.Empty<Customer>() : customersCache.Values);
  }
  public Task<Customer?> RetrieveAsync(string id)
  {
    // 성능을 위해 캐시에서 조회
    id = id.ToUpper();
    if (customersCache is null) return null!;
    customersCache.TryGetValue(id, out Customer? c);
    return Task.FromResult(c);
  }
```

```csharp
private Customer UpdateCache(string id, Customer c)
{
  Customer? old;
  if (customersCache is not null)
  {
    if (customersCache.TryGetValue(id, out old))
    {
      if (customersCache.TryUpdate(id, c, old))
      {
        return c;
      }
    }
  }
  return null!;
}
public async Task<Customer?> UpdateAsync(string id, Customer c)
{
  // 고객 id 대문자로 변환
  id = id.ToUpper();
  c.CustomerId = c.CustomerId.ToUpper();
  // 데이터베이스 업데이트
  db.Customers.Update(c);
  int affected = await db.SaveChangesAsync();
  if (affected == 1)
  {
    // 캐시 업데이트
    return UpdateCache(id, c);
  }
  return null;
}
public async Task<bool?> DeleteAsync(string id)
{
  id = id.ToUpper();
  // 데이터베이스에서 제거
  Customer? c = db.Customers.Find(id);
  if (c is null) return null;
  db.Customers.Remove(c);
  int affected = await db.SaveChangesAsync();
  if (affected == 1)
  {
    if (customersCache is null) return null;
    // 캐시에서 제거
    return customersCache.TryRemove(id, out c);
  }
```

```
    else
    {
      return null;
    }
  }
}
```

Web API 컨트롤러 구현

HTML 대신 데이터 반환 컨트롤러를 구현하는 데 유용한 특성과 메서드가 몇 가지 있다.

MVC 컨트롤러를 통해 컨트롤러 클래스 이름과 메서드 이름을 알 수 있다. 예를 들어, /home/index와 같은 경로에서 클래스는 HomeController이고 메서드는 Index다.

Web API 컨트롤러에서 /weatherforecast와 같은 경로는 컨트롤러 클래스 이름인 WeatherForecastController만 알 수 있다. 실행할 작업 메서드 이름을 결정하려면 GET 및 POST와 같은 HTTP 메서드를 컨트롤러 클래스의 메서드에 매핑해야 한다.

응답 HTTP 메서드를 나타내려면 다음 특성으로 컨트롤러 메서드를 장식한다.

- [HttpGet], [HttpHead]: GET 또는 HEAD 요청에 응답해 리소스를 검색하고 리소스와 응답 헤더 또는 응답 헤더만 반환한다.

- [HttpPost]: POST 요청에 응답해 새 리소스를 생성하거나 서비스에서 정의한 다른 작업을 수행한다.

- [HttpPut], [HttpPatch]: PUT 또는 PATCH 요청에 응답해 기존 리소스를 교체하거나 해당 속성의 하위 집합을 업데이트한다.

- [HttpDelete]: DELETE 요청에 응답해 리소스를 제거한다.

- [HttpOptions]: OPTIONS 요청에 응답한다.

작업 메서드 반환 유형

작업 메서드는 단일 string 값, class, record, struct, 또는 복합 개체 컬렉션과 같은 .NET 형식을 반환할 수 있다. ASP.NET Core Web API는 적절한 직렬 변환기가 등록됐다면 JSON과 같은, HTTP 요청 수락 헤더에 설정된 데이터 형식으로 직렬화한다.

응답에 대한 더 많은 제어가 필요하다면 .NET 형식을 포함해 ActionResult 래퍼를 반환하는 도우미 메서드를 사용한다.

입력 또는 기타 변수에 따라 다른 형식을 반환할 수 있는 경우 작업 메서드의 반환 형식을 IActionResult로 선언한다. 상태 코드가 다른 단일 형식만 반환하는 경우 작업 메서드의 반환 형식을 ActionResult<T>로 선언한다.

 좋은 습관: [ProducesResponseType] 특성으로 작업 메서드를 장식해 클라이언트가 응답에서 예상할 수 있는 모든 알려진 형식 및 HTTP 상태 코드를 나타낸다. 그런 다음 이 정보를 공개적으로 노출해 클라이언트가 웹 서비스와 상호 작용하는 방법을 문서화할 수 있다. 이 문서를 공식 문서의 일부로 간주한다. 16장의 뒷부분에서 이와 같이 작업 메서드를 장식하지 않을 때 경고를 제공하는 코드 분석기 설치 방법에 대해 알아본다.

예를 들어, id 매개 변수를 기반으로 제품을 가져오는 작업 메서드는 세 가지 특성으로 장식된다. 하나는 GET 요청에 응답하고 id 매개 변수가 있음을 나타내며, 나머지 2개는 성공할 때와 클라이언트가 다음 코드와 같이 잘못된 제품 ID를 제공했을 때 발생하는 상황을 나타낸다.

```
[HttpGet("{id}")]
[ProducesResponseType(200, Type = typeof(Product))]
[ProducesResponseType(404)]
public IActionResult Get(string id)
```

ControllerBase 클래스는 다음 표와 같이 다양한 응답을 쉽게 반환할 수 있는 메서드를 갖고 있다.

메서드	설명
Ok	200 상태 코드와 JSON 또는 XML처럼 클라이언트가 선호하는 형식으로 리소스를 반환한다. 일반적으로 GET 요청에 대한 응답으로 사용된다.
CreatedAtRoute	201 상태 코드와 새 리소스의 경로를 반환한다. 신속하게 수행할 수 있는 리소스를 생성하기 위한 POST 요청에 대한 응답으로 사용된다.
Accepted	요청이 처리 중이지만 완료되지 않았음을 나타내는 202 상태 코드를 반환한다. 완료하는 데 오랜 시간이 걸리는 백그라운드 프로세스를 트리거하는 POST, PUT, PATCH 또는 DELETE 요청에 대한 응답으로 사용된다.
NoContentResult	204 상태 코드와 빈 응답 본문을 반환한다. 응답에 영향을 받는 리소스가 포함될 필요가 없는 경우 PUT, PATCH 또는 DELETE 요청에 대한 응답으로 사용된다.
BadRequest	400 상태 코드와 자세한 내용이 있는 선택적 메시지 문자열을 반환한다.
NotFound	404 상태 코드와 자동으로 채워진 ProblemDetails 본문을 반환한다(2.2 이상의 호환성 버전 필요).

고객 데이터 저장소 및 웹 API 컨트롤러 구성

이제 웹 API 컨트롤러 내에서 호출할 수 있는 저장소를 구성한다.

웹 서비스가 시작될 때 저장소에 대한 범위가 지정된 종속성 서비스 구현을 등록한 다음, 생성자 매개 변수 주입을 사용해 고객 데이터를 사용하기 위해 새 웹 API 컨트롤러로 가져온다.

경로를 사용해 MVC와 Web API 컨트롤러를 구분하는 예를 보여 주기 위해 고객 컨트롤러에 공통 /api URL 접두사 규칙을 사용한다.

1. Program.cs를 열고 Northwind.WebApi.Rpositories 네임스페이스를 가져온다.

2. 런타임에 범위가 지정된 종속성으로 사용할 CustomerRepository를 등록하는 Build 메서드를 호출하기 전에 코드를 추가한다.

```
builder.Services.AddScoped<ICustomerRepository, CustomerRepository>();
var app = builder.Build();
```

좋은 습관: 저장소는 범위 종속성으로 등록된 데이터베이스 콘텍스트를 사용한다. 다른 범위 종속성 내에서만 범위 종속성을 사용할 수 있으므로 저장소를 싱글톤으로 등록할 수 없다. 자세한 내용은 다음 링크에서 확인할 수 있다.

https://learn.microsoft.com/ko-kr/dotnet/core/extensions/dependency-injection#scoped

3. Controllers 폴더에 CustomersController.cs라는 이름의 새 클래스를 추가한다.

4. CustomersController 클래스 파일에 고객 데이터를 사용하는 Web API 컨트롤러 클래스를 정의한다.

```
using Microsoft.AspNetCore.Mvc; // [Route], [ApiController],
ControllerBase
using Packt.Shared; // Customer
using Northwind.WebApi.Repositories; // ICustomerRepository
namespace Northwind.WebApi.Controllers;
// base address: api/customers
[Route("api/[controller]")]
[ApiController]
public class CustomersController : ControllerBase
{
  private readonly ICustomerRepository repo;
  // 등록된 저장소 주입
  public CustomersController(ICustomerRepository repo)
  {
    this.repo = repo;
  }
  // GET: api/customers
  // GET: api/customers/?country=[country]
  // 항상 고객 목록을 반환(비어 있을 수 있음)
  [HttpGet]
  [ProducesResponseType(200, Type = typeof(IEnumerable<Customer>))]
  public async Task<IEnumerable<Customer>> GetCustomers(string? country)
  {
    if (string.IsNullOrWhiteSpace(country))
    {
      return await repo.RetrieveAllAsync();
    }
    else
    {
```

```csharp
      return (await repo.RetrieveAllAsync())
        .Where(customer => customer.Country == country);
  }
}
// GET: api/customers/[id]
[HttpGet("{id}", Name = nameof(GetCustomer))] // 명명된 경로
[ProducesResponseType(200, Type = typeof(Customer))]
[ProducesResponseType(404)]
public async Task<IActionResult> GetCustomer(string id)
{
  Customer? c = await repo.RetrieveAsync(id);
  if (c == null)
  {
    return NotFound(); // 404 리소스를 찾을 수 없음.
  }
  return Ok(c); // 200 OK 고객 정보 반환
}
// POST: api/customers
// BODY: Customer (JSON, XML)
[HttpPost]
[ProducesResponseType(201, Type = typeof(Customer))]
[ProducesResponseType(400)]
public async Task<IActionResult> Create([FromBody] Customer c)
{
  if (c == null)
  {
    return BadRequest(); // 400 Bad request
  }
  Customer? addedCustomer = await repo.CreateAsync(c);
  if (addedCustomer == null)
  {
    return BadRequest("Repository failed to create customer.");
  }
  else
  {
    return CreatedAtRoute( // 201 Created
      routeName: nameof(GetCustomer),
      routeValues: new { id = addedCustomer.CustomerId.ToLower() },
      value: addedCustomer);
  }
}
// PUT: api/customers/[id]
// BODY: Customer (JSON, XML)
[HttpPut("{id}")]
```

```
[ProducesResponseType(204)]
[ProducesResponseType(400)]
[ProducesResponseType(404)]
public async Task<IActionResult> Update(
  string id, [FromBody] Customer c)
{
  id = id.ToUpper();
  c.CustomerId = c.CustomerId.ToUpper();
  if (c == null || c.CustomerId != id)
  {
    return BadRequest(); // 400 Bad request
  }
  Customer? existing = await repo.RetrieveAsync(id);
  if (existing == null)
  {
    return NotFound(); // 404 Resource not found
  }
  await repo.UpdateAsync(id, c);
  return new NoContentResult(); // 204 No content
}
// DELETE: api/customers/[id]
[HttpDelete("{id}")]
[ProducesResponseType(204)]
[ProducesResponseType(400)]
[ProducesResponseType(404)]
public async Task<IActionResult> Delete(string id)
{
  Customer? existing = await repo.RetrieveAsync(id);
  if (existing == null)
  {
    return NotFound(); // 404 Resource not found
  }
  bool? deleted = await repo.DeleteAsync(id);
  if (deleted.HasValue && deleted.Value) // short circuit AND
  {
    return new NoContentResult(); // 204 No content
  }
  else
  {
    return BadRequest( // 400 Bad request
      $"Customer {id} was found but failed to delete.");
  }
}
}
```

웹 API 컨트롤러 클래스에 대한 설명은 다음을 참고한다.

- Controller 클래스는 api/로 시작하고 컨트롤러 이름, 즉 api/customers를 포함하는 경로를 등록한다.

- 생성자는 종속성 주입을 사용해 고객 데이터로 작업하기 위해 등록된 저장소를 가져온다.

- 고객 데이터로 CRUD 작업을 수행하는 5개의 작업 메서드가 있다. 2개는 GET 메서드(모든 고객 또는 1개의 고객 데이터), POST(생성), PUT(업데이트), DELETE다.

- GetCustomers 메서드는 국가 이름과 함께 전달된 string 매개 변수를 가질 수 있다. 누락된 경우 모든 고객 데이터가 반환된다. 매개 변수가 있으면 국가별로 고객을 필터링하는 데 사용된다.

- GetCustomer 메서드에는 새 고객 데이터를 삽입한 후 URL을 생성하는 데 사용할 수 있도록 명시적으로 GetCustomer라는 경로가 있다.

- Create 및 Update 메서드는 [FromBody]로 고객 매개 변수를 장식해 모델 바인더에 POST 요청 본문의 값을 채우도록 지시한다.

- Create 메서드는 클라이언트가 나중에 새로 생성된 리소스를 가져오는 방법을 알 수 있도록 GetCustomer 경로를 사용하는 응답을 반환한다. 고객 데이터를 생성하고 확보하기 위해 두 가지 방법을 일치시킨다.

- Create와 Update 메서드는 HTTP 요청 본문에 전달된 고객의 모델 상태를 확인할 필요가 없으며, 컨트롤러가 [ApiController]로 장식돼 있기 때문에 유효하지 않은 경우 모델 유효성 검사 오류 세부 정보가 포함된 400 Bad Request를 반환한다.

HTTP 요청이 서비스에 의해 수신되면 HTTP 요청은 Controller 클래스의 인스턴스를 만들어 적절한 작업 방법을 호출하고, 클라이언트가 선호하는 형식으로 응답을 반환하며, 저장소와 데이터 콘텍스트를 포함해 컨트롤러가 사용하는 리소스를 해제한다.

문제 세부 정보 지정

ASP.NET Core 2.1 이상에 추가된 기능 중 하나는 문제의 세부 정보를 지정하기 위한 웹 표준 구현이다.

ASP.NET Core 2.2 이상 호환성이 활성화된 프로젝트의 [ApiController]로 장식된 웹 API 컨트롤러에서 IActionResult를 반환하고 클라이언트 오류 상태 코드(즉 4xx)를 반환하는 작업 메서드는 응답 본문에 직렬화된 ProblemDetails 클래스 인스턴스를 자동으로 포함한다.

이를 제어하려는 경우 직접 ProblemDetails 인스턴스를 만들고 추가 정보를 포함할 수 있다.

클라이언트가 잘못된 요청을 보내서 사용자 지정 데이터를 반환해야 하는 경우를 시뮬레이션해 보자.

1. Delete 메서드 구현 맨 위에 코드를 추가해 id가 리터럴 문자열 값 "bad"와 일치하는지 확인하고 일치하는 경우 다음과 같이 사용자 지정 문제 세부 정보 개체를 반환한다.

```
// 문제 세부 사항을 제어
if (id == "bad")
{
    ProblemDetails problemDetails = new()
    {
        Status = StatusCodes.Status400BadRequest,
        Type = "https://localhost:5001/customers/failed-to-delete",
        Title = $"Customer ID {id} found but failed to delete.",
        Detail = "More details like Company Name, Country and so
on.",
        Instance = HttpContext.Request.Path
    };
    return BadRequest(problemDetails); // 400 Bad Request
}
```

2. 조금 뒤에 이 기능을 테스트한다.

XML 직렬화 제어

Program.cs에 XmlSerializer를 추가해 클라이언트가 요청하는 경우 웹 API 서비스가 XML과 JSON을 반환할 수 있도록 했다.

하지만 XmlSerializer는 인터페이스를 직렬화할 수 없으며 엔티티 클래스는 ICollection <T>를 사용해 자식 엔티티를 정의한다. 예를 들어, Customer 클래스와 해당 Orders 속성에 대해 다음 출력과 같이 런타임 시 경고가 발생한다.

```
warn: Microsoft.AspNetCore.Mvc.Formatters.XmlSerializerOutput
Formatter[1]
An error occurred while trying to create an XmlSerializer for the type
'Packt.Shared.Customer'.
System.InvalidOperationException: There was an error reflecting type
'Packt.Shared.Customer'.
---> System.InvalidOperationException: Cannot serialize member 'Packt.
Shared.Customer.Orders' of type 'System.Collections.Generic.
ICollection`1[[Packt. Shared.Order, Northwind.Common.EntityModels,
Version=1.0.0.0, Culture=neutral, PublicKeyToken=null]]', see inner
exception for more details.
```

Customer를 XML로 직렬화할 때 Orders 속성을 제외해 이 경고를 방지할 수 있다.

1. Northwind.Common.EntityModels.Sqlite 및 Northwind.Common.EntityModels. SqlServer 프로젝트에서 Customers.cs를 연다.

2. [XmlIgnore] 특성을 사용하기 위해 System.xml.Serialization 네임스페이스를 가져온다.

3. Orders 속성을 직렬화에서 제외하도록 지정한다.

```
[InverseProperty(nameof(Order.Customer))]
[XmlIgnore]
public virtual ICollection<Order> Orders { get; set; }
```

4. `Northwind.Common.EntityModels.SqlServer` 프로젝트에서 `CustomerCustomerDemos` 속성도 `[XmlIgnore]`로 장식한다.

⁝▷ 웹 서비스 문서화 및 테스트

HTTP GET 요청은 브라우저를 통해 쉽게 테스트할 수 있다. 다른 HTTP 메서드를 테스트하려면 고급 도구가 필요하다.

브라우저를 사용한 GET 요청 테스트

크롬을 사용해 GET 요청의 세 가지 구현(모든 고객, 지정된 국가의 고객, 고유한 고객 ID를 사용하는 단일 고객)을 테스트해 보자.

1. `Northwind.WebApi` 웹 서비스를 시작한다.

2. 크롬을 시작한다.

3. `https://localhost:5001/api/customers`로 이동해 반환된 JSON 문서를 확인한다. 그림 16.3과 같이 Northwind 데이터베이스의 91개 고객 데이터가 정렬되지 않은 상태로 모두 포함돼 있다.

그림 16.3 JSON으로 반환된 Northwind 데이터베이스의 고객 데이터

4. `https://localhost:5001/api/customers/?country=Germany`로 이동하면 그림 16.4와 같이 독일의 고객만 포함하는 JSON 문서가 반환된다.

그림 16.4 JSON으로 반환된 독일의 고객 데이터

 데이터베이스 쿼리는 대소문자를 구분한다. 만약 반환되는 데이터가 없다면 국가 이름에 올바른 대소문자를 사용했는지 확인한다. 예를 들어, uk와 UK의 결과 데이터는 다르다.

5. `https://localhost:5001/api/customers/alfki`로 이동하면 그림 16.5와 같이 Alfreds Futterkiste라는 이름의 고객 데이터만 JSON 문서로 반환된다.

그림 16.5 JSON으로 반환된 특정 고객 데이터

국가 이름과는 다르게 고객 id의 string 값은 컨트롤러 클래스 내부에서 대문자로 변경하기 때문에 대/소문자에 대해 신경쓸 필요가 없다.

POST, PUT, DELETE 같은 다른 HTTP 메서드는 어떻게 테스트할 수 있을까? 또한 웹 서비스 사용법을 문서화하려면 어떻게 해야 할까?

첫 번째 문제는 **REST Client**라는 비주얼 스튜디오 코드 확장을 사용해 해결할 수 있다. 두 번째 문제는 HTTP API 문서화 및 테스트에 가장 널리 사용되는 기술인 **Swagger**

로 해결할 수 있다. 먼저, REST Client 비주얼 스튜디오 코드 확장에 대해 알아보자.

 포스트맨(Postman)을 비롯한 많은 웹 API 테스트 도구가 있다. 포스트맨과 비교하면 REST Client는 요청과 응답 사이에 발생하는 모든 데이터를 숨기지 않고 보여 준다. 개인 적으로 포스트맨은 GUI에 치중한다고 생각하지만, 다양한 도구를 써보면서 자신의 스타 일에 맞는 도구를 찾는 것이 좋다. 다음 링크에서 포스트맨에 대해 자세히 알아볼 수 있다. https://www.postman.com/

REST Client 확장으로 HTTP 요청 테스트

REST Client는 비주얼 스튜디오 코드에서 모든 유형의 HTTP 요청을 보내고 응답을 볼 수 있게 해주는 비주얼 스튜디오 코드 확장이다. 비주얼 스튜디오 2022 사용을 선호 하더라도 비주얼 스튜디오 코드를 설치해 REST Client와 같은 확장을 사용하는 것이 좋다.

REST Client를 사용해 GET 요청하기

먼저, REST Client 확장을 설치하면서 시작하자.

1. 비주얼 스튜디오 코드 확장에서 REST Client를 검색한 다음 설치한다.

2. 선호하는 코드 편집기에서 Northwind.WebApi 프로젝트를 실행한다.

3. 비주얼 스튜디오 코드의 PracticalApps 폴더에서 RestClientTests 폴더를 생성한다.

4. get-customers.http라는 이름의 파일을 만들고 모든 고객 데이터를 요청하는 HTTP GET 요청을 보내도록 내용을 입력한다.

```
GET https://localhost:5001/api/customers/ HTTP/1.1
```

5. 비주얼 스튜디오 코드 메뉴의 **보기 > 명령 팔레트**에서 rest client를 입력하고 **Rest Client: Send Request** 명령을 선택하고 **엔터**를 누른다.

그림 16.6 REST Client를 사용해 HTTP GET 요청 보내기

6. **응답**은 새 탭 창에 세로로 표시되며 탭을 끌어다 놓으면 가로 레이아웃으로 재정렬할 수 있다.

7. 각각 3개의 해시 기호로 구분된 더 많은 GET 요청을 입력해 다양한 국가의 고객 데이터 요청 및 ID를 사용하는 단일 고객 데이터 요청을 테스트한다.

```
###
GET https://localhost:5001/api/customers/?country=Germany HTTP/1.1
###
GET https://localhost:5001/api/customers/?country=USA HTTP/1.1
Accept: application/xml
###
GET https://localhost:5001/api/customers/ALFKI HTTP/1.1
###
GET https://localhost:5001/api/customers/abcxy HTTP/1.1
```

8. 각 요청 위에 표시되는 **Send Request**를 클릭해 요청을 보낼 수 있다.

그림 16.7 REST Client를 사용해 요청을 보내고 응답받기

REST Client로 다른 요청 보내기

이번에는 POST 요청을 보낸다.

1. RestClientTests 폴더에 create-customer.http라는 파일을 만들고 새 고객 데이터를 만드는 POST 요청을 정의한다. HTTP 요청을 입력하는 동안 REST Client가 인텔리센스를 제공한다.

```
POST https://localhost:5001/api/customers/ HTTP/1.1
Content-Type: application/json
Content-Length: 301
{
  "customerID": "ABCXY",
  "companyName": "ABC Corp",
  "contactName": "John Smith",
  "contactTitle": "Sir",
```

```
    "address": "Main Street",
    "city": "New York",
    "region": "NY",
    "postalCode": "90210",
    "country":  "USA",
    "phone": "(123) 555-1234",
    "fax": null,
    "orders": null
}
```

2. 운영체제마다 다른 라인 엔딩[line ending]으로 인해 Content-Length 헤더의 값은 윈도
   우, 맥OS, 리눅스에서 서로 다르다. 값이 잘못된 경우 요청이 실패한다. 올바른 콘
   텐츠 길이를 찾으려면 요청 본문을 선택한 다음, 그림 16.8과 같이 상태 표시줄에서
   문자 수를 확인한다.

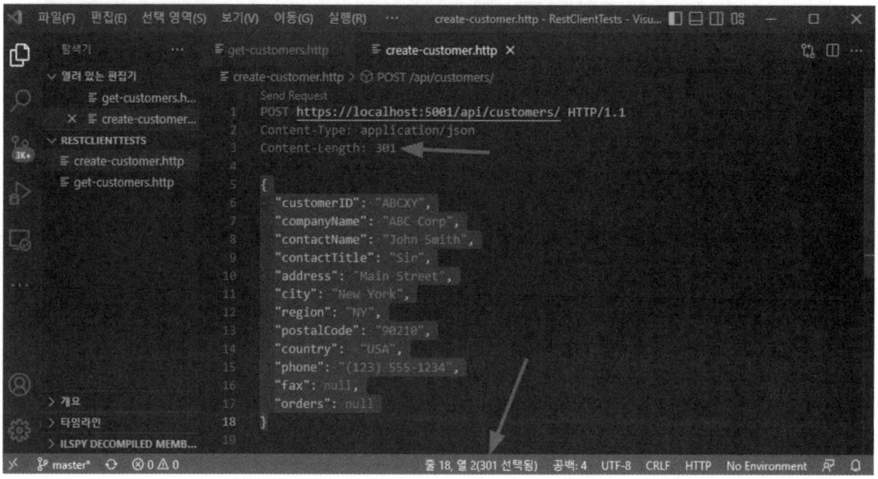

그림 16.8 올바른 콘텐츠 길이 확인

3. 요청을 보내고 응답이 201 Created인지 확인한다. 새로 생성된 고객 데이터의 URL
   은 https://localhost:5001/api/Customers/abcxy이고, 그림 16.9와 같이 생성된 데
   이터가 응답 본문에 포함된다.

그림 16.9 새 고객 추가

고객 업데이트(PUT 사용) 및 고객 삭제(DELETE 사용)를 테스트하는 REST Client 요청은
여러분이 직접 해보기 바란다. 이미 생성된 고객 데이터 외에 존재하지 않는 고객 데이
터로도 시도해 보자. 솔루션은 이 책의 깃허브 저장소에 있다.

지금까지 서비스를 테스트하는 빠르고 쉬운 방법을 살펴봤다. 외부 개발자 역시 우리의
서비스를 쉽게 호출할 수 있어야 한다. 이를 위해 Swagger를 사용한다.

Swagger

Swagger의 가장 중요한 부분은 API에 대한 REST 스타일 계약을 정의하는 **OpenAPI
사양**으로서 손쉬운 개발, 검색, 통합을 위해 사람과 기계가 읽을 수 있는 형식으로 모든
리소스와 작업을 자세히 설명한다는 점이다.

개발자는 웹 API용 OpenAPI 사양을 사용해 선호하는 언어 또는 라이브러리에서 강력
한 형식의 클라이언트 코드를 자동으로 생성할 수 있다.

지금 사용하려는 또 다른 유용한 기능은, 시각적 테스트가 가능하도록 API 문서를 자동

으로 생성해 주는 Swagger UI다.

Swashbuckle 패키지를 사용해 Swagger를 활성화하는 방법을 알아보자.

1. 웹 서비스가 실행 중이면 웹 서버를 종료한다.

2. Northwind.WebApi.csproj를 열고 Swashbuckle.AspNetCore에 대한 패키지 참조를 확인한다.

```
<ItemGroup>
  <PackageReference Include="Swashbuckle.AspNetCore" Version="6.2.3" />
</ItemGroup>
```

3. Swashbuckle.AspNetCore 패키지 버전을 최신으로 업데이트한다. 책을 쓰는 시점에서 최신 버전은 6.4.0이다.

4. Program.cs에서 마이크로소프트의 OpenAPI 모델 네임스페이스를 가져온다.

```
using Microsoft.OpenApi.Models;
```

5. Swashbuckle의 SwaggerUI 네임스페이스를 가져온다.

```
using Swashbuckle.AspNetCore.SwaggerUI; // SubmitMethod
```

6. Program.cs의 Swagger 지원을 추가하는 코드에 버전 표시와 제목을 추가한다.

```
builder.Services.AddSwaggerGen(c =>
  {
    c.SwaggerDoc("v1", new()
      { Title = "Northwind Service API", Version = "v1" });
  });
```

7. HTTP 요청 파이프라인을 구성하는 섹션에서 개발 모드일 때 Swagger 및 Swagger UI를 사용하고 OpenAPI 사양 JSON 문서에 대한 엔드포인트를 정의하는 코드를 확인한다.

8. 웹 서비스에서 지원하는 HTTP 메서드를 명시적으로 나열하는 코드를 추가하고 엔드포인트 이름을 변경한다.

```
var app = builder.Build();
// HTTP 요청 파이프라인 구성
if (builder.Environment.IsDevelopment())
{
  app.UseSwagger();
  app.UseSwaggerUI(c =>
  {
    c.SwaggerEndpoint("/swagger/v1/swagger.json",
      "Northwind Service API Version 1");
    c.SupportedSubmitMethods(new[] {
      SubmitMethod.Get, SubmitMethod.Post,
      SubmitMethod.Put, SubmitMethod.Delete });
  });
}
```

Swagger UI로 요청 테스트

이제 Swagger를 사용해 HTTP 요청을 테스트할 준비를 마쳤다.

1. Northwind.WebApi 웹 서비스를 시작한다.

2. 크롬에서 https://localhost:5001/swagger/로 이동해 **Customers** 및 **Weather Forecast** 웹 API 컨트롤러가 모두 검색되고 문서화된 것을 확인하고 API에서 사용되는 **스키마**[Schema]를 확인한다.

3. 그림 16.10과 같이 **GET /api/Customers/{id}**를 클릭해 엔드포인트를 확장하고
   customer **id**에 필요한 값을 입력한다.

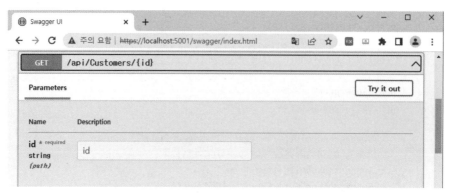

그림 16.10 Swagger에서 GET 요청에 대한 매개 변수 확인

4. **Try it out**을 클릭하고 **id**에 ALFKI를 입력한 다음 **Execute** 버튼을 클릭한다.

그림 16.11 Execute 버튼을 클릭하기 전에 ID 입력

5. 아래로 스크롤해 그림 16.12와 같이 요청 URL, 코드가 포함된 서버 응답, 응답 본문, 응답 헤더 등의 세부 정보를 확인한다.

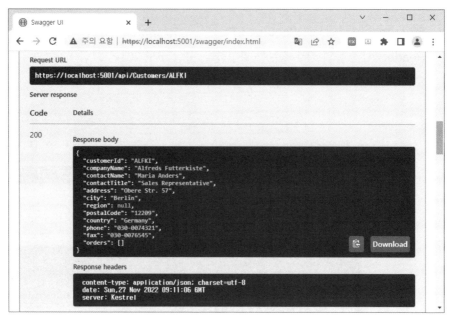

그림 16.12 Swagger 요청에 대한 ALFKI 고객 정보

6. 다시 페이지 상단으로 스크롤해서 이번에는 **POST /api/Customers**를 확장하고 **Try it out**을 클릭한다.

7. **Request Body** 박스의 내부를 클릭하고 다음과 같이 JSON을 수정해 새 고객 데이터를 정의한다.

```
{
  "customerID": "SUPER",
  "companyName": "Super Company",
  "contactName": "Rasmus Ibensen",
  "contactTitle": "Sales Leader",
  "address": "Rotterslef 23",
  "city": "Billund",
  "region": null,
  "postalCode": "4371",
  "country": "Denmark",
```

```
    "phone": "31 21 43 21",
    "fax": "31 21 43 22"
 }
```

8. **Execute**^{실행}를 클릭하고 **Request URL**^{요청 URL}, **Response body**^{응답 본문}, **Response Header**^{응답 헤더} 등의 세부 정보를 확인한다. 응답 코드 201은 그림 16.13과 같이 새로운 고객 데이터 생성이 성공했음을 의미한다.

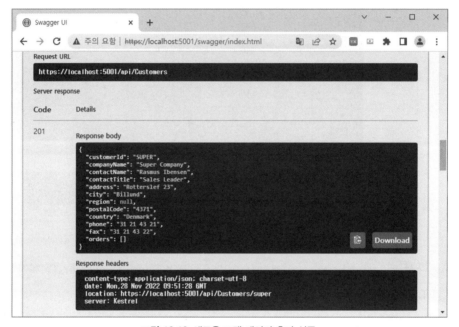

그림 16.13 새로운 고객 데이터 추가 성공

9. 다시 페이지 상단으로 스크롤해 **GET /api/Customers**의 **Try it out**을 클릭한 다음, 국가 매개 변수로 Denmark를 입력하고 **Execute**를 클릭해 그림 16.14와 같이 추가된 새 고객 데이터가 제대로 조회되는지 확인한다.

928

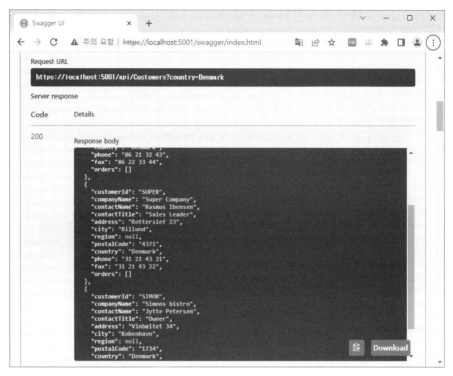

그림 16.14 새로 추가된 고객을 포함한 덴마크 고객 조회

10. DELETE /api/Customers/{id}의 **Try it out**을 클릭한 다음, **id**에 super를 입력하고 **Execute**를 누른다. 그림 16.15와 같이 데이터가 성공적으로 삭제됐음을 나타내는 204 응답 코드가 반환되는지 확인한다.

그림 16.15 고객 데이터 삭제 성공

11. **Execute**를 한 번 더 누르면 해당 데이터가 더 이상 존재하지 않음을 의미하는 404 응답 코드가 반환되며 문제에 대한 세부 정보가 JSON 응답으로 반환된다.

그림 16.16 삭제된 고객 데이터는 더 이상 존재하지 않는다.

12. **id**에 bad를 입력하고 **Execute**를 클릭하면 **서버 응답 코드**는 400이다. 이는 고객 데이터가 존재하지만 삭제는 실패했음을 나타낸다. CustomersController.cs에 id가 bad면 400 Bad Request를 반환하도록 코드를 작성한 것을 기억하자. 그림 16.17과 같이 문제에 대한 세부 정보가 JSON 응답으로 반환된다.

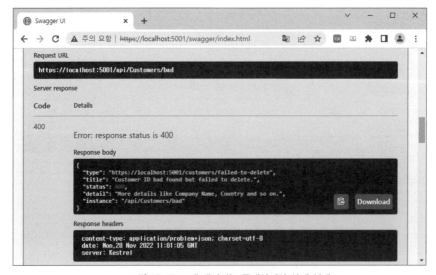

그림 16.17 고객 데이터는 존재하지만 삭제 실패

13. GET 메서드를 사용해 새 고객이 데이터베이스에서 삭제됐는지 확인한다. 덴마크 고객은 원래 2명이다.

 PUT을 사용한 기존 고객 데이터 업데이트는 직접 해보자.

14. 크롬과 웹 서버를 종료한다.

HTTP 로깅 활성화

HTTP 로깅은 다음 항목을 비롯한 HTTP 요청 및 응답에 대한 정보를 기록하는 선택적 미들웨어 구성 요소다.

- HTTP 요청 정보

- 헤더header

- 본문body

- HTTP 응답 정보

로깅 활성화는 감사 및 디버깅 목적으로는 유용하지만 성능에 영향을 미칠 수 있으므로 주의가 필요하다. 또한 일부 국가에서 법적 문제가 될 수 있는 **개인 식별 정보**PII, Personally Identifiable Information가 노출될 수 있다.

이제 HTTP 로깅을 활성화하자.

1. `Program.cs`에 HTTP 로깅을 위한 네임스페이스를 가져온다.

```
using Microsoft.AspNetCore.HttpLogging; // HttpLoggingFields
```

2. 서비스 구성 섹션에 HTTP 로깅 설정 코드를 추가한다.

```
builder.Services.AddHttpLogging(options =>
{
  options.LoggingFields = HttpLoggingFields.All;
  options.RequestBodyLogLimit = 4096; // 기본은 32k
  options.ResponseBodyLogLimit = 4096; // 기본은 32k
});
```

3. HTTP 파이프라인 구성 섹션에서 라우팅 사용 호출 전에 HTTP 로깅 코드를 추가한다.

```
app.UseHttpLogging();
```

4. Northwind.WebApi 웹 서비스를 시작한다.

5. 크롬을 시작한다.

6. https://localhost:5001/api/customers로 이동한다.

7. 명령 프롬프트 또는 터미널에 다음과 같이 요청 및 응답이 기록되는 것을 확인한다.

```
info: Microsoft.AspNetCore.HttpLogging.HttpLoggingMiddleware[1]
      Request:
      Protocol: HTTP/1.1
      Method: GET
      Scheme: https
      PathBase:
      Path: /api/customers
      QueryString:
      Connection: keep-alive
      Accept: */*
      Accept-Encoding: gzip, deflate, br
      Host: localhost:5001
info: Microsoft.AspNetCore.HttpLogging.HttpLoggingMiddleware[2]
      Response:
      StatusCode: 200
      Content-Type: application/json; charset=utf-8
      ...
      Transfer-Encoding: chunked
```

8. 크롬과 웹 서버를 종료한다.

이제 웹 서비스를 사용하는 애플리케이션을 만들어 보자.

HTTP 클라이언트를 사용해 웹 서비스 사용

지금까지 Northwind 서비스를 빌드하고 테스트했다. 이제 `HttpClient` 클래스 및 팩토리를 사용해 .NET 앱에서 어떻게 웹 서비스를 호출하는지 알아보자.

HttpClient

웹 서비스를 사용하는 가장 쉬운 방법은 `HttpClient` 클래스를 사용하는 것이다. 하지만 많은 사람들이 `IDisposable`을 잘못 사용하고 있으며, 마이크로소프트 문서에 잘못된 사용법이 나와 있다. 자세한 설명이 있는 문서는 깃허브 저장소의 책 링크를 참고하자.

보통 어떤 형식이 `IDisposable`을 구현하면 가능한 한 빠르게 폐기되도록 using 문 내에서 해당 형식을 만들어야 한다. 하지만 `HttpClient`는 재진입 가능하며 부분적으로 스레드로부터 안전하고 공유된다는 점에서 다른 형식과 다르다.

이 문제는 기본 네트워크 소켓을 관리하는 방법과 관련이 있다. 중요한 점은 애플리케이션의 수명 동안 사용하는 각 HTTP 엔드포인트에 대해 단일 인스턴스를 사용해야 한다는 것이다. 이렇게 하면 기본 네트워크 소켓을 효율적으로 관리하면서 각 `HttpClient` 인스턴스가 작동하는 엔드포인트에 적합한 기본값을 설정할 수 있다.

HttpClientFactory를 사용해 HTTP 클라이언트 구성

마이크로소프트는 이 문제를 알고 있으며 ASP.NET Core 2.1에서 모범 사례를 장려하기 위해 `HttpClientFactory`를 도입했고 여기서 사용할 기술이기도 하다.

이번 예제는 Northwind MVC 웹사이트를 Northwind 웹 API 서비스에 대한 클라이언트로 사용한다. 둘 다 웹 서버에서 동시에 호스팅해야 하므로 다음 설명과 같이 서로 다른 포트 번호를 사용하도록 구성해야 한다.

- Northwind 웹 API 서비스는 HTTPS의 포트 5002를 사용한다.

- Northwind MVC 웹사이트는 HTTP의 포트 5000과 HTTPS의 포트 5001을 사용한다.

다음과 같이 포트를 구성한다.

1. Northwind.WebApi 프로젝트의 Program.cs에서 UseUrls에 확장 메서드 호출을 추가해 HTTPS용 포트 5002를 지정한다.

```
var builder = WebApplication.CreateBuilder(args);
builder.WebHost.UseUrls("https://localhost:5002/");
```

2. Northwind.Mvc 프로젝트의 Program.cs에서 HTTP 클라이언트 팩토리 사용에 필요한 네임스페이스를 가져온다.

```
using System.Net.Http.Headers; // MediaTypeWithQualityHeaderValue
```

3. 명명된 클라이언트가 있는 HttpClientFactory가 포트 5002에서 Northwind Web API 서비스를 호출하고 기본 응답 형식으로 JSON을 사용하도록 코드를 추가한다.

```
builder.Services.AddHttpClient(name: "Northwind.WebApi",
  configureClient: options =>
  {
    options.BaseAddress = new Uri("https://localhost:5002/");
    options.DefaultRequestHeaders.Accept.Add(
      new MediaTypeWithQualityHeaderValue(
      "application/json", 1.0));
  });
```

컨트롤러에서 고객 데이터를 JSON으로 가져오기

이제 팩토리factory를 사용해 HTTP 클라이언트를 생성하고, GET 메서드로 고객 데이터를 요청하고, System.Net.Http.Json 어셈블리 및 네임스페이스에 .NET 5와 함께 도입된 확장 메서드를 사용해 JSON 응답을 역직렬화하는 MVC 컨트롤러 작업 메서드를 생성할 수 있다.

1. 다음과 같이 Controllers/HomeController.cs를 열고 HTTP 클라이언트 팩토리를 저장할 필드를 선언한다.

```
private readonly IHttpClientFactory clientFactory;
```

2. 생성자에서 필드 값을 설정한다.

```
public HomeController(
        ILogger<HomeController> logger,
        NorthwindContext injectedContext,
        IHttpClientFactory httpClientFactory)
    {
        _logger = logger;
        db = injectedContext;
        clientFactory = httpClientFactory;
    }
```

3. Northwind Web API 서비스를 호출하고 모든 고객 데이터를 가져와 뷰에 전달하기 위한 새 작업 메서드를 만든다.

```
public async Task<IActionResult> Customers(string country)
{
  string uri;
  if (string.IsNullOrEmpty(country))
  {
    ViewData["Title"] = "All Customers Worldwide";
    uri = "api/customers/";
  }
  else
```

```
  {
    ViewData["Title"] = $"Customers in {country}";
    uri = $"api/customers/?country={country}";
  }
  HttpClient client = clientFactory.CreateClient(
    name: "Northwind.WebApi");
  HttpRequestMessage request = new(
    method: HttpMethod.Get, requestUri: uri);
  HttpResponseMessage response = await client.SendAsync(request);
  IEnumerable<Customer>? model = await response.Content
    .ReadFromJsonAsync<IEnumerable<Customer>>();
  return View(model);
}
```

4. Views/Home 폴더에 Customers.cshtml이라는 이름의 Razor 파일을 만든다.

5. 고객 데이터를 렌더링할 수 있도록 Razor 파일을 수정한다.

```
@using Packt.Shared
@model IEnumerable<Customer>
<h2>@ViewData["Title"]</h2>
<table class="table">
  <thead>
    <tr>
      <th>Company Name</th>
      <th>Contact Name</th>
      <th>Address</th>
      <th>Phone</th>
    </tr>
  </thead>
  <tbody>
    @if (Model is not null)
    {
      @foreach (Customer c in Model)
      {
        <tr>
          <td>
            @Html.DisplayFor(modelItem => c.CompanyName)
          </td>
          <td>
            @Html.DisplayFor(modelItem => c.ContactName)
          </td>
```

```
          <td>
            @Html.DisplayFor(modelItem => c.Address)
            @Html.DisplayFor(modelItem => c.City)
            @Html.DisplayFor(modelItem => c.Region)
            @Html.DisplayFor(modelItem => c.Country)
            @Html.DisplayFor(modelItem => c.PostalCode)
          </td>
          <td>
            @Html.DisplayFor(modelItem => c.Phone)
          </td>
        </tr>
      }
    }
  </tbody>
</table>
```

6. 사용자가 국가를 입력하고 고객 데이터를 볼 수 있도록 Views/Home/Index.cshtml에 방문자 수를 렌더링한 후 양식을 추가한다.

```
<h3>Query customers from a service</h3>
<form asp-action="Customers" method="get">
  <input name="country" placeholder="Enter a country" />
  <input type="submit" />
</form>
```

교차 출처 리소스 공유 활성화

교차 출처 리소스 공유CORS, Cross-Origin Resource Sharing는 클라이언트와 서버가 서로 다른 도메인에 있을 때 웹 리소스를 보호하기 위한 HTTP 헤더 기반의 표준 정책이다. 이를 통해 서버는 리소스 로드를 허용할 원본 이외의 출처(도메인, 스킴 또는 포트의 조합으로 정의됨)를 나타낼 수 있다.

웹 서비스는 포트 5002에서 호스팅되고 MVC 웹사이트는 포트 5000과 5001에서 호스팅 되므로 서로 다른 출처로 간주돼 원칙상 리소스를 공유할 수 없다.

따라서 서버에서 CORS를 활성화해 MVC 웹사이트에서 시작된 요청을 허용하도록 웹 서비스를 구성해야 한다.

1. Northwind.WebApi 프로젝트에서 Program.cs를 연다.

2. 서비스 구성 섹션에 CORS 지원을 추가한다.

```
builder.Services.AddCors();
```

3. UseEndpoints를 호출하기 전에 HTTP 파이프라인 구성 섹션에 아래 코드를 추가해 CORS를 사용하고 Northwind MVC와 같이 원본이 https://localhost:5001인 모든 웹사이트의 GET, POST, PUT, DELETE 요청을 허용한다.

```
app.UseCors(configurePolicy: options =>
{
  options.WithMethods("GET", "POST", "PUT", "DELETE");
  options.WithOrigins(
    "https://localhost:5001" // MVC 클라이언트의 요청을 허용한다.
  );
});
```

4. Northwind.WebApi 프로젝트를 시작하고 웹 서비스가 포트 5002만 사용하는지 확인한다.

```
info: Microsoft.Hosting.Lifetime[14]
      Now listening on: https://localhost:5002
```

5. Northwind.Mvc 프로젝트를 시작하고 포트 5000, 5001을 사용하는지 확인한다.

```
info: Microsoft.Hosting.Lifetime[14]
      Now listening on: https://localhost:5001
info: Microsoft.Hosting.Lifetime[14]
      Now listening on: http://localhost:5000
```

6. 크롬을 시작한다.

7. 고객 양식에서 Germany, UK, USA 같은 국가를 입력하고 **제출** 버튼을 누른 후 반환된 고객 데이터를 확인한다.

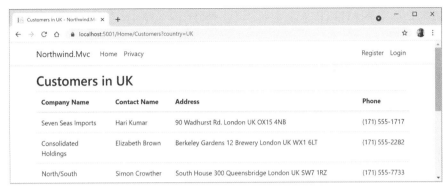

그림 16.18 UK의 고객 데이터

8. 브라우저에서 **뒤로 가기**[Back] 버튼을 클릭하고 입력한 국가를 지우고 **제출**을 클릭하면 모든 고객 데이터가 표시된다.

9. 명령 프롬프트 또는 터미널에서 HttpClient를 사용한 요청과 응답을 볼 수 있다.

```
info: System.Net.Http.HttpClient.Northwind.WebApi.ClientHandler[100]
    Sending HTTP request GET https://localhost:5002/api/
customers/?country=UK
info: System.Net.Http.HttpClient.Northwind.WebApi.ClientHandler[101]
    Received HTTP response headers after 931.864ms - 200
```

10. 크롬과 웹 서버를 종료한다.

지금까지 MVC 웹사이트에서 웹 서비스를 호출하는 방법을 알아봤다.

웹 서비스를 위한 고급 기능 구현

클라이언트에서 웹 서비스를 호출하는 방법을 살펴봤으므로 이제 고급 기능 몇 가지를 다뤄 본다.

상태 확인 API 구현

기본적인 ping 테스트를 비롯해 사이트의 가용성 테스트를 수행하는 많은 유료 서비스가 있으며 일부는 HTTP 응답에 대한 고급 분석을 제공하기도 한다.

ASP.NET Core 2.2 이상에서는 웹사이트가 준비가 됐는지, 데이터베이스에서 데이터를 검색할 수 있는지 등과 같이 보다 자세한 웹사이트 상태 검사를 쉽게 구현할 수 있다

이제 웹 서비스에 기본 상태 확인 기능을 추가해 보자.

1. `Northwind.WebApi` 프로젝트에 엔티티 프레임워크 코어 데이터베이스 상태 검사를 사용하기 위한 프로젝트 참조를 추가한다.

   ```
   <PackageReference Include="Microsoft.Extensions.Diagnostics.
   HealthChecks.EntityFrameworkCore" Version="6.0.0" />
   ```

2. 프로젝트를 빌드한다.

3. `Program.cs`의 서비스 구성 섹션 맨 아래에 Northwind 데이터베이스 콘텍스트를 포함하는 상태 검사 코드를 추가한다.

   ```
   builder.Services.AddHealthChecks()
     .AddDbContextCheck<NorthwindContext>();
   ```

    기본으로 데이터베이스 콘텍스트 검사는 EF 코어의 CanConnectAsync 메서드를 호출한다. AddDbContextCheck 메서드로 실행할 작업을 사용자 지정할 수 있다.

4. HTTP 파이프라인 구성 섹션에서 `MapControllers`를 호출하기 전에 기본 상태 확인 코드를 추가한다.

   ```
   app.UseHealthChecks(path: "/howdoyoufeel");
   ```

5. 웹 서비스를 시작한다.

6. 크롬을 시작한다.

7. `https://localhost:5002/howdoyoufeel`로 이동해 일반 텍스트 응답을 확인한다.

8. 명령 프롬프트 또는 터미널에서 데이터베이스 상태를 테스트하기 위해 실행된 SQL 문을 확인한다.

```
Level: Debug, Event Id: 20100, State: Executing DbCommand [Parameters=[],
CommandType='Text', CommandTimeout='30']
SELECT 1
```

9. 크롬과 웹 서버를 종료한다.

Open API 분석기 및 규칙 구현

16장에서는 특성으로 컨트롤러 클래스를 수동으로 장식해 웹 서비스를 문서화하는 Swagger 사용 방법을 배웠다.

ASP.NET Core 2.2 이상에서는 문서화를 자동화하기 위해 [ApiController] 특성으로 주석이 달린 컨트롤러 클래스를 반영하는 API 분석기가 제공된다. 분석기는 일부 API 규칙을 가정한다.

사용하려면 다음처럼 프로젝트에서 OpenAPI 분석기를 활성화한다.

```
<PropertyGroup>
  <TargetFramework>net6.0</TargetFramework>
  <Nullable>enable</Nullable>
  <ImplicitUsings>enable</ImplicitUsings>
  <IncludeOpenAPIAnalyzers>true</IncludeOpenAPIAnalyzers>
</PropertyGroup>
```

설치 후 제대로 장식되지 않은 컨트롤러는 예를 들어, WeatherForecastController 클래스처럼 소스 코드를 컴파일할 때 녹색 물결선 및 경고가 표시된다.

자동 코드 수정 기능은 적절한 [Produces] 및 [ProducesResponseType] 특성을 추가할 수 있지만 현재는 비주얼 스튜디오에서만 동작한다. 비주얼 스튜디오 코드에서는 특성을 직접 추가해야 한다고 알리는 경고가 표시된다.

일시적인 오류 처리 구현

클라이언트 앱이나 웹사이트가 웹 서비스를 호출했을 때 그 요청은 지구 반대편에서 온 것일 수도 있다. 즉 구현 코드와는 관련이 없는, 클라이언트와 서버 간의 네트워크 문제로 인한 문제가 발생할 수도 있기 때문에 요청이 실패했을 때 앱을 단순히 종료해 버리면 안 된다. 다시 시도해서 문제가 해결되는 경우도 있다. 따라서 이러한 일시적 오류를 처리할 방법이 필요하다.

일시적 오류를 처리하려면 서드 파티 라이브러리인 Polly를 사용해 지수 백오프^{backoff} 방식의 자동 재시도를 구현하는 것이 좋다. 정책만 정의해 주면 라이브러리가 나머지 모든 것을 처리해 준다.

 좋은 습관: 다음 링크에서 Polly가 웹 서비스를 보다 안정적으로 만드는 원리에 대해 자세히 알아볼 수 있다.

https://learn.microsoft.com/ko-kr/dotnet/architecture/microservices/implement-resilient-applications/implement-http-call-retries-exponential-backoff-polly

보안 HTTP 헤더 추가

ASP.NET Core는 HSTS와 같은 일반적인 보안 HTTP 헤더를 기본으로 지원한다. 하지만 고려해야 하는 더 많은 HTTP 헤더가 존재한다.

헤더를 추가하는 가장 쉬운 방법은 미들웨어 클래스를 사용하는 것이다.

1. Northwind.WebApi 프로젝트에 SecurityHeadersMiddleware.cs라는 파일을 생성하고
   아래 코드를 추가한다.

```
using Microsoft.Extensions.Primitives; // StringValues
public class SecurityHeaders
{
  private readonly RequestDelegate next;
  public SecurityHeaders(RequestDelegate next)
  {
    this.next = next;
  }
  public Task Invoke(HttpContext context)
  {
    // 필요한 HTTP 응답 헤더를 추가한다.
    context.Response.Headers.Add(
      "super-secure", new StringValues("enable"));
    return next(context);
  }
}
```

2. Program.cs의 HTTP 파이프라인 구성 섹션에서 UseEndpoints를 호출하기 전에 미들
   웨어 등록 코드를 추가한다.

```
app.UseMiddleware<SecurityHeaders>();
```

3. 웹 서비스를 시작한다.

4. 크롬을 시작한다.

5. **개발자 도구**의 **네트워크** 탭에서 요청과 응답을 기록한다.

6. https://localhost:5002/weatherforecast로 이동한다.

7. 그림 16.19와 같이 super-secure라는 사용자 지정 HTTP 응답 헤더가 추가된 것을
    확인한다.

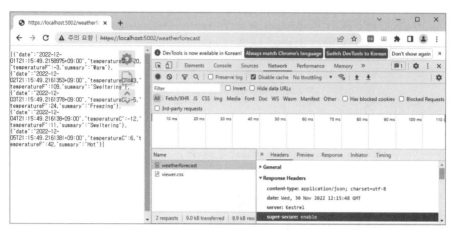

그림 16.19 super-secure 사용자 지정 HTTP 헤더

:: 최소한의 API를 사용해 웹 서비스 개발

.NET 6에서 마이크로소프트는 C# 10에 새로운 기능을 추가하고 ASP.NET Core 라
이브러리를 단순화해 최소한의 API로 웹 서비스를 만들 수 있도록 많은 노력을 기울
였다.

웹 API 프로젝트 템플릿에서는 일기 예보 서비스를 예제로 제공한다. 이 서비스는 임의
의 데이터를 사용해 5일간의 날씨 데이터를 반환한다. 이번에는 최소한의 API를 사용
해 일기 예보 서비스를 다시 만들어 본다.

이 서비스에는 1개의 날씨 데이터를 나타내는 클래스가 있다. 여러 프로젝트에서 이 클
래스를 사용해야 하므로 클래스 라이브러리로 만든다.

1. 다음과 같이 선호하는 코드 편집기를 사용해 새 프로젝트를 생성한다.

    A. 프로젝트 템플릿: **클래스 라이브러리**/classlib

944

B. 작업 공간/솔루션 파일 및 폴더: PracticalApps

C. 프로젝트 파일과 폴더: Northwind.Common

2. Class1.cs 파일 이름을 WeatherForecast.cs로 변경한다.

3. WeatherForecast.cs에 다음 코드를 추가한다.

```csharp
namespace Northwind.Common
{
  public class WeatherForecast
  {
    public static readonly string[] Summaries = new[]
    {
      "Freezing", "Bracing", "Chilly", "Cool", "Mild",
      "Warm", "Balmy", "Hot", "Sweltering", "Scorching"
    };
    public DateTime Date { get; set; }
    public int TemperatureC { get; set; }
    public int TemperatureF => 32 + (int)(TemperatureC / 0.5556);
    public string? Summary { get; set; }
  }
}
```

최소한의 API를 사용해 일기 예보 서비스 구축

이제 최소한의 API를 사용해 일기 예보 서비스를 다시 만들어 보자. 포트 5003을 열고 CORS 지원을 활성화해 MVC 웹사이트의 GET 요청만 허용한다.

1. 선호하는 코드 편집기를 사용해 새 프로젝트를 생성한다.

A. 프로젝트 템플릿: **ASP.NET Core 비어 있음**/web

B. 작업 공간/솔루션 파일 및 폴더: PracticalApps

C. 프로젝트 파일과 폴더: Minimal.WebApi

D. 선택 사항(비주얼 스튜디오 2022):

i.　**인증 유형**: 없음

　　　ii.　**HTTPS에 대한 구성**: 선택

　　　iii.　**Docker 사용**: 선택 안 함

　　　iv.　**OpenAPI 지원 사용**: 선택

2. 비주얼 스튜디오 코드에서 Minimal.WebAPI를 OmniSharp 활성 프로젝트로 선택한다.

3. Minimal.WebAPI 프로젝트에서 Northwind.Common 프로젝트에 대한 참조를 추가한다.

```xml
<ItemGroup>
  <ProjectReference Include="..\Northwind.Common\Northwind.Common.
csproj" />
</ItemGroup>
```

4. 프로젝트를 빌드한다.

5. Program.cs 파일을 다음과 같이 수정한다.

```csharp
using Northwind.Common; // WeatherForecast

var builder = WebApplication.CreateBuilder(args);
builder.WebHost.UseUrls("https://localhost:5003");
builder.Services.AddCors();
var app = builder.Build();

// MVC 클라이언트의 GET 요청만 허용
app.UseCors(configurePolicy: options =>
{
  options.WithMethods("GET");
  options.WithOrigins("https://localhost:5001");
});
app.MapGet("/api/weather", () =>
{
  return Enumerable.Range(1, 5).Select(index =>
    new WeatherForecast
    {
      Date = DateTime.Now.AddDays(index),
```

```
        TemperatureC = Random.Shared.Next(-20, 55),
        Summary = WeatherForecast.Summaries[
            Random.Shared.Next(WeatherForecast.Summaries.Length)]
    })
    .ToArray();
});
app.Run();
```

 좋은 습관: 단순한 웹 서비스는 컨트롤러 클래스를 만들지 않고 모든 구성 및 구현을
Program.cs에 넣는다.

6. 포트 5003을 사용해 브라우저를 시작하도록 **Properties** 폴더의 `launchSettings.`
`json` 파일에서 프로필을 구성한다.

```
"profiles": {
    "Minimal.WebApi": {
        "commandName": "Project",
        "dotnetRunMessages": true,
        "launchBrowser": true,
        "applicationUrl": "https://localhost:5003/api/weather",
        "environmentVariables": {
            "ASPNETCORE_ENVIRONMENT": "Development"
        }
    }
```

최소한의 일기 예보 서비스 테스트

클라이언트를 생성하기 전에 JSON으로 데이터를 반환하는지 테스트하자.

1. 웹 서비스를 시작한다.

2. 비주얼 스튜디오 2022를 사용하면 크롬을 시작하고 `https://localhost:5003/api/`
`weather`로 이동한다.

3. 웹 API 서비스가 임의의 5개 일기 예보 데이터가 포함된 JSON 문서를 반환하는지

확인한다.

4. 크롬과 웹 서버를 종료한다.

Northwind 웹사이트 홈페이지에 일기 예보 추가

Northwind 웹사이트에 HTTP 클라이언트를 추가해서 날씨 서비스를 호출하고 홈페이지에 결과를 표시한다.

1. Northwind.Mvc 프로젝트에 Northwind.Common에 대한 프로젝트 참조를 추가한다.

```
<ProjectReference Include="..\Northwind.Common\Northwind.Common.csproj"
/>
```

2. Program.cs에 포트 5003에서 서비스를 호출하도록 HTTP 클라이언트를 구성하는 코드를 추가한다.

```
builder.Services.AddHttpClient(name: "Minimal.WebApi",
  configureClient: options =>
  {
    options.BaseAddress = new Uri("https://localhost:5003/");
    options.DefaultRequestHeaders.Accept.Add(
      new MediaTypeWithQualityHeaderValue(
      "application/json", 1.0));
  });
```

3. HomeController.cs에 Northwind.Common 네임스페이스를 가져오고 Index 메서드에서 HTTP 클라이언트를 사용해 일기 예보 서비스를 호출해 결과를 ViewData에 저장한다.

```
    try
    {
      HttpClient client = clientFactory.CreateClient(
        name: "Minimal.WebApi");
      HttpRequestMessage request = new(
```

```
                method: HttpMethod.Get, requestUri: "api/weather");
            HttpResponseMessage response = await client.SendAsync(request);
            ViewData["weather"] = await response.Content
                .ReadFromJsonAsync<WeatherForecast[]>();
        }
        catch (Exception ex)
        {
            _logger.LogWarning($"The Minimal.WebApi service is not
responding. Exception: {ex.Message}");
            ViewData["weather"] = Enumerable.Empty<WeatherForecast>().
ToArray();
        }
```

4. Views/Home의 Index.cshtml에서 Northwind.Common 네임스페이스를 가져온 다음, 최
   상위 코드 블록에서 ViewData를 읽는다.

```
@{
    ViewData["Title"] = "Home Page";
    string currentItem = "";
    WeatherForecast[]? weather = ViewData["weather"] as WeatherForecast[];
}
```

5. 첫 번째 <div>에서 현재 시간을 렌더링하고 날씨 데이터가 없으면 열거하는 마크업
   을 추가해 테이블에 렌더링한다.

```
<p>
    <h4>Five-Day Weather Forecast</h4>
    @if ((weather is null) || (!weather.Any()))
    {
        <p>No weather forecasts found.</p>
    }
    else
    {
    <table class="table table-info">
        <tr>
            @foreach (WeatherForecast w in weather)
            {
                <td>@w.Date.ToString("ddd d MMM") will be @w.Summary</td>
            }
```

```
      </tr>
    </table>
    }
  </p>
```

6. Minimal.WebApi 서비스를 시작한다.

7. Northwind.Mvc 웹사이트를 시작한다.

8. https://localhost:5001로 이동해 그림 16.20과 같은 결과를 확인한다.

그림 16.20 5일간의 날씨 데이터

9. 명령 프롬프트 또는 터미널의 출력 메시지에서 요청이 약 83ms 내에 api/weather 엔드포인트로 전송됐음을 확인한다.

```
info: System.Net.Http.HttpClient.Minimal.WebApi.LogicalHandler[100]
      Start processing HTTP request GET https://localhost:5003/api/
weather
info: System.Net.Http.HttpClient.Minimal.WebApi.ClientHandler[100]
      Sending HTTP request GET https://localhost:5003/api/weather
info: System.Net.Http.HttpClient.Minimal.WebApi.ClientHandler[101]
      Received HTTP response headers after 76.8963ms - 200
info: System.Net.Http.HttpClient.Minimal.WebApi.LogicalHandler[101]
      End processing HTTP request after 82.9515ms - 200
```

10. Minimal.WebApi 서비스를 중지하고 브라우저를 새로 고치면 몇 초 후에 날씨 데이터가 없는 MVC 웹사이트 홈페이지가 나타난다.

11. 크롬과 웹 서버를 종료한다.

⫶ 연습 및 탐구

몇 개의 질문에 답해 보면서 16장에서 배운 내용을 얼마나 이해하고 있는지 확인하고 더 공부할 내용도 살펴보자.

연습 16.1 - 복습

1. ASP.NET Core 웹 API 서비스에 대한 컨트롤러 클래스를 생성할 때는 어떤 클래스를 상속받아야 하는가?

2. 유효하지 않은 모델에 대해 400 응답과 같은 기본 동작을 설정하기 위해 컨트롤러 클래스를 [ApiController] 특성으로 장식하는 것 외에 해야 하는 작업은 무엇인가?

3. HTTP 요청에 대한 응답으로 실행할 컨트롤러 메서드는 어떻게 지정하는가?

4. 작업 메서드를 호출할 때 예상되는 응답을 지정하려면 무엇을 해야 하는가?

5. 서로 다른 상태 코드로 응답을 반환하기 위해 호출할 수 있는 3개의 메서드는 무엇인가?

6. 웹 서비스를 테스트할 수 있는 네 가지 방법은 무엇인가?

7. HttpClient가 IDisposable 인터페이스를 구현하더라도 using 문에 HttpClient를 래핑하면 안 되는 이유는 무엇이며 대신 어떤 방법을 사용해야 하는가?

8. CORS가 의미하는 것은 무엇이며 웹 서비스에서 활성화하는 것이 중요한 이유는 무엇인가?

9. ASP.NET Core 2.2 이상에서 웹 서비스가 정상인지 클라이언트가 알 수 있게 하려면 어떻게 해야 하는가?

10. 엔드포인트 라우팅의 장점은 무엇인가?

연습 16.2 - HttpClient로 고객 데이터 생성 및 삭제

Northwind.Mvc 프로젝트를 확장해 사용자가 양식을 작성해 새 고객 데이터를 만들고 검색한 다음 삭제할 수 있는 페이지를 만들어 보자. MVC 컨트롤러는 Northwind 웹 서비스를 호출해 고객 데이터를 만들고 삭제해야 한다.

연습 16.3 - 탐구

16장에서 다룬 주제에 관한 세부 내용을 다음 링크에서 좀 더 읽어 보자.

https://github.com/markjprice/cs10dotnet6/blob/main/book-links.md#chapter-16---building-and-consuming-web-services

⁝⁝⁚ 마무리

16장에서는 HTTP 요청 및 응답을 처리할 수 있는 모든 플랫폼과 모든 앱에서 사용할 수 있는 ASP.NET Core 웹 API 서비스를 개발하는 방법을 배웠다.

또한 Swagger를 사용해 웹 서비스 API를 테스트하고 문서화하는 방법과 효율적으로 서비스를 사용하는 방법을 알아봤다.

17장에서는 자바스크립트 대신 C#을 사용해 웹사이트용 클라이언트 측 단일 페이지 애플리케이션SPA, 데스크톱용 하이브리드 앱과 모바일 앱을 구축할 수 있게 해주는 마이크로소프트의 새 컴포넌트 기술인 블레이저를 사용한 사용자 인터페이스 개발 방법을 배운다.

17

블레이저로 사용자 인터페이스 만들기

17장은 블레이저로 사용자 인터페이스를 만드는 방법을 알아보고 여러 특징과 장단점을 살펴본다.

웹 서버 또는 웹 브라우저에서 코드를 실행할 수 있는 블레이저 구성 요소의 개발 방법도 알아본다. 구성 요소가 블레이저 서버^{Blazor Server}와 호스팅되는 경우 SignalR을 사용해 브라우저의 사용자 인터페이스에 필요한 업데이트를 전달하며 블레이저 웹어셈블리로 호스팅되는 경우 클라이언트에서 코드를 실행하고 서버와 상호 작용하기 위해 HTTP 호출을 처리한다.

17장은 다음 내용을 다룬다.

- 블레이저 이해하기
- 블레이저 프로젝트 템플릿 비교
- 블레이저 서버로 구성 요소 만들기
- 블레이저 구성 요소에 대한 서비스 추상화

- 블레이저 웹어셈블리를 사용해 구성 요소 개발

- 블레이저 웹어셈블리 앱 개선

⠿ 블레이저 이해하기

블레이저를 사용하면 자바스크립트 대신 C#을 사용해 구성 요소 및 대화형 웹 사용자 인터페이스를 만들 수 있다. 2019년 4월 마이크로소프트는 블레이저가 '더 이상 실험적이지 않으며 웹어셈블리의 브라우저에서 클라이언트 측 실행 지원을 포함하는 웹 UI 프레임워크로 제공할 예정'이라고 발표했다. 블레이저는 모든 최신 브라우저에서 지원된다.

자바스크립트 친화적

전통적으로 웹 브라우저에서 실행되는 코드는 자바스크립트 프로그래밍 언어 또는 자바스크립트로 **트랜스파일**transpile(변환 또는 컴파일)되는 기술을 사용해 작성된다. 이는 모든 브라우저가 약 20년 동안 자바스크립트를 지원했기 때문에 클라이언트 측에서 비즈니스 로직을 구현하기 위한 최소한의 공통 사항이다.

하지만 자바스크립트는 몇 가지 문제가 있다. C# 및 자바와 같은 C 스타일 언어와 표면적으로 유사하지만 실제로는 매우 다르다. 객체 재사용을 위해 클래스 상속 대신 프로토타입을 사용하는, 동적으로 형식이 지정된 의사 함수형 언어다.

서버에서 사용하는 동일한 언어와 라이브러리를 클라이언트 개발에서도 사용할 수 있다면 어떨까?

실버라이트 – 플러그인을 사용하는 C# 및 .NET

이 목표를 위해 마이크로소프트는 이전에 실버라이트Silverlight라는 기술을 사용했다. 실버라이트 2.0이 2008년에 출시됐을 때 C# 및 .NET 개발자는 이미 익숙한 기술을 사용해 실버라이트 플러그인에 의해 웹 브라우저에서 실행되는 라이브러리 및 시각적 구성요소를 개발할 수 있었다.

2011년과 실버라이트 5.0까지 애플의 아이폰 성공과 플래시Flash와 같은 브라우저 플러그인에 대한 스티브 잡스Steve Jobs의 증오는 플래시와 마찬가지로 실버라이트 역시 아이폰 및 아이패드에서 금지하기에 이르렀고 결국 마이크로소프트는 실버라이트를 포기했다.

웹어셈블리 – 블레이저 대상

브라우저의 최근 발전으로 인해 마이크로소프트는 또 다른 시도를 할 수 있는 기회를 얻었다. 2017년에 **웹어셈블리 합의**WebAssembly Consensus가 완료됐으며 이제 주요 브라우저인 Chromium(Chrome, Edge, Opera, Brave), Firefox, WebKit(Safari)에서도 이를 지원한다. 블레이저는 레거시 웹 브라우저인 마이크로소프트 인터넷 익스플로러에서는 지원되지 않는다.

WasmWebAssembly는 여러 언어로 작성된 코드를 웹에서 네이티브에 가까운 속도로 실행하는 방법을 제공하는 가상 머신용 바이너리 명령 형식이다. Wasm은 C#과 같은 고급 언어 컴파일을 위한 이식 가능한 대상으로 설계됐다.

블레이저 호스팅 모델 이해

블레이저는 여러 호스팅 모델이 있는 단일 프로그래밍 또는 앱 모델이다.

- **블레이저 서버**는 서버 측에서 실행되므로 작성하는 C# 코드는 인증 없이도 비즈니스 논리에 필요한 모든 리소스에 대한 전체 액세스 권한을 가진다. 그런 다음 SignalR 을 사용해 사용자 인터페이스 업데이트를 클라이언트 측에 전달한다.

- 서버는 각 클라이언트에 대한 라이브 SignalR 연결을 유지하고 모든 클라이언트의 현재 상태를 추적해야 하므로 많은 클라이언트를 지원해야 한다면 블레이저 Server의 확장성이 문제된다. 블레이저 Server는 2019년 9월에 ASP.NET Core 3.0의 일부로 처음 배포됐으며 .NET 5.0 이상에 포함돼 있다.

- **블레이저 웹어셈블리**는 클라이언트 측에서 실행되므로 C# 코드는 브라우저의 리소스에만 접근할 수 있으며 서버의 리소스에 접근하려면 HTTP 호출(인증이 필요할 수 있음)이 필요하다. 2020년 5월에 ASP.NET Core 3.1의 확장으로 처음 배포됐으며 현재 릴리스current release였기 때문에 ASP.NET Core 3.1의 장기 지원이 적용되지 않아 버전 3.2로 배포됐다. 블레이저 웹어셈블리 3.2 버전은 Mono 런타임 및 Mono 라이브러리를 사용했다. .NET 5.0 이상 버전은 Mono 런타임 및 .NET 5.0 라이브러리를 사용한다. "블레이저 웹어셈블리는 JIT 없이 .NET IL 인터프리터에서 실행되므로 속도 경쟁에서 따라올 수 없을 것이다. 우리는 .NET 5.0에서 속도를 상당히 개선했으며 .NET 6.0에서는 더 개선할 것으로 기대한다." – 다니엘 로스Daniel Roth

- **블레이저 Hybrid**라고 부르는 .NET MAUI 블레이저 앱은 .NET 프로세스에서 실행되고 로컬 interop 채널을 사용해 웹 UI를 웹 뷰 컨트롤로 렌더링하며 .NET MAUI 앱에서 호스팅된다. 개념적으로 Node.js를 사용하는 Electron 앱과 같다. 이 호스팅 모델은 추가 온라인 리소스 19장에서 읽어 볼 수 있다(https://github.com/markjprice/cs10dotnet6/blob/main/9781801077361_Bonus_Content.pdf).

이러한 다중 호스트 모델은 개발자가 블레이저 구성 요소를 한 번 작성하면 웹 서버나 웹 클라이언트 또는 데스크톱 앱에서도 실행할 수 있다는 것을 의미한다.

블레이저 서버는 인터넷 익스플로러 11에서 지원되지만 블레이저 웹어셈블리는 지원되지 않는다.

블레이저 웹어셈블리는 **PWA**Progressive Web Apps를 선택적으로 지원한다. 즉 웹사이트 방문자는 브라우저 메뉴를 사용해 데스크톱에 앱을 추가하고 오프라인에서 앱을 실행할 수 있다.

블레이저 구성 요소 이해

블레이저로 **사용자 인터페이스 구성 요소**^{user interface component}를 만들 수 있다. 구성 요소는 사용자 인터페이스를 렌더링하는 방법, 사용자 이벤트에 반응하는 방법을 정의하고 구성할 수 있으며 구성 요소 간 중첩될 수 있다. 또한 패키징 및 배포를 위해 NuGet Razor 클래스 라이브러리로 컴파일 될 수 있다.

예를 들어, 다음과 같이 Rating.razor라는 구성 요소를 만들 수 있다.

```
<div>
@for (int i = 0; i < Maximum; i++)
{
  if (i < Value)
  {
    <span class="oi oi-star-filled" />
  }
  else
  {
    <span class="oi oi-star-empty" />
  }
}
</div>
@code {
  [Parameter]
  public byte Maximum { get; set; }
  [Parameter]
  public byte Value { get; set; }
}
```

 태그와 @code 블록이 모두 포함된 1개 파일 대신에 Rating.razor.cs라는 별도의 코드 숨김 파일에 코드를 작성할 수도 있다. 이 파일의 클래스는 partial이어야 하며 구성 요소 와 이름이 같아야 한다.

이렇게 만든 구성 요소는 다음과 같이 웹 페이지에서 사용할 수 있다.

```
<h1>Review</h1>
<Rating id="rating" Maximum="5" Value="3" />
```

```
<textarea id="comment" />
```

웹 페이지 `<head>` 섹션의 `<title>` 같은 요소를 설정하는 구성 요소를 포함해 블레이저에서 기본으로 제공하는 구성 요소와 상업용으로 판매되는 많은 서드 파티 구성 요소가 있다.

블레이저의 미래는 웹 기술을 사용해 사용자 인터페이스 구성 요소를 만드는 데에만 국한되지 않는다. 마이크로소프트는 개발자가 블레이저를 사용해 모바일 사용자 인터페이스 구성 요소를 만들 수 있게 하는 **블레이저 Mobile Bindings**라는 실험적 기술을 보유하고 있다. 이 기술은 HTML 및 CSS를 사용해 웹 사용자 인터페이스를 구축하는 대신 XAML 및 .NET MAUI를 사용해 크로스 플랫폼 그래픽 사용자 인터페이스를 구축한다.

블레이저와 Razor의 차이점

블레이저 구성 요소는 파일 확장명으로 `.razor`를 사용한다. Razor는 HTML과 C#을 혼합할 수 있는 템플릿 마크업 구문이다. Razor 구문을 지원하는 이전 기술은 `.cshtml` 파일 확장자를 사용해 C#과 HTML이 같이 사용됨을 나타낸다.

Razor 구문은 다음에서 사용된다.

- `.cshtml` 파일 확장자를 사용하는 ASP.NET Core MVC 뷰 및 **partial 뷰**: 비즈니스 로직은 뷰를 템플릿으로 처리해 뷰 모델을 푸시한 다음 웹 페이지로 출력하는 컨트롤러 클래스로 분리된다.

- `.cshtml` 파일 확장자를 사용하는 **Razor Pages**: 비즈니스 로직은 `.cshtml.cs` 파일 확장자를 사용하는 파일에 포함되거나 분리될 수 있다. 출력은 웹 페이지다.

- `.razor` 파일 확장명을 사용하는 **블레이저 구성 요소**: 출력은 웹 페이지가 아니지만 레이아웃을 사용해 구성 요소를 래핑해 웹 페이지로 출력할 수 있으며 `@page` 지시문을 사용해 구성 요소를 페이지로 검색하기 위한 URL 경로를 할당할 수 있다.

⠿ 블레이저 프로젝트 템플릿 비교

블레이저 서버와 블레이저 웹어셈블리 호스팅 모델 간의 차이를 이해하는 한 가지 방법은 양쪽의 기본 프로젝트 템플릿에 어떤 차이가 있는지 살펴보는 것이다.

블레이저 서버 프로젝트 템플릿

블레이저 서버 프로젝트의 기본 템플릿을 살펴보자. 대부분은 ASP.NET Core Razor Pages 템플릿과 동일하며 몇 개의 주요 추가 사항이 있다.

1. 다음과 같이 선호하는 코드 편집기를 사용해 새 프로젝트를 생성한다.

    A. 프로젝트 템플릿: **블레이저 서버 앱**/blazorserver

    B. 작업 공간/솔루션 파일 및 폴더: PracticalApps

    C. 프로젝트 파일과 폴더: Northwind.BlazorServer

    D. 선택 사항(비주얼 스튜디오 2022):

        i. **인증 유형**: 없음

        ii. **HTTPS에 대한 구성**: 선택

        iii. **Docker 사용**: 선택 안 함

2. 비주얼 스튜디오 코드에서 Northwind.BlazorServer를 OmniSharp 활성 프로젝트로 선택한다.

3. Northwind.BlazorServer 프로젝트를 빌드한다.

4. Northwind.BlazorServer 프로젝트의 Northwind.BlazorServer.csproj의 내용이 Web SDK와 .NET 6를 대상으로 하는 ASP.NET Core 프로젝트와 동일한 것을 알 수 있다.

5. Program.cs의 내용 역시 ASP.NET Core 프로젝트와 거의 유사하다. 차이점은 다음 코드와 같이 AddServerSideBlazor 메서드 호출과 함께 서비스를 구성하는 섹션을 포함한다는 점이다.

```
builder.Services.AddRazorPages();
builder.Services.AddServerSideBlazor();
builder.Services.AddSingleton<WeatherForecastService>();
```

6. 또한 블레이저 구성 요소에 대해 SignalR 연결 요청을 허용하도록 ASP.NET Core 앱을 구성하는 MapBlazorHub, MapFallbackToPage 메서드를 호출하는 HTTP 파이프라인 구성 섹션도 있다. 이 외의 요청은 _Host.cshtml이라는 Razor 페이지로 대체된다.

```
app.UseRouting();
app.MapBlazorHub();
app.MapFallbackToPage("/_Host");
app.Run();
```

7. Pages 폴더의 _Host.cshtml을 보면 _Layout이라는 이름으로 공유 레이아웃을 설정하고 서버에서 미리 렌더링되는 App 유형의 블레이저 구성 요소를 렌더링한다.

```
@page "/"
@namespace Northwind.BlazorServer.Pages
@addTagHelper *, Microsoft.AspNetCore.Mvc.TagHelpers
@{
    Layout = "_Layout";
}

<component type="typeof(App)" render-mode="ServerPrerendered" />
```

8. Pages 폴더에서 _Layout.cshtml이라는 공유 레이아웃 파일을 열고 내용을 확인한다.

```
@using Microsoft.AspNetCore.Components.Web
@namespace Northwind.BlazorServer.Pages
@addTagHelper *, Microsoft.AspNetCore.Mvc.TagHelpers
```

```
<!DOCTYPE html>
<html lang="en">
<head>
    <meta charset="utf-8" />
    <meta name="viewport" content="width=device-width, initial-scale
=1.0" />
    <base href="~/" />
    <link rel="stylesheet" href="css/bootstrap/bootstrap.min.css" />
    <link href="css/site.css" rel="stylesheet" />
    <link href="Northwind.BlazorServer.styles.css" rel="stylesheet" />
    <component type="typeof(HeadOutlet)" render-mode="ServerPrerendered"
/>
</head>
<body>
    @RenderBody()

    <div id="blazor-error-ui">
        <environment include="Staging,Production">
            An error has occurred. This application may no longer
respond until reloaded.
        </environment>
        <environment include="Development">
            An unhandled exception has occurred. See browser dev tools
for details.
        </environment>
        <a href="" class="reload">Reload</a>
        <a class="dismiss">✕</a>
    </div>

    <script src="_framework/Blazor.server.js"></script>
</body>
</html>
```

다음 내용을 참고한다.

- `<div id="blazor-error-ui">`는 오류 발생 시 웹 페이지 하단에 노란색 막대로 블레이저 오류를 표시한다.

- `blazor.server.js`의 스크립트 블록은 서버에 대한 SignalR 연결을 관리한다.

9. Northwind.BlazorServer 폴더의 App.razor는 현재 어셈블리에 있는 모든 구성 요소에 대한 Router를 정의한다.

```
<Router AppAssembly="@typeof(App).Assembly">
    <Found Context="routeData">
        <RouteView RouteData="@routeData" DefaultLayout="@typeof
(MainLayout)" />
        <FocusOnNavigate RouteData="@routeData" Selector="h1" />
    </Found>
    <NotFound>
        <PageTitle>Not found</PageTitle>
        <LayoutView Layout="@typeof(MainLayout)">
            <p role="alert">Sorry, there's nothing at this address.</p>
        </LayoutView>
    </NotFound>
</Router>
```

다음 내용을 참고한다.

- 일치하는 경로가 발견되면 구성 요소의 기본 레이아웃을 MainLayout으로 설정하고 모든 경로 데이터 매개 변수를 구성 요소에 전달하는 RouteView가 실행된다.

- 일치하는 경로가 없으면 MainLayout 내에서 내부 마크업(이 주소에 아무것도 없다는 메시지가 포함된 간단한 단락 요소)을 렌더링하는 LayoutView가 실행된다.

10. Shared 폴더에서 MainLayout.razor를 열고 이 프로젝트의 NavMenu.razor 구성 요소 파일에 의해 구현되는 탐색 메뉴가 포함된 `<div>` 사이드바를 정의하고 `<main>` 및 콘텐츠에 대한 `<article>`처럼 HTML5 요소가 정의된 것을 확인한다.

```
@inherits LayoutComponentBase

<PageTitle>Northwind.BlazorServer</PageTitle>

<div class="page">
    <div class="sidebar">
        <NavMenu />
    </div>
```

```
    <main>
        <div class="top-row px-4">
            <a href="https://docs.microsoft.com/aspnet/" target="_blank"
>About</a>
        </div>

        <article class="content px-4">
            @Body
        </article>
    </main>
</div>
```

11. Shared 폴더에서 `MainLayout.razor.css`를 열고 구성 요소에 대해 격리된 CSS 스타일이 있는지 확인한다.

12. Shared 폴더의 `NavMenu.razor`를 열고 **Home**, **Counter**, **Fetch data**에 대한 메뉴 항목을 확인한다. 메뉴 항목은 NavLink라는 블레이저 구성 요소를 사용해 생성된다.

```
<div class="top-row ps-3 navbar navbar-dark">
    <div class="container-fluid">
        <a class="navbar-brand" href="">Northwind.BlazorServer</a>
        <button title="Navigation menu" class="navbar-toggler" @onclick
="ToggleNavMenu">
            <span class="navbar-toggler-icon"></span>
        </button>
    </div>
</div>

<div class="@NavMenuCssClass" @onclick="ToggleNavMenu">
    <nav class="flex-column">
        <div class="nav-item px-3">
            <NavLink class="nav-link" href="" Match="NavLinkMatch.All">
                <span class="oi oi-home" aria-hidden="true"></span> Home
            </NavLink>
        </div>
        <div class="nav-item px-3">
            <NavLink class="nav-link" href="counter">
                <span class="oi oi-plus" aria-hidden="true"></span>
Counter
            </NavLink>
```

```
        </div>
        <div class="nav-item px-3">
            <NavLink class="nav-link" href="fetchdata">
                <span class="oi oi-list-rich" aria-hidden="true"></span>
Fetch data
            </NavLink>
        </div>
    </nav>
</div>

@code {
    private bool collapseNavMenu = true;

    private string? NavMenuCssClass => collapseNavMenu ? "collapse" :
null;

    private void ToggleNavMenu()
    {
        collapseNavMenu = !collapseNavMenu;
    }
}
```

13. Pages 폴더에서 FetchData.razor를 열고 종속 서비스인 일기 예보 서비스에서 정보를 가져온 다음, 테이블에 렌더링하는 구성 요소 정의를 확인한다.

```
@page "/fetchdata"

<PageTitle>Weather forecast</PageTitle>

@using Northwind.BlazorServer.Data
@inject WeatherForecastService ForecastService

<h1>Weather forecast</h1>

<p>This component demonstrates fetching data from a service.</p>

@if (forecasts == null)
{
    <p><em>Loading...</em></p>
}
else
{
```

```
<table class="table">
    <thead>
        <tr>
            <th>Date</th>
            <th>Temp. (C)</th>
            <th>Temp. (F)</th>
            <th>Summary</th>
        </tr>
    </thead>
    <tbody>
        @foreach (var forecast in forecasts)
        {
            <tr>
                <td>@forecast.Date.ToShortDateString()</td>
                <td>@forecast.TemperatureC</td>
                <td>@forecast.TemperatureF</td>
                <td>@forecast.Summary</td>
            </tr>
        }
    </tbody>
</table>
}

@code {
    private WeatherForecast[]? forecasts;

    protected override async Task OnInitializedAsync()
    {
        forecasts = await ForecastService.GetForecastAsync(DateTime.
Now);
    }
}
```

14. Data 폴더에서 WeatherForecastService.cs를 열어 Web API 컨트롤러 클래스가 아니라 임의의 날씨 데이터를 반환하는 일반 클래스인 것을 확인한다.

```
namespace Northwind.BlazorServer.Data
{
  public class WeatherForecastService
  {
    private static readonly string[] Summaries = new[]
    {
```

```
    "Freezing", "Bracing", "Chilly", "Cool", "Mild", "Warm",
    "Balmy", "Hot", "Sweltering", "Scorching"
  };
  public Task<WeatherForecast[]> GetForecastAsync(DateTime startDate)
  {
    return Task.FromResult(Enumerable.Range(1, 5)
      .Select(index => new WeatherForecast
        {
          Date = startDate.AddDays(index),
          TemperatureC = Random.Shared.Next(-20, 55),
          Summary = Summaries[Random.Shared.Next(Summaries.Length)]
        }).ToArray());
  }
 }
}
```

CSS와 자바스크립트 격리

블레이저 구성 요소는 브라우저 API에 대한 접근처럼 C#으로 처리할 수 없는 작업에 대해 스타일 지정이나 자바스크립트를 적용하기 위해 자체 CSS를 제공해야 한다. 이때 사이트 수준 CSS 및 자바스크립트와 충돌하지 않도록 하기 위해 CSS와 자바스크립트 격리를 지원한다. 예를 들어, Index.razor라는 구성 요소가 있다면 Index.razor.css라는 CSS 파일을 만든다. 이 파일에 정의된 스타일은 프로젝트의 다른 스타일보다 우선한다.

페이지 구성 요소에 대한 블레이저 라우팅

App.razor 파일에서 본 라우터 구성 요소는 구성 요소를 대상으로 하는 라우팅을 가능하게 한다. 구성 요소 인스턴스를 만들기 위한 마크업은 태그 이름이 구성 요소 유형인 HTML 태그처럼 보인다. 구성 요소는 <Rating Stars="5" />와 같은 요소를 사용해 웹 페이지에 포함하거나 Razor Page 또는 MVC 컨트롤러처럼 라우팅할 수 있다.

라우팅 가능한 페이지 구성 요소를 정의하는 방법

라우팅 가능한 페이지 구성 요소를 만들려면 구성 요소의 .razor 파일 맨 위에 @page 지시문을 추가한다.

```
@page "customers"
```

이 코드는 [Route] 속성으로 장식된 MVC 컨트롤러와 동일하다.

```
[Route("customers")]
public class CustomersController
{
```

Router 구성 요소는 [Route] 특성으로 장식된 구성 요소에 대한 AppAssembly 매개 변수에서 특히 어셈블리를 검색해 해당 URL 경로를 등록한다.

모든 단일 페이지 구성 요소는 여러 경로를 등록하기 위해 @page 지시문을 여러 개 가질 수 있다.

런타임 시 페이지 구성 요소는 MVC 뷰 또는 Razor 페이지와 마찬가지로 사용자가 지정한 특정 레이아웃과 병합된다. 기본적으로 블레이저 Server 프로젝트 템플릿은 MainLayout.razor를 페이지 구성 요소의 레이아웃으로 정의한다.

 좋은 습관: 규칙에 따라 라우팅 가능한 페이지 구성 요소는 Pages 폴더에 둔다.

블레이저 라우팅 탐색 방법

마이크로소프트는 블레이저 라우팅 및 NavLink 구성 요소를 이해하는 Navigation Manager라는 종속성 서비스를 제공한다.

지정된 URL로 이동하는 데 NavigateTo 메서드가 사용된다.

경로 매개 변수를 전달하는 방법

블레이저 경로는 대/소문자를 구분하지 않는 명명된 매개 변수를 포함할 수 있으며 다음과 같이 [Parameter] 특성을 사용해 코드 블록 속성에 매개 변수를 바인딩해 전달된 값에 쉽게 접근할 수 있다.

```
@page "/customers/{country}"
<div>Country parameter as the value: @Country</div>
@code {
  [Parameter]
  public string Country { get; set; }
}
```

매개 변수의 기본값을 지정하는 권장 방법은 매개 변수에 접미사 ?를 붙이고 OnParameters Set 메서드에서 null 병합 연산자를 사용하는 것이다.

```
@page "/customers/{country?}"
<div>Country parameter as the value: @Country</div>
@code {
  [Parameter]
  public string Country { get; set; }
  protected override void OnParametersSet()
  {
    // 값이 null이면
    // 자동으로 USA로 값을 설정한다.
    Country = Country ?? "USA";
  }
}
```

기본 구성 요소 클래스

OnParametersSet 메서드는 구성 요소가 기본으로 상속받는 ComponentBase 클래스에 의해 정의된다.

```
using Microsoft.AspNetCore.Components;
public abstract class ComponentBase : IComponent, IHandleAfterRender,
IHandleEvent
```

```
{
  // 표시되지 않은 멤버
}
```

ComponentBase는 다음 표와 같이 호출하고 재정의할 수 있는 몇 개의 유용한 메서드를 갖고 있다.

메서드	설명
InvokeAsync	연결된 렌더러의 동기화 콘텍스트에서 함수를 실행하려면 이 메서드를 호출한다.
OnAfterRender, OnAfterRenderAsync	구성 요소가 렌더링될 때마다 코드를 호출하려면 이 메서드를 재정의한다.
OnIntialized, OnInitializedAsync	구성 요소가 렌더링 트리의 부모로부터 초기 매개 변수를 받은 후 코드를 호출하려면 이 메서드를 재정의한다.
OnParametersSet, OnParametersSetAsync	구성 요소가 매개 변수를 받고 값이 속성에 할당된 후 코드를 호출하려면 이 메서드를 재정의한다.
ShouldRender	구성 요소를 렌더링해야 하는지 여부를 나타내려면 이 메서드를 재정의한다.
StateHasChanged	구성 요소를 다시 렌더링할 때 호출한다.

블레이저 구성 요소는 MVC 뷰 및 Razor 페이지와 유사한 방식으로 공유 레이아웃을 가질 수 있다.

.razor 구성 요소 파일을 생성하면서 다음과 같이 LayoutComponentBase에서 명시적으로 상속받도록 한다.

```
@inherits LayoutComponentBase
<div>
  ...
  @Body
  ...
</div>
```

기본 클래스에는 레이아웃 내 올바른 위치의 태그에서 렌더링할 수 있는 Body라는 속성이 있다.

App.razor 파일 및 Router 구성 요소에 대한 기본 레이아웃을 설정한다. 구성 요소에 대한 레이아웃을 명시적으로 설정하려면 @layout 지시문을 사용한다.

```
@page "/customers"
@layout AlternativeLayout
<div>
  ...
</div>
```

경로와 탐색 링크 구성 요소 사용하기

HTML은 <a> 요소를 사용해 탐색 링크를 나타낸다.

```
<a href="/customers">Customers</a>
```

블레이저에서는 <NavLink> 구성 요소를 사용한다.

```
<NavLink href="/customers">Customers</NavLink>
```

NavLink 구성 요소는 href가 현재 위치 URL과 일치하면 자동으로 해당 클래스를 활성으로 설정하므로 <a> 요소보다 더 좋다. CSS에서 다른 클래스 이름을 사용한다면 NavLink.ActiveClass 속성에서 클래스 이름을 설정할 수 있다.

일치 알고리듬에서 href는 경로 접두사이므로 앞의 코드처럼 NavLink에 /customers href가 있으면 다음의 경로를 모두 일치시키고 활성 클래스 스타일을 갖도록 설정한다.

```
/customers
/customers/USA
/customers/Germany/Berlin
```

일치 알고리듬이 모든 경로에서 일치를 수행하도록 하려면 Match 매개 변수를 NavLink Match.All로 설정한다.

```
<NavLink href="/customers" Match="NavLinkMatch.All">Customers</NavLink>
```

target과 같은 다른 속성을 설정하면 기본 <a> 요소로 해당 속성이 전달된다.

블레이저 서버 프로젝트 템플릿 실행

블레이저 서버 프로젝트 템플릿의 주요 특징에 대해 살펴봤으므로 이제 웹사이트를 시작하고 어떻게 동작하는지 알아보자.

1. Properties 폴더에서 launchSettings.json을 연다.

2. HTTP에 포트 5000을 사용하고 HTTPS에는 포트 5001을 사용하도록 applicationUrl을 수정한다.

```
"profiles": {
  "Northwind.BlazorServer": {
    "commandName": "Project",
    "dotnetRunMessages": true,
    "launchBrowser": true,
    "applicationUrl": "https://localhost:5001;http://localhost:5000",
    "environmentVariables": {
      "ASPNETCORE_ENVIRONMENT": "Development"
    }
  },
```

3. 웹사이트를 시작한다.

4. 크롬을 시작한다.

5. https://localhost:5001/로 이동한다.

6. 그림 17.1과 같이 왼쪽 메뉴에서 **Fetch data**를 클릭한다.

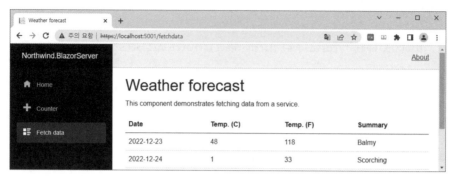

그림 17.1 블레이저 서버 앱에서 날씨 데이터 조회

7. 주소 표시줄에서 경로를 /apples로 변경하고 그림 17.2와 같은 메시지를 확인한다.

그림 17.2 누락된 구성 요소 메시지

8. 크롬과 웹 서버를 종료한다.

블레이저 웹어셈블리 프로젝트 템플릿

이제 블레이저 웹어셈블리 프로젝트를 생성해 보자. 블레이저 서버 프로젝트와 동일한 코드는 책에 표시하지 않았다.

1. 선호하는 코드 편집기를 사용해 PracticalApp 솔루션에 새 프로젝트를 추가한다.

　A. 프로젝트 템플릿: **블레이저 웹어셈블리 앱**/blazorwasm

B. 스위치: `--pwa --hosted`

C. 작업 공간/솔루션 파일 및 폴더: `PracticalApps`

D. 프로젝트 파일과 폴더: `Northwind.BlazorWasm`

E. 선택 사항(비주얼 스튜디오 2022):

   i. **인증 유형**: 없음

   ii. **HTTPS에 대한 구성**: 선택

   iii. **ASP.NET Core 호스팅**: 선택

   iv. **프로그레시브 웹 애플리케이션**: 선택

위와 같이 설정하면 다음 3개의 프로젝트가 생성된다.

- `Northwind.BlazorWasm.Client`는 `Northwind.BlazorWasm\Client` 폴더에 있는 블레이저 웹어셈블리 프로젝트다.

- `Northwind.BlazorWasm.Server`는 임의의 날씨 데이터 반환을 위한 구현은 동일하지만, 적절한 웹 API 컨트롤러 클래스로 구현된 일기 예보 서비스를 호스팅하는, `Northwind.BlazorWasm\Server` 폴더에 있는 ASP.NET Core 프로젝트 웹사이트다. 프로젝트 파일에는 공유 및 클라이언트에 대한 프로젝트 참조와 서버 측에서 블레이저 웹어셈블리를 지원하기 위한 패키지 참조가 있다.

- `Northwind.BlazorWasm.Shared`는 일기 예보 서비스에 대한 모델이 포함된 `Northwind.BlazorWasm\Shared` 폴더의 클래스 라이브러리다.

그림 17.3과 같이 폴더 구조는 단순하다.

그림 17.3 블레이저 웹어셈블리 프로젝트 템플릿의 폴더 구조

블레이저 웹어셈블리 앱을 배포하는 방법은 두 가지다. 게시된 파일을 정적 호스팅 웹 서버에 올려 클라이언트 프로젝트만 배포할 수 있고, 16장에서 만든 일기 예보 서비스를 호출하거나 클라이언트 앱을 참조하고 일기 예보 서비스와 블레이저 웹어셈블리 앱을 모두 호스팅하는 서버 프로젝트를 배포할 수도 있다. 앱은 다른 정적 자산과 함께 서버 웹사이트 wwwroot 폴더에 둔다. 다음 링크에서 이러한 선택 사항에 대한 자세한 내용을 볼 수 있다.

https://learn.microsoft.com/ko-kr/aspnet/core/blazor/host-and-deploy/webassembly?view=aspnetcore-7.0

2. Client 폴더에서 Northwind.BlazorWasm.Client.csproj를 열어서 블레이저 웹어셈블리 SDK를 사용하고 PWA 지원에 필요한 서비스 워커와 2개의 웹어셈블리 패키지, 그리고 공유 프로젝트를 참조하는 것을 확인한다.

```xml
<Project Sdk="Microsoft.NET.Sdk.BlazorWebAssembly">

  <PropertyGroup>
    <TargetFramework>net6.0</TargetFramework>
    <Nullable>enable</Nullable>
    <ImplicitUsings>enable</ImplicitUsings>
    <ServiceWorkerAssetsManifest>service-worker-assets.js</ServiceWorkerAssetsManifest>
  </PropertyGroup>

  <ItemGroup>
    <PackageReference Include="Microsoft.AspNetCore.Components.WebAssembly" Version="6.0.3" />
    <PackageReference Include="Microsoft.AspNetCore.Components.WebAssembly.DevServer" Version="6.0.3" PrivateAssets="all" />
  </ItemGroup>

  <ItemGroup>
    <ProjectReference Include="..\Shared\Northwind.BlazorWasm.Shared.csproj" />
  </ItemGroup>

  <ItemGroup>
    <ServiceWorker Include="wwwroot\service-worker.js" PublishedContent="wwwroot\service-worker.published.js" />
  </ItemGroup>
```

```
    </Project>
```

3. Client 폴더에서 Program.cs를 열어 웹어셈블리용 HostBuilder를 사용하고 HTTP 요청을 만들기 위해 종속성 서비스를 등록하는 것을 확인한다.

```
using Microsoft.AspNetCore.Components.Web;
using Microsoft.AspNetCore.Components.WebAssembly.Hosting;
using Northwind.BlazorWasm.Client;

var builder = WebAssemblyHostBuilder.CreateDefault(args);
builder.RootComponents.Add<App>("#app");
builder.RootComponents.Add<HeadOutlet>("head::after");

builder.Services.AddScoped(sp => new HttpClient { BaseAddress = new
Uri(builder.HostEnvironment.BaseAddress) });

await builder.Build().RunAsync();
```

4. wwwroot 폴더에서 index.html을 열고 오프라인 작업을 지원하는 manifest.json, service-worker.js 파일과 블레이저 웹어셈블리용 NuGet 패키지를 다운로드하는 blazor.webassembly.js 스크립트를 확인한다.

```
<!DOCTYPE html>
<html lang="en">

<head>
    <meta charset="utf-8" />
    <meta name="viewport" content="width=device-width, initial-scale
=1.0, maximum-scale=1.0, user-scalable=no" />
    <title>Northwind.BlazorWasm</title>
    <base href="/" />
    <link href="css/bootstrap/bootstrap.min.css" rel="stylesheet" />
    <link href="css/app.css" rel="stylesheet" />
    <link href="Northwind.BlazorWasm.Client.styles.css" rel="stylesheet"
/>
    <link href="manifest.json" rel="manifest" />
    <link rel="apple-touch-icon" sizes="512x512" href="icon-512.png" />
    <link rel="apple-touch-icon" sizes="192x192" href="icon-192.png" />
```

```
    </head>

    <body>
        <div id="app">Loading...</div>

        <div id="blazor-error-ui">
            An unhandled error has occurred.
            <a href="" class="reload">Reload</a>
            <a class="dismiss">✕</a>
        </div>
        <script src="_framework/blazor.webassembly.js"></script>
        <script>navigator.serviceWorker.register('service-worker.js');</
script>
    </body>

</html>
```

5. 다음 .razor 파일들은 블레이저 서버 프로젝트의 파일과 동일하다.

- App.razor

- Shared\MainLayout.razor

- Shared\NavMenu.razor

- Shared\SurveyPrompt.razor

- Pages\Counter.razor

- Pages\Index.razor

6. Pages 폴더에서 FetchData.razor를 열고, HTTP 요청을 만들기 위해 사용된 종속성 서비스를 제외하면 블레이저 Server와 태그가 유사하다는 점을 확인한다.

```
@page "/fetchdata"
@using Northwind.BlazorWasm.Shared
@inject HttpClient Http
<h1>Weather forecast</h1>
...
@code {
```

```
private WeatherForecast[]? forecasts;
protected override async Task OnInitializedAsync()
{
    forecasts = await
      Http.GetFromJsonAsync<WeatherForecast[]>("WeatherForecast");
}
}
```

7. Northwind.BlazorWasm.Server 프로젝트를 시작한다.

8. 프로젝트의 기능은 이전과 동일하다. 블레이저 구성 요소 코드는 서버가 아닌 브라우저 내에서 실행된다. 일기 예보 서비스는 웹 서버에서 실행된다.

9. 크롬과 웹 서버를 종료한다.

⠿ 블레이저 서버로 구성 요소 만들기

이번에는 Northwind 데이터베이스에서 고객 데이터를 조회, 생성, 편집하는 구성 요소를 만든다. 먼저, 블레이저 서버 전용으로 만든 다음, 블레이저 서버와 블레이저 웹어셈블리 양쪽에서 작동하도록 리팩터링^{refactoring}한다.

구성 요소 정의 및 테스트

기존 블레이저 서버 프로젝트에 새 구성 요소를 추가한다.

1. Northwind.BlazorServer 프로젝트(Northwind.BlazorWasm.Server 프로젝트가 아니다)의 Pages 폴더에 Customers.razor라는 파일을 추가한다. 비주얼 스튜디오의 프로젝트 항목 이름은 **Razor Component**다.

> **좋은 습관:** 구성 요소 파일 이름은 반드시 대문자로 시작해야 한다. 그렇지 않으면 컴파일 에러가 발생한다.

2. Customers 구성 요소의 제목을 출력하고 국가 이름을 저장할 속성을 정의하는 코드를 추가한다.

```
<h3>Customers@(string.IsNullOrWhiteSpace(Country) ? " Worldwide" : " in
" + Country)</h3>
@code {
  [Parameter]
  public string? Country { get; set; }
}
```

3. Pages 폴더의 Index.razor 파일의 맨 아래에서 Customers 구성 요소를 두 번 인스턴스화한다. 한 번은 Country 매개 변수로 Germany를 설정하고 다른 한 번은 설정하지 않는다.

```
<Customers Country="Germany" />
<Customers />
```

4. Northwind.BlazorServer 웹사이트 프로젝트를 시작한다.

5. 크롬을 시작한다.

6. https://localhost:5001/로 이동해 그림 17.4와 같이 Customers 구성 요소를 확인한다.

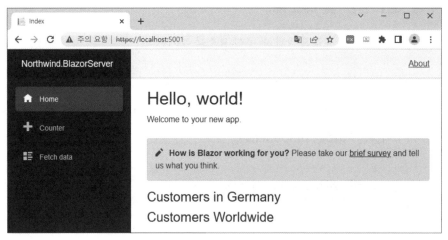

그림 17.4 Country 매개 변수에 Germany를 설정했을 때와 그렇지 않을 때의 Customers 구성 요소

7. 크롬과 웹 서버를 종료한다.

라우팅 가능한 페이지 구성 요소로 바꾸기

위의 구성 요소를 Country에 대한 경로 매개 변수를 사용해 라우팅 가능한 페이지 구성 요소로 바꾸는 것은 어렵지 않다.

1. Pages 폴더의 Customers.razor 파일 맨 위에 선택적 country 경로 매개 변수와 함께 /customers를 경로로 등록한다.

```
@page "/customers/{country?}"
```

2. Shared 폴더의 NavMenu.razor 파일에 라우팅 가능한 페이지 구성 요소에 대한 2개의 메뉴 항목을 추가하고 사람 모양의 아이콘을 사용해 전 세계 고객과 독일 고객을 표시한다.

```
<div class="nav-item px-3">
  <NavLink class="nav-link" href="customers" Match="NavLinkMatch.All">
    <span class="oi oi-people" aria-hidden="true"></span>
    Customers Worldwide
  </NavLink>
</div>
<div class="nav-item px-3">
  <NavLink class="nav-link" href="customers/Germany">
    <span class="oi oi-people" aria-hidden="true"></span>
    Customers in Germany
  </NavLink>
</div>
```

 메뉴 항목에 사용한 아이콘과 그 밖의 사용 가능한 아이콘을 다음 링크에서 볼 수 있다. https://iconify.design/icon-sets/oi/

3. 웹사이트 프로젝트를 시작한다.

4. 크롬을 시작한다.

5. `https://localhost:5001/`로 이동한다.

6. 왼쪽 메뉴에서 **Customers in Germany**를 클릭한다. 국가 이름이 페이지 구성 요소에 올바르게 전달되고 구성 요소가 `Index.razor`와 같은 다른 페이지 구성 요소와 동일한 공유 레이아웃을 사용하는지 확인한다.

7. 크롬과 웹 서버를 종료한다.

구성 요소에서 엔티티 조회

구성 요소를 어떻게 만드는지 간략히 살펴봤으므로 좀 더 유용한 기능을 추가해 보자. 이번에는 Northwind 데이터베이스 콘텍스트를 사용해 데이터베이스에서 고객 데이터를 조회한다.

1. `Northwind.BlazorServer.csproj`에 SQL Server 또는 SQLite에 대한 Northwind 데이터베이스 콘텍스트 프로젝트에 대한 참조를 추가한다.

```
<ItemGroup>
  <!-- SQL 서버를 사용하려면 Sqlite를 SqlServer로 변경 -->
  <ProjectReference Include="..\Northwind.Common.DataContext.Sqlite\
Northwind.Common.DataContext.Sqlite.csproj" />
</ItemGroup>
```

2. `Northwind.BlazorServer` 프로젝트를 빌드한다.

3. `Program.cs`에서 Northwind 데이터베이스 콘텍스트 작업에 필요한 네임스페이스를 가져온다.

```
using Packt.Shared; // AddNorthwindContext 확장 메서드
```

4. 서비스 구성 섹션에서 종속성 서비스 컬렉션에 Northwind 데이터베이스 콘텍스트를 등록하는 코드를 추가한다.

```
builder.Services.AddNorthwindContext();
```

5. _Imports.razor를 열고 Northwind 엔티티 작업에 필요한 네임스페이스를 가져온다. 이렇게 하면 블레이저 구성 요소가 개별적으로 네임스페이스를 가져올 필요가 없다.

```
@using Packt.Shared  @* Northwind entities *@
```

 _Imports.razor 파일은 .razor 파일에만 적용된다. 코드 숨김 .cs 파일을 사용해 구성 요소를 만드는 경우는 네임스페이스를 별도로 가져오거나 전역 using을 사용해 암시적으로 네임스페이스를 가져와야 한다.

6. Pages 폴더의 Customers.razor에 Northwind 데이터베이스 콘텍스트를 삽입하고 모든 고객 데이터를 출력한다.

```
@using Microsoft.EntityFrameworkCore  @* ToListAsync 확장 메서드 *@
@page "/customers/{country?}"
@inject NorthwindContext db
<h3>Customers @(string.IsNullOrWhiteSpace(Country)
    ? "Worldwide" : "in " + Country)</h3>
@if (customers == null)
{
<p><em>Loading...</em></p>
}
else
{
<table class="table">
  <thead>
    <tr>
      <th>Id</th>
      <th>Company Name</th>
      <th>Address</th>
```

```
          <th>Phone</th>
          <th></th>
        </tr>
      </thead>
      <tbody>
      @foreach (Customer c in customers)
      {
        <tr>
          <td>@c.CustomerId</td>
          <td>@c.CompanyName</td>
          <td>
            @c.Address<br/>
            @c.City<br/>
            @c.PostalCode<br/>
            @c.Country
          </td>
          <td>@c.Phone</td>
          <td>
            <a class="btn btn-info" href="editcustomer/@c.CustomerId">
              <i class="oi oi-pencil"></i></a>
            <a class="btn btn-danger"
               href="deletecustomer/@c.CustomerId">
              <i class="oi oi-trash"></i></a>
          </td>
        </tr>
      }
      </tbody>
    </table>
}
@code {
  [Parameter]
  public string? Country { get; set; }
  private IEnumerable<Customer>? customers;
  protected override async Task OnParametersSetAsync()
  {
    if (string.IsNullOrWhiteSpace(Country))
    {
      customers = await db.Customers.ToListAsync();
    }
    else
    {
      customers = await db.Customers
        .Where(c => c.Country == Country).ToListAsync();
    }
```

```
    }
  }
```

7. Northwind.BlazorServer 프로젝트를 시작한다.

8. 크롬을 시작한다.

9. https://localhost:5001/로 이동한다.

10. 왼쪽 메뉴에서 **Customers Worldwide**를 클릭하고 그림 17.5와 같이 데이터베이스에서 고객 데이터를 조회해 웹 페이지에 렌더링되는지 확인한다.

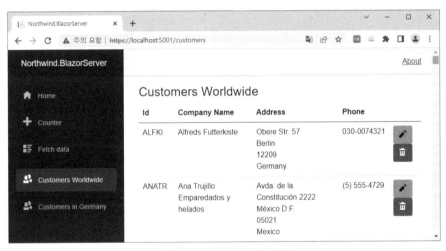

그림 17.5 Worldwide 고객 데이터

11. 왼쪽 탐색 메뉴에서 **Customers in Germany**를 클릭하면 고객 데이터가 필터링돼 독일 고객 데이터만 표시된다.

12. 브라우저 주소 표시줄에서 Germany를 UK로 변경하면 영국 고객 데이터만 표시된다.

13. 왼쪽 메뉴에서 **Home**을 클릭해 페이지에 포함된 구성 요소로 사용될 때도 Customers 구성 요소가 올바로 작동하는지 확인한다.

14. 편집 또는 삭제 버튼 중 하나를 클릭하면 'Sorry, there's nothing at this address'라는 메시지가 표시된다. 해당 기능은 아직 구현하지 않았다.

15. 브라우저를 종료한다.

16. 웹 서버를 종료한다.

⫸ 블레이저 구성 요소에 대한 서비스 추상화

현재 블레이저 구성 요소는 Northwind 데이터베이스 콘텍스트를 직접 호출해 고객 데이터를 조회한다. 구성 요소가 서버에서 실행되므로 블레이저 서버에서도 문제없이 작동한다. 하지만 블레이저 웹어셈블리에서 호스팅될 때는 작동하지 않는다.

구성 요소의 재사용성을 더 향상시키기 위해 로컬 종속성 서비스를 만들어 보자.

1. Northwind.BlazorServer 프로젝트의 Data 폴더에 INorthwindService.cs라는 새 파일을 추가한다. 비주얼 스튜디오 프로젝트에서 '새 항목 추가'의 템플릿 이름은 **인터페이스**다.

2. 다음과 같이 CRUD 작업을 추상화하는 로컬 서비스를 정의한다.

```
namespace Packt.Shared;
public interface INorthwindService
{
  Task<List<Customer>> GetCustomersAsync();
  Task<List<Customer>> GetCustomersAsync(string country);
  Task<Customer?> GetCustomerAsync(string id);
  Task<Customer> CreateCustomerAsync(Customer c);
  Task<Customer> UpdateCustomerAsync(Customer c);
  Task DeleteCustomerAsync(string id);
}
```

3. Data 폴더에 NorthwindService.cs라는 새 파일을 추가하고 Northwind 데이터베이스 콘텍스트를 사용해 INorthwindService 인터페이스를 구현한다.

```
using Microsoft.EntityFrameworkCore;
namespace Packt.Shared;
```

```
public class NorthwindService : INorthwindService
{
  private readonly NorthwindContext db;
  public NorthwindService(NorthwindContext db)
  {
    this.db = db;
  }
  public Task<List<Customer>> GetCustomersAsync()
  {
    return db.Customers.ToListAsync();
  }
  public Task<List<Customer>> GetCustomersAsync(string country)
  {
    return db.Customers.Where(c => c.Country == country).ToListAsync();
  }
  public Task<Customer?> GetCustomerAsync(string id)
  {
    return db.Customers.FirstOrDefaultAsync
      (c => c.CustomerId == id);
  }
  public Task<Customer> CreateCustomerAsync(Customer c)
  {
    db.Customers.Add(c);
    db.SaveChangesAsync();
    return Task.FromResult(c);
  }
  public Task<Customer> UpdateCustomerAsync(Customer c)
  {
    db.Entry(c).State = EntityState.Modified;
    db.SaveChangesAsync();
    return Task.FromResult(c);
  }
  public Task DeleteCustomerAsync(string id)
  {
    Customer? customer = db.Customers.FirstOrDefaultAsync
      (c => c.CustomerId == id).Result;
    if (customer == null)
    {
      return Task.CompletedTask;
    }
    else
    {
      db.Customers.Remove(customer);
      return db.SaveChangesAsync();
```

```
    }
  }
}
```

4. Program.cs의 서비스 구성 섹션에서 INorthwindService 인터페이스를 구현하는 임시 서비스로 NorthwindService를 등록한다.

```
builder.Services.AddTransient<INorthwindService, NorthwindService>();
```

5. Pages 폴더의 Customers.razor에서 Northwind 데이터베이스 콘텍스트를 주입하는 코드를, 앞에서 등록한 Northwind 서비스를 주입하도록 수정한다.

```
@inject INorthwindService service
```

6. OnParametersSetAsync 메서드를 수정해 서비스를 호출한다.

```
protected override async Task OnParametersSetAsync()
{
  if (string.IsNullOrWhiteSpace(Country))
  {
    customers = await service.GetCustomersAsync();
  }
  else
  {
    customers = await service.GetCustomersAsync(Country);
  }
}
```

7. Northwind.BlazorServer 프로젝트를 시작해서 이전과 동일하게 동작하는지 확인한다.

EditForm 구성 요소로 폼 정의하기

마이크로소프트는 폼을 만들기 위한 기존 구성 요소를 제공한다. 고객 데이터를 생성하고 편집하기 위해 이 구성 요소를 사용한다.

마이크로소프트는 블레이저에서 더 쉽게 폼을 사용할 수 있도록 EditForm 구성 요소와 InputText 같은 여러 폼 요소를 제공한다.

EditForm은 모델 클래스에서 표준 마이크로소프트 유효성 검사 특성을 인식하며 사용자 지정 유효성 검사를 위한 속성 및 이벤트 핸들러를 사용해 개체에 바인딩하도록 설정된 모델을 가질 수 있다.

```
<EditForm Model="@customer" OnSubmit="ExtraValidation">
  <DataAnnotationsValidator />
  <ValidationSummary />
  <InputText id="name" @bind-Value="customer.CompanyName" />
  <button type="submit">Submit</button>
</EditForm>
@code {
  private Customer customer = new();
  private void ExtraValidation()
  {
    // 추가 유효성 검사 수행
  }
}
```

ValidationSummary 구성 요소 대신 ValidationMessage 구성 요소를 사용해 개별 폼 요소 옆에 메시지를 표시할 수 있다.

고객 양식 구성 요소

이제 공유 구성 요소를 생성해 고객 데이터를 생성하고 편집할 수 있다.

1. Shared 폴더에서 CustomerDetail.razor라는 새 파일을 만든다. 비주얼 스튜디오 프로젝트에서 '새 항목 추가'의 템플릿 이름은 **Razor Component**다. 이 구성 요소는 여러 페이지 구성 요소에서 재사용된다.

2. 고객 데이터 속성을 편집하는 폼을 정의한다.

```
<EditForm Model="@Customer" OnValidSubmit="@OnValidSubmit">
 <DataAnnotationsValidator />
 <div class="form-group">
   <div>
     <label>Customer Id</label>
     <div>
       <InputText @bind-Value="@Customer.CustomerId" />
       <ValidationMessage For="@(() => Customer.CustomerId)" />
     </div>
   </div>
 </div>
 <div class="form-group ">
   <div>
     <label>Company Name</label>
     <div>
       <InputText @bind-Value="@Customer.CompanyName" />
       <ValidationMessage For="@(() => Customer.CompanyName)" />
     </div>
   </div>
 </div>
 <div class="form-group ">
   <div>
     <label>Address</label>
     <div>
       <InputText @bind-Value="@Customer.Address" />
       <ValidationMessage For="@(() => Customer.Address)" />
     </div>
   </div>
 </div>
 <div class="form-group ">
   <div>
     <label>Country</label>
     <div>
       <InputText @bind-Value="@Customer.Country" />
       <ValidationMessage For="@(() => Customer.Country)" />
     </div>
```

```
      </div>
    </div>
    <button type="submit" class="btn btn-@ButtonStyle">
      @ButtonText
    </button>
  </EditForm>
@code {
  [Parameter]
  public Customer Customer { get; set; } = null!;
  [Parameter]
  public string ButtonText { get; set; } = "Save Changes";
  [Parameter]
  public string ButtonStyle { get; set; } = "info";
  [Parameter]
  public EventCallback OnValidSubmit { get; set; }
}
```

3. Pages 폴더에서 CreateCustomer.razor라는 새 파일을 만든다. 이 파일은 라우팅 가능한 페이지 구성 요소다.

4. 다음과 같이 세부 고객 구성 요소를 사용해 새 고객 데이터를 생성하도록 코드를 입력한다.

```
@page "/createcustomer"
@inject INorthwindService service
@inject NavigationManager navigation
<h3>Create Customer</h3>
<CustomerDetail ButtonText="Create Customer"
                Customer="@customer"
                OnValidSubmit="@Create" />
@code {
  private Customer customer = new();
  private async Task Create()
  {
    await service.CreateCustomerAsync(customer);
    navigation.NavigateTo("customers");
  }
}
```

5. Pages 폴더의 Customers.razor 파일을 열고 <h3> 요소 뒤에 createcustomer 페이지 구성 요소로 이동할 수 있는 버튼 <div> 요소를 추가한다.

```
<div class="form-group">
  <a class="btn btn-info" href="createcustomer">
  <i class="oi oi-plus"></i> Create New</a>
</div>
```

6. Pages 폴더에서 EditCustomer.razor라는 새 파일을 만들고 세부 고객 구성 요소를 사용해 기존 고객 데이터의 변경 내용을 편집하고 저장할 수 있게 한다.

```
@page "/editcustomer/{customerid}"
@inject INorthwindService service
@inject NavigationManager navigation
<h3>Edit Customer</h3>
<CustomerDetail ButtonText="Update"
                Customer="@customer"
                OnValidSubmit="@Update" />
@code {
  [Parameter]
  public string CustomerId { get; set; }
  private Customer? customer = new();
  protected async override Task OnParametersSetAsync()
  {
    customer = await service.GetCustomerAsync(CustomerId);
  }
  private async Task Update()
  {
    if (customer is not null)
    {
      await service.UpdateCustomerAsync(customer);
    }
    navigation.NavigateTo("customers");
  }
}
```

7. Pages 폴더에 DeleteCustomer.razor라는 새 파일을 만들고 세부 고객 정보 구성 요소를 사용해 삭제할 고객을 표시한다.

```
@page "/deletecustomer/{customerid}"
@inject INorthwindService service
@inject NavigationManager navigation
<h3>Delete Customer</h3>
<div class="alert alert-danger">
  Warning! This action cannot be undone!
</div>
<CustomerDetail ButtonText="Delete Customer"
                ButtonStyle="danger"
                Customer="@customer"
                OnValidSubmit="@Delete" />
@code {
  [Parameter]
  public string CustomerId { get; set; }
  private Customer? customer = new();
  protected async override Task OnParametersSetAsync()
  {
    customer = await service.GetCustomerAsync(CustomerId);
  }
  private async Task Delete()
  {
    if (customer is not null)
    {
      await service.DeleteCustomerAsync(CustomerId);
    }
    navigation.NavigateTo("customers");
  }
}
```

고객 정보 양식 구성 요소 테스트

이제 고객 양식 구성 요소와 이를 사용해 고객 정보를 생성, 편집, 삭제하는 동작을 테스트해 보자.

1. Northwind.BlazorServer 프로젝트를 시작한다.

2. 크롬을 시작한다.

3. https://localhost:5001/로 이동한다.

4. 왼쪽 메뉴에서 **Customers Worldwide**를 선택한 다음 **Create New** 버튼을 누른다.

5. 고의로 ABCDEF와 같은 유효하지 않은 **고객 ID**를 입력해서 그림 17.6과 같은 유효성 검사 메시지가 출력되는지 확인한다.

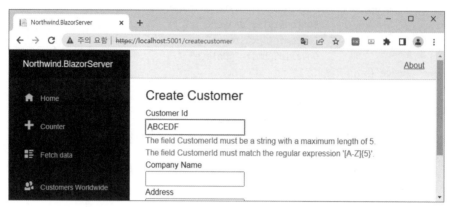

그림 17.6 유효하지 않은 고객 ID를 입력하고 고객 정보를 생성하는 경우

6. **Customer Id**를 ABCDE로 변경하고 나머지 텍스트 박스에도 내용을 채운 다음 **Create Customer** 버튼을 누른다.

7. 고객 목록이 나타나면 스크롤해서 새로 입력한 고객 정보를 확인한다.

8. **ABCDE** 고객 정보의 **Edit** 아이콘 버튼을 클릭해서 주소를 변경한 다음, **Update** 버튼을 눌러서 고객 정보가 올바로 업데이트되는지 확인한다.

9. **ABCDE** 고객 정보의 **Delete** 아이콘 버튼을 클릭한 다음, 경고 메시지를 확인하고 **Delete Customer** 버튼을 눌러 고객 정보가 정상적으로 삭제되는지 확인한다.

10. 크롬과 웹 서버를 종료한다.

블레이저 웹어셈블리를 사용해 구성 요소 만들기

이제 차이점을 명확하게 알 수 있도록 블레이저 웹어셈블리 프로젝트에서 동일한 기능을 재사용해 보자.

INorthwindService 인터페이스에서 로컬 종속성 서비스를 추상화했으므로 엔티티 모델 클래스뿐만 아니라 모든 구성 요소와 해당 인터페이스를 재사용할 수 있다. Northwind Service 클래스의 구현 부분만 다시 작성하면 된다. NorthwindContext 클래스를 직접 호출하는 대신 그림 17.7과 같이 서버 측에서 고객 Web API 컨트롤러를 호출한다.

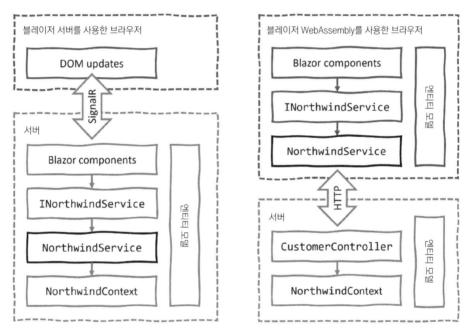

그림 17.7 블레이저 서버와 블레이저 웹어셈블리를 사용한 구현 비교

블레이저 웹어셈블리용 서버 구성

먼저, 클라이언트 앱이 고객 정보를 조회하고 관리하기 위해 호출하는 웹 서비스가 필요하다. 16장을 완료했다면 Northwind.WebApi 프로젝트에서 사용 가능한 고객 정보 서비스가 이미 만들어져 있을 것이다. 하지만 이와 무관하게 여기서는 Northwind.Blazor Wasm.Server 프로젝트에 고객 정보 웹 API 컨트롤러를 새로 만들어 본다.

 주의: 이전 프로젝트와 달리 엔티티 모델 및 데이터베이스와 같은 공유 프로젝트에 대한 상대 경로를 표기할 때는 "..\..\"와 같이 두 수준 위로 해야 한다.

1. Server 프로젝트/폴더에서 Northwind.BlazorWasm.Server.csproj를 열고 SQL Server 또는 SQLite에 대한 Northwind 데이터베이스 콘텍스트 프로젝트 참조를 추가한다.

    ```
    <ItemGroup>
      <!-- SQL 서버를 사용하려면 Sqlite를 SqlServer로 변경 -->
      <ProjectReference Include="..\..\Northwind.Common.DataContext.
    Sqlite\Northwind.Common.DataContext.Sqlite.csproj" />
    </ItemGroup>
    ```

2. Northwind.BlazorWasm.Server 프로젝트를 빌드한다.

3. Server 프로젝트/폴더에서 Program.cs를 열고 Northwind 데이터베이스 콘텍스트 작업에 필요한 네임스페이스를 가져온다.

    ```
    using Packt.Shared;
    ```

4. 서비스 구성 섹션에 SQL Server 또는 SQLite에 대한 Northwind 데이터베이스 콘텍스트를 등록한다.

    ```
    // SQL 서버를 사용하는 경우
    builder.Services.AddNorthwindContext();
    ```

```
// SQLite를 사용하는 경우
builder.Services.AddNorthwindContext(
  relativePath: Path.Combine("..", ".."));
```

5. Server 프로젝트의 Controllers 폴더에 CustomersController.cs라는 파일을 만들고
   이전과 유사하게 CRUD 메서드로 Web API 컨트롤러 클래스를 정의한다.

```
using Microsoft.AspNetCore.Mvc; // [ApiController], [Route]
using Microsoft.EntityFrameworkCore; // ToListAsync, FirstOrDefaultAsync
using Packt.Shared; // NorthwindContext, Customer
namespace Northwind.BlazorWasm.Server.Controllers;
[ApiController]
[Route("api/[controller]")]
public class CustomersController : ControllerBase
{
  private readonly NorthwindContext db;
  public CustomersController(NorthwindContext db)
  {
    this.db = db;
  }
  [HttpGet]
  public async Task<List<Customer>> GetCustomersAsync()
  {
    return await db.Customers.ToListAsync();
  }
  [HttpGet("in/{country}")] // 명확하게 하기 위해 다른 경로를 사용함.
  public async Task<List<Customer>> GetCustomersAsync(string country)
  {
    return await db.Customers
      .Where(c => c.Country == country).ToListAsync();
  }
  [HttpGet("{id}")]
  public async Task<Customer?> GetCustomerAsync(string id)
  {
    return await db.Customers
      .FirstOrDefaultAsync(c => c.CustomerId == id);
  }
  [HttpPost]
  public async Task<Customer?> CreateCustomerAsync
    (Customer customerToAdd)
  {
    Customer? existing = await db.Customers.FirstOrDefaultAsync
```

```csharp
        (c => c.CustomerId == customerToAdd.CustomerId);
    if (existing == null)
    {
      db.Customers.Add(customerToAdd);
      int affected = await db.SaveChangesAsync();
      if (affected == 1)
      {
        return customerToAdd;
      }
    }
    return existing;
  }
  [HttpPut]
  public async Task<Customer?> UpdateCustomerAsync(Customer c)
  {
    db.Entry(c).State = EntityState.Modified;
    int affected = await db.SaveChangesAsync();
    if (affected == 1)
    {
      return c;
    }
    return null;
  }
  [HttpDelete("{id}")]
  public async Task<int> DeleteCustomerAsync(string id)
  {
    Customer? c = await db.Customers.FirstOrDefaultAsync
      (c => c.CustomerId == id);
    if (c != null)
    {
      db.Customers.Remove(c);
      int affected = await db.SaveChangesAsync();
      return affected;
    }
    return 0;
  }
}
```

블레이저 웹어셈블리용 클라이언트 구성

블레이저 서버 프로젝트의 구성 요소를 재사용할 수 있다. 구성 요소가 동일하므로 복사할 수 있으며 추상화된 Northwind 서비스의 로컬 구현만 변경한다.

1. Client 프로젝트에서 Northwind.BlazorWasm.Client.csproj를 열고 SQL Server 또는 SQLite에 대한 Northwind 엔티티 모델 라이브러리 프로젝트 참조를 추가한다. 데이터베이스 콘텍스트 프로젝트가 아닌 것에 주의하자.

```
<ItemGroup>
  <!-- SQL 서버를 사용하려면 Sqlite를 SqlServer로 변경 -->
  <ProjectReference Include="..\..\Northwind.Common.EntityModels.
Sqlite\Northwind.Common.EntityModels.Sqlite.csproj" />
  </ItemGroup>
```

2. Northwind.BlazorWasm.Client 프로젝트를 빌드한다.

3. Client 프로젝트에서 _Imports.razor를 열고 Packt.Shared 네임스페이스를 가져와서 Northwind 엔티티 모델 유형을 모든 블레이저 구성 요소에서 사용할 수 있도록 한다.

```
@using Packt.Shared
```

4. Client 프로젝트의 Shared 폴더에서 NavMenu.razor를 열고 전 세계 및 프랑스 고객 정보를 위한 NavLink 요소를 추가한다.

```
<div class="nav-item px-3">
<NavLink class="nav-link" href="customers" Match="NavLinkMatch.All">
  <span class="oi oi-people" aria-hidden="true"></span>
  Customers Worldwide
</NavLink>
</div>
<div class="nav-item px-3">
<NavLink class="nav-link" href="customers/France">
  <span class="oi oi-people" aria-hidden="true"></span>
```

```
        Customers in France
      </NavLink>
    </div>
```

5. Northwind.BlazorServer 프로젝트의 Shared 폴더에서 CustomerDetail.razor 구성 요소를 Northwind.BlazorWasm Client 프로젝트의 Shared 폴더로 복사한다.

6. Northwind.BlazorServer 프로젝트의 Pages 폴더에서 Northwind.BlazorWasm 클라이언트 프로젝트의 Pages 폴더로 다음의 라우팅 가능한 페이지 구성 요소를 복사한다.

   A. CreateCustomer.razor

   B. Customers.razor

   C. DeleteCustomer.razor

   D. EditCustomer.razor

7. Client 프로젝트에서 Data 폴더를 만든다.

8. Northwind.BlazorServer 프로젝트의 Data 폴더에서 Client 프로젝트의 Data 폴더로 INorthwindService.cs 파일을 복사한다.

9. Data 폴더에 NorthwindService.cs 파일을 새로 추가한다.

10. HttpClient로 고객 정보 웹 API 서비스를 호출해 INorthwindService 인터페이스를 구현하도록 코드를 작성한다.

```csharp
using System.Net.Http.Json; // GetFromJsonAsync, ReadFromJsonAsync
using Packt.Shared; // Customer
namespace Northwind.BlazorWasm.Client.Data
{
  public class NorthwindService : INorthwindService
  {
    private readonly HttpClient http;
    public NorthwindService(HttpClient http)
    {
      this.http = http;
    }
    public Task<List<Customer>> GetCustomersAsync()
```

```
    {
      return http.GetFromJsonAsync
        <List<Customer>>("api/customers");
    }
    public Task<List<Customer>> GetCustomersAsync(string country)
    {
      return http.GetFromJsonAsync
        <List<Customer>>($"api/customers/in/{country}");
    }
    public Task<Customer> GetCustomerAsync(string id)
    {
      return http.GetFromJsonAsync
        <Customer>($"api/customers/{id}");
    }
    public async Task<Customer>
      CreateCustomerAsync (Customer c)
    {
      HttpResponseMessage response = await
        http.PostAsJsonAsync("api/customers", c);
      return await response.Content
        .ReadFromJsonAsync<Customer>();
    }
    public async Task<Customer> UpdateCustomerAsync(Customer c)
    {
      HttpResponseMessage response = await
        http.PutAsJsonAsync("api/customers", c);
      return await response.Content
        .ReadFromJsonAsync<Customer>();
    }
    public async Task DeleteCustomerAsync(string id)
    {
      HttpResponseMessage response = await
        http.DeleteAsync($"api/customers/{id}");
    }
  }
}
```

11. Program.cs에서 Packt.Shared 및 Northwind.BlazorWasm.Client.Data 네임스페이스를 가져온다.

12. 서비스 구성 섹션에 Northwind 종속성 서비스를 등록한다.

```
builder.Services.AddTransient<INorthwindService, NorthwindService>();
```

블레이저 웹어셈블리 구성 요소 및 서비스 테스트

이제 블레이저 웹어셈블리 서버 호스팅 프로젝트를 실행해 구성 요소가 고객 정보 웹 API 서비스를 호출하고 추상화된 Northwind 서비스와 함께 올바로 작동하는지 테스트한다.

1. Server 프로젝트/폴더에서 Northwind.BlazorWasm.Server 프로젝트를 시작한다.

2. 크롬을 시작하고 **개발자 도구**에서 **Network** 탭을 선택한다.

3. https://5001/로 이동한다. 포트는 임의로 할당되므로 책과 다를 수 있다. 할당된 포트는 콘솔 출력에서 확인할 수 있다.

4. **Console** 탭을 선택해 블레이저 웹어셈블리가 .NET 어셈블리를 브라우저 캐시에 로드했고 그림 17.8과 같이 약 10MB의 공간을 차지하는 것을 확인한다.

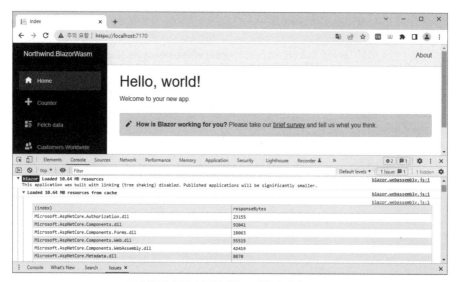

그림 17.8 .NET 어셈블리를 브라우저 캐시로 로드

5. **Network** 탭을 선택한다.

6. 왼쪽 메뉴에서 **Customers Worldwide**를 클릭하고 그림 17.9와 같이 모든 고객 정보를 포함하는 JSON 응답을 제대로 받았는지 HTTP GET 요청을 확인한다.

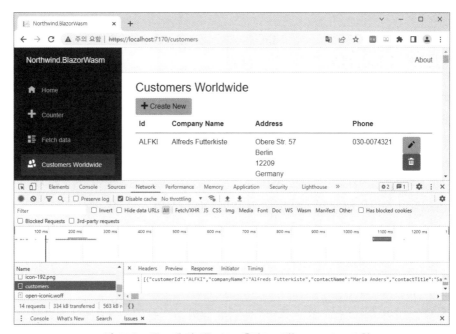

그림 17.9 모든 고객 정보를 JSON 응답으로 받는 HTTP GET 요청

7. **Create New** 버튼을 클릭하고 새 고객 정보를 생성해 그림 17.10과 같이 HTTP POST 요청이 제대로 처리되는지 확인한다.

그림 17.10 새 고객 정보를 생성하는 HTTP POST 요청

8. 앞에서 한 것과 동일하게 새 고객 정보를 편집하고 삭제해 보자.

9. 크롬과 웹 서버를 종료한다.

⠿ 블레이저 웹어셈블리 앱 개선

블레이저 웹어셈블리 앱을 개선하는 몇 가지 방법을 살펴보자.

블레이저 웹어셈블리 AOT 활성화

기본적으로 블레이저 웹어셈블리에서 사용하는 .NET 런타임은 웹어셈블리로 작성된 인터프리터를 사용해 IL을 해석한다. 다른 .NET 앱과 달리 JIT[Just-In-Time] 컴파일러를 사용하지 않으므로 CPU 집약적 워크로드의 성능이 기대보다 낮다.

.NET 6에서 마이크로소프트는 AOT[Ahead-Of-Time] 컴파일 지원을 추가했다. AOT 컴파일은 런타임 성능은 크게 향상시킬 수 있지만 작은 규모의 프로젝트에서도 몇 분의 시간이 걸릴 수 있다. 컴파일된 앱의 크기도 AOT가 없는 경우보다 보통 두 배 정도 크다. 따라서 AOT 사용 여부는 컴파일 및 브라우저 다운로드 시간 증가와 그에 반해 훨씬 더 빠른 런타임을 고려해 결정한다.

AOT는 마이크로소프트 설문 조사에서 가장 많이 요청된 기능이었으며 개발자들이 **단일 페이지 애플리케이션**[SPA, Single-Page Application] 개발에 .NET을 채택하지 않은 주된 이유 역시 AOT의 부족이었다.

.NET 웹어셈블리 빌드 도구라는 블레이저 AOT에 필요한 추가 워크로드를 설치한 다음 블레이저 웹어셈블리 프로젝트에 대해 AOT를 활성화해 보자.

1. 관리자 권한이 있는 명령 프롬프트 또는 터미널에서 다음 명령으로 블레이저 AOT 워크로드를 설치한다.

```
dotnet workload install wasm-tools
```

2. 다음과 같은 출력 메시지를 확인한다.

```
Downloading Microsoft.NET.Runtime.Emscripten.2.0.23.Python.win-x64.Msi.
x64 (6.0.9)
```

```
Microsoft.Emscripten.2.0.23.Python.win-x64.6.0.9.msi 설치 중 ..........
Done
Downloading Microsoft.NET.Runtime.Emscripten.2.0.23.Sdk.win-x64.Msi.x64
(6.0.9)
Microsoft.Emscripten.2.0.23.Sdk.win-x64.6.0.9.msi 설치 중 ..............
....................................... Done
워크로드 wasm-tools을(를) 설치했습니다.
```

3. AOT를 사용하도록 Northwind.BlazorWasm.Client 프로젝트 파일을 수정한다.

```
<PropertyGroup>
    <TargetFramework>net6.0</TargetFramework>
    <Nullable>enable</Nullable>
    <ImplicitUsings>enable</ImplicitUsings>
    <ServiceWorkerAssetsManifest>service-worker-assets.js</
ServiceWorkerAssetsManifest>
    <RunAOTCompilation>true</RunAOTCompilation>
  </PropertyGroup>
```

4. 다음 명령으로 Northwind.BlazorWasm.Client 프로젝트를 게시한다.

```
dotnet publish -c Release
```

5. 다음 출력과 같이 75개 어셈블리에 AOT가 적용됐다.

```
Northwind.BlazorWasm.Client -> F:\github\csharp9_translation\Code\
Chapter13\PracticalApps\Northwind.BlazorWasm\Client\bin\Release\net6.0\
Northwind.BlazorWasm.Client.dll
Northwind.BlazorWasm.Client (블레이저 output) -> F:\github\csharp9_
translation\Code\Chapter13\PracticalApps\Northwind.BlazorWasm\Client\
bin\Release\net6.0\wwwroot
크기에 대한 어셈블리 최적화로 앱의 동작이 변경될 수 있습니다. 게시 후 테스트하세요. 참조:
https://aka.ms/dotnet-illink
Northwind.Common.EntityModels.Sqlite -> F:\github\csharp9_translation\
Code\Chapter13\PracticalApps\Northwind.Common.EntityModels.Sqlite\bin\
Release\net6.0\Northwind.Common.EntityModels.Sqlite.dll
Northwind.BlazorWasm.Shared -> F:\github\csharp9_translation\Code\
Chapter13\PracticalApps\Northwind.BlazorWasm\Shared\bin\Release\net6.0\
Northwind.BlazorWasm.Shared.dll
```

```
https://aka.ms/dotnet-illink
AOT'ing 75 assemblies
[1/74] Microsoft.Extensions.Logging.Abstractions.dll -> Microsoft.
Extensions.Logging.Abstractions.dll.bc
...
[74/74] Microsoft.EntityFrameworkCore.Abstractions.dll.bc -> Microsoft.
EntityFrameworkCore.Abstractions.dll.o [took 1.39s]
Linking with emcc. This may take a while ...
...
Optimizing dotnet.wasm ...
Compressing Blazor WebAssembly publish artifacts. This may take a
while...
```

6. 완료될 때까지 대기한다. 최신 멀티 코어 CPU에서도 약 20분이 소요될 수 있다.

7. Northwind.BlazorWasm\Client\bin\release\net6.0\publish 폴더로 이동해 다운로드 크기가 10MB에서 112MB로 증가했음을 확인한다.

AOT 없이 다운로드한 블레이저 웹어셈블리 앱은 약 10MB인 데 반해 AOT를 사용하면 약 112MB로 늘어난다. 이러한 크기 증가는 웹사이트 사용자 경험에 영향을 미친다.

AOT 사용 여부는 더 느린 초기 다운로드와 더 빠른 실행 중 어디에 초점을 맞추는가에 있다. 앱 특성에 따라 AOT는 그만한 가치가 없을 수도 있다.

프로그레시브 웹 앱 지원

블레이저 웹어셈블리 프로젝트의 **PWA**^{Progressive Web App} 지원은 웹 앱이 다음과 같은 장점을 갖는 것을 의미한다.

- 사용자가 앱 사용을 명시적으로 결정할 때까지 일반 웹 페이지처럼 동작한다.

- 앱이 설치된 후 OS의 시작 메뉴 또는 바탕 화면에서 실행된다.

- 브라우저 탭 대신 자체 앱 창에 나타난다.

- 오프라인에서도 작동한다.

- 자동으로 업데이트된다.

PWA 지원 방법을 알아보자.

1. `Northwind.BlazorWasm.Server` 프로젝트를 시작한다.

2. `https://localhost:7170/`으로 이동한다. 포트 번호는 책과 다를 수 있다. 어떤 포트로 실행됐는지는 콘솔 출력을 참고하자.

3. 그림 17.11과 같이 크롬의 오른쪽 주소 표시줄에서 **Northwind.BlazorWasm 설치** 툴팁tooltip이 있는 아이콘을 클릭한다.

그림 17.11 Northwind.BlazorWasm을 앱으로 설치

4. **설치** 버튼을 클릭한다.

5. 크롬을 종료한다. 앱이 자동으로 실행됐다면 앱을 종료한다.

6. 윈도우 시작 메뉴 또는 맥OS Launchpad에서 **Northwind.BlazorWasm** 앱을 실행해 앱 모드로 열리는지 확인한다.

7. 제목 표시줄 오른쪽에서 점 3개 메뉴를 클릭하면 앱을 제거할 수 있지만 아직 제거하지는 말자.

8. **개발자 도구**로 이동한다. 윈도우에서는 F12 또는 Ctrl + Shift + I를 누르고 맥OS에서는 Cmd + Shift + I를 누른다.

9. **Network** 탭을 선택한 다음 **Throttling** 드롭다운 메뉴에서 **Offline**을 선택한다.

10. 왼쪽 메뉴에서 **Home**을 선택하고 **Customers Worldwide**를 클릭하면 그림 17.12 와 같이 앱 창 하단에 고객 정보 로드 실패 및 오류 메시지가 나타난다.

그림 17.12 네크워크가 오프라인일 때 고객 정보 로드 실패

11. **개발자 도구**의 **Throttling** 드롭다운 메뉴에서 원래대로 **Disabled: No throttling** 을 선택한다.

12. 앱 하단의 노란색 오류 표시줄에서 **Reload**를 클릭하면 고객 정보를 제대로 로드 한다.

13. PWA 앱을 제거하거나 종료한다.

PWA에 대한 오프라인 지원 구현

웹 API 서비스의 HTTP GET 응답을 로컬로 캐싱하고 신규 생성된 고객 정보, 수정된 고 객 정보 또는 삭제된 고객 정보를 로컬로 저장한 다음 나중에 네트워크 연결이 복원되 면 저장된 정보를 서버와 동기화함으로써 사용자 경험을 향상시킬 수 있다. 하지만 제 대로 구현하려면 다뤄야 할 내용이 많으므로 이 책에서는 다루지 않는다.

블레이저 웹어셈블리용 브라우저 호환성 분석기 이해

.NET 6를 통해 마이크로소프트는 모든 워크로드에 대해 .NET 라이브러리를 통합했다. 이론적으로는 블레이저 웹어셈블리 앱이 모든 .NET API에 대한 전체 액세스 권한을 갖는다는 것을 의미하지만 실제로는 브라우저 샌드박스 내에서 실행되므로 제한이 있다. 지원되지 않는 API를 호출하면 PlatformNotSupportedException이 발생한다.

예외 처리를 위한 경고를 받으려면 코드가 브라우저에서 지원하지 않는 API를 호출할 때 알려 주는 플랫폼 호환성 분석기^{compatibility analyzer}를 추가할 수 있다.

블레이저 웹어셈블리 앱 및 **Razor 클래스 라이브러리** 프로젝트 템플릿은 브라우저 호환성 검사를 자동으로 활성화한다.

클래스 라이브러리 프로젝트에서 브라우저 호환성 검사를 수동으로 활성화하려면 프로젝트 파일에 다음과 같이 항목을 추가한다.

```
<ItemGroup>
  <SupportedPlatform Include="browser" />
</ItemGroup>
```

다음과 같이 지원되지 않는 API를 장식한다.

```
[UnsupportedOSPlatform("browser")]
public void DoSomethingOutsideTheBrowserSandbox()
{
    ...
}
```

 좋은 습관: 블레이저 웹어셈블리 앱에서 사용할 수 없는 라이브러리를 만드는 경우 동일한 방식으로 API를 장식한다.

클래스 라이브러리에서 블레이저 구성 요소 공유

앞에서 블레이저 서버 프로젝트 일부를 블레이저 웹어셈블리 프로젝트에 복사해서 사용했다. 이렇게 하기보다 클래스 라이브러리 프로젝트를 만들고 다른 두 블레이저 프로젝트에서 참조하는 것이 더 좋은 방법이다.

새 Razor 클래스 라이브러리를 만들어 보자.

1. 다음과 같이 선호하는 코드 편집기를 사용해 새 프로젝트를 생성한다.

    A. 프로젝트 템플릿: **Razor Class Library**/razorclasslib

    B. 작업 공간/솔루션 파일 및 폴더: PracticalApps

    C. 프로젝트 파일과 폴더: Northwind.Blazor.Customers

    D. 지원 페이지 및 보기: 선택

2. Northwind.Blazor.Customers 프로젝트에 Northwind.Common.EntityModels.Sqlite나 SqlServer 프로젝트 참조를 추가한다.

3. Northwind.Blazor.Customers 프로젝트에 브라우저 호환성 확인을 추가한다.

```
<ItemGroup>
    <SupportedPlatform Include="browser" />
</ItemGroup>
```

4. Northwind.BlazorServer 프로젝트에 Northwind.Blazor.Customers 프로젝트 참조를 추가한다.

5. Northwind.BlazorServer 프로젝트를 빌드한다.

6. Northwind.Blazor.Customers 프로젝트에서 Areas 폴더를 삭제한다.

7. Northwind.BlazorServer 프로젝트의 _Imports.razor 파일을 Northwind.Blazor.Customers 프로젝트로 복사한다.

8. _Imports.razor에서 Northwind.BlazorServer 네임스페이스에 대한 2개의 가져오기를 삭제하고 공유 블레이저 구성 요소를 포함할 네임스페이스를 가져온다.

```
@using Northwind.Blazor.Customers.Shared
```

9. Data, Pages, Shared라는 3개의 폴더를 만든다.

10. Northwind.BlazorServer 프로젝트 Data 폴더의 INorthwindService.cs를 Northwind. Blazor.Customers 프로젝트의 Data 폴더로 이동한다.

11. Northwind.BlazorServer 프로젝트 Shared 폴더의 모든 파일을 Northwind.Blazor. Customers 프로젝트의 Shared 폴더로 이동한다.

12. Northwind.BlazorServer 프로젝트 Pages 폴더의 CreateCustomer.razor, Customers. razor, EditCustomer.razor, DeleteCustomer.razor 파일을 Northwind.Blazor. Customers 프로젝트의 Pages 폴더로 이동한다.

 다른 페이지 구성 요소는 리팩터링되지 않은 일기 예보 서비스에 대한 종속성이 있기 때문에 그대로 둔다.

13. Northwind.BlazorServer 프로젝트의 _Imports.razor에서 Northwind.BlazorServer. Shared에 대한 using 문을 제거하고 클래스 라이브러리에서 페이지 및 공유 구성 요소를 가져오도록 수정한다.

```
@using Northwind.Blazor.Customers.Pages
@using Northwind.Blazor.Customers.Shared
```

14. Northwind.BlazorServer 프로젝트의 App.razor에 매개 변수를 추가해 Router 구성 요소가 추가 어셈블리를 스캔해 클래스 라이브러리의 페이지 구성 요소에 대한 경로를 설정하게 한다.

```
<Router AppAssembly="@typeof(App).Assembly"
    AdditionalAssemblies="new[] { typeof(Customers).Assembly }">
```

 좋은 습관: 외부 어셈블리에 있다면 어떤 클래스를 지정하는지는 중요하지 않다.
Customers는 가장 중요하고 분명한 구성 요소 클래스이기 때문에 선택했다.

15. Northwind.BlazorServer 프로젝트를 시작하고 동일하게 동작하는지 확인한다.

 좋은 습관: 이제 다른 블레이저 서버 프로젝트에서 블레이저 구성 요소를 재사용할
수 있다. 하지만 ASP.NET Core 워크로드에 대한 종속성이 있으므로 블레이저 웹어
셈블리 프로젝트에서는 해당 클래스 라이브러리를 사용할 수 없다. 양쪽 호스팅 모델
모두에서 작동하는 블레이저 구성 요소 라이브러리를 만드는 것은 이 책의 범위를 벗
어난다.

자바스크립트 상호 운용성

기본으로 블레이저 구성 요소는 로컬 저장소, 지리적 위치, 미디어 캡처와 같은 브라우
저 기능이나 리액트, Vue와 같은 자바스크립트 라이브러리에 접근할 수 없다. 상호 작
용이 필요하다면 자바스크립트 Interop을 사용해야 한다.

브라우저 창의 경고 상자와 사용자당 최대 5MB의 데이터를 유지하면서 로컬 저장소를
사용하는 예를 살펴보자.

1. Northwind.BlazorServer 프로젝트의 wwwroot 폴더에 scripts 폴더를 추가한다.

2. scripts 폴더에 interop.js라는 파일을 추가한다.

3. 다음과 같이 코드를 추가한다.

```
function messageBox(message) {
    window.alert(message);
  }
```

```
function setColorInStorage() {
  if (typeof (Storage) !== "undefined") {
    localStorage.setItem("color",
      document.getElementById("colorBox").value);
  }
}
function getColorFromStorage() {
  if (typeof (Storage) !== "undefined") {
    document.getElementById("colorBox").value =
      localStorage.getItem("color");
  }
}
```

4. Pages 폴더의 _Layout.cshtml에서 블레이저 서버 지원을 추가하는 스크립트 요소 뒤에 방금 만든 자바스크립트 파일을 참조하는 스크립트를 추가한다.

```
<script src="scripts/interop.js"></script>
```

5. Pages 폴더의 Index.razor에서 2개의 Customers 구성 요소 인스턴스를 삭제한 다음 블레이저 자바스크립트 런타임 종속성 서비스를 사용해 자바스크립트 함수를 호출하는 버튼과 코드를 추가한다.

```
<button type="button" class="btn btn-info" @onclick="AlertBrowser">
  Poke the browser</button>
<hr />
<input id="colorBox" />
<button type="button" class="btn btn-info" @onclick="SetColor">
  Set Color</button>
<button type="button" class="btn btn-info" @onclick="GetColor">
  Get Color</button>
@code {
  [Inject]
  public IJSRuntime JSRuntime { get; set; } = null!;
  public async Task AlertBrowser()
  {
    await JSRuntime.InvokeVoidAsync(
      "messageBox", "블레이저 poking the browser");
  }
  public async Task SetColor()
```

```
    {
        await JSRuntime.InvokeVoidAsync("setColorInStorage");
    }
    public async Task GetColor()
    {
        await JSRuntime.InvokeVoidAsync("getColorFromStorage");
    }
}
```

6. Northwind.BlazorServer 프로젝트를 시작한다.

7. 크롬을 시작하고 https://localhost:5001/로 이동한다.

8. 홈페이지의 텍스트 박스에 red를 입력하고 **Set Color** 버튼을 클릭한다.

9. **개발자 도구**의 **Application** 탭에서 **Local Storage**를 확장하고 https://localhost:5001을 선택해 그림 17.13과 같이 키 color, 값 red를 확인한다.

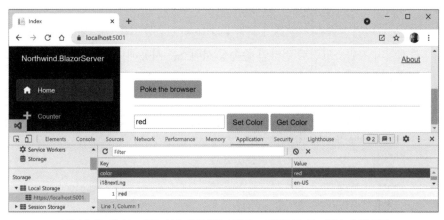

그림 17.13 자바스크립트 상호 운용성을 사용해 브라우저 로컬 저장소에 값 저장

10. 크롬과 웹 서버를 종료한다.

11. Northwind.BlazorServer 프로젝트를 시작한다.

12. 크롬을 시작하고 https://localhost:5001/로 이동한다.

13. 홈페이지에서 **Get Color** 버튼을 클릭해 사용자 세션의 로컬 저장소에서 값을 가져

와 텍스트 상자에 red가 표시되는지 확인한다.

14. 크롬과 웹 서버를 종료한다.

블레이저 구성 요소 라이브러리

블레이저 구성 요소 라이브러리는 여러 종류가 있다. 유료 라이브러리는 Telerik, Dev Express, Syncfusion 등에서 제공한다. 다음은 오픈소스 블레이저 구성 요소 라이브러리다.

- Radzen 블레이저 구성 요소: https://blazor.radzen.com/
- Awesome Open Source 블레이저 프로젝트: https://awesomeopensource.com/ projects/blazor

⁝⁝▸ 연습 및 탐구

몇 개의 질문에 답해 보면서 17장에서 배운 내용을 얼마나 이해하고 있는지 확인하고 더 공부할 내용도 살펴보자.

연습 17.1 - 복습

1. 블레이저의 두 가지 기본 호스팅 모델은 무엇이며 어떻게 다른가?

2. ASP.NET Core MVC 웹사이트 프로젝트와 비교하면 블레이저 서버 웹사이트 프로젝트에서 Startup 클래스에 추가로 필요한 구성은 무엇인가?

3. 블레이저의 장점 중 하나는 자바스크립트 대신 C#과 .NET으로 클라이언트 측 구성 요소를 구현할 수 있다는 점이다. 블레이저 구성 요소를 만드는 데 자바스크립트가 필요한가?

4. 블레이저 프로젝트에서 App.razor 파일의 역할은 무엇인가?

5. <NavLink> 구성 요소의 장점은 무엇인가?

6. 구성 요소에 값을 전달할 수 있는 방법은 무엇인가?

7. <EditForm> 구성 요소를 사용하면 어떤 장점이 있는가?

8. 매개 변수가 설정됐을 때 어떻게 명령문을 실행할 수 있는가?

9. 구성 요소가 나타날 때 일부 명령문을 어떻게 실행할 수 있는가?

10. 블레이저 서버와 블레이저 웹어셈블리 프로젝트에서 Program 클래스의 두 가지 주요 차이점은 무엇인가?

연습 17.2 - 시간표 구성 요소 만들기

Number라는 매개 변수를 기반으로 시간표를 렌더링하는 구성 요소를 만든 다음 두 가지 방법으로 구성 요소를 테스트한다.

먼저, 다음과 같이 구성 요소의 인스턴스를 Index.razor 파일에 추가한다.

```
<timestable Number="6" />
```

다음으로 브라우저 주소 표시줄에 다음 경로를 입력한다.

```
https://localhost:5001/timestable/6
```

연습 17.3 - 국가 탐색 항목 만들기

CustomersController 클래스에 메서드를 추가해 국가 이름 목록을 반환하도록 한다.

공유된 NavMenu 구성 요소에서 고객 정보 웹 서비스를 호출해 국가 이름을 가져오고 루프를 돌면서 각 국가별로 메뉴를 만든다.

연습 17.4 - 탐구

17장에서 다룬 주제에 관한 세부 내용을 다음 링크에서 좀 더 읽어 보자.

https://github.com/markjprice/cs10dotnet6/blob/main/book-links.md#chapter-17---building-user-interfaces-using-blazor

⠏ 마무리

17장에서는 서버 및 웹어셈블리용으로 호스팅되는 블레이저 구성 요소에 대해 배웠다. 종속성 서비스로 데이터를 관리하는 방법처럼 두 호스팅 모델 간의 주요 차이점을 알아 봤다.

코드 저장소

다음 깃허브 저장소에서 단계별 안내 및 연습에 대한 솔루션을 다운로드할 수 있다.

https://github.com/markjprice/cs10dotnet6

Discord 채널 참여

이 책의 Discord 채널에서 저자가 함께하는 Ask me Anything 세션에 참여할 수 있다.

https://packt.link/SAcsharp10dotnet6

18

에필로그

이 책을 쓰면서 시중의 다른 책들과 구분되는 특징을 갖추려고 노력했다. 각 주제에 대한 적절한 실습이 포함된 이 책을 여러분들도 재미있게 읽고 많은 것을 얻었기 바란다.

에필로그에는 다음 내용이 포함돼 있다.

- C# 및 .NET 학습의 다음 단계

- .NET MAUI 지연에 대한 소식

- 원서의 다음 버전

- 마치며

⁙ C# 및 .NET 학습의 다음 단계

지면의 한계로 인해 여기에 다 싣지 못한 주제에 대해서는 '노트, 좋은 습관'을 비롯해 다음 깃허브 링크가 도움될 것이다.

https://github.com/markjprice/cs10dotnet6/blob/main/book-links.md

디자인 가이드라인으로 실력 향상

지금까지 C# 및 .NET을 사용한 기본적인 개발 지식을 배웠으므로 더 자세한 디자인 지침을 학습해 코드 품질을 개선할 수 있다.

초기 .NET 프레임워크 시대에 마이크로소프트는 .NET 개발의 모든 영역에 대한 모범 사례를 책으로 출판했다. 이 권장 사항은 최신 .NET 개발에도 여전히 유용하다.

가이드라인은 다음 주제를 다룬다.

- 명명 가이드라인

- 타입 설계 디자인 가이드라인

- 멤버 디자인 가이드라인

- 확장성을 위한 설계

- 예외에 대한 설계 가이드라인

- 사용 가이드라인

- 일반적인 디자인 패턴

지침을 가능한 한 쉽게 따르고자 권장 사항에는 **사용**Do, **고려**Consider, **방지**Avoid, **사용하지 말 것**Do not이라는 용어로 레이블이 지정돼 있다.

마이크로소프트는 책의 일부를 다음 링크에서 제공한다.

https://learn.microsoft.com/ko-kr/dotnet/standard/design-guidelines/

모든 가이드라인을 살펴보고 코드에 적용하는 것이 좋다.

⠿ .NET MAUI 지연에 대한 소식

마이크로소프트는 .NET 6.0과 함께 .NET MAUI를 출시할 계획이었다. 하지만 개발팀은 2021년 9월에 품질 및 성능 기대치를 충족하려면 6개월이 더 필요하다고 발표했다. 다음 링크에서 .NET MAUI 지연에 대한 공식 발표를 읽을 수 있다.

https://devblogs.microsoft.com/dotnet/update-on-dotnet-maui/

.NET MAUI는 2022년 5월 마이크로소프트 빌드 컨퍼런스에서 프로덕션 배포를 할 것으로 예상한다.[1] 그 전에 개발팀은 매월 미리 보기 버전을 배포할 것이다. 장담할 수는 없지만 이 책의 깃허브 저장소에 해당 미리 보기 버전에 대한 내용을 게시하거나 적어도 최종 GA 버전에 대한 내용을 업데이트할 것이다.

원서의 다음 버전

2022년 11월 .NET 7.0 배포와 함께 출판할 계획인 7판 작업은 이미 시작했다. 블레이저 또는 .NET MAUI는 큰 변경이 없겠지만 .NET 7.0은 .NET의 모든 측면을 한층 개선할 것으로 기대된다.[2]

새롭게 다루거나 더 자세히 살펴보고 싶은 주제에 대해 제안하거나 책의 오류를 발견한 경우 다음 링크에 있는 이 책의 깃허브 저장소를 통해 알려 주기 바란다.

https://github.com/markjprice/cs10dotnet6

마치며

이 책이 여러분의 모든 C# 및 .NET 프로젝트가 성공을 거두는 데 도움되기를 바란다.

---

1   .NET MAUI는 2022년 5월 GA 버전에 도달했고 2022년 8월 9일 비주얼 스튜디오 2022 17.3 버전에 포함됐다 (https://visualstudiomagazine.com/articles/2022/08/09/vs-2022-v17-3-ga.aspx). – 옮긴이

2   원서 7판은 2022년 11월에 출간됐다. – 옮긴이

찾아보기

비주얼 스튜디오 2022, 비주얼 스튜디오 코드로 만드는

크로스 플랫폼 개발을 위한 C# 10과 .NET 6 6/e

6판 발행 | 2023년 7월 20일

옮긴이 | 김 현 욱
지은이 | 마크 프라이스

펴낸이 | 권 성 준
편집장 | 황 영 주
편 집 | 김 진 아
        임 지 원
디자인 | 윤 서 빈

에이콘출판주식회사
서울특별시 양천구 국회대로 287 (목동)
전화 02-2653-7600, 팩스 02-2653-0433
www.acornpub.co.kr / editor@acornpub.co.kr

한국어판 ⓒ 에이콘출판주식회사, 2023, Printed in Korea.
ISBN 979-11-6175-766-7
http://www.acornpub.co.kr/book/csharp10-dotnet6

책값은 뒤표지에 있습니다.